ルソーの政治思想の特質

——新しい体制原理の構築と実践そしてその現代的意義——

土橋　貴

御茶の水書房

まえがき

ジュネーヴ共和国市民ジャン・ジャック・ルソー（一七一二〜一七七八年）が構想した新しい体制原理とはいったい何か。それはルソーの政治思想の核として存在する、自由と平等の対立を止揚する「平等主義的自由論」であった。周知のように、自由と平等をこの世に実現することなど夢物語であったろう、アンシャン・レジーム時代にあって、なぜルソーは、自由と平等を接合し、平等主義的自由の政治思想を構築できたのであろうか。ヨーロッパ大陸全体が封建制度の下にあった時代、隣の島国イギリスでは、すでに一七世紀のイギリス革命によりブルジョワは、敵の封建的特権層と特権的商人資本家層を倒すなかで、ブルジョワ的自由を勝ち取りつつあった。これに対しディッガーズやコッターズと呼ばれる、革命左派に属した貧民階級は、革命に敗北し、彼らの平等の願いは潰された。その意味で、イギリス革命は、ブルジョワジーの自由が勝利を収めた運動であった。

ところが一八世紀末のフランス革命は、自由よりも民衆の平等を求める運動であった。フランス革命勃発の一一年前の一七七八年にこの世を去ったルソーは、イギリス革命とフランス革命を統合するような、平等主義的自由という体制変革思想を構築した。一七世紀と一九世紀の中間期の一八世紀に政治思想家ルソーは現れたが、一七世紀は、人間関係を、「政治化（politicalization）」する時代、すなわち神学的言説を「政治的言説」へ変換する形で語った時代であったのに対し、一九世紀は、それを「経済化」する時代、すなわち「経済的言説」で語る時代であった。一九世紀への曲がり角の一八世紀の思想家の間で、漸く人間関係を経済的言説で語る傾向が出てきたのに（それは典型的にはアダム・スミスに見られる）、ルソーは、依然としてその主潮に逆らうかのように、一七世紀のいささか古めかしい、暗部に神学的なるものを沈めた、政治的言説でそれを語っていた。それゆえ本書の主眼点は、ルソーの政治思想を、彼独自の「宗教観（救済史観の世俗化）」、「倫理観（自然法）」、そして「政治観（抗争とその解消方法の模索）」の三層構造のなかから探っていくことに置かれている。

繰り返すと、一七世紀のイギリス革命が、ブルジョワが自由を求め、勝利する時代なら、一八世紀のフランス革命は、平等を実現せんとする民衆の時代であり、一九世紀は、それに対する復古反動として、自由を求めるブルジョワが勝利する時代であったが、しかしそのなかで、労働者が平等を求めて戦い始めた時代でもあった。一九世紀への曲がり角の一八世紀末にいたがゆえにルソーは、一七世紀の自由と一九世紀の平等の対立を解くような、新しい体制原理の思想としての平等主義的自由の政治理論を構築できたのであろう。

さて本書『ルソーの政治思想の特質――新しい体制原理の構築と実践そしてその現代的意義――』は、次のような三部から構成されている。第一部「体制変革思想の形成――「存在すべきもの」の探求――」、第二部「体制変革思想の実践――「存在するもの」の重視――」、第三部「ルソーの政治思想の現代的意義」である。

第一部では、ルソーが、啓蒙主義哲学者あるいは百科全書派といわれる知識人が、アンシャン・レジームを批判する際に使った武器であった、「実証主義精神」を援用しながら、それを行い、また新しい体制変革原理としての平等主義的自由観を、一七世紀のホッブズやロックそして一八世紀のモンテスキュー等の近代政治哲学を自分なりに咀嚼しながら、構築していったことを明らかにした。

次の第二部では、マキアヴェリとモンテスキューの政治思想から学んだがゆえに、現実から遁走して夢想に浸る単なるユートピアンになりえなかったルソーは、「存在すべきもの」としての新しい体制変革原理が、「存在するもの」としての「既成の統治体」（現に存在する国家）を通してしか実現できないのを、誰よりも知っていたのを明らかにした。そのことは、ルソーが、「自由（原理）」と「鎖（現実）」の二項対立のパラダイムを、〈鎖を通した自由の実現〉のそれに脱構築した点に窺えよう。このことは『山からの手紙』や『ポーランド統治論』等に窺えよう。この点でルソーは、一九世紀に出現する実証主義的社会科学への道を一歩踏み出したともいえよう。

最後の第三部では、ルソーの政治思想の現代的意義を考察した。思想史は課題史であるとは、しばしばいわれることである。二一世紀冒頭の今日、世界はグローバル・マーケットを支配する「資本の帝国」（エレン・メークシンズ・ウッド）——それは世界システムを指していうのだろう——に翻弄されている。この「資本の帝国」に従属する「国民国家」を通し、「超格差社会」という名の大貧困社会が出現し、「市民社会」や「公共空間・公共圏」は変容され、その独立性は失われ、あるいは解体されつつあるといわれる。

そのような状況の下にある今日、一八世紀のルソーの国家、市民社会、そして公共空間・公共圏に関する考え方は、現代のそれらを変革あるいは活性化するための、何らかの理念あるいはヒントを我々に与えてくれるかどうかを、第三部で考えてみた。第三部で我々は、ルソーの政治思想を、彼の歴史的コンテクストから理解するのではなく、むしろ我々の歴史的コンテクストから読み込んでいった時、ルソーがどのような者として我々の前に現れるかを見たいのである。

ルソーの政治思想の特質

目次

目次

目次

第三部　ルソーの政治思想の現代的意義

ルソーの政治思想の特質

——新しい体制原理の構築と実践そしてその現代的意義——

第一部　体制変革思想の形成

――「存在すべきもの」の探求

第一章　ルソーの政治思想について――ジュネーヴ共和国の影響――

第一節　これまでのルソー解釈にある問題点――主体性過剰な解釈――

かつてマルティン・ハイデガー（Martin Heidegger）は、「発明」を存在しないものを存在すると捏造することにあり、「発見」を隠されて存在するものを暴露することにあると述べたが、彼のその言葉に従うならば、本章は、ルソーの思想を発明するのではなく、彼の思想に隠されて在るものを暴露することにある。では隠されて在るものとは一体何だろうか。それは、「ジュネーヴの背景（Genevan context）」であろう。

〈思想史は思想がなくても研究できる〉。〈あらゆる思想史は課題史である〉。どちらをとればよりよく思想史を理解することができるのだろうか。前者をとれば対象埋没主義的な解釈に終わり、後者をとれば主体性過剰な解釈に終わる可能性があるという点に相違点があるだけだと思われる。特に後者の主体性過剰な解釈は、対象としてのテクストを誤読することにつながってしまいがちである。明治時代から今日に至るまで我々は、ルソーの政治思想を、我々の「歴史的コンテクスト（historical context）」から強引に読み込んできてしまったとはいえないだろうか。そこで我々は、主体性過剰な解釈からくるルソー誤読の歴史を、以下の①と②の二つに分け順次説明していくことにしよう。

①自由民権論者のルソー解釈

明治維新とはある種の「第三世界革命」を意味する。徳川幕藩体制国家を倒し、ブルジョワ国家をつくろうと努力したのは武士階級であったが、それにしてもなぜ旧武士階級は、明治七年の民選議院の建白から明治二三年の帝国議会開設まで、自由民権運動を展開したのであろうか。その初期の運動の特徴は、丸山真男の言葉を借りて説明すれば、「明治維新以後の『上からの』近代的な統一国家の形成に際して、落伍して行くところの旧武士階級を中心とした反政府運動」(1)の側面が大なることにあった。武士は政府の手で没落させられてしまったが、このような仕打ちに対し、旧武士階級は激しく怒り反政府運動を展開した。そのような訳から自由民権運動の主体の「民」とは、民衆ではなく旧武士であり、旧武士が「権」つまり「権力」を維新政府から奪い取り、自らが政治の権力主体となるために運動を展開したのであった。だから初期の自由民権運動は、進歩的というよりは、むしろ復古反動的な側面を有していたのであった。そのような歴史的コンテクストの中で、ルソーの『社会契約論』(当時は『民約論』と訳された)が読み込まれるならば、どうなるかは分かるだろう。およそだからルソー主義者の中江兆民や植木枝盛のルソー解釈もバイアスがかかっていたと思えばよい(2)。

注

(1) 丸山真男、『戦中と戦後の間』、みすず書房、三一一頁。

(2) 本書第三部第四章「政治思想家は〈政治的なるもの〉をどのように捉えたか——ルソーを参考に——」を参照せよ。また次の文献を参照せよ。Helena Rosenblatt, *Rousseau and Geneva, From the First Discourse to the Social Contract, 1749-1762*, Cambridge - New York, Cambridge University Press, 1997, pp. 17-18.

②戦後のルソー解釈

『思想』二〇〇九年一一月号に掲載された座談会では、一九四五年から二一世紀冒頭の現在までの「ルソー解釈の歴史」が整理され、次のように三つの段階が画されている(1)。すなわち第一段階では、戦後民主主義国家をどのように構想するのかという課題からルソーが解釈された。第二段階では、戦後民主主義をどのように見直し、再構築していくのかという視点からルソーが解釈された。現在の第三段階は、自己の側に主たる内在的な課題あるいは理由がないままに、ルソーを読む歴史状況にある。座談会では、現在の第三段階について、ルソーをどのように再活性化するかという課題から読むべきであるという見解が表明されている。

第一段階については、次のように説明できよう。日本は、一九四五年八月一五日、超国家主義的な天皇制国家がアメリカによって打倒され、戦後民主主義が「ＧＨＱ（占領軍本部）」から与えられ、天皇ではなく日本「国民（nation）」が主権者の座に祭り上げられた。それにともない日本国民は、他国から与えられたこの主権を握り、国家を民主化し個人の自由を実現していかなければならなくなった。だからこそ時の政権担当者たちは、自らを「自由民主党」と名乗ったといえよう。戦後の知識人たちは、自らが背負った戦後民主主義を実現するという課題に引きつけ、ルソーの政治思想を読もうとする姿勢が強すぎたため、ルソーを正確に掴み切れなかったといえよう

次に第二段階である。「国籍所有者の総体」としての「抽象的存在」たる「国民（nation）」は、直接主権を行使することはできないのはもちろんである。国民なる者はゴーストに似た存在でしかない。ゴーストは主権を行使できない以上、それを代議士に委ねるしかない。しかしながら代議制民主主義の弊害はあまりにも大きかった。そこで戦後民主主義を再活性化あるいは再構築するという課題から、国民ではなく「具体的総体」としての「人民（peuple）」が、下から直接に主権なるものを行使するという問題意識のもとに、いわゆる「分節・分権型民主主義理論」が展開された。ルソーに

はこのような思想が内在しているとする説は、一九六〇～七〇年代にかけて一世を風靡したが、それもまたルソーを強引に自己にひきつけ、ルソーを解釈しすぎる結果となったといえよう。

最後に第三段階である。それにしてもなぜ今日ルソーの思想を読む理由が分からなくなったのだろうか。それは、テクストの読解者が〈脱政治化〉されてしまったために、政治的人間であった政治思想家ルソーの思想を〈政治的〉に読むことができにくくなってしまったからではなかろうか。

そのような時、我々は、ルソーが『告白』で、次のようにいったのを見逃してはならない。「すべては政治につながる」。政治思想家ルソーの真骨頂は、まさにすべてを徹底的に〈政治的に〉考え抜くことにあった。先の「ルソー解釈の歴史」のうち、第一段階と第二段階における読解は、すべてを政治的に考えるというルソーの姿勢を掴んでいる点で、正しいものをもっていると思われるが、問題は第三段階のそれであろう。すべての社会的諸問題が政治的争点あるいは問題に収斂していく今日にあって、〈脱政治化〉された、ルソー読解などありうるかどうかを一度考えてみたらよい。そのような読解は、自己のイデオロギー性を問われるのではなかろうか。

注

（1）「〈座談会〉ルソーの不在、ルソーの可能性」、『思想』第一〇二七号（二〇〇九年一一月）所収、岩波書店。

第二節　ルソーの政治思想を正しく理解する方法

①ジュネーヴ共和国のコンテクスト――政治史的視点から――

主体性過剰なルソー解釈は、ルソーの政治思想を歪めてしまうと思われる。このような失敗を避けるためには、我々は最初に「コンテクスチュアル・アプローチ（contextual approach）」を用いながら、最初にジュネーヴ共和国のコンテクスト、特に政治史に焦点を合わせてルソーを見ること、次に終生「社会的落伍者（social misfit）」意識を抱いたルソーがどのようにして「反体制意識」を抱くに至ったかを、アルフレート・アードラー（Alfred Adler）の「精神医学（psychiatry）」的方法を用いて分析すること、最後にルソーがジュネーヴ共和国のどのようなイデオロギーを受け入れたかを見ていくことが必要となろう。

最初の問題から検討していこう。その問題は、ルソーが育った「ジュネーヴの背景（Genevan context）」の説明になる。その問題をさらに（a）当時のジュネーヴ共和国の「階級構成」と（b）階級闘争の政治史の視点から見ていくことにしよう。

最初に（a）である。当時の共和国の人口は約二万人で、その内訳は次のとおりである。トップの階級は「旧市民（citoyen）」であり、「市民権」（参政権）を持ち、政府権力としての「小評議会」のメンバーになることができた。彼らは共和国の「パトリシエート」（都市貴族）を構成し、主として金融業関係者であった。次にその下の階級として「新市民（bourgeois）」と呼ばれる者たちがいたが、彼らは新しく市民権を得たものであり、「立法権」を握り、彼らの多くは「職人層（時計職人等）」であった。儲けの多い職人には、これから触れる三つの階級はなれなかった。二万人のうち、わずか一五〇〇人のみが市民権を持つという点で、彼らはいわば特権階級であった。二つの特権階級の下に、市で生まれたが市民権はなく、定住権のみを認められる「定住民（natif）」、宗教的迫害により共和国に避難してきて、これまた定住権のみを認められる「居住民（habitants）」、最後に城壁の外にある市民の農地を耕す、何らの市民権も持たない農民であった「家来・臣民（sujet）」がいた。新市民としてのルソーの一族は、この三つのアンダークラスから見れば当然、特権階級であったのが分かろう(1)。ルソー家は、ルソーから遡り五代先まで分かる。五代先の祖先は、亡命ユグノーでワイン商であり、祖父のダヴィッド・ルソーは「過激な反体制運動家」であり、父のイザック・ルソーもまたそうであった。

ところで、当時のジュネーヴの政治体制はどのように構成されていたのであろうか。共和国の政治体制は、政府権力の主体である二五人のメンバーから構成される「小評議会」、小評議会に服従する四人の「市長（syndics）」、これまた小評議会に服従する実質的討議機関である「二〇〇人会」、そして立法権を掌る「総会」から構成されていたが、現実はといえば、民主主義のマントを被った「世襲貴族政」であった。すなわち総会は単なる飾りで、現実の国家権力は、小評議会によって握られる「貴族政的民主政（aristo-democracy）」であった。

ジュネーヴ共和国の騒乱は、常に「租税問題」をきっかけとして起き、総会と小評議会の両者はことごとく衝突したが、それは主権をどちらが握るかをめぐる戦いであったといえよう。それにしてもなぜ総会は「増税」に反対したのか。総会は、「要塞強化」と「傭兵増強」のために小評議会が課す税を、やがて自己に向けられる刃になると考え反対したのだ(2)。小評議会は、総会に対し、自らの「恣意（lisence）」を自由と強弁し、総会は、その恣意を総会が制定する、公平と平等をその本質的内容とする「法（loi）」の中に封じ込めようとした。これが、後にルソーの政治思想の中で、非常に抽象度の高い「平等主義的自由（egalitarian freedom）」論となって結実することとなる。

ではこの平等主義的自由論の近現代的意義はどこにあるのだろうか。一七世紀のイギリス革命（名誉革命）はブルジョワの「自由」を実現するための戦いであり、一八世紀末のフランス革命は民衆の「平等」を勝ち取るための戦いであったが、一九世紀は、一八世紀に対する復古反動として出てきた、ブルジョワの自由を再獲得する運動の時代であったともいわれる。だが何といっても、一九世紀は平等の実現を夢見る労働者が決起し始めた時代でもあり、その意味で、一九世紀の保守的自由主義者と革命的平等主義者は、自由と平等の矛盾と対立をどのようにして調和に持っていくかに苦慮した。

自由と平等が戦う一九世紀にあって、ジョン・スチュワート・ミルやトクヴィルのような自由主義者は、迫り来る〈平等化の波〉から自由をどのようにして守るかという課題を背負い、政治思想を構築した。保守的自由主義者は、平等を「自由化（機会の自由の実現）」し、革命的平等主義者は、自由を「平等化（条件の平等の実現）」しようとした。前者は、自由主義体制を維持するために「リベラルデモクラシー」をつくり、デモクラシーを、自由を実現するための手段に変えていくことで、自由と平等の対立を自己に有利なように解いていった。その手段が「議会主義（parliamentarianism）」であったろう。保守的自由主義者はこのやり方でうまくいくと思ったのであった。

一八世紀のルソーは、まるで一九世紀から二一世紀までを見通すかのように、自由主義者とは反対に、平等主義者の立場から、両者を調停するような平等主義的自由主義を構築したといってよい。二〇世紀は、自由よりも平等に力点がかかっていたのに対し、二一世紀は、一九世紀の自由主義への復古反動といわれるが、フリーターやニートや派遣社員のような〈プレカリアート（不安定な階級）〉が多数出現し、呻吟している今日、むしろ逆に〈平等化〉への不気味な地響きの音が、地下深くから聞こえてくる感がする。

次に（b）の問題である。ルソーの政治思想を理解するためには、「革命の実験室」といわれたジュネーヴ共和国における、一七〇七年から一七八二年までの総会派と小評議会派の戦いの歴史を見ていかなければならない。（i）一七〇七年総会派は団結したので、小評議会は譲歩し、五年毎に総会を開催することを約束したが、（ii）一七一二年小評議会はその約束を反故にする。（iii）一七一五年に小評議会は、総会の承認を得ずして新しく課税したが、総会はこれに対して激しく反発した。（iv）一七三四年、小評議会が城塞整備と傭兵増強を名目に新しく課税した時、新市民はこれに抗議するために「意見提出（représentation）」を行った。（v）一七三七年、両者は武力衝突する。

実は一七三七年にルソーは、この衝突を目撃している。ルソーは、二五歳になると行使できる、亡くなった母の遺産を相続するために、ジュネーヴに帰ったが、内乱状態下の市内に入れず市外のおじ宅に身を寄せたが、そこで総会派のパンフレットを目にしていた。

翌年に小評議会派に味方するフランス、ベルン、チューリヒの三国が内乱を収束させるためと称し、『調停決定』を出したが、そこには、総会は市長選出権を承認されるものの、政府の承認なしには何事も変更できず、小評議会を通過した議案しか審議できない、総会は自らの意志で開催できない、民兵は市長と小評議会の命令なしには武器を取れない、等という、総会の存在を否定するような規定が盛り込まれてしまった。これではもはや総会に主権など無いに等しいことが分かろう。ルソーは、この時、総会派に与していた。彼の政治思想を解読する鍵は、今述べた歴史的コンテクストの中に彼の著作をのせていくことにある。

注

（1）本書第二部第一一章「ルソーの政治思想とジュネーヴの関係――平等主義的自由論とその形成基盤――」を参照せよ。また社会契約論とジュネーヴの関係については、西島幸右「ルソーの政治思想の起源―1―『社会契約論』とジュネーブ」〔『西南学院文理論集』第一八巻第二号（一九七八年二月）所収〕を参照。

（2）Helena Rosenblatt, Rousseau and Geneva, *op. cit.*, pp. 112-113.

②ルソーのパーソナル・ヒストリー――精神医学的視点から――

果たして先に触れたジュネーヴの政治史的コンテクストから必然的に過激な政治思想家ルソーが生まれるのだろうか。即断は避けた方がよいと思われる。というのも、ほとんどの人はそのような環境下に置かれたとしても、現実に慣れ親しみ、体制に順応するからである。ではジュネーヴの特権層に対する反発からルソーを反体制的思想家に変身させたものは一体何か。それを知るためには、彼の「精神構造」あるいは「内面」なるものに注意を払わなければならないであろう。

一七一二年六月二八日ルソーは生まれたが、七月七日に母を産褥熱で失ってしまった。今でも高齢出産は好まれないのに、母は三十代にして次男ルソーを産みそして亡くなってしまった。父はカルヴァン主義を学びにプロテスタントの総本山のジュネーヴに来る青年に、ダンスを教え、帯剣するような伊達男であった。激昂しやすく感情に流されやすい夫イザックをこよなく愛した母が、彼への最大のプレゼントとして与えたのがジャン・ジャックであったろう。父は、素行の悪い長男フランソワを毛嫌いし、殴りつけ、彼を出奔させてしまったが、次男のジャン・ジャックを可愛がった。快活で陽気で社交的な父は、神経質で物静かな次男、後にディドロにより〈暗い、暗い、地獄から出てきたような人間だ。二度と会いたくない〉といわれる性格の次男ジャン・ジャックを溺愛することになる。物言わない静かな子供を感情の起伏がさほどない、と決め付けるのは愚かな大人が考えることだ。聡明にして感受性に富む子供が自己の無力さを知っているがゆえに、大人に対して自己の感情の起伏を隠すことは多いにありうる。大人はこれを知らないだけのことだ。

ルソーは、七月四日、ジュネーヴのサンピエール大聖堂で洗礼を受けた。七月七日に亡くなった母は、ジュネーヴ市の山の手の街区に住む上流階級の子女であった。母の父は、放蕩に明け暮れ若死にするような、いわば一家の「厄介者（black sheep）」（モーリス・クランストン）であったが、母もまた父の奔放な性格を受け継いだのだろうか。母は、当時女性には禁止されていた、城壁の外に小屋がけされていた芝居を男装して見に行き、長老たちが監視の目を光らせる、いわば国家イデオロギー装置としての「宗務局」に突き出され、譴責処分を喰らったり、また妻子持ちの男と交際し、これもまたそこから叱責されるような女性であった。この譴責文には、現在我々も眼を通すことができるともいわれている。母は、自宅で開かれたサロンで、才知の閃きを示し、称賛される女性であったともいわれる。息子ルソーは、父から繰り返し呪文のようにジュネーヴ共和国と母の素晴らしさを吹き込まれたことであろう。しかしやがてルソーの一家は、父の妹シュザンヌ・ベルナールをともない、山の手にあった母の高級住宅街から、下町のレマン湖の辺の湿地帯にあった、祖父が住んでいた三階建て集合住宅に引っ越す破目になった。引越しの理由に、過激派の祖父宅に身を寄せ、政治運動をするためということがあげられるが、やはり生活苦のために引っ越さざるをえなかったというのがおそらく真相であろう。

しかしルソーにとり、これは単なる住居移転ではすまなかった可能性がある。ルソーは、父から教えられた母とのかつての優雅な生活と現実の惨めさの間の「ズレ（décalage）」を鮮烈に覚え苦しむようになっていく。このズレによりルソーは、「劣等感」を持つようになる。生涯において三〇回近い転職を繰り返したともいわれるルソーは、この劣等感に終生苦しめられるようになったであろう。アードラー的にいえば人間は「劣等感（inferiority complex）」を、自己に内在すると信じる「力への意志」によって〈補償（compensation）〉していくしかない(1)。人間は劣等補償がかなわない時は、他者への「怨念（ressentiment）」を抱くようになりがちである。そうして恨みの「眼差し（regard）」により他者を見るようになる。他者の厳しい眼差しに耐えられなくなった時、人間は他者の眼差しを遮断する行為を取りがちである。他者の前から姿を消すのも一つの手立てだろうが、ルソーはそうするにはあまりに自己顕示欲が強かったのかも知れない。他者の眼を遮断する緩衝装置、彼の場合、それは「障害（obstacle）」を立てることであった。障害を置き、相手に見られることなく相手を見る、これは力を発揮できない時にする一種の劣等補償行為であろうが、相手を見返し、自己のコントロールの下に置いていないという点で、この行為は補償行為としては成功していない。それは「窃視症（scopophilia）」に見られるであろう。例えば壁穴という障害を通して相手を見るという行為がある。あるいは例えば重度の吃音のために相手と直接コミュニケーションをとるのは苦手だが、パソコンでならできるというならば、パソコンいうのは実は相手を覗くために設けた障害、覗き穴に匹敵するのではなかろうか。〈透明（transparance）―障害（obstacle）〉という二項対立のパラダイムは、ルソーによって後に、〈障害を通した透明〉すなわち〈法という障害を通した平等な人間関係〉の形成に脱構築されていく。

どんなに逆境に追い込まれたとしても、だからといって体制に刃向かう人間になるとは限らない。平凡な人間は、常に〈苦労即不幸〉と捉え、その苦労は他者によって強制されたという短絡的な結論を導き出すとは思えない。〈苦労の中にも幸福がある〉ということがルソーには想像できなかったのかも知れない。生きるということには、具体的な場で、具体的に、「相互共現存在」（マルティン・ハイデガー）として生を全うすることを意味するはずである。人間が、不幸の原因となる苦労は、全て他人から与えられたのであり、それは自らの権力への意志により超克していかなければならないものだと思うならば、そのような考えは「関係妄想」もいいところであるし、しかもそのような、自らの関係妄想を他者に「投影（introjection）」すると、他者が「悪（evil）」の権化になってしまいがちである。言葉の遊びではないが、「生（live）」を「否定（de）」するのが「悪魔（devil）」ならば、実は他者を否定するルソーこそが悪魔ともいえよう。ルソーはあまりにも自意識過剰のせいで、他者がルソーをどう見ているかを客観視できなかったのだろう。しかしそのような関係妄想が、苦労が多い人生を生き抜くための、一種の「疾病利得」として必要であったとするならば、それはそれで仕方がなかったのかも知れない。しかしルソーという人間は、その死後、生前交際があった女性から〈面白い気違いでした〉といわれるほどの男、さぞかし他人にははた迷惑な人間であったろう。

注

（1）アルフレート・アードラー（岸見一郎訳）、『生きる意味を求めて』、アルテ、第六章「劣等コンプレックス」を参照。ルソーのパーソナル・ヒストリーに関しては、ジャン・ゲーノ（宮ケ谷徳三訳）、『ルソー全集』別巻一、白水社、第一部「『告白』の余白に」を参照。またオーギュスト・E・ファゲ（高波秋訳）、『考える人・ルソー』、ジャン・ジャック書房、特に三「ルソーの性格と生き方」も参照。

③ジュネーヴ共和国イデオロギーのルソーへの影響

最後に三番目の問題である。ルソーはジュネーヴ共和国の市民権を再度捨てるまで、自らの祖国を誇っていた。彼はその祖国の総会派の人々と密接な関係を保っていたが、その中には当然「牧師」たちがいた。日頃信者と接触していた牧師は、説教壇から一体どのような教えを垂れていたのだろうか。一言でいえば一八世紀のジュネーヴの牧師たちは、一六世紀のような峻厳なカルヴィニズムを信者に向かって説いてはいなかったことを確認するのが大事である。では何を彼らは信者に吹き込んでいたのだろうか。

いうまでもなくキリスト教の本質は「救済神学」であるが、どのようにして〈死後の魂の救済〉を実現するのか。古代から中世にかけて神学者により、救済は人間の「自然（natura）」によりなされるのか、それとも神の「恩寵（gratia）」によりなされるのかという、有名な〈恩寵対自然〉の二項対立のパラダイムが捏造されたが、教壇創設初期の段階では、このパラダイムの影響下にあった牧師は「絶対原罪説」や「絶対予定説」を信者に説いて、人間の自力救済の道を閉ざしていた。だが時は移り、一七世紀から一八世紀になると、牧師は、「修正カルヴァン主義」あるいは「リベラルカルヴィニズム」を教え始め、絶対原罪説や絶対予定説などを信者に教えなくなっていた。このリベラルなカルヴァン主義の本質は、自然と恩寵の二項対立のパラダイムを、〈恩寵としての自然〉のそれに脱構築してしまったことにあり、ジュネーヴの牧師たちは、自然を善きものとして教え始めた。

ルソーは、このようなジュネーヴの雰囲気の中で育ち、祖国から離れた後も、リベラルなカルヴァン主義の影響を受けていた。そのためルソーは、古代から中世まで連綿と続いた神学的なキーワードであった〈恩寵対自然〉の二項対立のパラダイムを、「政治化（politicalization）」（＝神学的言説の政治的言説への変換）する形で「世俗化（secularization）」し、〈自然対歴史〉の二項対立のそれにシフトしてしまった。

実はこのパラダイムは、古代の『ヨブ記』にその起源を発する、「神義論（theodicy）」（あるいは「弁神論」ともいわれる）が政治化された形で世俗化されたものであった。ヨブは神を呪っていう。神が全てのものを善きものとして造ったのならば、ではなぜこの世に悪が存在するのかと。この矛盾を解かない限り、そのような神を拝む理由は無くなるし、最後には神の否定にまで行きかねない。この神学論的な神義論あるいは弁神論で措定された矛盾が、ルソーにあっては、政治化される形で世俗化され、自然と歴史の対立に置き換えられたと見てよかろう。神学においては、この矛盾を自然としての自由によって解くことができるのか、あるいは神の恩寵によってしか解くことができないのかという課題になっていくが、ルソーにあっては自然と歴史の対立を、人間の「自由（liberté）」意志によって解くことができるのかという課題になっていく。これは、ほぼ同時にこの世に出た『社会契約論』と『エミール』の冒頭の書き出しが次のようになっていることから分かろう。

「人間は自由な者として生まれた。しかも鎖につながれている。どうしてこうなったか。私は分からない、しかし何がこれを正当化するか。この問題ならば解けると思う」(1)（『社会契約論』第一編第一章冒頭）。

「万物をつくるものの手をはなれるときはすべてはよいものであるが、人間の手に移るとすべてが悪くなる。何一つ自然がつくったままにしておかない。しかしそういうことがなければ、すべてはもっと悪くなるのであって、わたしたち人間は中途半端にされることを好まない」[2]（『エミール』第一編冒頭）。

いずれにしてもルソーは、神により造られた人間が、自己を歴史化していくうちに堕落していったとしても、人間は、自然に従って自己を善き方向に導いていくことができるし、またそうしていかなければならないとする修正カルヴァン主義を信じていたといえよう。ルソーはこの説をやがて祖国のエスタブリッシュメント、そして絶対王政国家のイデオロギー批判の武器として鍛えていく。

神義論はこうして後の革命的政治思想を生み出す供給源になったが[3]、実はアジアにもそれに負けない程の革命的エネルギーを秘めた宗教があった。それが「宇宙義論（cosmodicy）」である。それは人間世界に在る悪に対して、宇宙の義を説く宗教思想であったが[4]、宇宙の義とは、永遠に循環再生する〈宇宙の法〉のことであった。悪とは宇宙の摂理から外れる行為のことであった。だから善き行為とは、宇宙の法則に没入することであった。このようなアジア的な宇宙義論は、ストア主義哲学の自然法思想を経由して、宇宙の法則を意味する西欧のキリスト教の「永久法（lex aeterna）」に継承されていった。我々は宇宙義論の信奉者に日本の江戸時代中頃の思想家安藤昌益を見出すことができよう。

それにしても『社会契約論』が、ヨーロッパの小都市国家ジュネーヴ共和国に制約されたなかで出てくる政治思想であるなどと、はたしていえるのだろうか。これまで我々が描いてきたルソー像は、「死せるルソー」であり、「生けるルソー」ではなかったのではないか。その意味で、彼を蘇生させることが必要ではないか。いわば蘇生方法が contextual approach による Genevan context ではなかろうか。したがって本書の目的は、新しいルソー像を構成することにあるのではなく、これまでのルソー解釈では容易に見えてこなかった〈隠されて存在する〉真のルソーを、この方法によって発掘することにある。本書は、いわばルソーを見直すための準備作業として位置づけられる。一八世紀のヨーロッパの知識人にとり、ジュネーヴ共和国は、古代ギリシャのアテネの「市民の国家（cité）」の再来として称賛されていたからこそ、ルソーはあれほど「郷土愛（patriotisme）」を謳ったのだ。その意味で、今後まさにGenevan contextから彼の政治思想を探っていくのが大事な作業となろう。

注

（1）J・J・ルソー（桑原武夫・前川貞次郎訳）、『社会契約論』、岩波書店（岩波文庫）、一五頁。

（2）J・J・ルソー（今野一雄訳）、『エミール』（中）、岩波書店（岩波文庫）、二三頁。

（3）古代の神学者により唱えられた〈恩寵と自然〉の二項対立のパラダイムは、トマス・アクィナスの〈恩寵化された自然〉という一項のみのパラダイムに変わり、やがてルソーにより〈自然と歴史〉という二項対立のそれにシフトされていく。自然と恩寵の二項対立のパラダイムが自然と歴史の二項対立のそれにシフトされていくことについては以下の文献を参照せよ。Henri Gouhier, Nature et histoire dans la pensée de Rousseau, in: *Annales de la Société de Jean-Jacques Rousseau*, Vol. XXXIII (1953-1955), p. 47.

（4）宇宙義論により貫かれた政治思想を構築した日本の思想家安藤昌益については、拙著『国家・権力・イデオロギー』、明石書店、第九章「安藤昌益の平等観――宇宙義論の視点から――」および本書第三部第八章「体制変革の思想家ルソーと安藤昌益――神義論的自然観と宇宙義論的自然観――」を参照せよ。

第二章　中世的知から近代的知へのパラダイムの変換

——トマス・アクィナスの政治哲学を与件として——

第一節　恩寵と自然——近代的理性の批判——

神学的基盤から演繹的に弁証されるトマス・アクィナスの政治哲学は、自然を数学的に理念化することにより構成される自然科学を、人間社会を分析し構成する方法として転用することから成り立つ近代政治哲学によって、打倒克服されたといわれているが、我々は、はたしてそのようにいい切ることができるであろうか。

中世神学は、近代の科学的精神である「理性」の力によって、その虚妄性をはぎとられたのであろうか。我々はここでもう一度、近代的理性の特質を考えてみる必要がある。周知のように、理性は啓蒙主義哲学においてメイン・テーマとなった。エルンスト・カッシーラーは、『啓蒙主義の哲学』において、「啓蒙主義哲学を内側から形成した造形力」に、理性をあげたが、彼によると、理性への絶対的信頼は一七世紀から開始された。特に一八世紀の理性は、一七世紀のそれが依然として独断的な命題から体系を建てる傾向にあったのに対して、体系＝「原理」を個別的な「現象」からつくりあげる。換言すれば、一八世紀の理性は、体系を、法則を内に秘めた事実そのものから発見する。カッシーラーは、このような実証主義的精神を、「体系的精神（esprit systématique）」と呼び称賛した。理性は、彼によれば、「真理を発見しそれを確定する過程を導く精神的な根元力」(1)として承認された。理性は、価値から中立的な概念となったのである。

ところで我々は、近代的理性を、カッシーラーが述べたように、積極的に評価してよいのであろうか。真理を発見する道具としての理性は、ガリレオから開始されたように、幾何学そのものを指していた。フッサールの『ヨーロッパの学問の危機と先験的現象学』を読めば分かるように、ガリレオによる数学モデルによる自然の構想は、数学的に理念化された自然が、客観的で現実的で真の自然として生活世界を代表し、それを全体的に包括する、などということがどのようにしていえるのかという点については検討しなかったとしても、問われる対象としての自然を把握したならば、その自然をコントロールするという野心を内に秘めていた。

近代的理性つまり理論モデルをつくる理性は、自然を支配することをとおして、フッサールの言葉をかりて表現するならば、「日常的な予見の作業を無限に越え」る(2)「予見と計画」を可能ならしめる。自然の支配に必要な前提条件である理性は、「操作主義」(3)となるであろう。このような技術的理性は、自然を支配する手段としての立場から、漸次人間を支配する理性の立場に自己を変えていくであろう。

実は、「対象を支配する能力」としての近代的理性概念がもつ危険性は、現代ばかりではなく、中世ヨーロッパにおいても神学者たちによって認識され、彼らの間で論争課題として存在したのであった。中世最大の神学者トマス・アクィナスは、この問題を神の〈恩寵と自然の矛盾・対立の止揚〉という神学的課題のなかで解こうとしたのであった。トマスが、『神学大全』で、アリストテレス的にいえば排中律的な課題であった信仰と理性の矛盾を解く理由は、理性を神聖化あるいは、浄化していくことにあった。信仰を介してのみ理性は、自己に着せられた汚名、すなわち「支配する能力」というレッテルから解放され、神が創造した宇宙の「理性（ratio）」すなわち「永久法（lex aeterna）」が人間の内部に照らし出されたものと捉えられ、「正しい理性（recta ratio）」という名誉ある言葉を与えられることになり、しかもこの理性は「自然法」という尊称を与えられるはずである。シュトラウス的にいえば、このような「人間の意志に先立ち、それと独立した客観的規則」を自然法とする中世の自然法観は、「人間の意志に発する一連の権利、主観的な要求」(4)を自然法とする、近代自然法観とは際立った対照性を我々にみせるであろう。

注

（1）エルンスト・カッシーラー（中野好之訳）、『啓蒙主義の哲学』、紀伊国屋書店、一四頁。「原理」とは、換言すれば「真理」であるが、それは「事実的世界それ自体の普遍的秩序と法則性」を指している。啓蒙主義的真理観は、実在論的真理観をその本質としていた。「現象」を探り、そこから「法則」を引きだす方法が、啓蒙主義的合理主義を指しているのは明らかである。

（2）エドムント・フッサール（細谷恒夫訳）、『ヨーロッパの学問の危機と先験的現象学』、『世界の名著』第五一巻所収、中央公論社、四一三頁。

（3）ヘルベルト・マルクーゼ（生松敬三、三沢謙一訳）、『一次元的人間』、河出書房新社、六四頁。

（4）Leo Strauss, *The Political Philosophy of Hobbes, Its Basis and Its Genesis*, trans. Elsa M. Sinclair, Chicago, University of Chicago Press, 1963, p. XI.

第二節　神学——神の存在証明の意味——

「恩寵は自然を廃することなく、かえってこれを完成する（gratia non tollit naturam, sed perficit）」。『神学大全』第一部第一問第八項「この教えは論証的であるか」において現れたこの文章は、恩寵＝「信仰」と自然＝「科学」との対立をアクィナスがどのように解いていくかを、我々に提示したものと思える。トマスは、アラビア半島を経由して入ってきた、アヴェロエスの信仰と理性の二重真理観を容認することは、信仰の存在価値を否定することになるとしてこれを断固拒否し、両者を統一する途を探ろうとしたのである。

トマスは、最早信仰のために科学つまり理性を捨てるわけにはいかないと考えた。彼は、「誤った信仰」をもたないためには、つまり正しい信仰心を維持するためには、人間が持っている自然としての「理性」をとおして、神の存在を証明していく方法を採用するしかないと考えた。理性は、その使用目的を最初から定められている。トマスは、信仰の存在基盤を掘り崩す元凶と思われる理性を、むしろそれを確固たるものとするために使おうとしたのである。

我々は、中世の啓示宗教に対するアンチ・テーゼとして、近代人は「理神論（déisme）」[1]を発明したと、聞かされているが、はたしてそれは本当なのだろうか。我々は、中世人トマスが神の存在を証明していく方法は、まさに近代の「理神論」につながっていく先駆的形態とみなしてよい。「第一真理」としての神の存在は、自明のことであり、それを論証する必要は全然ないという意見に対して、トマスは、論証を抜きにして神の存在を確かめる方法はないと反駁した。

トマスは「論証的な（argumentativa）」ものには二種類あるという。彼は神の存在をどのようにして論証しようとするのであろうか。第一に、「原因による論証」、すなわち先なるものによる論証であり、第二に、「結果による論証」、つまり結果から原因を探ることによる論証である。いま問題にしたいのは、第二の論証である。事実として存在する「結果」は、「原因」がない場合、存在しないはずである。その事実としての結果から、原因を探り当てるしかないのである。それゆえに我々は、「第一真理」としての「神は存在する」は、自明ではないから、結果から原因としての「神は存在する」ということを論証していくしかないことになる。しかもトマスは、第一真理としての「第一原因」であるものに神という名前を与え、存在するものがいったい「何であるか」を規定することができると考えている。すなわちトマスは、「存在（esse）」と「本質（essentia）」とを区別し、存在を論証したとき、存在するものの本質が分かるというのである。

そのような神の存在を論証するために、人間は、自己の内部に、存在するものを認識する能力をもっているはずである。トマスは、この認識能力を吟味する。トマスは、近代経験論哲学の先駆者である(2)。というのも彼は、後の哲学者のホッブズ、ロックなどが認識の原基として「感覚」を定立したが、彼もまたそうしたからである。彼は、神の存在を論証するための方法として、人間の認識能力としての感覚に目をつけた。

そこで我々は、『神学大全』第一部第一二問第一一項と第一二項でこの問題が扱われているので見ていこう。第一二問「神はいかなる仕方でわれわれによって知られるか」の第一二項は、次のように書かれている。「われわれは神を現世において、自然理性によって認識することができるか」と。トマスは、彼独自のディアレクティクを駆使することで、問題を解いていく。すなわち「命題」から「反対命題」そして最後に「統一命題」に進むことで。これを具体的にいうと、「なになには、なになにであるか」から、「なになには、なになにでない」、そして最後に「私は答えていわねばならぬ——なになには、なになにである」という形になる。その項で彼は、いったい何をいいたかったのか。彼の言葉を聞くことにしよう。「答えていわなければならない。われわれの自然本性的認識は、感覚にその端緒をとる。ゆえにわれわれの自然本性的認識は、可感的なるものによってみちびかれうる範囲のものにしか及ぶことができない。しかるに可感的なるものよりしては、われわれの知性は、神の本質を見る境地にまで到達することができない」(3)。

人間は、感覚を媒介としてのみ、「対象」を把握できるのである。しかる後に人間は、非感覚的能力である知性をとおして対象の構造を認識できるのである。人間は、感覚を抜いては何も直接的には把握できない。人間の外部に存在するものは、感覚をとおして自己内部に、印象としてあるいは、「表象（phantasm）」として入ってくる。表象とは対象の「観念」とみてよいであろう。人間は、その表象に対し、知性によって向かい、対象の表象を総合し、かつ、そうすることで表象から一定の抽象的な概念を掴み取るのである。

ここで、この問題を一つの例を出して分かりやすく説明してみよう。小さな子供に一種の屈折光学を教えることにしよう。たとえば、白日の下、光が十分さすところで、水がいっぱい入った容器のなかにまっすぐな棒をさしこんだとしよう。屈折光学を何も知らない子供は、素直にこの棒は曲がっていると考えるであろう。実際は曲がってはいないのだが、子供は五感のうち「視覚」でとらえた結果、「曲がった棒」との誤った「表象」をもつといえよう。この誤った表象を矯正するためには、他の感覚つまり「触覚」を用いる必要がある。子供は、触覚をとおして棒が曲がってはいないことが分かるのである。人間は、五感をとおして外部に存在するものの表象をもち、その表象の相互の関係を整序するのだが、その関係を整序する能力を「知性」と呼ぶことができるのである。

したがって人間は、感覚をとおさないで対象をつかむことはまったくできない。可感的なるものによって、あるいはそれを介して知性は出現するのだが、それをまったくもたない場合、知性は「神は非物体的であるから、神の表象なるものは、われわれのうちに存在しえない。ゆえに神は、自然認識をもってしては、われわれに認識されることができない」(4)といいたくなるだろうが、その表象なるものが存在しないからといって神が存在しないことにはならない、というのがトマスの抱いた見解であった。

それではトマスは、どのようにして神の存在を論証しようとするのか。彼は、あくまで経験論的な立場を捨てはしない。彼は、神がつくったという被造物という可感的対象を、自己の感覚を介して、表象としてつかむことによって存在者ではない存在、すなわち神の存在をつかんでいくのである。

トマスは、『神学大全』第一部第二問第二項の「神在りということは論証されうるか」で、まず第一に神が存在するということは論証できないという命題を提出する。「『神在り』は信仰箇条である。しかるに信仰に属することがらは論証されえない」(5)。次に彼は、反対命題として次の言葉、「神の見られえないところのものは、造られたものによって知られ、あきらかに認められる」を挙げている。最後に彼は、「事実による論証」を行う。すなわち、現に存在する事実から、その事実を生み出した原因としての主体である神の存在を論証していくのである。トマスは、神を論証するまえに、「実際、何かが存在することを証明するためには、証明の媒介として、その名が何を意味するかを把握していなければならない」としている。神という名が「何を意味するか」は、神が存在するかどうかを論証するまえに、あらかじめ神という名の意味するところを確定しておかなければならないということを意味しているといってよい。トマスは、神は「何を意味するか」を「原因」と規定している。原因は、結果がない場合は考えられない。

ところで彼は、無自覚的に、一つの矛盾する問題を提起してしまった。それは、一方では神を、世界に外在し世界から超越的に存在するといいながら、他方では神を、現に存在する結果の原因と規定することに現れている。「超越性・外在性」と「原因・結果が有する内在関係性」(原因は結果を内に含み、結果は原因を内に含むということ)とは、相互排他的な問題であるはずである。原因―結果の因果連関の法則によって神の存在を証明する方法を採用することは、それゆえ本来的には絶対にできないはずである。いずれにせよトマスは、神の名の意味するところを「原因」と規定し、その原因態としての「神は存在するか」を第一部第二問第三項で論証していく。彼は、命題で神は存在しないという見解をあげ、その理由として「何か無限に善なるもの」としての神が原因として存在するならば、なぜその結果としての世界に悪が存在するのかという古代から連綿として続く「神義論」あるいは「弁神論」(6)を提起する。「善(原因)」から「悪(結果)」が生まれることになり、これは背理以外の何ものでもない。彼は、神は存在するという反対命題をあげ、最後に統一的命題を掲げる。彼は、神を論証する五つの方法を提示する。我々は、そのうちで彼が「作出因の根拠にもとづくもの」といっていることに限って説明してみよう。

第二問第三項から見ていくことにしよう。トマスは「(一)この世界のなかで何物かが動いているということは確実であり感覚によって確認される事実である。「（二）ところで動いているものはすべて、他者によって動かされている」「（三）ところでその動かしている他者そのものが動いている場合には、その他者はまた別の他者によって動かされているはずであり、その別の他者もそれとはまた別の他者によって動かされているはずである。しかしこの系列を追って無限にすすむことはできない。なぜならその場合には、何か第一の動者は存在しないことになり、したがってまた他のいかなる動者も存在しないことになるからである。……（四）それゆえ、何者によっても動かされることのない何か第一の動者にまで到ることは必然である。これをすべての人々は神と解する」[7]と述べている。運動とは、デカルト的にいえば、〈一方の場所から他方の場所へのものの移動〉を指している。その運動を起こす原因は、運動するものの外にあるか、その内にあるか、いずれか一方でしかない。運動の原因を最終的に自己の内部にもつものを、トマスは、神と呼ぶ。かくして神の「存在」は論証された。トマスは第一原因としての神は、結果として存在している「存在者（ens）」を生みだしたというのである。

しかもトマスは、すべての存在者は、たえず生成・消滅のさなかにあるという。存在せしめられた存在者は、いつか存在者であることをやめるしかない。存在者は、自己の胎内に「無」を保存しているのである。存在者としての人間もまたアウグスティヌス的にいえば「死につつある」存在として自己の内に無を秘めている。存在と無とは対立命題であり、無をはらむ存在とはいったいどのような意味をもつのであろうか。あるいは言い方をかえれば、無によってすべてを失ってしまう存在とはいったい何かということになろう。生成・消滅する存在としての人間は、トマスによれば、存在することもしないことも可能である。そのようなものは、常に存在することは不可能であり、いつかは存在しないことになる。それにもかかわらず人間は、現に存在する。となると人間は、他のものによって存在せしめられるということになろう。自存する存在としての神が人間を造り存在せしめたのである。となると人間は、神によって造られたのであるから、いかに生成・消滅する運命の下にあるとしても、存在の「目的（telos）」をもって造られたことになるのである。人間の場合、まず存在せしめられ、しかるのちに存在の根拠として目的を神から付与されたのである。目的＝「本質」は、存在の次にくるのである。あらしめられて在るものは、存在が先であり、その後にその存在を規定する「何であるか」＝「本質」を与えられるであり、その意味で両者は別である。

そこで、次の問題が生じる。我々は、すでに神という名が何を意味するかを探った。それは、「原因」と名付けられた。そして次に神が存在することが論証されたが、その神とはいったい何者なのかという疑問である。神とは「何であるか（quid esto）」。トマスは、『神学大全』第一部第三問の冒頭「神の単純性について」で、その問題点を次のように述べる。

「或るものについて、そのものの〈在る〉ということが知られた場合、探求すべくなお残されている問題は、〈どのように在るか〉であり、このことが問われるのは、そのものの〈何であるか〉を知るためである。しかしわれわれは神について、その〈何であるか〉を知りえず、ただ〈何でないか〉を知りうるのみであるから、われわれは神について〈どのように在るか〉ではなく、むしろ〈どのようにないか〉を考察しうるのみである」(8)。我々は、自然としての理性の力を介して、神が存在することを突きとめた。神とは「何ものでもない」ということは、トマスの場合、いったい何のために提起されたのかが問題となるであろう。それは、世界を神化してしまう宗教観を破砕するためである。そこからトマスは、世界の神化をもたらす「神とは何ものであるか」という問いかけを否定し、「神とは何ものでもないのではないか」と問いかけることをとおして、自然を神化する危険性を断ち切ることができ、世界から外在し超越する神を導出することができたと考えたのである。

通常我々は、本質とは何かという問いかけをするとき、存在するものがいったい何のために存在するのかを知りたいのである。例えば、机という存在物は、何のために存在するのかという具合にである。机は、人間にとって何かを置いたり、物を書いたりするためのものであるという具合に、その本質は定められる。本質とは、「定義」であるとき、人間は、そのものの本質の下に存在物を規定するようには、神という存在の本質を規定することはできない。人間は、自分の側から、神の定義を与えることは絶対にできない。となると定義は、定義ではない定義となるであろう。我々が、いかに神においては存在と本質とは同一であり、また「神は存在する存在である」といったとしても、神とは、何であるかを規定しえない、空虚な存在となるであろう。ヘーゲル的にいえば、規定は限定であるが、神の本質規定は実は無規定を指している。理性を介してたどりついた先は、神の存在の本質は、人間には絶対に認識されえないということになるであろう。

いずれにせよ理性は、自己の支配力を最高度に高めていくにつれて、最後には理性によっては認識しえない領域＝信仰があることを知ったとき、自己の無力を悟り退き、逆に安心立命の境地に到達することになろう。近代の理性とは異なり、中世の理性は、すべてのものを支配しようとする傲慢さをもたないのである。理性は、最終的には自己の力を否定することによって、かえって自己の存在意義を認識するようになるであろう。

注

（1）理神論は、近代の自然科学の発達とともに生まれたといわれている。それは、宇宙の合理的かつ法則的な把握から、一定の法則をもつ宇宙をつくったものとして神の存在を論証するところから展開された。この宗教観は、非合理的な啓示宗教に対するアンチ・テーゼとして提供された。理神論に関しては、本書第一部第四章「自然法論——秩序の宗教観から——」を参照。理神論は、トマスにおいても展開されていることを認識することが重要である。

（2）Frederick C. Copleston, *Aquinas*, Harmondsworth, Penguin books Ltd., 1955, p. 29.

（3）トマス・アクィナス（山田晶訳）、『神学大全』、『世界の名著』第五巻所収、中央公論社、三六二頁。

（4）同書、三六一頁。
（5）同書、一二六頁。
（6）弁神論あるいは神義論とは、文字どおり、神の立場を弁護するために要請された学である。古来神学者は、神は善きものであるにもかかわらず、人間の世界に現実に悪が存在するのは、いったいなぜなのかという問題に頭を悩ませてきた。神の善と人間の悪との間に横たわる矛盾を、神学者は、人間が自由をもつという点を提起することによって、解決しようとした。人間は、神によって創造されたがゆえに、善をなすべきだが、自由をもつがゆえに、悪の方向に自らを進める傾向を持つ。思うに、近代政治哲学者もまた、この二つの間の矛盾をどのようにしたら解決することができるかという点から、自己の政治哲学を建設していったことにおいては、同じである。たとえば、ホッブズは、人間から自由を奪い、人間を絶対的主権国家に縛りつけることをとおして、人間に内在する悪を遮断しようとした。ルソーは、ホッブズとは異なり、一般意志つまり支配と被支配の同一性を確保する政治共同体論を展開することによって、自由のなかに「相互性」という要素を含めることをとおして、自由を善き方向に導こうとしていた。
（7）トマス・アクィナス、『神学大全』、前掲邦訳、一三〇頁。
（8）同書、一三七頁。トマスが、神とは「何であるか」ではなく、「何ではない」と規定していくのは、人間が自己の側から、神とは何かを規定していくという点に内在する思いあがりを否定していくことにその主眼があった。「何ではない」から「何である」を論証していく方法は、「否定の道（via negativa）」といわれる。否定を徹底的に押し進めることをとおして、むしろ逆に神とは何かを、イメージとしてつかもうとする姿勢が、トマスにはあった。否定的肯定、それが彼の道である。

第三節　倫理と政治

こうしてトマスは、理性を、神の存在を論証する方法として採用した。神の存在の論証の目的は、当時の呪術がかった迷信的な宗教を否定し、キリスト教的一神教を確立し、人間の存在の無意味性から人間を防衛することにあった。

神の存在を論証したトマスは、今度は『神学大全』第一部第一九問「神の意志について」で、神は意志を持つかを問い、意志を持つと答える。それでは、神の意志とはいったいどのようなものであろうか。トマスは、神の意志は、背後にある神の愛によって支えられているとし、そして神の意志は、「神の正義」という形をとって現れると述べている。神は自己の造ったすべての被造物を、正義＝秩序をとおして保存するというのが、彼の見解であったのである。このような正義＝秩序の観念は、後のルソーの『エミール』の「サヴォア助任司祭の信仰告白」で、再び現れることになろう。

それではトマスは、神は人間を含めてすべてのものをどのように造ったと考えたのであろうか。我々は、トマスが神とこの世界の関係をとらえていくとき、常に「工作者」と「作品（opus）」との関係のイメージで考えていることを理解すべきである。工作者は、作品をつくり出すとき、当然のこととして、自己がつくり出すものの青写真を前もって持っていなくてはならないはずである。つまり、つくられる作品には、つくる者の制作意図が内在していなくてはならない。そのような視点から神と世界との関係を、トマスはとらえている点に注目すべきであろう。

トマスは、『神学大全』第一部第二一問「神の正義と憐れみについて」において、二種類の正義の存在について述べている。第一に、「相互的な授受（mutua datio et acceptio）」であり、これは「平均的正義」を指している。この正義はしかし、相互性＝平等をその本質としていて、神と世界のすべてのものとの関係を平等ととらえるがゆえに、神には相応しくないとして、彼によって拒否される。第二に、「配分的正義（distributiva justitia）」と呼ばれるものであり、文字どおり垂直関係にあるもののうち高位のものが下位のものに課す一つの命令を指している。この種の正義は、神と神によって造られたすべてのものとの関係を不平等としてとらえているので、神にまさしく相応しいとして承認されている。

トマスは、この「自然的世界（res naturales）」と「意志的世界（res voluntariae）」の二つの世界において客観的に現れている「宇宙の秩序」(1)が、とりもなおさず「神の正義」の存在を現していると考えた。そこで彼は、「配分的正義」を次のように規定する。「統宰とか管理の位置にある者が各々にその〈価するところ（dignitis）〉にしたがって与えるといった場合における正義」であると。「自然」は、彼によれば、神によってあらかじめ一定の目標に向かい進むように決定されていて、人間のように自らの意志では目的に向かって動かない。これに対して、人間の世界はどうか。人間は、自由の主体であるがゆえに、神が造った秩序下には入らず、むしろ秩序に対する撹乱分子として世界に現れるのであろうか。こうなると人間は、神を冒涜する者となるであろう。そもそも、トマスにとって秩序とは、神に内在する「事物の目的への秩序づけについてのイデー」すなわち「摂理（providentia）」の客観体なのである。この場合、目的とは、「神の善性（bonitas divina）」を指している。摂理の例をトマスは、幾度も工作者が作品をつくる例を引いて説明する。つくられる作品はつくる者の技術の秩序づけのもとにあると。つくり手＝神は、作品＝世界を、自己に内在する理性のもとでつくった。その意味で、神の「存在」を分有するものは、神の「理性」の客観体といえるのである。神は自己が造ったものを、理性を通して支配する、というのがトマスの見解であった。

すべてのものは、摂理のもとに入り、各々に内在する目的によって秩序づけられている。神は、すべての行き先を完全に掌握したうえで造ったはずである。すべてのものは、それゆえに一定のコースをたどるように「予定（praedestinato）」づけられている。トマスは、この「予定」を、目的への「送り渡し（transmissio）」と述べている。すべてのもののうち人間は、単独の力で永遠の救済を可能にすることはできない。そのためには、神の援助が絶対に必要である。そこで、人間界に悪が存在するならば、それは人間の自由意志に求められることになるであろう。

工作者としての神は、自己の理性的力のもとで作品を造るが、造られたものには、彼の理性が内在する。その意味で、工作者としての神の「知性（intellectus）」と造られた「事物・ものごと（res）」との間には「対等（adequatio）」の関係が成り立つ。この両者の対等性が、とりもなおさず「真理（veritas）」と呼ばれる。トマスは、「事物」が「知性」の尺度である場合、「真理」は「知性が事物に対等することにおいて成立する」といい、逆に「知性」が「事物」の尺度である場合は、「真理」は「事物が知性に対等することにおいて成立する」と述べている。トマスは、神自らが造ったものに一方的に与えた神の正義は、「理性」にかなった「秩序」を「事物」において設定する以上、「真理」と名付けられるといっているのである。

周知のように、ヨーロッパ中世の神学者の間で普遍論争なるものがあった。いわゆる「名目論（nominalisme）」と「実在論（réalisme）」の戦いがそれであった。名目論は、普遍的なるものは、実在するものに「名」を付与する「言語」であるという、反対に実在論は、普遍的なものは、実在するものに存在するという。中世においては、主として言語は、「存在の鏡」（ミシェル・フーコー）であり、実在のコピーであった。そのような形勢下にあって、トマスは、「真理」を、「知性」と「事物」との折衷的対等関係とおさえたとき、名目論と実在論を統一する意図をもっていたといってよかろう。

存在するものは、いま述べたように、真理そのものであり、摂理によって目的にまで方向づけられているがゆえに「善きもの」なのである。そして、すべてのものは、調和に満ちたものとして現存し、調和に満ちたものは美しいのである。すなわち人間の世界も含めて、神によって造られたすべてのものは、あらしめられて在るのであるから、〈真・善・美〉を体現しているのである。まさに現に存在するものは、神の「理性」を客観化しているがゆえに、神聖化されることになるであろう。

神の「存在」を分有する人間は、相互に人間関係を結ぶとき、神から諸々の「法（lex）」を与えられている。その法は、やはり神の「理性」が顕現したものととらえられるべきである。トマスは、『神学大全』で、「法一般」という標題のもとで、「法」とは何かについて、次のように説明している。「法とは、それにもとづいて人が何かをなすように導かれたり、あるいは何かをなすことを抑止されたりするところの、行為の一種の「規則（regula）」であり、「基準（mensula）」である。そもそも法という言葉は「拘束する」という言葉からきているが、それというのも法は、何ごとかをなすように拘束するからである。ところで人間行為の規則基準といえば、上述のところから明らかなごとく、「人間的行為の第一の根源たるところの理性である」[2]。理性こそが、「その適切な目的」を実現するように人間を導くのである。法は、神が人間に与えた秩序＝正義を目的として、それを実現するために欠かせない手段である。

法とは、禁止あるいは許可へ人を拘束することを指し、その点で後世のホッブズの法の観念と同じである。しかし、トマスは、拘束力の原基を「意志」ではなく、理性に求めている点で、ホッブズとは異なる。したがって法は、近代の主意主義的な法観とは違い、ある者が、自己の意志によって他者に命令するとき、理性によって規制されない場合は、決して法とはならないのである。

理性によって統制された法は、いったい何をその目標とするのであろうか。人間が現世において最大の目的とするものはなにか。トマスは述べる。「すべての部分は、完全なものに対して不完全なものがもつように、全体に対して同じ関係をもたなければならないがゆえに、また人間は、共同体であるそのような完全な全体の一部分であるがゆえに、法は、その固有の目標として共同体全体の幸福をもたなければならないということがおこる」[3]と。

トマスは、アリストテレスを忠実に踏襲し、人間は、共同体という全体の一部分であり、全体のなかでしか生きられないとし、全体の幸福のなかでしか自己の幸福を味わえないという信念をもっていた。しかしこの文章は、後に述べるが、誤っていわれるように、個人がまったく全体に埋没し、全体の犠牲になるしかないといっているのではない。

トマスは、「法を欲する者は、誰か」と問い、法は、共通の善の秩序づけであり、その秩序づけをするものは、共同体全体か、あるいはそれを代表する者でしかないとし、代表者＝私的個人（彼にとり君主であろう）とするのが最も望ましいとしている。そこでトマスは、法を最終的に要約して、次のように述べる。「法とは、共同体全体の配慮をつかさどる者によって制定され公布されたところの、共通の善への、理性を介した、秩序づけにほかならない」[4]と。

それではトマスは、何種類の法が存在すると考えているのであろうか。彼は、「永久法（lex aeterna）」、「神法（lex divina)」、「人定法（lex humana)」、「自然法（lex naturalis)」の四種類があると考えている。神法は『聖書』に現れた神の啓示であり、人定法は人間関係下において主として外的行動を規制する法である。問題は、永久法と自然法の関係である。トマスは、神が造った宇宙が普遍的な法則の下にあるとみ、この法則を永久法と呼ぶが、自然法をどのように見ているか。神によって造られたすべてのものは、神の存在を分有するので、なんらかの程度で永久法に参加する。理性的存在である人間は、自己と他者との関係を互いにコントロールすることによって、永久法に参加することになる。これが自然法である。トマスは、自然法を、神的理性が我々人間の理性に反映したものであると述べている。神は工作者であり、この宇宙を完全な計画のもとで造った。したがって、宇宙に位置を占める人間もまた、神の理性のもとで造られたはずである。となると人間は、宇宙の法則を意味する永久法が人間内部に反映したものである自然法を理性により認識し、実践しなければならない。トマスの自然法は、まさにダントレーヴの言葉によれば、「天と地をつなぐ橋」(5)の役割をもつといえようが、近代の自然法のように、単なる認識能力におとしめられない。自然法は、近代のそれとは違い、人間に外在し、かつ人間から超越的に存在する普遍的規範の位置占めることになるであろう。

我々は、最後に国家について述べる段階に到達した。トマスは、アリストテレスに倣い、人間は、自然的に政治共同体を形成するものだと信じていたが、なぜ信じることができたのか。彼は、国家の形成を自然史主義的に捉えていたからである。すべての人々は、絶対に独りでは生きることができない。人間は、自己の生存を維持するとき、そのためのものをもたなければならないが、ただひとりの力で財をつくりだすことはできない。そこで彼は、他者の協力を不可避的に必要とするはずである。人間は、互いに「分業」体制を漸次つくりださなくてはならなくなるはずである。トマスは、分業体制が完全に形成された社会集団を国家と呼ぶのである。ここから我々は、全体が、実は個々人の職能から構成されているのを知ることができる。その意味で、個々人の職能抜きで全体が成り立つはずがないことが分かるはずである。

こうした完全な分業体制のもとに成り立つ国家においても、一つの問題がおこる。個々人は、他者との協力関係下で自己の生存を維持することができるのだが、自己中心的に生きる傾向をもっている。そうなると、分業体制から成り立つ国家の存続は危うくなる。そこでトマスは、国家を支配する最良の統治形態は何かについて考え始める。彼は、アリストテレスに倣い、三種類の統治形態があるとみる。第一に、一人のものが支配する「王政」、第二に、少数の徳をもった人々が支配する「貴族政」、第三に、多数が支配する「民主政」である。統治の目的は「団結と平和」である。この目的を実現するならば、いかなる統治形態でもかまわない。逆に、単なる「力（fortitude）」によって暴政を敷く場合は、いかなる形態でも認められない。彼は、一応理念的には王政を最もよい統治形態であるとみたが、それでもそれが「僭主政」に堕落しないという保証はないと考えていた。そこで彼は、それを防止する策として、「混合政体」を提案する。王政のもつ力、貴族政のもつ徳、そして民主政がもつ政治への参加意欲、それら三つの善きものが混合された混合政体が最もよい統治形態であると、彼は信じたのである。この三つの統治形態が合体した時、そこには一つの美しい調和が生まれることになろう。調和は、神がこの宇宙を造ったとき、意図したものであった。宇宙のなかで人間は、すべての他者と国家を形成したとき、神の意図が反映した宇宙において存在する調和をつくりだしたのである。この種の統治形態は、したがって永久法の客観体として賛美されることになる。

このような統治形態下では、統治者は「神の印影（impressio divini）」である自然法を忠実に執行するであろう。もし、統治者が悪政を敷いた場合、共同体全体は、抵抗権によって反抗することが許されることになろう。なぜならば悪政を敷いた統治者は、永久法に違反し宇宙の秩序を乱したことになり、その統治者に反抗するも者は、秩序回復をもたらす者となるからである。統治者は、絶えず被支配者全体から、永久法の反映たる自然法によって監視されるであろう。

注

（1）トマスの「宇宙の秩序」から神の正義の存在を論証するやり方は、たとえば近代政治哲学者のルソーに受け継がれている。神は、一方的命令として、人間に「配分的正義」を与えた。それから神は、人間が他者との間で守るべき規範として、「平均的正義」を与えたと考える点で、トマスとルソーは似ている。平均的正義の本質は、「相互性」＝「平等」にある。この正義観を過度に強調することは、現にある秩序を否定することにつながる。そこでトマスは、この正義観を和らげたのに対して、後のルソーは、それをラディカルに現状否定のイデオロギーとして使う。

（2）*Aquinas: Selected Political Writings*, edited with an introduction by A. P. D'Entrèves and translated by J. G. Dawson, Oxford, B. Blackwell, 1948, p. 109.

（3）*Ibid.*, p. 111.

（4）*Ibid.*, p. 113. ポール・ジャネは、法は、その本質として「公布」を必要としないし、共通の善は、法がもたらす結果であり、法が内在的にもつ要素ではないとし、むしろトマスの法にとって重要な点は、彼が理性を介した秩序づけといっている点だと述べる。理性を介した秩序とは、ジャネによれば、神が自己の理性によってすべてのものに与えた法則である。そのような点から彼は、トマスの法の理念は、後のモンテスキューの、法を〈事物の諸関係の総体〉ととらえる方法の先駆的形態であると断定する（Paul Janet, *Histoire de la science politique dans ses rapports avec la morale*, t. 1, Geneve, Slatkine Reprints, 1971, p. 370）。

（5）Aquiuas: Selected Political Writings, *op. cit.*, p. XIII.

第四節　「恩寵と自然」から「自然と歴史」へのパラダイムの変換

先述のとおり、中世の人間トマスは、当時の神学の共通の課題であった恩寵と自然の対立をどのように統一していくかを終生考え続けた人であった。自然としての理性は、超自然としての領域である神の存在を証明する能力として承認されているが、その理性を通し認識された神は、神的理性によってこの世界を造ったとされる。自然的に形成されたとする人間の政治共同体は、実はその背後に神の理性を導きとしてつくられたとされるのである。そしてその共同体の規範として存在する諸々の法もまた、神的理性を反映したものとされるのである。

これまで、我々はトマスの神学を主として政治哲学の視点から分析してきた。トマスの政治哲学は、ダンドレーヴによれば、「形而上学的前提からの演繹」であった。政治哲学に対する「近代的アプローチ」は、「経験主義的」であったのに対して、いかにトマスの政治哲学が対照的であったかが分かるはずである(1)。

やがて中世は終焉し、近代を迎える。トマスにとって死活の問題であった恩寵と自然の二項対立の問題は、どのように変化させられたかが問題となるであろう。近代の政治哲学者にとって、この「二極性(bipolarité)」の問題は、あえて単純に図式化するならば、神の恩寵としての「自然(nature)」と自然としての「歴史(histoire)」の対立、そしてその統合の問題に脱構築されたといえよう。

中世は、外的自然の「人間化」=「規範化」をその根本的特徴としたのに対して、近代は、「人間」の「自然化」=「規範化」を全面的に押し出した点にその特徴があるといえよう。中世においては、個人は外的世界に全体的に埋没していた。そのとき人間にとって所与の外的世界は、固い岩盤のように立ちはだかる存在であったろうし、人間は、それに対しては忍従するだけであった。だが近代になると個人は、「理性」をとおして対象としての外的世界を分析することができるようになり、それが有する法則を把握することができるようになる。その結果、対象は機械的に動き、何らの「目的」ももたないものとみなされてくる。外的自然は、トマスによって弁証されたように、神によって目的を与えられたものとはみなされなくなる。人間は、理性をとおして自然をそのように認識し始めると、理性をただちに、現存する「社会」を分析する武器として使うことができるようになる。そして我々は、近代政治哲学にとって神の恩寵としての自然は、実はこの理性に他ならない点に気づくであろう。トマスにとっての自然は、歴史的世界としての政治共同体に変わってくる。神の恩寵である自然＝理性は、近代になっても自然法の名を付与されるが、神的理性が人間内部へ反映されたものであった中世自然法は、認識能力となるのである。単なる認識能力になってしまった理性は、価値から中立的なものとなるがゆえに、なんら倫理性を主張できないであろう。近代の政治哲学者は、中世神学における自然法を単なる虚妄として斥けたが、近代の自然法もまた堅固な基盤をもつわけではないのである。その法は、一つの幻影でしかないであろう。

近代は、宗教的魔術からの解放から生まれたといわれるのは周知の事実であるが、理性は、宗教的基盤を欠くときは、いままで触れたように、単なる対象を支配する力となりはてる。やがて近代のある政治哲学者は、神の恩寵としての自然と、自然としての歴史という知のパラダイムを新たに発明することになる(2)。

そこで我々は、この知のパラダイムの変換を真剣に追求した政治哲学者は誰か、そして、それをどのようにしてつくりあげたかを検討しなければならない。我々は、それに該当する人物としてルソーをあげることにしよう。ルソーは、「恩寵」の座を「良心」(3)という感情に与え、これに「自然法」という名を付与し、次に「自然」の座に〈不平等な人間関係の形成〉という意味を込めた「歴史」をつかせ、両者の緊張・対立関係を止揚する政治哲学を構築する(4)。我々は、今後の課題として、ルソーが、恩寵たる「自然」を人々から奪った「歴史」をどのようにして打倒・変革していくかを、彼の政治哲学をとおしてみていくことにするであろう。そのとき理性は、そのような歴史をつくってしまった元凶として非難されることになるが、反面そのような歴史を批判し変革する武器として使えるよう、鍛え直される。すなわちそれは、歴史を批判し、かつ理想的な政治共同体のイメージを模索するための手段として存在価値を認められることになる。

注

（1）Aquinas: Selected Political Writings, *op. cit.*, p. VII. トマスの政治哲学を把握するとき、我々は、必ず神学・倫理・政治のトリアーデ組織を、総合的にみていかなければならない。特に神学を検証しない場合は、我々は、神学の上に成立する倫理と政治の構造連関を理解することができないであろう。

（2）近代政治哲学は、宗教を否定するところから形成されたといわれるが、はたしてそのように断言できるのであろうか。依然として、中世以降のトリアーデ組織は存在しているのではないか。我々は、基底部の宗教なるものを深部に沈め、無自覚のまま、上部の倫理と政治の構造連関を追っているのではないかという疑問をもつべきである。現在、近代政治哲学史を、宗教論からみていく傾向が徐々に生まれてきたことは注目に値する。宗教論から近代政治哲学を分析していくと、また別に新しい思想内容がそこに存在していることが分かってくるであろう。

（3）厳密にいうとルソーの場合、恩寵としての自然とは、「自然法」（＝「良心」）、「理性」、「意志の自由」の三者を含んでいる。人間は、自由意志によって悪しき歴史をつくったという点で、自由を恩寵に含めるのは許されないはずだと思われるかもしれないが、ルソーは、それにもかかわらず人間は、本来善き歴史をつくるようにと、神から自由を付与されたと考え、それを恩寵の一つに含めたといってよかろう。ルソーが、恩寵対自然の二項対立のパラダイムを、恩寵としての自然と、自然としての歴史のそれに変換していったと指摘している文献に関しては、次のものを参照せよ。Henri Gouhier, *op. cit., p. 37.*

（4）恩寵と自然の対立を、自然と歴史の対立に置き換えた近代政治哲学は、先に触れた神義論の問題、つまり神の善と人間の悪の対立・矛盾の問題を、近代的な政治理論につくりかえたうえで、解こうとしたといってよかろう。

第三章　自由論——個人的従属関係の批判とその克服の視点から——

第一節　プロブレマティク——自由と鎖の対立——

ホッブズから始められた近代政治哲学史のなかで、一般意志の国家論を展開し、「平等主義的自由」を実現しようとした点において、ルソーの政治思想は独自の地位を占めているといわれる。弁証法的精神の持ち主であったルソーは、そのような国家論を構築する前に、止揚すべき基本的な矛盾・対立を、『社会契約論』の第一編第一章の冒頭で次のように述べている。「人間は、自由なものとして生まれた。しかも、いたるところで鎖につながれている。自分が他人の主人であると思っているようなものも、実はその他人以上に奴隷なのである。どうして、このような変化が生じたのか？　私は知らない。なにが、それを正当なものとなしうるか。私は、この問題は解くことができると信じている」(1)。

我々は、ルソーが止揚すべき矛盾として「自由」と「鎖」をあげていることに気づくであろう。ルソーは、人間は自由すなわち「自己支配」の主体であるはずなのだが、なぜか他者の個人的従属下に置かれていると見た。

それにしても人間は、従属の鎖から脱出し、再び自由な主体となることはできないのであろうか。今やルソーは、かつてホッブズが『リヴァイアサン』で主張したように、人間が、元来自然権としての自由と強制の二律背反に立たされた存在であり、それゆえに「共同性（自己保存権の相互的保証）」を実現するためには、「死すべき神」たる主権者に自由を譲渡し、彼の強制を甘受するしかないのだという見解を断じて認めることはできなかった。ルソーは、自由と鎖の矛盾・対立関係を止揚し、人間を自治の主体とし、共同性を実現する方法を、対立する人間関係それ自体から探りだそうとする。ルソーは、政治的強者は確かに、「外観」的にはもちろん政治的弱者に対して圧倒的に優越した立場を占めている場合が多いが、だがそのような現象をもっと深層部にまで下降し、そこから探っていくと、強者である「主人（maître）」は、自己の「生存」の糧を弱者である「奴隷（esclave）」の「苦役」＝「労働」に依存することで獲得しようとし、「奴隷」は、「主人」の気ままな恩情からでてくる「援助」にすがることをとおして自己の保存をはかるしかないという点において、主人と奴隷の双方は、悪しき相互依存の人間関係すなわち「鎖」につながれていることを認識したということができるであろう。

もちろんルソーは、支配と服従の人間関係を絶対に承認することができないが、このような人間関係から次の重要な一つのことを学びとった。すなわち人間は、たとえ他者に対して一方的に服従する人間関係を形成してしまったとしても、相互依存の関係それ自体までも拒否することはできないということである。そこでルソーは、主人と奴隷の両者から自己支配の権利としての自由を奪った悪しき相互依存関係＝「鎖」から、今度は逆に自由を実現するための「鎖」をつくりだそうとするのである。ルソーは、その決意を『社会契約論』第一編第六章において次のように述べている。「各構成員の身体と財産を共同の力のすべてをあげて守り保護していけるような結合の一形式を見いだすこと。そうして、そうすることによって各人が、すべての人々と結びつきながら、しかも自分自身にしか服従せず、以前とおなじように自由であること」(2)。

人間にとって、自由を実現するこのような「結合の一形式」である政治組織とは、いったいどのようなものなのであろうか。ルソーは、人間が支配と服従の対立、すなわち主人と奴隷の対立関係を克服する「支配と服従の自同性」＝「一般意志」の政治共同体をつくりだしたとき、「倫理的自由（liberté morale）」の主体すなわち「自己のほんとうの主人」となることができると考えた。またこのようなものになることができるとき、これまで自己が個人的従属の関係を形成していくうちに失ってしまった「平等」＝「相互性」を再建し、自然状態に存在していた個人的独立を、「市民的自由（liberté civile）」という名前のもとで、実現することができる、とルソーは信じたのである。

そこで我々は、これから主として次の二つのことに焦点を合わせて考察することにする。第一に、ルソーは、人間は支配と服従の関係を形成するにしたがい、自己の本当の主人であることをやめ、「自然的自由」を失っていったとみたが、その理由と過程をどのように説明しているかを。第二に、彼は、人間はどのようにして、再び自己を支配することができ、「自然的自由」を「市民的自由」として定立することができるようになると考えているかを。

注

（1）J.-J. Rousseau, Du Contrat social, in: *Oeuvres complètes de Jean-Jacques Rousseau*（以下、O. C.と略記する）, Gallimard, Bibliothèque de la Pléiade, 1964, t. III, p. 351. すべての人々は鎖につながれている。ルソーは、どうして人間が鎖につながれる事態が生じたかは「私は知らない（Je l'ignore）」といったが、実はその問題を『人間不平等起源論』ですでに解いていたのであった。『社会契約論』は、したがって不平等起源論』を前提としているのである。その点については、次の文献を参照。Henri Sée, *L'evolution de la pensée politique en France au XVIIIe siècle*, Paris, Giard, 1925, p. 143.

（2）J.-J. Rousseau, Du Contrat social, in: *O. C.*, t. III, p. 360.　自由と強制の二律背反の問題については、次の文献を参照。Stephen Ellenburg, *Rousseau's Political Philosophy*, Ithaca-New York, Cornell University Press, 1976, p. 150.　エレンブルグは、ルソーの政治哲学の主たる関心は、自然と社会との区別にあるのではなく、自由か隷属かの二者択一にあったといっている。ルソーは、後に述べるが、自由か隷属かではなく、自由と隷属との弁証法的統一をはかることに自己の目的があると考えた。ヘーゲルは、自由とは他在の下にありながらも自己であり続けることができることといったが、ルソーもまた隷属をとおして自由を実現しようとした点で、ヘーゲルの先駆者であった。

第二節　奪われた自由

①秩序の宗教観の提起

J・P・サルトルは、『存在と無』の第一部「無の起源」で、賭博者が抱く「過去を前にした不安」について語っている。彼は、それを「二度と再び賭博をしないとまじめに決意したのに、賭博台に近づくとたちまちその決意がことごとく水の泡になってしまうのに気づく不安」[1]という例をひいて説明したが、それは、人間が「過去」に抱いた「意識」は、「現在」の「意識」と「行為」を決定づける根拠にはならないという点を意味している。我々は、このことを知ったとき、人間が過去に抱いた意識は、「あらぬもの」つまり「無」として存在せしめられることを意識し、そのことにより「不安」になるであろう。しかもサルトルは、人間が無を自覚し不安になることこそ、「自由」が出現する条件であると述べた。そこで我々は、一つのことを問いたい。すなわち、人間はこのような不安のなかにいつまでもいることができるのであろうかと。それはできないであろう。というのも、人間は、絶えざる自己の「無化（néantisation）」（＝実存）のなかでは、自己の存在の意味を見出せなくなり、生きることに挫折することになりかねないからである。

そこで我々は、過去において人々が、この挫折から自己を守るために、どのような防衛機制を張ってきたかという点を検討しなければならない。我々は、人々は自己に外在する神が我々に生きる意味＝「本質」を付与したと考えたがゆえに、無化＝存在の無意味性から自己を守ることができると考えた点を指摘しよう。人間は、存在の挫折から自己を守るために、宗教を考えついたのではなかろうか。

周知のように、人間から存在の無意味性の不安を除去し、生きる意味を与える宗教は、近代以降「虚妄」であるとされ、凋落の一途をたどる。我々は、そのような趨勢下にあって、逆に人間に存在の意味を与える、至高の主体として、人間から超越的に存在する神を捏造し、その上に倫理観と政治理論を建設した人として、ルソーをあげることができよう。当然、近代の政治哲学者ルソーは、自己の政治理論を中世の神学への対抗理念として打ち立てたはずである。ではルソーは、いったい中世神学の何を否定し、自己の政治哲学を形成したのであろうか。近代人ルソーは、中世神学の基本的な論争課題であった恩寵と自然の二項対立のパラダイムを、恩寵の位置を占める自然と自然の位置を占める歴史のそれに変換し、それを解こうとしたといえるであろう。

さて、恩寵と自然あるいは信仰と理性の対立およびその止揚の問題(2)に触れようとすると、トマス・アクィナスの『神学大全』に目を止めないわけにはいかない。トマスは、「信仰」は神の「啓示」の領域に入るので、人間は「理性」をとおしてそれを理解することは絶対にできないが、アウグスティヌスのように、「自然」としての「理性」を単に「堕落した理性」としていたずらに非難、告発したりしない。彼は、確かに理性は、絶えず信仰を侵害する危険を有しているとは考えていたが、にもかかわらず理性をとおして世界を探ることで、それを造った神の存在を証明しようとしたとき、「自然」としての「理性」の存在価値を承認したといえる。

我々は、トマスが『神学大全』で、結果によって神の存在を論証したのを、すでに本書の第一部・第二章・第二節「神学——神の存在証明の意味——」で示したが(3)、我々は、ここでもう一度、存在証明方法として彼が挙げた「可能なるものと必然なるものとの根拠」を説明しよう。トマスは、何か存在するものによらなければ、存在しないものが存在し始めるはずはない(4)といい、そして存在しない可能性もあったにもかかわらず現に存在するものを生み出すものを、最終的な「それ自体によって必然的であるような何者か」あるいは「自存する存在」としての神と規定する。

トマスは、神の存在を証明した後に、神が人間に存在の意味を、どのようなものとして与えたかを示す。これは倫理の問題になる。トマスによれば、神は「事物の目的への秩序づけについての理念」つまり「摂理」のなかに人間を置いた。トマスは、神に先在する理念が客観化された、宇宙の「秩序」としての「永久法」のなかに、人間は置かれていると考えた。しかも彼は、永久法が人間内部に反映されたとき時、「正しい理性」つまり「自然法」(5)という倫理的規範が出てくるといった。

さて我々は、先にルソーが、神から贈られた自然と歴史との対立を解決しようとしたと述べたが、その問題に向かう条件として、彼の「秩序の宗教」観をここで説明することがぜひとも必要となる。ルソーは、トマスと同じように、人間が、自己の存在が無意味なのではないかと疑問を抱いたとき、そのような疑問を打ち消し、確固たる存在の意味を人間に与えるものとして、秩序の宗教観を展関した。ルソーは、トマスが神の存在証明の一つとして採用した「第一動因(prima causa movens)」を受け入れる。彼は、運動している物質の原因と結果の連鎖を、物質の集合体である宇宙に適用し、それを動かしている最終的な「遠因」として、神の存在を確信した。ルソーは、合理的に構成された宇宙を観察し、神は自己の最高の「知性」をとおして、「自然」を構成するすべてのものが相互に補い合う関係にあるようにつくったと考え、そのような調和に満ちた関係それ自体を「秩序(ordre)」と呼んだ。しかも神は、自らが造ったすべてのものを保存する目的のために、「秩序」をすべてのものに与えたと彼はいう。ルソーは、自然科学者のように、主として自然から法則を発見するためにのみ、自然に目を向けたのではなく、人間に存在の意味を与える根拠を提供するものとして、自然のなかに見られる「秩序」なるものを持ち出したのである。

それでは人間は、自然の秩序からいったい何を学ぶべきなのであろうか。ルソーは、神が、自らがつくった自然全体を保存するという目的のために、秩序をそれに与えた以上、当然宇宙の一角を占めるすべての人間を保存する目的のために、人間にも一定の秩序を与えたに違いないと推理する。ルソーは、この秩序を「同類への愛」と規定し、人間は、各個人から構成される全体を保存する目的を実現する主体として出現すると述べる。人間は、同類への愛を実践し、神から課された目的を実現することができる時、自己の存在の意味を見い出すことができる。
ルソーは、人間はこの秩序を実現するようにと、神から恩寵として、「自然」すなわち「自然法」や「理性」そして「自由」を与えられたと信じた。これを一言で表現するならば、人間は、〈秩序の存在を論証するために理性を、それを愛する能力として自然法を、それを実践する能力として自由を、神から恩寵として与えられた〉ということになるであろう。

注

（1）ジャン・ポール・サルトル（松波信三郎訳）、『存在と無』（I）、人文書院、一二四頁。

（2）恩寵と自然の対立・統合の問題とは、信仰と理性の対立のそれである。トマスは、アラビア半島を経由して入ってきた自然科学が信仰の領域を侵し無神論を伝播させる危険性があるとみ、信仰と融和する限界内で理性を承認しようとした。「恩寵は自然を廃止することなく、かえってそれを完成する」という言葉は、この意味で理解されるべきである。トマスの危機意識は、現代においても通ずる問題である。目的論を破壊することに貢献した自然科学が勝利をおさめた現代において、もはや信仰が存在する場所はなくなっていくとみてよい。この点については、レオ・シュトラウスの次の文献を参照。Leo Strauss, *Natural Right and History*, Chicago, University of Chicago Press, 1953, p. 8.

（3）神の存在証明のうち他の四つの証明方法とは、①運動の原因―結果の探査から最終的に自ら他のすべてのものを動かす主体として神の存在を導きだす方法、②作出因、つまり、造るものと造られたものとの違いから最終的にすべてのものを造るものとして神の存在を証明する方法、③後のデカルトによって引き継がれたのだが、事物の完全性の段階で最も完全なものとして神の存在を証明する方法、最後に、④目的論的視点から、運動している宇宙が規則正しく調和をもち動いていることから、それが何らかの目的をもち動いているに違いないと想定し、その目的を与えたのは神でしかないとの考えから、神の存在を証明していく方法である。

（4）トマス・アクィナス、『神学大全』、前掲邦訳、一三一―一三二頁。もちろんアクィナスは、神の存在を証明するといっても、神とは何かは分からないという。というのは、もし神が何ものかが分かるならば、それは人間の次元に神を引きずりおろすことになるからである。

（5）中世の自然法の特徴に関しては、ダントレーヴの次の文献を参照。ダントレーヴは、トマスにおいて典型的にみられる中世の自然法は個人の自然権論からではなく、「その法が、最も高い表現であるよく統制され、また、よく等級づけられたコスモス、世界の概念から出発する」ことにその特徴があったという。Aquinas: Selected Political Writings, *op. cit.*, p. XIII.

理性概念は、近代政治理論においては二重性を帯びている点に注意すべきである。一方では、それは「真理」を発見する「精神の推進力（the discursive faculty）」を意味し、他方では、それは実体概念つまり倫理的原理としての「正しい理性（recta ratio）」を意味する。トマスの理性は、後者のそれである。「正しい理性」という概念は、キケロから近代自然法学者にいたるまで使用された。その点については、ドラテの次の文献を参照。Robert Derathé, *Jean-Jacques Rousseau et la science politique de son temps*, Paris, Press Universitaires de France, 1950, p. 153, note 1.

②歴史の発見

いかなる政治哲学者も、それがどんなに原始的な形態であったとしても、自己の体系観に基づき政治理論を建設するはずである。この場合、「体系」とは、ヘーゲル的にいうならば、個別現象にそのしかるべき位置と意味とを与える「規定根拠」を指していると見てよい。もちろん彼らは、例えば原則的には自己の顔を自分で見ることができないように、自己の政治理論を体系のもとに形成するといっても、その体系を明確に認識しているとはいえない場合が多いだろう。ルソーもまた、明確に認識したうえで、自己の体系観を展開したとはいいがたいが、自己の体系観を「秩序の宗教」観という形態でつくりだしたことは疑いがない。

さてルソーは、『エミール』の第一編冒頭で、「万物をつくる神の手から出る時には善いが、人間の手に渡るとすべてが堕落する」(1)といったが、その時彼は、このように述べたことで、特に一七世紀に栄えた「弁神論」を再び持ち出したのである。弁神論とは、文字どおり人間の間に現実に存在する「悪」に対して、神は何ら責任がないことを弁証する学である。もし、善き者である神から悪が生まれるとするならば、そこには一つの矛盾が生まれる。キリスト教神学において、その矛盾は、「善の欠如」とされる悪は、何ら客観的実体として存在しているのではなく、自由意志よりもたらされる、といわれることによって解決される。となると、人間の世界には客観的悪など存在しないことになる。

神は、ルソーによれば、全体を保存するために、秩序を実現する能力として、人間に自由を与えた。人間は、他者と相互依存の関係を漸次形成していくにつれて、自己の内部に潜在的能力としてある理性を開発し、そのような能力をとおして、自己の進むべき道を選択することができると自覚し始めたとき、自由が初めて存在意義をもつことを認識したのであったが、自由の使い道を誤り、逆に政治的支配と服従の人間関係をつくってしまった。

ルソーによれば、神はすべてのものを創造した時点において引退したので、人間の自由な行為に対しては直接介在することはありえない。となると人間は、当然自己の自由な働きかけのもとで行ったすべてのことに対して、責任を負わなくてはならない。理神論的弁神論者のルソーは、人間は神の奇跡を介した救済を絶対に期待することはできないとした。そこでルソーは、逆説的にみえるであろうが、神の善と人間における悪の矛盾を解く鍵を再び自由に求めることになる。ここで、ルソーは自由を恩寵とする古代キリスト教における異端者ペラギウスの賛同者として現れた。

すでに我々は、ルソーが弁証法的精神のもとで、自然と歴史との対立を解こうとしていたといった。我々は、ルソーがこの対立をどう解いているかを検証するまえに、彼が歴史なるものをどのように捉えたかを見る必要がある。そのために我々は、『エミール』の次の文章に注目しよう。「人間をとおして社会を、社会をとおして人間を研究しなければならない。政治と道徳とを切り離して別々に取り扱おうとする人々は、そのどちらもまったく理解できないであろう。まず原始的な関係に注目して、いかに人間はその影響を受けなければならないか、どのような情念がそこから生ずるにちがいないかをみる。逆に情念の発達によって、その関係が複雑になり堅固になるのが分かる」(2)。

人間は、相互依存の関係を形成し、しかる後に、その関係下でつくられた情念をもつ。人間は、他の相互関係の中ではもつことができない情念を、ある特定の関係の中でで持たされ、次にその情念によってその関係を整序していく。問題の新しさは、ルソーが関係と情念の相互依存の在り方をどのような方法から掴んでいったかにある。ルソーは、『人間不平等起源論』で、次のような言葉を発する。「社会の諸基礎を検証した哲学者は、すべて自然状態にまで遡る必要を感じた。しかし、そのうちのだれもそこに到達した者はいない」(3)。ルソーは、「時と事物の連続が、人間の原始的な構造に対してつくりだしたにちがいない諸々の変化」(4)と述べたことで分かるように、関係と情念の連関を、特に「時間」の軸のなかで掴もうとした。このようないわば複眼的なものの見方を、モンテスキューの『法の精神』から学んだ点に、彼の思想の新しさがあったといってよい。ルソーは、彼独自の「発生的方法(méthode génétique)」を駆使し、植物が芽から果実へ漸次成長し発展していくように、人間は始原から徐々に社会と国家を形成していったと見る。ルソーは、このような方法によって、人間と社会の相互補完的関係を、時間の変化のなかで探ったが、それは、明らかにホッブズの「分析的方法(méthode analytique)」から構成された、人間と社会についての見方を批判的に克服する意図のもとになされたのである。

周知のようにホッブズは、社会を構成する主体を最終的な単位として原子論的な「個人」にまで「分解」し、しかる後に、個人が他の個人と取り結ぶ交通形態を「総合」的に捉える。ホッブズは、自然を客観的に把握するために、自然科学者によってつくられた〈分析・総合の方法〉を、同一空間内に位置を占める人間関係の総体を通時的にではなく共時的に把握するための方法として採用したのである。

ところでG・ルカーチは、『歴史と階級意識』のなかで、ブルジョワ的思考の本質は「人間の相互関係全体を、純社会的関係に転化することにある」(5)と述べた。ルカーチは、「純社会的関係」とは、「物象化された対象的形態」を指しており、ブルジョワ的思考は、物象化された全体を固定化し、挙句の果てにそれを普遍的法則のもとにある「事実」として硬直させてしまうことにその特徴があると述べた。となると彼にしたがえば、人間は、自己がつくった相互関係を、自己がつくった「世界」としてつかんでいくことを失念し、それを人間に対する「幻想的な疎遠な力」をもった物としてみてしまい、自らの力でそれをつくり変えていくことができるという希望を持つことができなくなるであろう。ホッブズは、自然科学の方法をモデルとして、社会を数学的に理念化してしまったとき、それを、法則に支配された、つまり物象化され対象化された形態としてしまったといってよかろう。サルトル的にいえば「空虚な総合の精神」であるブルジョワ的なホッブズの「分析的理性観」は、たとえ彼が対象たる社会の客観的な人間関係を把握することに成功したと豪語したとしても、彼の自然法観に典型的にみられるように、物象化された社会の人間内部への反映でしかありえない。

ルソーもまた『戦争状態』で、分析的方法で政治理論を展開する人は、結果として存在する現在の社会を原因―結果の連鎖のなかで見ないがゆえに、その社会を何か「謎と神秘」に包まれたものと錯覚してしまっていると批判している。ルソーは、このような「浅薄な哲学者たち」とは反対に、現存する支配と被支配の政治社会は、遠い起源から時間的推移と共にゆっくりと形成されたとし、その原因―結果のプロセスを詳細に分析したとき、ホッブズに見られた、物象化された対象形態としての国家論を破壊することができたといってよいであろう。

とはいえ、我々は、はたしてルソーが彼独自の歴史観を展開したと断言できるのであろうか。その点を疑わせるようなことを、ルソーは『人間不平等起源論』で述べている。「それゆえに、すべての事実を遠ざけることから始めよう。なぜならば、それらは問題に全然関係がないからである。この主題に関しうる研究は、歴史的真理ではなく、仮説的かつ条件的推理であると理解すべきである」(6)。問題はルソーが、なぜあえて自己の作品を「仮説的かつ条件的推理」の産物であると断ったのかである。我々は、この疑問を解くためには、彼の次の言葉に注意をはらう必要がある。「ところが聖書を読めば明らかなように、最初の人間は神から直接に理性の光と戒律を受け取ったので、最初の人間は少しもこの状態にはいなかった。キリスト教哲学者ならば誰でも人々はかつて純粋の自然状態にいたことを否定すべきである」[7]と。彼は、民衆の心の奥底まで働きかけている『聖書』の教えを「事実」であると認めたうえで、「かりに人類が自分独りで放っておかれていたとしたら、人類は、どうなっていたであろうかということについて、人間と彼を取り囲む存在との自然だけをもとにして推測をたてることは、宗教も我々にこれを禁止してはいない」[8]と述べる。彼は、『聖書』の教えに背く自己の説を、単なる「推理」であると断り、推理であるならば、自己の説は、『聖書』の教えには反するはずがないという、苦心のレトリックを展開する。彼は、明らかに、体制補強原理としての宗教を、いたずらに刺激してはまずいとの判断から、このような論理を展開したのであろう。彼は、体制宗教と衝突をおこす説を事実として主張した場合、いったいどのような事態を招くかを恐れたからこそ、自己の説をフィクションであるといったといってよかろう。

注

（1）J.-J. Rousseau, Emile, in: *O. C.*, t. IV, p. 245.

（2）*Ibid.*, p. 524.

（3）J.-J. Rousseau, Discours sur l'origines et fondements de l'inégalité par les hommes（以下、L'inégalitéと略記する), in: *O. C.*, t. III, p. 132.

（4）*Ibid.*, p. 123. ルソーの方法は、当然、歴史に対する彼自身の観点に結びつく。啓蒙主義哲学に欠けていた歴史哲学が、彼によって表明されている。コリングウッドは「かくして啓蒙主義の歴史観は、真に歴史的ではなかった。その主たる動機において、それは論争的で、かつ反歴史的であった」（Robin G. Collingwood, *The Idea of History*, Oxford, Oxford University Press, 1946, p. 77）が、啓蒙主義哲学者のように「歴史家は決して過去を軽蔑し無視する形で観察すべきではなく、むしろ共感の目で観察し、かつ過去のなかに真実の価値ある人間的な功績の表出をみいだすべきであった」（*Ibid.*, p.77）と述べている。ルソーは、過去における人間的功績をたたえ、その功績が時の推移とともに汚されていくのをみたのである。ルソーは、人間が自然的に過去から現在そして将来にわたって幸福を実現することに努力していくという啓蒙主義的楽観主義を拒否した。ルソーにとって、歴史は人間の堕落を意味したのである。

（5）ゲオルク［ジェルジ］・ルカーチ（城塚登、古田光訳）、『歴史と階級意識』、白水社、三一五頁。

（6）J.J. Rousseau, L'inégalité, in: *O. C.*, t. III, pp. 132-133.　ルソーは、起源＝自然状態と、結果＝人間の堕落が我々に明確な形で示されている場合は、その間を説明しなければならないとき、歴史的事実がない場合、もろもろの事実のうち歴史的事実として仕立てあげる決定権をもつのは「哲学」であるといっている。ルソーの時代、まだ歴史学は独立した個別科学として成立していなかった。つまり、「事実」は「倫理学」あるいは「哲学」のカテゴリーに包摂されていたのである。このことをピックルズは、「ルソーにとって歴史と時間は、同時代人のように哲学的概念であり、そのなかにおいては、諸事実は重要でないか、あるいは倫理的な命題を論証するために慎重に選択されるのである」と述べている（William Pickles, The Notion of Time in Rousseau's Political Thought, in: *Hobbes and Rousseau, A Collection of Critical Essays edited by Maurice Cranston and Richard S. Peters*, New York, Doubleday, 1972, pp. 384-385）。

（7）J.J. Rousseau, L'inégalité, in: *O. C.*, t. III, p. 132.

（8）*Ibid.*, t. III, p. 133.

③自然的自由

ルソーによれば、自然人は、相互依存の関係を結ぶ以前の自然状態の下では、赤子が生まれ落ちた直後から大人と同じく心身の能力を駆使することができないように、直ちにその能力を発揮することはできない。ルソーは、人間は相互依存の関係を形成するにしたがい、その能力を駆使することができるのであり、それ以前はそれを「潜在的かつ不必要な能力」として、自己の内にもつだけであるとした。ルソーは、『人間不平等起源論』において、人間が目の前に存在する様々なものから共通のものを抽出し、一般化するためには、各々のものの本質的特質と相違点をあらかじめ知らなければならないと述べた。

だが人間は、他者と偶然に出会うとしても、何らかの個人的な利害を媒介として、他者と積極的な関係を結ばない段階では、自己と他者とを比較し考察しないはずである。そうである時、彼は、他者と自己との間に横たわる異質性や共通性を、潜在的にしか自己の内にない理性をとおして認識することなどできるはずがない。このような状態において、人間は同じ「個体」の集合体である「全体」という抽象的な「一般観念」を、我がものにすることはできないだろうし、それゆえに、まして神が彼に与えた「全体」を愛せよという規範としての「善」を認識することはできない。人間は、その善を認識できない時、その善を選択し実践する能力たる自由を用いることはできない。

すでにルソーは、『人間不平等起源論』で、ホッブズ、ロックと同じく「自然状態」なる概念を採用していたが、レオ・シュトラウスの言葉をかりて説明するならば、その概念を彼らのように、政治社会を弁証するための「消極的基準（passive standard）」としてではなく、むしろ逆に現実の政治社会を批判するための「積極的基準（positive standard）」(1)として使った。となるとルソーの場合、自然状態の人々に存在するといわれた「自然的自由」は、現実の支配―被支配の人間関係を批判し、告発する基準点として、提起されたのは事実である。そこで我々は、ルソーが自然的自由をどのように規定しているかを問わなければならない。

ルソーは、自然状態における自由を、「個人の力以外に制限をもたない自然的自由」(2)と述べていることから分かるように、それを自己に内在する「力」＝「衝動」と捉えていた。自然状態の人間は、自己の力をとおして、「彼が手に入れることができるいっさいの物」を得ようとするであろう。ホッブズは、自由と力とを同一視したが、ルソーもまた、ホッブズに倣い、二つのものをシノニムと見たのである。ルソーは、この力を原始的なものではあるが、一種の自治能力とみていたが、このような意味での自治は、将来人間が相互依存の関係を結ぶとき、「悟性の純粋行為」である一般意志による自治に変化しなければならない。

それでは人間が、この自由を自己の力をとおして保存しようとするとき、ホッブズに窺えたように、他者の自然的自由を侵害する事態が発生しないのであろうか。ここで我々は、ルソーが『エミール』で、すべての人々を「依存の鎖」につなぐ役割をはたす、「必然の厳しい法則」(3)をもちだしたことに注意を払おう。ルソーは、人間がやがて他者と相互依存の関係を結ぶとき、各自に独立を平等に保証するためにはいったい何が必要とされるかを考え始める。ルソーは、自然状態には、それを実現する「法則」があるといいたかったのである。人間は、自然状態において、神がすべての者に課した多くの「存在の連鎖」のなかにあって、「人間の地位」として、法則に貫かれた「事物の状態」に組み込まれて生活している。人間は、物理的自然が各自に食糧として豊富な自然の恵みを提供するとき、わざわざ人間関係を結び、他者の労働の成果を分かち合い、収奪するために、自己の力を用いる必要はまったくなかった。自然の法則に貫かれた自然状態は、各自がもっている力を他者に行使するのを封じ込める。ルソーは、法則の支配下にある「事物の状態」が、等しくすべての人々に対する「障害」として立ちはだかるとき、人間が他のいかなる者をも支配する機会を与えないのであるから、人間は他者への従属の鎖につながれるはずはないと考えた。各自は、そのような状態の下で、自己の自由を保存できたのである。

ルソーはまた、人間は事物の状態が各自を相互に拘束するという意味で、「自然的平等」を満喫できるとした。もちろんルソーは、アリストテレス同様、能力の「自然的不平等」が最初から人間の間に存在していることを認めている。が、アリストテレスとは異なり、自然的不平等が人々にもたらす結果に異議を唱えたのである。彼は、自然状態では、自然的不平等の影響力は、まったくないといっている。

人間は、個人的従属関係を結んでいくにつれて、自然的自由を失うのであるが、今度はそれをどのようにして再び取り戻すかを探り始めたとき、自然の法則が自然的自由を保存する条件になっていたことを思いだす。自然の法則は、各自を等しく拘束した。人間は、一般意志の政治共同体のもとで、「相互性」＝平等を客観化することによって、一度失われた自然の法則を人工的に創設しようとしたのである。形容矛盾的な表現になるが、人工的な自然の法則とは、ルソーの場合、「国家の法（loi d'État）」を指していることは明らかである。国家の法の創設は、『社会契約論』に課せられたテーマである。

④関係の知覚と自尊心

自由とは、もちろん意志による自由な決定のことをいう。決定は、対象のうち、どれを選ぶべきかを比較・考察されたうえでなされる。換言すれば、コインの表裏と同じように、自由と理性は密接不可分の関係にある。実は原始的な状態において人間は、「ある種の関係の知覚」といわれる、ものごとを「比較」する能力つまり理性的能力を発揮している。ではある種の関係の知覚とは、いったいどのようなものなのか。人間は最初、他者と何ら関係をもっていないが、他の動物とは一定の関係をもっている。人間は、その関係をどのように知覚するかが問題となるであろう。ルソーは、『人間不平等起源論』で、次のように語っている。「私は、そこにある動物よりは弱く、他の動物よりは機敏ではないが、すべての点を考慮に入れると、すべての他の動物よりも最も有利に組織された一個の動物をみる」(4)。つまり人間は、他の動物と比較した場合、たとえ肉体的な力において劣っているとしても、「器用さ」の点で他の動物を凌ぐことができるのである。

人間は、他の動物との関係において、その動物を自己保存のための捕食の対象として、あるいはその糧を争うライバルとして観察していた。我々は、ここで人間にとって関係の知覚は、自己を保存するためには死活の問題であったことが窺えよう。比較した結果、人間は自己が他の動物よりも「強い」存在であることを認識し始めたのである。関係の知覚は、神から我々に何のために与えられたのであろうか。我々は、先に触れたように、人間は全体を保存することを教える、秩序の存在を探りだす能力として「知的理性」を、神から与えられたはずである。

ルソーは、ホッブズ、ロック同様、「認識」の原基として「感覚」を置く。この感覚を刺激するのが「外的対象」である「物質」である。人間は、感覚をとおして自己の内部に入ってくる「対象」を、「印象」として受容する。感覚を介して受容されたこの印象は、「観念」として内部に定在する。ルソーは、人間がその観念に「判断」を加える場合、初めて過ちが生じると考えている。しかしながらルソーは、たとえ過ちをもたらす原因として位置づけられるとしても、この「判断力」をもつことにこそ、人間の特質があると信じたのである。人間は、最初、原始的状態においては、「自分を観察する唯一の観客」として存在するが、他者と相互依存の関係を形成していくにしたがい、他者の「存在」と他者が「種」としてもつ共通の性向と行動形態とを知覚し始める。判断力は、やがて人間の意志を左右するはずである。まさに人間は、「自由な能因（agent libre）」の主体として登場するかぎり、ホッブズに見られるように、あくまで自己の「欲求」に決定づけられる存在ではなく、理性をとおして認識したことを意志することができる点で、本能的な生存から脱け出すことができるのである。

先に触れたが、人間は他の動物との関係において、自己が強い存在であることを知覚し、そこから「優越性」の観念を抱き、「自尊心」なるものをもつようになる。このようにして他の動物との関係において生まれた「自尊心の最初の働き」は、人間が相互依存の関係を結んでいくにつれて、他者に振り向けられる運命にあることは、ルソーが次のように述べていることで分かるであろう。「人間は、このようにしてほとんど序列を区別することができず、種によって自己を第一位であると考えたとき、早くから個人としても第一位を主張するつもりでいた」(5)。しかもルソーは、この自尊心を、他者との関係に適用されたとき、「各個人に自己のことをだれよりも重視するようにさせ、各人が相互に行うすべての悪を思いつかせ、または名誉の本当の原因となる」(6)といって弾劾する。我々は、このような点からルソーが、人々の間における個人的従属関係をもたらした原因を、その最も大きな要因となったとしても、決して私有財産制の導入などに求めていないことが分かるはずである。その点、シャーヴェットがルソーにおいて「私有財産と経済的不平等は、たんにそれまで原始的な社会的人間の存在によってその成長を制限されていた自尊心に対する肥沃な土壌を与えるだけである」[7]と述べたとき、ルソーがいわんとしたことを正しく理解していたのは明らかである。自尊心は、相互依存の関係の形成とともに、人間的利害に目覚めていく。ルソーによれば、「各人は、他者に注目し、自分も注目されたいと思い始め、こうして公の評価を受けることが一つの価値となった」とき、それを得るために死に物狂いになって争うことになろう。人間は、自己の自尊心を満足させるためには、「公の評価」=「他者の意見」に依存することになる。かくして各自は、「外観」ばかりを気にする生き方をし始める。

評価の客観的基準がない、公の評価を得ることこそが最大の価値になることを知ったとき、それを得た人は、自尊心を満足させることができ、それがかなわなかった人を軽蔑することになり、逆にそれを得ることに失敗した人は、それを得た人を羨望あるいは怨嗟の念で見ることになるだろう。成功した人々は、現に存在する人間関係を死守しようとするであろうし、失敗した人々は、それを否定し破壊しようとするであろう。「存在の同一性」を有した「自然の人間（homme de la nature）」は、他者の意見に振り回される、「人工的人間」になりはてる。外観と真実とは分裂し、そのはざまで人間は、両者の間を行きつ戻りつしながら、ついぞ統一のとれた行動をとることができない。そのような人間関係において、人々は自己の生きる意味を見出せなくなっていくであろう。

自尊心は、不平等な人間関係の下で、異常に肥大していくとしても、ルソーは、人間がこのような関係を自然必然的に形成していったとは考えてはいない。人間は、このような関係形成に極力抵抗できたはずである。人間は、自己の自由な働きかけのもとで、他者との間で、自然法を規範として定立し、秩序を客観化することができたはずである。自然法もまた、人々の間で規範として定立され、効力をもつためには、それ以前に人々の間に緊密な関係ができていなければならないのは当然である。ルソーが『エミール』で述べたように、「感覚的存在」である人間は、彼らが共有している「共通の惨めさ（misère commune）」を認識できるとき、自然法＝「あわれみの情（commisération）」によって他者と結合することができるようになる。この情は、ルソーによれば、「想像力」がない場合は働かない。「比較」と「観念」の構想力に欠けている自然人は、共通の惨めさを、想像力をとおして理解できるまでになっていない。人間は、自然法よりも自尊心を満足させることを、自己の自由な意志のもとで選んでしまったのである。

自然法は、不平等な人間関係を絶対に許さない。ルソーは、自然法の教えを実現する条件を、真剣に模索する。ルソーは、その課題を『社会契約論』で解いたが、そのような条件をどのようにして実現するかを、ホッブズから学んだ。ホッブズは、自然法は神から与えられたがゆえに、人間はそれを守る「義務」を負っているが、各人が相互の破壊を目指しているとき、それを守る「動機」がないと考えた。自然法を互いに守る「条件」がつくられないかぎりは、自然法に規範的効果はない(8)。ルソーもまた、ホッブズの弟子らしく、「条件つきの自然法」理論を展開したのである。我々は、この条件を「超歴史的な可能性の原理」(9)としての理想の国家論たる、『社会契約論』から探らなければならないが、その前に、人間はどのようにして不平等な相互依存の関係の歴史をつくってしまったかを正確に『人間不平等起源論』から読み込まなければならない。というのもルソーは、「悪」＝「不平等の歴史」の治療は、悪そのものから発見しなければならない点を、誰よりも認識していたからである。理想の政治哲学は、政治的現実を踏まえたうえで構築されなければならないのである。

注

（1）Leo Strauss, Natural Right and History, *op. cit.*, p. 231.

（2）ホッブズ以降、近代政治哲学は「自己保存の防壁（the fence of self-preservation）」として自由を規定している。ポール・ジャネは、この意味で自由つまり自然権こそが、近代政治哲学の「倫理的理念（idée morale）」となったと述べた（Paul Janet, Histoire de la science politique dans ses rapports avec la morale, *op. cit.*, t. I, XCL. 自然的自由を実現する能力としての力＝衝動によって生きる段階では、人間は本能による生存をしているにすぎない。だが、人間は「自己完成能力（perfectibilité）」とそれをどう客観化するかを決定する能力として「自由な能因（agent libre）」をもつ。

人間は、自己の選択をとおして自己を外界に適応させるのである。人間は、自然の因果の鎖を切断する選択能力を駆使することで欲望と行動の直接的連動を緩和している。やがて意志の自由は、自然法に背く生き方をすることになるであろう。ルソーの場合、自己完成能力と自由な能因は歴史の起源たる零度つまり自然状態の下では価値中立的な能力なのである。自己完成能力と自由な能因についての解釈は、次の文献を参照。Ernest H. Wright, The Meaning of Rousseau, London, H. Milford, 1929, p. 19.

（3）いうまでもなく、この法は規範を示す自然法ではなく自然法則を指している。人間は、自然の法則を支配することができるようになるまでは、それに従うしかない。

（4）J.-J. Rousseau, L'inégalité, in: *O. C.*, t. III, p. 141.

（5）*Ibid.*, p. 166.

（6）*Ibid.*, p. 219.

（7）John Charvet, *The Social Problem in the Philosophy of Rousseau*, Cambridge, Cambridge University Press, 1974, p. 26.

（8）John B. Noone Jr., Rousseau's Theory of Natural Law as Conditional, in: *Journal of the History of Ideas*, Vol. XXXIII（1972）, p. 30. ヌーンは、次のように述べている。「自然法は存在する。しかし、それが作用するためには若干の条件を満たさなければならない。この条件が欠ける場合、それは拘束力をもたない。この条件つきの自然法は、それ自体十分にルソーの見解を伝統的な絶対主義的な見解から分け隔てている。条件つきの法を正当化する彼の論証が『社会契約論』の真の姿を構成している」。のちに詳しくみるが、一般意志が自然法という規範を有効に作動させるための条件なのである。

（9）スタロバンスキーは「正当な社会はむしろ逆に超歴史的可能性であり、それは決して実現されなかった。それは原理によって実現される」と述べている（Introduction par Jean Starobinski, in: *O. C.*, t. III, p. LXVI）。ルソーは、「超歴史的可能性」の原理としての正当な社会は、現実の場からその実現の契機を発見しなければならないと考えたのであった。

⑤個人的従属関係の形成

人間は、自由な働きかけのもとで、現に存在する個人的従属の人間関係をつくってしまったのであった。あとは我々は、人間がどのようにしてそのような関係を形成していったかをルソーの『人間不平等起源論』からみていくだけである。ルソーは、人間が不平等な関係をつくっていくプロセスを〈六段階〉に区切っていると思われる(1)。第一段階は人間関係がまったく欠如している純粋自然状態、第二段階は各自が互いに一時的に関係を結ぶ時期、第三段階は家族の形成とそこから生まれる性的分業、そして主として採取生活を機軸として発生する粗末な私有財産制導入の時期、第四段階は社会的分業と技芸の原始的な発達と農耕の発見、そして前の段階のそれに比べれば数段発達した私有財産制の導入の時期、第五段階はホッブズ的な戦争状態(市民社会の形成時期)、そして最後の段階は「国家」が市民社会に導入される時期である。

さてルソーは、人間関係が形成される原因を、「多くの外的原因の偶然の協力」に求めているが、一度つくられた関係それ自体が、解消されるとは全然考えていない。関係形成の必然性は、彼の場合当然視されている。しかし人間は、ルソーによれば、決して先に挙げた各段階に相応する人間関係を形成するようにあらかじめ決定づけられていたわけではない。というのも人間は、どのような人間関係をつくったらよいかを選択する能力として、「自由な能因」を神から付与されていたはずだからである。我々は、ピックルズが、ルソーにおける自然状態から社会への変質過程を、人間にとってはたして脱自然状態が「不可避であったかどうか」、さらには同時にそれが「望ましいものであったかどうか」という視点から分析していることに注目すべきである(2)。我々は、ルソーが社会形成の各段階移行のプロセスを、第一段階から第三段階までの移行は、各自が自己の力によって独立を実現することができたがゆえに望ましいものであったが、第四段階から最後の段階までの移行は、独立を各自から奪い不平等な人間関係をもたらしたがゆえに絶対に望ましくないと考えていたと断定してよかろう。この問題をより詳しく述べると、ルソーは第一段階から第三段階への移行を人間は食い止めることができたかもしれないが、第四段階から第六段階への移行を人間は手をこまねいてみている以外なかったとしている。脱自然化の過程は、即堕落への道ではなかったが、人間は、各段階への移行期の「境目」において、悪しき社会化を進めることを制圧するようにと神から与えられた自由を濫用したために、徐々に自らを卑しめてしまったのである。関係の形成は必然的なものであるが、どのような関係を結ぶかは、人間の自由意志に委ねられていたのである。

人間は、豊富な自然の恵みを、各自で得ることができるおかげで、他者と群れをつくり共存する必要が全然なかった(3)。ところが自然は、その恵みを各自にふんだんに与えることができなくなった。そこで人間は「最初は純粋な感覚に限定され、自然が彼に与えた贈り物をほとんど利用せず、ましてや自然から何一つ奪い去ろうとは考えなかった動物の生活」(4)に終止符を打つ。人間は「安楽の欲求」を満たすために、やがて他者と「自由な結合」をする。各自は「一時的欲求」が存続する間だけつながるが、依然として自己の主人である。人間は「事物の依存」を断ち切っていないが、自己に便利なように外的自然を加工し始める。そうするうちに各自は、最大の「安楽」である「家族」をつくり、それに必要な私有財産を蓄積する。家族は、他の多くの家族と集まり、一種の部族社会をつくる。

第一段階から第三段階までの間は人間は平等を維持していたが、第四段階に押しあげられてしまった(5)。ルソーは、不平等の一大機会因として、第四段階に現れる私有財産制の導入をあげている。それ以前の私有財産制は、「生まれたばかりの社会」において多くの人々に広大な土地が残されているとき、人々を争わせる機会因とはならない。そのようなとき人間は、土地を自己の自尊心を満足させる対象とは思わない。

けれども人間は、ルソーによると自然環境の激変によってその恵みを得ることが困難になったとき、ヘーゲル的にいうと、自然に対して自己の労働力を投下し、自然を否定＝加工することで、そこからその恵みを得ようとする。そのために人間は、「農耕」と「冶金」の技術を急速に開発していく。人間は、富を得る手段として、「土地」が最大の価値をもつと認識したが、次に土地を富そのものとみる倒錯した考えをもち、それをめぐる争いを起こし始める。そうなると、以前の採取段階でのつましい私有財産制は消え去り、ついには経済的に「富める者」と「貧しい者」とが現れる。富める者は、さらに富を蓄積するために、他人の労働力を用いるのが有利であることを知り始める。貧しい者は、自己の生存を維持するために、富める者に、自己の労働力を提供するしかなくなる。両者は、「富裕であれば仲間の苦役を必要とし、貧しければその援助を必要とする」[6]という意味で、相互依存の関係に巻き込まれることになる。

人間は、自尊心を満足させる最大の対象として私有財産制を発見した。土地は、やがて人口の増加にしたがい払底する。そこで人間は、土地の所有に関する規則をつくる必要があることを知った。というのは、規則の欠如は、人々の間で土地争いが起きたとき、争いに決着をつけることを不可能とするからである。ルソーは、所有権を確定する基準を、個人の直接的な「労働」に求め、その基準を「正義の最初の規則」と呼んだ。ルソーは、この規則をロックのように、自然法によって弁護される「財産権」とは異なると考えていることは、彼がこの規則を「自然法から帰結する権利とはちがった所有の権利」と述べている点から判明する。この規則は、人間が社会を形成する過程で、お互いの間で制定されたのである。この正義の規則は、脱自然化の過程で、規範的効果を全く失うのだが、貨幣概念の導入によって不平等な所有を正当化するロックの財産権を批判するために定立されたのである。

だが、生まれたばかりの社会において所有の平等を保存する規範として導入された正義の規則は、富める者が自己の物を拡大するために貧しい者に対して行使する暴力と、貧しい者が行う略奪行為に挟撃されて機能しない。富める者は、他人の労働をとおして財を築いたのであり、それゆえにその財の所有を正当化する根拠を自己がもたないことを誰よりも知っている。そこで富める者は、自己の所有物を安定的に保証するためには、戦争状態に終止符を打つのが最もよいことだと考えた。

ならば富める者は、貧しい者の略奪をどのようにして防ぐのか。我々は、ルソーが富める者は「自分を攻撃した者たちの力そのものを自己のために用い、自己の敵を自己の防衛者にする」ことを考えついたと述べていることに注目しよう。富める者は、もちろん背後に力を秘めているが、貧しい者を説得する武器として一種のイデオロギーを考案する。その文章を引用してみよう。「弱い者たちを抑圧から守るために、そして野心家をおさえ、各自に属するものの所有を保証するために団結しよう。すべての者が従わざるをえず、誰もえこひいきせず強い者も弱い者も平等に相互の義務に従わせることをとおして、いわば運命の気まぐれを償う正義と平和の規則を制定しよう。要するに我々の力を、我々の不利な方向に向けないで賢い法によって我々を支配し、その結合体の全部を保護・防衛し、共通の敵を排除し、我々を永遠の和合のなかに維持する一つの最高権力に集中しよう」(7)。富める者と貧しい者の双方は、「共通の保存」を実現するという名目のもとで社会契約を結び、最高権力としての国家をつくり、その権力に自己支配の権利としての自然的自由を譲渡するのである。

ここで我々は、一つのことに注目すべきである。すなわち両者は、最初は真剣に相互の保存を達成するために、自己支配の権利を譲渡し、しかも双方が互いに協力しながら、その権力を行使しようとしたことを。ルソーは、その後「公権力の保管という危険な役目を幾人かの人に委譲した」とき、その権力は貧しい者＝弱い者に向けられることになったといっている。以上のことを一言でいうと、ルソーは、つくられたばかりの国家では、すべての者が直接国家の至上権を行使した点で、人間は自治の主体であったが、その後、国家運営の主体が「すべての人々」から「貴族」と「王」を経由してそして最後に「専制君主」に移っていくにつれて、支配と服従の国家ができあがり、人間は自治の象徴であった力つまり自然的自由を失ったと見た。王は、専制政治を隠蔽するために、「神権の裁可を与える神聖な教義」として「王権神授説」なる、陳腐なイデオロギーを編み出した、といってよかろう(8)。

さてルソーは、先述のとおり、財の不平等な所有関係を固定化するためにつくられた支配と服従の国家形成史のなかから、自由と平等を再び獲得するための国家像を構築するヒントを発見する。それは「譲渡（aliénation）」である。富める者と貧しい者の関係が存在するなかで、双方が国家をつくるために行った自己支配の権利の譲渡は、結局、個人的従属関係を固定化する役割を果しただけであるが、ルソーは、そのような譲渡を、逆にすべての者を平等化する方法的装置として使おうとしたのである。このような譲渡から生まれる平等を客観的に保証するのは、いうまでもなく自己支配の組織である一般意志の国家であろう。次に我々は、この点を『社会契約論』から探っていくことにしよう。

注

（1）William Pickles, *op. cit.*, p. 378.

（2）*Ibid.*, p. 378. 換言すれば、この移行過程は、自然にかなうかどうか、あるいは人間の本性を守るものかどうかの点から、善きものあるいは悪しきものと判断を下されることになる。

（3）人間関係をもたず外的自然にのみ依存して生きる人間の間では、自然法は機能しないが、各自は自己の内部に自然法をもっている。だから第一の自然状態は、「反倫理的な状態」ではなく「倫理に関係がない状態」といえる。この点を看過すると、人間が倫理的能力をもっていることを承認できなくなる。そうなると、自然人は自然的衝動しかもたないという説明がなされる（J. W. Gough, *The Social Contract*, Oxford, Clarendon Press, 1936, p. 166）。『人間不平等起源論』の「すべての反省に先行する自然の純粋な運動」たる自然法は、理性を機軸とする近代自然法理論に対する反論である。人間以外の他の動物をも自然法の主体とする自然学的自然法観は、モンテスキューの影響の下にある。ルソーの自然法は、「自然的善」と同義であるとする説（Robert Derathé, Jean-Jacques Rousseau et la science politique de son temps, *op. cit.*, pp. 166-167）がある。

（4）J.J. Rousseau, L'inégalité, in: *O. C.*, t. III, pp. 164-165.

（5）スタロバンスキーは、第四段階以降は「依然として社会化されることなくして、すでに脱自然化される第二の自然状態」であるという（Introduction par Jean Starobinski, in: *O. C.*, t. III, p. III）。

（6）J.J. Rousseau, L'inégalité, in: *O. C.*, t. III, p. 175.　もちろんルソーは、富者と貧者の間に個人的従属関係が存在するかぎり、いかに民主的な国家をつくったとしても、それは機能しないことを知っていた。それは、強い者の国家でしかないことは目にみえている。ルソーは、直接民主政から貴族政、貴族政から王政、そして最後に王政から専制へ政府形態が変わっていくことを述べたとき、実は政治学の法則としての「寡頭政の鉄則」を表明したのである。

（7）*Ibid.*, p. 177.
（8）絶対王政国家の体制原理は王権神授説だが、この原理のもとでは自然法は「単に国王の良心に対する一つの準則にすぎなかった」（Charles Grove Haines, *The Revival of Natural Law Concepts*, Cambridge, Harvard University Press, 1930, p. 60）。

第三節　とりもどされた自由

①一般意志と倫理的自由

先に述べたように、人間は、「秩序」を実践する能力として神から自由を与えられた。彼は、全体の保存を、自らの自由な意志決定によって図ることにより、秩序を実現する義務を神に負っている。けれども再三触れたが、人間は政治的支配と服従の関係をつくってしまったがゆえに、その義務をはたすことができなかった。

神は、人間がその義務を履行することを怠ったことに対して、「各自の責任を問」う「神の正義（justice de Dieu）」の主体である以上、彼らを厳しい眼差しで凝視するであろう。けれども、すべてを創造したあとに引退し姿を隠した神は、人間が責任をとらないからといって怒り、直接的に人間の世界に介在し処罰したりはしない。となると神の正義は、人間の世界では現実的には、無力な規範として存在するしかないであろう。そこでルソーは、神から命じられた秩序を客観化することができる「市民的秩序（ordre civil）」をつくらなければならないと考えた。ルソーは、その社会秩序は、神から与えられた「各自のものを各自に与える」すなわち「人間の正義（justice de l'homme）」を実現する政治制度とならなければならない、と信じたのである。

さてドラテによると、ホッブズ以降開始された社会契約論的国家論は、「国家の起源」と「国家の基盤」の問題を厳密に区別することを思いつかなかったが、ルソーは、この二つの問題を峻別した点にその新しさがある(1)。「国家の基盤」の問題は、国家権力の哲学的認証論の究明のそれになる。社会契約論的国家形成論は、実証主義的精神が拡がる一八世紀中頃以降、急速に衰退していく。ルソーと同世代人デイヴィッド・ヒュームは、歴史的次元から検証した場合、「原始契約」は国家の起源として存在しなかった、といい切っている(2)。ルソーもまた、『社会契約論』で「この条項は、たぶん正式に発布されたことは一度もなかったであろう」といったとき、ヒューム同様、国家が人々が交わす契約から生まれたなどとは全然信じていなかった。そこでルソーは、自己の課題を以下のように述べる。長いが重要なので引用する。「国家制度の法は、まだこれから生まれるべきものであるが、それは決して生まれることはあるまいと断定してよい。この重要で、しかも無用な学問をつくりだす能力のあったただひとりの近代人は、有名なモンテスキューであった。しかし彼は、国制の法の諸原理を論じようとはしなかった。彼は、既成の統治体の実証的法則を論ずることで満足した。そして、この世でこれら二つの研究ほど違ったものは何もない。現に存在しているような統治体について健全な判断をくだそうとする人は、二つの研究を結びつけなければならない。現に存在するものを正しく判断するためには、存在すべきものを知らねばならない」(3)。

ルソーは、今しがた引用した『エミール』の第五編において、既成の国家の「実証的法則」を追究したモンテスキューを批判することをとおして、実は啓蒙主義哲学の実証主義的合理主義を論難していたのである。一八世紀の啓蒙主義哲学は、「事実」のなかに含まれる「法則」を「真理」とする傾向を有していたが、事実として存在する「国家」は、様々な国家形態をとるかぎり、そのような国家はそれぞれの「法則」=「真理」をもつと考えていた。そこから諸国家は、モンテスキューが『法の精神』で表明理解したように、自己の内在的法則をもち、他の諸国家に対して、自己の存在根拠を要求する資格をもつことになるであろう。このことは、逆にいうならば、諸国は他の諸国に対して自己の至高権を要求することができないことになる。

そこで、「存在すべきもの」を含まない「事実」＝「法則」とは、いったいどのような価値をもつのであろうかと反論するとき、ルソーは、啓蒙主義哲学の実証主義的真理観に異議を唱えたといってよかろう。そこからルソーは、現に「存在するもの」としての多様な国家を批判する引照基準として、現に存在しない「存在すべきもの」としての国家像を建設しなければならない、と痛感したのであるが、それこそがルソーのいう「国制法の原理」であった。ジュヴネルの言葉を借りて説明するならば、『社会契約論』は、「市民的制度の領域へのモラリストの侵入」(4)を意味していた。

さてルソーは、『社会契約論』第一編第六章で、すべての人々が陥っている生存の危機について次のように述べている。「人々は、自然状態において生存することを妨害するもろもろの障害が、その抵抗によって、各個人が自然状態にとどまろうとして用いる力に打ち勝つにいたる点まで到達したと想定する。そのときには、この自然状態にはもはや存続しえなくなる。そして人類は、もしも生存の方法を変えない場合は、滅びるであろう」(5)。我々は、ここで、「障害（obstacle）」あるいは障害の「抵抗（résistance）」とは、何を意味しているのかを考えざるをえない。人間は、ルソーによれば、「自然」の恵みが豊富であるときは、他者の「援助」を待つことなく、自己の力をとおして自己を保存することができるという意味で、自然的自由を確保することができるが、自然がその恵みを与えることが少なくなるにつれて、自己の力によって自己を保存し自己の独立を全うすることが困難になっていく。障害の抵抗力とは、人間の力を圧倒する厳しい外的自然の力のことをいうのであり、自然の障害の抵抗力は、各自の力を凌ぐようになってくる。

人間は、当然このような過酷な自然と向きあったとき、もはや、ただ独りでは生きていくことはできないはずである。人間は、このような事態に陥ったとき、先にも触れたが、自己の理性を介して自然を支配し、そこからその恵みを増加させようとする。すべての人々は、それゆえに他者の力を借りることで自然を支配し、そこから得られる物を共に分かちあって各自の保存と独立を実現することができたはずだが、逆に自己の力をとおして他者と争い、自然の恵みを我が物にしようと躍起になる。そして、やがて富者と貧者が発生してしまった。

理性を支配の道具と見る、フランクフルト学派のT・W・アドルノ的にいうならば、ルソーは、自然を支配する「道具」として存在した「理性」は、人間の世界に適用されて、人間を支配する道具となったと考えた。ルソーは、すでに本章の第一節でみたように、主人と奴隷との不平等な相互依存の関係、すなわち「悪そのもの」から再び自分が「本当の主人」となることができ、そうして自然的自由を確保できる人間関係を、発見しようとした。そのときルソーは、否定すべき対象として、個人から自由を奪う国家論を構築したホッブズを想い起こした。周知のようにホッブズは、自然権を「各自が彼自身の生命を維持するために彼自身の力を好きなように用いる各自の自由」(6)と規定していた。ホッブズは、自由と強制との対立は絶対的に矛盾し、それゆえに人間は、そのどちらか一方を選びとるしかないと考えた。というのも、彼は、自由つまり力を、戦争状態を招く一つの原因であると見ていたからである。したがって、彼は、より大きな力＝絶対的主権者を設立し、この力を極力管理しようとしたのである。

それにしても自由と強制とは、絶対的に対立するといい切ってよいのだろうか。現に存在するものは、同一律と矛盾律によって支配されている。すなわち存在するものは、他の存在するものとの関係の下で、他の存在するものに対しては、自己自身と「同一」のものであり、他のそれとは矛盾し対立する。我々は、その矛盾・対立を統一することはできないのであろうか。ヘーゲルは、『精神現象学』で、「主」と「奴」の関係において、主は、奴に対して主としての自己自身と同一のものであり、「奴」とは絶対的に対立するとみる考えを、その矛盾・対立を「孤立」したままに置き、それを「統一」することを忘れた思考様式、すなわち「孤立した反省」あるいは「悟性」といい、このような思考を拒否し、対立を統一する「弁証法的思惟」としての「理性」なるものを要請した。

ホッブズは、『リヴァイアサン』で、ヘーゲルによって批判される余地がある、悟性によって自由と隷属の矛盾を眺めていたので、「自由な被支配者」とは「単なる背理」であり、「無意味な言葉」にすぎないと考え、自由を切り捨てて、隷属をとる国家論を打ち立てることによって、二つの間の矛盾を凍結する以外にはなかったのである。

ところが、ルソーは、『社会契約論』で、「自分の自由を捨てること、それは人間の資格、人類の権利および義務さえ放棄することである。何人にせよ、すべてを放棄する人にはどのような償いも与えられない」(7)といい、自己支配の権利を不可侵の権利であると言い放ったのである。となるとルソーは、ホッブズのような解決方法をとることはできない。そのためルソーは、自由と隷属の統一、バチコの言葉を借りていうならば、「自然と歴史との総合」(8)を考え始めたとき、ヘーゲルに先駆けて弁証法的思考方法を採用したといえよう。

自然状態での人間は、自然の障害の抵抗力と戦っていればよかったが、「戦争状態」では、「最強者の権利」=「暴力」を盾に支配し続け、不平等な人間関係という新たな障害を強制する権力者とも戦わなければならない。ルソーは、二重の障害の抵抗力に対抗しうる「力の総和」を民衆がつくりだし、「その力をただ一つの原動力で働かせ一致した動きをさせる」ことを思いついた。この場合、原動力とは一般意志を指し、それによってルソーは(9)障害の抵抗力を押さえこもうとしたのである。

それにしてもルソーは、なぜこのように執拗な不平等批判を企てたのであろうか。彼は、最初からすべての悪は不平等からくると考えたわけではないのは、祖国ジュネーヴ共和国を出奔し、文筆能力を頼りとして身分制社会の階段を昇ろうとしたとき、身分的秩序を肯定していたことから分かる。だが彼は、文筆稼業で成功し、サロンの寵児ともてはやされたとしても、結局は「ものを書く下僕」と嘲笑されたのである。彼は、そこで「外観」と「現実」との矛盾に気づき、特権階級に自己を投影し、自己のアイデンティティを確立することがいかに空しいものであるかを知ったのである。R・D・レインは、『自己と他者』で、「アイデンティティとは、自分が何者であるかを、自己に語って聞かせる物語である」[10]と述べ、しかも「補完的アイデンティティ」という言葉で、人間は他者との関係の下で、他者に補完されることによってのみ、アイデンティティをもつことができると述べている。ルソーは、自己をどのような者として、自己に語って聞かせたのであろうか。彼は、特権階級への「投影的自己同一化」を、彼らに拒否されたとき、再度自己とは何者であるかを探らなければならなくなった。そこで彼は、新しい〈対抗的アイデンティティ〉を、現在どこにも存在しない平等を生みだす一般意志の国家像を描きだし、それを自己の内部に取り入れることによって確立しようとしたのである。ともかく一般意志は、アンシャン・レジーム下での新しい自己の表明であったのである。

さてルソーは、『社会契約論』において、「単なる欲望・衝動に従うことは奴隷状態であり、自らが課した法に従うことは自由の境地である」[11]との立場から、「倫理的自由」は、すべての人々が「主権者」として法を制定するとともに、「被支配者」としてこれを順守することができるとき生まれると考えた。彼の倫理的自由の規定は、一般意志から流れ出る。換言すれば、自治がとりもなおさず倫理的自由である。個人は、自己が意志したことを、他の誰にも邪魔されずに実践できるとき、自己の本当の主人となりうる。ルソーは、個人とのアナロジーの下で、政治体を構成するすべての人々は、あたかも一人の人のように、意志することができるとき、倫理的自由の主体となることができると述べたのである。

我々は、このような文脈においてのみ、「誰であれ、一般意志への服従を拒む者は、団体全体によってそれに服従するように強制されるという約束を含んでいる。……このことは、市民は、自由であることを強制されるということ以外のいかなることも意味していない」[12]という言葉を理解すべきである。ルソーは、ホッブズによって斥けられた自由と隷属との矛盾の解決方法を、「自由なる被支配者」＝「一般意志」をつくりだすことで見つけたといえよう。ルソーは、個人とのアナロジー下で、倫理的自由を捉えていたので、その自由を誰にも絶対に譲渡できないといったのである。だから個人に似た者としての人民は、個人が自己の自由を他者に譲渡した場合には自己を失うように、一般意志を破壊し、倫理的自由を他者に譲渡した場合には、自由を奪われた者として出現し、人民の資格を失ってしまう。さらに人民は、「集合的団体」があたかも一人の「人格」をもつ人のように、倫理的自由をもつのであるから、それを分割することはできない。というのも、個人が自己の意志の統一性を分割したとき、自己の人格の解体を必然的に招き精神の病を抱え込むように、人民もまた意志の統合主体としての自己存在をやめたとき、自己の内部に空虚さを抱え込むことになるからであろう。

注

（1）Robert Derathé, Jean-Jacques Rousseau et la science politique de son temps, *op. cit.*, p. 248. 『社会契約論』で展開された「国家の基盤」の問題は、国家権力の正当性を弁証する学である。それを弁証するために「合意」の観念が提起されたのは、近代になってからである。「正当性（legitimacy）」という言葉が支配者の地位につく資格であるという意味で用いられたのは、ヨーロッパの場合、中世になってからである。そもそも古代ラテン語の〈legitimus〉は「合法的」という意味であった。合法性つまり正当性であった。二つの言葉が区別されたのは、古代世界の直接的統治形態が崩壊し、政治的主導権を握った皇帝あるいは法王の権威の代理人を正当化する必要に迫られた、その時からである。以上の点については、次の文献を参照。José G. Merquior, *Rousseau and Weber*, Boston, Routledge & Keegan Paul, 1980, introduction.

（2）David Hume, *Philosophical Works, Vol. 3, Essays Moral, Political and Literary*, edited by Thomas Hill Green and Thomas Hodge Grose, London, Longman, 1882, pp. 450-451. 国家の起源の視点からみた場合、ルソーは、それは単に「実力」によってつくられたとは考えていない。国家は、彼の場合、富者の貧者に対するイデオロギーの結果つくられたのである。

（3）J.-J. Rousseau, Emile, in: *O. C.*, t. Ⅳ, p. 836. フランス啓蒙主義哲学者たちは、実在論的合理主義者であり、「存在するもの」の探求者であり、存在するものを真理＝法則とする傾向をもち、「存在すべきもの」の探求には主として向かわなかった。彼らは、総じて保守主義的政治思想家として現れた。モンテスキューの政治哲学は、合理主義的自然法論者の焦眉の問題すなわち「権利問題（quid juris）」の視点から形成されていない。彼は、終始「事実問題（quid facti）」の側面からそれをつくろうとした。したがって彼の場合、ルソーとは逆に「事実」が尊重される。事実が考察の対象として据えられるならば、社会契約が存在しないものとして拒否されるのは自然である。例えば、彼の「本性＝構造」と「原理＝情念」の複合体から構成される三つの政体の理念型は、人間の自主的な変革の可能性を拒否する決定論的法則に服する感がある。三つの政体は互いに空間に配置されただけである。ルソーは、政体の変化を時間の軸の上でみていく。その点でモンテスキューの歴史観は「空間の歴史」であるのに対して、ルソーのそれは「時間の歴史」である。

（4）Bertrand de Jouvenel, *Essai sur la politique de Rousseau*, Génève, C. Bourquin, 1947, p. 16.

（5）J.-J. Rousseau, Du Contrat social, in: *O. C.*, t. III, p. 360.

（6）Thomas Hobbes, *Leviathan*, reprinted from the edition of 1651 with an Essay by the Late W. G. Pogson Smith, Oxford, Clarendon Press, 1909, p. 99.

（7）J.-J. Rousseau, Du Contrat social, in: *O. C.*, t. III. p. 356.

（8）Bronisław Baczko, Rousseau, *Solitude et communauté*, Paris, Mouton, 1974, p. 304.

（9）ルソーの一般意志の解釈については、周知のように定まった統一的見解は存在しない。一般意志は、全く正確な意味をもたない混乱した理念にすぎないとする説もある。バーカーは「ルソーは、ロマン主義以前のロマンティークであり、民族的人格を神聖化し、その人格から流出する権利の自覚や一般意志の発現として法を考える新しいドイツ思想の範型への道を切り開いた」と述べた。確かにバーカーが述べるように、ルソーの政治哲学は「橋渡しの哲学」の色彩を濃くしているが、我々は「ルソーの倫理的人格と一般意志は、自然法の諸限界を超越する理念である」とは考えない。（Ernest Barker, *Essays on Government*, Oxford, Clarendon Press, 1954, p. 106）。一般意志は、自然法を、相互に、人々に守らせるための政治組織にすぎないのである。『人間不平等起源論』の自然法は、ごく狭い範囲内（たとえば家族など）で通用する規範であり、それは市民社会が発達した段階では規範的普及力をもたない。ルソーは、このような特質をもつ自然法論をまさに『社会契約論』でそのままの形で展開することはできなかった。自然法の「内容」を一般意志のなかで客観化するのは、この理由による。『人間不平等起源論』と『社会契約論』の間では、自然法に関するかぎり断絶があるようにみえる。「ルソーの政治哲学の顕著な形態の一つは、彼が自然法学者から受け継いだそれらの用語を採用しながらも、彼らが定め置いた教義の多くを放棄した」（J. W. Gough, *op. cit.*, p. 166）とするゴフの説は、説得力があるようにみえる。だが、このような説に対する反対意見としてドラテのそれがある。ドラテは、ルソーの著作がもつ発展段階的な形成に注目し、自然状態から社会状態への変化にともない、自然法は自然状態ないし市民社会に適用されるにしたがって、かなり違った二つの形態をみせるという（Robert Derathé, Jean-Jacques Rousseau et la science politique de son temps, *op. cit.*, p. 166）。自然状態の自然法は「理性に先立つ原理」にその基礎を有し、社会状態のそれは「正しい理性の格律」を指している。すなわち彼は、ルソーの自然法は二種類あるという。ドラテは、この説をハイマンから学んだ。ハイマンは、『ジュネーブ草稿』第二編第四章の二つの種類の自然法を手掛かりとして『人間不平等起源論』にさかのぼり、人間関係の形成とともに自然法が人々の規範として定立される可能性がでてくることを示している（Franz Haymann, La loi naturelle dans la philosophie politique de J.-J. Rousseau, in: *Annales de la Société Jean-Jacques Rousseau*, Vol. XXX（1943-1945）, p. 83.）。「人民の成熟期」という発想は、明らかに『人間不平等起源論』における自然法の発達の段階的把握と重複する。だが、ルソーの自然法を二つに分けることに関しては、キャメロンの次のような反論がある。「これら二つのものの裂け目は深いものであるからして、なぜ両者を同じ名前で呼ぶべきなのか、なぜ両者を自然法という範型で呼ぶべきかを理解するのは困難である」（David Cameron, *The Social Thought of Rousseau and Burke: A Comperative Study*, Toronto, University of Toronto Press, 1973, p. 73）。

（10）ロナルド・D・レイン（志貴春彦、笠原嘉訳）、『自己と他者』、みすず書房、一一〇頁。ルソーは、最晩年自然へ自己を没入させることになる。

（11）J.-J. Rousseau, Du Contrat social, in: *O. C.*, t. III, p. 365.

（12）*Ibid.*, p. 364.〈一般意志〉即〈支配と被支配の相互性〉であり、相互性は倫理的自由そのものを指している。相互性の破壊は支配と被支配関係をもたらすがゆえに、ある者が相互性を破壊しようとした場合は、団体はそのような者に対して強制力を行使できるのである。

②平等の実現

ルソーは、政治共同体をつくった人々が、それを〈支配と被支配の相互性〉つまり一般意志により動かすことができる時、自己の本当の主人となり、かつて自然状態下で人々が享受していた自然的独立と自然的平等を、市民的自由と市民的平等いう名の下に再興するのである。我々は、このような一般意志にもとづく平等主義的自由の国家論は、特にホッブズの国家論における平等観への反論として提起されたことを忘れてはならない。

周知のようにホッブズは、『リヴァイアサン』で、平等な主体としての群衆各自が、互いに自己の「自然権（natural right）」としての「自由」を放棄する契約を締結し、国家をつくり、しかもそれを放棄した直後、群衆の「共通の代表者」である「主権者」が登場するというシェーマを立てた。主権者は、国家をつくった群衆「本人」を代表し、以後、彼の政治的決定は、群衆本人が下したものとされる。これでは人間は、自然権である自由を、将来奪われるために神から与えられたことになろう。ホッブズは、各自は自由を相互にもつという点で、本来平等な者であるとしたが、国家形成後、主権者に自己保存の判定権の意味をもつ自由を委ねてしまったとき、ラコフが断定したように、服従する者は、「少なくとも部分的には被支配者と権威の保持者との同一化によって保たれる支配の平等」(1)感しかもつことができないであろう。群衆は、支配と服従の関係に巻き込まれ、自由を奪われ、主権者と「心理的平等」感をもつことをとおして自己を命令の起源とみなすしかなくなる。このような平等は「無力な平等 (powerless equality)」でしかない。このような自由の疎外体として現れる不平等国家における心理的平等観は、「内乱」によって崩壊しつつあったイギリスの封建的共同体への自己同一化を失った人々が、自己のアイデンティティを死に物狂いになって探していたことの反映として、捉えられるであろう。

ところがルソーは、ホッブズが考案した巧妙なトリックがもつ危険性を見破った。人間が自己を保存するために、契約当事者とは別の超越的な主権者をつくりだし、自然権をこの主権者に委ねてしまうところから生まれる支配-服従の政治社会を、ルソーは絶対に拒否し、逆に平等をつくりだそうとする。ルソーは、空想でしかなかった平等をどのようにして実現しようとするのであろうか。我々は、この問題に入るまえに、平等をどのように捉えているかを、彼の「秩序の宗教」観に戻って説明してみよう。彼は、『エミール』の第四編で、次のように述べている。「善き人は、自己の半径をおしはかって円の周辺にとどまっている。だから善き人は、神にほかならない共通の中心を主眼として、また被造物にほかならないすべての同心円を主眼として秩序立てられている」(2)。したがって、神のつくった秩序のなかで「自らあらゆるものの中心」となりたがる「悪しき人」とは違い、「善き人」とは、「円」の中心にその位置を占める神に向かい、円周上に相互に平等の地位を保つように秩序づけられている人を意味している。そのような意味で、人間は、本来他者の個人的従属下に入るはずがないといえる。

それでは、ルソーは一度失った平等を、人々の手でどのようにしてつくりだそうとするのであろうか。我々は、その問題を解く鍵を『社会契約論』第一編第四章の次の言葉から見つけよう。「いかなる人間も、その仲間に対して自然的権威をもつものではなく、またいかなる権威も生み出すものではない以上、人間の間のすべての正当な権威の基礎としては、約束だけが残る」(3)。

国家権力を正当化する「約束」とは、いったいどのような約束なのか。彼が近代市民社会における交換経済の論理を基準として「約束」なるものを解釈していたことは、『エミール』第三編の次の言葉から窺える。「交換がなければ社会は存在しないし、共通の尺度がなければ平等というものは存在しえないし、平等というものがなければ共通の尺度も存在しえない」(4)。いうまでもなく近代市民社会は、財の交換経済を主たる軸として成立しているが、その交換は、「不正な取引」でないかぎり、交換を正当化する基準として、交換される財が互いに、「等価性」＝「平等性」をもつとみられることが必要である。このような前提の下で、『社会契約論』の次の言葉が生きてくるだろう。「要するに、一方に絶対的権威を与え他方に無制限の服従を強制するのは、空虚で矛盾した約束なのである。もしも、ある人にすべてを要求することができるならば、その人から何の拘束も受けないことは明らかではないか」(5)。このような約束は、個人的従属関係を正当化するために強い者によって考案されたイデオロギーであった。人間は、自己保存の判定権たる自由を他の者には譲渡できない。強い者は、弱い者の生命を保証してやるという交換条件で弱い者から自由を奪うことはできない。にもかかわらず人間が、生命と自由を交換するという約束を交わすならば、そのような約束それ自体は、「精神的錯乱（aliénation）」から来るとしか思えない。そこでルソーは、平等をつくりだす正当な交換契約を、次のようにまとめる。すなわち政治体をつくろうとするすべての人々は、「各構成員をそのすべての権利とともに、共同体の全体に対して、全面的に譲渡する」(6)必要があると。

ここで我々は、ルソーが考えた社会契約を、より細かく検討しよう。ルソーは、①国家形成に参加するすべての人々は、②すべての人々に対して、③自己のすべてのものを、④同時に、⑤無条件に、⑥そして相互に、譲渡しなければならないとした。というのは、ある人が、ある特定の人々に対して、自己のすべてのものを一方的に、そして無条件に譲渡した場合、強い者と弱い者とが生まれ、再び支配と服従の関係が出現するのは、自然であるからである。そこからルソーは、自己のすべてのものを互いに全面的に譲渡することによってつくりだされる「市民的平等」＝「法的・倫理的平等」は、かつての自然的自由を復活再生する不可欠の条件である、と信じていたことが分かろう。まさに「社会契約は、市民の間に平等を確立し、そこですべての者が同じ条件で約束しあい、また同じ権利を楽しむべきである」(7)という意味で、平等を確立するというのであるから、社会契約によって人々は、「権利の譲渡どころか有利な交換をしたにすぎない」(8)のである。この平等は、「公平」の精神をもたらすであろう(9)。したがって、一切のものの無条件の譲渡は、結局自己の利害を目指す「補償の体系」(10)とみることができよう。人間は、かつて失った自然的平等を、相互性をその絶対的成立条件とした社会契約を結ぶことで、新たにつくりだすのである。そのうえ人間は、この平等を、相互性を実質的に担保する一般意志の主体となることによって実現しなければならない。ルソーのこのような平等観は、「各自のものを各自に与える」ことを意味する「人間の正義」と同義である。

我々は、いま述べた完全譲渡からもたらされる平等のなかで市民的自由を保存するうえで欠かせない「財産権」を、分析しなければならない。ルソーは、『社会契約論』で、財産権を「最初の正義の規則」と同じ基準から認めている。彼によれば、「占有」は、社会契約締結後形成される国家のなかで、財産権として承認される。彼のこのような考えは、ロック、プーフェンドルフにはまったくみられない。ロックの場合、財産権は自然法によって弁護される権利であったが、ルソーは「自然法をどのように規定するとしても、飢えた多数の人々がその日の食べ物にもこと欠いているのに、ごくひと握りの者には余分の物が満ちあふれているということは自然法に反する」[11]といったとき、ロックによって正当化される不平等な財産権を批判する規範として平等を提起したのであった。一般意志のなかで確固とした権利として認められる財産権は、それが各自に相互に保有されていないがゆえに、発生する「戦争状態」を除去できるのである。

周知のように、以上に述べたルソーの財産権は、マルクス主義者から社会主義的所有の先駆として高い評価を受けてきた。彼の所有権論は、確かにそのような評価を受ける要素を一面もっているが、にもかかわらず、彼が私的所有を否定していないことを見逃してはならない。彼は、平等に背馳するときのみ財産権を批判するのである。彼は、「倫理的怒り」から「少数者の大欲」を非難したのである。ルソーの時代の大多数の人々にとって主たる関心は、完全な平等を実現することではなく、大きな不平等をどのようにして是正するかという点にあった。ルソーは、換言すれば、国家のなかで「中産階級支配」[12]を実現しようとしたといってよかろう。

注

（1）Sanford Lakoff, *Equality in Political Philosophy*, Cambridge, Harvard University Press, 1964, p.79.

（2）J.J. Rousseau, Emile, in: O. C., t. IV, p. 603.

（3）J.J. Rousseau, Du Contrat social, in: *O. C.*, t. III, p. 355. 国家権力は、ルソーの場合「被支配者のために考えだされた正当な権威」(José G. Merquior, *op. cit.*, pp. 8-9) である。「合意にもとづく権威」によってのみ、それは正当化される。支配と服従の関係が極端に非対称的ではなく、被支配者が権力の発動から逃げるチャンスを十分にもつことができるから、「合意にもとづく権威」は最もよい権威として認められるのである。

（4）J.J. Rousseau, Emile, in: *O. C.*, t. IV, p. 461.

（5）J.J. Rousseau, Du Contrat social, in: O. C., t. III, p. 356. 「最強者の権利」とは、暴力を掌握した強い者が、弱い者を屈服させ、支配と服従の従属関係を固定化するために、考えだしたイデオロギーである。ルソーによれば、元来人間は、自己の生命を保存するための手段である自由を、不可譲渡の権利としてもっている。それゆえにルソーは、弱い者が、自己の生命を保全するために強い者に自由を与えるという交換契約は、「奴隷権」あるいは「征服権」を正当化するイデオロギーでしかないといっているのである。

（6）*Ibid.*, p. 360. もちろんルソーは、自己のすべてのものの全面的譲渡を「同時的に」行うべきであるとは明言していない。譲渡が同時的に行われない場合、ある特定の者にすべてのものが残り、人々の間に不平等状態が続くことになるがゆえに、譲渡の「同時性」は絶対の条件である。ルソーは契約の両当事者を個人と「共同体全体」とするが、国家形成後にできるはずの共同体全体を契約の他方の当事者とするのは論理的に成り立たないのではないかという疑問がわく。ホッブズの場合、契約を契機として出現する主権者は、すべての問題を処理する最終的決定権者であり、個々人は絶対にその権利をもつことができない。それに対してルソーの場合、最終的決定権を誰がもつべきかは、個人と共同体全体によって争われることになるのではないかという意見がある。（José G. Merquior, *op. cit.*, p. 27）。

（7）J.-J. Rousseau, Du Contrat social, in: *O. C.*, t. III, p. 374.

（8）*Ibid.*, p. 375.

（9）George Kateb, Aspect of Rousseau's Political Thought, in: *Political Science Quarterly*, Vol. LXXVI（December 1961）, p. 530.

（10）Robert Derathé, Jean-Jacques Rousseau et la science politique de son temps, *op. cit.*, p. 348.

（11）J.-J. Rousseau, L'inégalité, in: *O. C.*, t. III, p. 194.

（12）この点については、ロウチの次の文章がルソーの真意をつかんでいる。「すべての人々が自己の生存維持に欠かせぬすべてのものに対してばかりでなく、彼の倫理的善に欠かせぬすべてのものに対しても自然権を有するとき、また主権者はただひとりの構成員も損なうことができないとき、最小限の所有を彼に否認できないということになる」（Kennedy F. Roche, *Rousseau : Stoic and Romantic*, London, Methuen and Company Ltd., 1974, p. 91）。ルソーは、一般意志をとおして財産の平均化を図ることにより、人々の間に「中庸の精神（Idée de modération）」を植えつけようとしたのである。一般意志と財産の平均化は、互いに他を必要とする。一般意志は、財産の平均化がないときは実現されないであろうし、財産の平均化は、一般意志が作動しないときは崩されるであろう。両者は、立つも倒れるも一緒である。

③市民的自由

こうしてルソーは、相互性をその本質的内容とする市民的平等なるものを説明した。もちろん彼は、すべての者を平等にすべきであるとは決していってはいない。彼は「国家のすべての成員は、国家に対して自己の才能と力量に比例した奉仕をしなければならないとき、市民もまた彼らの奉仕に応じて区別され、優遇されなければならない」(1)といい、能力の自然的不平等は是認されてしかるべきであると考えた。国家内部で人々を差別化する「配分的正義(justice distributive)」は、ルチオ・コレッテイが述べるとおり、ルソーにとって「個人の業績の社会的承認の必要性」(2)から認められる。だがルソーの場合、能力の自然的不平等は、名誉としてではなく身分的差別をもたらす特権として国家内部に巣くうとき、断固として拒否されることになる。

我々は、次に市民的自由について検討しなければならない。ルソーは、『社会契約論』第二編第四章で次のように述べている。「しかしながら我々は、この公共の人格のほかに、これを構成している私的人間たちを考えなければならない。そして後者の生命と自由とは、本来的には前者とは別のものである。そこで市民たちと主権者とのそれぞれの権利を区別し、また市民たちが被支配者としてはたさなければならない義務を、人間として享受すべき自然権から十分に正確に区別することが問題となる」(3)。

ここでいう「公共の人格」が政治体を指していることは、直ちに分かる。公共の人格としての政治体は、一人の人間に似た者として捉えられている。政治体を構成するすべての人々は、相互性のなかでそれに抵触しない範囲で、人間として当然もつ誰にも渡せない自然権を楽しむことができる。ルソーは、政治体のなかで「私的人間」として人間がもつこの自然権を、「一般意志によって制限された市民的自由」(4)と呼んだ。

ところでシャーヴァットは、ルソーの「自由の本質は、それが享受される形態が変化せざるをえないとしても、存続すべきである」(5)と述べている。そこで我々は、自然権としての市民的自由を、ルソーはいったいどのようにして防衛しているかを、探っていくことにしよう。そのために我々は、『社会契約論』第二編第一二章の以下の文を検討しよう。「第二の関係は、政治体と構成員の相互関係、または構成員と全体の関係である。そしてこの関係は、第一の面ではできるだけ小さくし、第二の面ではできるだけ大きくしなければならない。その結果、各市民は他のすべての市民から完全に独立し、国家に極力従属することになるであろう。それは、常に同じ手段によって実行に移される。なぜならば、構成員の自由を創設するのは、国家の力しかないからである」(6)。

我々は、ヘーゲルが国家と市民社会とを区別した最初の人物であると絶えず聞かされてきたが、実は、その区別を初めてした人物は、ルソーではなかったか。上に挙げた引用文において、ルソーは、「政治体と構成員の相互関係」といっているが、これは市民社会を指し、「構成員と全体との関係」とは、市民社会と国家との関係を指しているといってよかろう。市民社会とは、ヘーゲル的にいうと、「欲求の体系」、より直接的にいうと、市場社会を指している。ルソーもまた、市民社会を、財の生産とその交換を媒介として成立する人間関係の総体と捉えていたとみてよい。しかもその市民社会は、富める者と貧しい者の対立関係体である。そのような経済的不平等の関係において、人間は、たとえ法的には平等であったとしても、現実的には個人的従属に追い込まれているのであり、したがって「独立」を失っている。だからこそ人間は、市民社会で「すべての他の市民からの独立」を実現しようとするであろう。

それにしても市民社会は、そのような独立を自らの手で確保することができるのであろうか。ロックの場合、すべての他の市民からの各自の独立は、最初から放棄されている。というのも彼は、財の生産とその交換の過程において、人々の間で、不平等が発生するのは自然であるとみていたからである。貧しい者は、最初から人間としての独立を望むことはできないのである。となると、ロックの国家は、富める者だけが、市民的自由を満喫できるように計らう保険機関となるであろう。

ルソーもまた、ロックと同様、市民社会が自己の力のみで市民的自由を保全することはできないと考えていたが、ロックとは違い、市民社会の一部の者の市民的自由ではなく、市民全体の自由を実現しようとした。ルソーは、そのために、市民社会を構成するすべての市民は、「全体」＝「国家の力」に完全に依存しなければならないとした。我々は、ここでもう一度、ルソーの希求する国家とはどのようなものであったかについて、想起しなければならない。すなわち国家とは、自治の共同体であり、社会契約の基本的条項たる「条件の平等」を客観化する機関であった。自治の共同体は、個人的従属を撤廃する平等を市民社会の内部に実現しようとする。国家への構成員の極端な従属とは、実は市民的自由を生みだす「平等」への個人の服従と置き換えてよい言葉である。そのような理由から、ルソーは個人的従属をもたらしかねない力を、「国家の力」すなわち人民全体の「力の総和」によって、抑圧するのである。ルソーの場合、ロック的な自由主義的政治理念の基本的課題であった国家権力と個人の権利としての市民的自由との間に存在するといわれた対抗関係の問題措定は、副次的なものとなっていることが分かるであろう。社会契約によってつくられた国家こそが、市民社会に市民的自由を保証するといえよう。国家意志としての一般意志は、それゆえに平等を志向するかぎり、「常に正しく、常に公共の利益を目指す」といえよう。その意味で、国家権力は「絶対的」ではあるが、「無制限的」ではないのである。そうであるからこそ、国家が市民的自由を奪う法を定立した場合は、国家のすべての構成員は、その国家を倒してよいことになる。それは、法の適用を直接受ける者の基本的権利である。

さて、かつてヴォーンによって「『社会契約論』は、いままで人間精神が考えたかぎりの集団主義への入り口を形成する」(7)と断定され、しかも、国家主権のもとで人間の自由は失われた、といわれたことがある。このようにヴォーンは、ロックによって代表される自由主義的政治理論を引照基準として、ルソーの一般意志にもとづく平等主義的自由の国家論を眺めていたので、ルソーの国家論を理解できなかったのである。周知のようにロックにおける個人は、財産権の主体として現れ、その権利を保存する手段として、自由をもつ。しかもロックは、後のルソーに影響を与えた人らしく、この個人は他者に対して自己の自由を譲渡できず、力だけを譲渡できるとした。この点で、ロックの国家論は、ヴォーンがいうとおり、「国家を一つの便宜的な装置に限定している。つまり必要ではあるが、正確には献身の対象とは決してなりえない一つの装置としている」[8]といえよう。ロックに負けずルソーもまた、一般意志の国家は、あくまで個人の市民的自由を実現するための一つの手段でしかないと考えていたが、ロックとは逆に、その自由を実現するために国家に大きな役割を与えるのである。ロックは、市民社会の人々の自助力に全幅の期待を寄せ、国家権力を可能なかぎり減殺することによって、個人の市民的自由を保存しようとしたが、ルソーは、相互性を実現するために要請された一般意志の現れである国家主権に制限を加えれば、必ず国家の下に立つべき市民社会の市民相互間に、再び貧富の差が生まれ、富める者は強い者となり、やがては国家権力を奪取してしまい、市民社会をかつての個人的従属の状態、つまり「戦争状態」に追い込み、人々の市民的自由を奪うであろうとみて、国家の力を極大化し、市民社会を徹底的に監視することをとおして各個人の市民的自由を保存しようとした、といってよかろう。

注

（1）L'inégalité, in: *O. C.*, t. III, p. 222.

（2）Lucio Colletti, *From Rousseau to Lenin. Studies in Ideology and Society*, tr. by John Merrington and Judith Whlte, London, New Left Books, 1972, p. 192.

（3）Du Contrat social,in: *O. C.*, t. III, p. 373. 人々は、かつて自然状態下で享受していた自然権としての自然的自由を、一般意志の政治体のなかで復活再生するのである。それゆえに、コバンが「自然権それゆえに自然的自由は、政治社会形成後には存続できない。しかし、それらはまったく廃棄されるのではなく、むしろ停止されている」（Alfred Cobban, *Rousseau and the Modern State*, London, Allen & Unwin, 1934, p. 62）と解釈することには疑義がある。自然権は、政治体の下では、「停止される」のではなく、積極的に保存されるのである。むしろ、ドラテが「共同体への彼らのすべての権利と各構成員の全体的譲渡は、ルソーにおいては個人の自然的諸権利の抑圧にいたるのではなく、それらを市民的諸権利に移転するための作為的な方策にかかわるものである」（Robert Derathé, Jean-Jacques Rousseau et la science politique de son temps, *op. cit.*, p.228）とする説の方が説得力がある。

（4）従来、市民的自由と倫理的自由とが、まったく異なった理念であることが見逃されてきた。シュトラウスは「ある意味では、自己自身だけへの服従である市民的自由は、確かに倫理的自由に接近する」（Leo Strauss, *op. cit.*, p. 281）と述べている。倫理的自由は「自ら課した法に従うこと」から生まれるが、「一般意志によって制約された市民的自由」もまた人民自身の法制定によって確立されるほかはない。シュトラウスは、「自治」としての倫理的自由と、それに従属する市民的自由とを区別することができなかった。コールの言葉でいえば、「一般意志は、人間的自由の政治制度への適用である」（Jean-Jacques Rousseau, *Social Contract and Discourses*, translated with introduction by G. D. H. Cole, London, Everyman's Library, 1913, p. XXXI）が、この公共の自由があるかぎりは、他人からの独立を意味する私的な市民的自由は達成される。だからプラムナッツが、ルソーの市民的自由を「実際上は社会的に重要な規則が禁止していないことをする権利である」（John Plamenatz, "Ce qui ne signifie autre chose sinon qu'on le forcera d'être libre", in: *Hobbes and Rousseau. A Collection of Critical Essays*, edited by Maurice Cranston and Richard S. Peters, New York, Anchor Books, 1972, p. 324）と述べているが、それは傾聴すべき点を持っている。

（5）John Charvet, *op. cit.*, p. 123.

（6）J.-J. Rousseau, Du Contrat social, in: *O. C.*, t. III, p. 394. ヘーゲル以前、古代政治理論から出てきた「市民社会」という表現は、「国家」と対照される社会ではなく、「政治体」を意味した（José G. Merquior, *op. cit.*, p. 26）。市民社会即国家（政治社会）であった。『人間不平等起源論』は、国家とは異なった市民社会形成論であり、『社会契約論』は、市民社会とは異なり、それを相互性の立場からコントロールする国家論の展開であるといえよう。

（7）*The Political Writings of Jean-Jacques Rousseau*, edited from the original manuscripts and authentic editons with introduction and notes by C. E. Vaughan, Cambridge, Cambridge University Press, 1915, Vol. 1, introduction, p. 39.

（8）*Ibid.*, p. 49. ルソーになって、「国家それは私である（Etat, c'est moi）から「国家それは我々である（Etat, c'est nous」に移ったのである。ルソーにとって、ホッブズ、ロックの国家は、「国家それは彼らである」となる。

第四節　自然法論へ

ルソーの平等主義的自由を志向する一般意志の国家論は、ホッブズ、ロックの政治理論を批判的に克服するところから生まれた。ホッブズ、ロック、そしてルソーの三人は、各自それぞれの政治理論を、原子論的個人を最終的な実在単位とするところから始める。しかも彼らは、そのような個人は、人間本性としてすべて等しく内在的に「自己保存の権利」をもち、さらにこの権利を実現する手段として「自由」をもつ、と考えたのであった。

ところが彼らは、この自由をどのように扱うかという点になると、各自異なった見解を抱く。ホッブズは、人間は自由をもつからこそ、他者の自己保存権を侵害することになると考え、人間は、各自自己を保存するために、社会契約を締結し、各自に対して、自己の自由を全面的に譲渡することにより、「国家」をつくり、そして一度つくられた国家の運営者たる主権者を別に設け、その者に自由の行使を委ねるという策を考え出した。ロックは、ホッブズとは違い、自己保存の権利＝「所有権」を保存するための手段として、神から与えられた自由を他者に譲り渡すことはできないとした。けれども彼は、この自由の行使を財産所有者だけに限定したとき、財産をもたない大勢の人々は、自己を保存する手段をもつべきではないことを認めたのである。彼は、財産所有者だけが自由を行使できる「財産所有者の寡頭政」として代議制国家を要請したのであった(1)。

弁神論の信奉者ルソーは、神の善と人間の悪の論理的矛盾の原因を自由に求めた。自由は、悪をもたらした原因であった。その意味で、パスカル的にいえば、自然としての自由は、腐敗したのである。しかしルソーは、パスカルのように、この矛盾を単に信仰をもつことで回避することを本意としなかった。彼は、腐敗する以前の自然としての自由は、共同性すなわち各自の自己保存権の相互的保証を実現するために、神から人間に与えられた恩寵であると考えた。人間は、神からの恩寵たる自由を濫用し、支配と服従の政治社会をつくってしまい、自由を失った。自由な行為から自由の喪失が生まれたのである。それゆえに彼は、腐敗した自由を、そのまま認めることはできない。人間が、自由をつくりかえて、共同性を保証する能力にしなければならないのは、当然である。それは、一般意志によって実現される。というのは、一般意志は相互性を目指すからである。ルソーは、相互性から生まれる自由を倫理的自由といったのである。一般意志は、国家を構成するすべての人々が支配と服従の自同性をつくりだすことによって、かつて失われた自己支配の権利としての自由を取り戻すための政治機構なのである。自由をもたらす一般意志の国家論は、「分裂」を宿命とする「市民社会」を存続させるためのホッブズとロックの「悟性国家」を克服するために要請されたのであった(2)。

我々は、倫理的自由として現れるこのルソーの一般意志が、自然法の位置を占めていることに注目すべきである。再び秩序の宗教観に戻って考えてみると、人間は、神が彼に課した秩序を実践し、全体を保存する義務を神から背負わされている者として描かれている。そのために彼は、理性、自由、そして自然法を神から与えられた。にもかかわらず人間は、自然法を介した相互依存関係を他者と結ばず、むしろ不平等な関係を自己の自由な選択のもとでつくってしまった。そこでルソーは、本来人間に平等と独立を教える自然法が、規範的効力を人々の間でもつようになるには、いったいどのようにしたらよいかを模索し始め、遂に一般意志の理念を提起したのである。一般意志は、人々の間に平等と独立をもたらすが、これは、まさに自然法の教えであった。自然法は、かつて無力であったが、一般意志に変身することによって、規範的効力を発揮することになる。しかも自然法の客観体としての一般意志は、倫理的自由となる。人間は、神から与えられた自由を濫用してしまい、人々から独立を奪ってしまう不平等な関係をつくってしまったのであるが、このような点を理性によって深く反省し、自由とはいったい何のために神から与えられたのかを真剣に考え始め、平等主義的自由を実現することを選択する能力として自由を与えられたのを認識する。人間は、そのような目的を、一般意志的存在となることによって達成したとき、神から与えられた自由を、神の意志にそって用いたということができる。

注

（1）結局、ホッブズとロックは、自由と隷属が対立する政治システムを揚棄できない。彼らの国家論は、依然として内部に戦争状態をはらむ個人的従属関係を正当化しているのである。二つの間の対立の解決は、一般意志としての社会契約に委ねられる。この点を看過すると、ゴフの次のような誤った理解を生む。「服従する自己が支配する自己であり、そして人間の自由が文字どおりに契約以前と同じであるならば、明らかにいかなる統治もありえない。無政府以外に何もありえない」(J. W. Gough, *op. cit.*, p. 168)。ルソーの国家論は、市民社会を弁護する彼らの国家論」に対する反抗理論である。

（2）フリードリヒ・ミュラーは、『疎外と国家』で、ルソーの政治哲学の基本的テーマが、社会的統一と個人的自由との一致をどのようにして実現するかという点にあると述べている。その一致は、自治を実現する組織の発見を待ってなされるであろう。ミュラーは、そのようなルソーの構想は「労働の視点」(弁証法)がないために、物象化の過程である歴史のなかに定位できないと断言した。彼によれば、その可能性は、ルソー、カントから意志の自由の概念を継承しつつ、労働を介して、現実を精神的に占有するプロセスのうちに自由は実現されるとしたヘーゲルから始まる。自由とは他在のもとにありながらも自己であり続けることであるという、ヘーゲルの自由観は、主観と客観は労働を媒介として一致させられることを意味していた。だがヘーゲルは、この一致を国家という最高の客観的精神を介して実現しようとする。一致を目指す主体は、国家となる。マルクスの言葉を使えば、「類的自然としての人間」「肉体的・感性的統一体」としての人間は、歴史をつくる主体とはなれないことになる。マルクスは、ヘーゲルから労働を介した自己実現という意味での自由観を継承し、その主体をこの類的自然としての人間に求めていく。ルソーとヘーゲルは、自由の主語を国家に、その述語を市民社会にわりあてた点で同じであり、マルクスは主語と述語の関係を逆転させたのであった。

自由の実現の可能性は、歴史のなかから探さなければならないのは当然である。ルソーの構想は、はたして歴史のなかに定位できないのかどうかは、今後の課題として残しておくことにする。この点については、フリードリヒ・ミュラー（清水正徳、山本道雄訳）、『疎外と国家（ルソー、ヘーゲル、マルクス）』、福村出版社を参照。

第四章　自然法論——秩序の宗教観から——

第一節　宗教と自然法

ルソーの「良心」を基軸として構成される「民主主義的自然法」理論は、「秩序の宗教」観といわれる「道徳的理神論」[1]と緊密に織り合わされた倫理的理念として構成されている点で、近代の世俗的な合理主義的自然法理論のなかで、特異な位置を占めると思われる[2]。「近代化現象」のなかで、政治と倫理との構造連関の位相から、宗教を考察した場合、宗教が、政治を牽引する倫理的理念の供給源としての作用をはたすことができなくなっていくことに、誰しもが気づくはずである。周知のように、政治は、古代から中世にいたるまで、「神政政治」の例をあげれば分かるように、宗教に緊縛され、直接的に「宗教」に定礎され、宗教的秘儀の一種として機能していたが、近代化にともない、宗教的「魔術からの解放」の道を緩慢とではあるが着実に歩んでいった。

もちろんだからといって、宗教の役割は失われたわけではない。ユベールが、宗教は「宗教を無視せず、強力な援助者となるように努める統治の原理に服従するようになるであろう」[3]といったように、宗教は、人間に存在の意味と死の意味を教える、古代・中世の神学とは異なり、近代にあっては、国家を支えるイデオロギーとしてその存在価値を認められる。

「百科全書派」の人々の、統治にとり〈役立つか〉どうかという規準から、宗教をとらえていく方法は、後にヘーゲルが啓蒙主義の宗教に関して直截に述べたように、信仰のなかに「すなわち空しいもの以外に何もみない」[4]近代人の精神から生まれる、といって過言ではない。政治を倫理化するイデオロギーとしての宗教が内部から腐蝕解体させられていくところにあっては、政治は自らの正当化原由を他に探さなければならなくなる。そして、近代の政治は、「神学による自然法の吸収に対する反発」[5]から、ホッブズに典型的に窺えるように、「科学的な因果論的視点」から取り出された「心理学的人間」像の上に成立する「世俗的倫理」として、合理主義的自然法理論を構築したのであった。

ところがルソーは、宗教をあくまでも、「自己の真摯な信仰の対象」あるいは「真理判断の規準」と仰ぎ、決して単なる国家統治の効率の点からのみ、その価値を論じたり承認したりはしない。ましてやルソーは、ヒュームのように宗教を自然史主義的な立場から、「未来のできごとについての不安な恐怖」から生ずる「病人の夢想」[6]などといい、嘲笑したりはしない。彼の場合、宗教はあくまでも、「存在の意味」[7]を人間に保障する根拠として背後に控えている。だからこそルソーは、「政治的、知的、宗教的形態のいずれの形態の迫害にも、すでに反抗し始め」[8]そして、その反抗が「世論の潮流」となりつつあった時代に、あえて逆行するかのように、宗教によって礎石を置かれた倫理的自然法を提起できたのである。

注

（1）Ernst Cassirer, *Die Philosophie der Aufklärung. Grundriß der philosophischen Wissenschaft*, Tübingen, J. C. B. Mohr, 1932, S. 232.「理神論」はルネッサンス期に誕生したといわれているが（Robin G. Collingwood, *The Idea of Nature*, Oxford, Clarendon Press, 1945, p. 5）、バビットは「たぶん純粋超自然主義から純粋自然主義への変化における極めて重要な中間段階は、特にこの時期（一六世紀初期——引用者）のイギリスにおいて生長した偉大な理神論である。理神論は、実際新しいものではない。理神論運動は、中世哲学においてさえも見出されるであろう」（Irving Babbitt, *Rousseau and Romanticism*, Austin, University of Texas Press, 1977, p. 210）と述べている。

（2）ルソーの政治理論を彼の「宗教」観との関係からとらえていくことは、彼の理論形成の客観的基盤がどこにあるのかを理解する前提として重要である。いうまでもなくホッブズは、絶対主義的国家像を、「機械的唯物論」の方法からつかんだ「人間本性」論のうえにつくっている。彼の方法は、無神論的傾向を帯びているといわれる。所与の体制イデオロギーに喜ばれる下地を有する彼の国家論が、以上のような反宗教的基盤から形成されているのに対して、ルソーの革命的かつ民主主義的な国家論は、その最深部で「宗教」に緊縛されている点に特徴があるといえる。ルソーは、厚い「信仰心」が、理性などに縁がない無知蒙昧な民衆に見出せると考えた。

（3）René Hubert, *Les Sciences sociales dans l'Encyclopédie. La philosophie de l'histoire et le probleme des origines sociales*, Paris, Alcan, 1923, p. 232.

（4）G. W. H. Hegel, Phänomelogie des Geistes, in: *G. W. H. Hegel: Werke in zwanzig Bänden*, Frankfurt am Main, Suhrkamp, 1970, Bd. 3, S. 416.

（5）Leo Strauss, Natural Right and History, *op. cit.*, p. 164. シュトラウスは、『自然権と歴史』で、次のように述べた。「トミズム的自然法観の究極的な結論は、いずれにせよ自然法は、実践的には実際、聖書の啓示への信仰のうえに築かれた自然神学のみならず、啓示神学からもまた切り離すことができないという点にある。ところが近代の自然法は、部分的には、神学による自然法のこのような吸収に対する反発であった。近代人の営為は、古典的な人には受け入れられない一つの前提、つまり道徳的原理というものが、自然神学の教義よりも、より大きな自明性をもつこと、そして、それゆえに自然法は、神学かつ神学論争から独立させられるべきであるという前提のうえに成り立つ」。

（6）David Hume, The Natural History of Religion, in: The Philosophical Works, *op. cit.*, Vol. 4, p. 352.

（7）Ronald Grimsley, *The Philosophy of Rousseau*, Oxford, Oxford University Press, 1973, p. 73. グリムズレイは次のように述べている。「というのは、それ（宗教―引用者）は彼の基本的な存在に関係があるからであり、他の方法では不完全である存在の意味を与えることに貢献するからである」。

（8）The Political Writings of Jean-Jacques Rousseau, *op. cit.*, Vol. 1, p. 90. 政治と宗教との癒着こそが「内乱（civil war）」の最大の原因であると気づいたとき、宗教は、政治の分野から切り離され、政治の世界に干渉することが厳しく戒められた。政治と宗教との分離は、近代化の滔々たる流れのなかで確固たる原理となったのは周知の事実である。ヴォーンは、ルソーが政治と宗教とを結合させた点を、次のように痛烈に批難している。「ルソーが書いたその当時、世論の潮流は、政治的・知的・宗教的いずれの形態における迫害にもすでに反抗し始めていた。彼と我々との間で、その流れはより決定的に同じ方向に向かった。この流れを受け入れることは、いまや人類の道徳的遺産の一部となったと、我々は思う。ルソーのような人間が、脱出するために戦っていた当のその暗黒に世界を逆戻りさせてしまうため、また光に対して戦うために、全力をつくした、と考えるのは悲しいことである」。だが、ルソーの「宗教」を考察する場合、ルソーの「意図」を探らねばならない。ルソーは当時、一方では「無信仰」に走りがちなフィゾロフたちに反対し、他方では、民衆に、「迷信」めいた信仰心を植えつける「啓示宗教」にも反対し、「第三の党派（tiers parti）」の立場に立ち、それらの「敵対を克服し、それらの争いを解決する、平等なバランス（balance égale）」（Joseph Moreau, *Jean-Jacques Rousseau*, Paris, Press Universitaires de France, 1973, p. 37）をとりうる中心点を模索していたといえよう。

第二節　自然法と歴史

アンリ・ワロンは、ルソーの思想がもっている「思弁的性癖」について次のような興味ある一文を設けている。「彼は、「アンチ・テーゼの天分あるいは奇癖」を有している。彼は、対立するイメージあるいは観念を喚起することなくしては、描写したり、あるいは考えたりすることができない。そして彼は、対比によって考える精神のもち主である」と(1)。

だがルソーは、「アンチ・テーゼ」あるいは「対比」によって考える方法を、単なる「レトリック」としてもちだしたのではない。彼は、彼をとり囲む「世界」と、自己に内在する規範的価値意識との間に鋭く露呈する矛盾のなかで葛藤していたのであり、その緊張から抜けだそうとしたとき、以上のような「思惟様式」をとったのであろう(2)。となると問題は、彼の「弁証法的精神（esprit dialectique）」(3)から生みだされた「対照法」は、いったい何を訴え語るために提起されたかという点になろう。

これまで述べてきたが、ヨーロッパ中世において、キリスト教神学の最大の課題は、「恩寵」と「自然」との間にある対立関係を、どのようにして統一するかにあった。近代人ルソーは、新しい精神的土壌のなかで、この課題を自らの政治理論の中心テーマに据えたが、それを、神の恩寵たる「自然」と人間の恣意的働きかけのもとで形成された「歴史」との緊張と対立、そして統合の問題に移しかえている(4)。アンリ・グイエは、ルソーに現れた力点の移行について次のように述べている。「大陸の思想史家は、自然と恩寵との区別のうえに築きあげられた教義に、すなわち恩寵は自然を廃止する、あるいはそれを完成する、自然は恩寵であることをアピールし、あるいは恩寵の資格をもつと言い張るという教義に、極めて頻繁に遭遇する。したがって、そこにこそ、キリスト教神学と和解させられる哲学を考えるために用いられた図式がある。ルソーの思想の基本的シェーマは、自然─恩寵のカップルではなく、自然─歴史のカップルとして表明されている」(5)。そのとき、「自然は、したがって歴史との関係の下では、他の図式においては、自然を超越する超自然的なるものに似て、一種の超歴史的なもの」(6)となるといえるであろう。

それにしても、ルソーはなぜ超歴史的な自然と歴史との間に対立を設置したのか。まず、ルソーの言葉を聞くことにする。「万物をつくる神の手からでるときにはすべてはよいが、人間の手に渡るとすべてが堕落する」(7)。それではルソーは、神はいったい人間を最初どのようにつくったと考えたのであろうか。神がつくった「自然の秩序」の中では、人間は自然法に従いながら、「自由」で「平等」な主体であった。だが、現実には、人間は「社会の秩序（ordre social）」の中では、悲惨な「身分的存在」に頽落している。「慈悲深い手の持ち主」である神は、人間がこのような悲劇的な状態に陥るのを望むはずがなかった。となると人間は、現在の境遇に自らの手で追いこんだとしか考えようがなくなる。明らかにルソーは、ここで古来からの神学上のアポリアである「弁神論」、すなわち「神の善」と「人間における悪」の矛盾の問題を、近代的な政治理論に彫琢したうえで展開したといっても過言ではないであろう(8)(9)。

さて、ルソーは『人間不平等起源論』で、人間が神から与えられた自然法を、「歴史」のなかで規範として定立し遵守できなかった点を描写している。人間は、中途半端な「人為」を通じてつくった統治の「歴史」のなかで、「神の意志」がつくった「自然」を知らず知らずのうち傷つけ、最後には見失ってしまった。ルソーは『人間不平等起源論』で、「自然法」に関して、次のような概念規定を行っている。「我々がこの法の主題についてきわめて明瞭にみることができるすべてのことは、それが法であるためには、その法の強制力を受ける人が承知したうえで、それに服従することができるものでなければならない。しかも、そのうえにそれが自然的であるためには、それが自然の声によって直接的に語りかけるものでなければならない」[10]。

ルソーは「ローマ法学者」と「近代の法学者」の自然法観を批判した後に、自らの新しい自然法を表明する。まず、彼が前者の自然法をどのように批判しているかを見ていくことにする。ルソーの自然法の特質を知る手がかりとして、彼の「人間本性」に関する「形而上学的二元論」[11]は欠かせない。ルソーは、人間が「魂」と「本能」の二つの本性から構成されていると見ている。彼の人間観は、人間本性を「理性」と「本能」とに分けるデカルト的二元論とは異質である。なるほどルソーもまた、人間の「肉体」を「精密な機械」と捉える点で、デカルトに似ているのは次の文から分かろう。「私は、すべての動物に精密な機械しかみない。そして自然は、それに自分で自分のネジを巻き、あるいはある程度まではそれを破壊したり、あるいはその調子を狂わしたりするすべてのものから自分を防衛するために動物に感覚を与えた。私は、人間機械のなかに明らかに同じものを見出す」[12]。人間の「肉体」を「精密な機械」と捉える点で、デカルトに似ているが、だが彼の人間観は、人間本性を「理性」と「本能」とに分けるデカルト的二元論とは異質である。

なるほど人間は、他の動物と同じく「自然」すなわち「本能」をとおして、機械的に自己を保存する。だが、ルソーによると、「共通の保存のためにすべての生物の間で自然によって確立された一般的諸関係」を、自然法と規定するローマ法学者は、後のモンテスキューの自然史主義的自然法にも似て[13]、人間を非目的論的な「力学の法則」の下で動く動物の次元にまで落としてしまっている。

しかしながら、このような自然法は、人間のもつ「形而上学的および道徳的側面」としての「自由の意識」を看過するところから生まれるのだと、ルソーはいう。「自然はすべての動物に命令し、獣は従う。人間も同じ印象を経験する。だが人間は、同意するも抵抗するも自由であることを認める」[14]と。

ルソーによれば、「自由の意識」とは、「人間の善」としての「同類への愛」を、自然法を選択することをとおして実践するように、神から人間に与えられた「恩寵」である。そこから、その「善」に反する「意志」決定は、道徳的な悪であると判断を下される。したがって、「自由の意識」の存在を忘却する力学的自然法の信奉者は、人間の「行為から道徳性を奪う」[15]暴挙をしているのである。

翻ってルソーは、後者の近代の近代の合理主義的な自然法観にも、次のように矛先を向ける。「近代の法学者たちは、法の名の下で、道徳的存在、すなわち知的で自由な、そして他の存在との関係の下で考察され規定された規則しか認めないので、その結果、自然法の権能を、理性を与えられた唯一の動物すなわち人間に限定している」[16]。なるほどルソーは、原子論的な個人の「本性」に自然法の原基を求めている点では、近代の合理主義自然法論者の仲間に入るであろうが、彼は決して「理性」を自然法の核とはしない。というのは、ルソーによると、「理性」を自然法とすることは、「人間が元来もたない多くの観念と彼らが自然状態から脱出したあとにのみ考えることができる有利な地歩から引きだされている」[17]からである。自然法は「自然人が受け入れた法、あるいは彼の構造に最も合致した法」[18]として捉えられるべきである。このようなルソーの自然法の説明は、彼独特の、近代市民社会における「理性」のイデオロギー批判を抜きにしては語れない。ルソーは、「自尊心をもたらすのは理性であり、それを強化するのは反省である」[19]と述べていることから窺えるように、このような「理性」が、どうして「法」の権利を与えられようか。

周知のとおり、近代市民社会における人間は、一面の真実としてヘーゲルが述べたとおり、各々自己の主観的な欲望の充実を目指している。そのとき「他者」には、各自にとって自己の欲望実現の「手段」の地位しか与えられない。けれども、他者との関係の網の目に組み込まれ、「特殊性」に緊縛された人間は、たえず自己と他者との間を揺れ動き、お互いの利害を合理的に調整する、いわば「計算可能性」[20][21]すなわち機械のような存在として現れるだろう。そのとき近代の自然法は、いかにストア―キリスト教的自然法概念の本質としての「正しい理性（recta ratio）」という存在論的な言葉が使用されたとしても、実質的には認識作用的概念に変質してしまっているのである。

しかも「理性」としての自然法は、ホッブズに典型的に窺えるように、規範的効果の側面から考察した場合、無力である。彼は、人間における先験的・超越的な正邪の規準である「最高善」は存在しないと述べている。人間は、各自自己にとっての「善」すなわち「外見的善」を追求する「動物」である。人間は、自らの「自然的力」をつうじて自己の「善」を獲得しようとするが、手段としての「力」は、「すべての人における力へのやむことなき意欲」があるかぎり、容易に自己目的化せざるをえない。そこから「戦争状態」が発生する。そして、そこでの「死への恐怖」を槓杆としてホッブズは、単なる「生命保存」を目指す警察的な「平和」の自然法を導かざるをえなかった。だがホッブズの自然法は、戦争状態の下では、各自の「自由」としての「力」を意味する「自然の権利」[22]によって、無力化される。そのような理由から、ホッブズは、「力学」的発想の下で、「力」に対しては「リヴァイアサン」という対抗「力」を置き、各々の「自由」を制圧する。「力」によってのみ保障される彼の「絶対主義的自然法」は、自ら規範的原理としての破産宣告をしているといわざるをえない。

近代の自然法がもつ構造的欠陥を熟知していたルソーは、「情念」を制御するには、理性ではなく、「情念」をもってくるのが得策であると考えた[23]。そこで彼は、無力な近代の自然法に対して、自らの自然法を提起する。彼は、「可感的存在」である人間が「魂の声」として内部に具える「憐れみの情の内的衝動」を、自然法とするが、それは、「あらゆる反省に先立つ自然の純粋の衝動」である点で、近代の合理主義自然法のなかで異彩を放っている。しかも彼の自然法は、神の「摂理」としての「人間の善」への参加の通路であるかぎり、自己保存の「本能」を原基とする、生物学的自然法とは区別されるであろう。

さて、自然状態に可能体として存在した自然法は、『人間不平等起源論』では、各自が社会を形成するうちに、規範として認識されるや、逆に各自の下で無力化させられてしまう。その有様は、『人間不平等起源論』の要約の位置を占める、いわゆる『ジュネーブ草稿』第二章の「人類の一般社会について」で描かれている。ルソーは、その章で、人間は、食糧を豊富に与える原始的状態の下では、他の誰にも依存せず、唯一人自己の「自然的力」にのみ頼り「自然的欲望」を満たし、生きることができたという意味で、幸福であったが、食糧を与える原始的状が悪化したのにもかかわらず、欲望を肥大化させ、力がそれに追いついていかなくなった時、両者の間のバランスを崩し、力の相対的低下を補うためには、他人の「援助」が必要であるのを自覚した、と考えた。人間は、他人に援助を求めることにより、やがて自由を失う。というのは、後に『エミール』でも指摘されたことだが、自由は、欲望と能力との間に均衡がとれているところに、存在するからである。

各自は、自己の能力が欠けているがゆえに、「他人の労働」に依存せざるをえない。そのように仕向けるのが「先見の明（prévoyance）」すなわち「想像力（imagination）」である。それは、人間に将来への「不安」を、イマージュとして現前させる。このような「不安」は、自己の「欲望」を減少させることをとおして緩和されるはずだが、人間は、否が応でも増す相互依存の関係にまきこまれていくただなかで、そのようなことはできるはずがない。ルソーは、他人に依存する人間は弱いと考えた。その原因は、各自が自己の「自尊心」を満足させようとして躍起となる点から生まれる「貪欲」に求められる。

ルソーは、各自が各々の「貪欲」を満足させるために形成する社会が、ディドロが得意げに主張した「一般社会の最初の絆」の真実の姿である、といった。ルソーは、ディドロのように、「特殊社会」としての「国家」が、「悟性の純粋行為」を指す「自然法」のもとで「社会契約」に基づき、自然的に形成されたと考えるのは、真実に反するといいたかったのである。事実彼は、そのような「自然主義的楽観主義」(24)に依拠する政治社会形成論を否定する、次のような文を書いている。「そこから人間は、自然によって裁可された、いわゆる社会契約がまったくの幻想であることを知るであろう。というのは、その条件が知られていないか、あるいは実践できないからである」(25)。各自を相互依存・対立の状態に追いやる「自尊心」が、心のなかの人間愛の感情にもとづく他者への「同化」を無力にするにつれて、「理性化された自然法」が「概念」として人間の「脳髄」に納まる。だが、このような「理性」化された「自然法」とて、人間が各々相互にそれを守るように強制する政治「制度」が存在しないとき、無力な規範として終わるほかはないであろう。その点について(26)、ルソー自身、次のように述べている。

「秩序に一致する善きものは、事物の本性によって、また人間の合意とは無関係に、そうなのである。すべての正義は、神に由来し、彼だけがその源である。だが我々が、かくも高いところからそれを受けとることができるならば、我々は政府も法も必要としないであろう。たしかに理性だけから発する普遍的な正義は存在する。しかし、この正義は、我々の間で承認されるには相互的であらねばならない。ものごとを人間の立場から考えると、自然的な制裁力に欠けているので、正義の法は、人々の間では効力がない。善人がそれをすべての人とともに守ろうとするときに、誰もそれを善人とともに守らない場合、悪人の善と善人の災いしかつくりださない」(27)。

ディドロの「一般社会」とは、結局のところ、「悪人」がさかえ、「善人」が浮かばれない仕組になっている烏合の衆の集まりに過ぎない。

こうしてルソーは、自然と歴史との対立を描いた。人間は、「非常に賢明な神の摂理」として自己に与えられた能力を開発したとき、神の「意向」に背いてしまった。なるほど「隠された自然」としての自然法は、「常に自分の外にあり、他の人々のなかでしか生きることができない」[28]。すなわち「関係に置かれた人間」[29]のもとでは成長できなかった。けれども、「群衆」の「意識」を下降し、その底を透視してみると、あたかも樹木の全性質を胚珠が包蔵しているように、自然法は、「単独の人間」[30]のなかに可能態として存在しているのである。

たしかに、自然法は、「超歴史的規範」として我々のなかに存在する。だが神は、自然法を永遠に「歴史」外在的な規範として我々に与えたのでは決してない。そこで人間は、「完成された技術」の力で、「自然」を復活する「新しい結合」をつくり、「一般社会の欠陥」を矯正するほかはない[31]。それが、とりもなおさず「歴史」をすなわち「はじめられた技術が自然に対してした悪」[32]を治療することを意味するのである。以上の点は、「作為」を通じて悪しき「自然」それ自体を変形させようとするホッブズとは、まったく異質であるといえるであろう[33]。

ルソーは、「新しい結合」は、神が人間に与えた「事物の最もよい構造」のもとにつくられる必要があると考えた。だが、その「構造」あるいは「秩序」は、個々の人間には抽象的な真理にしか見えない。だからルソーは、「秩序」を現実化するために、「いわゆる感情だけに依拠する自然法」を定立したといえよう。

むなしく変転する歴史の底には、不動の自然法が沈澱している。「神から与えられた素朴な魂の持ち主」のなかに「自然の理念の内面化」[34]として存在する自然法は、歴史のなかでは依然として「ア・プリオリな計画」[35]であろうが、人間は、その「計画」が歴史を変革する武器となりうるのを自覚したとき、歴史と鋭く対決する自信をもつことができるであろう。したがって、人間は、自然法を歴史化する決意を固めるまえに、自然法はいったい何のために自己に与えられたのかを知らなければならないであろう。そこでルソーは、歴史を変革する自然法の「主体像」を、秩序の宗教観によって支えられた「秩序の形而学」[36]の上に築き、「歴史的所与」に突きつける。その責務が『エミール』に委ねられているのは明らかである。

注

（1）Jean-Jacques Rousseau. *Émile : Ou de l'Éducation. Extraits. Introduction à l'eÉmilee, par Henri Wallon*, Études et notes par J. L. Jean-Louis Lecercle, Paris, Editions Sociales, 1958, p. 8

（2）『ジュネーブ草稿』第一編第五章「社会の絆についての誤った観念」劈頭で、ルソーは次のように述べている。「人々を集合させる幾千の方法があるが、彼らを結合させる方法は一つしかない。そのために私は、この著作で政治社会の形成に対して一つの方法しか考えなかったのである。実際この名称の下に存在している多くの集合体において、たぶん同じ方法で形成されたものは二つとなく、私が樹立した方法によって形成されたものは一つもないであろう。しかし私は、権利と理由を探求しているのであって、事実を論じているのではない」（J. J. Rousseau, Du Contrat social, première version, manuscript de Genève, in: *O. C.*, t. III, p. 297）。ルソーは、「価値」によって「事実」を厳しく批判する。だが、いったん「価値」と「事実」とを分離しながらも、彼は「事実」のなかで「価値」の実現をはかろうとするのである。そして、この「価値」が「事実」のなかで実現されないかぎり、彼は永遠に「異議申立人（un opposant）」として「事実」に対して刃向かうのである。

（3）Henri Wallon, *op. cit.*, p. 60. ワロンは、ルソーが「弁証法を探求の方法として用いなかったが、弁証法的精神をもっている」と述べた。だが、ルソーが「歴史」を描写するとき、弁証法を「歴史」を把握する方法として用いたとはいえないだろうか。

（4）ルソーは、シュトラウスによると「近代の第二波に属する政治哲学（the political philosophy belonging to the second wave of modernity）」に典型的に現れる「歴史哲学」構築の先鞭をつけたといわれる。（Leo Strauss, *What is Political Philosophy and Other Studies*, Glencoe（Illinois）, The Free Press, 1959, p. 53）。

（5）Henri Gouhier, Nature et histoire dans la pensée de Rousseau, in : *Annales de la Société de Jean-Jacques Rousseau*, Vol. XXXIII, p. 47. cf.《Jean-Jacques a si sincèrement senti la nature comme une grâce qu'il en a parlé　une grace qui fait participer a une autre vie, une grâce qui rejaillit en priere.》

（6）*Ibid.*

（7）J.J. Rousseau, Emile, in: *O. C.*, t. IV, p. 245.

（8）ルソーにおける「神義論」については、次の文献を参照。John Plamenatz, Pascal and Rousseau, in: *Political Studies*, Political Studies Association by Blackwell Publishers, Vol. X, October 1962, p. 262. 『パンセ』でパスカルは、同時に以下の二つの問題を提起する。もし人間が神のためにつくられているのならば、なぜ彼は神に背くのか。もし人間が神のためにつくられていないならば、なぜ彼は神のなかでのみ幸福なのか。パスカルの宗教擁護は、以上の二つの問題に対する一種の解答であるが、ルソーもまたそうである。そしてルソーの社会哲学は、二つの同じ問題に対する解答であると認めることができよう。もし人間が社会のためにつくられていないならば、どのようにして彼は社会のなかでのみ彼の種に特有の能力を発達させるのか。もし人間が社会のためにつくられているならば、どのようにして社会は彼を堕落させるのであろうか。

（9）グリムズレイは「いかなる客観的意味での悪の問題もなく、人間が自由を正しく使用することに失敗するところからでてくる倫理的悪の問題があるだけである」といい、「自由」に悪の原因が求められている（Ronald Grimsley, *op. cit.*, p.78）。

（10）J.-J. Rousseau, L'inégalité, in: *O. C.*, t. III, p. 125.

（11）Roger D. Masters, *The Political Philosophy of Rousseau*, Princeton（New Jersey）, Princeton University Press, 1968, p. 67.

（12）J.-J. Rousseau, L'inégalité, in: *O. C.*, t. III, p. 141. ルソーは、デカルト的二元論つまり「理性」と「本能」を、「魂の霊性」と「本能」のそれに置きかえる。結局彼は、人間の本質を「自由の意識」に求めている。彼は、ビュフォンに賛成し、「本能論によって緩和された動物機械のテーゼ（thèse des animaux machines, tempérée par l'idée d'instinct）」のもとで、いわばデカルトを「近代的に歪曲化」した二元論を展開したといえよう。以上の説明については、次の文献を参照。Victor Goldschmidt, *Anthropologie et politique. Les principes du système de Rousseau*, Paris, Vrin, 1974, p. 281.

（13）「事物の諸関係（rapports des choses）」を「自然法」とみるモンテスキューの説は、その「諸関係」を「神の理性」の反映、「摂理」とみることができるならば、トマス・アクィナスの存在論的自然法の系譜にさかのぼることができよう。モンテスキューの自然法理論を「内在論理」の角度からみると、人間の「意志」を超越する「摂理」の構想は、所与の体制原理を批判する倫理的価値観として設定でき、それゆえに、彼を単に封建体制を擁護するイデオローグとしてのみとらえることは許されない側面をもっている（Cf. Paul Janet, Histoire de la science politique dans ses rapports avec la morale, *op. cit.*, t. I, pp. 369-370）。したがって、そこからモンテスキューをトマスの自然法を継承したと考えることができる場合、モンテスキューの自然法を目的論的自然法ととらえることが可能となる。

（14）J.-J. Rousseau, L'inégalité, in: *O. C.*, t. III, p. 141.

（15）J.-J. Rousseau, Du Contra social, in : *O. C.*, t. III, p. 356.

（16）J.-J. Rousseau, L'inégalité, in: *O. C.*, t. III, p. 124.

（17）*Ibid.*, p. 125.

（18）*Ibid.*, p. 125.

（19）*Ibid.*, p. 156.

（20）一七、一八世紀の近代合理主義自然法は、人間本性としての「正しい理性の命令」に始源を有する。その自然法は、近代的な「世論の風土（climate of opinion）」（Carl Lotus Becker, *The Heavenly City of the Eighteenth-Century Philosophers*, New Haven, Yale University Press, 1932, pp. 1-32.）として形成された「自然科学的思考方法」の発展と即応する形で生まれた。ガリレオ・ガリレイの放物体の軌跡の「弾道力学」的把握で分かるが、実在「現象」は、「分析・総合の方法（the method of analysis and synthesis）」から説明される。そのような方法的姿勢から観察された「対象」は、機械的に動き何らの「目的」ももたないと捉えられる。かかる「方法」は、ホッブズにおいて分かるとおり、「社会」の説明の「技術（techne）」として転用される。「社会」は、原子論的な個人にまで微分され、しかも他の動物と同じく自己保存の「衝動」の下で動く「自動機械」と捉えられる。その点で、トミズム的な目的論的「位階主義（Gradualismus）」は放棄されているとみてよいであろう。そして、この「衝動」を弁護する規範として近代の自然法理論が要請された。このような「機械論」的自然観に支えられた自然法は、規範的妥当根拠としてみた場合、著しく弱い。そこに、ルソーが「魂の声」に依拠する目的論的な自然法観を展開した理由があると思われる。

（21）プラムナッツは「慎慮の格律（maxims of prudence）」と呼んでいる（John Plamenatz, *Man and Society*, Oxford, Longman, 1963, Vol. 1, p. 124）。

（22）ホッブズにとり「自己を統治する権利（right of governing myself）」とは、結局、戦争状態の下では「各自が自分自身の力で自己を確保し、予防によって疑わしい隣人を侵略する権利」を意味するであろう（Thomas Hobbes, Leviathan, reprinted from the edition of 1651, *op. cit.*, p. 222）。

（23）自己のエゴセントリックな「利益」を実現するために各自が用いる「冷たい理性（la froide raison）」に対しては、英雄的な「火の魂の持ち主（des âmes de feu）」だけが勝利をかちとることができる（Cf. J.-J. Rousseau, La Nouvelle Héloïse, in: *O. C.*, t. II, p. 493）。

（24）René Hubert, *Rousseau et l'Encyclopédie, Essai sur la formation des idées politiques de Rousseau*（*1742-1756*）, Paris, J. Gamber, 1928, p. 36.「実際フィロゾフたちは、自然的社交性の基盤の上では、国家の設立を証明し正当化するためにしか、社会契約に依存しなかった。かくして人類の一般社会は真に自然状態であり、それは社会状態と混同させられ、法として自然的理性の法をもつ」。なお、ディドロの「政治的自然主義（political naturalism）」に対するルソーの攻撃についての説明は、次の文献を参照。Charles W. Hendel, *Jean-Jacques Rousseau: Moralist*, London - New York, Oxford University Press, 1934, p. 128. ここで注意すべき点は、ルソーは決して人間の「社交性」一般を否定したのではないということである。スタロバンスキーが述べるように、ルソーは人間の社交性を「超越的権威、先在的な自然法（autorité transcendante, loi naturelle préexistant）」（ジャン・スタロバンスキー）からではなく、人間が持つ「自由意志」から導きだした。そこにこそ「歴史」における人間の責任の問題がでてくるといえよう（Jean Starobinski, La pensée politique de Jean-Jacques Rousseau, in: *Jean-Jacques Rousseau*, Neuchâtel, A la Baconnière, 1962, p.92）。

（25）J.-J. Rousseau, Du Contrat social, première version, manuscript de Genève , in: *O. C.*, t. III, p. 284.

(26) 次の文献を参照。John B. Noone Jr., Rousseau's Theorie of Natural Law as Conditional, *op. cit.*, p. 32.
(27) J.-J. Rousseau, Du Contrat social, in: *O. C.*, t. III, p. 378.
(28) J.-J. Rousseau, L'inégalité, in: *O. C.*, t. III, p. 193.
(29) Jean Starobinski, *Jean-Jacques Rousseau, la transparence et l'obstacle*, Paris, Gallimard, 1971, p. 36.
(30) J.-J. Rousseau, Les Rêveries du promeneur solitaire, in: *O. C.*, t. I, p. 998.
(31) J.-J. Rousseau, Du Contrat social, in: *O. C.*, t. III, p. 288.
(32) *Ibid.*
(33) Marc F. Plattner, *Rousseau's State of Nature, An Interpretation of the Discourse on Inequality*, Dekalb (Illinois), Northern Illinois University Press, 1979, p. 115.
(34) Pierre M. Masson, *La Religion de Jean-Jacques Rousse*, Paris, Hachette, 1916, t. II, p. 289. 客観的に考察した場合、人間「本性」に内在する自然法とは、ギリシャ人が「自然」を人間化したのとは逆に、人間を自然化したところから生まれてくるのであり、その点で「ルソーの偉大な発見は幻想であった。そして、その幻想は、まさに人間の外的自然への溶解であった」(Irving Babbitt, *op. cit.*, p. 210)。
(35) Pierre Burgelin, *La philosophie de l'existence de Jean-Jacques Rousseau*, Paris, Vrin, 1973, p. 476.
(36) Raymond Polin, *La politique de la solitude, Essai sur la philosophie de Jean-Jacques Rousseau*, Paris, Sirey, 1971, p. 76.

第三節　秩序の神の要請

ルソーは、『エミール』で、人間は社会を形成したとき、「現実的で不滅な事実上の平等」を失い、かわって「空想上の権利の平等」の観念をもつようになったと述べている[1]。このような「観念」は、明らかに被支配者操縦のイデオロギーとして国家から生みだされた。そこから、悲惨な「現実」と「外観」との相克現象が発生するのは当然のことである。問題は、むしろ堕落した社会のなかで、「ブルジョワとしての市民」が、『エミール』で述べられているように、「いつも他人のことを考えているふりをしながら、自分のこと以外には決して何も考えない二重の存在」[2]に分裂してしまっている点にある。

けれども「外観」と「現実」との矛盾は、決して解決できない絶対的アンチ・テーゼなのであろうか。ドラテは、次のように述べている。「社会が自然に対立するのは、絶対的でも決定的なものでもない。対立は、ある意味では偶然的なものにすぎない」(3)。事実、ルソーは『社会契約論』で、国家が被支配者からの服従義務の調達に失敗した場合、人民は、自然状態における権利である「自然的自由」を再び取り戻すことができると述べている。しかしながら、その選択は人民にとって自滅への道であるはずである。というのは、戦争状態としての自然状態には、各々の自己保存の実現を困難にする「障害」が立ちはだかっているからである。

となると人間は、自然法を炬火とし、「社会契約」により形成される政治社会のなかで生まれる「法への依存」をつくることで、「主人と奴隷とを相互に堕落させる」(4)「人間への依存」関係を切断するほかはないであろう。そのときルソーの「平等」は、ホッブズに窺える「心理的平等（psychological equality）」すなわち「少なくとも部分的には被支配者と権威の所有者との同一化によって維持される支配の平等」(5)ではなく、全人民が所有する「主権」をとおして実現される。

結局のところ、完全自治の政治社会を建設できるときにのみ、人間は「主権者」と「被支配者」との「同一的相互関係」の主体、すなわち「市民」となることができ、「二重の存在」から解放されるであろう。けれどもアンシャン・レジームがその強固さを誇り、理想の政治社会の実現を阻んでいる現在、「市民」もまた当然存在の埒外に置かれているのだが、ルソーは、このような厳しい事態に直面して決して怯まない。彼は、少なくとも将来「市民」となりうる主体を、「抽象的人間」像としてではあるが、「永遠の可能性」として構築しようとする。したがって、ルソーにおいて、「人間をつくる技術」の研究は、いまここに存在しない倫理的人間としての「市民」の形成に欠くべからざる前提条件として提案された、と受けとってよいであろう。その時ルソーの人間は、所与の市民社会のなかでは、「他人のまなざし」を一切遮断する「都会に住む野蛮人」として描かれている点に注目すべきである。

さて、ワロンに従うと、ルソーは「架空の生徒」エミールに託し、「たぶん真に子供の発生的進歩の輪郭を描いた最初の人」[6]であった。しかも、彼の方法的意識から理解される、心身の「自然の歩み」は、最終的には次に述べる二つの目標を実現するために考えられたのである。その目標の一つとは、「神の計画」である人間の「自己存在の原因」の探求であり、さらに目標のもう一つとは、「自分の義務規則」のそれである。前者は、科学的な「精神の眼」から捉えられた「機械論的な自然」[7]観の表明であり、それは「秩序」をもった客観的「自然」の探査をとおして、神の存在を証明する「秩序の宗教」観の定立にほかならない[8]。しかも自然の「秩序」を通じて存在を証明された「神」は、後者すなわち「神の声」と指定される、人間の主観的な「良心」という規範の安定的根拠として要請された点を看過してはならないであろう。したがって自己の存在の探求証明は、単に「存在」に関する「不安」や「苦痛」を人間に認識させ、あげくのはてには「不可知論」に導くために展開されたのではない点に注意を払うべきである。

ルソーは、『サヴォア助任司祭の信仰告白』(以後『信仰告白』と略記)で、助任司祭の口をかりて青年期における精神的苦悩について語っている。助任司祭は、「私は、真理を愛し、真理を探し求めているが、それが分からない」[9]と述べながら、「真理」がはたして何であるかが理解できないままに生きていくのは、「羅針盤」をもたずに「様々な人間の意見の海」を航行するに等しいという。ルソーは、一見するとデカルトのように、真理の探求の「方法」として自らを積極的に「不確実と疑惑の状態」に置いたかにみえるが、このような状態を決して自ら進んで招いたのではなく、むしろ、そこにいやおうなく追い込まれてしまったのである。モローは、ルソーの「方法的疑惑」のもつ特徴を次のように説明している。「ルソーが耐えがたいとみなした不確実の状態は、人間精神についての判断の不決定、肯定するか否定するかの不可能性である。それは、デカルトによって真理の探求のために要請されたような心的傾向ではない。この探求は、不決定ではなくて判断の自発的な停止、すなわち不可能性ではなく完全な情報にいたるまで肯定したり否定したりすることを拒否する方法的疑惑を要請する」(10)。

ルソーは、デカルトのように、「自発的なうわべの疑惑」の状態にいたのではない。彼は、「我々としては、どうしても知らなくてはならないことに疑惑をいだくことは、人間精神にとってはあまりにも苦しい状態である」(11)と述べている。真理を体現すると誇る「教会」、さらに「哲学者たち」も、以上の根本的な問題については有効な解答を出せないでいるとルソーはみた。「教会」は「すべてを決定し、どんな疑いをも許さない」(12)制度化された宗教の常として、「奇跡」、「啓示」などの特殊な教義を人々に押しつけるだけである。また「哲学者たち」も、文筆家特有の気性としてもっている「傲慢」から、「自分の体系が他人の体系よりも立派な根拠の上に立っていないのをよく知っていながらも、それが自分のものであるという理由からそれを主張する」(13)ことに終始している。

結局ルソーは、『百科全書』の言葉によって説明するならば、「経験によって得られた事実、経験によって調べられ承認された事実」(14)ではなく、「漠然とした恣意的な仮説」を「真の体系」としてしまう哲学者の「体系の精神（esprit de système）」には、我慢ができなかったのである。そこでルソーは、マールブランシュから教えられた「内面の光」(15)である「誠実な良心」を、「真理」の探求、「確認」の方法として定立する。

そこで我々は、先に触れた前者の問題について考えることにする。ルソーは問う。人間ははたして存在するのであろうかと。人間が存在するならば、それはいったいどのようにして証明されるのであろうか。彼は、デカルトと同じ姿勢で、人間の存在証明に立ち向かっていったかのようにみえるであろうが、彼の場合、人間の存在は最初から自明であると考えられている。まずルソーの説明を聞こう。「私は存在している。そして感官をもち、それによって印象を受ける。そこに私の注意をひき、私が承認しないではいられない第一の真理がある」[16]。「私は存在している」。これは明らかにデカルトの教えに反している。デカルトの場合、私の実在は、グイエが説明したとおり、「方法的懐疑」にもとづく「実在」の「問い」の結果、生まれてくるはずであった。ところが、ルソーは最初から人間の「実在」を承認してしまっている。つまり彼の場合、デカルトに窺える、厳しい「実在」に対する「問い」はみられないのである。ルソーは文体上、デカルトを模倣しているにすぎない。彼は、「存在」の確信を徹底的に揺らすことなく、ただちにそれを承認し、「私とは何者なのか」という問題に関心を移していった。

ルソーは、更なる問いを発する。「私は、私の存在についてある固有の意識をもっているのだろうか。それとも自分の存在をただ自分の感覚によって感じているだけなのだろうか。これが、現在のところ私には解決することが不可能である第一の疑問である」[17]と。だが彼は、そのすぐあとの文章で、「私の感覚は、私の存在をそれらが私に感じさせるがゆえに私の内部で生ずる」[18]と言明している。いうまでもなくルソーにおける「自我」の存在に関する説明は、明らかにデカルトの「我思う、ゆえに我あり（Cogito ergo sum）」と真向から対立する。というのは、デカルトは自己存在の証明の規準に、「感覚」をもってくることには反対したはずだからである。結局ルソーの「我感ずる、ゆえに我あり（Sentio ergo sum）」式の自己存在の証明は、ダランベールにも見られるように、「感覚論」の立場からの存在証明に似たものとなるであろう[19]。

ところでルソーは、なぜ人間の存在を最初から確信してしまい、「存在」の問題について厳しい「存在論的証明」を行おうとはしなかったのであろうか。グイエは、それを次のように説明している。「デカルト的懐疑は、存在の判断に力点がかかっているが、ルソーの懐疑は価値の判断に力点がかかっている」[20]。デカルト的な「存在の判断」は、グイエが指摘したとおり、認識「主観」と「客観」とに「世界」を二分化し、前者が後者を構成するという点にその特徴があったが、「理性」による「近代主体主義」の先駆者といわれるデカルトにも大きな問題がある。「コギト」として現れる「私」は、デカルトの場合、「数学的訓練」[21]から導き出される「法則」でしかない。というのは「デカルトの眼には、明証性は、見られるものの属性であり、見る主体の状態ではない」[22]といえるからである。このような考察から、デカルトとルソーとの間には、決定的な亀裂が生じてくるのが分かるはずである。グイエは述べる。「デカルト的規則は、歴史的主体が消えたとき明証性が現れるような行動を規定する。逆に助任司祭の規則は、自らその存在のドラマに参加させられた歴史的主体の確実性に関わるがゆえに、明証性よりももっと小さい明白性を志向している」[23]。となるとデカルトの「コギト」は、「没個性的・普遍的理性」であり、みる主体の確実性は、「客観的自明性」を反映する「思惟的抽象」でしかない。結局デカルトの人間は、「歩く定理（walking theorem）」[24]として登場するであろう。そうであるがゆえにルソーは、「歴史的主体」が消えたところにも存在しうる「理性」ではなく、「主体」が「環境」からの作用を「感覚」をとおして受容してはじめて証明される「実在の感情」に、人間の主体性を求めていったといってよいであろう。

次に後者の問題を考えよう。自己の存在を確認した後、ルソーは自己の「外」に何かが存在すると述べる。人間の「諸感覚」は、外的刺激がないと働かない。しかも「感覚」は、たえず私に「印象」を与える。そして「感覚」は、人間が自由に「印象」を生み出したり消滅させたりできない事実から、感覚作用の「原因」となる「対象」が自己の外に存在するという「実在感情」が人間に湧く。「私の感覚により私が認知するすべてのもの」[25]が、「物質」と呼ばれる。だからといってルソーは、「感覚論」哲学に全面屈服してはいない。周知のとおり、当時「感覚論は、唯物論に、そして暗黙の態度として無神論に基礎を提供した」[26]事実を、彼は見破っていからである。「感覚」は、「対象が自己内部に入ってくる映像」すなわち「感覚的対象の絶対的画像」として、存在価値が承認されるだけである。感覚は「判断」としてみた場合、まったく受動的で「人が感じていることを感じる」[27]という意味をもつだけである。

人間は、自己に外在する「現実の諸関係」を、「比較能力」をとおしてとらえることができる。人間は「自然のなかにあるがままの姿」(28)として現れる「対象を、比較によって動かし、いわば移動させ、それらの相違や類似性について、また一般的にはそれらの全体的関係を表明するために、それらを相互に重ねてみる」(29)ことで、物の真の関係を理解できるのである。この「比較能力」すなわち「反省」は、「私の感覚を契機として」(30)働き始めるとしても、人間内部に存在する。ルソーは、「いろいろな関連によって規定される対象の概念」(31)つまり「観念」を、「知覚」と呼ぶ。となると「知覚」と「反省」とは、同義語となるであろう(32)。「反省」は、『人間不平等起源論』では、「関係の知覚」と呼ばれ、「自尊心」をもたらす否定的能力として断罪されたが、『エミール』では、自然法にもとづく協働関係形成の可能性を探る道具として承認されている。

コンディヤックは、「我々のすべての能力は変形された感覚にすぎない」(33)と断定する。彼によって「判断」あるいは「知覚」は、したがって「変形された感覚」となってしまう。彼は、だから元来積極的作用を営む「反省」を、「感覚」の次元に引きずり込んでしまったといえるであろう。ルソーは、コンディヤックのこのような「判断」に異議を唱えたのである。

ルソーは、「反省」能力をとおして外的対象としての「宇宙」に眼を向ける。ルソーによれば、「宇宙」は「死んだ物質」から構成されているのに、「一定の法則に従い、規則正しい、画一的な運動の下にある」(34)。そこで彼は「運動」概念について考え始める。彼にとって「運動」とは、デカルトと同じく、「一方の場所から他方の場所への移動」(35)を意味するが、しかもそれは、「一つの作用であり、一つの原因の結果」(36)であるはずである。死んだ物質は自ら動くはずがない。なぜならば、宇宙「全体には、結合体・組織体・生命体の各部分に共通の感覚に属するものはまったく存在しない」(37)からである。つまり宇宙は、「自分の意志で動く一つの巨大な動物」ではないのである。となると、自らの外に運動原因を設定せざるをえなくなる。それは、「遠因」としての「神」である。ルソーは、物質の運動の説明をとおして、ディドロに典型的にみられる、「無神論」に落ち込む危険のある「生物学的唯物論」(38)を攻撃したのである。もちろん、「原因の無限の連鎖」の排除は、「心理学的経験」から考えた場合、「人間的意志とのアナロジー」(39)でしかないであろう。

ルソーは、「ある種の法則」の下で「秩序」正しく運動する宇宙が、「相互扶助に赴く密接な交通」(40)の下にあり、「諸存在の調和と各部分が他の部分の保存のために行っているすばらしい協力」(41)をみて、「至高の知性」としての「神」の存在を「内心の確信」として抱く。もちろん人間は、神を直接みることはできない。神は、「彼のすべての作品」を介して自らを現す。ルソーが本格的な神の存在の形而上学的証明などに興味がなかった点は、ルソーが「自分の無力さにとらえられている私は、神と私との関係についての感情によってそれを迫られないかぎり、決して神の本性について推測したりはしない」(42)と断言していることで分かる。結局彼は、ドラテが述べるように、「倫理的秩序の守護者、そして創設者である範囲においてしか、神に興味をもたなかった」(43)といえよう。

とするならば、ルソーがヴォルテールによって普及させられた「時計の神」(44)を援用して述べたかったことは、宇宙が「この大いなる全体のすべての部分の関係のなかに現れる統一的意図」(45)を有しているという点である。すなわち、宇宙は一定の「目的」を有する。そして、その目的とは「確立された秩序における全体の保存」を意味している。神は「秩序」をとおしてすべてのものを保存する、というルソーの考えは、「目的論的自然法」観の礎石となっている点に注目すべきである。すなわち、神は、宇宙の一角を占める人間に、「秩序」を与え、「人間の善」である「同類への愛」を、「自然法」にもとづき実践するように命じた。神はすべてのものを摂理のもとに統宰し、人間は摂理を神の恩寵である自然法をとおして実現するだけであるという考え方である。この点についてはこの後詳しく説明する。

注

（1）J.-J. Rousseau, Emile, in: *O. C.*, t. IV, p. 524.

（2）*Ibid.*, p. 250.

（3）Robert Derathé, L'homme selon Rousseau, in: *Etudes sur le Contrat social de J.-J. Rousseau*, Paris, Les Belles Lettres, 1964, p. 207.

（4）J.-J. Rousseau, Emile, in: *O. C.*, t. IV, p. 311.

（5）Sanford Lakoff, *op. cit.*, p. 79. ルソーの一般意志は「平均的正義」を実現することから生まれる。そして「正義」は、人民が「自治」と「公平（fair-play）」すなわち「平等」の精神をもつかぎり実現できる。以上の点についての詳細な解釈に関しては、次の文献を参照。George Kateb, Aspect of Rousseau's Political Thought, in: Political Science Quarterly, *op. cit.*, pp. 530-531.

（6）Henri Wallon, Emile ou de l'éducation, in: *Europe*, Numéro de Novembre-Décembre 1961, p. 130. マルセル・レイモンは「すべての問題に時間を導入するとき、一八世紀は強力に発生の理念 l'idée de genèse によって占領されていた」（Marcel Raymond, Introduction, sur l'éducation, et la morale, in: *O. C.*, t. IV, p. XII）と述べている。またジャン・モレルは、ルソーの『人間不平等起源論』における人間の「精神」の発展的形成論が、コンディヤックの影響のもとで形成されたといっている。彼は、コンディヤックについて次のように述べている。「コンディヤックは、魂の諸機能の形成を究明しようとしている。そして、それらを単純な知覚から発生させた。彼は、分析的方法からそこに導かれた。だが静態的な分析では、彼には不満であった。それはジンデーゼに服すべきである。実際の事実を理解したり、それらの要素を示したりすることには関係がない。これらの要素を理解し、そして漸進的に実際の事実をつくりあげるべきである。この方法をコンディヤックは、人間精神の研究にあてはめた。そして彼は、生得観念の理論を排することができた。つまり、精神は獲得されるのである」（Jean Morel, Recherches sur les sources du Discours de l'inégalité, in: *Annales de la Société de Jean-Jacques Rousseau*, Vol. V（1909）, pp. 147-149）。コンディヤックは、「精神」の形成過程を、「個人的発達（développement individuel）」の局面に焦点をあてて研究したが、ルソーはそれを「種の発達」に拡大し考察した。この点に弁証法的発展があったといえよう。

（7）Carl Lotus Becker, *op. cit.*, p. 62.「自然哲学は、しかし、より高次の種類の目的に役に立ち、そして主としてそれは、自然宗教と道徳哲学に対する確固たる基盤を提供するものとして価値がある」。

（8）Pierre Burgelin, *op. cit.*, p. 436. バビットは、厳格なキリスト教的超自然主義者においては、神は啓示の外的奇跡によって人間に知られるが、「理神論者は、逆に神は人間の欲求に精巧に合致した外的自然をとおして自らを現し、そして心のなかでは、人間は彼の独立した考えと感情によって正しく導かれる、と主張する」と述べている（Irving Babbitt, *op. cit.*, pp. 104-105）。主として「理性」に頼って神の存在を証明するルソーの理神論は、イギリス人牧師サミュエル・クラークの『神の存在論』から影響を受けている。だがクラークは、啓示を受容する点で、ルソーと違う。しかも、二人の道徳の起源に関する理解には違いがある。その点について、マスターズは次のように述べている。「クラークにとって、人間は行動の不変の規準の知識を神から、神の理性の必然的な含みとして受けとる。助任司祭にとって、人間は善を愛する感情を自然から受けとる。そして人間は、自己の理性によって迷わされる。もし、二人が自然宗教について語るならば、クラークのそれは、より宗教的であり、しかるにルソーのそれは、自然的だ」（Roger D. Masters, Rousseau and the《illustrious Clarke》, in: Michel Launay, *Jean-Jacques Rousseau et son temps*, Paris, Nizet, 1969, p.44）。

（9）J.-J. Rousseau, Emile, in: *O. C.*, t. IV, p. 567.

（10）Joseph Moreau, *op. cit.*, p. 42. なお、マッソンの次の説明に注目すべきである。「換言するとデカルトは、彼が自明だと判断するものしか承認しない。しかるにルソーは、承認しないことが彼には不可能であるものしか自明なものとみなさない。……ルソーが満足する自明性は、心情の自明性、実践的確実性と人生の規準を与えるそれである」（Pierre M. Masson, *op. cit.*, p.88）。

（11）J.-J. Rousseau, Emile, in: *O. C.*, t. IV, p. 567.

（12）*Ibid.*, p. 568.

（13）*Ibid.*, p. 569.

（14）Diderot, (Denis) & d'Alembert, (Jean le Rond), (ed.), *L'Encyclopédie*（1751-1780）, t. XV, Paris, 1765, pp. 777-778.『百科全書』の「体系」の項目で、ダランベールは、「体系とは、一般的に原理と結論の集合あるいは連繋を意味する。あるいはまた、様々な部分がそれらの間で結びつけられ、一方が他方に続きまた依存する理論の全体および統一を指す」（*Ibid.*, p. 778）と述べている。「原理」とは「他のものを根拠づけるもの」を意味している．となると、他のものを最終的に根拠づけ、結論づける「原理」を、「経験と観察（expérience et les observations）」にもとづかない単なる「偏見」から引き出すか、あるいは「事実」から導くかの分かれ目に達するであろう。前者は「体系の精神」と呼ばれ、否定の対象となり、後者は「体系的精神（esprit systématique）」と呼ばれ奨励される。ルソーは、以上述べた『百科全書』の「体系」に関する考えを承認している。しかもこの考えは、彼の場合、主としてフィロゾフたちを批判する刃として用いられた。

（15）Joseph Moreau, *op. cit.*, p.45.　真理を「確信」する根拠として、このような主観的な「心情」をもってくるのは、はたして妥当であろうか。モローは、その点について次のように述べている。「感情、心への訴えは、したがって非理性的なものへの脱走、主観主義への後退を意味しない。彼（ルソー――引用者）は、むしろ鋭敏な感情によって浄化された内在性（intériorité purifiée des affections sensibles）のなかで、反省へと導いていく」（*Ibid.*, p.44）。

（16）J.-J. Rousseau, Emile, in: O. C., t. IV, p. 570.

（17）*Ibid.*

（18）*Ibid.*

(19) D'Alembert, Discour preliminaire des Editeurs, in: *L'Encylopédie,* t. I, Paris, 1751, p. 11.
(20) Henri Gouhier, Ce que le Vicaire doit à Descartes, in: *Annales de la Société de Jean-Jacques Rousseau,* Vol. XXXV, p. 145.
(21) ドラテは、デカルトは「理性」と「感覚」との間に相互不信の種を播き、「精神」がもっぱら「数学的訓練（discipline mathématique)」によって形成されたと考えたのに対して、ルソーは「理性」は諸感覚の経験的訓練によって発達させられるという「感覚論的理性」論を採用した点に、大きな違いがあると述べている（Robert Derathé, *Le rationalism de Jean-Jacques Rousseau,* Paris, Press Universitaires de France, 1948)。
(22) Heri Gouhier, *op. cit.,* p. 144.
(23) *Ibid.*
(24) Irving Babbitt, *op. cit.,* p. 139.
(25) J.-J. Rousseau, Emile, in: *O. C.*, t. IV, p. 573.
(26) Peter Jimack, Les influences de Condillac, Buffon et Helvétius dans l'Emile, in: *Annales de la Société de Jean-Jacques Rousseau*, Vol. XXXIV（1956-1959), p. 107. ジマックは、ルソーが「感覚論」哲学を一定の限界内で受け入れた点を次のように述べている。「感覚論について『エミール』で見出されるのは、主として観察と事実の上に基礎づけられる方法である」。
(27) J.-J. Rousseau, Emile, in: *O. C.,* t. IV, p. 481.
(28) *Ibid.*, p. 571.
(29) *Ibid.*, p. 571
(30) *Ibid.*, p. 572
(31) *Ibid.*, p. 344.
(32) ルソーの「知覚」についての説明は、「知覚は、対象の現存の下で我々に生ずる印象である」（Peter Jack）と規定するコンディヤックの感覚論に対する批判として提起されたのは、明らかである。
(33) Joseph Moreau, *op. cit.,* p. 60.
(34) J.-J. Rousseau, Emile, in: *O. C.,* t. IV, p. 575.
(35) *Ibid.*, p. 577.
(36) *Ibid.*, p. 574.
(37) *Ibid.*, p. *575*.
(38) Heri Gouhier, Ce que le Vicaire doit à Descartes, *op. cit.,* pp. 152-153.

（39）Ronald Grimsley, *op. cit.*, p. 76. なお次の文献を参照。Yvon Belaval, Rationalisme sceptique et dogmatisme du sentiment chez Jean-Jacques Rousseau, in: *Annales de la Société de Jean-Jacques Rousseau*, Vol. XXXVIII（1969-1971）, p. 9.「神の心理学的理念は、理神論あるいは無神論しか容認しない」。
（40）J.-J. Rousseau, Emile, in: *O. C.*, t. IV, p. 578.
（41）*Ibid.*, p. 579.
（42）*Ibid.*, p. 581.
（43）Robert Derathé, Jean-Jacques Rousseau et le Christianisme, in: *Revue de Métaphysique et de Morale*, Année 53, n. 1（Octobre 1948）, p. 396.『エミール』における宗教観については、福永洋介・持田明子、「『エミール』に読むルソーの宗教観」〔『九州産業大学国際文化学部紀要』第三二号（二〇〇五年一一月）所収〕を参照。
（44）Christian Jacquet, *La pensée religieuse de Jean-Jacques Rousseau*, Louvain, Bibliothèque de l'Université; Leiden, E. J. Brill, 1975, p. 147.

第四節　自然法と秩序

さてルソーは、先に触れたとおり、神の「意図」の下でつくられた外的「自然」がいかに規則正しい「秩序」の下に存在しているかを語り、さらに人間を外的「存在の連鎖」のなかに位置づけ関係づけた場合、人間がどのような地位を占めているかを見定めなければならないことを、次のように述べる。「神の存在を認識する手がかりとなる属性を、神の属性のうちで発見したのち、私は自分自身に立ち返った。そして神が支配し、私が検証することができる事物の秩序のなかでどんな地位を自分が占めているかを探求する」(1)。

人間は、「事物の秩序」のなかで、「人類であるという点で最高の地位」を保ちうる。神が与えた「万物の秩序」のうちで、「神が自己に据えた位置」が「名誉ある地位」なのである。のみならずルソーは、人間がこの地位にあることがとりもなおさず「特別の恩寵」であると述べている。そして人間における「恩寵」とは、「知性」「意志」「道徳的能力」などを指すのは明らかである。人間は、自らに与えられた諸能力を発揮することによって、「すべてを自分に結びつけることができる唯一の人」(2)であるという自覚をもつ。

こうしてルソーは、「事物の秩序」との関係の下で、人間が占める地位を説明したあとに、人間と人間との関係の問題に移っていく。スタロバンスキーから「人格間の関係問題に熱狂的な重要性を与えた最初の人間」(3)と呼ばれたルソーは、人間の関係について次のようなことを述べている。「人間にふさわしい研究は、関係のそれである。彼が自己の倫理的存在を感じ始めたとき、彼は人間との関係にもとづいて研究しなければならない」(4)。

ルソーは、『エミール』の第四編で、印象深い次のような言葉を吐露している。「我々は、二度生まれる。一度目は存在するため、二度目は生きるために」(5)ルソーは、人間を、最初必ずしも他者との関係を必要としない存在の感情と自己保存の欲求の束にまで解体したが、彼の「生きる」という語には、人間が「関係存在」であるという意味が込められている。そこで、自己と他者の交通の媒体として「共通の存在感情」が求められた。けれどもルソーは、悪に貫かれた現実の「関係」を斥ける。その方法が、「前教育」的な「消極教育」(6)である。「関係」から切断され、純粋培養的に「倫理的人間」につくられた人間は、「自然法」を携えて、他者との「関係」に入っていく。それゆえにルソーの場合、「孤独」と「関係」は、相互排他的ではなく、「正しい関係」をつくる条件として、「孤独」が操作的に設置されたのである。

「自然の秩序」から、「様々な身分」のなかでの「種における個人的地位」に眼を移すと、そこにあるのは「無秩序」だけである。「何という光景であろう。私が考察した秩序はどこに存在するのか。人間の秩序は混乱と無秩序しか与えない。おお知恵よ、法則はどこにあるのか。おお摂理よ、あなたは世界をこのように支配するのか」(7)。「自然」と「人為」との間に存在するこの矛盾から、人間をどうしたら救出できるのであろうか。そこでルソーは、「魂についての崇高な観念」について考え始める。彼は、「正義と道徳的美に対する愛」すなわち「良心」を、「感覚の支配」に屈服しやすい「情念」と対立させる。彼は、前者は「魂の声」として「感覚」から独立して存在し、「魂の声」として「感覚」から独立して存在する「良心」が「官能の支配」に負けるとき、人間は「外界の対象の刺激のままに動いている」(8)とみた。

とはいうものの、「良心」は、結局「感情」を指すかぎり、不断に動揺する傾向を免れないであろう。となると「良心」は、倫理的規準の投錨点として不適格ではないだろうか。その点については、ブレイエの次のような説明が参考となるであろう。「マールブランシュと同じく、ルソーにとっても、感情は我々を秩序のほうに向かわせるために神から与えられた手段である。ただマールブランシュにとって、この感情は人間の原初的なそして正常な本性に属しない。それは、原罪によるこの本性の堕落ののち、その効果を阻止するに必要となったにすぎない。しかしルソーは、原罪を拒否する。良心は、彼にとっては人間の本性に属する」(9)。

まさしくマールブランシュの場合、「非行」に対する「内的抑制」能力として人間に与えられた「良心」を、ルソーは、「溢出的魂の力」に、すなわち「我々以外の存在に愛情を寄せる能力」(10)に、意味を転換させたのである。このような「良心」は、先に述べた伝統的あるいは近代の自然法における「正しい理性」とは異質である点が分かるであろう(11)。人間は、「理性」ではなく「良心」に照らし合わせ、「自分の行動と他人の行動を善い悪いと判断している」(12)。まさにモリス・ディクスタインが指摘したとおり、「ルソーはパスカルと同じく、心と知力の伝統的なキリスト教的二分論の危機」(13)を、「心」に力点を置いて解決しようとしたといえるであろう。

さてルソーは、「我々にとって存在すること、それは感ずることである」(14)といっている。「存在の感情」は、最初は「自己保存の感情」として現れるであろう(15)。しかもルソーは、「我々の最初の義務は、我々自身に対するものである」[16]と述べ、自己保存の感情を「最初の正義の感情」とおさえた。そして、その感情は「人間の心にとって自然な要求」[17]であるとして「自然権」の資格が与えられた。ルソーは、この「権利」が最初に保全された場合のみ、人間は「他者にとっての善」としての「自然法」を守る義務を負うと考えた。だがルソーも指摘するとおり、自然権は、「他者との必然的関係」[18]が生じたとき、「悪」の方向に走る危険がある。それゆえにルソーは、「自然権」をホッブズのように、規範の原基とすることができなかったのである。しかも、この感情は「肉体と官能によってつくりだされる幻想」[19]であるとされ、人間の現世での最高「目的」とはなりえない。

ルソーは、『ボーモンへの手紙』で次のような注目すべきことを述べている。「感覚の欲求は、肉体のそれに向かい、秩序への愛は、魂のそれに向かう。発展させられ活性化させられた秩序の愛は、良心の名をもたらす」[20]と。

このように良心を霊的議論に結びつける形而上学的な二元論的人間本性論は、「唯物論」哲学における「利益の道徳」[21]への駁論として展開された点に、注目しなければならない。そもそも唯物論者にとっては、「感覚」の快楽、「物質的な善」が最大の善である。そこから彼らにとって「道徳」とは、「私的利益」の相互調整を指している。ルソーは、この利益の「道徳」に対して、「各自は自分の利益のために公共の利益に協力する、という人もいる。だが、正しい人が自己の損失もいとわずに公共の利益のために協力するのは、いったいどこからくるのか」[22]と痛烈に反駁している。彼は、「感覚することができ、触知できる」物質的利益を、自然法によって統制しようとした。しかも彼の自然法は、有神論的世界観と結びつけて初めて理解されるであろう。

ルソーは、人間は、神の定めた秩序、すなわち「すべてが善であるような組織」[23]のなかに秩序づけられたとき、幸福なのだと、次のように述べている。「善人は全体との関係において自分を秩序だてるが、悪人は自分との関係において全体を秩序だてる点に違いがある。悪人はすべてのものの中心となり、善人は自分の半径をはかって円の周辺にとどまる。だから、善人は神である円の中心との関係において、また被造物であるすべての同心円との関係において秩序だてられる。かりに神が存在しないならば、推理する悪人しかいないだろう。善人とは、単なる気違いでしかなくなる」[24]。このような点から「神」の「不在」は、人間の「正義」の規準の喪失にまでつながる重要な問題であることが理解されるはずである。人間社会における「無秩序」の下で、自然法は「永遠の正義の名」[25]で人間の心に甦ってくる。

それならば、神は、人間の「秩序」を、どのようなものとしてつくったのであろうか。ルソーは、神は「無限の力」の主体であるとみている。神は、自らの「万能の力」で「自己の実在を諸存在の存在とともにいわば拡大する」[26]。そして、その「万能」は、すべてのものを「産出し維持していく」[27]点に現れる。万能の神は、善きもの以外を欲するはずがないという理由から、つくられたすべてのものは、善きものとされる。さらにルソーは、「最高に善き存在」はまた「最高に正しい存在」であるはずだと考える。慈悲深い神は、神自らがつくったすべてのものを維持するために「秩序」を与えた。そして人間の「秩序」のなかに、「人間における善」としての「同類への愛」[28]が入る。各自は、それゆえに神から与えられた「人間の善」を相互に実行すべきである。そこに「人間の正義」が存在する。

それでは、「同類への愛」はいったいどこから生まれるのであろうか。それは「憐憫の情」をおいてほかに存在しない。ルソーは『エミール』で、それは「自然の秩序によると最初に人の心を動かす相関的感情である」[29]と述べている。人間は、「本性の同一性」として死という「共通の惨めさ」をもつ。人間は、この「人間の弱さ」を、各々の「想像力」の働きで察知し[30]、「憐憫の情」を基軸とする「透明な」社会を形成できるであろう。

いうまでもなく中世キリスト教の自然法は、個人を超超し個人に外在する「神的理性」すなわち「摂理」の人間「理性」への「反映」を意味していた。人間は「神に先在する事物の支配の理性」である「永久法（lex aeterna）」の支配下にあると考えられていた。だがルソーの自然法は、「摂理」という「抽象的概念」に実質的な「意味」を与えるのである。となると、神の「摂理」とは、自然法の「一種の照射」を受けたものを指すであろう。こうして、ルソーにおいては、「摂理」は「世俗化」つまり「人間化」されているのである。

神は「貧しい者の宝庫、不幸な者の助け」(31)として「摂理」を置いた。神は、それゆえに人間に、摂理にかなった生き方すなわち「人間の善」を行えと命じている。神が人間に対してできることは、ここまでである。あとは、人間の責任にかかっている。というのも、神は、人間に、「自由」、「理性」、「良心」をそのために与えたからである。

先に考察したように、「判断力」とは「現実の関係」だけにもとづいて、「観念」を形成する「精神」を指していた。この判断力すなわち「関係の知覚」の教育は、秩序を理解するうえで欠かすことができない。『人間不平等起源論』で説明されているように、「自然状態」の人間は、自然的環境のなかで孤立・分散して生きていたのだが、それでも自然人は、動物との関係で、「強さ弱さ」という「ある種の関係の知覚」(32)を働かせていた。「強さ弱さ」の知覚は、「優劣」の「情念」を人間にもたらす。そうなると、社会を形成したとき、人間は他者との間で、自然法を規範として共存するのが困難になる。だが人間は、もはや「無反省の生活」には退行できない。だからこそルソーは、悪しき「関係の知覚」を芽生えさせないように、『エミール』で、「幼児」の段階から「感覚」と「対象」との正しい関係の知覚を教えこむのである。

ルソーは、「幼児」に、「空間」とりわけ「距離」の知覚を体得させる。彼は、「幼児」が「距離」を知覚できないとき、誰か他の者が幼児を「対象」にまで動かしてやるのが重要だという。というのは、それとは逆に、幼児の側にたえず物を動かしていると、幼児は、対象物が常に自分の側に動いてくると錯覚してしまい、自分でそれをつかむことができないとき、自分の側に物を動かすよう他者の援助を催促するようになるからである。そして、それが幾度も重なると、幼児は自分の「気まぐれ」から他者を動かすことに喜びを見出すことになりかねない。ルソーは、「空間」の観念の教育の失敗に、悪しき社会秩序の「長い鎖の最初の輪」を発見した。しかも「権力と支配の観念」は「自尊心」を生みだし、それを「気まぐれ」をとおして満足させようとする。このような他者の援助がなければ満足させることができない「理由のない欲望」を遮断するうえで、「判断力」の教育は必要なのである。まさにラモン・レモスが述べたように、ルソーの場合、「道徳によって活性化された理性の任務は、したがってエゴイズムの堕落への歴史の自然的下降に歯止めをかけ、道徳によって要求される線にそってその方向を矯正することにある」(33)といえよう。このような「判断力」の過ちは、人間の「意志」に影響を及ぼすはずである。そこでルソーはいう。「人間は真実を判断したときには善いことを選び、判断を誤ったときは選択をあやまる」(34)。

ルソーは、『信仰告白』の「第二の信仰箇条」で、「人間は、それゆえに自らの行動によって自由であり、そのようなものとして非物質的な実体によって動かされている」(35)と述べている。つまり人間は、「私の外に存在するどんなものによっても決定されないで」(36)自らの意志により行動するとき、自由であるといえよう。となると人間は、「自由」を通じて、「摂理によって秩序づけられた体系」のなかで、神の直接的支配から独立しているといえよう。人間は、神の摂理に対する撹乱分子となる危険を背負っているとみてよい。人間は、自己の「自由」を濫用することによって、神の「意図」に背く。もちろん神は、人間の「自由」の濫用を欲するはずがない。なぜならば神は、「選択によって悪ではなく善を行うように人間を自由にした」(37)はずだからである。「自由」は、神を中心とする同心円の円周に「特殊な同一性すなわち種の同一性にもとづく真の生物学的平等」(38)の主体として並ぶ人間が、自然法をとおして、「同類への愛」を行うようにと、神によって与えられた恩寵であった。したがって、次の彼の文に窺えるように、ルソーは神の不在を前提とする「形而上学的悪」を拒否しているといえよう。「一般的悪は、無秩序のなかにしかありえない。そして私は、世界の体系のなかに変わらない秩序しか見出さない。特殊な悪は苦しむ者の感情のなかにしかないし、この感情を人間は自然から受けとったのではなく、自分で自分に与えたのだ」[39]。

こうしてライプニッツ的に解釈された「倫理的悪」[40]の原因は、主として人間が「自由」を濫用することに求められるであろう。人間は、確かに「歴史」のなかでたえず堕落させられてきた。だが人間が自動的に堕落した[41]とするのは間違っている。「歴史」における「事実」とは、ルソーが述べるとおり、「外部的な、そして単なる物理的な動き」[42]では決してありえない。ルソーは、人間の知性とは、「存在するという言葉に一つの意味を与えることができることである」[43]と述べている。そこで「歴史」における「意味」とは何かを探っていくと、それは、超越的秩序としての「人間の善」を、「良心」という「共通の存在感情」をとおして「意味づけ」し、愛し、「規範化」していくという点に求められるであろう。そして、そこにこそ、人間の「歴史」のなかでの真の役割が存在するといえるであろう。それができたときのみ、人間は、かつて「始められた技術」によって自然に対して加えた「悪」を治療していくことができるであろう。

注

（1）J.-J. Rousseau, Emile, in: *O. C.*, t. IV, pp. 581-582.
（2）*Ibid.*
（3）Jean Starobinski, Jean-Jacques Rousseau, la transparence et l'obstacle, *op. cit.*, p. 356.
（4）J.-J. Rousseau, Emile, in: *O. C.*, *t.* IV, p. 493.
（5）*Ibid.*, p. 489.
（6）André Ravier, L'unité de l'homme d'après le livre de l'Emilel, in: *Annales de la Société de Jean-Jacques Rousseau*, Vol. XXXVI (1959-1962), p. 293. ラビーは、『エミール』のはじめの三編は、真の教育である第四編の前提条件をつくる作業として位置づけられる、と述べている。
（7）J.-J. Rousseau, Emile, in: *O. C.*, t. IV, p. 583.

（８）*Ibid.*, p. 586.

（９）Émile Bréhier, Le lectures Malebranchistes de Jean-Jacques Rousseau, in: *Revue internationale de philosophie*, Vol. 1（1938）, p. 100.　ポール・ジャネは、ルソーを、「感覚論のしみこんだプラトン主義者（platonicien imprégné de sensualisme）」と呼んでいる（Paul Janet, Histoire de la science politique dans ses rapports avec la morale, *op. cit.*, t. II. p. 417）。

（10）なおルソーの感情の問題については、次の文献を参照。Robert Derathé, La problématique du sentiment chez Rousseau, in: *Annales de la Société de Jean-Jacques Rousseau*, Vol. XXXVII. ルソーの「溢出的感情」としての「良心」とハチソン、シャフツベリとの関係については、バビットの著作（Irving Babbitt, *op. cit.*, p. 145）を参照。

（11）J.-J. Rousseau, Emile, in: *O. C.*, t. IV, p. 595. ルソーの「良心」が「自然法学者（jurisconsultes du Droit naturel）」と「百科全書学派」のフィロゾフたちの自然法と違う点については、次の文献を参照。F. Bouchardy, Une définition de la conscience par J.-J. Rousseau, in: *Annales de la Société de Jean-Jacques Rousseau*, Vol. XXXII（1950-1952）, p. 170. ルソーの「感情」に依拠する自然法がでてくる背景として、次の説明は示唆的であろう。「主知主義は、本質的に貴族主義的である。というのは、比較的少数の人しか知性をもたないからである。しかるに情動主義は、本質的に民主主義的である。というのは、すべての人は感情をもつからである」（Kennedy F. Roche, *op. cit.*, p.41）。

（12）J.-J. Rousseau, Emile, in: *O. C.*, t. IV, p. 598.

（13）Morris Dickstein, The Faith of the Vicar: Reason and Morality in Rousseau's Religion, in: *Yale French Studies*, No.29（Fall 1961- Winter 1962）, p. 49.

（14）J.-J. Rousseau, Emile, in: *O. C.*, t. IV, p. 600.

（15）*Ibid.*, p. 491.

（16）*Ibid.*, p. 329.

（17）*Ibid.*, p. 523. ルソーは、近代合理主義自然法の根本理念たる「自然権」を彼独自の図式下で承認した。彼は個人の権利を最初に確立する点で、人間の神への従属的義務を先行させるトミズム的自然法観に反対しているといってよい。だが彼は、「自然権」が、政治の場でどのようにイデオロギーとして機能したかも忘れてはいない。それは、特にロック的自然権に対する批判をみれば分かるはずである。ノイマンは、自然権のイデオロギー性を次のように説明している。「自然権理論はまったく反動的目的のために、すなわち民主主義過程の破壊のためにたいへんうまく使われるであろう」（Franz Neumann, *The Democratic and the Authoritarian State: Essays in Political and Legal Theory*, republished, New York, Free Press, 1964, p.90）。

（18）J.-J. Rousseau, Emile, in: *O. C.*, t. IV, p. 322.

(19) *Ibid.*, p. 591.
(20) Lettre à Christophe de Beaumont, in: *O. C.*, t. IV, p. 936.
(21) Cf: Christian Jacquet, *op. cit.*, p. 70.
(22) J.-J. Rousseau, Emile, in: *O. C.*, t. IV, 599.
(23) *Ibid.*, p. 603.
(24) *Ibid.*, p. 602.
(25) *Ibid.*, p. 603. したがって、ダントレーヴが彼の『自然法』で、ルソーの一般意志について、「人間の意志が諸価値の最高の仲裁者であるとされるとき、正義の本性ならびに法の本質に関する古くからの議論を受けいれる余地はほとんどない」(Alexander P. D'Entreves, *Natural Law: An Introduction to Legal Philosophy*, London, Hutchinson University Library, 1970, second revised edition, p.75) と述べるとき、彼はルソーの「正義」が神によって人間に与えられた恩寵である点を看過したといえるであろう。
(26) J.-J. Rousseau, Emile, in: *O. C.*, t. IV, 588.
(27) *Ibid.*
(28) Cf: J.-J. Rousseau, La Nouvelle Héloïse, in : *O. C.*, t. II, p. 358.
(29) J.-J. Rousseau, Emile, in: *O. C.*, t. IV, 505.
(30) ルソーの場合、人間関係が成立しない自然状態では、自然法は規範的効果をもたないと思われる。ドラテは、その点について次のように説明する。「それ（自然法—引用者）はまた、仲間との交通がないおろかで有限な人に対する道標の役割を、どのようにして果たすことができるのか、また自然状態の規範となることができるのか。ところが、ひとたび人間が社会的になるやいなや、そしてこの事実から自己の理性を用いることができるようになるやいなや、彼らは自然法の知識を手に入れることができるであろうし、自然法は彼らに対してその支配権を行使するであろう」(R. Derathé, Introduction au Manuscrit de Genève, in: *O. C.*, t. III, pp. LXXXVIII)。
(31) J.-J. Rousseau, Dialogues. Rousseau juge de Jean-Jacques, in: *O. C.*, t. I, p. 813.
(32)「関係の知覚」の「歴史」における発達については、『人間不平等起源論』第一部を参照。
(33) Ramon M. Lemos, *Rousseau's Political Philosophy. An Exposition and Interpretation*, Athens, The University of Georgia Press, 1977, p. 102.
(34) J.-J. Rousseau, Emile, in: *O. C.*, t. IV, p. 586.
(35) *Ibid.*, p. 587.
(36) *Ibid.*, p. 586.

(37) *Ibid.*, p. 587.
(38) Raymond Polin, *op. cit.*, p. 108. ポランは、ロックの平等は「人間の権利の平等を確定し正当化する」ために定立されたと述べている。
(39) J.-J. Rousseau, Emile, in: *O. C.*, t. IV, 588. ヘンデルによると、「摂理」と「自由」の和解の問題は、マールブランシュによって手をつけられていた（C. W. Hendel, *op. cit.*, p.148）。
(40) Josepn Moreau, *op. cit.*, p. 86.
(41) Jean Starobinski, La pensée politique de Jean-Jacques Rousseau, *op. cit.*, p. 92.
(42) J.-J. Rousseau, Emile, in: *O. C.*, t. IV, p. 348.
(43) *Ibid.*, p. 571.

第五節　自然法の主体の形成の問題

これまで長々と、ルソーにおける自然法思想の特徴について論述してきた。先にみたとおり、ルソーの自然法は、神の「恩寵」である「自然」と規定されたがゆえに、普遍的な規範としての地位を要求できた。しかも彼にとって自然法は、人間の恣意的行動によってつくられた「歴史」との鋭い「弁証法的緊張状態」のなかで、漸次窒息させられてしまう規範として描写された。そして彼は、この「文化的あるいは霊魂の歴史」(1)を、キリスト教神学に定礎された歴史観によって説明した。この点については、ユベールの次の指摘があてはまるであろう。「変質は、発達したために、依然として真の堕落の性格をもち、そしてルソーは、歴史哲学のこの解釈を提起するとき、「擬似科学的な（pseudo-scientifiques）」言語で堕罪のテーマをとりあげただけである。隠蔽された神学でしかないということができるルソーの社会学は、かくして原理からして、百科全書派の一般的理論から離れる」(2)。

たしかにルソーは、「楽園」—「堕落」のキリスト教的教義を、彼の「革命的政治理論」のなかで展開したといえるであろう。ルソーは、そのような政治理論によって、フィロゾフたちの「進歩主義的歴史観」を、「擬似歴史的事実（faits pseudo-historiques）」[3]として退けることができたのである。しかも彼の場合、そのようなキリスト教神学に立脚する一種の「政治形而上学」を、「隠蔽された神学（théologie démarquée）」[4]として語った点に、一大特徴があるといってよかろう。かつて、ホッブズは「隠蔽された無神論者」として現れたが、今やルソーは「隠蔽された神学者」として我々の前に姿をみせているのである。

さてルソーは、堕落した「市民社会」をただ嘆き、シニカルな態度でみていることはできなかった。一七世紀のモラリスト、パスカルのように、ルソーは「超合理主義的直覚（super-rational perception）」によって「神」の存在を信じ、「政治」については、ひたすらオブローモフ主義的に生きることを潔しとしなかった。彼は、「福音書」にその起源を有する、「憐れみの情」を規範原理とする「社会契約論的国家論」を構築することによって、超越的秩序をこの世に実現しようとしたのである。そうなると、その仕事は多くのエミールを必要とするであろう[5]。そして、そのためにエミールたちは、自然法を実定法化する「決定作成手続き」を指す、「一般意志」を実現するための協働関係をつくりあげることに全力をあげるであろう。

注

（1）Ramon M. Lemos, *op. cit.*, p. 20.

（2）René Hubert, Les Sciences sociales dans l'Encyclopédie, *op. cit.*, p. 175.　シュトラウスによると、「ホッブズ以前、自然状態は、政治哲学よりもむしろキリスト教神学になじんでいた」（Leo Strauss, Natural Right and History, *op. cit.*, p.184）。ルソーは、自然状態という概念を、政治理論のなかで説明した。そのとき当然「自然状態」は、社会状態への変質の「距離」をはかる「零度（degré zéro）」すなわち「方法的措置（a methodological device）」として用いられると同時に、その変質を批判する基準としても採用された。この点については以下の文献を参照。Jean Starobinski, La pensée politique de Jean-Jacques Rousseau, *op. cit.*

（3）René Hubert, Rousseau et l'Encyclopédie, *op. cit.*, p. 89.

（4）René Hubert, Les Sciences sociales dans l'Encyclopédie, *op. cit.*, p. 175.

（5）Gustave Lanson, L'unité de la pensée de Jean-Jacques Rousseau, in: *Annales de la Société Jean-Jacques Rousseau*, Vol. VIII (1912), p. 22. ランソンが指摘するように、自由と平等を保存する国家は、市民の徳を不可欠のものとするが、それは「教育が大多数のエミールを社会生活に参加させ、市民のなかで自然人の再建が行われるにつれて漸次実現されるであろう」。それゆえに『社会契約論』は、補完的なものとして『エミール』を必要とするのである。なお次の文献も参照。Lionel Gossman, Rousseau's Idealism, in: *Romantic Review*, Vol. LII (Oct. 1961), p. 74.

第五章　人間と市民の育成——変革主体の形成——

第一節　不平等批判

スタロバンスキーは、『ヨーロッパ』で、ルソーが「すべての悪は不平等からくる」(1)と述べた点に注目した。それは、平等に憑かれた人間ルソーが、現に存在する身分制国家をどのようにみていたかを如実に示している。周知のとおり、不平等は、身分制国家においては、目的論的な位階主義的社会観を介し、強固に弁護されていた。この社会観の特徴は、現に存在するすべてのものが、神によって形成されたと考え、それゆえに人間の社会もまた、アウグスティヌスが非難したように、堕罪の結果生まれた「悪魔の秩序」などではなく、神の摂理により創造された以上、普遍的な「目的」をもつとされる点にある。となると、所与の社会に存在する様々な差別は、神がつくったものとして承認されてしまう。それゆえに「幸福の神義論（Theodizee des Glückes）の信奉者ボシュエは、パウロの次の言葉「市民的権力は、神に由来するから、この権力に抵抗すれば必ず神自身に反抗することになる」(2)と語り、不平等な政治秩序を弁護できたのである。

だがルソーは、特権階級の人々の顰蹙を買うような次の言葉を『エミール』で吐く。「ヨーロッパの巨大な君主政国家もこれ以上存続することは不可能であると私は考えている。そして、いま輝きを放っている国家もすべて没落に瀕している」⑶。これは、所与の国家は確固不抜の正当化原理には支えられていない、という見解の表明であった。そこでルソーは、虐げられた民衆に浸透していた、不平等を是認するトミズム的な自然秩序実在観に対抗する理念として、合理的な「秩序の宗教（religion de l'ordre）」⑷観のうえに築かれる、「秩序の形而上学」を打ち出した。「秩序の宗教」観とは、ルソーの場合、理神論の一種であり、「宇宙」が合理的に構成され、秩序正しく運動している事実を発見することをとおして、神の存在を証明することから成り立つ。ルソーは、神は自らの最高の「知性」を通して立案し、「意志」の力でこの宇宙を造り、そしてそれに秩序を与えた、と考えた。そうなると、宇宙の一角に自らの存在位置を占める「人類」もまた、その例外となるはずがないと断定されることになる。神は、人間を造った時、人間に「道徳的秩序（ordre moral）」を与えたのだから、人間は、その秩序を現世において実現する義務を負う。

しかしルソーは、人間自らが「悪しき社会化」を押し進めたために、人間は秩序をいまだ一度も、各自の間で実現したことがないと考えた。それゆえにルソーは、秩序を実現することのできる「人間」像を新たにつくる必要性を感じた。それは疑いもなく、「人間を形成する技術（art de former des hommes）」つまり「教育（éducation）」に委ねられた。だが彼は、身分制社会の「身分的存在」に対する批判的意味が込められている「倫理的存在」としての人間が、自然的に自然法を規範とする共同体をつくり、秩序を実現できるとはまったく考えていない。

それゆえに、次にルソーは、教育によってつくられた人間が、秩序を主体的に実現するためには、「新しい結合体（nouvelles associations）」すなわち「市民的秩序（ordre civil）」を建設しなければならない、と考えた。ここにおいてルソーは、政治的自治能力を有する「市民（citoyen）」なるものを考えだしたのであり、彼らに、神が造った秩序を実現し、国家をつくる主体としての役割を与えたのである。この「市民」が、身分制国家における「個人的従属（dépendance personelle）」の鉄鎖を打倒変革する主体として提起されている点を、前以て確認しておこう。

注

（1）Jean Starobinski, Tout le mal vient de l'inégalité, in: *Europe*, Numéro de Novembre-Décembre 1961, p. 135.

（2）Robert Derathé, Jean-Jacques Rousseau et la science politique de son temps, *op. cit.*, p. 316.

（3）J.J. Rousseau, Emile, in: *O. C.*, t. IV, p. 428.

（4）Pierre Burgelin, *op. cit.*, p. 436. なお秩序の理念については、次の文献も参照。Bronisław Baczko, Rousseau, Rousseau, Solitude et communauté, *op. cit.*, p. 170. バチコは、秩序について次のように述べている。「秩序の理念は、明らかに対抗理念の社会学的な機能を引き受けている。それは、摂理のキリスト教的概念に対し、事物の運行に自由に干渉するためにそれに与えられた力に対し、階統的な社会構造のキリスト教的そして伝統的なビジョンに対し、そして人間の生活における世俗的な目的と永久の目的との間の関係の概念などに対して向けられた」。

第二節　人間の育成

ルソーは、『エミール』第一編の劈頭で、「万物をつくる者の手をはなれるときは、すべてのものは善いものであるが、人間の手に移るとすべてが悪くなる」(1)と述べている。「苦難の神義論（Theodizee des Leidens）」の信奉者ルソーは、神の義しさを、彼独自の宗教観に基礎づけられた秩序の形而上学として展開する。ルソーによれば神は、すべてのものを造り、それらを「秩序」を介して支配する。しかも彼は、現に見ることができる、「確立された秩序における全体の保存（conservation du tout l'ordre établi）」こそが、神が宇宙を造った「目的」であると規定した。

それでは神が支配する「自然の秩序」のなかで、人間の秩序とはいったい何を指すのだろうか。ルソーは、神が「無限の力」をもつものであり、彼の力は「すべてのものを産出し、維持していく」(2)点に顕現するという。神は、人間における秩序として、「人間の善（bonté dans l'homme）」すなわち「同類への愛（amour de ses sembles）」を与えた。人間は、各々そのような善を自己に内在する自然法によって実践することで、神の「統一的な意図（unité d'intention）」である全体の保存に、参加し協力することになる。ここから、ルソーの自然法が一種の目的論的自然法観として定立されたことが分かるであろう。したがって人間は、神が人間に与えた善を実現する主体として、他の人々とまったく平等の立場を占めていると考えられる。けれどもルソーは、そのような平等が、歴史のなかで一度も実現されたことはないと考えている。現存する社会は、ルソーによると「一部の強い者の暴力と弱い者への圧迫だけを示している」(3)。このような社会は、ヘーゲル的にいうならば、摂理に反する「腐った存在」として否定されるべきであろう。

そこでルソーは、次のように述べる。「自然の秩序のもとでは、人間はすべて平等であるから、その共通の天職は、人間という職業である」(4)。この言葉は、身分制社会における身分的存在たる人間に対して、新しいあるべき人間像を建設しようとするルソーの決意表明であるが、それではルソーは、いったいあるべき者として人間をどのように捉えていたのであろうか。ルソーは次のようにいう。「神は、私に善を愛するために良心を、善とは何かを知るために理性を、善を選択するために自由を与えたのではなかったか」(5)。実は神により人間に与えられた「自然」とは〈良心と理性そして自由〉を指していたのである。

この言葉は極めて重要である。すなわち人間とは、ルソーの場合、神の造った秩序を実現する器として、その存在を認められるのである。もちろん前述したように、そのような人間は、個人が従属下に置かれた身分制社会のもとでは存在しえないであろう。けれども我々は、個人の次元でみた場合、「我々の内なる自然」を失ってしまったわけではない。人間は、「我々の能力と器官の内的発達」を一定の方向へ、つまり善の方向に導いていくことができるのである。それが教育に委ねられていることは、先に触れた。だからこそルソーは、もし人間が、自らを教育によって自らの自然を育成しないならば、「すべてはもっと悪くなるのであって、私たち人間は、中途半端にされることを望まない」(6)といったのである。

注

（1）J.-J. Rousseau, Emile, in: *O. C.*, t. IV, p. 245.
（2）*Ibid.*, p. 588.
（3）J.-J. Rousseau, L'inégalité, in: *O. C.*, t. III, p. 127.
（4）J.-J. Rousseau, Emile, in: *O. C.*, t. IV, p. 251.
（5）*Ibid.*, p. 605.
（6）*Ibid.*, p. 245.

①理性の育成

ルソーに従えば、人間は、自己から超越し外在的に存在する善の観念を、はじめから「先験的知識」としてはもたない。理性は、人類全体の歴史の次元においては「堕落した理性」として断罪されたが、個人の次元においては「理性だけが我々に、善と悪とを認識することを教えてくれる」(1)として、その存在意義が認められていることを忘れてはならない。

ルソーにとって、客観的に存在する「善は、理性に照らされないかぎり決して善とはならない」(2)のであり、隠蔽された秩序として人間の眼から隠されている。したがって人間は、理性によってこの善を発見しなければならない。「我々の魂の諸能力のすべてを秩序づける能力」(3)とされる理性が、最初から完全なものとして我々の内部に存在しているわけでないことは、彼の以下の一節からも窺える。すなわち、「人間のすべての能力のうち理性は、いわば他のすべての能力の複合体にすぎないのであって、発達が最も困難で、最も遅いものである」(4)。

さてルソーは、ドラテも指摘しているが、人間が純粋な感覚的存在から叡知的存在に変化する過程を、三段階的に捉えている(5)。最初は幼児期である。幼児は自己保存と不可分の感覚しかもたないという意味で、「前理性(pre-raison)」

の段階にある。幼児は「外界の事物を示す表象感覚」をほとんどもたない。次は子供の時代である。子供は自己の感覚と外界の事物とを照らし合わせることができるようになるという点で「感覚的理性（raison sensitive）」の段階にある。そして最後は青年期である。青年は、第二の段階において学習した自己の感覚と外界の事物との整合性の学習を前提として、外的物体のように眼にみることはできないが必ず存在している――とルソーが信じた――神と、神が造った秩序を「知的理性（raison intellectuelle）」によって認識していく。

これから今触れた理性の段階的発展開示をより詳しく述べることにする。最初に前理性的段階である。当然のことだが、幼児は「理性のまどろみ」の時期にあり、潜在的にしか理性をもたない。しかし人間は、生まれると同時に快苦の感覚をもっている。実際に幼児は、「感官を刺激するものにしか注意を払わない」(6)のだから、「それらの感覚と、その感覚を引きおこす物体との間の関係を彼にはっきり示してやることで十分である」(7)。しかも、理性がまだ芽生えない時期に、幼児に感官とその対象との正しい関係を外から教えるのは、ルソーが反理性的な姿勢をとっているのからではない、後の感覚的理性の健全な発達にとって必要な条件をつくるためであるのはもちろんである。

こうして理性の開示のために感覚と対象との正しい関係を教えた後、次に「感覚的理性」の育成にとりかかる。ルソーは、対象を「感官をとおして正確に判断することを学ぶ」感覚的理性を育成する必要性を強調する。ルソー自身も述べるとおり、「人間の真の理性は、身体とは別に形成されるどころか、肉体のりっぱな構造こそ精神の機能を容易に、そして確実にする」(8)以上、五感の育成は重要な課題となる。当然、感覚的理性の機能は、五感を介し入ってくる外的対象を、「観念」として整序することに限定される。だが理性の意義が「現実の諸関連だけにもとづいて観念を形成する」(9)ことにあるとき、「子供の理性」もまた感覚が対象を正しく映しだしているかどうかを理解することをとおして「大人の理性」への橋渡しの役を果たしているのである。とはいうものの、この理性は、客観的に存在する対象の「映像」を知覚する能力として定立され、「視界のかなた」には及ばない。ルソーの感覚的な理性は、幼児に非合理的な啓示宗教を吹き込み、また、デカルトのように独断のうえに築かれる「体系の精神」を植えつけることを、予防することを目的として提起されたことに注目すべきである。最後は「知的理性」の育成である。既成の権威や伝統からの「解放の最高の王者」(10)であったルソーは、ひるがえって自己独自の秩序観を構想する。その役目が、知的理性に課せられている。この理性は、感覚的理性の延長線上にあるが、〈視界のかなた〉に存在し、それゆえに「感官によって決定されない」形而上学的な秩序を認識するために提起された。

ルソーは、自己の存在を「存在の感情」によって確信したのちに、自己の外に眼を投じ、そこに感官によってつかまれる「物質」としての「広大な宇宙」を見出す。しかも宇宙は、「一定の法則に従った規則正しい画一的な運動」(11)をしている。ルソーは、宇宙が「散らばった物質」であるにもかかわらず、秩序正しく動いていることをみて、その物質を外から動かす意志の主体として、神が存在しているに違いないという確信を抱く。しかも彼は、そのような運動の下にある宇宙を構成する部分が相補的な関係のもとにある点をみて、神が、ある協同の目的つまり「確立された秩序のもとにすべてを維持していく」(12)ことを企図したと推理する。

先に触れたことを繰り返そう。神は、宇宙を造った以上、その一角を占める人間という「種」をも造ったたはずである、とルソーは考えた。神は、すべてのものを造り、秩序をとおしてそれらを維持するのだが、人間に対しては、同類への愛という秩序を与えることによって、人類全体を保存することを望んだ。かくして人間の知的理性は、神の存在を証明し、そして神が造った宇宙が「法則」に支配されている点を認識し、そこから彼独自のアナロジー的思惟形式によって、人間における秩序を推理するために用いられたといえよう。こうして隠蔽された秩序は、知的理性によって発見されたのである。

注

（1）J.-J. Rousseau, Emile, in: *O. C.*, t. IV, p. 288.
（2）*Ibid.*, p. 324.
（3）J.-J. Rousseau, Lettres morales, in: *O. C.*, t. IV, p. 288.
（4）J.-J. Rousseau, Emile, in: *O. C.*, t. IV, p. 317.
（5）Robert Derathé, *Le rationalisme de Jean-Jacques Rousseau*, *op. cit.*, pp. 20-32.
（6）J.-J. Rousseau, Emile, in: *O. C.*, t. IV, p. 284.
（7）*Ibid.*, p. 284.
（8）*Ibid.*, p. 370.
（9）*Ibid.*, p. 481.
（10）Alfred T. Williams, *The Concept of Equality in the Writings of Rousseau, Bentham and Kant*, New York, Teachers College, Columbia University Publication, 1907, p. 16.
（11）J.-J. Rousseau, Emile, in: *O. C.*, t. IV, p. 575.
（12）*Ibid.*, p. 581.

②良心の育成

ルソーによれば「善を知ることは、善を愛することではない。人間は、善について先験的知識をもたない。しかし、理性が善を人間に認識させるやいなや、彼の良心は、彼にそれを愛させるように導く。この感情こそ生得的なものである」[1]。ルソーは、この先験的な感情である「良心とは無関係に理性だけによっては、どんな自然法も確立できない」[2]と考えている。彼のこのような自然法観は、近代合理主義自然法理論の系譜のもとでは、特異な位置を占めている。

いうまでもなく、近代の自然法は、中世キリスト教的自然法思想への反駁としてつくられた。トマス・アクィナスの考えによると、人間は、「神に先在する事物の支配の理性」――宇宙の法則として現れる――である「永久法」の支配下にある。人間は、「類似」によって永久法に参加する他の存在物とは異なり、自己の「内的理性」をとおして、それに部分的に参加できる。そして永久法の人間理性への「一種の照射」が自然法とされたのである。

ところが、トミズム的自然法観は、やがて近代的な「世論の風土」として形成された自然科学的思考方法の発達とともに、廃れていく。この自然観の特徴は、「自然」を数学的に理念化する点にある。自然は、この立場によると、その内側に何らの目的性も有せず、単に機械的に運動するものとみられる。このような自然の数学的理念化は、ホッブズに顕著に窺えるように、「社会」を理解する「技術」に転用される。社会は、アトムとしての「個人」にまで微分され、その個人は、自己保存の衝動によって動く自動機械と捉えられる。この点からみて、人間の世界においても漸次、トミズム的な目的論的見地は放棄されていったとみてよいであろう。そして、すべての動物に共通して存在する機械論的な自己保存の本能を弁護する規範として、理性を基軸とする近代の自然法が要請されたのである。このような自然科学的な思考方法の勝利にともない、人間の世界から超越的な目的性が駆逐されていく趨勢下にあって、ルソーは、むしろ「自然学」を、神の存在を証明する道具として使い、しかもその自然が一定の目的を有していると述べ、そこから人間の善の存在まで読み込み、その善を実現する魂の声として非肉体的な良心を基軸とする、目的論的自然法を弁証した点で、近代合理主義自然法観のなかで異彩を放つのである。

そこで次の問題は、人間は良心をどのようにして心身の発達段階下で育成するか、ということになるであろう。ルソーによると、良心もまた「自然の歩み」を無視しては育成できない。先に触れたが、人間は理性によって秩序を認識できなければ、良心によって秩序を愛することはできない。ルソーは、この点について『ボーモンへの手紙』で次のようにいい切っている。「良心は、彼の知識の光とともに発達し、働きだすものにほかなりません。人間が秩序を認識できるようになるのは、彼の知識の発達にともなってからのことであり、彼の良心が秩序を愛するようになるのは、彼がこの秩序を認識してからのことにほかなりません。したがって良心は、比較するものをもたず、関係をみとおすことができない人間にとっては無なのです」(3)。

同類への愛を指す秩序は、青年が知的理性にもとづき、困難な思弁的推理をとおして理解できるはずのものであった。人間は、青年期をむかえたとき、他の人々とともに関係を形成するように迫られる。ここで重要なのは、青年が、他の人々との関係をどのような視点から比較し、どのように理解するかという点であろう。ルソーは、次のようにいう。「人間にふさわしい研究とは、関係のそれである。人は、物理的存在という面でしか自分を認めない時は、自分を事物との関係において研究しなければならない。それは、幼年期にすることである。人間は、自己の倫理的存在を感じ始めたら、人間との関係において自分を研究しなければならない」(4)。

人間は、青年期にさしかかり「感受性が自己の外に広がっていき始めたとき、初めて善悪の感情を、次に彼に真に人間の資格を与え種の必須の部分とする善悪の観念をもつようになる」(5)。したがって人間は、「自分のことしか考慮に入れない」自己愛の主体である幼児期には、決して倫理的主体とはなれない。ルソーは、人間が、自己の外に拡大していく「浸出的な魂の力」をとおして、他の人々との関係を形成するためには、その力が他の人々にそそがれる対象が存在しなければならないと考えている。そこでルソーは、人間が共通の地位として置かれた死という絶対的な挫折をまえにした「共通の惨めさ」を提示する。人間には、自己の本性としてもつこの惨めさを避けることはできないのを、自己の「想像力」を駆使して知ることが必要となる。人間は、こうして想像力によって人間の惨めさを知り、「自己の外に自己を移す」ときしか、感じやすい人間、すなわち「あわれみの情（commisération）」をもつ人間にはなれない。そして、その感情は、知的理性の力を通して人類全体の保存の感情となったとき、「良心（conscience）」という名を与えられるといえよう。

このように想像力によって理解され、憐れみの情をかけられる人とは、いったいどんな階層のもとに存在するのであろうか。ルソーは、「人類を構成しているのは民衆である。民衆でないものは、極めてわずかにすぎないのだから、数に入れる必要はない」(6)と述べ、「最も多くの人間を含む身分が、最も尊敬されてしかるべきである」(7)と断定している。最も多くの人間を含む身分とは何かは、説明する必要がないであろう。ルソーは、良心という感情に基礎づけられた自然法観を展開したとき、身分制社会において知的蒙昧の状態に置かれた貧しい民衆に規範的主体をみいだしたといってよいであろう。

注

(1) J.J. Rousseau, Emile, in: *O. C.*, t. IV, p. 600. ルソーが良心による独特の社交性論を展開した理由は、「かりに同時代人によって理解された言葉を受け入れるならば、彼独自のメッセージが失われる」(Ulrich S. Allers, Rousseau's Second Discourse, in: *The Review of Politics*, XX (1), Jan. 1958, p. 114) との危惧感があったためである。ルソーは、ライトがいうように、「彼の時代において良心はすべて時代錯誤であった」(Ernest H. Wright, The Meaning of Rousseau, *op. cit.*, p. 15) まさにそのとき、「理性」に力点を置く自然法観に反旗をひるがえす。良心が、自然法の基礎に据えられるのである。ホッブズは良心なるものを、コモンウェルス崩壊の原因とみなし、それを被支配者から奪い、「公的良心 (public conscience)」の主体である主権者に与えてしまう。ロックの場合、「良心は、我々自身の行動の倫理的な正・不正の我々自身の意見判断以外の何ものでもない」(John Locke, *An Essay Concerning Human Understanding*, in two Volumes, New York, Cambridge University Press, 1994, Vol. I, p. 71) と規定され、規範的座を占有しえない。

(2) J.J. Rousseau, Emile, in: *O. C.*, t. IV, p. 523. ルソーの場合、啓蒙主義哲学における基本的課題と異なっている点は、どこにあるのであろうか。バチコは、啓蒙主義哲学のテーマは「理性的なもの—非理性的なもの (rational-irrational)」にあったのに対して、ルソーのそれは「外観—真実 (apparence-authenticité)」にあったという (Bronisław Baczko, *op. cit.*, p. 19)。ミシェル・フーコー的にいうならば、啓蒙主義哲学は、それ独特の「分割」と「排除」のシステムの下に構成されていたといえよう。「理性と非理性」の「分割」は、フーコーによれば「正気と狂気」であるが、その普及範囲をより広げるならば、「理性」をもった者すなわち「貴族」、それをもたない者つまり貧しい階級に分割し、それをもたないものを排除するイデオロギーとして機能する側面をもっているといえよう。それゆえにルソーは、「分割」と「排除」の規準を、「嘘と真実」の「分割」そして嘘の「排除」に求めたのである。「嘘と真実」を分割の規準とするならば、嘘を合理化するものとして理性が用いられるという点において、「理性」は非難ときには排除の対象となる場合もでてくる。こうして啓蒙主義哲学が信をおいていた「理性」は攻撃されるのである。

（3）J.-J. Rousseau, Lettre à Monsieur de Beaumont, in: *Oeuvres complètes de J.-J. Rousseau*, t. III, Paris, Hachette, 1901, pp. 64-65.
（4）J.-J. Rousseau, Emile, in: *O. C.*, t. IV, p. 493.
（5）*Ibid.*, p. 501.
（6）*Ibid.*, p. 509.
（7）*Ibid.*

③自由の育成

ルソーは、人間における自由を、自らを「内観（introspection）」しながら、次のように述べる。「動物の間で特別に人間を区別するものは、知性ではなくて、むしろ彼の自由な能因という特質である。自然は、すべての動物に命令し、獣は従う。人間も同じ印象を経験する。だが彼は、自己が承諾するも抵抗するも自由であることを認める。そして特に、この自由の意識のなかに彼の魂の霊性が現れる。なぜならば、ある意味で自然学は、感覚のメカニズムと観念の形成を説明するが、意志する力というよりは選択する力に、そして、この力の意識に見出されるものは、力学の法則によっては何も説明されない純粋に霊的な行為に他ならないからである」(1)。しかもルソーの場合、「この自由の意識（conscience de cette liberté）」と呼ばれるものは、マールブランシュの影響を受け、「神は、人間が悪を行うためではなく、選択によって善を行うようにと、人間を自由ならしめた」(2)といわれるように、本来超越的な秩序と融和する条件のもとで、その存在意義を承認される。したがってルソーの場合、後にヘーゲルによって批判されたように、自由は、「主観の無限の権利」すなわち「特殊的な個人としての精神、一個人の独自の恣意のかたちでの意志としての意志」(3)

の自由では決してないことが分かるであろう。しかも、ペラギウス的な自由観を信奉するルソーは[4]、神の摂理に反する歴史を、「種」としての人間がつくってしまった一つの原因に、自由の濫用をあげている。となると彼の場合、次の問題として、どのようにして自由を、秩序を実現する力として鍛えなおしていくかという点が考えられるであろう。

ところでルソーは、ホッブズに窺えるように、自由の意識が、単に人間の最後の欲望としてではなく、「私は私の意志を決定する原因は何であるかと聞かれたら、逆に私の判断を決定する原因は何であるかと問う」[5]といい、「人間の意志を決定する原因は、判断である。では、判断を決定する原因は何か。それは、彼の知的能力である」[6]と述べ、理性と意志との不可分の結びつきを断定している。それゆえに人間は、自己の判断力を誤った場合、意志もまた誤ることになろう。

けれどもルソーは、人間が理性の力で、善を認識できる発達段階を待ってはいられない。というのは、ルソーは、人間が理性によって善を認識することができたとしても、理性が意志を決定的に拘束する能力をもっていない点を知っていたからである。その点でルソーは、理性を自然法とする近代の合理的自然法が無力であるといいたかったのである。

そこでルソーは、人間が将来青年期にさしかかったとき、自然法に従いながら、善を選択し実現できるように、判断力がついてくる前に、幼児の段階で、「必然の厳しい掟」すなわち「事物への依存（dependance des choses）」[7]のもとに幼児を置くことを提案する。ルソーは、万人を等しく拘束するこのような事物への依存の状態から、「自然的自由」と呼ばれるもの、つまり自然的独立が生まれる、と考えている。この自由は、「命令と支配の観念」を幼児がもたないように教育するところから生まれてくるのである。

人間は、大人になって突然に支配の観念をもつのではない。すでに幼児の段階で支配の観念が生まれてくるというのが、ルソーの意見であった。ルソーは、幼児が「記憶力」をもつことによって「自己同一性の意識」をもつことができるといっている。この意識をもつことで幼児は、幸不幸の感情をもつことになる。ルソーは、人間が欲望と能力との間に均衡がとれている場合、幸福であるという。幼児の状態は、「飢えと弱さ」であり、彼の最初の声が「不満と泣き声」であるといわれるのは能力と欲望との間にギャップがあるためである。このとき幼児の能力を上回る欲望を他の人が幼児の求めに応じ満足させてやることは、幼児を将来他の人に依存させ、あるいは彼に他の人を支配することの喜びの感情をもつようにさせているに等しい。このようなことが頻発するならば、幼児は将来、自発的に自然法に従いながら、秩序を実現することから生まれる「道徳的自由」を実現できないことは、眼にみえている。それゆえにルソーは、幼児の能力を上回り「他人の助けをかりなければ満足させることができない欲望」を、大人が毅然として拒否することによって、早い時期に一切遮断することが必要であるという。

注

（1）J.-J. Rousseau, L'inégalité, in: *O. C.*, t. III, pp. 141-142.

（2）J.-J. Rousseau, Emile, in: *O. C.*, t. IV, p. 587. C. W. Hendel, Jean-Jacques Rousseau: Moralist, *op. cit.*, Vol. II, p. 148.

（3）ゲオルク・W・ヘーゲル（藤野渉、赤澤正敏訳）、『法の哲学』、『世界の名著』第三五巻所収、中央公論社、二一〇頁。

（4）Jean Starobinski, La pensée politique de Jean-Jacques Rousseau, *op. cit.* ペラギウスの〈自由恩寵説〉は、アウグスティヌスにより徹底的に論駁されたといわれるが、実はペラギウス主義は、意外にしぶとく、一七、一八世紀オランダのアルミニウス神学に流れ込み生き残ったが、ルソーの自由観は、この神学の影響下にあるともいわれる。

（5）J.-J. Rousseau, Emile, in: *O. C.*, t. IV, p. 586.

（6）*Ibid.*, p. 586.

（7）*Ibid.*, p. 311.

第三節　市民の育成

ルソーは、こうして「人間の教育」によって、秩序を実現できる「人間」を建設したが、所与の不平等な社会において、そのような「人間」が自然法をとおして自然的に秩序を実現できるとは、全然思ってもいなかった。たしかに神は、人間「各自に与えたものについて各自の責任を問う」(1)としても、人間の責任のとり方に直接介在しない。となると「神の正義（justice de Dieu）」は、人々の間では、現実的には無力な規範として終わるしかないであろう。その点についてルソー自身、次のように述べている。「秩序にかなった善いものは、事物の本性から、また人間の約束から独立してそうなのである。すべての正義は、神から来たり、神だけがその源である。しかし、我々が正義をそのような高いところから受けとることができるならば、我々は政府も法も必要としないであろう。たしかに理性だけから発する普遍的な正義は存在する。しかし、この正義は、我々の間で受け入れられるには相互的でなければならない。事物を人間の立場から考察してみると、自然的な制裁力はないのだから、正義の掟は人間の間では効果がない。すなわち善人が万人とともにそれを守ろうとするときに、彼とともにそれを守ろうとする人がひとりもいなかったならば、それは悪人の幸いと善人のわざわいしかもたらさない」(2)。

そこでルソーは次のように述べる。「私が正しくあることによってどんな利益をえるのかを自分に示すことが問題になる」(3)と。『エミール』でつくられた「人間」は、神が人間に課した「神の正義」としての「仲間を愛せよ」を、互いの間で実現する「場」として、新しい「政治秩序」をつくらなければならない。しかもルソーは、シェヴァリエの言葉をかりて説明するならば、社会契約にもとづく国家形成を「人間から市民への変成を正当な形で作動させるために必要な法的手段」(4)として要求したことに、注目すべきである。それでは「市民」とは、いったい何者なのか。ルソーは、

『社会契約論』の第一編第六章「社会契約について」で「都市国家」について述べているが、そこで「市民」なるものについて触れているので引用してみよう。「この語（都市国家――引用者）の真の意味は、近代人においてはほとんどまったく見失われてしまっている。大部分の近代人は、都会を都市国家と、またブルジョワを市民と理解している。彼らは、家屋が都会をつくるが、市民が都市国家をつくることを知らない。……私は、市民の称号が、どのような君主の被支配者にも与えられたことを読んだことがない。フランス人だけが、この市民という名を気軽に用いる。というのは、彼らは、彼らの辞典のなかでそれをみることができるように、市民という言葉のほんとうの意味を全然知らないからである。もし、そうでなければ彼らは、この名を勝手に使うことによって大逆罪をおかすことになるであろう」(5)。

ルソーは、古代ギリシャの都市国家は、直接民主主義つまり支配と被支配の自同性が保障され、そのなかでは、したがって支配者と被支配者の同一的な相互関係の主体としての「市民」が存在していたと考えていた。ルソーは、このような意味における市民は、絶対王制国家で専制君主がほとんどの民衆を支配するところでは、当然存在するはずがないとみていたのである。そこでルソーは、この市民すなわち一般意志の主体を、社会契約にもとづく国家を建設することをとおしてつくりだそうとするのである。

注

（1）J.-J. Rousseau, Emile, in: *O. C.*, t. IV, p. 594.

（2）J.-J. Rousseau, Du Contrat social, in: *O. C.*, t. III, p. 307. チャップマンは、ルソーはホッブズのように「環境の統制をとおして人間は自由につくられる」とは考えていないと述べている（John W. Chapman, Rousseau-Totalitarian or Liberal ?, New York, Columbia University Press, 1956, p. 104）。ルソーは、バチコの言葉をかりるならば、「世界のなかで、くつろぎを感じる啓蒙主義哲学者の全感情」をもちあわせていないのである（Bronisław Baczko, Rousseau et l'aliénation sociale, in: *Annales de la Société de Jean-Jacques Rousseau*, Vol. XXXV (1959-1962), p. 225）。ルソーは、所与の政治社会の内部に、悪を変革する力がひそんでいるとはとうてい信ずることができず、歴史

の外に超越的に存在する秩序を実現する政治社会を「考え抜かれた介在（deliberate intervention）」として提起した、という解釈がなされる。

（3）J.J. Rousseau, Du Contrat social, première version, in: *O. C.*, t. III, p. 286.

（4）Jean-Jacques Chevallier, Jean-Jacques Rousseau et l'absolutisme de la volonté générale, in: *Revue française de science politique*, Vol. 3, n 1（1953）, p. 15.

（5）J.J. Rousseau, Du Contrat social, in: *O. C.*, t. III, p. 361.

①一般意志の意味

ルソーは、『社会契約論』第一編第二章「最初の社会について」において、次のように述べたとき、ホッブズ以降に始まった近代国家論の価値観を継承したのである。「人間の最初の掟は、自己保存をはかることであり、その第一の配慮は、自分自身に対する配慮である。そして人間は、理性の年齢に到達するやいなや、彼だけが自己保存に適当ないろいろな手段の判定者となるから、そのことによって自分自身の主人となる」[1]。

周知のようにホッブズは、自己の国家論の核として自己保存の権利をおいた。そして彼は、「自己保存に対する防壁（the fence to self-preservation）」として、「自由」を規定した。しかも彼は、人間は、その自由をもつがゆえに他の人々と争いをおこすと考え、自己保存の権利を互いに保障するために、社会契約にもとづき、各人は国家をつくり、国家を運営する主権者にその自由を譲り渡さなければならないとした。ルソーは、ホッブズの考えに反対し、人間は、自己保存の権利を実現するための自己決定権としての自由をもち、それがゆえに自由を他者に譲渡することは絶対にできないと考えていた。

とはいうもののルソーは、ホッブズと同じように、「自己の力以外に制限をもたない自然的自由」[2]は、現に存在する支配と服従の人間関係のもとでは、他の人々との間では、争いをもたらすだけであると考えていた。ルソーは、それゆえに、人間が、他の人々の生命の保存を排除することによってではなく、他の人々のそれを保存することをとおして自己の保存を実現する、新しい相互依存の人間関係を組織化しなければならないことに気づいたのである。それが「自治」を示している一般意志の政治共同体であった。人間は、全体を保存する、支配と被支配の矛盾を統一する一般意志の政治共同体をつくりだしたとき、自己の「本当の主人」すなわち「倫理的自由」の主体＝「市民」となることができるのである。

我々は、一般意志が、人々の関係において、全体の保存を命ずる自然法の教えを実効力あらしめる方法として提出されたことを、知らなければならないであろう。これをいいかえれば、「市民」としての人間は、「全体」つまり各自の相互的保存を命ずる自然法を、「国家の法」として客観化するとき、その「決定作成手続き」(3)を完全なる自治のもとにおかなければならない。ルソーが、人間のこの「法制定手続き」の完全な自治を、一般意志と呼んだことは、彼が『社会契約論』第二編第四章で次のように述べている点から分かる。「……一般意志は、それがほんとうに一般的であるためには、その本質においてと同様、またその対象においても一般的でなければならないこと、一般意志は、全部の人から生まれ、全部の人に適用されねばならないこと、そして一般意志は、なんらかの個人的な特定の対象に向かうとき、その自然的公平さを失ってしまうことを証明している」(4)。

ルソーは、『エミール』で、個人が、自然法を、人間における規範として定立し、「善」を実現できるように、意志の自由を育成した。「人民全体」もまた、「一個人」の場合に擬せられて、「それを構成している個人からのみ成るものである」(5)にもかかわらず、一体として「一つの意志をもつ倫理的存在」と捉えられていたはずである。個人は、自己の「意志」によって決断したことを「実践」するという点で、完全な政治的自己支配の範型を形づくっている。政治体における集合的人格としての「主権者」もまた、しかりである。主権者もまた、一つの意志をもつと擬制化される以上、自己の意志によって下した決定を、自らが忠実に実行しなければならない。

換言すれば、一般意志は、立法集会における主権者全体の意志であると同時に、その意志が被支配者全員にひとりの例外もなく適用されたとき生まれるのである。しかも主権者と被支配者とは、市民という語のもとに結合している「同一的相関関係（corrélations identiques）」(6)的存在であるかぎり、一般意志が「差別」に傾くことはありえない。というのも主権に直接的に参加し法を制定する主体が、同時にその法の適用を受ける被支配者であるとき、自己に降りかかるような悪しき意志決定を下すはずはないからである。主権的団体が、あたかもひとりの人のように、自治の主体として一体となって存在するならば、政治体内部に抗争は起きないのである。だからこそルソーは、「一般意志は、常に正しく、常に公共の利益を目指す」(7)ということができた。ここでルソーは、「共和主義的国家理性（Raison d'Etat républicaine）」(8)の信奉者として現れたといってよいであろう。人間は、「小共和国（petites Républiques）」のもとで市民となったとき、そして、そのような自己がつくった国家の範囲のなかでのみ、一般意志を実定法化することをとおして、神が与えた人間愛を実現できるのである。ルソーのこのような一般意志は、個人的従属の社会を隠蔽し、正当化するイデオロギーとして機能する、ディドロの人類の一般社会における「人類愛」という観念を否定するために、提起されたのである。以上のように述べられたルソーの一般意志の考えは、フランスはもとより多くの専制国家の君主が、被支配者民衆を差別的に扱っていた時代にあって、そのような「不平等に対抗する意志」として提起されたことを忘れてはならない。

元来、一般意志という言葉は、神学的な意味をもっていた。神の一般意志とは、特に一七世紀末の弁神論的背景において、世界に存在する悪に対する神の介在の仕方として説明された(9)。神は、人間の自由な行為にいちいち介在しない。モローによると「その悟性が無限である神は、一般意志である、ひとたび全体のために設立した単純で画一的な、そして恒久的な法則によって、世界を支配する」(10)のである。

人間は、神から、神の一般意志が発現した道徳的な秩序を与えられていたはずである。それゆえに人間は、自己の進むべき方向を最初から神によって指定されていたのである。人間は、自己に内在する自由な意志決定により、その道を進むのである。だからルソーは、神は「私の意志をその意志（神の意志――引用者）に協力させ、私の自由を善用することによって、善を意志し、善を行い、そして私の善を行うであろう」(11)ということができたのであろう。すなわちルソーは、人間には、最初から神の造った秩序としての善を選択する能力・資格を、神から与えられていると考えたからこそ、人間に内在する意志を一般意志と呼んだのであろう。

注

（1）J.-J. Rousseau, Du Contrat social, in: *O. C.*, t. III, p. 352.
（2）*Ibid.*, p. 365.
（3）David Cameron, The Social Thought of Rousseau and Burke, A Comparative Study, *op. cit.*, esp. p. 160.
（4）J.-J. Rousseau, Du Contrat social, in: *O. C.*, t. III, p. 373. 一般意志の概念を完全な「自治」と捉えることができるならば、その真の意味を理解したのは、アナーキストであったという見解がある（Judith N. Shklar, General Will, in: *Dictionary of the History of Ideas*, Vol. II, New York, Scribners, 1973, p. 280）。周知のとおり、ルソーは一般意志という言葉をディドロから学んだ。ディドロの場合、一般意志は生物学的な集団的自己保存の本能に似たものとして説明されている（Charles W. Hendel, Jean-Jacques Rousseau; Moralist, *op. cit.*, Vol. I, p. 108）。ルソーは、一般意志を政治的自治の意味に変えた点において、ディドロのそれとはまったく異なるといえるであろう。
（5）J.-J. Rousseau, Du Contrat social, in: *O. C.*, t. III, p. 363.
（6）*Ibid.*, p. 427.
（7）*Ibid.*, p. 371.
（8）Bertrand de Jouvenel, Essai sur la politique de Rousseau（présentation）, in: Bertrand de Jouvenel, *Jean-Jacques Rousseau : Du contrat social*, Genève, Bourquin, 1947, p. 15.
（9）*Ibid.*, p. 111.

（10）Joseph Moreau, *op. cit.*, p. 137.
（11）J.J. Rousseau, Emile, in: *O. C.*, t. IV, p. 603.

②国家の形成方法

それにしても、ルソーは全体の保存を客観化する一般意志の政治共同体をどのようにしてつくろうとしたのであろうか。周知のように社会契約論的国家形成論は、一八世紀になると急速に衰退していく。ルソーと同世代人であるヒュームは、歴史的な視野から見た場合、国家の起源として「原始契約（original compact）」などはどこにも全然存在しなかったと断定している。

ルソーもまた、「人々を集合させる幾千の方法があるが、彼らを結合させる方法は一つしかない。この作品で、私が政治社会の形成に対して、一つの方法しか与えなかったのはそのためである。実際にこの名前のもとに存在している多くの集合のなかで、おそらく同じ方法で形成されたものは一つもないであろう。しかし私は、権利と理由を探しているのであって、事実を論じているのではない」(1)といったとき、ヒュームと同じように、社会契約にもとづき国家が形成されたことなど全然なかったことを十分に知っていた。

ルソーは、政治的支配と服従の人間関係は、富める者と貧しい者とに人々が二極分解し、貧しい者が、自己の唯一の財産である自由を富める者に譲渡してしまったとき現れたと考えているが、そのような行為を明らかに法律学的伝統のもとで、等価交換を原則とする商品交換の法の色彩をほどこしながら、「不条理」「無分別」そして「良識」を失っているがゆえに無効であるとしたのである。

更に論を進めて、ルソーは、かつて人々に支配と服従の人間関係をもたらした原因としておさえた自由の「譲渡」を、逆に倫理的自由を実現する支配と服従の自同性としての自治の政治共同体をつくる方法的装置として用いることを決意する。彼は、「各構成員を、そのすべての権利とともに、共同体全体に対して、全面的に譲渡する」(2)社会契約を考案するが、実はこの社会契約が人々の間に支配と服従の関係を除去する策であることを教えるのである。それではなぜ、このような全面譲渡が、すべての人々を支配と服従の関係から解放するのであろうか。それに対する解答としてルソーは、①すべての人々が、②すべての人々に対して、③自己のすべてのものを、④同時に、⑤無条件に、そして⑥相互に譲渡すると、「各人は、自己をすっかり与えるのであるから、すべての人にとって条件は等しくなる」(3)のであり、その結果、人間は他の者に従属することにならないという状況が生まれる、ということをあげたのである。

ルソーは、すべての者が、すべての者に対して自己のすべてを全面的に譲渡することをとおして生みだされた「合成力」を、全体を保存する方法として使おうとしたのだが、このような考えをホッブズから学んだことは明らかである。しかしルソーは、全面的譲渡によって生みだされた合成力を、誰がいったい、全体を保存するために掌握するのかという点になると、ホッブズとはまったく異なった見解をもつことになる。いうまでもなくホッブズは、この合成力を、人民全体ではなく「唯一の人あるいは一合議体」がもち、そして行使するという考え方をとったが、ルソーは、人民から疎遠な主権的主体を設け、彼にその合成力の行使をゆだねることは、「もし特定の人々の手になんらかの権利が残るとすれば、彼らと公衆との間に立って結着をつける共通の上位者は誰もいない」(4)ことになるという。ルソーは、そうなった場合、再度、支配と服従の人間関係をつくることになるであろうし、被支配者人民は「無力な者の平等」の立場に追いやられるがゆえにホッブズのような考えを断固拒否し、人民全体が主権者となり、直接的にその力を行使することで全体を保存しようとしたのである。

市民としての人間は、他のすべての人々の力のおかげで、自己の保存が実現されることを認識することができたとしても、「他者がこうむる損失は、それを支払うことが自分にとって負担になることと比べた場合、損失の程度は少ない」[5]という観念をいだき始めたとき、すでに自己を中心として他者と関係をもとうとしているのであるから、いかに合成力のもとで全体を保存するために政治共同体をつくったとしても、一般意志を実現することはできなくなるであろう。となると人間は結局、一般意志の政治共同体のもとで、相互に自己が保存されることを知りながら、他者とはまったく無関係に自己の保存だけを追求する行為に出たとき、各自を保存する手段としての合成力を弱めることになり、やがては自己の保存もまたできなくなるであろう。それゆえにルソーは、人間が全体を保存する一般意志を破壊することができないように、支配と服従の相互性を保障する装置として、「正義」とそれを実現する「法」を持ち出すのである。

注

（1）J.-J. Rousseau, Du Contrat social, première version, in: *O. C.*, t. III, p. 297.

（2）*Ibid.*, p. 360.

（3）*Ibid.*, p. 360

（4）*Ibid.*, p. 360.

（5）*Ibid.*, p. 363.

③正義と法

ルソーは、『エミール』で次のように述べている。人間は、神が人間に与えた「秩序」=「全体の保存」を、これもまた神が人間に与えた「同類への愛」=「自然法」をとおして実践するようにとの配慮から、「社交的存在」に造られた。しかし、ルソーは『社会契約論』を書きあげたとき、徹底した政治的リアリズムに依拠した国家論を展開した点に我々は注目しなければならない。先に触れたように彼は、人間は所与の社会において、自然法によって自然的に全体を保存することができるとはまったく考えていない。というのも人間は、たとえ自己の「理性」をとおして「秩序」を正確に理解することができたとしても、不平等な相互依存の関係の下で、「自由」を奪われているとき、自然法によってその秩序を実現することはできないからである。このような点から我々は、ルソーは、ロックが考えたように人間が自然法の導きのもとに社会契約を結び、自然的に社会＝国家を形成したとは全然信じてはいないことが分かるであろう。

ロックは、自然法が国家形成以前の段階で十分とはいえなくても、人々の間で規範として機能していると見たが、ルソーは、ホッブズの考えに傾斜して、自然法が自然状態から社会状態の形成過程において規範として定立され守られることもなく、むしろ無力化されてしまったと見ていた。それゆえにルソーは、前述のとおり、自然法が教える全体の保存を客観化する装置として、一般意志の政治共同体を考案したのである。

そこからルソーの課題は以下の点にある。すなわち、一般意志としての自治は、人々を保存するために、どのようにして「相互性」を実現しようとしたかである。一般意志の主体としての「市民」は、「すべて同じ条件で約束しあい、またすべて同じ権利を享受することになる。だから契約の性格上、主権のすべての行為つまり一般意志の正当な行為は、すべての市民を平等に義務づけ、あるいは処遇する」(1)。つまり「市民」は、メダルの表裏と同じように、「権利」と「義務」をあわせもつ存在なのである。このことをより簡単にいうならば、市民は自己保存の「権利」をもつと同時に、他の市民の自己保存の権利を実現する「義務」をもつのである。このような意味での「相互性」が保障される場合、ヘーゲル的にいうならば、人間にとって国家に対する「権利」と国家に対する「義務」が一致する局面が生まれるといえよう。

ルソーは、そのような支配と被支配の「相互性」を人々の間で実現するために、「法」を要請した。法とは一般意志の表明であり、しかも、一般意志の制度的保障装置である。いうまでもなくルソーのこのような法に対する観念は、彼独特の正義観から流出すると考えられる。先に触れたが、ルソーは、神から流出する正義とは、神が造った秩序を、これもまた神が人間に与えた「善」としての「同類への愛」を実践することをとおして、相互の間で実現せよという命令である、と述べている。我々は、ルソーのこのような正義観は、モンテスキューの正義観と比較した場合、異なった色彩を放っていることに気づくであろう。モンテスキューは、正義を「二つの事物の間に現実に存在する適合の関係」とし、事物に内在する一種の「法則」であると見ている時、それを実在論的に捉えているのに対して、ルソーは、正義を以上述べたところから分かるように、人間に超越し外在する命令であるとみていた。ルソーのこのような正義の把握の仕方は、ホッブズのそれと比較した場合、また異なっていることが分かるはずである。ホッブズは、自然状態では、「あらゆる人は、あらゆるものに対して権利をもつ」(2)というとき、アリストテレス、トマス・アクィナスの「配分的正義観」を破壊したといってよいであろう。

ホッブズはしかも、人々は結んだ信約を履行すべきであるといったとき、正義を、人間がコモンウェルスを建設したとき、人為的につくった規範であると考えていたといえるであろう。

ルソーは、正義を神から人間に与えられた命令であるとみている点で、ホッブズとは異なるが、そのような正義は、自然的に人々の間では実践されるはずはなく、人間がそれを実践するためには、その「場」が存在しなければならないとし、そして、それを相互に保障する装置として国家の「法」をつくらねばならないとしたとき、ホッブズの忠実な弟子として現れたといってよいであろう。

注

（1）J.-J. Rousseau, Du Contrat social, première version, in: *O. C.*, t. III, p. 374.

（2）Thomas Hobbes, Leviathan, reprinted from the edition of 1651, *op. cit.*, p. 99.

④立法者と市民的宗教

それにしても人間は、果たして全体の保存を客観化する「相互性」を実践する主体としての市民になることができるであろうか。ルソーは、すべての人間が等しくそのような主体になることができるとは、やはり信ずることができなかった。というのもルソーは、市民として存在すべきであるにもかかわらず、「個人は、善を知っているが、それを拒否する」[1]のを依然としてやめないと見ていだからである。

それゆえにルソーは、人間が政治体を形成し、市民としての地位についたとき、「善」としての全体を保存することをとおして自己を保存することができるように、「制度の産物であるべき社会的精神がその制度それ自体を監督すること、人々が、法の生まれるまえに、彼らが法によってなるべきものになっていること」が絶対に必要であると見ていた。ルソーは、そのために「立法者」を要請したのである[2]。

とはいうものの「立法者」は、市民となるべき人間の「理性」を導く人であって、絶対に彼の「意志」を直接に導く「力」を発揮できる人ではない。立法者は、政治体を運営する主体ではなく、将来の市民を取り上げるいわば産婆であり、人間が政治体をつくり、そのなかで法制定作業にとりかかった途端、身を引き、市民に干渉することはできない。そうなると政治体内部に主権者としての地位をもたない立法者は、結局無力なものとして存在するほかなくなるであろう。そうなったとき市民としての地位を占める人間が、被支配者としての自己を拘束する法をつくったとしても、いざその法が自らに適用されることになったとき、その適用を受けることを欲せず、それを拒否することが起こるであろう。そうなれば一般意志は破壊されるであろう。

そこで立法者は、政治体が形成されるまえに、そのような事態が将来発生することを見通して「共和主義的国家理性」の立場から、市民としての地位につく人間が、全体を保存することを志向できるように、意志の代替機能を果たしうる「祖国愛」という「情念」と結びついた「市民的宗教（religion civille）」を持ち出してくる。

ルソーは、既成の制度化されたキリスト教が、所与の国家と結びつきながらも、国家とは異なった特殊な利害をとおすために機能し、そして国家と相互にイニシアチブをめぐる争いを演じ、政治的統一を破壊してきたと見ていたが、そのような欠陥をもつ宗教に対抗して、国家統一の方法として、市民的宗教を定立したのである。そこでルソーは、宗教を国家に従属させ、統治の技術すなわち一種の政治的イデオロギーとして用いる決意を、次のように述べている。「すべてのキリスト教哲学者のなかでホッブズだけが、その悪（聖権と俗権が並行して存在すること――引用者）とその治療方法をかなり認識した人であり、ワシの双頭を再び結びつけ、またすべてを政治的統一に連れもどすことをあえて提案した人であった。この統一が存在しない場合、国家も政府も決してよく組織されることはないであろう」(3)。

とはいうものの、ルソーは、キリスト教を全面的に否定してしまったわけではない。彼は、『社会契約論』において、「人間の宗教」あるいは「福音書の宗教」と呼ばれる宗教を積極的に認めているからである。それではルソーは、なぜその宗教を評価したのであろうか。我々は、その点を理解するためには、『エミール』で展開された「秩序の宗教」観を再び想い起こす必要がある。その宗教の特徴は、秩序正しく機械的に動く自然を発見することをとおして、それを造った神の存在を推測し、そのようにしてとらえられた神が、ミクロ・コスモスとしての人間にも一定の秩序を与えたと考える点にあった。人間は、神によってつくられたすべての人々を保存することをとおして、「同類への愛」を実践しなければならない。「人間の宗教」は、実はこの「秩序の宗教」観と結びつくのである。

しかしルソーは、「人間の宗教」から出てくる「兄弟愛」は、所与の社会において自然的に実現されるはずがないと考えていた。というのは、ルソーは人類愛を基礎とする人類の普遍的な社会が現在どこにも存在しないのに、人々が同類への愛を実践しようとするならば、悪しき人々の犠牲になるほかはないと信じたからである。となると「人間の宗教」は、現存社会において定着するはずがない。それゆえにルソーは、「人間の宗教」が教える同類への愛を、社会契約によってつくられる「小共和国」のなかで、実現しようとしたのであり、「市民的宗教」は、それを教える、一種の「国家イデオロギー」として要請されたのである。

注

（1）J.-J. Rousseau, Du Contrat social, première version, in: *O. C.*, t. III, p. 380.
（2）*Ibid.*, p. 383.
（3）*Ibid.*, p. 463.

第四節　変革主体の基盤

ジャン・スタロバンスキーは、雑誌の『ヨーロッパ』で、「ジャン・ジャックは、不平等について書くまえに、彼の人生において不平等を耐えることから始めた」(1)と書いている。ルソーは、若くしてジュネーヴを出奔し、野心に燃えながら不確かな自己の人生に立ち向かっていった時、常に「不平等」感を味わざるをえなかった。自己の才能だけを頼りにして生きるプライドの高い「ジュネーヴの下層の孤児」ルソーが、最初につかなければならなかった職は「下僕」であった。下僕の身分は、彼にとって屈辱を意味していた。そのような身分にあった彼は、作家としての成功を契機として特権階級の人々と交遊関係を結んでいくにつれ、自分が彼らの軽蔑と嘲笑の「まなざし」にさらされているという脅迫観念にとりつかれていった。ガラスのように砕けやすい神経をもつルソーは、このような他人の「まなざし」に耐えることができなかった。しかも不幸なことに彼は、自己の内部に棘のように刺さって抜けない他人の「まなざし」の「残像」を凝視してしまう。

スタロバンスキーが述べるとおり、「まなざし」とは、単なる「視覚」ではなく、「ある関係をうちたてる機能」(2)として見るべきであろう。ルソーは、下僕である自分に向けられる「主人」の厳しく残酷な譴責のまなざしをとおして、不平等とはいったい何かを考え始めたといってよいであろう。彼は、非難のまなざしの底に隠された悪意をすばやく剔抉し、そして、そのような悪意が支配と服従の人間関係からでてくることをつきとめた。となると、スタロバンスキーが正しく述べるとおり、人間の不平等は単なる個人の「劣等感に還元できない。不平等は共通の運命である」(3)といいきることができるであろう。そしてルソーは、最も不平等な扱いを受けている者が貧しい民衆であるのを知った。そのような悲惨な民衆を支えていたのは、敬虔な信仰心であった。宗教は、たとえ不平等を弁護するトミズム的な自然秩序実在観を執拗に唱えるフランス・ガリカン教会に緊縛されるとしても、フィロゾフの科学的な合理主義哲学に接触する機会がない民衆にとって普遍的な価値をもつものであると映ったはずである。

そこでルソーは、民衆の「信仰心」に裏づけられている伝統的宗教とフィロゾフの「合理主義」哲学との間の均衡のうえに成立する「第三の党派」(4)として、「秩序の宗教」観を形成し、そして、そのような秩序を目指し実現する主体像として「人間」や「市民」なる概念を定立したのである。民衆は、ここに初めて自分自身のイデオロギーをもつことができたのである。民衆は、神が与えた秩序と現実との落差を測ることができるようになった。

ルソーはかくして、「摂理」としての人類への愛を実現する一般意志の政治共同体が、歴史のなかで建設されるのを、要請することになる。したがって、そのような倫理的な共同体が歴史のなかで実現されないかぎり、ルソーは永遠の「異議申立人（opposant）」として、現存する国家に立ち向かっていくことになる。

注

（1）Jean Starobinski, Tout le mal vient de l'inégalité, in: *Europe*, Numéro de Novembre-Décembre 1961, p. 137.

（2）Jean Starobinski, *L'oeil vivant*, Paris, Gallimard, 1961, p. 13.

（3）Jean Starobinski, Tout le mal vient de l'inégalité, *op. cit.*, p. 139.

（4）Robert Derathé, Jean-Jacques Rousseau et le Christianisme, *op. cit.*, p. 394.

第六章　一般意志論——不平等に対抗する意志——

第一節　一般意志

「自然状態においては、現実的で不滅の事実上の平等がある。というのは、この状態では人間同士のたんなる差異が、一方を他方に従属させるほど大きいことはありえないからである。社会状態においては、幻想的でむなしい法における平等がある。というのは、この平等を維持するためにある手段そのものが、それを破壊する役目をしているからであり、弱者を抑圧するために最も強い者に与えられている公共の権力が、自然によって両者の間におかれた均衡を破っているからである。この最初の矛盾から、社会秩序のうちに認められる外観と現実との間のすべての矛盾が生じてくる。いつでも多数者は、少数者のために、また公共の利益は、個人の利益のために犠牲にされることになる。いつでも正義とか従属とかいうもっともらしい言葉は、暴力の手段、不正の武器としての役を演じる」(1)。

ルソーは、先に引用したように『エミール』において、後の知識社会学者カール・マンハイム（Karl Mannheim）の「全体的イデオロギー概念」を思わせるかのように、国家は特権階級の特殊利害を擁護するために、不平等な人間関係を隠し、それを固定させ、「外観（apparance）」として、「幻想的でむなしい法における平等」観をイデオロギーとして持ち出すと見た。それゆえにルソーは、弱者を虐げ、弱者が平等になろうとする決意を打ち砕くために強者がつくった国家を、人間の間で実質的に平等を実現する国家につくりかえていくことが絶対に必要であると考えたのである。

そこでルソーは、『社会契約論』第一編の劈頭において、自己の新しい国家論を構築する基本的な課題を次のように述べる。「私は、人間をあるがままのものとして、また、法をありうべきものとしてみた場合、市民の世界に正当で確実ななんらかの政治上の法則がありうるかどうかを調べてみたい。私は、正義と有用性とが決して分離しないようにするために、法が許すことと利害が命ずることを、この研究において常に結びつけるように努めることにしよう」(2)

〈あるがままのもの〉としての人間とは、自由の主体を指し、その意味で人間は、自己の「利害」を追求する。次に〈ありうるもの〉としての法とは、人々の間に「権利の平等」つまり人間がもつ自由を相互に保障する装置として要請されるのである。

そこで我々は、ルソーは自己の議論をもう一歩すすめて、このような自由を保護する「平等」＝「正義」をどのようにしてつくろうとしているのかという問題にぶつかる。ルソーは、そのために「正当で確実ななんらかの政治上の法則」として、理想の国家である「自己支配の組織（self-rule system）」すなわち一般意志の政治共同体なるものを、考案したといってよいであろう。

そこでまず我々は、次の第二節「支配と隷属関係の意味」で、ルソーが、自由を実現するうえで欠かせぬ平等をつくる一般意志の政治共同体のモデルを、はたしてどこから発見したかという問題を解くことにしよう。我々は、ルソーが、そのモデルを発見するために「歴史」なるものになみなみならぬ興味を寄せたことが分かるであろう。

注

（1）J.-J. Rousseau, Emile, in: *O. C.*, t. IV, p. 524.

（2）J.-J. Rousseau, Du Contrat social, in: *O. C.*, t. III, p. 351.

第二節　支配と隷属関係の意味

元来自由なものとして生まれた人間がいたるところで鎖につながれているが、そのような鎖を正当化するものは何か(1)。その問題に手をつける前に、自由とはいったい何かを検討しよう。ルソーは、それを『山からの手紙』で次のように述べている。「自由とは、自己の意志を行うことよりもむしろ、他者の意志に従属させられないこと、ひいては他者の意志を自己の意志に従属させないことにある」(2)。自由とは、それゆえに人間相互の「意志の独立」を指しているのは明らかである。ルソーは、人間は、このような意味での自由を、人間が不平等な相互依存関係を形成していくプロセスで、弱者が強者にそれを譲渡していくことをとおして失ってしまった、と見ているのである。人間は元来自由であるのにもかかわらず、現在強い者の隷属下にあるのだが、そのような状態から永遠に抜けだすことはできないのであろうか。ルソーは、そこから脱出し、自由をとりもどす方法を、人間から自由を奪った「鎖」すなわち不平等な相互依存の人間関係それ自体から、発見しようとする。

周知のように、反デカルト主義者として登場したヴィコの『新科学（Scienza Nuova）』によれば、デカルトによって「不確実」なものであるがゆえに真理たりえないとして拒否された「歴史」は、「神」がつくったがゆえに「神」しかその制作の理由と目的を知らない「数学」とは異なり、人間がつくったがゆえに、その理由と目的とを知ることができるとして、「学」の対象として措定することが可能である。ヴィコは、「真なるもの（il vero）」を追究する学としての「哲学」

は、「真理」の根拠を「確実なるもの（il certo）」によって支配される「歴史」によって示されることが必要であると考えた。彼にとっての「哲学」は、後のヘーゲルに影響を与えたのであるが、神の「摂理」すなわち神が人間にあらかじめ与えた「運命」を追究する学であり、しかもその摂理は、歴史のなかで漸次開示されてきたことを証明する学であったのである。

ルソーもまたヴィコと同じように、「歴史」に注目した人物であった。しかしルソーは、ヴィコとは異なり、歴史が、神の摂理が開示される場であるとはまったく考えず、むしろ自由の疎外体としての国家が形成されていくところであるとみたのであった。しかも彼は、自由の強制的な譲渡から、自由をとりもどす条件としての「平等」をつくる自発的な自己の全面的譲渡を探りだしていくとき、当時のフィロゾフたちにはまったく見られなかったのであるが、歴史の過程の解剖と変革の武器として、「否定の否定」を本質とする「弁証法」を採用したといえるであろう。

ところでルソーは、「譲渡（aliénation）」を明らかに当時の法律学的伝統のもとで、「売る（vendre）」、「与える（donner）」という言葉によって説明している。ルソーは、ある者が自己の生命を保存するために、他の者に自己の自由を与えたり売ったりする約束を交すことは、彼から人間としての存在意味をまったく奪ってしまうがゆえに、ありうべき約束ではないし、不条理な行為であるといって非難している。このような「生命」と「自由」との交換は、強い者がもつ最強者の権利としての単なる「力」による「脅迫」のもとになされる「不当な交換」でしかないといえよう。

それではどのようにして人間は、このような不条理な交換を契機として生みだされる自由の疎外体としての国家を形成したのであろうか。ルソーは、そのような国家形成は、ある者が余剰物資をわがものとするためには、他者の「労働」を利用することが有効である点を知って利用するとき生ずるとみている。その結果、人間は「富裕であれば仲間の苦役を必要とし、貧しければその援助を必要とする」(3)ようになる。次に富裕な者は、貧しい者から、彼に残された唯一の財産であり、前者にとっては脅威以外の何者でもない、自由を強制的に譲渡させるために、全員を保護するという名目で「統治契約」を結び、国家をつくり、後者の自由を奪いとるのである。こうして富裕な者は、貧しい者から、自己の所有を防衛することに成功するのである。

人間は、ルソーによると、ただひとりで生存する自然状態においては、自己と他者あるいは自己と自然との関係を客観的に知ることはできるはずがない。人間は、そこではフィヒテ的な意味での根源的同一性の次元で生存しているのである。しかし人間は、そのような自己と自己とは別の者との間にアンジッヒに存在する同一性から脱出するように、「完成能力」を与えられている。人間は、この能力を外的環境の変化をとおして発達させるほかはないとしても、それをどのように発達させるかは、人間がもっている「自由な能因」すなわち選択の自由を、彼がどのように用いるかにかかってくるであろう。人間は、自由な能因によって、「本能」による生存から、自己を自由に外界に適応させ、あるいは外界をつくりかえていくのである。ルソーのいう人間は、それゆえにホッブズ的な人間とは違い、「最後の欲求」と等置される「自由」、すなわち必然性に拘束される動物ではない。となると、ルソーのいう人間は、サルトルの言葉をかりると、「私とは、それであらぬというしかたで、私があるであろうところのものである」[4]から、将来の自己の行為を前もって決定づけることができないという意味で、「将来のまえにおける不安」の主体として自由なのである。

それでは人間は、どのようにしてこのような不平等な人間関係を形成するように自己の自由を用いてしまったのであろうか。ルソーは、その理由の一つとして、自己と他者との関係を知覚する能力としての「判断力」をあげていると思われる。人間は、関係をどのように知覚していったのであろうか。人間は、他者と自己を比較し、互いに「死」をまえにしたはかない存在であり、誰もその宿命をのがれることができない点を知り、現世において「自然法」を基軸として関係を結ぶことができたはずであるが、他者に優越することで自己の「自尊心」が満たされることを認識したのである。こうして人間は、他者よりも強くなろうと決意し、強さを誇示できる関係をつくっていったといってよいであろう。

先にも触れたが、ルソーは、人間は主人と奴隷の関係を形成してしまったとはいえ、自由を取り戻すためにこの関係を清算しようとするのだが、その方法をこの関係自体から発見するほかはない、と考えていた。たしかに主人は、奴隷との関係においては、外見上「力」にのみ頼って支配し、他方で奴隷は、主人の力に恐怖心をもち、主人をまえにして立ちすくんでいる。しかしルソーは、主人と奴隷は「力」を媒介としてのみ結びついているのではない、と考えていた。それは『エミール』で次のようにいっていることでも分かるであろう。「支配でさえも、世間的な判断に委ねられているときには卑屈なものである。というのは、あなたが偏見によって支配している人々の偏見によって支配されているからである」(5)。

ルソーは、主人は自己が奴隷という「他者の意見」すなわち「偏見」をとおしてしか、奴隷を支配することができないと考えている。奴隷とて、他者のまえで生存するかぎり、最低限度「自尊心」をもたねばならないはずである。奴隷は、自己がもつ「自尊心」が主人によって承認されることを求める。となると主人は、奴隷がもつ自尊心を承認し、満足させることができるかぎり、奴隷を支配することができるということになるであろう。もし主人が奴隷の自尊心を徹底的に侮辱するならば、彼は奴隷があびせる正当な「怒り」の「まなざし」のまえで立ちすくむであろう。その瞬間、主人は心理的には奴隷のまなざしの下で奴隷の奴隷となるであろう。つまり支配する者が服従する者になり、服従する者が支配する者になる可能性がここに出現するのである。

ルソーは、このような主人と奴隷における支配と服従の位置の逆転という心理学的現実から、不平等な人間関係を変革する国家像として、「支配と被支配の自同性」を意味する一般意志の政治共同体観を考案したといってよいであろう。これが、不平等な人間関係を変革する彼の国家像であった。人間は、こうしてかつて自己をしばった「鎖」から、自己を解放する新しい正当な「鎖」を発見することに成功したのである。

注

（1）J.J. Rousseau, Du Contrat social, in: *O. C.*, t. III, p. 351.
（2）J.J. Rousseau, Lettres écrites de la Montagne, in: *O. C.*, t. III, p. 841.
（3）J.J. Rousseau, L'inégalité, in: *O. C.*, t. Ⅲ, p. 175.
（4）Jean Paul Sartre, *L'être et le néant*, Paris, Gallimard, 1943, p. 67.
（5）J.J. Rousseau, Emile, in: *O. C.*, t. Ⅳ, p. 308.

第三節　一般意志の政治共同体

人間は、たとえどのような形態であっても、「関係」を形成する存在である。ルソーは、主人と奴隷との不平等な相互依存の関係をもちろん批判しているが、だからといって関係それ自体まで否定したりはしない。この点が、後のヘーゲルと比較した場合、ルソーの相違するところである。

周知のようにヘーゲルは、「主（Herr）」と「奴（Knecht）」との関係を、「労働」概念からみた場合、「主」は、やがて「奴」によって否定され、倒されるほかはないと見ていた。というのも、「奴」は、自己を産出し客観的に形成する行為としての「労働」を、自己の掌握下におき、「自然」を「否定」、すなわち「加工」することで自己を客観化することができるのに対して、「主」は、「奴」の「労働」をとおして「奴」を支配するほかはないがゆえに、自己が「奴」の労働に寄生して生存するしかないことを、したがって、やがては「奴」の自己に対する優越性を認めざるをえなくなるからである。「奴」は、その点に気づいたとき反乱をおこし、「主」と「奴」との関係を転倒させるであろう。世界はやがて「奴」の世界となるであろう。後のマルクスの師匠ヘーゲルは、「主」と「奴」の関係から、主として「対立」の側面を引きだし、その解決策として「主」を「否定」すること、つまり「関係」を否定することに力点を置いたのだが、ルソーは、このようなヘーゲルの姿勢に対して、主人と奴隷が、偏見を媒介として相互に他者に依存しながら存在しているという現実から、主人と奴隷の両者を救いだす「関係」を発見したといえるであろう。

さてルソーは、国家建設の方法として社会契約なるものを提起するが、その本質を次のように述べている。「各構成員の身体と財産を、共同の力をあげて守り保護するような結合の一形式を発見すること。そして、それによって各人が、すべての人々と結びつきながらも、しかも自分自身にしか服従せず以前と同じように自由であること」(1)。とはいうものの人間は、自己の自由を守るために、このような新しい結合形態をどのようにしてつくることができるのであろうか。我々は、J・W・ゴフが述べたように「服従するものが支配するものであり、そして人間の自由が文字どおりに契約以前と同じであるならば、明らかにどんな統治もありえまい」(2)といわざるをえないのではないだろうか。

しかし我々は、ゴフのように、簡単に結論を下すのではなく、『社会契約論』の内在論理が意味するところを正確に理解しなければならない。ルソーは、代議制民主主義国家は自由を保存する機構として実効力がないといいたかったのである。それは、彼の次の文を読めば分かるであろう。「イギリスの国民は、自由だと思っているが、それは大間違いである。彼らは、議員を選出する間だけ自由なのであり、議員が選出されるやいなや、イギリス国民は、奴隷となり無に帰してしまう。その自由な短い期間に、彼らが自由をどう使っているかをみれば、それを失うのも当然である」(3)。

そこでルソーは、人々が社会契約を結び、一般意志の政治共同体をつくり、平等を確保し、自由を実現することを考えるのである。ルソーは、まず『社会契約論』第二編第四章で一般意志とは何であるかについて書いているので、引用してみることにしよう。「一般意志は、それが本当に一般的であるためには、その本質においてと同様に、その対象においてもまた、一般的であらねばならないということ。一般意志は、全部の人から生まれ、全部の人に適用されねばならないこと」(4)。つまり人間は、いったん政治体を建設したとき、その内部において「主権者」としての「市民」となり、自己が人民集会において作成した「法」を、今度は「被支配者」の側にまわり、守らなければならない。そのとき「意志の一般性」(主権者)は、「意志の対象の一般性」(被支配者)とは一致し、矛盾することがなくなるのである。そこで始めて一般意志が生まれるのである。

問題は、ルソーがこのような「市民」と「被支配者」との「同一的相互関係(corrélations identiques)」的存在としての一般意志の政治共同体を、どのようにしてつくろうとしているかである。ルソーは、『社会契約論』第一編第六章で、政治体を形成するすべての人々は、「各構成員をすべての権利とともに、共同体の全体に対して、全面的に譲渡する」(5)社会契約を結んだとき、逆の結果として「各人は、自己をすべての者に与えて、しかも誰にも与えない。そして自己が譲り渡すのと同じ権利を受けとらないような、いかなる構成員も存在しないのだから、人は、失うすべてのものと同じ価値のものを手に入れ、また所有しているものを保存するためのより多くの力を手に入れる」(6)ことになる、という。それゆえに我々は、P・ジャネがルソーの譲渡について、「私が、もし私の人格を失うならば、他者の人格を得ることによって何の利益を得るというのであろうか」(7)と反問するとき、ルソーの真意を正しく理解してはいないといわざるをえない。というのは、ルソーは、人間はこの譲渡によって自己のすべてのものを他者に譲渡しているとは全然考えていないからである。

それではルソーは、譲渡という言葉によっていったい何をいいたかったのであろうか。彼は、譲渡という概念によって自己の他者性、他者の自己性、自己と他者とがまったく同一の存在であること、一言でいうとすべての人間は、他者との関係において、一つの「共同体」を形成しうる「共同存在」である点をいいたかったのである。だからルソーは、譲渡をとおしてつくられる国家を、「統一性」のある「一つの自我」をもち、自由な意志をもつ、一人の「倫理的人格」の主体であるかのように描くことができたのであろう。となると、そのようなものとしての「人民」は、当然自己の意志を譲渡したり、分割したり、代表させたりすることはできない。

人間は、先にも触れたように関係存在であり、そのなかにあって初めて「私」の意識をもつことができる。人間は、「自己同一性」の観念を、他者との関係をもつことをとおして抱くことができるのである。ルソー自身、『エミール』で、「記憶」は、人間が「五感」をとおして入ってきた「対象」を、「関係」を比較する能力である「知性」によってとらえた「観念」であるとしている以上、「自己同一性」の観念もまた、「対象」としての「他者」との関係において、自己と他者を比較した結果、得ることができる「観念」であるといっているといってよかろう。

しかも、この自己同一性は、通常、人間が他者との関係下で、他者の総体である社会が自己に対して与える「位置」に自己を同一化する「とり入れ的同一化（introjective identification）」を指している。ところが人間は、社会が課す位置に自己を同一化することよりも、自己が望む社会的位置に自己を投影し、自己の同一性を得ようとする傾向をもちがちである点は明らかである。しかし人間は、そのような投影的自己同一化を、その社会から拒否された場合どうなるであろうか。そのような自己同一化の根拠が存在しなかったことを理解し、アイデンティティの危機に陥り、存在論的不安定の状態になる人間も出てこよう。

ルソーもまた、他者の集合である身分制社会における特権層に自己を投影し、自己の同一性を得ようとしたが、その特権層から残酷な程冷たい「まなざし」を向けられることで、自己が拒否される存在であるという経験をしたことであろう。彼は、自己をその内部に受け入れることを拒否した特権層が彼に与えた、「下僕」の「役割」を引き受けることで自己の同一性を保つことを拒否し、自己の全面譲渡をとおしてつくられる、新しい「自己」としての一般意志の政治的共同体に自己を同一化することで、自己のアイデンティティを回復しようとしたといえるであろう。

人間は、こうして支配者と被支配者の同一的相互関係の主体となったとき、相互性すなわち平等を客観化する現実的な基盤をもつことになるといえよう。そのとき政治体におけるすべての人間は、「法上の平等」を実現し、自由つまり独立を保存することに成功するであろう。

なお、これまで述べてきたルソーの一般意志の観念は、近代合理主義自然法理論が有する欠陥を矯正するために提起された点に注目しなければならない。周知のとおりホッブズは、自然法は、それを人々に守らせる「有効化条件（validating condition）」がない場合、無力な規範として終わるほかはないと考え、自然法の規範的強制力を担保するものとしてリヴァイアサンという「力」の主体を要請したが、ルソーは、国家の法の形態をとって現れる一般意志という人民の自治をとおして相互性を確保することで、自然法を人々に守らせようとしたといえるであろう。自然法は、こうして国家のなかに入りこみ、国家の法として十分に機能することになるのである。

注

（1）J.-J. Rousseau, Du Contrat social, in: *O. C.*, t. III, p. 360.

（2）J. W. Gough, The Social Contract, *op. cit.*, p. 166.

（3）J.-J. Rousseau, Du Contrat social, in: *O. C.*, t. III, p. 430.

（4）*Ibid.*, p. 373.
（5）*Ibid.*, p. 360.
（6）*Ibid.*, p. 361.
（7）P. Janet, Histoire de la science politique dans ses rapports avec la morale, t. II, *op. cit.*, p. 430.

第四節　一般意志――自由論の理論的総括――

ルソーは、一般意志にもとづく「平等主義的自由」の国家論を、彼の先輩であるホッブズ、ロックのそれを批判的に継承、克服することによって構築した。いうまでもなくホッブズは、人間の間で争いをもたらす原因として、「自然権」としての「自由」を置き、各自が他のすべての者に対して、その自由を相互的・全面的に譲渡する社会契約を結んだとき、「国家」が生まれるといった。しかも彼は、いったんつくられた「人格」としての国家を運営する主体を、社会契約を結び国家をつくった全員ではなく、国家が形成されるやいなやそれを契機として出現する、国家を代表する人格としての「ひとりの人あるいは一つの合議体」に求める。ロックは、ホッブズのこのような国家論に反対して、人間が社会契約を結び、国家を形成する目的を自由に求め、その自由を保存するために最もよい国家を代議制民主主義国家であると考えた。

さてルソーは、各自が、自己のすべてを各自に対して相互的・全面的に譲渡する社会契約を結び、国家を形成するというとき、ホッブズの国家導出の方法を踏襲している点で、ホッブズの忠実な弟子であったが、自己のすべてを譲渡し、国家を建設するのは、各自の自由を守るためにほかならないといったとき、ホッブズから離反し、ロックの側に立ったといってよいであろう。しかも彼は、自由を実現する方法を、一般意志の政治的共同体に求めたとき、代議制民主主義国家論者ロックをのりこえることに成功したといってよいであろう。

最後に我々は、「一般意志論」を閉じるにあたって、今後の課題として、一つの点を提示しておくことにしよう。それは、人間における自由を実現する場を歴史から発見しようとしたルソーの姿勢を学び継承した人物は誰か、という問題である。我々は、ヘーゲルではないかと考える。ヘーゲルは、『法の哲学』において、「物体」の「実体」は「重力」であるように、「精神」の「実体」は「自由」であるといい、しかも、そのような意味での自由を、「おのれを現存在へ翻訳する仕方、おのれに現存在を与えようとする衝動、としての思惟なのである」[1]と規定する。つまりヘーゲルの場合、思惟の特殊な能力として措定される「自由」は、自己を外化・客観化しなければならない運命を背負っている。そしてヘーゲルは、自己が客観化・現存在化されたものを、「客観的精神」と呼んだ。

しかもヘーゲルは、人間が自己の精神労働をとおして、自己を最高に客観化したものであるがゆえに、自分自身である「国家は客観的精神なのであるから、個人自身が客観性、真理性、倫理性をもつのは、彼が国家の一員であるときだけである。合一そのものがそれ自身、諸個人の真実の内容であり、目的であって、諸個人の使命は、普遍的生活を営むことにある」[2]ということができたのである。つまり国家は、ヘーゲルの場合、人間の自由が客観化されたものであり、したがって国家への人間の「合一（unification）」は、自分自身への合一を意味することになるのである。だから、ヘーゲルは国家を「具体的自由の現実性」ということができたのである。

だが我々は、ヘーゲルが述べた「合一」という言葉がもつ重大な意味を解明しなければならない。ルソーは、ヘーゲルに先駆けて、人間は平等をつくる一般意志の国家を建設したとき、そこに「合一」し自由を実現できると考えたが、ヘーゲルは、ルソーのように「合一」の条件として、民主主義による平等を考慮することなく、国家への「合一」それ自体を自由であるといったのである。

それゆえに我々は、今後ヘーゲルが自由の客観体として国家をとらえるとき、そのような国家論を、彼がどのようにして導出できたのかという点を、彼の作品から探っていくことが必要となるであろう。

注

（1）G・W・ヘーゲル（藤野渉、赤澤正敏訳）、『法の哲学』、『世界の名著』第三五巻所収、中央公論社、一九一頁。

（2）同書、四八〇頁。

第七章　ルソーの平等観――ホッブズとの比較から――

第一節　平等論と譲渡論

周知のように、偉大な政治哲学者は、たとえばヘーゲルに対するマルクスをみれば分かるように、常に自己の強力な思想的ライバルを反面教師として模倣する。すでに一八世紀、ディドロにより適切にも「裏返しされたホッブズ哲学」といわれていた、ルソーの政治哲学の場合もまた、その例に漏れない。ルソーは、自己の政治理論を展開するとき、スピノザを経由して理解したともいわれるホッブズの思想をひっくり返すために、彼の「概念的枠組」と「論理構成の方法」をほとんど踏襲しているといってよいからである。

周知のように、ホッブズは、個人から自由を奪うための国家論を構築したのに対して、ルソーは、アンシャン・レジームにあって、特権層により奪われている民衆の自由をとりもどすための国家論を構築したという点で異なるのだが、その時、彼ら二人は、「平等」にいったいどのような役割を与えたのだろうか。そこで我々は、次の第二節と第三節で、次の一点、すなわち「譲渡（aliénation）」論に的を絞り、その問題を考察する。

第二節　ホッブズの平等観

ホッブズの国家像は、一七世紀における英国の清教徒革命という「内乱（civil war）」を抜きにしては語ることができない。ホッブズは、この内乱を恐怖の眼でみていたが、それは『リヴァイアサン』の人間像に如実に現れている。彼は、人間が元来互いに争いを起こさざるをえない状態に置かれていると考えている。彼は、その理由の一つとして、人間本性の一つである自由をあげている。彼の場合、「自然権」と呼ばれる自由は、「各人が、彼自身の自然すなわち彼自身の生命を維持するために、彼の欲するままに自己の力を用いる」(1)ところに出現する。しかし、この各人の力は、各々において、あくまでも自己にとって「善」と思われる対象物を得るための手段の位置から、力そのものに対する渇望に変わりやすい。

さて各人は、各々が自己に肉体的・精神的能力が平等に与えられていると自覚したとき、自信をもって自由すなわち力を、他者に振るう。そこでホッブズの平等とは、いったいどのような特徴をもっているのかが検討されねばならない。ホッブズの『リヴァイアサン』から文章を引用してみよう。「自然は、人間を、肉体と精神の諸能力において平等につくった。すなわち、ある者は、しばしば明らかに他の者より肉体的により強く、精神的により機敏であるとしても、しかもなお、すべてをひとまとめにして考えると、人間同士の間には、一方が自分のものとして要求できるどんな利益も他方は主張してはならない、とする根拠となるほどのはなはだしい差異はない」(2)。

もちろん個々人に焦点をあててみた場合、各自の間には、肉体的・精神的能力の差が存在する点は疑うことができないが、肉体的な力の不平等に関しては、例えば弱者同士が各々の力を結集することで、強者との間に横たわるその差を均衡点までもっていくことは可能なはずである。精神的能力に関する平等については、各人が各自におけるその差を認めず、むしろこの能力が平等に与えられていると思い込んでいる以上、この格差の客観的評価を各自に期待することは無理な話である。

このような事実をふまえたうえで、平等から何が生まれるかをホッブズは、次のように述べている。「この能力の平等から、我々の目的実現の希望の平等性が生まれる。したがって、誰かふたりが同一のものごとを欲しながら、ふたりがそれを享受することが不可能であるとすると、彼らふたりは敵となり、主として彼ら自身の保存であり、ときには、単に快楽にすぎない彼らの目標にいたる途上で、お互いに相手を滅ぼし、または屈服させようと躍起となる。そこから次のことが生ずる。侵入者が相手の力以外に恐れるべきものを有しないところでは、ある者が植えつけ、種を播き、快適な居所をつくり、あるいは占有すると、侵入者側は、おそらく結束した力によってある者の労働の成果ばかりか、生命または自由をも奪おうとすることであろう。そして、侵入者もまた同じような危険にさらされる」(3)。いずれにせよ各人の間の平等は、「自由」と結びついた場合、各自の自己保存の手段である判定権の自由の民主化となり、それは各自に「うぬぼれ」の念をいだかせることになるであろう。

とはいうものの、ホッブズは他方、人間には、この争いから脱出することを可能とする能力として、「理性の戒律」である自然法が、神から与えられたという。彼の自然法を理解するためには、彼の認識論哲学が必要となる。彼は、「思考(thought)」の始源を「感覚(sense)」に求める。彼は、感覚をとおして入ってくる対象の「表象」である思考は、各自の間で伝達されるためには、「語の系列」に転換されることが必要であるという。思考の言語化を指す「理解力」は、他者の「意欲」と「恐怖」とを測定する道具としてぜひとも必要である。これが、ホッブズの「理性」の概念の特徴である。

さてホッブズは、そのような理性の働きで、「各人は、その望みのあるかぎり平和をかちとるように努力すべきである」(4)という「第一の自然法」を、次に各人は社会契約を結び、「平和と自分自身の保存のために必要であると考えるかぎり、すべてのものに対する権利」(5)すなわち「自然権」(=自己保存を邪魔する他者を殺害する自由)を、全員が相互に、主権者に譲渡すべきであるという「第二の自然法」を、そして最後に各人は締結された契約を遵守すべきであるという「第三の自然法」を導出する。第二の自然法によって、各自は、自己の「十分な安全」を確保するために、互いに「自由」を放棄し、コモンウェルスをつくる。そのコモンウェルスについて、ホッブズは次のように述べている。「コモンウェルスとは(それを定義すると)一つの人格であり、多数の群衆が互いに信約を結ぶことによって、彼らすべてをその人格の行為の主体としたものである。そして最後まで、この人格は、彼らの平和と共同の防衛のために好都合であると考えたとおりに、全員の力と手段を利用する」(6)。

しかもホッブズは、契約を結ぶ当事者全員が、契約を契機として現われる主権者に自らの人格を担わせ、契約当事者全員の「人格をになう者が、共通の平和と安全に関することについて、行いまたは行わせるすべてのことの本人は自分であると各人が認め、承認する」(7)ことが重要だと考える。群衆は、ホッブズによると、国家設立後、主権者が現れたとき、「一つの人格にされる。なぜならば、人格を統一するのは、代表者の統一であり、代表される者の統一ではないからである」(8)。主権者の言葉と行為が、その後は擬制的に被支配者人民のそれであると見做されるのである。ここで主権者への服従は、服従する被支配者本人への服従すなわち「自治」にすりかえられてしまっている。そのうえ被支配者は、第三の自然法によって「信約」を守ることが「正義」であるといわれ、その遵守が義務づけられるばかりで、主権者にその義務をはたすように要求することはまったくできない。被支配者は、禁治産者扱いされ、代理人が必要になるというわけである。

少なくとも各自は、自然状態では自由で平等であったのに、国家設立後は、主権者に自己の自由を譲り渡し、主権者に一方的に従属するという点で、平等はまったく失われる。そこで被支配者人民は、屈辱的かつ従属的な支配と服従の関係を、主権者の人格を自己の内部にとり入れることをとおして、耐えしのぶほかはない。しかし、このような自己の空虚な内面を満たす一つの手段は、逃避でしかないであろう。

注

（1）Thomas Hobbes, Leviathan, reprinted from the edition of 1651, *op. cit.*, p. 99.

（2）*Ibid.*, p. 94.

（3）*Ibid.*, p. 95.

（4）*Ibid.*, p. 100.

（5）*Ibid.*, p. 100.

（6）*Ibid.*, p. 132. ホッブズの社会契約論的国家形成論は、戦後日本の「国民国家論（代議制民主主義国家論）」の先駆的形態であるとする説については、以下の文献を参照。田中浩『ナショナリズムとデモクラシーの『融合』と『乖離』――その歴史的・思想史的考察――」（田中浩編『ナショナリズムとデモクラシー』所収、未来社）。

（7）*Ibid.*, p. 131.

（8）*Ibid.*, p. 126.

第三節　ルソーの平等観

ひるがえって、ルソーは、人間の自由を、各自が自己に内在する自然法を互いに規範として定立することによって、神が人間に与えた秩序である「同類への愛」を実践する能力として捉えた。そのために彼は、「意志から自由をとり去ることは、行動から道徳性をとり去ることである」[1]とみなし、ホッブズとは違い、自由が決して無軌道な衝動ではなく、絶対に他者に譲り渡すことができない権利であるとした。

しかしルソーは、現在、自由は「強い者の暴力と弱い者への圧迫だけを示している」(2)不平等な人間の相互依存の社会と、それを固定化するためにつくられた国家のなかで、差別から利益を引きだすことができる人々の手に譲り渡されてしまい、その結果、人間は自己疎外に陥り、倫理的実践の主体性を失った者として現れていると考えた。

それではルソーは、人間を自己疎外に陥らせた不平等をどのように批判しているのであろうか。そこで我々は、ルソーが、不平等な相互依存の関係の構造を、「譲渡」という言語によって解剖している点をみることにしよう。彼は『社会契約論』の第一編第四章「奴隷状態について」において、自由を失わせる人民の君主に対する自己の譲渡を、次のように説明している。「譲り渡す、それは与える、または売る、ということだ。ところで、他人の奴隷となる人間は、自分を与えるのではない。身を売るのだ。少なくとも自分の生活資料をえるために身を売るのだ。しかし、全人民が何のために自分を売ったりするのか。国王は、その被支配者たちに生活資料を与えるどころか、自分の生活資料をもっぱら被支配者たちから引きだしているのだ。そしてラブレーによれば、国王というものは、わずかなもので生活しているわけではない。してみれば被支配者たちは、彼らの持ち物までとられるという条件で、その身を与えるのか。私は、保存すべきものとして彼らに何が残るのかを知らない」(3)。ルソーは、ここで、被支配者が、何の代償もなく、専制君主に自己のすべてを与えている事実を、「論理的批判（critique logique）」の視点から、矛盾しているといっているのである。

アンリ・ワロンによってアンチ・テーゼの天分をもつといわれたルソーは、奪われた自由を再びとりもどす条件である平等を実現する方法として、やはり全面譲渡論を援用する。元来、ルソーにとって、自然状態における人間の自然的平等は、他者との依存関係がまったく存在しないところで、個々人がただひとりで生存するとき生まれるものである(4)。この自然的平等は、もちろん社会契約にもとづき国家が形成され、人々との間に新しい相互依存の関係がつくられたとき、否定され失われるのであるが、自然的平等の本質である「個人的従属の欠如」は、「各構成員を、すべての権利とともに、共同体の全体に対して全面的に譲渡する」[5]ことをとおして新たにつくりだされ、保存されることになるのである。

これを、譲渡の手続きの側面から詳しく説明すると、次のようになるであろう。すなわち共同体を建設しようとする全部の人が、全部の人に対して、自己のすべてを、全面的にかつ無条件に譲り渡すと、「その条件は、すべての人にとって平等になる」[6]のであり、その結果として「自分が譲り渡すのと同じ権利を受けとらないようないかなる構成員も存在しない」[7]ことになる。かくして、条件の「平等」すなわち「正義」は、すべての人間にとって「利益(intérêt)」になるのである。

それゆえにすべての者のなかで、ただひとりに彼のすべてのものが保留された場合、「集合することによって抵抗に打ち勝ちうる力の総和」[8]としての人民主権は破壊され、再び「最強者の権利」すなわち単なる「力」による支配にかわってしまう恐れが出てくる。かくして、このような全面譲渡からもたらされる平等は、政治体における各自の「自己調整・自己抑制のメカニズム(a mechanism of self-regulation and self limitation)」[9]すなわち国家の安定的維持の絶対的条件として、そして最終的には国家の正当性の根拠として機能する。

各自は、このようにして平等を実現することによって、ホッブズのように敵対する存在ではなく、互いに、秩序を実現する「自由の共同存在」として一体化し、生きることができるのである。それゆえにルソーは、各構成員から成立する政治体全体が、一個人の場合と同じように、一個の「倫理的人格」をもつ「自治」の主体となることができると考えたのである。

ここから我々は、ルソーの場合、一個人の場合と同じように、「公共の人格(personne publique)」をもつ主体として描写されている政治体は、単なる政治的アナロジー以上の意味を有していることに注目すべきである。各構成員の結合体である政治体全体の人格は、全体の部分である個人の人格とまったく同じであり、また個人の人格は、全体の人格と同一である。したがって、全体と部分すなわち共同体と個人との間には、矛盾・対立は存在しないということになる。だからこそ個人は、全体に自己を「同化する」ことができるのである。しかも、そうすることで個人は、依然として自由な自己でありつづけることができるのである。このようにして人間は、全面的な譲渡によって実現された平等の共同体のもとで、疎外された自由をとりもどし、神が人間に与えた秩序を実現することに努める、というわけである。

注

（1）J.-J. Rousseau, Du Contrat social, in: *O. C.*, t. III, p. 356.

（2）J.-J. Rousseau, L'inégalité, in: *O. C.*, *t.* III, p. 127.

（3）J.-J. Rousseau, Du Contrat social, in: *O. C.*, t. III, p. 355.

（4）ルソーは、アリストテレスと同じように、人間の間には最初から肉体的・精神的能力の「自然的不平等」が存在している点を承認するが、アリストテレスと違い、能力の差が不平等な人間社会の形成に寄与した点について非難する。ルソーの平等の骨子は、「絶対的同一」ではなく、「格差の是正」にある。

（5）J.-J. Rousseau, Du Contrat social, in: *O. C.*, t. III, p. 360.

（6）*Ibid.*, p. 360.

（7）*Ibid.*, p. 361. 譲渡と自己自身の主であることに関しては、以下の文献を参照。田中秀生、「ルソー『社会契約論』における『自分自身の主人』と『譲渡』」［東京大学大学院『年報地域文化研究』第二号（一九九八年）所収］。

（8）J.-J. Rousseau, Du Contrat social, in: *O. C.*, t. III, p. 360.

（9）Andrew Levine, *The Politics of Autonomy, A Kantian Reading of Rousseau's Social Contract*, Amherst, University of Massachusetts Press, 1976, p. 40.

第四節　民主主義の徹底化

ヘルマン・ヘラーは『ドイツ現代政治思想史』において、民主主義は、「それを積極的に定義するならば、下から被治者によって、すなわち人民によって正当化される支配であり」(1)、「支配の超越的正当化」を目指す君主主義が、自由を実現する条件として自己のみに民主主義を制限するいわゆるブルジョワ的な自由民主主義国家論にとってかわられたとき、出現したといっている。このようなヘラーの民主主義の説明を規準として、ホッブズ、ルソーの政治理論をみた場合、彼ら二人は、社会契約にもとづく国家論を展開したとき、民主主義者として立ち現れたのは明らかである。しかしホッブズは、各自が社会契約により国家を形成し、それを契機として主権者が出現したとき、各自は主権者との関係において、従属的な立場に追いやられ、主権者の権力の直射日光を浴び、立ちすくむほかはないと主張するとき、民主主義者であることを途中で止めてしまったのである。ホッブズは、民主主義を停止するために、民主主義者を仮装したのである。一方のルソーは、ホッブズから学んだ全面譲渡論を、一八〇度転回させ、平等を実現する方法的装置として使用し、一気に主権を人民全体にまで拡大し、自由を実現するという「平等主義的自由」の国家論を展開したとき、民主主義者として自己をよく保持したということができるであろう(2)。ルソーのこのような特質をもつ国家論が、いかにホッブズのそれと、あるいはブルジョワ的な自由民主主義国家論と異なるかを理解するのが重要なポイントである。

注

(1) Hermann Heller, *Die politischen Ideenkreise der Gegenwart*, Breslau, F. Hirt, 1926. ヘルマン・ヘラー（安世舟訳）、『ドイツ現代政治思想史』、御茶の水書房、七三頁。

（2）彼らの国家論にこのような違いが生じたのは、どんな理由によるのであろうか。この問題を解く鍵は、彼らが「理性」をどのようにみていたかという点に求められるであろう。ホッブズは、各自の「私的理性」を信用できず、主権者の絶対無謬の「公共の理性」に頼る。だがルソーは、各自は政治体において自然法を成文法として客観化し、神から与えられた秩序を実現するとき、理性にもとづく自治の主体であらねばならないと考えた。とはいうもののルソーは、人間が理性による自治能力をもっているかという点になると、ホッブズ同様自信をもてなかった。そこで彼は、政治体に編入されるまえに人間を自治の主体であるようにつくることが必要であると考え、説得だけを武器とする人民の教育者である「立法者」を要請する。彼は、ホッブズ的なアポリアを、立法者を導入することで解こうとしたのである。自治の実践主体の育成に欠かせぬ立法者の問題は、国家統治の方法として要請される「市民的宗教」と絡めて細かく分析する必要がある。

第八章　人民主権論

第一節　主権論史におけるルソーの位置

これから、主権に関する問題を次のように三つに分けて検討することにする。初めに、ルソーの主権論が近代合理主義自然法論者の国家論と同じく、社会契約論に依拠していること。次に、彼の主権の属性の特質を他の政治思想家のそれと比較し明らかにすること。最後に、彼の政府論において、政府の権力は、主権の共有者ではなく、主権に従属することによって初めてその存在意義を付与されること。

まず我々は、ルソーの主権論を検討するまえに、彼以前の主権論の特徴を素描する必要がある。初期国民国家の台頭期にあって、「国王」が政治権力を独占するようになるにつれて、領主、ローマ教会の権力は衰退せざるをえなかった。国民国家の国王は、多元的・重層的な権力構造、つまり封建国家を破砕するために、自己の権力の〈絶対性〉を前面に押し出した。

ここで初めて、民族国家の政治権力を弁護するジャン・ボダンの『国家論六巻（Les six livres de la Respublique）』が刊行された。ボダンは「レ・ポリティック（les politiques）」の政治的立場から、新・旧両教徒の宗教戦争を終結させるには、「よく秩序だてられた国家」すなわち統一的な絶対的「主権（souveraineté）」を具えた国家を創設するほかはないと信じた。

ボダンの主権的国家論は、「アリストテレス的家父長権」を基軸として構成される広義の王権神授説に含まれる。王権は、等族の権力の正当性を導くために利用された「人民主権論」と、「統治契約論」を粉砕していった。ボダンが考案した主権論の属性は、ルソーの主権論にまで継受されたのである。

初期国民国家はその基盤社会の変動、つまり新興市民階級の勢力の発展につれて、震憾させられる。その時代、イギリスにおいて、最初に個人主義的人間像を創設し、その個人を基軸として政治理論をうちたてたのがホッブズであった。一六五一年の『リヴァイアサン』における主権の帰属点は、「ひとりの人あるいは一合議体（one man or one assembly）」に求められている。ホッブズにおいて看過できないのは、彼の自然権としての自由の主張である。ホッブズ以降、近代合理主義自然法論者の政治理論は、自己保存の権利を防衛する手段としての自由をどのように扱うかをめぐって展開されている。ホッブズの場合、主権者は契約当事者がとりかわす「他人のためにする契約（stipulation pour autrui）」[(1)]によって出現する。しかも各人は、主権者に自然権を譲渡する。つまり、各人は主権者を各人の自己保存権の絶対的裁断者として承認するのである。いわゆる「人工的人格（artificial person）」としての主権者は、人民を「代表」し、その行為は一種の擬制として、人民自身の行為と見做される。したがって、人民は契約後、主権者の「強制権力」の行使を、自己の行為と考えて、主権者への抵抗を断念するのである。

ロックの場合も、政治社会は社会契約によって設立される。そして、その政治社会の「偉大にして主たる目的は、財産権の保存」[(2)]である。立法府は「信託（trust）」によって設立される。信託理論は、人民の権力の実在的定礎としては実に効果的である。立法府、あるいは君主が、「反信託的挙動（breach of trust）」に出たときに、「人民の団体」が抵抗権行使の主体として現れるのである。ロックの財産権的自然権は、外在論理の視点から捉えると、明らかにブルジョワジーを中心とする市民の権利としての意味をもっている。『市民政府論』において、君主の執行権は、相当強力な権限を有するが、最終的には立法府の至高権に従属するのである。したがって立法府は、当時にあっては、市民階級の橋頭堡であったと見るべきである。つまり、代議制は市民階級の権力基盤として存在したのである。

さて、ボダン、ホッブズ、ロックなどの主権論が、ルソーに及ぼした影響力は多大である。彼もまた、一元的な主権論を構成したといえるであろう。「政治権力正当化」の認証論として、ルソーは人民主権を提唱したが、彼の主権論は、同時に「政治権力の具体的行使の主体」としての認証論をも包摂している。ルソーにおいて「人民」は、まさに具体的に主権者として浮かび上がってきたのである。ルソーの主権論は、主権の帰属点に相違があるにもかかわらず、絶対的な一元的主権論の構成という点で、ホッブズの主権論から多大の影響を受けている。

ルソーもまた、ホッブズ、ロックと同様、「社会契約論的国家論」を展開している。しかし、ここでホッブズ、ロックと相違する点を見逃してはならない。ホッブズ、ロックは「国家形成の起源」の問題と「国家の基礎」の問題を混同しているが、ルソーは、これら二つの問題を鋭く分けている。ルソーによって「国家形成の起源」は、「事実」すなわち「歴史」のカテゴリーに入る問題であった。しかも、ルソーにとって「国家形成の起源」の問題は、ホッブズ、ロックとは違い、むしろ逆に、自由の疎外体として形成されたという慚愧の念がこめられていた。結局、歴史は人間を堕落させてしまった。それゆえに「国家の形成」は、堕落の総決算として捉えられるべきものであったといえるであろう。ルソーが自己の国家論を構築するとき、その国家像つまり主権的権威は、「歴史的所与」からまったく切断されたものとして、我々の眼前に現れる。スタロバンスキーの適切な表明によるならば、ルソーの「社会契約論的国家論」は「超歴史的な可能性（possibilité extra-historique）」(3)の原理から構成されているといえるであろう。

注

（1）Robert Derathé, *Jean-Jacques Rousseau et la science politique de son temps*, Paris, PUF, 1950, p. 218.

（2）John Locke, *The Second Treatise of Civil Government*, ed. John W. Gough, Oxford, Basil Blackwell, 1946, p. 63.

（3）Jean Strobinski, Introductions par Jean Strobinski, in: *O. C.*, t. III, p. LXVI.

第二節　国家設立の基盤

ロックにあっては、かろうじて〈抵抗権〉という例外的な実力行使によって主権の行使を承認される人民は、ルソーになると、常態的に主権を行使する主体に変わり、人民だけが政治の主体となる。民主主義は、支配と服従の関係が固定されるのを望まない。むしろ逆に、支配と服従の「自同性」を理想としている。その意味で、ルソーの民主主義は、全人民の政治的決定過程への参加という形態のもとで、民主主義政治理論の範型となるものである。

ルソーもまた、近代合理主義自然法論者の価値観を継承している以上、その影響力からのがれることはできなかった。ホッブズから始められた近代合理主義自然法論者の最重要テーマは「自由」であったが、ルソーもまた自己の政治理論の中心問題にそれを置いた。しかし、一七世紀のホッブズの自由論と、一八世紀のルソーのそれには相当な違いがある。ホッブズの場合、自由とは、自然権つまり他者を侵害する自由を指していたが、ルソーの自己支配の権利としての「倫理的自由」は、人々が支配と服従の自同性を指している一般意志的存在となることを意味している。ルソーの自由は、社会契約締結後、人民が自治を行うことができる時のみ、生まれるのである。

ルソーは、『社会契約論』で、「正当な権力（puissances légitimes）」を提起するまえに、最初「最強者の権利（droit du plus fort）」と、それに依拠する政治的支配と服従の社会（それをルソー群集と呼ぶ）を説明している。ところでドラテは、ルソーの時代の政治権力論は三つのカテゴリーに分かれるといっている(1)。つまり、著作家たちは、政治的権威の根拠を、「合意」、「自然」、あるいは「神の意志」のいずれかにおいていたというのである。だが、これらのほかに「実力」が加えられるべきであろう。実際、ルソーは『山からの手紙』で、次のように述べているからである。「国家を一つにするのは何か。それは、構成員の結合である。そして構成員の結合は、どこから生まれるのであろうか。彼らを結びつける義務からである。すべてのものは、ここまでは一致する。しかし、この義務の基礎は何か。ここで、諸家の間では分かれる。ある人によると、それは実力(force)である。また、ある人によると、それは家父長の権威(autorité paternelle)である。そしてまた、ある人によると、それは「神の意志(volonté de Dieu)」である。各人は、自己の原理を樹立し、他人の原理に攻撃を加える。……私は、政治体の基礎に構成員の合意(convention de ses membres)を置いた。私は、私の原理と違う原理を拒否した」(2)。

家父長権論、王権神授説は、結局は「最強者の権利」にのみ依存する政治的支配を糊塗するイデオロギーとして機能する。ルソーは、アリストテレスやホッブズ、グロチウスなどに対する批判をとおして、当時の「専制政治」を攻撃していたのである。ルソーは、専制国家の政治権力補強原理を、「権利」を「事実」によって確立する方法、「原因」と「結果」とをとり違えた論証方法であると批判した。彼は、人間に対する鋭い洞察力によって、この論証方法を論駁する。奴隷、被支配者は最初暴力によってつくられ、その状態の永続の下で無気力となった。そして、その無気力こそが支配者の権力安定の基盤となる。暴力によって樹立された権力は、危機状態下では、論理的必然として、最終的には暴力によって倒される運命にある。したがって、アリストテレス、グロチウス、ホッブズなどの政治権力を「事実」によって正当化する立場からは、権力に対するシニシズムが生まれるだけであろう。ここで、権力政治の永遠の循環論を切断する方策が要請されることは必須である。ルソーは、次のようにいっている。「権力者には服従せよ。

もしそれが、力には屈せよといいたいならば、その格律はありきたりのことであり、余計なお世話である。その格律がおかされることは決してないと私は返答する。……かくして力は権利を生まないこと、また人は正当な権力にしか従う義務がないことを認めよう」(3)。

こうして新しく考案される「政治体」は、被支配者の「慎重な行為」からの服従ではなく、「義務」からの服従を前提とすべきであるとされる。ルソーは、権力政治の悪循環を切断するために、個人の自由な意志決定にもとづく「合意」を提案する。政治社会は、全員の合意によってのみ創設される。

したがって次の段階として、ルソーの政治体設立の動機とはいったい何かを探るべきであろう。ルソーは、次のように述べている。「人間が自由な意志によって政治体に結合するように約束できたのは、かりに、それが彼らの共同の利益でなかったならば、何であろうか。それゆえに、共同の利益が市民社会の基礎である」(4)。この共同の利益は、「共通の保存」あるいは「公共の福祉」とも呼ばれる。そして共同の利益は、一般意志を意味する(5)。だからこそ、ルソーは「社会契約」を次のように要約できたのである。「それゆえに、各人は、自己の身体とすべての力を共通のものとして、一般意志の至高の指導下に置く」(6)。

すべての人は、各構成員から成立する政治体のもとで、共通の保存を確保することを目的に掲げる。政治体における各構成員の水平的な相互関係のもとで容認される「市民的自由」は、共通の保存に抵触しない範囲で、自然権という名称を与えられ、自由な享受の対象となるのである。

注

（1）Robert Derathé, Jean-Jacques Rousseau et la science politique de son temps, *op. cit.*, pp. 248-249.

（2）J.-J. Rousseau, Lettres écrites de la Montagne, Lettre VI, in: *The Political Writings of Jean-Jacques Rousseau* in two volumes, with introduction and notes by C. E. Vaughan（以下、Political Writingsと略記する）, Vol. II, Cambridge, 1915, pp. 199-200.

（3）J.J. Rousseau, Du Contrat social, liv. I, chap. III, in: *Political Writings*, Vol. II, p. 27

（4）J.J. Rousseau, Manuscrit de Genéve, liv. I, chap. V, in: *Political Writings*, Vol. I, p. 470.「合意」という言葉は、詳細な説明を必要とする。いったい何が、合意という言葉を、近代市民社会の発展のもとで、革命的機能をはたす政治的用語としたのであろうか。ドラテは、次のようにいっている。「王権神授論者にとって社会契約は、主権が神的起源を本質とするのを妨害するわけではない。彼らが拒否するものは、市民社会が、人間がつくったものであり、政治的権威がその本性と限界を画定する人間の意志からでてくるということである。」（Robert Derathé, Jean-Jacques Rousseau et la science politique de son temps, *op. cit.*, p. 250）。政治社会は、王権神授論者のそれのように、「神の意志」に起源を有するのではなく、また家父長論者のそれのように、自然的に形成されたものでもなく、「原子的個人」による作為の産物なのである。したがって、このような人間の本性に対する「内観的方法（introspective method）」によって構成される政治思想は、所与の政治社会と不断の緊張関係を保ち、それを批判する倫理的規範となるのである。

（5）John B. Noone, Jr., The Social Contract and The Idea of Sovereignty in Rousseau, in: *The Journal of Politics*, Vol. 32 (1970), p. 700. Patrik Riley, A Possible Explanation of Rousseau's General Will, in: *The American Political Science Review*, Vol. 64, No.1 (March 1970), p. 85. リレーは、ルソーが、古代政体（特にスパルタ）にみられる国家統一の核である共通の善の倫理と、近代国家の形成原理である意志主義的な合意の思想の融合の問題を扱っている、と見ている。非意志主義的な共通の善の倫理を強調すれば、合意の観念は捨てるほかはない。その逆の場合は、共通の善の倫理を捨てるしかない。リレーは、一般意志は実はこの非意志主義的な共通の善の倫理の移しかえであるとみている。彼は、一般意志の存在を可能なものとみることができるのは、比喩としてだけであり、「一般性（generality）」と意志の理念は相互排他的であるという。リレーは、意志は「個性（individuality）」と「私事（particularity）」を意味し、一般的なものになりえないという。なぜならば、古代政体は、個々人の意志の一致ではなく、「極端な社会化」、非意志主義的な倫理から成立していたからである。リレーの一般意志の説明は、それが各人の本性にそなわっている「憐れみの情」の「法的表現」であることを理解していない点で、問題がある。

（6）J.J. Rousseau, Du Contrat social, liv. I, chap. VI, in: *Political Writings*, Vol. II, p. 33.

第三節　主権の属性

全人民によって締結される社会契約によって、政治体は出現するが、政治体が政治体であるためには、それは「意志」しなければならない。換言すれば、政治体が存在意義を付与されるのは、法制定権の行使においてのみである。それが、主権的行動を意味する。ルソーは、主権について次のような概念規定を行っている。「自然が各人に、彼らの四肢のすべてに対する絶対的な力を与えているように、社会契約も、政治体に、すべての構成員に対する絶対的な力（pouvoir absolu）を与えている。そして、この力こそ、一般意志によって指導される場合、私がいったように主権の名を有するのである」(1)と。主権とは、したがって、一般意志のもとに行使される絶対的な強制権力を意味している。それは、ルソーの次の文章で窺い知ることができるであろう。「この契約は、一般意志への服従を拒否する者は誰であっても、団体全体によってそれに服従するように強制されるという約束を、暗黙のうちに含む」(2)。

それにしてもルソーの場合、なぜこのような一見して苛酷な「一元的国家論（the monistic theory of the state）」(3)が主張されたのだろうか。一元的国家論が声高に叫ばれるのは、常に「政治権力の配置に変化を示す何らかの重大な事件と時を同じくする」(4)。つまり、「危機の時代」において、このような国家論が要請されることは確かである。その点で、一元的国家論の範型である『リヴァイアサン』とルソーの『社会契約論』は似ている。しかも「ルソーは、ホッブズが支配者のためにしたことを、人民のためになしとげた」(5)のである。一旦、このような外在論的評価から離れると、ルソーの主権論は、一般意志の理念を実現するという課題と不可分であることが分かる。

ところでルソーによれば、主権は、その属性として①「不可譲渡性」、②「不可分割性」、③「無謬性」、④「代表不可能性」を有している。主権は、これらの属性の一つでも欠ける場合、主権ではなくなる。これら四つの属性の提起は、他の政治理論家の主権概念に対する批判として提起されたのである。

まず①である。主権は「主権的権威に参加する」(6)全人民によって行使される。しかも主権者は、「精神的で集合的な団体」としてしか主権を行使できない。集合的にしか行使できない主権を、人民が他の者に譲渡することが不可能であるのは、ルソーの次の文から分かるであろう。「主権者とは集合的存在（être collectif）でしかないのだから、自分自身によってしか代表されえない。権力を譲渡することは可能であるが、意志はそうはいかない」(7)。

各人は、政治体を設立したあとには、唯一の意志を有する「倫理的人格（personne morale）」の主体とみなされる。すなわち各構成員から成立する政治体は、人格において、それ自体一人の意志主体と擬制化されるのである。それゆえに、人格において一人の意志主体とみなされる人民は、自己の意志を譲渡できない。かりに、人民が自己の意志を譲渡するならば、自己の存在意義を消滅させるだけである。なぜならば、主権が一般意志の行使であるというとき、人民が「倫理的自由」の主体であることが前提となっているからである。

次に②である。主権の「不可分割性」は「権力分割論」に対する駁論となっている。近代政治思想史において政治権力の問題を精査すると、権力に対する「不信」が通奏底音として存在することが窺える。それは、権力に対し、厳しく枷をはめることが重要であるという結論を導いた。その点で、ロック、モンテスキューの果たした役割は大きいものがある。

ロックは、『市民政府論』において、政治権力を「立法権」、「大権（prerogative）」、「連合権（federative power）」に分け、立法権を立法府に与え、大権と連合権を君主に委ねている。政府の長である君主は、立法府に従属すべきであるにもかかわらず、行使できる権限の範囲は大きい。緊急事態の発生下で、自由裁量によって行使される大権は、自然法によって弁護されている。いずれにしても、立法府と君主との権力が並行的に存在し、双方ともに独立の程度の高い権力であることが窺えるであろう。

さらに一八世紀になると、モンテスキューは「権力分立」を提唱した。モンテスキューは、『法の精神』第一一編第六章において、次のように述べている。「各国家には、三種類の権力がある。つまり立法権、万民法に所属する問題の執行権、そして市民法に所属する問題の執行権である。第一のものによって、君主あるいは統治者は、一時的あるいは永続的なものとしての法を制定し、法を改正し、あるいは廃止する。第二のものによって、講和あるいは和平を行い、外交使節を派遣し、あるいは受け入れ、安全を保障し、侵略を予防する。第三のものによって、犯罪を罰し、個々人の争いを裁判する。この最後のものを裁判権と呼び、他のものは、単に国家の執行権と呼ばれる」(8)。モンテスキューは、「法服貴族」の立場から権力分立論を構築したとはいえ、人間の「政治的自由(liberté politique)」の本質を「安全、少なくとも自己の安全についていだく意見から成立する(9)」と理解し、それは権力を分割させ、それらを抑制均衡させることによってのみ保障できると考えていた。それは、モンテスキューの次の文章によっても分かるであろう「政治的自由は、近代の国家にしか存在しない。しかし、それは常に近代の国家に存在するとはかぎらない。それは、権力を濫用しないときしか存在しない。しかし、積年の経験によれば、権力を所有するすべての人は、それを濫用するように誘惑される。彼は、自己の限界を見出すまで突き進む。……権力を濫用できないようにするためには、事物の傾向(disposition des choses)によって、権力が権力を阻止する(le pouvoir arrête le pouvoir)ことが必要である」(10)。

このように、モンテスキューの権力分立論は政治権力を制限する手段の側面に力点が置かれている。しかるにルソーの場合、周知のように主権は分割できない。「意志は一般的であるか、それともそうではないか、つまり、それは人民全体の意志であるか、それとも一部分の意志にすぎないか、いずれか一方である」(11)。意志を分割できないと同様に、主権も分割できない。しかし、ルソーは、「権力」を政府に委ねている。立法権と一般意志を確保するために政府に権力を委ねるのである。したがって、ルソーの立法権と執行権の分割は、モンテスキューのような、三種の並行的な「力のバランス」をとるためではなく、執行権が、一般意志を法制化する立法府の下に従属するという前提が存在する。つまり、制定された法を忠実に執行するという機能主義的な立場から、政府の権力を従属権力として承認している。この政府への機能主義的な権力分与を、権力分割とみることは誤りである。したがって、政府の権力発動は決して主権的行為ではない。ロックやモンテスキューにおける「並立的権力分立論」は、ルソーにおいては、「階層的権力分立論」(12)に編成しなおされたのである。

さらに③である。ルソーは、一般意志の属性として「無謬性」を掲げているが、これは、主権が一般意志の行使である限り、過ちがないという意味である。もちろん、集合的存在としての人民が「多数決」によって制定する法が、そのまま一般意志になるとはかぎらない。ましてや、「満場一致」による人民全体の意志が、一般意志であるともいえない。それは、ルソーの次の文章で窺えるであろう。「ある法案が人民集会に提出されるとき、彼らに要求されていることは、まさに、彼らが法案を可決するか否決するかということではなく、法案が一般意志に一致しているかどうかということである」(13)。「意志の一致」と、「意志の内容の一致」たる一般意志との違いを、ルソーは厳密に分けているのである。したがって、この両者の相違を確認できるならば、ルソーが「人民専制主義」の先駆的理論家であるという部分的機能主義的解釈は誤りであることが分かるであろう。

最後に④の「代表不可能性」である。それは、意志が譲渡できないという理由から、必然的にでてくる。人民の意志は、人民自身で表明すべきであり、「中間権力（pouvoir moyen）」である「代表者（représentants）」は、人民の意志を代表できない。人民が自己の意志を譲渡し、代表者を設定したら最後、人民は「自治」を失い、支配者を頭上に戴くことになるであろう。その意味で、クランストンによれば、ルソーの場合、「参加するという言葉は本質であり、そのような参加は実際のものであらねばならない」(14)ことになる。「間接民主主義」は、不断に民主主義それ自体を形骸化していく危険性を有する。人民の自治の否定は、最終的には、自由の喪失に帰する。それは、ルソーのイギリス代議政体批判から窺えるであろう。よしんば、人民が代表者の存在を容認するとしても、その代表者は絶対に主権者になることはできない。それは、ルソーの次の文章で分かるであろう。「人民の代議士は、したがって、一般意志の代表者ではないし、またありえない。彼らは最終的な決定を何ひとつできないのである」(15)。

注

（1）J.-J. Rousseau, Du Contrat social, liv. II, chap. IV, in: *Political Writings*, Vol. II, p. 43.

（2）J.-J. Rousseau, Du Contrat social, liv. I, chap. VII, in: *Political Writings*, Vol. II, p. 36.

（3）Harold Laski, *The Foundation of Sovereignty and Other Essays*, New York, Harcourt, Brace, 1921, p. 233.

（4）*Ibid.*

（5）Charles E. Merriam, *History of the Theory of Sovereignty since Rousseau*, New York, Columbia University Press, 1900, p. 35.

（6）J.-J. Rousseau, Du Contrat social, liv. I, chap. VI, in: *Political Writings*, Vol. II, p. 34.

（7）J.-J. Rousseau, Du Contrat social, liv. II, chap. I, in: *Political Writings*, Vol. II, p. 40.

（8）Montesquieu, De l'ésprit des lois, liv. XI, chap. VI, in: *Oeuvres complètes*, Paris, Seuil, 1964, p. 586.

もちろん、モンテスキューの権力分立論は、完全な権力分立を意味するわけではない。なぜならば、君主は「阻止権（droit d'arrêter）」によって立法府の法制定行為に影響力を有し、立法府は「法審査権」によって執行権に対する牽制力を行使するからである。また、立法府の構成員である「貴族院」は、例外的に「裁判所」の役割をはたす場合があるからである。したがって、モンテスキューの権力分立論は、並行的にその存在を容認された諸権力の「抑制と均衡（checks and balances）」の理念であることが分かるであろう。

例えば、主権論の特徴として、コバンは、ルソーとホッブズは主権の不可分割性を主張した点で似ているが、不可分割性の「論証過程」はまったく異なっていると考えている。二人の不可分割性は結論にいたる過程で、どこでも重ならないと考えられている。ホッブズが主権の分割に反対したのは、主権の分割の「結果」に注目したからであり、ルソーがそれに反対したのは、主権の「性格」から導かれる論理に注目したからである。ホッブズにとって、主権の分割は、再度、悲劇的な戦争状態に人間が落ち込むことにほかならない。ルソーの主権は、集合的存在である「人民全体の意志」であることを要する。人民全体の意志としてしか表明しようがない主権を分割して、他の者と主権を共有することは、不可能である（Alfred Cobban, Rousseau and the Modern State, *op. cit.*, p. 73）。

（9）Montesquieu, De l'ésprit des lois, liv. XII, chap. II, in: *Oeuvres complètes*, p. 598.

（10）Montesquieu, De l'esprit des lois, liv. XI, chap. IV, in: *Oeuvres completes*, p. 586.
（11）J.-J. Rousseau, Du Contrat social, liv. II, chap. II, in: *Political Writings*, Vol. II, p. 40.
（12）松平斉光、「フランス革命と権力分立思想」（一・二）、『国家学会雑誌』（第七五巻第五・六号）、一九六四年四月号。
（13）J.-J. Rousseau, Du Contrat social, liv. IV, chap. II, in: *Political Writings*, Vol. II, p. 106.
（14）Maurice Cranston, *Western Political Philosophers*, London, 1964, p. 69. 人民の「参加」と一般意志との関係については、次の文献を参照。George J. Graham Jr., Rousseau's Concept of Consensus, in: Political Science Quarterly, Vol. XXXV, No. 1（March 1970）, pp. 94-95.
（15）J.-J. Rousseau, Du Contrat social, liv. III, chap. XV, in: *Political Writings*, Vol. II, p. 96.

第四節　政府の役割

人間は、意志と力を有している。人間は、まず意志しそして行動する。「精神的原因」である意志が「物理的原因」である力に優越する。立法権と執行権との間にも同じことがあてはまる。立法権は法制定という形で、自己の意志を表明し、執行権はその意志を忠実に執行する。ではこのように、立法府の意志を執行する政府とはいったい何であろうか。ルソーは、次のように政府を規定する。「被支配者と主権者との間の相互の連絡のため設立され、法律の執行と市民的ならびに政治的自由の維持とを任務とする中間団体corps intermédiaireである」(1)。この中間団体である「政府の設立行為」は、決して「契約」ではない。それは「一つの法」である。それは「委任あるいは雇用（commission ou emploi）」でしかない。したがって、政府は「主権者の召使」、「人民の公僕」なのであるから、主権者は、いつでも執行権を「制限し、変更し、とりもどすことができるのである」(2)。政府は、国家によってつくられ、「借りものの、かつ従属的な生命」(3)しかもたない。「国家には、唯一の契約しかない。それは、結合契約である。これが存在することで、他のすべては排除される」(4)。

ここで分かるのは、ルソーに至って「統治契約」がきっぱりと拒否されている点である。かりに政府の設立が契約であるならば、主権者と政府とがともに拘束されることになり、主権者の至高権は失われてしまうからである(5)。政府は、それを「団体全体」としてみると「統治者（prince）」と呼ばれ、団体構成員としてみると「行政官」あるいは「王」と呼ばれる。被支配者に対して法を適用する政府の権力は、主権者の意志とバランスがとれていることが理想である。そこでルソーは次のようにいう。「国家がよき均衡（bon équilibre）のもとにあるためには、すべてを調整したのちに、政府それ自体の平方あるいは二乗と、一方では主権者であり他方では被支配者である市民の平方あるいは二乗とが、等しくならなければならない」(6)と。したがって、主権者と政府との関係において、「均衡」がとれていない場合には、均衡をとるための策が提起されるべきである。均衡の欠如は、二つある。第一に主権者よりも政府の力が強い場合、第二に主権者が政府の力よりも強い場合である。前者の場合、政府の力を減殺するために、「行政官」を設置し、主権を強化し、後者の場合、政府の弛緩を、「執政官」を設置することで政府の力を強め、主権者との均衡をとるのである。

ところで立法府は、なぜ執行権を行使してはならないのだろうか。ルソーは「法を制定する者は、それがどのように執行され、解釈されるべきかを誰よりも一番よく知っている」(7)といいながら、にもかかわらず、執行権を立法権から切り離そうとする。その理由を彼は次のように述べている。「この執行権は、特殊行為（actes particuliers）からのみ成立し、特殊行為は法の領域外にあり、それゆえに、そのすべての行為が法でしかありえない主権者の領域外にあるから」(8)。立法権の領域に特殊な事項が入り込むとき、制定される法は一般的妥当性を欠くことにならざるをえない。ルソーによれば、「かりに人民が執行権の任務を負担するならば、人民は政府の簒奪の危険からは保護されるが、しかし立法権の行使に不可欠な、静穏な雰囲気というものは、そこにはない」(9)のである。政府の堕落は、立法府の努力によって改めることはできるであろう。しかし、立法府が堕落したら、いったい誰が立法府を矯正できるであろうか。ルソーによれば誰もいない。

政府の形態は、理念型としては三種類に分けられるだろうが、現実には、各政体は「混合政体」として存在しているのであり、その意味で「単一の政府（gouvernement simple）」形態は存在するはずがない。そのなかでルソーは、「選挙による貴族政」を最も高く評価する[10]。しかしルソーは、政府がたとえどんな形態をとろうとも、その政府が果たして善き政府であるかどうかを決定する規準を、「構成員の保護と繁栄」に置いている。ルソーは『社会契約論』第三編第一〇章において、「政府の悪弊と堕落の傾向について」という題を付して、一種の「政治学の実証的法則」を、我々に提示している。政治体は、出生時からその崩壊の危機にさらされているが、それは、政府が立法府の権力を簒奪することから始まる。政府の簒奪行為は「避けがたい内在的な悪」[11]である。政府が立法府に対する従属的団体であることをやめる理由として、第一に、立法府が意志表明にとどまり、法がどのように解釈・適用されるかの問題が政府にまかせっきりになること、第二に、立法集会が「一時的に」開催されるのに対して、政府の権力は常時行使されることがあげられるであろう[12]。ルソーはいう。「常に活動する団体は、各行為を説明できない。そして、それはもはや原則的なものしか説明しない。そうすれば、それは遂にはどんな説明をもしなくなるであろう」[13]。そして、政府は独立した団体を構成し、主権の侵害に向かう。そこから「政府の堕落」が発生する。

政府の堕落は、「国家の解体」から始まる。国家の解体には、二種類ある。一つは、統治者が主権を簒奪する場合、もう一つは、政府の諸構成員が団体の資格としてしか行使できない政府の権力を奪いとる場合である。そのとき、政治体には、人民・首長は存在せず、服従義務のない「恣意的権力」によって、人間は支配される。国家が解体するとき、人民は単なる支配と服従の集合体あるいは群衆に再度落ち込む。そのとき、国家あるいは政治体なき政府は、「無政府状態（anarchi）」[14]と呼ばれる。「なぜならば、多数者を服従させることと、一つの社会を治めることとの間には、常に大きな相違があるだろう」[15]からである。この状態は、明らかに「戦争状態」の反復再生である。

ルソーは、政府の堕落によって主権の簒奪が行われることのないように、制度保障を提示している。それは、結局、政府の権力を立法権に従属させることによって実現される。ルソーは『ポーランド統治論』第七章で、政府の立法権簒奪に対する予防策を次のように提案している。「行政が、その目的に向かって強力かつ正確に進むためには、すべての執行権を同じ人々に与えるべきである。しかし、これらの人々を更迭することでは不十分である。できるならば、これらの人々が法制定権者のまえでしか行動できなくすべきであるし、また、法制定権者がこれらの人々を指導すべきである。そこにこそ、これらの人々が法制定権者の権威を簒奪することのない真の秘密がある」[16]。「政府の力が大きければ大きいほど、また主権者も頻繁に自己の意志を示すべきである」[17]。その最も効果的な方法は、主権的人民による「定期集会（assemblées périodiques）」である。定期集会は、法によって招集の期間があらかじめ定められているがゆえに、政府権力の掌握者によっては廃止あるいは延期されることがないからである。定期集会がない場合、政府の権力を抑制することはできないであろう。

立法権は、「法を制定する（faire les lois）」ことばかりでなく、「法を維持する（les（lois——引用者）maintenir）」こともまた義務である。つまり、立法権は執行権に対する「監督権」をもつことが絶対に必要である。この監督権がない場合、政府の立法権に対する「完全な従属性（toute subordinations）」[18]はなくなるであろう。監督権の行使は次のようにしてなされるであろう。定期集会において人民は、次の「二つの議案」を提議し、そして、二つの議案を切り離して投票しなければならない。第一に、人民は現在の統治形態の維持を望むか。第二に、政府の首長が引き続き権力の座に留まることを望むか[19]。この「招集手続き」を必要としない定期集会を妨害する統治者は、主権者によって、「法の侵害者」

すなわち「国家の敵」[20]として糾弾されても仕方がない。なぜならば、そのとき政府は自由の侵犯者とみなされるからである。

注

（1）J.-J. Rousseau, Du Contrat social, liv. III, chap. I, in: *Political Writings*, Vol. II, p. 65.

（2）J.-J. Rousseau, Du Contrat social, liv. III, chap. I, in: *Political Writings*, Vol. II, p. 65.

（3）J.-J. Rousseau, Du Contrat social, liv. III, chap. I, in: *Political Writings*, Vol. II, p. 68.

（4）J.-J. Rousseau, Du Contrat social, liv. III, chap. XVI, in: *Political Writings*, Vol. II, p. 99.

（5）なおロックの場合、政府の設立の権利を誰がもつかの説については、以下の文献を参照。Charles E. Vaughan, *Studies in the History of Political Philosophy before and after Rousseau*, Manchester, The University Press; London, New York, etc., Longmans, Green & co., 1925, p. 142. また以下の文献を参照。Paul Janet, Histoire de la science politique dans ses rapports avec la morale, *op. cit.*, t. II, p. 444.

（6）J.-J. Rousseau, Du Contrat social, liv. III, chap. I, in: *Political Writings*, Vol. II, p. 65.

（7）J.-J. Rousseau, Du Contrat social, liv. III, chap. I, in: *Political Writings*, Vol. II, p. 72.

（8）J.-J. Rousseau, Du Contrat social, liv. III, chap. I, in: *Political Writings*, Vol. II, p. 64.

（9）Robert Derathé, Les rapports de l'exécutif et du législatif chez J.-J. Rousseau, in: *Rousseau et la phylosophie politique*, Paris, Presses Universitaires de France, 1965, p. 157.

（10）政府は理念型として三種類に分けられたが、実際は三種類あるのではない。客観的に把握する場合、一つの政府、すなわち「貴族政」しかない。王政も「下位の行政官（magistrats subalternes）」が必要であるし、民主政も「ひとりの首長（chef）」をもたねばならない。なお、ルソーは民主政の場合、「人民の半数（moitié）」が参加しても民主政になりうると述べている。したがって、少数の者、たとえば、「委員会（commissions）」に執行権が委ねられるとすれば、政府の形態は貴族政になるといわねばならない。このような貴族政への移行は、ルソーによれば「自然の秩序（ordre naturel）」である。なおロウチの次の文も参照。「選挙貴族政に好意を寄せる決定的な理由は、ルソーが暗に述べるところによれば、その実効可能性にある」。Kennedy F. Roche, *op. cit.*, p. 117.

（11）J.-J. Rousseau, Du Contrat social, liv. III, chap. X, in: *Political Writings*, Vol. II, p. 88.

（12）J.-J. Rousseau, Lettres écrites de la Montagne, Lettre VII, in: *Political Writings*, Vol. II, p. 209.

（13）J.-J. Rousseau, Lettres écrites de la Montagne, Lettre VII, in: *Political Writings*, Vol. II, p. 208.

（14）J.-J. Rousseau, Du Contrat social, liv. III, chap. X, in: *Political Writings*, Vol. II, p. 90.「国家が解体する時、政府の濫用は、それがたとえどんなものであれ、無政府の名を帯びる」。なお、ルソーの無政府に対する考えについては、次の文献を参照。Raymond Polin, op. cit., p. 190.
（15）J.-J. Rousseau, Du Contrat social, liv. I, chap. V, in: *Political Writings*, Vol. II, p. 31.
（16）J.-J. Rousseau, Considerations sur le gouvernement de Pologne, chap. VII, in : *Political Writings*, Vol. II, p. 449.
（17）J.-J. Rousseau, Du Contrat social, liv. III, chap. XIII, in: *Political Writings*, Vol. II, p. 93.
（18）J.-J. Rousseau, *Lettres écrites de la Montagne*, Lettre VII, in: *The Political Writings*, Vol. II, p. 219.
（19）J.-J. Rousseau, Du Contrat social, liv. III, chap. XVIII, in: *Political Writings*, Vol. II, p. 102.
（20）*Ibid.*

第五節　人民主権の実践

以上、ルソーの人民主権論の特徴を指摘した。彼の人民主権論は、「抽象的な理論」においては、立法集会の絶対的優越性という形で提起されているが、ルソーの論理を詳細に追うと、そこには人民主権となじまない政治理念が伏在していることが窺える。そのことは次の三つの点で分かる。第一に、ルソーは、法制定権を「発言し、提案する権利」と「投票権」とに分けているが、人民は投票権しか有しないという(1)ことで。もちろん、人民が承認しない法は法の資格がないという形で、人民は政府に対する優越性を確保できるであろうが、人民主権が、権限の範囲の面で、縮小されることは否定できない。第二に、対外政策の問題において。政府は、決して単なる法執行機関ではない。政府は、自由な裁量のもとで、対外的な権力を行使することが認められている。となると立法権と執行権との間の権限の範囲を画定する問題がでてくるであろう。

最後の問題として「代表制」があげられる。ルソーは、次のように述べている。「すべてを正確に検証すると、私は、もし国家が極めて小さくないかぎりは、主権者が自らの権利の行使を確保することは、我々の間では今後不可能になるであろうと思う」(2)。人民主権は、結局「一つの空想」に終わるほかはないのであろうか。人民は、自己の意志を他の者に代表させることはできない。したがって、大国家においても、人民主権を確保しようとするならば、他の制度が考察されなければならない。人民の意志を忠実に実行することができるならば、人民のために働く者を容認するという考えがそこにはある。ルソーは、実際『ポーランド統治論』の第七章で次のようにも述べている。「大国家の最も重大な障害の一つは……立法権が自ら意志表示できないこと、そして代表（députation）によってしか行動できないことである」(3)。

したがって大国家において、代表者たちによって政治的決定が下されるとしても、人民が自治を実質的に実現することができる制度をつくりだすことが重要な問題となろう。ひとえにそれは、代表者を人民の命令に完全に従属させることができる制度をつくることによって実現されるであろう。その制度とは、「代議士の頻繁な改選」と「命令的委任」である。いずれにしても、これらの問題は、『社会契約論』だけで解決されるものではない。我々は今後他の諸作品、とりわけ『ポーランド統治論』を参照することによって後に初めて、その問題を理解できるであろう。

注

（1）J.-J. Rousseau, Du Contrat social, liv. IV, chap. I, in: *Political Writings*, Vol. II, p. 104.

（2）J.-J. Rousseau, Du Contrat social, liv. III, chap. XV, in: *Political Writings*, Vol. II, p. 98.

（3）J.-J. Rousseau, Considerations sur le gouvernement de Pologne, chap. VIII, in: *Political Writings*, Vol. II, pp. 449-450. 大国家において「人民自治」を実質的に保障するために提案されている「命令的委任」の制度は、特に重要である。この制度は、イギリスの議会制民主主義に対するアンチ・テーゼである。ルソーは、イギリス国民は「議会の頻繁な開催（fréquence des Diètes）」を実行したが、「代議員の頻繁な再選挙（fréquent renouvellement des Nonces）」を怠ったために「自由」を失ったとみている。頻繁な選挙によって代表者の堕落を阻止するのである。そして議会に送り込まれるとき、代表者は「選挙人（constituants）」の「訓令（instructions）」のもとで行動する義務を課される。代表者は、議会での自分の行動に関して選挙人に「厳格な説明（compte sévère）」をしなければならない。ルソーは、「州議会（Diétines）」の選挙によって選出された者を構成員とする「委員会（commission）」に訓令の作成の権限を与えている（J.-J. Rousseau, Considerations sur le gouvernement de Pologne, chap. VII, in: *Political Writings*, Vol. II, p. 451）。

第二部　体制変革思想の実践

――「存在するもの」の重視

第一章　人民主権の実践――『山からの手紙』の解読――

第一節　祖国に対する反逆

ルソーは、一般意志という言葉で、人民主権の政治共同体論を展開したが、そのような国家モデルを、はたしてどこで発見したのであろうか。我々は、それを探るためには、彼が一七六二年公刊した『社会契約論』において次のように述べていることに注目しよう。「自由な国家の市民として生まれ、しかも主権者の一員として、私の発言がおおやけの政治に、いかにわずかの力しかもちえないにせよ、投票権をもつということだけで、私は政治研究の義務を十分に課せられるのである。幸いにも、私は、もろもろの政府について考えめぐらすたびごとに、自分の研究のうちに、私の国の政府を愛する新たな理由を常に見出すのだ」(1)。

「自由な国家」とは、もちろんルソーが若くして出奔した「ジュネーヴ共和国」を指している。彼は、時計職人であった父イザック・ルソーが、立法集会を意味していた「総会」で、投票権を行使することにより、政治的決定に影響力を与えることができる「市民」であったこと、さらに彼自身かつて出奔した祖国から市民権を再び手にしたことを非常に誇りにしていた。「市民」とは、総会に参加し、投票権を行使することによって政治的決定に影響力を与えることのできるという意味で、いわば特権的身分であった。

では一般意志とはいったい何か。ルソーは、「支配者」と「服従者」とは同じ者でなければならないと考えたが、その意味でデモクラシーの信奉者であった。デモクラシー（彼はなぜかそれを「倫理的自由」と呼ぶ）は、〈支配と服従の相互性〉（平等）を意味し、人々の間に個人的「市民的平等」と「市民的自由」を約束する。一般意志とは、自由をもたらす方法的装置としてのデモクラシーを指していたが、彼は、このような一般意志の国家は、それを構成するすべてのメンバーが投票権をもつことによってのみ可能になると信じていたのである。一般意志の国家論は、祖国ジュネーヴ共和国をモデルとして展開されたことは、『社会契約論』において明らかにされている。

しかしながら当時のジュネーヴ共和国は、ルソーが考えたように、「総会」が主権を掌握する民主的な国家などでは決してなかった。現実のジュネーヴ共和国は、「小評議会」に立てこもった世襲の「貴族（patriciat）」による「長老支配（gérontocratie）」の国家でしかなかった。ルソーは、ジュネーヴの政府から、『社会契約論』と『エミール』の二作品が、ジュネーヴ共和国の根幹を揺さぶる極めて危険な書物であるとして、焚書処分にされ、彼の逮捕状が出されたのを知ったとき、ジュネーヴ共和国の市民権を放棄することを決意した。と同時にルソーは、共和国の政府権力たる小評議会の自分への不当な処置から、総会の主権が侵害されていると想い、総会主権を守る立場から小評議会を批判し、しかる後に、それを総会の一般意志の統制下に置くような政府改革案を、『山からの手紙』(2)で展開したのであった。

注

（1）J.J. Rousseau, Du Contrat social, in: O. C., t. III, p. 351. 以下の文献を参照。小林善彦、『誇り高き市民――ルソーになったジャン＝ジャック』、岩波書店。

（2）『山からの手紙』については、川合清隆訳、『ルソー全集』第八巻所収、白水社の訳を参考にした。ルソーが『山からの手紙』を執筆した背景については、川合の同訳書における解説を、また『ジュネーブ共和国の混乱を収拾するための卓越する調停決定』の各条文についても川合の「訳注」を、参考にした。川合は、『ルソーとジュネーブ共和国』（名古屋大学出版会）を執筆した理由として、「人民主権論とジュネーヴ共和国との関連」を追跡することを、さらにルソーを「全体主義者」と捉える見方を否定することを挙げている。樋口謹一もまた、『ルソーの政治思想』（世界思想社）で、（左右）「全体主義の源流をルソーにみることのあやまちをただす」といい、〈ルソー＝全体主義者〉を否定する。

第二節　ジュネーヴ共和国体制批判

前述のとおり、一七六二年六月一九日、ジュネーヴ共和国政府の「小評議会（petit conseil）」は、『社会契約論』と『エミール』の二つの作品を、共和国を転覆させる計画のもとで書かれた危険な書物であるとして、有罪の判決を下し、焚書処分にした。ルソーは、共和国のこのような不当な処置に対して激しく怒り、かつてあれほど喜び勇んで祖国から受けた「市民権」を手放すことを決意した。ルソー自身は、ジュネーヴ共和国を賛美はしたが、決して誹謗したり非難したりするために二つの作品を公衆のまえに出したとは考えていなかった。それは、彼が、『山からの手紙』において、次のように弁明していることから分かろう。「それゆえに私は、あなたがたの政体を立派であると思ったからこそ、それを政治制度のモデルとしてとりあげ、そして、あなたがたを全ヨーロッパの手本として示したのです。私は、あなたがたの政府の破壊を求めるどころか、それを維持する方法を明らかにしたのです。この政体は、ほんとうにすぐれているが、欠陥がないわけではない。人々は、それが変質するのを防ぐことができたし、今日陥っている危険からそれを守ることもできたのです。私は、この危険を予測し、それを分かってもらおうとしました。そして予防策も示したのです」(1)。

ルソーは、共和国が、全ヨーロッパで最もすぐれた国家であるとしても、現実に存在する国家である限りは、欠陥が多々あるのはあたりまえのことであり、それに対して、共和国を解体の危険から守り、それを維持するために予防策を講じることは、むしろ逆に祖国を愛する者として、当然の義務であると考えていた。したがって彼は、そのような行為は、なんら国家を転覆させるものではないと弁明したのである。

ジュネーヴ共和国における「総会（conseil general）」に参加する権利をもつ、特に「新市民」は、ルソーの抗議を真剣に受けとめ、彼に有罪の判決を下した「小評議会」に対して、その判決を下す権力をもつ者は、「総会」だけであるとの「意見」を提出したが、「小評議会」は、そのような意見を「総会」に諮ることが妥当かどうかを決定する権利は、自分だけがもつものであり、それゆえに新市民が関知すべきことではないといい、「拒否権」を発動し、提出された意見を拒絶した。

ルソーは、ジュネーヴからもたらされた情報によって、そのような事態を知らされた。そして所与のジュネーヴの体制を弁護し、ルソーの書物を非難した共和国の検事総長トロンシャンが書いた自分を名宛人とした『野からの手紙』を読み、自分が『社会契約論』で展開した人民主権が、ジュネーヴにおいて拒絶されていると思い、総会の主権を守るための策として、「意見提出権」なるものに注目する。

さてルソーは、人民主権の「理想」と小評議会の専制の「現実」との偏差をジュネーヴの市民に知らせるために、『山からの手紙』を執筆し、ジュネーヴ共和国の政治制度の組織とその運営の実態を分析したが、その共和国は、一七三四年から一七三七年の間に「内乱」に陥り、その悲劇を自ら収拾できなかったために、フランス、ベルン、チューリッヒの三国が介入し、それによって「内乱」には漸く終止符が打たれた。その際三国は、共和国内部で争う当事者に、和解の調停案を提出した。共和国は、その調停案を受理し、それを『ジュネーブ共和国の混乱を収拾するための卓越する調停決定』（以下『調停決定』と略記する）として批准した。ルソーは、この『調停決定』が、ジュネーヴ共和国において、国民を縛る制度的な枠組みとしての憲法となっていると考え、それを分析の対象とするのである。

まずルソーは、『調停決定』の第一条に注目する。第一条は「ジュネーヴ政府を構成する各々の異なった団体、すなわち四名の市長、二五人評議会、六〇人評議会、二百人評議会および総会は、各々国家の基本法にもとづく個別的権限を有する。今後、決定にいかなる変更もないかがり、各団体は、他の団体のいかなる権限も侵害することはできない」[2]と規定されている。ルソーによると「四名の市長（quatre syndics）」は、一つの団体を構成し、総会によって任期一年の期限をもって選出される。彼らは、一七〇七年の『布告』に示されているように、「国家の指導と統治をつかさどる」役目を総会から付託されるのであるが、その実質的な義務として、「市民の判事となるばかりではなく、市民によって選出されない諸評議会の終身評議会に対して、必要なとき市民を守るものとなるために努力」[3]しなければならない。市長たちは、小評議会のメンバーによって互選されなければならない。しかも小評議会の執行権は、その「議長」である「市長」をとおして行使されなければならない。市長は、彼らに優越する唯一の主体である総会によって初めて「裁判権」を与えられるとされているため、小評議会は、理論上は「市長」をとおして「総会」の統制下にある。換言すれば市長は、「総会の代理人」でしかないことになる。また「二百人評議会」は、ルソーによれば、「小評議会の強力な権力を緩和する」機関として設立されたのである。

翻ってルソーは、市民の権利を守るために設けられた政治制度が、現実的にはいったいどのように運営されているのであろうかと問う。ルソーは、その問題を解く鍵が、『調停決定』の第五章と第六章に潜んでいると見た。我々は、そこで、二つの条項を引用することにする。まず第五章は、次のように規定されている。「総会に諮られるすべての議案は、市長および大・小評議会のみがこれを提出することができる」[4]。次の第六章は「何ごともあらかじめ二五人評議会に諮られ、その同意がないかぎり、二百人評議会にかけられてはならない。また、何ごともあらかじめ二百人評議会に諮られ、その同意がないかぎり、総会にかけられない」[5]と規定されている。

我々は、『調停決定』の第五章と六章を一瞥すれば分かるように、ジュネーヴ共和国の主権は、実際上は、ルソーが考えたように、総会が所有するのではなく、小評議会にあると見ることができよう。なぜなら、総会は、小評議会が望むときしか開催できないからである。その意味において、総会の存在価値は、「無」でしかない。また、市長の総会への従属は建前に過ぎない。市長は小評議会によって互選されなければならず（第二条）、その任期一年で、しかも四年に一度しか就任することができない。これに対して、小評議会の会員資格は終身制である。そのため、本来ならば総会に従属し、総会の制定する「法」に基づいて市民の権利を守らなければならないはずの市長も、どうしても小評議会の声に耳を傾けざるをえなくなる。こうして小評議会は、市長の権限である「裁判権」を実質的に掌握することになる。したがって、総会が市長選出権を持っていたとしても、肝心の小評議会選出権を持たない限り、総会は何の権力も持っていないに等しい。これは、ルソーの『社会契約論』の言葉を使用するならば、「国家の解体」という状況である。この状況にあって、総会への最終的議案提出権を持つ「二百人評議会」も、小評議会には対抗できない。なぜなら、二百人評議会の任命権は小評議会が握っているからである。

このようにルソーは、総会の主権がまったく小評議会に奪われ機能していないと考えている点を、『山からの手紙』で述べていた。『社会契約論』では、政府の力が主権者の力よりも強くなった場合、政府の権力を減殺するために、二つの権力の間に「行政官」を置き、その間に「均衡」をとることで、政府の力を弱めるという案が示されていた。しかしジュネーヴ共和国でそのような案を実行することができない。というのも、先にも触れたが、市長も二百人評議会も、行政官あるいはローマの「護民官」のように、主権を保存する役目をはたす力をもっていなかったからである。主権者は万能であるならば、彼は、そのためにどのような策をもつべきであろうか。ルソーが、その点について、『山からの手紙』で、どのように述べているかを聞こう。彼はいう。「立法権は、二つの不可分のことから成立する。法律をつくることと、それを維持すること、つまり行政府を監督することである。主権者がこの権利を怠るような国家は、地上のどこにもない」(6)と。

しかし現実のジュネーヴ共和国は、貴族の支配でしかなかった。ルソーは、『社会契約論』で、政府の監督を、人民が「定期集会」を開くことで実現しようとしたが、審議事項の選択権が小評議会に握られている以上、ジュネーヴの総会は、そのようなことをできるはずがない。

ルソーは、それゆえに総会の小評議会に対する「監督権」を担保するために、「意見提出権(droit de représentation)」なるものを提出する。小評議会は、総会が、投票にかけられる事項として何かを小評議会に提出してきたとき、「拒否権」を行使することができると要求していた。新市民は、そのような拒否権に対して、どのようにして意見提出権を確保できるかが、焦眉の問題となろう。ルソーは、その権利の根拠を「調停決定」の第七条に求めている。

第七条によれば、小評議会だけが、総会に「新しい法案」を提案することができるが、「既成の法律」に反したとき、市民は、そのような法案を拒否する「意見提出権」を行使することができる。つまり「意見提出権」とは、政府である小評議会がどのように法律を解釈し適用しているかを監督する権利であるといえよう。その権利は、政府が悪政を正当化する法案を提案してきたとき、その悪政を正すために、市民に与えられたのである。それゆえに「人々が改革に反対するのを妨害する権利」としての「拒否権」を小評議会がもつ場合、立法権と執行権との間に区別がなくなり、悪政が始まるのである。市民は、この権利行使を、「主席市長」をとおして小評議会に伝達するのである。

加えて市民が「命令」として「小評議会」に「意見提出権」によって意見を述べたとき、「司法官」としての「市長」は、裁判をする義務を負うはずである。ルソーは、市民は提出した意見を拒否された場合でも、その後開かれる定期総会において、この意見について討議し、投票にかける権利をもっている、と述べている。このような「意見提出権」は、小評議会が総会の開催決定権を掌握しているという状況にあって、人民の主権を保存する戦略として主張されたことは明らかである。

ルソーは、祖国に対してもともと屈折した精神構造をもっていた。彼は、ジュネーヴ体制の中心ではなく、周辺に存し、中心部を羨望と非難の矛盾した眼でみていたはずである。彼は、文筆をとおして出世の階段をあがり、祖国から栄誉を与えられるにつれて、矛盾した見方を自己の胸の底に沈めたが、祖国から、残酷な仕打ちを受けたと思った瞬間、中心部への怨嗟から祖国への反逆を企てたといえよう。

注

（1）J.-J. Rousseau, Lettres écrites de la Montagne, in: *O. C.*, t. III, p. 809.
（2）*Ibid.*, p. 1678.
（3）*Ibid.*, p. 819.
（4）*Ibid.*, p. 1683.
（5）*Ibid.*, p. 1683
（6）*Ibid.*, p. 826.

第三節　『ポーランド統治論』へ

ルソーは、実はジュネーヴ共和国が、人民が直接主権を行使する国家などではないことを、『社会契約論』を書く以前、すでに知っていた。父イザック・ルソーは、若いころ、共和国の貴族と争いをおこしたとき、小評議会は、裁判抜きで彼だけを監獄に入れようとした。市民たる彼は、小評議会のこのような不当な処置に対して、当然の権利として裁判を受けることを要求したが、小評議会からその要求を拒絶されたとき、共和国に対する抵抗の姿勢として、自己の祖国を捨てたのである。ルソーは、先に触れたように、小評議会に帰属する拒否権に対して、市民に意見提出権を与えようとしたとき、貴族政治に対して人民の立場から抵抗した父の反骨精神を受け継ぎ、父の願いを実現しようとしたといってよかろう。

モーリス・クランストンの指摘を待つまでもなく、近代の西欧の国家は、中世の等族会議にその始源をもつ議会を民主化していくなかで形成され、しかも、そのようにして国家が建設されたとき、人々の間に、ネーションの意識が、さらにその国民を統合するイデオロギーとしてナショナリズムが生まれた(1)。ルソーは、このような西欧の近代民主主義国家が生まれる直前、西欧の周辺部であったジュネーヴ共和国に存在していたカントン民主政を国家モデルとして仰ぎ、民主主義国家論を展開した。ルソーにあっては、祖国は、「大広域国家」ではなく、あくまでも狭い「郷里（patrie）」であったし、そのような郷里と結びつけられた市民像を拡大することから、後日「国民的現象（phénoméne national）」(2)としてのナショナリズムに結びつくものが生まれたのである。

しかもルソーは、そのような「祖国愛（patriotism）」を、彼の最晩年のしかも最後の政治的著作として知られる、『ポーランド統治論』において、展開することになろう。我々は、ルソーが、列強の分割政策によって国家解体の危機にあった、ポーランド王政国家を救済するイデオロギーとして、民主主義国家を統合する原理として定立した祖国愛を採用する。「貴族」を除く、「何者でもない」ブルジョワと「無以下の存在」でしかなかった農民は、ポーランド王政国家において、政治に参加する権利を剥奪されていたので、ルソーは、統治集団としての貴族のみに期待をかけ、彼らを国家に総動員するために、国家を改造し、それを統合するイデオロギーとして、祖国愛を提起したのであった。

「国家それは我々である」ということができるときのみ、国家の構成員は、その国家に帰依することができるであろう。そのような国家とは、これまで繰り返し述べたように、一般意志といわれる民主主義の国家以外の何ものでもない。支配と被支配の相互的・同一的関係の存在を意味している一般意志とは、結局は「我々」でしかない。そうなった時初めて祖国愛とは、自己に対する愛に似たものとなるであろう。その意味で現実のポーランドは、決して一般意志が支配する国家ではありえず、ポーランド人にとって「国家それは彼ら」ということになるであろう。そこで我々は、ルソーが、祖国愛を育むために、ポーランドをどのようにして我々の国家に改造していったかを、次の第二章第三節で詳しく取り上げる。政治的ユートピアンといわれるルソーは、『ポーランド統治論』では、一転して政治的リアリストの横顔を我々に見せるであろう。

注

（1）Maurice Cranston, *Jean-Jacques Rousseau, the Social Contract*, Harmondsworth, Penguin, 1975, p. 19.

（2）Bronisław Baczko, Jean-Jacques Rousseau, Solitude et communauté, *op. cit.*, p. 418.

第二章　『社会契約論』と『ポーランド統治論』——一般意志実現の場の探求——

第一節　「存在すべきもの」と「存在するもの」との関係

ルソーは『エミール』の第五編で、次のような極めて注目すべきことを述べている。「国制法（国家基本法）学はこれから生まれなければならないのだが、それはけっして生まれることはあるまいとも考えられる。……この重大な、しかも無用な学問をつくりだす能力のあったただ一人の近代人は、高名なモンテスキューだったにちがいない。しかしかれは国制法の原理を論じようとはしなかった。かれは既成の統治体の実定法を論じるだけで満足した。ところで、この二つの研究以上にちがうものは世の中にはなにもないのだ。とはいえ、現にあるような政府について健全な判断をくだそうとする者は、この二つの研究をあわせおこなわなければならない。存在するものを十分によく判断するためには存在すべきものを知らなければならない」(1)。

周知のようにエルンスト・カッシーラーによると、一八世紀の啓蒙主義哲学は、一七世紀の独断的な「命題」にもとづき「体系」をつくりだす「方法」（その典型的例がデカルトの「我思う、ゆえに我在り」であろう）を拒否し、「現象」（事実）のなかから「真理」を見出していく「体系的精神」をつくりだそうとしていた点に、その特徴をもつ。カッシーラーがいうとおり、その場合、「原理」（真理）は「事実的世界そのものの普遍的秩序と法則性」(2)を反映する実在論的真理観を指していた。このように「現象」を探り、そこから「真理」を発見していく「実証主義的方法」が、一八世紀の啓蒙主義哲学における「合理主義」であった。

啓蒙主義哲学の「現象」から「真理」（原理）を抽出していく「探求の精神」は、著名な政治哲学者であり、後の知識社会学の先鞭をつけた人間といわれたモンテスキューの『法の精神』に、遺憾なく発揮されている。モンテスキューは、現象から法則を引きだす「自然史主義的方法」を『法の精神』を書くときに採用した。事物の本性から流出する必然的関係を法といった場合、もちろん、この法とは「法律」ではなく「法則」を指している。彼は、国家論を終始「事実問題」の側面から構築した。事実が主として考察の対象として据えられるならば、彼の場合、国家論には「権利問題」が介在する余地はなくなるはずである。彼は、事実として存在する「政体」は、その「本性」（＝「構造」）とそれを支える「原理」（＝「情念」）の複合態から成立しているといい、各政体の理念型を抽出したのである。ルソーは、この諸理念型を「既成の統治体の実定法」と呼び、「存在するもの」といったのであった。しかも彼は、諸理念型を査定する基準として、「存在すべきもの」すなわち「国制法の原理」を定立するのである。

それでは「国制法の原理」とはいったい何か。ルソーは、それを一般意志すなわち人民自治の政治共同体論であると考えていた。「自治（倫理的自由）」の主体とは、政治的支配者（市民）と被支配者（臣下）の同一的・相互関係的存在を指し、ルソーはこのような存在を「人民」と呼んだ。

ところで、ルソーは「存在すべきもの」（一般意志の理念）と「存在するもの」（各国の多様な統治形態）とを単に機械的に分けることを目的に据えたのであろうか。もちろん、そうではない。彼は「存在するもの」を変革する基準として「存在すべきもの」を提起したのである。しかも彼は「存在すべきもの」が「存在するもの」から超越的かつ外在的にあるかぎりは「存在するもの」に対して、まったく無力な理念として終わるしかないことを正しく認識していた。そのようにならないためには、「存在すべきもの」は「存在するもの」をとおして自らを客観化していかなければならないのは自然である。

実は、「超歴史的可能性の原理」としての『社会契約論』と政治的リアリズムの典型といわれる『ポーランド統治論』の二つの対照的な作品は、「存在すべきもの」としての一般意志の政治共同体の理念を、どのようにして現に存在する国家システムのなかで客観化していくか、という同一の企図から書かれている。このことをより詳しく述べるならば、『社会契約論』は、イギリスにおいて発達しつつあった議会を主権者とする近代的な「立憲君主政国家」を、そして『ポーランド統治論』は、ヨーロッパ諸列強によるポーランド分割の危機下にあり、国家解体を余儀なくされつつあったポーランド王政国家の政治システムたる代議制と王権を、それぞれ民主化することによって、「存在すべきもの」としての一般意志の理念を実現する意図から公刊された、といってよかろう(3)。

注

（1）J・J・ルソー（今野一雄訳）、『エミール』（下）、岩波書店（岩波文庫）、二二七頁。

（2）エルンスト・カッシーラー、『啓蒙主義の哲学』、前掲邦訳、八頁。このような物の見方が後の一九世紀の「社会学」をつくったと思われる。その点については以下の文献を参照。エミール・デュルケーム（小関藤一郎・川喜多喬訳）、『モンテスキューとルソー』、法政大学出版局。

（3）従来『社会契約論』は一般意志的主権の「原理」、『ポーランド統治論』はその「原理」の適用であり、前者と後者の論理的一貫性があるかどうかという視点から解釈されてきたが、我々は、両作品はともに、一般意志という超歴史的可能性の原理が、歴史のなかでどのように実現されるのか、という視点から書かれたものと考えている。なお小林浩、「ルソーの人民主権論吟味：特に代議制について、『社会契約論』と『ポーランド統治考察』に架橋はあるか否か」（『千葉大学教養部研究報告』Ａ一八（上）所収、一九八五年七月）を参照。

第二節　『社会契約論』――イギリス立憲君主政国家の変革――

ルソーは『社会契約論』で、「主権とは一般意志の行使にほかならぬのだから、これを譲りわたすことは決してできない」[1]と述べたが、その真意は、一般意志とは人民自治の権利であるから、この権利を他者に譲渡することはできないという点にある。したがって人民は、この権利を他の者に譲渡した場合は、他者に支配される事態が発生し、神から与えられた自己の自由を失うことになるであろう。ルソーは、この点から、イギリスの代議制国家は、次のように述べていることから分かるように、自由の疎外体でしかないと断定したのである。「イギリスの人民は自由だと思っているが、それは大まちがいだ。彼らが自由なのは、議員を選出する間だけのことで、議員が選ばれるやいなや、イギリス人民はドレイとなり、無に帰してしまう。その自由な短い期間に、彼らが自由をどう使っているかをみれば、自由を失うのも当然である」[2]。

ルソーは、代議制国家をとおして一般意志を実現することなど、到底無理であるかのように述べていたにもかかわらず、これとは正反対のことを『社会契約論』の第三編第一五章で、次のように述べている。「都市国家がきわめて小さくないかぎり、主権者が、その権利の行使を保存することは、われわれの国では今後は不可能である」[3]と。一般意志の国家は、古代ギリシャの「都市国家」のような「小国」でない限り、存在しえないのか。広域国家であっても、一般意志の実現を目指すならば、「代表制」を採用するしかないであろう。

ルソーは『社会契約論』の第三編第一五章「代議士または代表者」で、次のような注目すべきことを述べている。「主権は譲りわたされえない、これと同じ理由によって、主権は代表されえない。主権は本質上、一般意志のなかに存する。しかも、一般意志は決して代表されるものではない。一般意志それ自体であるか、それとも、別のものであるからであって、決してそこには中間はない。人民の代議士は、だから一般意志の代表者ではないし、代表者たりえない。彼らは、人民の使用人でしかない。彼らは、何ひとつとして決定的な取りきめをなしえない。人民がみずから承認したものでない法律は、すべて無効であり、断じて法律ではない」(4)。一般意志は、間接性を廃止し、直接性を実現することを目的としたはずである。一般意志の本質は人民自治にあるのだから、人民は代表者を設定し、その代表者に自己の意志を譲渡した場合は、「自己」ではなくなるはずである。人民は、他者を代表者として設置し、彼に自己の意志を譲渡し、自己に代わって意志決定をすることを許し、にもかかわらず自己を自治の主体であると主張するならば、自らを論理的矛盾のなかに置くことになろう。となると人民は、代議制度を設ける場合、この論理的矛盾を解かなければならない。人民は、代議士をもちながらも、依然として自己の手に主権を保有する政治的な保障装置をもつことができる場合のみ、この矛盾を止揚できる。人民は、各々の選挙基盤から自己の代表者を中央議会に送りだす。人民の「使用人」(5)でしかない代議士たちは、人民から〈権限行使の範囲〉を厳格に決定されながら、議会で法制定に臨む。越権行為的あるいは無権行為的な法制定行為は、人民から法として「批准（ratification）」されない。ルソーは、人民は代議士たちが制定した法に対する一種の「人民拒否の権利」をもつことにより、一般意志を実現することができると考えたのであった。

ところで、リチャード・フラリンは、『ルソーと代表』で、現代の代表の概念は、「常に選挙人の訓令あるいは要望にさえ関係なく決定を下す代表者の自由を強調する。一八世紀のヨーロッパでは何らかの委任のシステムの形態が一般的であったし、そして、このルールに対する主たる例外であったイギリスにおいてさえ、近代的な代議制度は単に未完成なままに存在していた」(6)と述べている。たしかに一八世紀のヨーロッパの多くの諸国は、代議制を牽制するシステムとして、委任の制度を設けたが、イギリスは、それを採用しなかった。ルソーは、後の『ポーランド統治論』

で、イギリス人は七年間の任期をもって代議士を選び、その間彼らに好き勝手なことをさせ、それをチェックするシステムをもたないと述べている。『社会契約論』は、このイギリスの現実の政治制度をも踏まえたうえで、書かれたとみてよい。ルソーの「人民拒否の権利」は、イギリスの代議制度を一般意志のもとにおくために提案されたマニフェストであった。

人民は、広域国家において、直接主権を行使することができないが、それと同様に、執行権を直接自らの手におさめることもできない。人民は、その権力を他の誰かに預け、行使させるほかない。そこで問題となるのは、どのようにしたら人民は政府の権力を一般意志によってコントロールできるか、ということである。

我々はその問題を検討するまえに、ルソーが一般意志により変革されるべき、「存在するもの」としての所与の政府を、どのように客観的に把握したかを分析しなければならない。政府とは、支配者と被支配者との間に立ち、被支配者に一般意志の目標たる、「相互性」を強制する権力機関である。ルソーは、政府の形態を「民主政」、「貴族政」、「王政」の三種類に分けている。彼は、法制定権の主体たる人民が同時に執行権を掌握する形態を民主政、執行権を人民のなかの少数の者に委ねる形態を貴族政、それをたったひとりの人に委ねる形態を王政と呼んだ。このような政府の形態の分類は、アリストテレス以来の政府論を踏襲しているだけで、別段新しい主張を含んでいるわけではない。ただ我々が注目すべき点は、ルソーが主権の所在と政府権力のそれを厳密に分けたことにある。ルソー以前、政体論を展開した政治哲学者はすべて、政府の権力者を即主権者としたなかで、彼が二つを分けた点にその新しさがある。

ルソーは、代議制国家は、王政と貴族政の「混合政府」形態を採用しているとみた。そこで我々は、彼がこの政府形態の実体をどのように把握しているかをみていくことにしよう。

まず最初に、王政についてである。主権者と被支配者とを〈媒介する〉権力機関である政府は、その双方に対してどのような関係をもたなければならないのであろうか。彼は、その問題を「連比（rapport）」の例を引き説明している。彼は、「主権者」と被支配者の総体としての「国家」との関係を、連比の外項とし、政府を比例中項とし、比例外項を支配する関係を「人民」の数によって示す。ここで彼は、人民の数が増えるにしたがって、政府は被支配者をおさえつけるために、自らの「力」を強めることが必要となると述べている(7)。ルソーのこの指摘は、次のような事例から正しいと思う。政治に参加する権利としての投票権をもつ一万人の主権者は、投票したあとは被支配者となり、法の適用を受ける客体となる。そのとき人間は、被支配者としては等しく支配されるのに対して、主権者としては、一万分の一の力しかもたない。そうなった場合、ほとんど法制定権者としての影響力をもつことができなくなるのは目にみえている。被支配者としての個々人は、自己がつくった国家への「同一化」の感情をもつことはできないであろう。人間は、他者との関係においてなんらかの一定の「役割」をはたすことができるとき、自己のアイデンティティをもつことができる。したがって人間は、他者との関係においてはたすべきなんらの役割ももたないとき、アイデンティティの危機を迎えることになるであろう。

人間は、国家をつくり、そのなかで主権者としての役割をもち、その役割を十分にはたすことができるとき、主権者としてのアイデンティティをもつことができるが、逆に、その役割を十分にはたせなくなるとき、国家との関係において主権者としての自己存在を証明できなくなる。そこで「比例中項」としての政府権力は、主権者の人数が多くなるにつれて、被支配者としてのすべての人々が、国家への帰属意識を喪失し、国家から離反しがちであることを憂慮し、被支配者に対する抑止力を強めることが必要となる。そのとき政府は、どのようにして自己の力を強めることができるのであろうか。ルソーは、政府の権力を担当する人が多くなると、誰がその最終的な決定権を握るかをめぐる争いがその内部で発生し、政府の力は分散されてしまうことになると考えた。そうなると政府は、外部に対する統制力を失っていくであろう。ルソーは、そうならないためには政府の首長をただのひとりにするのが最もよいと信じた。これが、ルソーにおいて王政が要請される所以である。

次に我々は、ルソーが貴族政をどのように説明しているかをみていくことにしよう。彼は、貴族政を①長老政的貴族政、②選挙貴族政、③世襲貴族政の三種類に分け、①から②そして③へ漸次移行していったとみた。彼は、人間が自然状態から市民社会へ自己の生存の場を変えていくにつれて、もはや長老に対する尊敬はなくなり、貴族の地位を富と権力をもつ少数の人々が選挙によって買いとり、最後にその人たちがその地位を一種の世襲財産のように相続していく事態が生じたとみた。長老政的貴族政はもはやなくなり、世襲貴族政が出現してしまった。ルソーはこのような世襲貴族政を絶対に認めない。それは、愚か者でも、全く分別もつかない幼児でも、貴族となって執行権を握る最悪の政府形態だからである。となると、残るは、才能と徳に恵まれた人々が執行権を握る選挙貴族政だけである。こうしてルソーは、「力づよさ」をもった王の政府と「才能と徳」をもった選挙貴族の政府の混合政体を承認するのである。

ではルソーは「存在するもの」としての混合政府形態を、どのようにして一般意志のもとに置くのであろうか。人民全体は、代議制システムと混合政府形態を採用することをあらかじめ国家の基本法として採択する。しかる後にその基本法に従い、人民全体は、代議制と混合政府をつくり、その代議制を通し、各々の選挙基盤から国会へ送りだす代議士を選出する。選出された代議士たちは、彼らの間で執行権を掌握する人々（貴族）を、選挙をとおして選びだす。最後に執行権を司る人々は、政府に与えられた権利として、彼らのなかから、一人の行政首長つまり王を、選挙あるいは世襲政のいずれか一方を選択する形で（もちろん、どちらを採用するかは、あらかじめ基本法によって定められている）もつことになる。混合政府形態の利点は、王を含めて政府の構成員全体を、人民の代表者全体が直接選べることにある。代議士たちは、政府エリートが在職中に悪政を被支配者に強いた場合、選挙をとおして①現在の政府形態を維持することを希望するか、②現在の政府権力の主体を自己の頭上に戴くことを希望するかという二つの提案を国会に上程し、選挙をとおして採択し、彼らを権力の座から引きずりおろすことができる。このような政府形態は、「議院内閣制」(8)に似た政治システムとして機能するであろう。選挙で選ばれた貴族とは、つくられた貴族という意味をもつ点で、形容矛盾的な存在であるが、彼らは結局人民の側に立つしかないであろう。こうなると混合政府形態は、代議士の政府権力に対する牽制力を媒介として、一般意志が実現される、最もよい政治システムとして評価されるであろう。

こうしてルソーは、『社会契約論』において、広大な領土を有した国家においては、一般意志は立憲君主政国家をとおしてしか実現されえないであろうと考えたことは確かである。『社会契約論』は、「存在するもの」としてのイギリスの特権階級の「寡頭政」たる立憲君主政国家の政治システムを、「存在すべきもの」としての一般意志すなわち民主主義によって変革しようという目的から書かれた著作であった、といってもよいと思われる。

ルソーは、一般意志による「政治的統一」を達成する手段として、イデオロギーたる「市民的宗教」なるものを提起した。その教義は、国家構成員全体の保存を目的に掲げる。周知のように、近代人マキアヴェリの国家論は、「国家理性」の視点から書かれた。それは、国家の保存・維持・拡大を徹底して教える。ルソーもまた、共和主義的な「国家理性」の理論的影響下で、一般意志の国家論を構築したのである。このような国家理性は、国民的自覚の高揚を背景として生まれ、その自覚は、他国からの民族独立と統一を人々に促す。サミール・アミンが『階級と民族』で述べたように、イギリスの絶対主義国家は、そのような分離と統一のスローガンたるナショナリズムを、「イギリス国教会の設立」という宗教的イデオロギーに粉飾したうえで、押し進めた。ルソーは、ホッブズの『リヴァイアサン』を媒介として、「イギリス国教会主義（Anglicanism）」(9)から「市民的宗教」のヒントを得、それを国民統合のイデオロギーすなわちナショナリズムの先駆的形態として我々のまえに披露したといってよかろう。

注

（1）J・J・ルソー、『社会契約論』、前掲邦訳、四二頁。

（2）同書、一三三頁。

（3）同書、一三六頁。

（4）同書、一三三頁。

（5）ドラテは、『社会契約論』の「人民の使用人」と、のちに述べる『ポーランド統治論』の「代表者」とは一致するという（Robert Derathé, Rousseau et la science politique de son temps, *op. cit.*, p. 74）。

（6）Richard Fralin, Jean-Jacques *Rousseau and Representation*, New York, Columbia University Press, 1978, p. 2. 人民主権の本質は、支配と被支配の自同性つまり自治であり、それゆえに、それは他者に譲渡されることも他者によって代表されることもできない。にもかかわらず代議士を認めるならば、代議士の「権限の範囲」は選挙人団体の意志決定に正確に従属させられねばならない。法案を批准するか否かを決定する権利をもつ人民は、代議士が議会で「投票する権利」によって採択した法に対して、事後異議があるならば、それに対して反対の意志を表明することができる。一種の「人民拒否の制度」（杉原泰雄、『国民主権の研究』、岩波書店、一五四頁）である。その権利は、命令的委任の制度下で代議士解任の権利を認める『ポーランド統治論』とは異なる。

（7）連比の理想の形態は、もちろん1：1＝1：1、つまり、たったひとりロビンソン・クルーソーの完全自治であろう。

（8）選挙貴族政は、ヴォーンによれば、「内閣制（cabinet government）」的なものを指している。彼は、選挙貴族政の賛美は、当時のジュネーヴ共和国当局者の感情を宥めるために、ルソーによってなされた（Charles E. Vaughan, The Political Writings of Jean-Jacques Rousseau, *op. cit.*, Vol. I, p. 36）。しかし、当時ジュネーヴ共和国は、立法集会たる「総会」と政府たる「小評議会」から成り立ち、『社会契約論』で展開された選挙人団体—国会—政府の垂直的権力分立の国家構造をもたなかった。それゆえに『社会契約論』の国家モデルは、ジュネーヴ共和国からつくられたとはいいがたいともいわれる。近代立憲制の基礎は、ラスキによれば「民権令」（一六八九年）、「王位継承令」（一七〇一年）によってつくられた。ここで王権は、立法権に従属することになった。議会は毎年招集されることになり、「大臣の責任」が確定された（ハロルド・ラスキ〈堀豊彦、飯坂良明訳〉、『イギリス政治思想史Ⅱ』、岩波現代双書、一一一頁）。『社会契約論』は、イギリス立憲君主政国家の改革のためにではなく、ジュネーヴ共和国改革のために書かれたとする説がある［小林淑憲、「内乱後のジュネーブ共和国と『社会契約論』」政治思想学会『政治思想研究』第一号（二〇〇一年五月）所収］。

（9）サミール・アミン（山崎カヲル訳）、『階級と民族』、新評論、一一九頁。ナショナリズムを最初に提唱した人物は、マキアヴェリであるとする解釈がある（Maurice Cranstons, The Roots of Nationalism, in : *Annales de philosophie politique*, Vol. IX, (1969), p. 64）。

第三節　『ポーランド統治論』──ポーランド王政国家の変革──

イマヌエル・ウォーラースティンの『資本主義世界経済』によれば、資本主義世界経済は、「極大利潤の実現を目的とする、市場での販売向けの生産」をその本質的特徴とする。この生産様式は、一六世紀からヨーロッパにおいて現れた。ウォーラースティンは、世界資本主義経済システムは、中心、半周辺、周辺の垂直的な経済的分業体制から構成されているとし、「インターステート・システム（inter-state system）」[(1)]がそこからつくられ、諸国家の存続は、それによって拘束されると規定した。中心は、当然に強力な国民国家を形成し、それに反して周辺は、中心の経済的な余剰利潤の搾取のために支配され、強力な統一国家をつくることを妨げられる。中心と周辺とは、開発と低開発の関係として構成される。

いうまでもなく近代の国民国家は、国民と国家という異なった言葉から合成されている。「国民」とは、「非政治的同質性」[(2)]をその内に秘めているとされるが、そのようなものは、実体としては存在しない。それは、イデオロギーとして存在するだけである。国民国家は、他国との関係においては、「国民的自決（national self-determination）」の権利をもつとされる。ルソーは、この国民主義を『ポーランド統治論』で展開したのである。国民主義は、ヨーロッパ中世の封建体制がもつ、狭い地域への「郷土愛（Heimatliebe）」から、国民国家という広大にして「抽象的実体」への自己同一化を介して生まれる。そして国家の自己化は、デモクラシーをとおして生まれるのが自然である。こうしてルソーは、解放のイデオロギーとしての国民主義とデモクラシーとの密接不可分の関係を初めて直視した政治哲学者として登場したといってよかろう。

一八世紀のポーランド王国は、いま述べた低開発国として、第三世界的立場に置かれて「中心」の搾取下にあり、それをはねかえす強力な国家をもたなかった。ルソーは、迫りくる列強のポーランド分割による国家解体の危機から守るために、ポーランド王政国家を一般意志によって統一させなければならないことに気づいたのであった。ポーランド王政国家は、国家解体の危機に臨んで、政治的統合のイデオロギーとして、国民主義をもっているのであろうか。ルソーは、『ポーランド統治論』において、「国民（nation）」、「祖国（patri）」、そして「市民（citoyen）」なる概念を提起した。「国民」を、ルソーは『ポーランド統治論』で、次のように述べた。「自分の民が他の国民の間に溶けて消えてしまうのを防ぐために、他の民族のそれとは相容れない習俗と習慣を彼（モーゼ——引用者）はその国民に与えたのだった」(3)と。ルソーは、ユダヤの民の例を出しながら、一方の国民を他方の国民から区別するメルクマールは、その国民が所有する非政治的同質性としての宗教観に求められるべきである、といった。ある国民の資格は、人々が他の人々と一定の空間に共存することから必然的にでてくるのではなく、同じ宗教観を共有することから生まれる、というのがルソーの考えであった。ルソーは、ポーランドにおいては、「国民」とは、ローマ・カトリックを共通の信仰として集まる集団であると考えたのであった。彼の場合、ポーランドの国民主義とは、カトリック的イデオロギーであったのである。

では「祖国」とは、いったい何か。ルソーは、それを、国民意識を根底から支える器、つまり政治的な「制度」と捉えている。ポーランド人は、王国をもっている。しかし彼らは、そのような国家を自己化し、それに一体化することができるのであろうか。「国家それは我々である。」ということができるとき、それは可能となる。支配と被支配の相互的・同一関係的存在を意味している一般意志とは、結局「我々」でしかない。ポーランド人は、一般意志的存在となったとき、祖国をもち、そして、それに自己を一体化できるであろう。しかし、ポーランド王国は、一般意志が支配する国家では断じてない。

ポーランドの民衆にとり、「国家それは彼らである」。ポーランド人は、各自が一般意志的存在つまり「市民」であると同時に「臣民」となったときのみ、国家を自己化できる。人々は、国家のなかでその国家の運命を左右する決定権を握ったとき、強力な国民意識をもつであろう。デモクラシーは、こうして国民主義をささえるエネルギーとなるであろう。

それでは、ポーランド人は「国民」なるものを統一する一般意志の国家、つまり祖国を我がものとしているのであろうか。ルソーは、そのような国家と、それを運営する主体は、全然存在しないと考えていた。そこからルソーは、一大苦境に陥ったポーランド王国を凝視したとき、「国民精神」を養成するためには、まず「国家の改造（reformation d'Etat）」から手をつけるべきであると考えたのであった。偉大な立法者が国家構造を変革すれば、必ず人々はその後に国民精神に目覚め、そして、それに従って行動すると、ルソーは信じたのであった。

繰り返し述べたように、ルソーは「存在するもの」としての所与の国家を介して、その国家を、一般意志を実現する国家に導いていこうとした。当然のことだが、ポーランド人はポーランド王国の内部から、国家改造の契機を発見しなくてはならない。ルソーは、ポーランド国家の改造案を提供するまえに、ポーランド王国の置かれた客観的状態を冷静に眺める。ポーランドは、ヨーロッパ諸列強のポーランド分割策によって、まさに国家解体の直前にあり、やがて消え去る運命にあった。ポーランドは、一般意志をとおして国家を保存することができるであろうか。

その問題を考えるまえに我々は、ポーランド王国は現にどのような国家構造を有しているのかを検討しなければならない。ルソーは、『ポーランド統治論』において、ポーランド王国が課せられた緊急の政治的課題を、次のように述べている。「はじめから空想的企図に身を投ずることは、できれば避けることにしよう。諸君、どういう企てが、いま諸君の関心の的なのか。ポーランド統治を改革しようという企て、すなわち、一つの大王国の政体に、一小共和国のそれが持つ堅固さと活力を賦与しようという企てである。この計画の実行にとりかかるまえに、まず、成功の可能性のあるなしを見なければなるまい」(4)。「大王国の政体」とは、もちろん現に存在するポーランド王国のことだが、その政体を「一小共和国のそれ」、つまり一般意志によって作動させようとするのが、ルソーの狙いであった。問題は、ポーランド王国は、一般意志を実現する条件をはたしてもっているのかという点に求められるであろう。

ルソー自身の言葉によれば、ポーランド王国においては、「ポーランド民族は三階級より構成されている、すなわち、すべてである貴族と、何者でもない商業市民と、それ以下の農民である」(5)。当時のポーランドの全人口は、約一千万人であり、その総人口の九〇パーセントは、無以下の存在である「農奴」と、経済力はあるが、政治的決定機構に参加する権利をまったくもたない「ブルジョワジー」であり、(西欧では貴族は土地所有者であったので、その数は極端に少なかったが、ポーランドでは土地をもたない者も貴族に列せられたがゆえに) 残りの一〇パーセントもの貴族がいたともいわれ、彼らだけが国家活動に参加し、政治的決定を下す権利をもっていた。

それではポーランドの国家構造はどのようなものであったか。ポーランドは、三三の諸州から成り立っていた。各州は、「州議会」をもち、この州議会の構成員は、すべて「騎士階級」としての貴族である。貴族階級は、選挙による一人の「王」をもち、王の任命による「州行政長官」をもっている。各州議会は、中央議会としての「国会」に自己の代表者として「国会議員」を選出する権利をもつ。国会は、各州から選出され、各州を代表する国会議員から構成されるのに対し、すべての元老院議員は、王によって任命される。国王は、元老院議員の資格をもつ三四名の「行政長官」と、三四名の「一等要塞司令官」のなかから、「選挙」をとおして選出される。元老院議員たちが、王の候補者の資格をもつことになるのである。国会議員は、王と一緒に立法権をもち、しかも六八名の元老院議員から選ばれる王の地位は、世襲制ではなく、一代に限って認められる。

ルソーは、ポーランド国家における主権をいったいどこに帰属させようとするのか。彼は、それを、中心部の諸国に販売する換金作物を無以下の存在たる農民に強制的につくらせていた地主階級たる貴族の集会、つまり州議会に帰属させようとする。だがルソーが、『ポーランド統治論』で、「巨大国家のもっとも大きな不都合の一つ、そこで自由をもっとも維持しがたくしている不都合は、立法権がそれ自身では示されず、代表によってしか作動しえないということである」(6)といっているように、ポーランド王国のような広域国家においては、貴族階級は、直接的に主権を行使することはできない。それゆえに地方議会たる各州議会は、代議士を中央議会たる国会に送り込み、自己の意志を代弁させ、主権を行使するのである。

だが代表者は、往々にして勝手な行動をとりがちである。そこでルソーは、代表者をコントロールするための具体的な改革案を出す。ルソーは「国会開催中に、ある法が定められたら、後者（州議会――引用者）にさえ私は抗議の権利を認めない」(7)と述べているように、州議会は、国会の議員たちが法を制定する行為に対しては、絶対的に従属しなければならないと考えているが、にもかかわらず州議会には、国会が制定するいかなる法に対しても、永久に服従する義務はないといい切る。ルソーが「何が立法の権威を維持してきたのか。それは、立法権者が絶えず存在したことである」というように、主権者は、主権者として、自己の役割を認識し、果たさなければならない。つまり州議会は、たえず国会における議員たちを監視しなければならない。州議会がそれを怠ると、代表者たちは、州議会の意志に反する行動をとることになる。そこでルソーは「自由の機関を隷属の道具に変えるこの恐ろしい悪を、予防する二つの方法」(8)なるものを提案する。すでに『社会契約論』で表明されていたことだが、第一に、「国会の頻繁な開催」であり、第二に、「代表者に、彼らが選挙人から受けた指示に正確に従うよう強いること、そして国会での彼らの行動を選挙人に報告させること」である。

特に第二の方法は、これを欠いたイギリスの経験の総括から、特に重要とされた。代議士が、彼らを選んだ選挙人の「訓令（instructions）」に従うこと、それを具体的に義務づける制度として、選挙人への代議士の活動報告は、自由を保障する機関たる国会が専断的集団に転落するのを防止するために必要である。後に「命令的委任（mandat impératif）」という言葉で有名になったこの制度は、人民が主権を具体的に保有するための装置である。州議会議長あるいは、議会の構成員によって選出された者たちによって作成された国会議員への命令書は、「招集回覧状」として、彼らに手渡される。州議会は、自己が選出した代議士たちが、自己の訓令に背く法を制定した場合には、「報告州議会」が開催された期間中に、その代議士を罷免する権利を行使することができる。こうしてポーランドにおいては、州議会が国会に対する牽制力を保有することによって、一般意志が実現されるはずである。

我々は今度は、ルソーが、執行権を、立法権がどのようにして統制しようとしているかを見ていこう。ルソーは次のようにいう。「立法権力がポーランドで維持されてきた第二の方策は、第一に、行政権力の分割であり、そのおかげで、それを預かる者たちが立法権力を抑圧するために一致して行動することが妨げられたのである。そして第二には、この同じ行政権力がさまざまな手にしばしば移行したことであって、そのために、全体系が簒奪の憂きめに遭わずにすんだのであった。各王はその統治の間、いくぶんか専制権力への歩みを進めてはいた。しかし後継者の選挙が、彼にその歩みをさらに追求させる代わりに、後退することを余儀なくさせた。そして、王たちは各々あの支配の開始にあたって、種々の「協約」のせいで、みな同一点から出発せざるをえなかった。その結果、例の専制主義へ向かう傾向にもかかわらず、実際上いかなる進歩も見なかったのである」(9)。

立法権との関係においてみた場合、執行権は、一面もちろん立法権よりも弱いほうがいい。執行権は、王と大臣、高位高官の手に分有され、かつ、それが同一者の手には決して独占的に所有されない。そのことが、執行権が専制的にならなかった理由であったが、他面、執行権がもろもろの人々に担われ、かつ、それが転々とし他の人々に渡るならば、立法権者が制定した法を、執行権者が忠実にかつ正確に執行することはできない。そこでルソーは、執行権を統制する方法を次のように述べている。「執行権が強力かつ健全で、その目的に正しく添うためには、いっさいの執行権が同一の手に握られていなければならない。しかし、この手が交替するだけでは十分でない。できることなら、それが主権者の眼の届くところで働き、それを導くものが主権者でなければならないのだ。これこそ、それが主権者の権威を簒奪しないための秘訣なのである」(10)。その意味で執行権は、国会の管理・監督下に入らなければならない。まさに一般意志は、国会（最終的には州議会であろう）が政府権力を監視下に置くことで実現される。

ところが前述したように、ポーランドにおいては、立法権と執行権とは、互いに他を打ち負かす力もなく、無関係に存在している。ポーランドは、国家解体を目前にして、意志と力の統一体として存在していない。そこでルソーは、「国家理性」の立場から、一般意志の主体としての立法権者が、被支配者を支配する政府権力をコントロールしなければならないと考えた。問題は、それを実現する政治的システムが、ポーランドにあるかという点に求められるであろう。ルソーは、そのようなものは存在しないと見ている。

そこでルソーは、元老院に眼を向ける。ポーランド王国において、元老院は立法権を所有しているが、ルソーは、元老院からその権利を奪いとり、そのかわりに元老院を執行権の主体としようと企てる。現実には、すべての元老は王によって任命される。この任命権が王に帰属しているかぎりは、元老院は、立法権者の意志を実行する「責任内閣」的な存在となり、王とその側近が行使する執行権を牽制する、従属権力とはなりえない。ルソーは、元老院を立法権者の支配下に置くためには、元老たちを王が選ぶのではなく、国会あるいは各々の州議会が、元老院のメンバーに欠員が生じたとき、そのメンバーとなるべき者たちを推薦し、その後国会がそのなかから厳選し、その者を最終的に王が選択する、元老院議員選出システム改革案を提案した。しかも彼は、元老の地位は、終身制ではなく、一定の在職期間を設けて選出されるべきであるという案を提起した。ルソーは、立法権者が任免権を手中におさめることをとおして、貴族政と民主政の一種の混合政体の一翼を担う元老たちを、自己のコントロール下に置くことができると信じたのである。

周知のように、近代の国民国家は封建的割拠を克服した絶対主義国家の形成とともに現れた。この国王たる絶対君主は、国内的統一を達成するために、自己の敵であった封建領主階級を支配下におき、勢力を伸ばしつつあったブルジョワ階級と同盟しなければならなかった。国王の権力を正当化する基盤は、中央議会であった。国王は、議会をとおして国内を支配していくのである。いうまでもなく、ポーランド王国は絶対主義国家ではなかった。国王は、世界システム下で中心部に換金作物を搬出する地方の資本家たる、地主貴族を統制できなかった。各々の州議会を拠点とした貴族は、国王の中央議会に反抗した。そのためポーランドは、国王の下に統一的な国民国家をつくり、対外的独立を実現することができなかった。このような地方の地主貴族と中央の権力との力関係を考慮に入れるならば、ルソーが『ポーランド統治論』で行った提案、すなわち中央議会と王を州議会の支配下に置くという政治制度の提案は、ポーランド国家を統一に導くどころか、むしろますます無政府的な解体に追い込みかねないものであった。それは、たとえ実施されたとしても、失敗する運命にあったといえよう。

注

（1）インターステート・システムとは、ウォーラーステインによれば、「諸国家がそれに沿って動かざるをえない一連のルールであり、諸国家が生きのびていくのに不可欠な合法化の論拠を与えるものである」（イマヌエル・ウォーラーステイン〈川北稔訳〉、『史的システムとしての資本主義』、岩波書店、七二頁）とされる。
（2）Anne M. Cohler, *Rousseau and Nationalism*, New York, Basic Books, 1970, p. 4.
（3）J・J・ルソー（永見文雄訳）、『ポーランド統治論』、『ルソー全集』第五巻所収、白水社、三六五頁。（以下、『ポーランド統治論』はすべて白水社発行の『ルソー全集』から引用）。当時のポーランドの政治制度については、永見氏の解説を参考にした。ルソーは、ポーランド国家の解体は不可避であることを知っていた。彼は、国家喪失後もユダヤ教のもとに国民的意識をもっているユダヤ人を模範として、宗教を国民の本質的内容として置いたといえよう。その点については、ドラテの以下の文献を参照。Robert Derathé, Patriotisme et nationalisme au xviii siècle, in: *Annales de philosophie politique*, Vol. 8 (1969), p. 76.
（4）J・J・ルソー、『ポーランド統治論』、前掲邦訳、三八一頁。
（5）同書、三八三頁。
（6）同書、三九〇頁。
（7）同書、三九二頁。
（8）同書、三九〇頁。
（9）同書、三八七頁。
（10）同書、三八九頁。

第四節　一般意志――「存在するもの」としてのすべての不平等国家の打倒――

『社会契約論』は、政治的ユートピアの宣言であり、『ポーランド統治論』は、それに対して政治的リアリズムの表明であるといわれる。ところで、ユートピアとリアリズムとは、互いに他を絶対的に排斥する観念なのであろうか。カール・マンハイムは、『イデオロギーとユートピア』で、ユートピアを次のように規定した。「特定の既存の段階からみれば現実化することができないように思われる」(1)思想であると。彼は、それを「相対的ユートピア」という。したがって、それを担う集団が、特定の現存秩序を破壊すれば、ユートピアは現実化される。ユートピアは、マンハイムがラマルティーヌの言葉をかりて表明しているように、単に「時期尚早の真理」であるにすぎない。将来現実化される思想たるユートピアは、その実現条件を、現実の場から探さざるをえない。換言すれば「存在すべきもの」は、「存在するもの」のなかから実現するほかはないのである。

ルソーは、「存在するもの」に注目しなければならないという点を、彼の先輩モンテスキューから学んだ。モンテスキューは、彼の作品『法の精神』で、政体論を展開しているが、それを彼独自の自然史主義的方法を駆使することで成し遂げた。彼は、空間に位置づけられた様々な政体の構造とその機能を相互比較のもとに観察し、そこに存在する「法則」を発見していく。しかる後に彼は、この法則をすべての現象に適用していく。彼は、演繹法と帰納法を循環的に採用したのである。彼は、このようにすれば、すべての現象を説明できると考えた。それゆえに彼は、『法の精神』の序文で、「すべては今や私の原理に服する」と、自信のある言葉を吐くことができたのである。「変化」をその本質とする「時間」を無視し、単に空間の上で政体の構造とその機能を捉えていく方法から、政体は「事物の諸関係の必然性」から生まれるという結論が導きだされる。

ところがルソーは、モンテスキューの政治哲学がもつ決定論的・宿命論的な傾向を絶対に承認できない。彼は、モンテスキューが「存在するもの」を究明した点を評価したが、それを「存在すべきもの」を実現する場としてつかんでいくことをしなかった点で、『法の精神』は「壮大な無駄」として終わるしかなかったと皮肉ったのである。ルソーにとって、悪そのものでしかなかった所与の国家から、一般意志を実現する条件を見つけるとき、彼が、なぜ歴史を悪そのものと規定したかを推しはかることが必要になる。その点については詳細に述べることはできなかったが、ルソーは、歴史を人間が不平等な人間関係を形成していく過程であると捉えたために、それを悪そのものであるとした。そのため、歴史上現れたすべての国家は、もちろん立憲君主政国家も含めて、正当なものとはみなされなくなる。なぜならば彼にあっては、諸々の国家は、不平等な人間関係を是認し、かつそれを固定化するために現れたと断定されるからである。

そこでルソーは、不平等を固定化するためにではなく、むしろ逆にそれを除去するために、一つの特殊な形態の国家像を我々のまえに提起した。それが、一般意志の国家像であった。一般意志という概念は、内在的構成要件として、支配と被支配の同一性を含んでいる。支配と被支配の同一性という観念は、支配と被支配とが相互的であらねばならないという点において、それ自体「平等」を人々の間で客観化することを狙っている。我々は、一般意志は、現に存在する諸々の不平等国家を平等主義的国家に変革していくという、遠大な革命的意図を内に含んだ国家像であったことを忘れてはならないであろう。

注

（1）カール・マンハイム（鈴木二郎訳）、『イデオロギーとユートピア』、未来社、二〇八頁。

第三章　ホッブズからロックそしてルソーへ――近代政治思想の課題――

第一節　近代政治思想の課題

近代における政治思想の源に遡って行けば、一六世紀の〈宗教改革〉に辿り着く。その後、近代初期（一七〜一八世紀）になると、それは〈市民革命〉という政治闘争の形態をとって現れた。その近代化を推進したのは、民衆であった。近代は民主化闘争の時代であった。近代政治思想の原理は、政治闘争の形をとって現れた一七〜一八世紀の民主化闘争のなかから生まれたが、それが敵と見なした相手は「絶対王政国家」であった。

ところで、その絶対王政国家は自己の正当性の根拠を何に求めていたのであろうか。絶対王政国家は、パウロの『ローマ人への手紙』の第一三章の次の言葉に、自己の正当性の根拠を求めた。「すべての人は、上に立つ権威に従うべきである。なぜなら、神によらない権威はなく、おおよそ存在している権威は、すべて神によって立てられたものであるからである。したがって権威に逆らう者は、神の定めにそむく者である。そむく者は、自分の身にさばきを招くことになる」(1)。「国王」は、「上に立つ権威」の上を自己に置き換え、自己の権威は、神に由来すると強弁し、さらに続けていう。神は、国家権力を、アダムとイブの直系の子孫でありかつ嫡男の国王とその子孫に与えたと。これは、絶対王政国家を、アジア的な〈血縁支配の論理〉を介し正当化したものであろう。国王は、このような支配原理をとおして被支配者としての民衆を縛ってきた。

王の政治権力は、神から直接王に与えられたとする王権神授説は、ローマ・カトリック教会に対する反抗の側面を有している点で、一七世紀の初期国民国家としての絶対王政国家形成期にあっては、一定の前向きの役割を果たしたといってよい。しかしながら一七世紀から開始され、一八世紀にその頂点に達する近代市民革命あるいはブルジョワ革命は、このような絶対王政国家の支配原理である王権神授説を粉砕し、それとは異なる政治原理を産出した。それが〈社会契約論的国家形成論〉であった。それは、国家権力が神から王に与えられその子孫が代々それを継承すると説く〈王権神授説〉ではなく、国家権力というものは、社会を構成する自由で平等な個人の「合意（convention）」により創設されるという政治理論であった。民主化という波のうねりは止めようもなくなってきた。近代市民革命期の市民政治理論は、一八世紀のディドロ（Denis Diderot）により「世界の自然権」と呼ばれた「人権」思想を生みだし、その論理は今や普遍化しつつある。問題は人権とはいったい何かであろう。結局、人権とは自由から成り立つであろう。そこで我々は、これから近代市民革命を導いた社会契約論的国家形成論と、その国家形成の目的となるものを、自由、平等、自然法そして社会契約の関係から、特にホッブズとロックそしてルソーの政治思想に焦点をあわせながら見ていくことにしよう。

注

（1）パウロ、「ローマ人への手紙」、『聖書』所収、日本聖書教会（口語訳）、二五〇頁。

第二節　ホッブズの政治思想

①自由と平等

社会契約説の起源は、古代ギリシャの「アンティフォン（Antiphon）」あるいはプラトンの義兄の「グラウコン（Glaucon）」にまで遡ることができるといわれるが、近代になって初めて本格的な社会契約論的国家形成論を説いたのはホッブズであり、後のロックとルソーはホッブズの影響の下に自らの政治思想を構築した。ホッブズは、人口に膾炙する「戦争状態」としての「自然状態」なるものを提起した。

ホッブズは、人々が戦争状態にある理由を、物資が各自を養うほど豊富にないことに求めた。人々は、当然少ない物資をめぐって争うことになる。彼らは、争いの最中に、他人の生命を奪い、あるいは遂に他人により殺害されることもありうる。ホッブズは、他人を殺害する「力」を「自然権」と呼び、また「自由」と規定した。結局自由とは、彼の場合、〈他人を殺害する能力あるいは権利〉を指していた。それではホッブズは、平等をどのように捉えたのであろうか。「平等」とは、各自が他人を殺害する自由を相互的にもつことを指していた。

②自然法

古代ギリシャのストア派哲学者により考案された「自然法」は、中世のキリスト教神学者を経由し、近代まで伝えられた。アジア的なストア派の哲学は、天体の運行法則を意味する宇宙の「理（logos）」を自然法としたが、その意味でストア派の自然法観は、一種の「宇宙義論」である。宇宙義論とは、人間の悪に対し、宇宙の義しさを説く説であり、その典型は古代インドのバラモン教に遡ることができよう。中世の神学者は、ストア派の哲学者の宇宙の理を、「永久法」という言葉に置き換えながら継承し、自然法を永久法の縮小コピーと見た。それにもかかわらず中世の神学者は、自然法を、人間に外在し、かつ人間から超越する規範と捉えたことでは、ストア派哲学者と同じであった

これを分かりやすい例をひき説明すると次のようになる。映画館の「映写技師」は、自己の写したい「フィルム」を、「映写機」をとおし「スクリーン」に写すが、「映写技師」に相当する「神」は、「フィルム」つまり「永久法」を、「映写機」つまり「神的理性」を介し、「スクリーン」つまり「人間内部」に写しだすが、中世の自然法は、スクリーンに写しだされたその「映像」を指している。その意味で人間は神的理性の「似絵」となるのである(1)。ところが、近代の自然法は、純粋に人間内部から導出される法に変換されてしまった。先に触れたような特質をもつ中世自然法を、近代のホッブズは否定してしまい、自然法を単なる理性的推論能力としてしまったのである。人間は、理性的推論能力を指す自然法により、戦争状態を揚棄し、平和な状態をつくろうと冷静に計算するが、結局計算し切れず無力感を味わうしかない。

注
(1)　土橋貴、『自由の政治哲学的考察』、明石書店、五七頁。

③社会契約

他人を殺害する権利としての自由と、その自由の相互承認という意味をもつ平等を前にして、理性の法たる自然法は無力でしかない。人々が、自然権と規定された自由を平等に発揮すればするほど、逆に人間本来の目的である生命の保存に失敗してしまうことになりかねない。これは自己矛盾である。ホッブズによれば、人々はこの矛盾を自らの力では解決できない。となれば人々の選択肢は、次の二つに限定されるであろう。つまりこのまま破滅の道を突っ走

るか、あるいは矛盾の解決を他の者に委ねるかである。ホッブズは、人々は解決の方法を第三者に任せるしかないであろうと考えた。

そこで人々は、自由、平等な立場から、社会契約を締結する。それはどんな契約かというと、他人を殺害する権利としての自由とその自由の平等を、社会契約締結を契機に現れる「地上の神」といわれる「リヴァイアサン」に放棄し、そのかわりにリヴァイアサンが各自の生命を保証するという契約である。先に触れたように社会契約論は、古代ギリシャの哲学者にまで遡る。プラトンの義兄のグラウコンは、プラトンの『国家』で、次のように述べたとされている。「人々はこう主張するのです。——自然本来のあり方からいえば、人に不正を加えることは善（利）、自分が不正を受けることは悪（書）であるが、ただどちらかといえば、自分が不正を受けることによってこうむる悪（害）のほうが、人に不正を加えることによって得る善（利）よりも大きい。そこで、人間たちがお互いに不正を加えたり受けたりし合って、その両方を経験してみると、一方を避け他方を得るだけの力のない連中は、不正を加えることも受けることもないようにお互いに契約を結んでおくことが、得策であると考えるようになる。このことからして、人々は法律を制定し、お互いの間の契約を結ぶということを始めた。そして法の命ずる事柄を『合理的』であり、『正しいこと』であると呼ぶようになった」(1)。不正を相互に防ぐために契約を交わし、この契約から正義が生まれる。正義は作為の産物なのであり、自然的には存在しない。この正義観は、社会契約論的国家形成論を展開した近代のホッブズとルソーによって、再び浮上することになる。

人間は、他人を殺害する権利としての自由と、その平等所有を「主権者」（一人の人間あるいは一合議体）に全面的に放棄し、そのかわりに主権者から、主権者を前にした「無力な平等」の地位を与えられる。「公共の人格（public person）」の主体としてのリヴァイアサンは、個人を「私人（private person）」の領域に追いやり、彼に「公共性」の判定権を与えない。

個人は巨大なリヴァイアサンに呑み込まれ、〈抵抗する権利〉を奪われてしまう。このような国家は、普通平等選挙権をとおした大衆の政治参加により出現する国家権力が、一転して大衆を徹底的に抑圧する「イリベラルデモクラシー（illiberal democracy）」国家の先駆的形態と見てよかろう。

注
（1）プラトン（藤沢令夫訳）、『国家』（上）、岩波書店、一〇六頁。近代国民国家の構成原理としての「社会契約説」については次の文献を参照。福田歓一、『近代政治原理成立序説』、岩波書店。またホッブズ、ロック、ルソーの社会契約説の「原理を批判的に復元することによって、その意味と限界を考察することを目的」とする、関谷昇の『近代社会契約説の原理——ホッブズ、ロック、ルソー像の統一的再構成——』（東大出版会）を参照。

第三節　ロックの政治思想

①自由と平等

先に述べたように、ホッブズは自由と平等にネガティブな評価を下したが、ロックは逆にそれらをポジティブに解した。ロックもまた自然状態なるものを設定するが、それは戦争状態ではない。彼のいう自然状態とは、人間各自が穏やかな「相互扶助（mutual assistance）」の関係にある状態を指している。ロックは、自由を一種の自己支配権と捉え、また平等を自己支配権の相互性の意味にとった点では、ホッブズと似ているといえよう。だがこのような自由・平等は、自然状態下では、ホッブズのように他者の自由・平等と衝突することはない。問題はなぜ衝突しないかであろう。それは、ロックが、人々が勤勉な労働を介して自然に向かえば、自然が豊かな恵みを返してくれると見ていたからであろう。その意味で、自然状態は戦争状態ではない。ロックは、人間を「財産権」の主体としたが、人間はこの財産権保存の自由な判定権者であり、その意味での自由を、相互に、つまり平等に所有するのを承認される存在なのである。

②自然法

自然法を個人に内在する理性の法と見ていたことでは、ロックもまたホッブズ同様、近代的な自然法論者であった。この自然法は、財産権保存の自由が相互に保証されているかどうかを監視する「倫」（＝集団）の「理」（＝法）として、人間各自に内在する。しかもロックは、自然法が、現実的に自然状態を統制していると考えた点で、ホッブズの自然法とは異なるのである。ホッブズは、推論能力としての自然法を、確かに人間に内在するが、無力な規範としてのみ存在すると見たが、ロックは、自然法を自然状態において現実に機能していると見たのであった。ところでロックの自然状態は、一種の共産主義的な状態であった。人間は、そこでは自己の労働により自然を加工変形し、そこから自然の恵みをひきだしていく。自然状態下では、財産権保存の条件が、万人に等しく与えられているという意味で、〈条件の平等〉が存在する。しかしこのような自然状態は永遠には続かない。なぜだろう。ロックによれば、人間が理性に基づく労働により、自然から生産物を獲得していくのだが、そのなかで人間の能力に差があるかぎり、収穫物の量に差が出てくるのは自然であり、そこから物に対する争いが各自の間に生まれるのは当然のことだからである。

当然人々は、労働の果実である生産物をストックするであろう。そこで問題となるのは、人間は無限に生産物をストックすることが神により承認されるのか、ということである。ロックによれば、神はそのようなことを許し給わないであろう。というのも神は、人間が、蓄積した物を他人に提供して役立たせるのではなく、手元で無駄に腐らせてしまうことを、決して許さないであろうからである。そこから個人の所有の限界は「腐敗（spoil）」に求められることになる。

ロックは、このように自然法によって所有権の限界を弁証するが、しかし同時に、「貨幣」を持ち込むことによって、以下のように無限の所有を弁護する。すなわち、手元にある物を、腐らない貨幣と交換し、これを蓄積することは、自然法によって許されると。ここから相互扶助の自然状態は、崩れていかざるをえなくなる。労働により自然から収穫した物を〈市場〉のなかで、他人の貨幣と交換することにより、裕福になる者と脱落していく者の二極分解の現実が現れ、そこから豊かな者と貧しい者が対立する関係がでてくることになる。やがて相互扶助の関係は消え失せ、抗争関係が生ずる。自然状態に存在した〈条件の平等〉は、より一層の貧富の差を拡大再生産する〈機会の平等〉に席を譲り、最後に戦争状態を招いてしまったといえよう。

③社会契約

ロックによれば、後のルソーとは異なり、豊かな者は貧しい者から、所有権の自由と平等を保存するために、富める者だけで一つの権力をつくりだそうとする。財産所有者たちは集まり、一つの社会契約を結び、強力な「国家権力」を創設する。それがロックにより、「政府」と呼ばれるものである。社会契約により創設された国家は、ただ一つの役割、義務を課せられる。財産権保存の自由と、その自由の平等の相互性を防衛することだけである。

だから国家がその義務に背き、個々人の自由と平等を弾圧すれば、個々人は、自己支配権としての自由により、国家に対し、「抵抗権」を行使することができることになる。抵抗権の承認は、ホッブズの国家論では決して見られない。ホッブズの場合、他人を殺害する権利としての自由、あるいは自然権は、相互の生命の保存を危うくするものなので、国家権力に奪い取られ、再び個人にはもどってこないからである。それでももし個人が国家に楯突くのであれば、その行為は、ホッブズによれば、単なる〈事実行為〉であり、〈権利行為〉ではない。ホッブズの国家論が、イリベラルデモクラシー体制の原型ならば、ロックのそれは、個人がその自由を、立憲主義を通して守ることを認める、近代リベラルデモクラシーの原型といえるであろう。

第四節　ルソーの政治思想

①自由と平等

一七世紀のホッブズとロックは、人間を自由とその平等な主体とした点では同じだが、前者は自由と平等を個人から奪ってもよい権利としてしまい、後者はそれらを一部の者のみが享受できる権利にしてしまった点では異なるといえよう。次の世紀に登場するルソーは、自由を自己支配の権利に、平等を自由の相互的権利と見た点では、ホッブズとロックと同じだが、自由と平等を絶対に他人には譲渡できない権利とした点ではホッブズと異なり、自由と平等を一部の者の権利ではなく万人の権利とした点でロックを越えている。人権思想は、一七世紀のピューリタン革命のなかで革命セクトであり、イギリスのルター派に属した「レヴェラーズ（Levellers）」のリーダーであったレインボロー大佐や、ワイルドマンにより唱えられた。レインボロー大佐は、「パトニー論争」で、イギリス国民の「生特権（birth right）」としての「自由」を、すべての人が等しく所有する権利であると主張した(1)。しかしレヴェラーズは、自由を〈普通平等選挙権〉に押し止どめ、自由の平等所有権を〈普通平等選挙権の平等所有権〉という政治的権利に矮小化してしまった。

ルソーは、決して他者に譲渡できない自由の平等所有権という観念を、レヴェラーズの思想から受容したが、人権としての自由の平等化を、レヴェラーズのように普通平等選挙権の平等所有ではなく、自治権の平等所有に切り換えた点で、レヴェラーズとは異なる。ルソーは、生得権としての自由の平等な所有を、徹底的に論理化していくことになる。その点については第二部第九章第四節で、若干詳しく説明しているが、ここではルソーの『社会契約論』から手短に探っていくことにしよう。

ルソーは、『社会契約論』の第一編第一章「第一編の課題」で、もともと人間は自由なのに「鎖」につながれているといった。そこからルソーは、ホッブズのように、自由か鎖かという問いのたて方をせず、どのような鎖ならば容認されるのかという問いに、問いのたて方をずらした(2)。ではどのような鎖ならばその鎖は正当化されるのであろうか。ルソーは、自由を実現する鎖とは一体何かと問い、〈鎖のなかの自由〉あるいは〈鎖をとおした自由〉の実現であると答える。そこでルソーは更に問う。自由を実現する鎖とはどのような鎖なのかと。悪い鎖は自由を奪ってしまう鎖、つまり人間を他者の従属下に置く鎖であり、善い鎖は自由を実現する鎖であるが、自由を実現する鎖とは、個人の自由を他者に譲渡してしまう鎖ではなく、自由を相互に保証する鎖つまり〈平等化された鎖〉の実現を意味する。人間は、自然の法則という鎖には否応なしに等しく従わざるをえないが、すべての人を等しく縛る、そのような法則に似た鎖を人間の手でつくりだせば、平等化された自由を実現できるとルソーは考えた。それが「法」であり、結局自由を実現する鎖とは、法をとおして生まれる平等ということになろう。それゆえに平等は自由を実現する手段として不可欠なものである。

注

（1）レヴェラーズが自らの政治運動を正当化するために一六四七年一一月三日に起草した最初の「人民協約（Agreement of the People）」の詳しい説明については、次の文献を参照せよ。David Wootton, Leveller Democracy and Puritan Revolution, in: *The Cambridge History of Political Thought 1450-1700*, edited by J. H. Burns with Mark Goldie, Cambridge, Cambridge University Press, 1991, p. 412. ウットン

によれば、人民協約は「不可譲の自然権に基づき成文憲法を獲得しようとする歴史上最初の提案」であったが、それは次の「三つの基本的な原理を具体化した」。三つの基本的な原理とは次のようなものであった。①貧しい人もまた選挙権をもつこと。②代議集会が法を制定し行政官を任命し外交を指導する最高の権威をもつこと。③自然的正義の原理により政府の権力に制約を加えること。一六四七年、独立派は、軍解散を要求する議会に対抗しようとした。そのためには軍隊の内部分裂を阻止しかつ組織を再結集することが、是非とも必要となった。そこで独立派は、パトニーで開催された「軍会議」に期待したが、レヴェラーズが会議の冒頭、「二年議会」、「人民の代表選出権」、「教会と国家の分離」、「人民の権利の平等」、「法治原理」、「君主と貴族院の廃止」を要求する「人民協定」を提出したため、これをめぐり「軍会議」の対立がさらに露呈してしまった。レヴェラーズのレインボロー大佐と同様、ワイルドマンは「統治にとって犯すことができない原則は、すべての統治というものは民衆のなにものにも拘束されない同意があってはじめて成立する、ということである。……それゆえに、この原則に従うならば、選挙権をもたない人が、このイングランドにはただの一人もいてはならないのである」といった〔アレクサンダー・D・リンゼイ（永岡薫訳）、『民主主義の本質』、未来社、一九頁〕。レインボロー大佐とワイルドマンのこのような人民の合意ならびに契約に基づく国家形成という概念は、キリスト者の自発的な結合体としての「教会」という、革命諸セクトの「信仰の論理」の「政治の論理」への転化であった。このことについては、今井宏の『世界の歴史』〔河出書房新社（河出文庫）〕第一五巻第六章第三節（一〇一頁）を参照せよ。レヴェラーズは、政治的権利の水平化（普通平等選挙権の要求）のみを要求したのであり、経済的権利としての財産権の水平化は、「ディッガーズ」（土掘り人夫）あるいは「コッターズ」（掘建て小屋に住む者）によって初めて要求されたことに関しては、松下圭一、『市民政治理論の形成』、岩波書店、一九頁を参照。

（2）J・J・ルソー、『社会契約論』、前掲邦訳、一五頁。以下の文献を参照。中村義知、「ルソー『社会契約論』の論理と心理」、『現代民主主義の諸問題』（秋永肇教授古希記念論集、田口富久治（他）編、御茶の水書房）所収。

②自然法

ルソーは自然法を人間に内在すると信じたことでは、グロチウスから開始された「大陸自然法学派」の自然法観と、またホッブズから開始された「近代自然法観」のそれを継承したといえよう。だが似ているのはここまでである。ルソーは自然法を構成する要素を、双方の学派のそれのように、理性に求めることを拒否する。それに代えてルソーは、自然法の本質を〈憐潤の情〉あるいは〈良心〉という感情に求める。問題はなぜルソーがこのような自然法観を提起したかであろう。ルソーによれば、ホッブズから出てくる、人間関係を律する規範として出現する近代自然法の理性は、無力である。ホッブズによれば、人間は自己保存の欲望という「私益」を追求する主体だが、同時に私益を追求する多くの他者という主体が存在する。人間は、他者との関係下で、「相互扶助」という「公益」を実現しなければならないが、私益と公益は対立し、私益の前に公益は無力である。そこでホッブズは、各自の「理性」により私益と公益の対立を解く道を諦め、「リヴァイアサン」の「権力」により、私益と公益の対立を凍結し、さらに私益を公益の犠牲に供する。ルソーは、理性が私益と公益の対立を解く規範とはなりえないと考えた。だからルソーは、理性ではなく万人が共有する哀れみの情、あるいは良心という感情を自然法としたのであろう。

とはいうもののルソーは、ホッブズやロックのように、人間が自然法により自然的に社会契約を締結し、国家を建設したという考えに賛同することはできなかった。というのは、ルソーによれば、国家は、強い者となった富める者が、弱い者となってしまった貧しい者から、自由と平等を奪うためにつくられたからである。そこでルソーは、万人の自由と平等を実現する国家を、「超歴史的可能性の原理」(ジャン・スタロバンスキー)あるいはユートピアン的な次元で構築しようとする。それが彼独自の社会契約論的国家論であった。

③社会契約

先に我々は、ルソーの課題が〈鎖をとおした自由〉を実現することにあったと述べた。ルソーもまた自由を、ホッブズやロックと同様、自己支配の権利と捉えた。ではなぜルソーは、自由と平等の対立を解く平等主義的自由論を展開したのであろうか。ルソーは、自由が、ややもすればホッブズやロックのそれと同様、放恣に流れやすいと見なし、その放恣を抑制しなければならないことに気づいたからである。放恣を抑制するところから生まれる自由の実現。その方法が先に触れたように、放恣を抑制する鎖としての平等であった。くりかえすと、悪しき鎖は、自由を否定する鎖であり、善き鎖とは自由を実現する鎖である。平等とは、ルソーの場合、〈同一化〉を指している。ではそのような同一化はどのような手続きによって実現されるのであろうか。ルソーはそのことを明確には述べていないが、その手続きは以下の六つに集約されるであろう。①すべての人が、②すべての人に対し、③自己を含むすべての所有物を、④同時に、⑤無条件に、⑥相互的に「譲渡する（aliéner）」ことに。同一性は、上の六つの手続きにより実現されることになる。これが実現されるとすべての者は、すべての者に対して一対一の平等の関係になる。そうなると人間は、個人的従属関係から解放され、これまでのように自由を否定する鎖につながれることはなくなるであろう。

それではルソーはどのようにしてこのような平等を保証するのであろうか。ここで一般意志という概念が導入される。一般意志という理念は、古代の神学者アウグスティヌスにまで遡る。アウグスティヌスは、堕罪以前は、神が、人類全体を救済するという一般（普遍）意志をもっていたといったが、ルソーは、アウグスティヌスの神の一般意志を、民衆の一般意志にポリティカライズする形で、世俗化したのである。一般意志とは〈支配と被支配の相互性〉つまりデモクラシーを意味する。支配と被支配の相互性は、支配者に対する被支配者の従属を廃棄するという意味で、国家の構成員全体に平等をつくりだす。平等を実現する一般意志という制度により、個人的従属関係はなくなっていく。平等の強制という意味を含む、善き鎖の下で、人間は自己支配の主体つまり自由な者となる。

第五節　ルソーの政治思想の意義——人権論の継承と拡大——

これまで述べてきたことを要約しよう。ホッブズは、自由を、自己を保存するために、他者を殺害する権利とし、さらに平等を、他者を殺害する権利の相互承認としてしまい、当然そのような意味をもつ自由と平等を否定してしまったが、ロックは、自由を、財産権保存の判定権とし、平等を、その自由の平等化とし、さらにその判定の権力を指す自由の平等な所有、つまりデモクラシーを、理性をもつ財産所有者階級のみに限定してしまった。ロックは、デモクラシーを、有産者階級のみが行使する権利としてしまったのである。

ロックは、貨幣蓄積の成否により二極分解的な貧富の差を生み出してしまう〈機会の平等〉が支配する場を、戦争状態とした。ロックは、そのような状態の下で豊かになった者が、自分たちの間でのみ自由を享受することができる財産所有者の政治体制像（ブルジョワ的寡頭政）を考案した。ところがピューリタン革命の左派であったレヴェラーズは、「生得権」としての自由を、すべての者が所有する権利であるとすることで、自由を平等化し、さらにそれは普通平等選挙権であると主張した。その意味で、ディドロにより世界の自然権と謳われた「人権」としての自由論は、ロックではなく先に触れたようにイギリスピューリタン革命の左派に属するレヴェラーズのそれに求める方が正しいと思われる。ルソーは自由を生得権と考えている点で、人権思想のパイオニアであったレヴェラーズの延長線上に位置すると思われるが、しかし自由を絶対不可譲の権利とし、さらに自由を実現する〈条件の平等〉（＝支配と服従関係の揚棄）をつくる方法として、代議政体ではなく一般意志、つまり自治の政治社会像を考案したことで、レヴェラーズを越えているといえよう。

一般意志としての自治により、条件の平等を実現し、その平等のなかで自由を享受していくという一八世紀のルソーの政治思想は、やがて二〇世紀後半に、「正義」の「第一原理」を、「平等な自由の原理（the principle of equal liberty）」といった、アメリカの政治哲学者J・ロールズ（現代のロッキアンとも呼ばれるが、実はルソーイストではないかと思われる）の『正義論』のなかで再生するであろうと思われるが、その問題は今後の課題として残るだろう。

第四章　ルソーの『社会契約論』の解読——平等主義的自由論の形成——

第一節　メシアニズムの世俗化

絶対王政国家の時代に叫ばれた「立憲主義的自由主義（constitutional liberalism）」は、古代ローマの「法による支配」に、デモクラシーは、古代ギリシャの城塞都市国家市民たる「デモス（demos ＝ 一定の行政区画に住む住民）」の「自治（autonomial）」にその始源を発する。一六世紀以降出現した世界システムが拡大発展するなかで、一七世紀にイギリス革命が起き、そこではブルジョワ的自由と反ブルジョワ的平等が激しく衝突したが、平等に対する自由の勝利で終わった。ウォーラーステインの『近代世界システム』によれば、一八世紀のフランス革命もまた、世界システムの法則に合うようにイデオロギーをリベラリズムに変える戦いであったが、「資本主義的世界経済内部での反システム革命のはしり」(1)でもあった。世界システムのなかに位置づけると、ルソーの自由と平等の矛盾を止揚する平等主義的自由の政治共同体形成を目指す〈一般意志〉（＝民主化）論は、「反システム革命」の「神話」の先駆的形態と見ることができよう。ところがルソーは、この革命の神話を宗教からつくりあげた。これは、すべての問題は、理性を介してのみ解決することができるとする啓蒙主義哲学に典型的見られる、「極端な主知主義」（K・マンハイム）に対する反動であった、としかいいようがない。

ところでインドでは、古代から現在まで、「宇宙義論」が人びとの心を縛ってきた。その教義は、人間に対し宇宙の義しさを説く(2)のに対し、古代ユダヤ教の『ヨブ記』にその淵源をもつキリスト教的神義論は、人間の悪に対して、神の義しさを説く。どのようにしたら神の義と人間の悪の矛盾を止揚できるかが神義論で語られている。キリスト教神学者は、この矛盾をつくった原因を、人間の自由に求めた。人間は、自由な判断により、善よりも悪を選び、この選択により自ら「救済」の道を閉ざしてしまった。

それでは人間を救済するのは誰か。神学者はいう。神しかないと。古代の神学者アウグスティヌスは、パトリック・リレーの『ルソー以前の一般意志』によれば、神は、原罪以前は、すべての人間を救済する一般意志をもっていたが、原罪後は、特定の人間しか救済しないという差別的な絶対意志つまり特殊意志をもった(3)といった。そうであるにせよ、なぜ神学者は、神義論的矛盾を設定したのか。人類救済を企図するメシアの待望がその背景にあったからである。「メシアニズム」(救世主信仰)は、N・ベルジャーエフによれば、「古代ヘブライ」に淵源を有し、「弁神論の問題の答え」(4)として提起された。神義論的矛盾の設定とその止揚主体を提起したメシアニズムは、近代になると「世俗化」の波に洗われながら、しぶとく生き残る。

近代の幕開けとなった一六世紀、ルターは、宗教の純粋内面性を守るために、宗教から政治を遮断し、マキアヴェリは逆に、後の国家の存続維持拡大を教える、国家理性論の祖型となった権力の論理を追究するために、逆に政治から宗教を放逐したが、そのとき二人は、中世の政治(権力)と宗教(道徳)の統一を解体してしまった。ところが一八世紀のルソーは、分離されたこの二つを再統一する政治哲学を構築したが、彼にそれを教えたのは、ジュネーヴ共和国建設者J・カルヴァンの苛酷な「神政政治(théocratie)」であったろう。我々は、メシアニズムを世俗化し「政治化」した政治革命論を、近代政治哲学者ルソーに見出すことができるだろう。ルソーは、世俗化された弁神論的矛盾を、『人間不平等起源論』で、自然と歴史の矛盾という形で提起し、その矛盾を止揚するメシアを世俗化・政治化し、『社会契約論』で、一般意志の主体である民衆に求めた。

問題は、ルソーが神義論的矛盾の対象とした自然と歴史という言葉に、どのような内容を入れたかである。彼は、「自然」なるものに、神から贈られた恩寵である〈理性と自然法と意志の自由〉を、「歴史」なるものに、〈不平等な人間関係の形成〉を入れた。人間は、理性により平等主義的自由の実現を教える自然法を発見し、自由意志により自然法の教えを実現するように、神から造られたが、逆に理性と自由意志により不平等社会をつくってしまった。人間は、自然に背馳する歴史を形成してしまった。それゆえに人間は、今後は、民主化の意志を指す一般意志を介し、「平等主義的自由」（平等化された自由）の政治共同体を建設することで、罪に汚れた自由を癒し、現世で人類救済を客観化しなければならない。その主体が、世俗化されたメシアとしての民衆であった。我々は、世俗化されたメシアニズムにより構築された『社会契約論』を、平等主義的自由論の視点から、特に彼の政治制度論に焦点を合わせ分析していくことにしよう。

注

（1）イマヌエル・ウォーラーステイン（川北稔訳）、『近代世界システム（1730–1840s——大西洋革命の時代）』、名古屋大学出版会、三六頁。

（2）トーマス・H・ハックスリー（菊川忠夫訳）、「進化と倫理」、『自然の哲学』所収、御茶の水書房、一五頁。特にルソーの弁神論については、次の文献の冒頭部分を参照。John T. Scott, The Theodicy of the Second Discourse: The 'Pure State of Nature' and Rousseau's Political Thought, in: *American Political Science Review*, Vol. 86, No. 3 (September 1992).

（3）Patrick Riley, *The General Will before Rousseau, The Transformation of the Divine into the Civic*, Princeton NJ, Princeton University Press, 1986, pp. 5-60.

（4）ニコライ・ベルジャーエフ（峠尚武・的場哲朗訳）、『始原と終末——終末論的形而上学の試み——』、『ベルジャーエフ著作集』第四巻所収、行路社、二六四頁。

第二節　『社会契約論』の課題

ルソーは、『社会契約論』第一編の冒頭で、「人間」を「あるがままのもの」として、「法」を「あるべきもの」として見た場合、双方の対立を統一する方法はないのかと問う。人間は、自由の主体で、その意味では利己的存在であるが、法は、そのような利己的存在である人間に「相互性」を教える。人間は、この対立を放置したままに置いてはならず、対立を止揚しなければならない。それは、ルソーによれば、「正当で確実な何らかの政治上の法則」を発見できるときのみ可能となる(1)。

そこでルソーは、『社会契約論』の第一編第一章で、主題を自由と鎖の対立、そして双方の弁証法的統一を考える(2)。自由と鎖が対立するとは誰でもいえる。ルソーは、この対立がなぜ生まれたのかを、『人間不平等起源論』ですでに解明していたのに、なぜか「わたしは知らない」といったのである。『社会契約論』の課題は、さらに進んで、どのようにしたら鎖を正当化することができるかという点に求められる。これは、政治権力正当化の問題に直結する。類い稀なアンチ・テーゼの精神の持ち主であったルソーは、〈否定の否定〉の論理を駆使し、否定的な鎖(自由を否定する鎖)から、肯定的な鎖(自由を実現する鎖)をつくりだすことで、新しい鎖を正当化することができると考えた。ルソーは、自由か然らずんば鎖かという問いの立て方を禁じ、どのようにしたら〈鎖を介した自由〉、あるいは〈鎖のなかの自由〉を実現できるかという問いに変更したのであった。

鎖を正当化するのは何かと問うのは、自由を実現する鎖は何かを問うのと同じである。これまで繰り返し述べてきたように、平等主義的自由を実現する鎖は一般意志を通しつくられるが、一般意志は自然的に形成されない。「すべての他の権利の基礎となる神聖な権利」である「社会秩序（ordre civil）設立を待って実現される。

その社会秩序もまた、自然に基づくのではなく、「約束（convention）」に基づき樹立される。そこで彼は、約束の内容を知ることが大事だといったが、我々は、約束の内容を検討する前に、彼が自然的に形成された政治秩序をどのように捉え、批判したかを詳細に見る必要がある。「自然から由来する」政治社会とは、彼によれば、決して道徳的価値を内に含んだ「自然」の上に建てられたものではなく、実証主義的あるいは科学的に掴まれたものである。次節では、彼により科学的に掴まれた自然的政治秩序なるものの実体を抽出することにしよう。

注

（1）J・J・ルソー、『社会契約論』、前掲邦訳、一四頁。自由と強制の対立を解くのが一般意志の政治権力であり、一般意志が政治権力を正当化するのである。一般意志とは、「民主化」の意志を指す。自由と強制の矛盾を解くルソーの民主化の意志とは、服従がそれほど非対称的ではなく、権力から逃げ道の機会が多い、被支配者のためにつくられる「自由な同意に基づく権威（authority based on free consent）」を指している。ルソーがこのような形の政治権力の正当化論を考案したとする説に関しては、次の文献を参照。José G. Merquior, *Rousseau and Weber:Two studies in the theory of legitimacy*, London, Routledge and Kegan Paul, 1980 の特にIntroductionの（Ⅳ）のBelief theory and power theory of legitimacyを参照せよ。自由と鎖の対立の止揚とは、P・J・ケインの『マルクスと近代政治思想』によれば、「個人的自由と共同体のユートピア的止揚（utopian synthesis）」を指す。ケインは、「政治理論家が理想社会のみを述べ、実際、現実世界で、どのようにしてそれを実現するかといういかなる理論ももたないとき、ユートピアンであるといったが、彼によれば「どんな歴史哲学あるいは社会的社会変革の理論ももたない」ルソーもまた、ユートピアンに入ることになる（Philip Joseph Kain, *Marx and Modern political Theory: From Hobbes to Contemporary Feminism*, Lanham MD, Rowman and Littlefield, 1993, pp. 5-6）。ヒトラーが政権を奪取するわずか三年前の一九三〇年、H・J・ラスキが、『近代国家における自由』で、「利害」の一致の創設は、「命令する権力にではなく、納得させる力」にあり、「納得」は、被支配者の「合意」からでてくると述べたことから分かるように、マーキオールの国家権力を正当化する「自由な同意に基づく権威」は、ラスキの「合意に基づく権威」を反復したものであった。マーキオールが善しとする政治体制は、リベラルデモクラシーになるのではないか。H・ラスキ（飯坂良明訳）、『近代国家における自由』、岩波書店、特に「序論」と「結論」部分に注目。
(2) J・J・ルソー、『社会契約論』、前掲邦訳、一五頁。悪しき鎖を善き鎖に変えていくにはどうすればよいかという視点からルソーの思想を見ていく説については、以下の文献を参照。ベルティル・フレーデン(鈴木信雄他訳)、『ルソーの経済哲学』、日本経済評論社、第七章「依存の鎖――悪用から善用――」。

第三節　政治秩序自然的形成論批判

ルソーは、『社会契約論』第一編の第一章から第四章で、専制政治を正当化するイデオロギーを次々と批判する。自由を抑圧する「鎖」を飾るイデオロギーを否定するのが、ここでの課題である。第一章から第四章のうち最も重要な章は、第三章の「最も強い者の権利」であろう。ルソーによれば、専制権力を正当化するイデオロギーとしての「家父長権」、「王権神授説」、「奴隷権」は、究極的には「最も強い者の権利(droit du plus fort)」すなわち単なる「暴力」に帰着する。多数者が少数者により支配されているのは事実である。そこからルソーは、「グロチウスは、あらゆる人間の権力が被支配者のためにつくられている、ということを否定する」(1)と述べている。その論理を極端におし進めると、彼が述べるように、「人間は、決して生まれながら平等なのではなく、あるものはドレイになるために、また他のものは主人となるために生まれる」(2)といったアリストテレスにたどりつく。アリストテレスは、生まれつきの主人と生まれつきの奴隷の存在を当然視したが、ルソーによれば、奴隷は、奴隷にさせられ、その状態に甘んじたから、自己が生まれつきの奴隷であるかのように錯覚しただけである。

ルソーは、服従の「結果」を、服従の「原因」とする「推理の仕方」をしたために、このような欺瞞が生まれたと考えた。先験的な支配の権利と先験的な服従の義務など存在しない。屈服の事実の権利化は、服従の事実が支配の権利をもたらさない点を指摘すれば、崩れる。服従の事実は、支配者が力により強制したからこそ生まれた。力による屈服は、支配の権利をもたらすのかが、ここで問われているのである。

ルソーは、我々にカント主義的読み方を許す、次のような言葉を述べる。「最も強い者でも、自分の力を権利に、〈他人の〉服従を義務にかえないかぎり、いつまでも主人でありうるほど強いものでは決してない」(3)と。そこには「慎重を期した行為」としての服従があるだけである。暴力は「服従の義務」をつくらない。「最も強い者の権利」が、力から生まれるのを認めると、服従する者は、その力を奪えば、その権利を継承することになる。となると人間は、ニーチェ的にいえば、超人になればよいだけである。そこから力と力の永劫回帰がおきるであろう。そうなると人間は、力に対して冷笑家になってしまう。人は、力によって他者を支配することができない。力は単なる力である。そこで「最初の問題」である「正当な権力」とは何かという問題提起が始まる。ここでルソーは、カントに先駆けて、「事実問題」と「権利問題」を峻別し、服従の事実から服従の義務をひきだすやり方を批判したのである。

正当な権力は「合意」からのみ生まれるが、だからといってどんな合意でもよいわけではない。そこでルソーは、権力を正当化できない合意を、次のように指摘する。「ある個人が自分の自由を譲り渡して、ある主人のドレイとなることができるものならば、どうして人民の全体がその自由を譲りわたして、国王の臣民となることができないのであろうか」(4)。通常の「譲渡」とは有償であり、それに対して必ず対価があるはずだが、ところが民衆は、国王に自由を譲渡し、対価として国王からは何も獲得しない。ルソーは、もしこのようなことを民衆がするならば、民衆は、「精神錯乱（aliénation）」に陥ったのだといい、そのような精神錯乱からは何も生まれないと極言する。

そこでルソーはいう。「自分の自由の放棄、それは人間たる資格、人類の権利ならびに義務さえ放棄することである。何びとにせよ、すべてを放棄する人には、どんなつぐないも与えられない。こうした放棄は、人間の本性と相いれない。そして、意志から自由をまったく奪い去ることは、おこないから道徳性をまったく奪い去ることである。要するに、約束するときに、一方に絶対の権威を与え、他方に無制限の服従を強いるのは、空虚な矛盾した約束なのだ」(5)。人間は、意志決定の主体である時のみ、道徳的存在たりうる。約束は、双務的であるべきなのに、この約束は、まったく片務的である。ルソーは、その意味で、この約束は、「空虚な矛盾した約束」であり、無効であるといったのだ。そこでルソーは、次に支配と被支配の人間関係を揚棄し、相互化された自由を実現する正当な権力とは何かを探る。それはある特別の種類の「合意」に基づく権力である。

注

（1）J・J・ルソー、『社会契約論』、前掲邦訳、一七頁。
（2）同書、一八頁。
（3）同書、一九頁。ここに支配の「権利根拠」と「事実根拠」を峻別したカント政治哲学の先駆があと読み込む説については、次の文献を参照。Andrew Levine, The Politics of Autonomy, A Kantian Reading of Rousseau's Social Contract, *op. cit.*, p. 11.
（4）J・J・ルソー、『社会契約論』、前掲邦訳、二一頁。
（5）同書、二二頁。

第四節　正当な権力――一般意志の主権――

民衆は、国王との関係においては臣下であるが、そもそもそれ以前に民衆である。だから民衆は、国王の臣下になるかどうかを、「公衆の議決」を介し決定しなければならない。論理的視点からいえば、国王を選ぶことよりも、民衆が民衆になる行為が先決である。政治共同体の形成は、「全員一致」によらなければありえない。ここから民衆は、どのような政治共同体の形成をイメージするかが問題となる。

ルソーは、『社会契約論』第一編第六章で、自然状態での生存を妨害する「障害（obstacle）」の「抵抗力（résistance）」が、自然状態に止まろうとして人間が用いる「力（force）」を凌駕する段階に到達した、と述べた。自然の障害の抵抗力と、人間の自然に対する抵抗力のバランスが崩れたとき、人間は、希少な自然の恵みをめぐって争い、ホッブズ的な「戦争状態」に突入する。そうなると人間は、「生存の仕方」を変えないと滅びる。新しい生存の方法は、第一編第六章「社会契約について」において展開されている。前以て述べれば、社会契約の本質は、共同の力により全体を保護するが、しかも共同の力が、個々人の自由を侵害しないことにある。そのために各自は、（a）自己のすべてを、（b）全体に、（c）無条件に、（d）相互に譲渡するという契約を結ぶ。

今触れたルソーの〈全体―部分〉という概念は、一七世紀のパスカルの神学的意味をもつ〈身体―部分〉が世俗化されたものである。身体の部分（人間）は、身体全体（神）のなかにあり、そのなかでしか存在価値はないし、身体全体から離れた部分は、身体の有機的部分として機能できない。〈身体―部分〉の世俗的バージョンである〈全体―部分〉は、個人には政治体全体の部分としてしか存在価値がないという意味が込められている。全体の中心は「共同の自我」といわれる一般意志が占める。そこで我々は、一般意志とは何かを問わなければならない。意志の一般性は、支配の意志と被支配の意志が〈同一的相互関係〉となったとき生まれる。一般意志は、（自由の）平等化の意志である。自然法は、普遍性を要求し、個人の特殊意志は、特権を要求する。普遍性と特殊性とは対立する。平等性＝相互性を志向する一般意志がこの対立を解くのである。一般意志の担い手である「団体全体」が、強制力でこの矛盾を統一する。相互性を内に含む一般意志は、「個人的従属」を廃棄する形で、個人の放恣を封じ込める。特権化した自由を平等化した自由に変換する装置、それが一般意志である。

ルソーは、『社会契約論』第二編第六章「法について」で、第二編の課題を次のように述べた。「社会契約によって、われわれは、存在と生命とを政治体に与えた。いまや立法によって、それに運動と意志とを与えることが、問題になる」(1)。社会契約により生まれた政治体は、さらに自己の意志によりそれを維持する。その維持の意志が、一般意志であり、それを客観化したのが法である。「個々人の利害の対立」は、そのまま放置すれば、「紛争」を招き、人間関係を解体させかねない。そこで逆に人間関係を強めるものが必要となる。結合を可能とするのは、「個々人の利害の一致」だが、「利害の一致」とは何かといえば、それは自由の相互化・平等化を目指す一般意志である。一般意志は、自由の非相互性からくる紛争と関係の解体を防ぐのである。一般意志を客観化する国家は、紛争に介入し、調停する役割をもつ。人間は、自己存在の要件として、意志の自由をもつ。もしもある人が、他者に、自己の意志を譲渡した場合、自己疎外を生む。疎外された存在は、自己を「狂気」のなかに閉じ込めるので、自己が「無」となってしまう。意志決定の自由の譲渡は、「代理」、「代表」、「委任」または「信託」等の様々な形をとるとしても、〈意志の権限の範囲〉を限定してしまうがゆえに、絶対に認められない。他者への意志の譲渡から支配と被支配の関係が発生する。そうなると一般意志は消える。支配と被支配の相互性がなくなり、支配者の特殊意志が、他者の意志を差別的に扱うようになると、再度不平等が出現する。他者から意志を譲渡され、信託された他者が、譲渡された意志を忠実に実現すると信じる者は、論理的矛盾のなかに追い込まれ、その意味で愚かである。意志は、自己の意志か、他者の意志か、いずれか一方でしかない。人間は、意志を譲渡できないが、同時に自己の意志を分割できない。人間は、意志したことを、運動能力としての力により実践する。人間は力と意志の複合体であり、その複合性が人間の実体を構成する。それゆえにそのどちらを欠いても人間でないことになる。一般意志の客観体である主権は、それゆえに分割できないといったとき、彼は、ここで主権分割論を否定したのである。

周知のように近代政治哲学者は、国家主権の暴走に厳しい歯止めをかけてきた。「静力学者」でもあったモンテスキューは、一種の静力学的原理を、政治権力問題に応用し、権力を相互に抑制均衡させることで、権力の暴走にブレーキをかけようとした。彼は、主権を立法権と執行権と司法権の共同行為と見た。このような権力分割論の背後には、彼の階級的基盤がある。彼は、「パルルマン」（高等法院）貴族であり、パルルマンの利害を守るために、三権分立論を提唱した。静力学の力点に置かれたパルルマンは、その両脇に国王とブルジョワジーを置き、力点から外側に逃げようとする双方を、自己の側にひっぱりまとめあげるのである。

だがルソーは、権力分割論を「主権から出てくるものにすぎないものを、主権の一部だととり違えたことから生ずる」[2]といい、退けた。「意志は、一般的かそれともそうでないか、すなわち、それは人民全体の意志であるか、それとも一部分の意志にすぎないか、どちらかであるから」[3]。一般意志は、法律となるが、一部分の意志は、特殊意志となるか、「行政機関の一行為」となるにすぎない。ルソーは、モンテスキューの〈水平的権力分割論〉を否定し、〈垂直的権力分割論〉を採用した。主権は一つである。この一つの主権を効果的にするために、機能上、権力を分割したただけである。機能的権力分割論と実体的権力分割論は異なる。権力が三つあるならば、それは、アナーキー状態である。「至高の意志」の存在と、その意志に従属する「主権の一部」である「その意志の執行」権力は、機能上分割されているだけである。

法執行権である「政府」は、主権者と被支配者を媒介する「中間団体」だが、大事なことは、政府が、「契約」ではなく、「委任（commission）」によりつくられることである。契約の本質は、双務性にあり、その場合、契約当事者は互いに等しく拘束されるが、委任は、ルソーによれば、片務的であり、一方的に首長を拘束する。主権者は、政府の権力を「好きな時に制限し、変更し、取りもどすことができる」[4]。これを契約に含めるならば、それは、片務契約ということになる。主権者は、政府に対し、権利ばかりもち、政府は、主権者に対し、義務ばかり負う。政府と主権者の関係を委任関係と規定するルソーの考えは、ロックの二重契約に対する反論であった。ロックは、社会契約と統治契約とを分け、前者により結合した民衆が立法府をつくり、次に政府をつくり、政府と統治契約を締結するという契約観を披露した。だが統治が契約であるとされると、政府は、立法府に対し、大きな牽制力をもつことになり、立法権は侵害される。ルソーは、これにより主権者の権限が形骸化されるという。そこで彼は、政府と立法府の関係を、委任あるいは雇用関係と似たものに見立てたのだろう。

注
（1）J・J・ルソー、『社会契約論』、前掲邦訳、五七頁。
（2）同書、四五頁。
（3）同書、四四頁。
（4）同書、一四〇頁。

第五節　正義と法

ルソーは、国家を、人間に似たものと見立て、「精神的人格」をもつという。人間は、自己を保存するために、肉体の各部分を動かすが、同じように、政治体全体も、全体を保存するために、各部分を全体の部分として使う。そのために、一種のセンサーが要請される。それが、部分に対する「絶対権力」をもつ「主権」である。一般意志によって指導される主権は、被支配者全体の保存のみを配慮する。

それでは全体を保存するための手段である部分は、全体の前では、無に等しい存在なのであろうか。部分は、全体のために犠牲に供されるべきなのか。「公共の人格」たる政治体は、全体の相互的保存を目指す。被支配者は、その相互性に緊縛される。被支配者は、相互性の範囲内で、「私人」としての権利をもつべきとされる。例えば、被支配者は、自己保存を実現する手段として、他の被支配者とともに、政治体に一定の税を納めなければならないが、もしある者が、他のすべての者が税を支払ったのにもかかわらず、納税を拒否した場合、他のすべての者が享受する保存の権利の享受を政治体から拒否される。なぜなら権利は、相互性のなかでのみ享受されるものだからである。それゆえに、ルソーの「自然権」としての「人間の権利」は、ロック的な「財産権」に対する批判として提起されたのである。全体を危険に陥れる、部分としての人間の権利は、相互性のなかでのみその享受を許される。共同体全体が、自然権の範囲を確定する権利をもつのである。これからこのことをより詳しく説明しよう。

ルソーは「われわれを、社会体に結びつけている約束は、この約束が相互的であるが故にのみ、拘束的なのである」[1]という。支配者の権利と被支配者の義務の相互性すなわち「正義の観念」こそが、政治体形成の一つの目的である。だから、「権利の真の放棄」などは決してない。共同存在性は、各自の自由の平等化の認識とその保障から生まれる。ルソーは、全体のために個人が犠牲になる例を述べているが、これをどのように説明しているかを見てみよう。例えばここにある家族がおり、火事の際に父が家族のために猛火の中に飛び込んで死んだとしよう。父の死は、家族全体の犠牲になったとしても、父の死は無意味になるのであろうか。家族の目的は、一家の安寧であり、そのために死んだとしても、その死は決して無意味にはならない。政治体全体が、外国からの急迫不正の侵害に遭遇したとき、個々の構成員が敵と戦い死んだとしても、その死が、決して無駄にならないのは、この例と同じである。

ルソーは、「存在すべきもの」と「存在するもの」を分けたが、前者が後者を通してしか実現されないのを知っていた。そこでルソーは、『社会契約論』第二編第六章の「法について」で、次のように述べた。若干長いが引用しよう。

「秩序にかなったよいことというのは、事物の本性によって、また人間の約束から独立して、そうなのである。すべての正義は、神から来り、神のみがその源である。しかし、もしわれわれが正義をそんなに高いところから受けとるすべを知っているとしたならば、われわれは、政府も法も必要としないであろう。たしかに、理性だけから発する一種の普遍的正義というものがある。しかしこの正義は、われわれの間に受け入れられるためには、相互的でなければならない。ものごとを人間的に考察してみると、自然が制裁を加えてくれないのだから、正義のおきては人間たちの間ではききめがない。それらは悪人の幸いと善人のわざわいを作り出すにすぎない。――後者が万人とともにそれらを守ろうとするとき、彼とともにそれらを守るものが一人もいなければ。だから権利を義務に結びつけた正義をその〔本来の〕対象に立ちかえらせるためには、約束と法がなくてはならない」(2)。ルソーによると、すべての正義は、神から流出する。しかもこの正義は、「神の理性」の客観体である。神から人間に与えられた正義とは、「平均的正義」つまり人間相互の「平等」を指す。しかし神の掟は、人間の間で、自然的に地上の掟となり、実行力をもつことはありえない。というのは「存在するもの」としての地上の世界は、戦争状態にあるからである。そのとき善人は、正義を守ろうとするならば、悪人の餌食となるのが落ちである。それゆえに、善人と悪人を相互に縛りつけるものが必要となる。それが正義＝相互性を客観化する装置としての〈法〉である。

さらにルソーはいう。「しかしそれでは法とはいったい何だろうか？　この言葉に形而上学的な観念しか結びつけないで満足しているかぎり、いつまで理屈をいっていても、話は、少しも通じないであろう。また自然の法とは何か、ということに答えたときも、国家の法とは何か、ということがそのために一層よく分かることにはなるまい」(3)。

ルソーが述べたこの言葉は重要である。近代政治哲学は、自然法をめぐって展開される。人間から超越しかつ人間に外在するといわれた中世の自然法は、近代になると、人間に内在する自然法に変換された。政治制度は、この自然法を客観化するためにつくられる。ホッブズ、ロックの二人は、人間に内在する自然法に従って各自は、自然的に、社会契約を結び、政治社会を形成したというシェーマをたてた。ところがルソーは、このような自然法観を否定する。現実の政治社会は、決して自然法によって形成されたのではない。ルソーは、神の正義としての平等を実現するために、人間が自然法を神から与えられたといったが、自然法によって人間が自然的に政治社会を形成し、平等を実現するという考えには組みしなかった。それならば自然法は、無意味な規範なのかといえば、そうではない。人間が自然法の教えを担保する制度をつくればよい。そのために、正義をこの世に実現する条件である一般意志が要請される。というのも、一般意志は、相互性という形で、平等を実現するからである。「国家の法」として客観化される一般意志は、自然法を客観化する装置である。各自は、「相互性」というトンネルを通して、自己の意志を実現しなければならない。

注

（1）J・J・ルソー、『社会契約論』、前掲邦訳、五〇頁。ルソーの平等観については以下の文献を参照。Robert Derathé, La place et l'importance de la notion d'égalité dans la doctrine de Rousseau, in: Ralph A. Leigh (ed.), *Rousseau after Two Hundred Years*, Cambridge, Cambridge University Press, 1982.

（2）J・J・ルソー、『社会契約論』、前掲邦訳、五七頁。

（3）同書、五七—五八頁。

第六節　政府の存在根拠

我々は、これまでルソーが、平等化された自由の政治共同体の範型を、「存在するもの」としての〈鎖〉から抽出しようとしたのを見てきた。人間は、〈悪しき相互依存の関係〉から、〈善き相互依存の関係〉形成のヒントを発見すべきである。ルソーは、『社会契約論』第三編の政府論で、最も善い政府の実現条件を探るとき、やはり存在するものに注目した。ルソーは、時間と空間の座標軸の上に存在する様々な政府の形態を摘出し、そこから一般意志を実現するために最も善い政府の形態を見つけようとする。

ルソーによれば、人間は、力と意志との複合体であるが、政治体もそうである。人間は、力と意志の統一体であるのを認められるのに、政治体はそれを拒否される。ルソーは、なぜそれを否定するのかを次のように述べる。「なぜなら、この執行権は、特殊的行為からのみなるものであり、特殊的行為は、法律そのものの領域外にあり、したがって、そのあらゆる行為が法律とならざるをえない主権者の領域外にあるから」(1)である。立法権は、相互性を目指すが、同時に執行権を握った場合、相互性を客観化したものである法を、非相互的つまり不平等に執行しかねない。ここに立法権と異なる第三者である執行権が要請される理由がある。そこからルソーは、権力を分割するが、立法権の執行権に対する優位性を認める。

もし二つの権力が、相互に独立性をもつならば、二つの間に一体性はなくなる。そこでルソーは一体性を確保する方法を模索する。最も善い政治体は、政府の力と立法府の意志が完全に一致したとき生まれるが、問題は、この一致をどのようにしてつくるかであろう。最も善き政体は、たった一人の完全自治である。というのもそこでは力と意志とが一致しているからである。しかしこのような完全自治の政治体は、存在しえない。政府は、立法府に従属し、それを支える力としてその存在を認められる。ルソーは、そのようななかで、最も善き政府がどんなものかを、「連比(rapport)」の例をひきながら、探り始める。彼は、主権者と国家の関係を、連比の「両外項」とし、政府を「比例中項」とし、比例外項を支配する関係を、民衆の数で示す。ルソーは、ここで民衆の数が増えるにつれて、政府の力も増大しなければならないという。主権者の数の増加は、臣民の政治的積極性の視点から見れば、「反比例」になる。それが「一体性」の喪失である。政府権力の存在を認め、強化する理由は、そこにある。そこでルソーは、個人の国家への一体化を確保するために、政府は、被支配者個々人に対する「力」を強めなければならないという。国家が大きくなればなるほど、政府はますます「収縮しなければならない」が、しかし政府があまりに強大な権力をもつと、被支配者を抑圧しがちである。そこで立法権は、執行権を抑制するために、力に対して、強力な意志をもつ必要がある。

支配者は、一人あるいは少数あるいは多数の者から成り立つ。「政府の相関的な力」の観点から見ていくと、政府の力は、人数を多くすればするほど、弱体化する。これは普遍的な「格律」である。これは、臣民の主権者に対する「比」と同じ関係である。そこから政府の力を強めるために、支配者を一人にする必要が生まれる。完全な立法制度の下では、一般意志が支配的になるはずであり、団体意志あるいは個人的意志は、皆無のはずであるが、「自然の秩序」(自然的法則)にまかせれば、逆のことが発生してしまう。一人の者が、政府権力を握るとき、特殊意志と団体意志が一体化し、団体意志は、最高度の強さを発揮する。これは、あくまでも、政府の強さを、「力」の視点から見た限りのことであり、「厳正さ」の視点から見た場合のことではない。だから自然的秩序の観点から見ると、最強の強さは「一人の政府」である。主権者が、政府の役割を兼ねると、団体意志と一般意志の区別ができなくなり、そうなると特殊意志が猛威を振るうことになる。「厳正さ」からいうと、支配者を一人にすると、団体意志は、特殊意志に接近し、逆に支配者を多数者に委ねると、団体意志は、一般意志に接近する。ここから力と意志とは反比例の関係にあることが窺えよう。ルソーは、力と意志を有利な比に転換させるためには、立法者の技術を待つしかないと弱音を吐く。

注

（1）J・J・ルソー、『社会契約論』、前掲邦訳、八四頁。

第七節　政府の種類

さて『社会契約論』第三編の第三章から第六章は、特に人民主権との関係から考察する必要がある。ルソーは、すでに第二編第八章で、立法者により法を授与される主権者が、その法を維持することができるかどうかを、建築家の例をひき説明したように、「最良の統治形態」を述べる場合、「相対主義的見方」を貫く。三つの統治形態のうち、どれが最も善き政体かを抽象的に規定することはできない。ある政府は、一定の物理的条件下で、最良の政府であったとしても、それを他の条件に置けば、最悪の統治形態となることがある。強力な政府をつくるためには、支配者の数を少なくすることが必要であるという理由から、「民主政」は「小国」に、「貴族政」は「中規模の国」に、そして「王政」は「大国」に適しているとされる。ルソーは、民主政は、政府権力の管理を人民全体あるいは人民の最大部分に委託する形態であり、貴族政は、少数の者にのみその権力を委託する形態、王政は、それをただ一人の人に委託する形態であるといいながら、「正確にいえば、単一［形態］の政府なるものは存在しない。一人の首長も、多くの「属官」をもたねばならぬし、人民の政府も、一人の首長をもたねばならない」(1)と述べた。現実の政府形態は、三つの政府の混合形態である。ルソーは、単一政府と混合政府のどちらがより優れているかを、アプリオリに決定することはできないという。ルソーは、この三つの統治形態を純粋理念型として抽出し、後述するように、現実には三つの「混合政府」のある種のものを、最も善き政府形態と見ている。ルソーは、通時的方法を介し、三つの政府を理解した。彼は、政府形態が、民主政から貴族政そして王政へと変化してきたことを、『人間不平等起源論』で述べていた。統治形態のこの変化は、堕落とシノニムであった。それゆえに『社会契約論』の統治形態の分析は、歴史的推移により堕落してしまった統治形態を、どのようにして人民主権を補佐する制度に変えることができるか、という視点から書かれたのである。

はじめに民主政から見ていこう。ルソーは、すべての政府がもつべきものに、「徳」をあげた。もともとラテン語の「徳（virtus）」は、軍人の勇気を意味し、モンテスキューの場合、民主政に備わるべきものとされたが、ルソーは、それをすべての政府がもつべきものとした。ルソーは、立法権と執行権を一手にもつ民主政を、抽象的には最も善き政府形態と見たが、古代ギリシャの都市国家でもない限り、それを採用できないと考えた。それに多数の者が支配し、少数の者が服従するというのは、「自然の秩序」に反する。自然の秩序は、「少数者支配の法則」を示し、多数者支配の幻想を打ち砕いてしまう。なるほど例外的状態として、街頭民主主義が現れるが、その街頭民主主義も、早晩「公務を処理する委員会」を設けることになるが、そうなったらそれは、貴族政にその統治形態を変えたことになろう。

次に貴族政は、立法権と執行権の二つをもたない。そこでは二権は、画然と分けられる。ルソーは、貴族政を以下の三つに分け、しかもそれは、歴史のなかで（a）自然的なもの、そして（b）選挙によるもの、（c）世襲的なものに形態変化をしてきたという。ルソーによれば、そのなかで（b）が最良のもの、（c）が最悪のものである。なぜ（b）が最も善いかというと、優れた才能と徳をもつ者が、民衆により選出されるからである。民衆の団体は、立法権を握り、政府の行為に対する制御権を自己の手に残しておける点で、選挙貴族政が最良の統治形態なのである。ルソーは、この点で、貴族政と民主政を同列に置く。

最後に王政を検討しよう。王制は、力と意志の関係が、反比例になる最も典型的な統治形態である。力の視点から見ると、大国は、一人の王により支配されるのがよい。ルソーは、民衆の意志が極端に排除される統治形態、それを王政といった。王が公共の福祉を実現する保証はまったくない。むしろ王は、民衆の貧困のなかに、自己の権力基盤の安定を見出す。王の暴走を抑制するために、王と被支配者の間に「中間の階層」を置く案があるが、それを設置した場合、むしろその中間層が権力を乱用してしまう。ルソーは、理論的には、王政を認めるが、現実には、王政は、民衆の平等化された自由を実現する一般意志の主権を保障する制度ではありえないという。ルソーは、王政一般とある特定の王の善政を区別し、現実の王政の行き着く先は、専制政治でしかないと断言した。王政は、選挙制によるならば、党派争いと分派抗争に明け暮れるし、世襲に基づくならば、愚かな者を自己の頭上に戴くことになろう。

政府は、一般意志を実践するためにのみ、力を与えられているのだから、政府が自らの役目を果たせないとき、政府は改革されるべきである。それではどのような政府の機能不全が考えられるか。ルソーは、執行権が立法権の拘束から逸脱していく場合と、執行権が弛緩していく場合の二つの状況を設定し、前者の場合、政府を分割し二権の不均衡を是正し、後者の場合、「執政官」を置くことで、拡散してしまう政府部内の力を統一する案を提起している。特に後者の場合を、ポーランド王政国家を例にとり説明しよう。ルソーは、『社会契約論』を書いた後、最晩年に最後の政治的著作の『ポーランド統治論』を公刊したが、そこでポーランドの場合、立法権に従属すべき執行権が、立法権とは無関係に存在し、かつ執行権を握る政府部内が、王と大臣、そして高位高官によって分有され、執行権としてまとまりをもてない状態になっているといった。ルソーは、そのことをすでに『社会契約論』で、「各部分の権威が、独立しているが不完全な場合」[2]といい、ポーランドの悲劇の原因を適切に指摘していた。ルソーは、政府が弛緩したとき、「執政官」を設け、政府の力を統一する案を出したとき、ポーランド改革案をすでに提起していたのである。極端に強い政府の力を減殺するには、政府を分割することが最も効果があり、逆に政府の役目も果たせないほど脆弱なそれを強化するためには、それを統一することが有効である。ルソーは、「強さと弱さの両極端は等しく、単一政府に見出される」[3]といい、この極端がもつ欠陥を是正する方法を、「中位の力」をもつ混合政府に見出す。

さて主権者と政府のありうる関係は、次の四つである。（a）政府が主権に従属すること、（b）二つの権力が対等の関係にあること、（c）政府が主権者よりも強いこと、そして（d）双方の権力が互いに無関係に存在すること。理想のモデルは、もちろん（a）であり、悪いモデルは（c）と（d）であり、そのうち最悪のモデルは（c）の専政国家であり、（d）はアナーキーに陥ったポーランド王政国家である。しかし（c）の国家は、ともかく対外的独立を達成できるが、（d）の国家は、後にポーランド分割により解体されてしまったポーランド王政国家の例で分かるように、力の主体である執行権が弱体であるために、外国からの干渉と侵略から自国を防衛する力をもちえない。そこから最高の国家は、一般意志を介し力を統制し、しかもその力を極大化し外国からの干渉をはねつけることができるとき生まれる。政府と主権者は、不断の緊張関係に置かれる。政府は、被委任者といっても、立法集会が一時的に集合しその後に解散し、活動しえない団体であるのに対して、常に活動する団体である以上、最後は立法者を凌駕してしまうのは目に見えている。その意味で政府は絶えず堕落しがちである。ルソーによれば、政府の堕落は、（a）政府の縮小と、（b）国家の解体から起きる。（a）は力と意志の反比例の極端化に見られる。それは民主政から王政に変化するとき起きる。（b）は二つの道、つまり（一）政府の主権奪取、（二）政府の構成員が団体として行使する権力を個々別々に行使するとき、起きる。（一）は『政治経済論』の「国家体」で説明されているように、政府が主権を奪い、自ら主権者を名のることであり、そうなると単なる支配者でしかなくなる。主権者は、政府が社会契約を破ったのであるから、自然的自由を取りもどし、政府への服従義務から解放される。（二）は政府のメンバーが、執政者と同じ数になることであり、いずれ国家が滅びるか、あるいはその形態を変えざるをえない。国家の解体は、無政府状態を招く。

一度委任された政府は、永遠にそのままの形態を保持しうるか。人間は、生誕から死まで進んでいくが、政治体もまた同じ道を進む。永遠不滅の政治体などありえず、やがては没落する。ルソーは、制定される法に民衆が適応できるかどうかについて、検証すべきだという。人間は、一生のうち、未熟ではあるが、あらゆる意味で可塑性に富むのは「青年期」である。この時期に心身を鍛錬しないと、人間は、一生社会秩序を守る者になれない。それに似て、政治体も、法を与えられるまさにその時、訓練されるべきである。「古い法」が尊重される理由は、その法がかつて青年期につくられたからである。政府は、「民衆の主人」ではなく、民衆の「下僕」である。だから民衆は、政府の改廃権をもつ。「変革」の権利は、厳格に解釈されねばならない。「正当かつ合法的な行為」と「暴動」は厳密に線引きされねばならない。ルソーは、『政治経済論』ですでに明言したように、常に民衆に有利に線引きしている。ルソーは、政府による主権奪取を防ぐために、政府の「形態」を変えるかどうか、政府の「主体」を変えるかどうか、さらに「主体」と「形態」の二つを同時に変えるかどうかの判定権を主権者に認める。

再度述べると、民主政は貴族政から王政に変化してきた。そして貴族政は、自然的なものから選挙制的なものに、そして最後に世襲的なものに変質してきた。それにしてもルソーは、なぜ選挙貴族政を最も高く評価したのであろうか。その背景には、当時のジュネーヴ共和国の政治体制に対するルソーの厳しい認識がある。ルソーは、一七五二年に『人間不平等起源論』を上梓したが、「ジュネーヴ共和国に捧げる」という「献辞」で、一五三〇年代にカルヴァンによりその礎石をつくられた国家体制を賛美した。

M・クランストンの『政治哲学とパンフレッチャー——啓蒙の政治哲学者たち』によれば、ジュネーヴ共和国は、二五歳以上の青年男子が所属し、防衛と同盟と課税に関する提案に対する可否の決定のみを下す権利をもち、何らの議案提出権ももたない「総会」と、公開討論の場である「二百人委員会」、そして総会により選出される「二五人委員会」で構成される一種の選挙貴族政であった。ルソーは、この体制を「賢明に緩和された民主主義」といい称賛したが、『社会契約論』を書いたとき、すでに二五人委員会が、世襲貴族階級によって占拠され、総会と二百人委員会は、二五人委員会の独裁政治により牛耳られていた(4)。それゆえにジュネーヴでは、選挙貴族政に基づく「賢明に緩和された民主主義」など存在せず、存在するのは、封建制に滑り落ちる「最悪の統治形態」としての「世襲貴族政」であった。クランストンによれば、世襲貴族たちは、「古典的共和主義イデオロギーのあらゆるレトリックで身を装った」が、理念と現実とはズレを示していた。ルソーは、ジュネーヴ共和国の世襲貴族による二五人委員会独裁政治を打倒するために、明らかに総会を念頭において描かれた、立法集会に従属する選挙貴族政を、もちだしたのであった。だからこそルソーは、後に『山からの手紙』で、二五人委員会の独裁政治に対抗するために、「意見提出権(droit de représentation)」なるものを提起した。二五人委員会の「力」に対する総会の抗議の「意志」の表明、それが意見提出権であったといえよう。

注

(1) J・J・ルソー、『社会契約論』、前掲邦訳、一〇八頁。ルソーは、アリストテレス以来の「政体(国政)(politeia)」の類型化にしたがっているが、二人の基本的な違いは、ルソーが、立法府と政府とを分け、アリストテレスの国制を政府論として位置づけたことである。アリストテレスは、『政治学』で、国制を「正しい国制」と「間違ったあるいは逸脱した国制」の二つのタイプにわけたが、ルソーは、歴史のなかで、「民主政」(アリストテレスの場合は国制 politeia)が「寡頭政(oligarchia)」(貴族政)に、最後に「僭主政(tyrannis)」(王政)に変質していくと見たように、正しい国制と間違ったあるいは逸脱した国制の区分けなど、現実的には意味がないと考えていた。プラトンは、ソクラテスの口を借り、古代ギリシャ人に「道徳教育」を施そうとしたが、アリストテレスは、理想の「教育国家」(山本光雄)のイメージを示すことにより、彼らに「政治教育」を施したのであった。

(2) 同書、一〇九頁。

(3) 同書、一一〇頁。

（4）Maurice Cranston, *Philosophers and Pamphleteers, Political Theorists of the Enlightenment*, Oxford — New York, Oxford University Press, 1986, pp. 86-87. ルソーは、なぜ選挙貴族政を最も高く評価するのであろうか。それは、選挙貴族政が、各自選挙基盤から有権者により選出された「代議士」のなかから、選挙によって政府の構成員が選出され、政府を構成する者たちから、さらに一人の首長が選ばれ、かつ代議士たちにより首長が解任される政治システムをもっているからと見ることもできよう。これを、当時イギリスで発達しつつあった「議院内閣制」をモデルとしてつくられた政治制度案と見ることもできよう。

ルソーは、一般意志が実現されるならば、直接民主主義ばかりでなく、間接民主主義をも承認していたということができるならば、先に述べたことは、肯定されるであろう。リチャード・フラリンの『ルソーと代表』（Richard Fralin, Rousseau and Representation, *op. cit.*, p. 2）によれば、ロベール・ドラテは、『社会契約論』で代議制を否定したが、『ポーランド統治論』では、ポーランドが置かれた立場に妥協し、代議制を認めたと述べており、またロジャー・マスターズは、『社会契約論』から『ポーランド統治論』まで、一貫して代議制を認めていたのであり、単なる例外としてそれを認めたのではないと述べている。マスターズによれば、選挙貴族政は「単に議会あるいは代議政体の別の呼び名」である。

フラリンによれば、ルソーの選挙貴族政は、ジュネーヴ共和国の政治制度から抽出された。フラリンによれば、ルソーは、「代表制に対し、『政治経済学』では、消極的是認、『社会契約論』では、あからさまな敵意、『山からの手紙』になると、限定つきの反対、『ポーランド統治論』では、限定つきの賛成と、移り変わっていった」。現在、日本の国会が〈行政（官僚）内閣制〉に変質してしまい、〈国会内閣制〉（日本国憲法四一条、六七条、六六条三項）が貫徹していない、一種の憲法違反の状態にあると批判されているが、約二五〇年前に、ルソーが『山からの手紙』で次のように述べたとき、国会内閣制を保証する制度案がすでに見られるのである。

「立法権は、二つのこと、つまり法を制定すること、そして法を維持することから成立する。つまり立法権は、執行権に対する監視（inspectlon）の権限をもつ。……監視権がなかったならば、これら二つの権力の間には、すべての合体（toute liaison）、すべての従属（toute subordination）はないし、執行権は、立法権には全然従属しないであろう。行政は、法に対するいかなる必然的関係もなくなる。つまり法は、言葉にすぎなくなり、この言葉はどんな意味ももたない」（J.J. Rousseau, Lettres écrites de la Montagne, Lettre VII, in: *Political Writings* , Vol. II, p. 219）。

さらにルソーは、最晩年の政治的著作であった『ポーランド統治論』で、執行権を適切に監視するためには、執行権者を更迭することばかりでなく、執行権者が「法制定権者の目の前でしか行動できないようにすべきである」と述べた。しかしながら、ルソーは、R・ドラテによれば、法制定権を、「法を提案する権利」と「法案に投票する権利」とに分け、「立法権を最終的に投票する権利にひき下げる傾向を有している」（Robert Derathé, Les rapports de l'executif et du législatif chez J.-J. Rousseau, *op. cit.*, p. 164）。これは、大権としての立法権と執行権の整合性の問題になるであろう。

ところでジュネーヴは、ルソーの政治思想にどのような影響を与えたのであろうか。ヘリーナ・ローゼンブラットの『ルソーとジュネーブ』(Herena Rosenblatt, Rousseau and Geneva, *op. cit.*, pp. 3-9) によれば、一九三四年まで、ジュネーヴがルソーの政治思想に与えた影響は、『社会契約論』がジュネーヴ体制の影響下に書かれたことが一般的に承認されていたことで当然視されていたが、この常識は、一九三四年のJ・P・スピングの博士論文『ジャン・ジャック・ルソーとジュネーブ』で覆された。スピンクは、ジュネーヴが、ルソーをつくったことは認めたが、『社会契約論』を、単なる「思弁的作品」と考えた。ドラテは、ジュネーヴが、一七六二年以前、ルソーの政治思想の主要な源を形づくらなかったと述べている。ローゼンブラットの指摘によれば、M・クランストンでさえも、ルソーが、ジュネーヴが理想の共和国であると信じるよう、間違って教えられたと述べている。

さすがに現在は、先に述べたような解釈は少なくなった。ルソーが、ジュネーヴ体制から影響を受けて自己の政治思想を構築したとするならば、特に一七四九年から一七六二年までのジュネーヴの牧師や知識人とルソーの関係や、ルソーの政治理念と同じ言葉が、すでにジュネーヴの牧師や政治的パンフレットに使われていたことなどを、入念に突き合わせていくことが必要となる。ルソーの宗教観を探るとき、あくまで一八世紀ジュネーヴ体制下で活躍したカルヴァン派牧師の説教文や、政治的パンフレッチャーのパンフレットを、発掘していかなければならない。要するにローゼンブラットによれば、〈genevan context〉のなかで、ルソーの政治思想を理解するのが肝要となる。ローゼンブラットは、このような接近方法を、〈contextual approach〉と呼ぶ。

第八節　立法者の存在意義

民衆は、どのようにして一般意志によって国家を運営することができるのであろうか。そのためには民衆は、国家を建設する前に、一般意志を実現できる能力をもっていなければならない。ルソーは、民衆が、コインの表裏のように、「個人」と「公衆」の矛盾体として存在すると述べたとき、マルクスの人間と市民の分裂を直感的に理解したのである。ルソーによれば、「個人」(人間)は、「理性」により全体の「幸福」を認識できるが、それを「意志しない」。個人は、自己の特殊意志(自己のみの幸福)を、相互性(全体の幸福)のなかで、追求すべきである。個人としての「民衆」は、それを認識できたとしても、自己の特殊利害に災いされて、それを拒否しがちである。しかし相互性の観点から自己の利害を追求する主体である公衆（市民）としての民衆は、相互性のなかで、自己の特殊意志をとおす意欲をもち、国家をつくったのだが、それが何かを「認識できない」。個人は、それを「意志する」が必要があり、公衆は、それを理性により「認識する」必要がある。公衆としての民衆がそれを認識すれば、公衆を構成する個人としての民衆は、それを意志するようになるであろう。要するに民衆は、相互化された自由を、理性により発見し、発見したそれを意志しなければならない。しかしルソーは、民衆がその主体に自己形成することが困難であると見た。

そこでルソーは、民衆に法を授与し、政治体という機械を発明する技師である「立法者」を要請する。立法者は「孤立した全体であるところの各個人を、より大きな全体の部分に変え」(1)ていかなければならない。まさに結果が原因とならなければならないのである。立法者は、立法権者として立法過程に参加できない。彼は、民衆に法を与えた後、直ちに民衆の前から姿を消す。彼は、民衆に対するどんな力ももたない。

立法者は、このような困難な仕事をどのようにして実行するのか。個人は、神的理性から流出する決定を理解できない。「神の代弁者」である立法者は、それゆえにこの決定を個々人が理解できるように、翻訳する必要がある。彼は、そのために宗教に注目する。ルソーは「諸国民の起源においては宗教が政治の道具に役立つ」という。立法者は、法を与えられた民衆が法を守っていける〈時期〉に注目する。その時期とは、先に触れたように、人類の「青年期」である。少年期は、法を理解できないだろうし、青年期を過ぎた者は、法を理解できるが、これまで身につけた「偏見」のために、法を受け入れ順守することができない(2)。ルソーは、「青年は未来の希望である」（F・ファノン）といいたかったのであろう。相互性を志向する法を受容する能力は、〈空間〉のなかでも検証されるべきである。その能力主体は、極端に大きな領土をもつところでは、あるいは極端に小さな領土しかもたないところでは生まれない。というのは一方は、「大きすぎて統治できない」からであり、他方は、「小さすぎて独力で維持できない」からである。

民衆の国家への「一体感」は、大きな国家よりも、小さい国家のほうがより強められる。大きな国家の場合、支配者と被支配者の間に、多くの「行政官」という媒介者が出現する。被支配者は、多くの行政官に、順次徴税された場合、不満が沸騰し、頂点の国家への一体感などもたなくなってしまう。

ルソーは、適切にも、多くの行政官僚に税が吸い取られたならば、国家に緊急事態が発生したとき、国庫に金がないのであるから、大きな国家は、それに十分に対処できないと述べている。ルソーは、「パーキンソンの法則」を知っていたかのように、国家が拡大するにつれて、膨大な数の行政官僚が出現せざるをえない点を指摘したのである。大きな国家は、被支配者の忠誠を獲得しにくいし、上述したように、国家と末端をつなぐ伝導ベルトたる行政官僚が、各権力セクションで、権力を乱用し、実質的には小権力者になっていく。しかるに小さな国家は、他国の侵略により、容易に併呑される。「健全で強い体制」としての「国家の維持」は、ルソーによれば、「拡大する傾向」と「縮小する傾向」の二極端の間にバランスをとることから生まれる。立法者は、国家を建設しようとする者に、自分が発見したこのバランスを教えるのである。

先に触れたが、法とは、被支配と支配の相互性が客観化したものである。「すべての立法体系の目的」は、「最大の善」であり、それは、自由と平等から成立する。平等は、「あらゆる個別的従属」の廃棄を意味し、自由は相互性を介し生まれる。民衆は、モンテスキューが「自然の諸関係」といった鎖のなかでのみ、平等化された自由を実現できる。存在すべきものは、存在するものをとおしてしか実現されないのである。

注

（1）J・J・ルソー、『社会契約論』、前掲邦訳、六二頁。

（2）同書、六八―六九頁。ルソーは、『社会契約論』の「人民について」（前掲邦訳、六八頁）で「人民は多くの場合、人間の一生と同じく、柔順なのは青年期だけで、年をとれば、直しようもなくなる。一度習慣が定まり、偏見が根をおろしてしまったとき、それを改革しようとするのは危険でむだなくわだてである」といっている。

第九節　ルソーからマルクスへ

ルソーが一生かけて取り組んだ課題は、平等化された自由、つまり平等主義的自由を、一般意志により実現することであった。ルソーの平等主義的自由の政治哲学は、次のようなシェーマから構築されている。（a）自然と歴史の二元論的対立の出現、（b）その対立の極端化、（c）対立の止揚。そのうち（a）と、（a）から（b）への推移は、『人間不平等起源論』で、（c）は『社会契約論』で展開された。「反ペラジアン（anti-pelagian）」のルソーは、（a）と（a）から（b）への道をつくったのは、自由であると弾劾したが、「半ペラジアン（semi-pelagian）」でもあった彼は、（c）を実現するのもまた自由であるといった。だがルソーは、（c）の自由は、（b）の放恣を意味する自由を否定するために、自己の内に相互性を含んでいなければならないと考えた。自由は、一般意志というフィルターを通し、平等化された自由に自己を高めなければならない。

注目すべきことは、これまで述べて来たルソーの平等主義的自由の政治哲学が、古代に発明されかつ現代まで連綿と続く救済史観の支配下に構築されたことである。古代ユダヤ―キリスト教は、それ以前の宗教とはまったく異なる新しい教義をつくりだしたわけではない。ユダヤ―キリスト教は、それ以前の様々な宗教に影響され、自らの教義のなかに、それらを溶かし込み、それらを統一したのであった。統一された教えは、次のように図式化されよう。（a）弁神論的な二元論的世界観、（b）メシアニズム（救世主信仰）、（c）終末の到来、（d）最後の審判、（e）救済（再生復活）。繰り返すと、この教えはユダヤ―キリスト教の専売特許ではない。大河の滔々たる流れも、逢か彼方の山岳の一滴の水に発する。その一滴の水とは、古代エジプトの「オシリス教」である(1)。オシリス教こそが、様々な宗教を介して、古代ユダヤ―キリスト教に（a）から（e）までの奥義を伝えた。

（a）の二元論は、古代イランのゾロアスター教（光と闇の対立）を介し、（b）における「現人神」（ファラオ）の支配の「代行者」という意味をもつメシアは、先に述べた（b）の矛盾と対立を解く主体に意味変換されたが、メシアニズムの提起は、弁神論の問題に対する解答であった。（c）のゾロアスター教を通し入ってきた「終末」の教えは、メシアが行進する栄光の道であり、（d）と（e）の最後の審判と復活再生の教えは、オシリス教の最後の審判と復活再生の教義に淵源を発し、終末の目的となる。それ以前の宗教を受容し統一したユダヤ教は、あくまでも「此岸」でのユダヤ民族だけの徹底救済を終末＝目的に掲げたが、キリスト教は、「彼岸」での個々のクリスチャンの救済を目的に掲げた点に相違が見られる。このように古代に生まれたユダヤ―キリスト教は、弁神論的な二元論的世界観を競っていたとき、「革命的な力」(2)をもった。メシアが、自由な意志により、時間のなかで形成された矛盾を統一する。N・ベルジャーエフによれば、反終末論的な永劫回帰説しかもたなかったヘレニズムと異なり、初めてヘブライ民族による終わりに向けられた「鋭敏な歴史意識」が生まれたのである。

古代に生まれた救済史観のシェーマは、近代を迎えると、政治化という形をとりながら、世俗化していったが、シェーマそれ自体はまったく解体されたり変化したりしなかった。方程式を構成する因数は、歴史のなかで変化したが、方程式それ自体は全然変化しなかった。この方程式こそ、マルクス的にいえば、「革命の代数学」といわれて然るべきものである。ルソー以後、いったい誰がこの革命の方程式を徹底的に世俗化したかと問われたならば、無神論者といわれたユダヤ人マルクスと我々は答えよう。マルクスの唯物史観を最深部で支えるものが、ユダヤ民族の現世での救済を教えるユダヤ教であったのは、マルクスの次の終末論的歴史観を見れば分かるだろう。(A)原始共産制、(b)階級対立と矛盾の発生とその激化、(c)社会革命、(d)高度の共産主義の実現。

ルソーは、キリスト教神学者アウグスティヌスにその起源を求めることができる一般意志を、政治的言説に変換する形で世俗化し、〈政治革命〉の武器に使用し、「救済」としての平等主義的自由をこの世に実現しようとしたが、マルクスは、ユダヤ教的救済史観を根底に置き、〈社会革命〉を徹底的に推し進め、相互化された自由を実現する経済社会としての共産主義的アソシアシオンをつくろうとした。今後我々は、ユダヤ教に緊縛されたマルクスの自由と平等の対立を止揚する、共同体観を細かく見ていくことが課題となろう。

注

(1)ロザリー・ディヴィッド〈近藤二郎訳〉、『古代エジプト人』、筑摩書房、第四章「他の宗教への影響」を参照。

(2)シモーヌ・ペトルマン〈神谷幹夫訳〉、『二元論の復権』、教文館、三一〇頁。

第五章　民主化の政治哲学者ルソー——一般意志と市民的宗教の視点から——

第一節　知のパラダイム変換

ルソーは、一七六二年に、後に世界を震憾させた『社会契約論』を公刊した。ホッブズ以降始められた近代政治哲学は、決して「平等」をメイン・テーマに据えなかったが、ルソーの『社会契約論』は、「民主化」を通して平等を実現する目的から書かれた。

これまで繰り返し説明してきたように、ヨーロッパの場合、中世から近代への推移にともない、一種の知のパラダイム変換というべきものがあった。「恩寵と自然」の知のパラダイムから「自然と歴史」の知のパラダイムへの変換がそれである。キリスト教は、キリスト者の「救済」を目的に掲げる。中世と近代は、前者が死者の救済、後者が現に生きている者の救済を企図している点で異なるが、ともにこの目的を掲げた点で同じである。中世の神学者は、神の恩寵によりこの救済を実現するのか、それとも人間に内在する自然によってそれを実現するのかというパラダイムを設定したが、近代人ルソーは、「自然」によりこの救済を実現するのか、それとも「歴史」によりそれを実現するのかというパラダイムに変換した。こうしてルソーは、恩寵と自然の矛盾を、自然と歴史の矛盾に位相を変換したのである。

それでは人間は、どのようにしたら、この矛盾を解くことができるのであろうか。ここで「自由」が呼び込まれる。人間は、はたして自己に内在する自由意志によって、この矛盾を解くことができるのであろうか。中世の神学者は、恩寵と自然の矛盾をつくったのは、自由なのであるから、自由がその矛盾を止揚することはできないと信じた。これに対して、ルソーは、自然と歴史の矛盾をつくったのは自由であるが、自由こそこの矛盾を止揚することができると断言した。

ルソーのこのような自然と歴史の知のパラダイムは、原始キリスト教以来続く、「弁神論」あるいは神義論の「政治化」あるいは「世俗化」を指している。弁神論の政治化は、政治革命と変動の時代であった一七世紀ヨーロッパで爆発的に流行し、ライプニッツの『弁神論』を経由して、一八世紀にヨーロッパ全体に拡大し浸透した。弁神論は、文字どおり人間の悪に対し、神の無罪を弁証する学である。神は善き者なのに、神から生まれた人間は悪しき者である。善から悪が生まれるなら、これは背理である。神学者は、先に触れたが、人間がこの矛盾を止揚することができないといったが、ルソーは、神学者が提起した矛盾を、恩寵を「人間の自然」に、人間の悪を「人間の歴史」に変換し、自由によって、二つの間に存在する矛盾を止揚せんとしたのである。

この問題をさらに一歩進めると次のようになる。ルソーの場合、自然と歴史の矛盾と対立はいったい何を指すのか。恩寵としての自然は、「理性」と「自然法」(良心あるいは憐憫の情)とそして「自由」を指し、歴史は、「不平等な人間関係の形成」を指している。人間は、ルソーによれば、理性を通して自然法を認識し、そして自由な意志決定に基づきそれを実践し、平等な人間関係を結ぶように神から命じられたのだが、神の意志に逆らい、自己の自由を濫用し、他者との間で、支配と服従の人間関係をつくってしまった。それゆえに人間は、自然と歴史の矛盾を止揚しなければならない。神から与えられた恩寵である自由は、これまで不平等な人間関係の歴史をつくる元凶として働いたが、今後は神の恩寵である自然を客観化するために、歴史を変革する主体として現れなければならない。我々は、『社会契約論』を含むルソーの政治哲学全体が、このような弁神論に支えられた知のパラダイムの枠内で構築されていることを忘れてはならない。

かつて自由は、平等を破壊するために働いたが、今度は平等を再建するために力を尽くさなければならない。そこでルソーは、どのようにしたら自由が、かつて失われた平等を再建することができるかを模索し始める。それを再建する方法が、「一般意志」の政治共同体論であった。一般意志は、「支配と被支配の相互性」を意味する言葉である。自由は、自己の内部に支配と被支配の相互性を含むことで、平等を再建することができる。かつて平等を破壊した自由は、一般意志と化すことにより、平等を再建する力を再び獲得するのである。

ルソーの場合、民主化とは、自由の民主化を意味している。そして一般意志が、自由の民主化を実現する装置である。ロック以降、一八、一九世紀、特にイギリスの政治思想家は、個人的権利の「自由化（liberalization）」を提唱したが、そのような個人的権利の自由化論が、巨大な富を集積しつつあった、新しい特権層であるブルジョワジーの貧民層に対する権力の正当化論として機能したのは、一目瞭然である。ルソーの自由の民主化論は、自由の「非相互的所有」から生まれる「自由の特権化」にブレーキをかけるために考案されたのは確かである。

第二節　一般意志

一般意志は、一七世紀に、アントニー・アルノーにより発見され、パスカルにより「政治的意味」をもたされ使われた言葉である。一七世紀は、前述したように、弁神論が流行した時代であった。パスカルは、パトリック・リレーによれば、「アダムの堕罪以前、神は、すべての人間を救済する一般的かつ条件つきの意志をもっていたが、それに反して堕罪後は、神は、憐憫の情から出てくる絶対的意志により、誰もそれに値しないが、依然として若干の人々を救済することを意志した」(1)という説を採用するアウグスティヌス主義に加担する。神は、人間を善き者としてつくったのに、人間は、自らを卑しめた。原罪を背負った人間は、自らの力で自己を救済することができない。そのような人間を救済するのは、神をおいて他に存在しない。それでは神は、どのような方法によって罪に汚れた人間を救済するのか。神は、原罪以前は一般意志により、原罪以後は絶対的意志により救済する。このように一般意志は、パスカルによれば、無垢の状態下にある人間を救済する意志と規定されるのである。一般意志はすべての人々を救おうとする意志である。ルソーは、このようなアウグスティヌス主義者が唱えた一般意志を、完全に政治化あるいは世俗化したのである。

弁神論を徹底的に政治化したルソーは、民衆の一般意志が、支配と被支配の「相互性」を客観化する「法」をとおしてすべての人々を等しく縛り、悪としての不平等を治療するといったとき、民衆の一般意志を、人類の救済を目指す神の一般意志に似たものと理解したのである。

ルソーは、善と悪の対立を止揚する主体を、神ではなく、それをつくった人間に求め、しかも一般意志の政治共同体を、悪として「存在するもの」すなわち不平等な人間関係そのものから発見する。それが『社会契約論』第一編冒頭の文である。人間は、自由なものとして生まれたのに、鎖につながれているが、どうしてそのような状態に追い込まれたのか、そしてこの変化は何により正当化されるか(2)。もちろん自由と鎖は対立する。ルソーは、この対立が「なぜ」生まれたかを、すでに『人間不平等起源論』で解明したので、「私は無視する(Je l'ignore)」といったのである。『社会契約論』の課題は、一歩進んで、どのようにして「鎖」を正当化するかという問題に転換されたのである。

一面主人と奴隷は、対立関係にあるが、他面「相互依存の関係」にある。主人は、奴隷の労働の成果に依存し、奴隷は、主人の全くあてにならない援助に依存しながら生きている。両者は、互いに他者に依存する限り、自己の自由を失っている。その意味で、主人と奴隷は、ともに「鎖」に縛られているのである。しかもルソーは、「存在すべきもの」としての自由を実現する条件である一般意志を、「鎖」つまり「存在するもの」としての主人と奴隷の支配と被支配の人間関係から発見する。鎖か自由かの二者択一ではなく、鎖をとおした自由の実現。これがルソーの考えであった。我々は、ルソーが、単なる政治的ユートピアンではなく、政治的リアリストとして、我々の目の前に現れているのを理解することが肝要である。

ルソーは、このような現実主義的な姿勢をどこまでも貫く。人間は、「あるがままのもの」として見た場合、自己の「自由（わがまま）」を追求するという点で、「利害の主体」であり、その意味で特殊意志をもつ自己中心的存在である。それに対して「あるべきもの」としての神の「普遍的意志」である「法」は、そのような人間に、「神の正義」である「平等」を実現することを要請する。人間は特殊意志を主張し、神は普遍的意志を要請する。こうして特殊意志と普遍的意志は対立することになる。特殊意志と普遍的意志の分裂は、まさに天と地の分裂である。人間は、一般意志というフィルターを通して、特殊意志を実現することに自己を限定することができる場合のみ、天と地の分裂を統一することができ、自己を普遍化することができるのである。

市民社会は、個々人の利害の対立関係体である。利害の対立をそのままに放置すれば、紛争が人々の間で生じる。当然紛争は人間関係の解体を招きかねない。人間は、特殊意志と普遍的意志の分裂を、理性により、止揚することができるのであろうか。ルソーは、個人の「私的理性」に信頼の念を置くことができない。というのもルソーは、後のフランクフルト学派の理性観を先取りするかのように、理性なるものを、人間が「自己保存」の「欲望」を実現するために、自己に外在する「自然」と「他者」を「支配する技術」としてつかんでいたからである。したがって理性は、「狂気」そのものを内に孕みがちなのであり、その意味で、理性を核とする近代の「自然法」は称賛されるべきものをもってはいない。「公共の理性」の主体である一般意志の国家は、個々の人間に、一般意志をとおして、自己中心的な特殊意志を浄化し、普遍化していくことを教えるのである。

法として出現する一般意志は、平等を志向する限り、神から流出した「普遍的正義」である自然法を客観化する装置である。自然法は、個々人の利害が対立する関係体で、自然的に守られるはずがない。それゆえに善人と悪人を相互に縛る制度が期待される。それが法により支配される一般意志の国家である。一般意志の国家は、幾度も触れたように、自然法の規範的効果を実質的に担保する機関である。

一般意志は、国家を名乗る以上、自己を安定的に維持するために、被支配者を統合する国家イデオロギーをもたなければならない。そのイデオロギーが、「政治の道具」としての「市民的宗教」である。国家は、天（普遍的意志）と地（特殊意志）の分裂を、「情念」の側面から克服するために、市民的宗教なるものを積極的に活用するのである。

注

（1）Patrick Riley, The General Will before Rousseau, *op. cit.*, p. 14.

（2）J・J・ルソー、『社会契約論』、前掲邦訳、一五頁。

第三節　言語の問題

民主主義は「言語」による「討論」を通し成立する政治社会である。問題は、討論をとおしていったい何を目指すかである。それは、ルソーの場合、自由と従属の矛盾の止揚である。これを実現するのが一般意志に課せられた任務であった。問題は、自由か従属かではなく、従属を介した自由の実現にあった。一般意志は、自由を実現する新しい従属の鎖なのである。しかも一般意志は、「暴力（violence）」ではなく、「討論（discussion）」によって実現されねばならない。「言語」をとおしたこのような討論集会は、ホッブズの国家論に対する反駁として提起された。ホッブズは、自由と鎖の矛盾を「暴力」によって抑圧していくことで、その矛盾を凍結しようとしたが、ルソーは、彼のこのようなやり方が無効であることを暴露したのである。我々は、このことをこれから説明していくことにしよう。

さてホッブズによれば、我々の「思考（thought）」の起源は、「感覚（sense）」にある。人間は感覚の主体である。そしてこの感覚を「刺激する」のが外的「対象（subject）」である。この対象は感覚を「圧迫する」。人間は、この圧迫に対して、「反対圧力」を行使する。これが「努力」と呼ばれる。この対象は、もちろん自然ばかりでなく、人間をも含んでいる。ここから我々は、ホッブズの場合、人間の相互依存関係が、最初から設定されていることに気づくであろう。この考えは、言語の「起源」を探求する道を閉ざしてしまう。後にルソーは、ホッブズの「分析的な（analytique）」方法に対するアンチ・テーゼとして、「発生的な（génétique）」方法を駆使することで、言語問題に向かっていく。言語に対する双方の違いは、一方が、言語を共時的方法から分析することに関心をもち、他方が、言語を通時的方法あるいは系譜学的方法から解釈することに興味をもったことに、求められるであろう。当然のことだが、思考は、他者との関係下で、伝達されるためには、「語のコロラリー」に変換されなければならない。語は、他者の思考の「結果」を「記録し」、他者を「理解する（understand）」「技術」である。語は、一言でいうと、他者が、いったい「何を考えているか（what to think）」を、相互に「提起する（represent）」技術なのである。そしてこの技術が、ホッブズの場合、「理性」と呼ばれたのは周知の事実である。

しかしホッブズによれば、各自は、少ない物資をめぐる抗争から、言語を媒介とした相互共同関係を結ぶことができず、むしろ暴力による相互破壊を招来するはめに陥る。言語は、相互承認を前提に成り立つが、暴力は、相互否定からでてくる。これでは言語を介した人々の「自治」を望むことはできない。そこでホッブズは、社会契約によって、人々から「他人を侵略する権利」としての自由を意味する暴力を奪いとり、暴力を独占する国家を登場させる。そして国家の権力を掌握する主権者が、国家設立後、人々をその暴力によって脅かし、人々を「和合」させようと努力することになる。主権者は、人々から力を奪いとり、言語によって人々に接触するのではなく、巨大な暴力により人々を威嚇するのである。そこには相互承認を前提とした語を媒介とした「説得」はなく、暴力を背景にした威嚇あるいはプロパガンダとしての言語があるだけである。

深く考えるまでもなく、より大きな「力」によって人々を主権者に「依存」させようとすることは、論理的矛盾を含んでいる。というのも暴力と依存は、相入れない相互排他的なものであるからである。暴力は、人々を主権者に依存させるよりも、むしろ逆に人々を主権者から離反させてしまう。しかもより悪いことは、暴力により威嚇されたとき、人々は、主権者に「恐怖感」を抱き、主権者から精神的に遠いところに「逃げ」、しかもそこで「不安」な状態に置かれてしまう。主権者は、ともすれば自己と被支配者の間に横たわる、この深い溝の存在を理解できず、被支配者が陥っている不安な精神構造に思いを寄せることができない。「国家は安定した。しかし被支配者は死んだ」ということが起きかねない。こうなると主権者は、精神的に死んだ人間を相手にしているだけである。人間は、他者を抑圧排除したとき、自己を「他者化する」機会を失ってしまう。そうなると、人間は無限にナルシシズムの権化に転落するであろう。そしてリヴァイアサンは、ナルシシズムの権化となりかねない。そもそも「生きる」ということには、「関係」なるものを含まれているはずである。それゆえに関係を失った人間は、死んだも同然である。人間は、他者に依存することなしに、生きことができるはずがない。となると問題は「どのような依存か」になるであろう。したがって主権者は、人々を自己に依存させようとするならば、暴力ではなく、他の方法を採用せざるをえないであろう。

ホッブズの場合、前述したように、言語は無力である。繰り返し述べるならば、人々は、力と力による相互否定の関係にあるとき、言語による相互理解と和合を他者に求めることが無意味であることを知っている。「公共の理性」の主体であるとされる主権者は、それゆえに、私的言語による相互欺瞞と策略の関係を禁止し、主権者により上から下へ伝達されるプロパガンダとしての公共の言語だけを忠実に聞くように、被支配者を暴力で威嚇するしかない。しかし肉体的言語、つまり暴力に限りなく接近する主権者の言語は、先に述べたように、人々を主権者へ依存させるよりは、むしろ主権者への依存を解体する危険性を常に内在せしめているのである。何によって解体されるのであろうか。もちろん最終的には被支配者の暴力によってである。被支配者は、主権者のすきを狙い、暴力によって復讐するであろう。かくして暴力は暴力を招く。ここに力の循環が再び登場することになり、ホッブズの企ては崩壊することになる。力による支配は被支配者を納得させない。それは相手を震え上がらせ、憎悪させるだけである。

ルソーは、ホッブズの論理的矛盾を他の誰よりも知っていた。ルソーは、人々が支配と被支配の関係を廃棄し、支配と被支配の同一的相互関係の主体としての一般意志的存在となったとき、この矛盾を止揚することができるという。この一般意志は、ルソーの場合、まさに人々が言語により他者を説得することができるとき、客観化されるのである。ホッブズは、主権者だけが公共の理性と公共の言語をもつと限定してしまったが、ルソーは、政治に参加するすべての人々がそれをもつとした。そのときルソーの国家宗教は、公共の言語を、情念の次元に変換する装置となるのである。「冷たい理性」は人間をお互いに離散させるのに対して、「熱い理性」は人々を和合させる。ルソーは、人々を和合させる装置として、「熱い理性」つまり「情念」を呼び込んだのである。

第四節　宗教史――既成宗教の批判――

我々は、これからルソーの市民的宗教の内容を詳細に検討していくのだが、そのためには、それを生みだした彼の宗教的基盤を見ていくことが必要である。当然であるが、ルソーの時代、ヨーロッパは、キリスト教の伝統下にあった。キリスト教の本質は、仏教のそれが「俗世間の回避」(出家)であるのに対して、「俗世間を変えること」にあるといわれる。しかしそのような視点からキリスト教の二つの派であるカトリックとプロテスタントの教義を細かく見ていくと、そこには大きな違いがあることが分かる。カトリシズムは、トマス・アクィナスが、存在するものは「真・善・美」の客観体であると述べたとき、キリスト教の最も大事な本質的要件である「現世否定の論理」を希薄化してしまった。

これに対してプロテスタンティズムは、存在するものと存在すべきものを厳しく分け、存在するもの(原罪で汚れた世界)を否定し、それを変革すべきものと見たとき、現世否定の論理を徹底的に貫いたのである。一方が保守的宗教であり、他方が革命的な宗教であるといわれる所以はここにある。プロテスタンティズムは、現世否定の論理を忘れ、保守的になったカトリシズムに対する反動として起こったのである。

ルソーは、当時約二万人の人口を抱える「ジュネーヴ共和国」の「下位市民」で、かつ時計職人であったイザック・ルソーを父にもつ人間であった(1)。周知のようにジャン・カルヴァンは、ジュネーヴで、カルヴィニズムとして有名な「絶対予定説」と「絶対原罪説」を唱えた。彼は、罪に汚れた人間の誰が救われ、誰が地獄に落ちるかを神が予定しているといった。それが神の絶対的意志であった。カルヴァンは、人間が、罪に汚れた自己を浄化し、神の予定に与るべく、神の器としてふさわしい者にならねばならないといった。人間は、そのために悪の象徴である現世を否定し、神が降臨する場を新たにつくらねばならない。その場が、カルヴァンによるジュネーヴでの過酷な「神政政治」であった。彼の「長老支配（gérontocratie）」による神政政治は、ジュネーヴ市民に、現実否定と変革を教えるカルヴィニムを、国家イデオロギーとして課した。

ルソーは、このような弁神論の政治化の足慣らしを進めたカルヴィニズムを呼吸して育った。彼は、ジュネーヴを出奔しヨーロッパ各地をさまよい、生きるためにカトリックに改宗したこともあったが、終始カルヴィニズムに緊縛されていた。しかもジュネーヴは、カントン・デモクラシーといわれる民主主義政体を採用していた。ルソーは、後に否定したが、この政体を古代ギリシャの都市国家の嫡子と見なし、賛美した。『社会契約論』で展開された都市国家的な直接民主主義論とそれを支えるエートスである市民的宗教論は、彼の祖国ジュネーヴに範を仰ぎつくられたのである。

ルソーは、前述したように、歴史を悪と規定し、しかる後にその悪を治療する方法を、悪そのものから発見しなければならないといった。存在するものすべてが悪であるなら、既存のすべての宗教もまた悪しきものとなる。ルソーは、歴史上現れた悪しき宗教から、善き宗教と彼が考えた市民的宗教なるものの可能性を探る。善き宗教とはどのような宗教なのか。これは、言葉をかえれば、政治の道具として役に立つ宗教とは何かと尋ねることである。ルソーは、単純にそれを「国民的統一」あるいは「社会的統一」を実現することができる宗教であるという。「統一」の反対は「分裂」である。先に触れたが、分裂は、天と地、つまり普遍的意志と特殊的意志の分裂を意味する。人間は、相互性を指す一般意志により、自己の特殊性を普遍化することができるとき、特殊的意志と普遍的意志の分裂を止揚することができる。天と地の分裂を統一することができる宗教は、善き宗教であり、統一を破壊し人々を分裂させる宗教は悪しき宗教である。ルソーは、このように善悪の単純な基準を設定する。

ルソーは、この善き宗教を確定する基準点を設定した後、一種の〈宗教史〉を展開する。最初は「多神教」の時代である。それは、古代ギリシャからユダヤ教直前まで続いたとされる。多神教の時代は、神政政治の時代であった。この時代の宗教は、すべて権力者＝強者の宗教であるとされる。

しかしそのような多神教は、次の古代「ユダヤ教」と「キリスト教」の出現によって否定された。「選民思想」をもったユダヤ人は、「勝利者」に対する反抗を企てたという嫌疑をかけられ、残酷な「迫害」を受ける。政治権力者は、「最も強い者の権利」により、民衆を屈服させた後に、「改宗」を迫った。ローマ帝国は、世界的規模で領土を拡大していくにつれて、属国を支配し統合する手段として、属国の宗教を公認する必要があった。多神教が支配するローマでは、偏狭な民族宗教を信ずるユダヤ人は、改宗しないときは、「殉死」を迫られた。

最後にキリスト教が出現する。多神教を信じたローマ人は、キリスト教的一神教を、荒唐無稽にも「無神論」と規定し、弾圧した。多神教は汎神論の一種である。汎神論は、フォイエルバッハの指摘を待つまでもなく、有神論のなかの無神論である。とするならば無神論のそしりをうけるのは、むしろローマ時代の多神教であり、キリスト教ではなかったといえる。

ユダヤ教の最左翼で最下層に属する「アム・ハーレツ」（農耕者＝獣の意味をもつ）イエスは、「選民思想」を捨て、彼が「地の人」と呼んだ社会の最底辺に沈んだ貧しい人々、そして死病のために砂漠に追いやられたすべての人々の救済を叫んだ。彼は、天と地を厳しく分け、地を「死の谷」あるいは「悪魔の国」、天を「彼岸の王国」と呼び、地の国から全面的に撤退するように、民衆に呼びかけた。

ローマは、帝国ローマの多神教を拝むことを拒否するキリスト者を、国家転覆を企てる「反逆者」と見なし、徹底的に弾圧した。というのは国家を宗教によって神聖化しようとするローマから見ると、国家を脱神聖化せんとするキリスト教は、自己の国家をつくるために、ローマの体制イデオロギーを否定し、破壊する反逆者に映ったからである。ルソーは、それを「キリスト教迫害の原因」と見たのであった。

時代は変わり古代から中世に移った。この間にキリスト教世界では、聖権と俗権の「二重権力状態」（ランケ）が継続した。「彼岸の王国」の支配者である「僧侶階級」が、「現世の頭」である王の権力を神聖化する、より高次の権力主体に昇格した。だがやがて聖権と俗権の二権は、覇権争いに奔走することになる。ルソーは、このように古代から中世までの宗教の歴史を語る形を取ることで、既成の宗教を「社会的統一」の視点から批判したのである。

注

（1） Introduction par Jean-Daniél Candaux, in: *Oeuvres complètes de Jean-Jacques Rousseau*, Paris, Bibliothèque de la Pléiade, 1964, t. III, p. CLIX.

第五節　国家イデオロギーとしての市民的宗教

もう一度繰り返せば、ルソーは、もっぱらどのような宗教が政治的統一を実現することに貢献することができるかという視点から、古代から中世までの宗教を検討したが、統一を実現した「古代の精神」を失った中世ヨーロッパが、「キリスト教の精神」に支配されたとき、人々は「国家体との必然的つながり」を断ち切られたのだと結論づけた。ルソーは、そのたった一つの理由に、先述のとおり「二つの権力の間の分裂」をあげた。

それでは近代のキリスト教はどうか。それは政治的統一を実現することに貢献したといえるのであろうか。周知のように、一六世紀以降徐々に形成された近代国民国家は、宗教改革を契機に、プロテスタンティズムを国家統治のためのイデオロギーに採用した。プロテスタンティズムを採用した諸国の王は、ローマ法王の官僚層として自国に入り込み、広大な領地を所有していた「聖職者階級」から、その領地を奪い、自己のものにし、しかる後にそれを彼の臣下とブルジョワジーに有償で分配した。事実に反することであるが、ルソーは、イギリスの国王が自らを「教会の長」と名乗ったが、結局は教会の「下僕」に自己の立場を落としたという。ルソーは、聖職者階級の支配する宗教が存在する国家内部では、聖俗二権が統一されるはずがないと信じていたのである。

ルソーは、政治的統一の視点から、古代から近代までの宗教を批判的に考察した後、この政治的統一が政治哲学の最も重要な課題であることを見破ったのはホッブズその人であると、次のように述べている。「すべてのキリスト教徒のうちで、哲学者（ホッブズ――引用者）のみが、この悪とその治療とを十分に認識した唯一人の人であって、彼は鷲の双頭を再び一つにすること、またすべてを政治的統一につれもどすことをあえて唱えたのであった。この統一がない限り、国家も政府も決して良く組織されることはないであろう。しかしキリスト教の支配的精神は、彼の体系と相いれないこと、また僧侶の利害感は、国家の利害感よりも常に強いものであろうことに、ホッブズは気づくべきであった」(1)。イギリス国王は、「イギリス国教会」により、国家統一を成功させた。それゆえにルソーが、キリスト教が政治的統一を実現するための手段としては役に立たないと考えたのは、明らかに正しくない。

ルソーは、論理的視点から見た場合、「ローマのキリスト教」よりも「市民の宗教」と「人間の宗教」がよりよいと考えた。というのは、「ローマのキリスト教」は、天と地を分け、その間に裂け目をもたらし、政治的統一を阻害するからである。「日本の宗教」（仏教）もまた「仏法と王法」を分けるので否定される。「市民の宗教」は、古代ギリシャのような「特殊社会」を意味する「ある特定の国家」の宗教である。それは、一面政治的統合を実現するので善き宗教であるが、他面国内では抑圧的な神政政治を正当化し、国外に対しては攻撃的であり、偏狭な迷信を人々に吹き込むので、悪い宗教であるといわれる。それでは「今日の宗教」ではなく、「福音書の宗教」といわれる「人間の宗教」はどうであろうか。それは、特殊社会としての現実の国家に普及している宗教ではなく、「一般社会」つまり非現実的な理想的社会でのみ存在する宗教である。一般社会は、「神によってつくられた平等者の社会」を指す。それは「想像しうる限り最も完全な社会」であるが、現実の「人間の社会」ではない。「人間の宗教」を信ずる者は、一般意志の国家とはどんな関係ももたない。彼は、現実の国家内部では異邦人でしかない。彼は、あるいは政治的統一を破壊する危険分子として、疑いの目で見られる。その点で人間の宗教は悪い宗教である。

市民の宗教は、迷信的で抑圧的であるが、政治的統一を実現できる。人間の宗教は、存在するものと存在すべきものとを分け、人間を存在するものから引き離し、存在すべきものの世界に引退するように人間を説得する。人間の宗教は、政治的統一を阻害するが、存在すべきものを志向する点で、善い宗教である。

最後にルソーは、「市民の宗教」と「人間の宗教」を弁証法的に止揚する新しい宗教観を提示する。それが「市民的宗教」である。それは、個人の自由を犠牲にして国家統一を説く「市民の宗教」と、国家への合一を忘れ、彼岸での信徒の平等なコングリゲーションをひたすら欣求する「人間の宗教」の欠陥を克服するために考案された。そこで人間は、個人の自由と平等を統一する政治制度を考案しなければならない。それが一般意志の国家であり、一般意志を実現するように教えるのが市民的宗教であるといえよう。市民的宗教は、ルソー自身が形容矛盾であるとした「キリスト教共和国」を、現世に実現する方法である。

結論的にいえば、市民的宗教は、天と地を和解させるための国家イデオロギーである。一般意志は、神が人間に課した命令である「平等」を、現世内部で実現するという意味で、天と地をつなぐ装置であった。市民的宗教もまた、個人の特殊意志を「相互性」のなかに統合するイデオロギーとして提起されたとき、神の教えを世俗化し客観化する役割をもつのである。

ルソーにより「恩寵と自然」のパラダイムは、「自然と歴史」のパラダイムに脱構築された。自然と歴史の矛盾は、自然的に止揚されるはずがない。自然は自動的に歴史化されたり、あるいは歴史は自動的に自然化されたりはしない。自由がその矛盾を止揚する主体として現れる。自由は、一般意志となることで、古い秩序である歴史を破壊し、自然を歴史化する力を発揮することができる。その意味で政治化された弁神論あるいは神義論に支えられた知のパラダイムの枠内で展開されたルソーの政治哲学は、革命的でありえたのである。

注

（1）J・J・ルソー、『社会契約論』、前掲邦訳、一八三頁。

第六節　ルソーとポスト・モダニズム

現代はポスト・モダンの時代であるといわれる。それは、近代的な知のパラダイムを解体した後に到来する。問題は、ポスト・モダニズムがどのような近代的知のパラダイムを解体したかである。ニーチェに典型的に現れるが、ポスト・モダニズムは、（一）デカルトの主客二元論、（二）キリスト教、そして（三）個人主義を前提にする平等主義的政治社会観を解体することから始める。周知のように、デカルトの二元論は、「思考」と「物体」の二つの実体から成り立つ。デカルトは、「疑う我」の存在から「我」の存在を論証し、そして我の存在を根拠に「神」の存在を演繹し、最後に「物体」の存在を証明した。

ルソーは、このデカルトの存在論的証明方法を、デカルトとは異なり、「人間」の存在を疑うことなくその存在を前提にし、「物体」と「神」の存在を証明するという形で模倣した。ルソーは、人間が「感覚」をもち、それを通し外部に存在する「物」の映像を内部に受け入れるという。彼は、感覚が外部に存在する物体の映像を勝手につくったり消滅させたりすることができないという事実から、外的物体の存在を確信する。そして物体は、法則の下にあり、個々の物体は、それぞれの目的に向かって動き、物体は相互に「調和」の関係にあるとされる。

そこでルソーは問う。誰がそのような調和の下に物体を置いたのかと。一定の目的の下につくったのは神であるとされる。目的はすべてのものの「保存」を意味する。人間もまた、保存という目的をもたされたうえで、神によりつくられたとされる。そのためには神は、人間に「自然」としての理性と良心と意志の自由を与えた。個々の「個人」は、自然法を、民主化された国家すなわち一般意志の政治共同体を建設し、実践しなければならない。

ルソーの政治哲学もそこに含まれるとされる近代的な知のパラダイムは、ニーチェによって解体されたというのは真実なのであろうか。デカルトの二元論は、「客観」が「権力への意志」により図式化され整理される前は、「混沌」であるとされ、解体される。神は、「現象」を「偽」であると否定し、「現象」の外に存在する「真」をつくった主体として、呼び込まれる。そして神と人間を媒介する「聖職者階級」だけが、「真なるもの」を認識することができるとされる。すべての「真理」は、権力により「つくられた真理」である。民衆は、権力によりつくられた空虚な概念を、人間の外部にかつ人間から超越的に「存在している真理」として拝む。ニーチェは、このような真理を「概念のミイラ」と呼んだ。このような「真理」は存在しないとされたとき、キリスト教的真理は解体されたといわれる。ニーチェは、マルクス、フロイト同様、キリスト教のイデオロギー性を暴露したのである。もちろんニーチェは、「誰」が「なぜ」そして「どのように」して「真理なるもの」を捏造したのかと問いを発したとき、問題のすりかえをしただけであり、依然として、人間の外部に人間から超越的に「存在すべきもの」が存在するか、という問題が成り立つか否かの哲学的最難問を、解いたわけではない。またニーチェは、存在するものは「社会化された個人」であり、社会に対立する「抽象的個人」は存在しないという。しかも彼は、ルソー的平等者の共同体を、「怨恨」（ルサンチマン）に支配された「奴隷の反乱」から生まれた「畜群」と罵る。

ニーチェアンであるポスト・モダニストたちは、すべての真理が権力によりつくられた真理であり、それゆえに普遍的真理たりえないというとき、どのようにして自己を支えるのであろうか。ポスト・モダニストたちは、支えがない生存が支えといい、この世を生きるのであろうか。客観的真理の解体から無意味な生存が始まる。そこから「何のために」と問いかけることは一切無意味になる。

このようなポスト・モダンの時代といわれる時代、ルソーが提起した弁神論に支えられた知のパラダイムは、今日何ら意味がないものとして捨てられてよいのであろうか。ポスト・モダニストたちは、存在すべきものの存在を一切認めない以上、存在するものとしての不平等を批判する客観的基準を我々に提示することができない。例えば一方の権力がつくった現実である「不平等」を、他方の権力がそれを破壊する行動にでたとき、ポスト・モダニストたちは、その現象を「説明する」ことはできるが、それを一定の価値原理から「批判する」ことはできない。要するにポスト・モダニストたちは、「何のために」という問いを提起することができないのである。ポスト・モダニストたちは、あえてその問題に答えるとするならば、「破壊するために破壊する」としかいうことができないのではないか。

唐突なようであるが、〈権力の永劫回帰〉と〈超人思想〉の出現は、すでにルソーにより「最も強い者の権利」という言葉で予言され、また批判されていたといえないであろうか。「力」を、他者を支配する権利とする者は、以後強くなればよいだけである。人間は、超人となる努力をすればよいだけである。そこには力を正当化する権利根拠など存在しない。力と力は永遠に循環する。そこから権力に対するシニシズムあるいはニヒリズムが生まれる。にもかかわらず、積極的に権力を追求することから〈能動的ニヒリズム〉が生まれる。神を殺害してしまった人間は、存在の形而上学的意味を失ったので、「生」の証である権力への意志を「神の代用物」(1)として偶像化し、神聖化せざるをえなくなった。ロナルド・ヒングリーは、『ニヒリスト』で、無を信ずるというパラドックスの背景には、破壊衝動という形を取る「ある強力な、死への一つの願望」(2)があるといったが、ニーチェが本来目的に対する手段として位置づけられるべきものである権力を自己目的化してしまったとき、彼は、他者との闘争のなかで、他者によって殺害され死ぬ自己を、ひそかに合理化してしまったとはいえないであろうか。それは迂回された自殺を意味する。

我々は、このような結果をもたらすポスト・モダニズムを前にしたとき、いったいどのような姿勢を取ればよいのであろうか。自己をポスト・モダニズムとの関係の下で規定し思考することをやめる必要があると、我々には思われる。人間は、「関係」の下にあるときは、結局は関係の「内部」に存在するのである。我々は、関係の「外部」に脱出することができるとき、跳梁するポスト・モダニズムを批判し解体する橋頭堡を確保することができるだろう。

ポスト・モダニズムを解体するために、自己を関係の外に置かなければならないというのは何を意味するのか。それは「外部の思考」を徹底化することを指す。我々は、ヨーロッパ中心部の外部に自己を置き、そこから中心部を批判攻撃するために構築されたルソーの民主化の政治哲学を、想起する必要があるのではないだろうか。このことは、特に「解放の神学」との関係においていえる。現在第三世界の貧しい民衆を魅了する解放の神学は、「従属からの解放」を叫ぶ。従属は、存在するものとしての歴史的事実である。従属からの解放は、G・グティエレスの『解放の神学』によれば、制度化され構造化された暴力である「搾取」からの解放を意味する。搾取は、人間関係を断絶させるがゆえに、解放の神学によって「罪」とされる。搾取からの解放は、貧しい民衆が不平等な処遇から自己を解放すること以外のなにものでもない。このように、解放の神学は、世俗化され政治化されたキリスト教であることが分かるであろう。

アウグスティヌス以来始められた批判的歴史神学の本質は、天と地を厳しく分け、天の立場から地を批判することにあった。アウグスティヌスによる天（善）と地（悪）の絶対的対立は、彼がキリスト教に「改宗」する前に信じていた、アジア的宗教である「マニ教」の善悪二元論の影響の下に提起されたと思われる。このような特質をもつ彼の神学は、宗教改革をくぐり抜け、政治化された弁神論に支えられた一般意志の国家論という形で、ルソーに受け継がれた。世俗化され政治化されたメシアとして出現する一般意志は、すでに述べたように、天と地を架橋する媒介装置であった。ルソーの場合、自然と歴史の矛盾を止揚することは、結局平等を歴史化することであったが、搾取からの解放を叫ぶ解放の神学は、このようなルソーの弁神論的知のパラダイムのなかにあるといえよう。したがってルソーに媒介された解放の神学は、当然民主化の政治哲学とならなければならないのである。

注

（1）ヴァルター・シューバルト（駒井義昭訳）、『ドストエフスキーとニーチェ』、富士書店、二三四頁。
（2）ロナルド・ヒングリー（向田博訳）、『ニヒリスト――ロシア虚無青年の顛末』、みすず書房、五三頁。

第六章　解放の政治哲学者ルソー——ポーランド問題をめぐって——

第一節　救済イデオロギーの出現

あらゆる抑圧と従属からの解放を狙うルソーの民主化の政治哲学は、政治化された弁神論の構図の下に構築されている。何度も述べてきたように、弁神論は、人間の悪に対して、神の無罪を弁証する学としてつくられた。神は善き者なのに、神によって造られた人間は悪しき者として存在する。神学者は、この論理的矛盾がなぜ発生したのかと問い、自由なるものを、その解答に挙げた。人間は、神学者によれば、自由によって悪しき存在に変質したとされる。悪の原因は、こうして人間の自由意志に帰せられた。ここから神学者たちは、このような否定的な要因を背負った自由が、はたして弁神論的矛盾を止揚する力を発揮することができるかどうかに関して悩み続けてきた。

先述したように、弁神論が最も流行した時代であるといわれる一七世紀、パスカルは、古代から中世をとおして連綿と続いてきた知のパラダイム、つまり「恩寵と自然」のなかで、『パンセ』を書きあげた。パスカルは、「腐敗した自然」である「世界」を、「この世の空しさ」といい、否定の対象に据えた。彼は、神の存在を、トマス・アクィナスやデカルトのように、人間の理性を介して証明することができないと考えた。彼は、神が存在するかどうかのいずれか一方を選ばざるをえなくなった時、その存在の方に賭け、神の恩寵による救済を懇願するしかないといった。「賭」つまり自由は、たとえ世界に背を向ける形で現れたとしても、人間の主体性が、パスカルによって認められた意義は大なるものがある。彼は、デカルト同様、「意識の自由」を提起したが、やがて一八世紀になり、ルソーは、それを「自由の意識」に変換することになる。

しかしルソーは、パスカルのように、人間の救済を、「賭け（自由）」により信仰を選ぶことによってではなく、弁神論を徹底的に政治化することにより実現しようとした。ルソーは、弁神論的矛盾を、自然と歴史との矛盾に脱構築した。人間は、自らの自由意志を濫用し、自然に背馳する歴史をつくってしまった。このような事態を直視したとき、人間は、自己がなぜこのような悲劇的矛盾に陥ったのか、そしてどのようにしたらこの矛盾を止揚することができるのかを模索し始めることになる。政治的リアリストでもあったルソーは、悪を治療する方法を、悪としての歴史それ自体から発見する。弁神論の政治化は、アウグスティヌスにまで遡ることができる、批判的神学の政治的現実への適用であったのである。

ルソーは、神学者を模倣して、自由を、矛盾をもたらした原因に挙げたが、ホッブズのように、自由を呪わしい権利として拒絶せず、むしろそれを逆に矛盾を止揚する原動力として、再び採用する。自由は、不平等社会をつくってしまったが、今後は平等主義的政治社会を実現する役割を演じなければならない。そのためには、自由は、その構成要件として、自己内部に支配と被支配の自同性つまりデモクラシーを具備しなければならない。ルソーは、このようなデモクラシーを、倫理的自由あるいは一般意志と呼んだのは明らかである。

第二部の第五章第一節で既述したように、一般意志は、パトリック・リレーの著書『ルソー以前の一般意志』(1)によれば、もともと全人類を救済するという神の一般意志を意味していたが、ルソーは、支配と被支配の「相互性」すなわち一般意志を客観化する「法」をとおして、すべての者を等しく縛り、それにより悪の象徴たる不平等を治療するといったとき、それを人類救済を目指す神の一般意志に似たものと捉えたといえよう。神学的意味をもつ一般意志という言葉は、ルソーによって完全に政治化され、民衆こそがメシアとなるのである。

先に述べたように、政治的リアリストであったルソーは、支配と被支配の相互性を内に含む自由の実現を、「主」と「奴」の関係から発見する。主は奴の労働の成果に依存し、奴は主の全くあてにならない援助を期待し依存する点で。双方は、自由を失う相互依存関係の鎖につながれ、しかも鎖それ自体を破棄することができない。もはや残された選択の道は、自由か依存かでなく、相互依存を介した自由の実現である。ルソーは、主と奴の相互依存関係体から、支配者と被支配者相互を救済するために考案された権威として、「自由な被支配者」としての一般意志的存在なるものを発見したのである。一般意志の主体は、ホッブズのように、「暴力」によって政治的支配を行うのではなく、「言語」を介した公共の討議により、政治的決定を行う。一般意志は、条件の平等が守られているかどうかを、厳しく監視する。こうして自由は、一般意志を内に含むことによって、歴史の内部に深く侵入し、歴史を変革するエネルギーとなることができるのである。

ところで一八世紀のポーランドは、列強諸国の内政干渉により、国家解体の危機にさらされていた。ポーランドは、このような未曾有の危機をどのようにしてのりこえることができるのであろうか。ルソーは、セイバインの言葉を使えば、列強諸国の抑圧からポーランド国家を解放するために、「脱中心化の政治（a policy of decentralization）」(2)理論を展開した。脱中心化の政治とは、列強諸国の抑圧からの解放を目指す政治、すなわち一般意志の政治運動を意味するのである。ナショナリズム（民族（自決）主義）として現れる自由は、自然と歴史（ポーランドの列強への従属）の矛盾を止揚する主体として登場するのである。

注

（1）Patrick Riley, The General Will before Rousseau, *op. cit*, p. 4.

（2）George H. Sabine, *A History of Political Theory*, Third Edition, New York, Holt Rinehart and Winston, 1961, p. 593.

第二節　ルソーとポーランド

イマヌエル・ウォーラーステインは、『資本主義世界経済』で、資本主義を「市場で利潤を求める生産の様式」であると規定し、それはヨーロッパの場合、一六世紀から一八世紀の間に、「農業資本主義」と「産業資本主義」の形態で発生し、やがて世界全体を包摂していったと述べた。この「単一の分業をもつ世界経済」は、中心、半周辺、周辺の三極から構成され、「中核地域による全世界経済の収奪」の法則によって貫かれている。中核地帯は、当然強力な国民国家として絶対王政国家をつくったが、この国家は、「自己中心化的発展」を目指し、収奪的である。それに対して、周辺部は、脆弱な国家しかもてない。このような周辺部は、「外部志向的従属的な経済」を強制され、自己の力で発展することを阻まれる。周辺部は、緊急の課題として、自己中心化的発展を達成するために、強力な国民国家形成を迫られる。

選挙王政を採用する貴族の「共和国（ジェチポスポリタ）」であったポーランドは、一八世紀の世界システムのなかで、どのような位置を占めていたのであろうか。もう一度『資本主義世界経済』を用いて説明しよう。ポーランドは、中核地帯から、周辺的地位を強いられていた。ポーランドの地方の資本主義的農業経営に関わった「貴族たち（シュラフタ）」は、世界資本主義経済システムのなかで、自己の直営地で、厳しい「労務管理」の下で、農奴たちを「強制換金作物労働」にかりたてていた。資本家化しつつあった「地方貴族たち」は、中心部諸国に農作物を販売し、獲得した金を工業製品と贅沢品を購入するために濫費した。貴族たちは、「奢侈品消費の拡大」のために、ドイツの商人を介して、中心部の金融資本家から金を借りた。こうしてポーランドは、「国際的債務奴隷制」の支配下に入ってしまったのである(1)。

ところで絶対王政国家は、サミール・アミンによれば、「剰余の国家への吸収ならびに国家による再配分」によって支えられる(2)。国家は、自己の権力基盤を、常備軍と官僚制に仰ぐが、両者の俸給を、被支配者の租税からあてる。ポーランドの場合、資本家化した地方の貴族たちは、「地方議会(sejmik)」にたてこもり、国王の租税要求を断固拒否した。地方議会から選出された貴族たちの集合であった「中央議会(Sejm)」も当然国王に反旗をひるがえす。ポーランドは、このようにして「慢性的無政府状態」にあり、そのために他国を侵略する恐れがなかったので、対外的独立を保つことができたという奇妙な事態にあった。ポーランドは、国家の本質であるゲヴァルトに欠けていたので、列強諸国から安心され、独立を保証されたのである。

一七七〇年の夏、パリのプラトリエール通りの屋根裏部屋に潜んでいたルソーに一人の男が訪ねてきた。その男は、ポーランドの「バール連合(Confédération du Bar)」の密使であり、名をヴィルロスキ伯爵といった。一七七二年二月一七日、ロシア皇帝エカテリーナ二世とプロイセン王フリードリヒ二世との間で交わされるポーランド分割に関する「秘密協定」の後、オーストリアを加えて一七七二年八月五日、ペテルブルクで、第一次ポーランド分割協定が結ばれることになる。そのような協定による国家解体の二年前にあって、ヴィルロスキ伯爵は、どのようにしたら自国を防衛することができるかという点から、ポーランドのために国家改造案を書くように、ルソーに懇願したのである。

話はもどるが、第一次ポーランド分割の九年前の一七六三年、ポーランドの国王でありかつザクセンの「選帝侯」でもあったアウグスト三世が突然逝去した。ポーランドは、選挙王政を採用していたが、王を誰にするかをめぐり、二つの党派が争っていた。一方は、フランスを後ろ楯とする「チャルトルィスキ家」、他方は、ロシアに操縦される「ポトツキ家」いわゆる「御一門」といわれる一派である。前者は、エカテリーナに対抗し、国内の改革よりも、対外的「独立」を何よりも優先させ、その方法として、貴族政の下に王権を制限する国家システムをつくろうとしたが、これに対して後者は、独立よりも、国内「改革」を進めるのが先であるとして、王権の強化を最重要課題に掲げた。しかし双方は、国内の慢性的無政府状態を克服するためには、「自由拒否権（liberum veto）」（ラテン語の自由に拒否するという意味）を完全撤廃することが何よりも必要であるという共通の認識を所有していた。

アウグストの逝去後、ただちに新しい国王を選出するために招集された議会で、ポトツキの一派は、ロシア軍の乱入を前にし、抗議の意志表示として、議会を退去した。一七六四年チャルトルィスキ家は、ロシアの徹底的な内政干渉を頼みの綱にして、エカテリーナの愛人であった、甥のスタニウスキ＝アウグスト＝ポニャトフスキを、国王に選出した。ポトツキ派は、「離教派（Dissidents）」と呼ばれる反カトリック一派（プロテスタントとギリシャ正教）に完全な市民的・政治的権利を与えよ、とするエカテリーナの要求に屈服したポニャトフスキへの抗議として、一七六八年、ポーランド貴族集団をバールに集め、時代錯誤的な「バール連合」を旗揚げした(3)。ルソーは、ヴィルロスキを介して、反ロシア的な国家独立を掲げる狂信的なカトリック民族主義者の集団であったポトツキ一派に、結びついたのであった。

一六世紀の宗教改革以降、「内乱（civil war）」の時代を経て到達した自己批判的な結論は、周知のように、政治的領域の「非宗教化（laïcisation）」であった。宗教は、公的領域から私的領域に移され、「宗教的寛容」を守ることが「世論の潮流」となった。この抗すべくもない進歩の光のなかで、ルソーは、「離教派」を抑圧し弾圧する狂信的なカトリック一派を支援したが、これは明らかに啓蒙主義哲学の反宗教的精神に対する「慢性的危機感」(4)からくる一種の「反動」とみなすべきである。ヴォルテールは、「恥知らず（Infame）」といって宗教的ファナティズムを弾劾し、グリムは、ポーランド共和国を「封建的無政府（anarchie féodale）」といい、反動に抗し離教派を擁護するという大義名分の下にポーランドに内政干渉するエカテリーナの外交政策を支援した。ところが当時フランス絶対王政国家の外務大臣であったショワズールは、ポーランドを、ロシアの抑圧からの緩衝地帯とせんとする非常に高度な反ロシア的外交政策から、反ロシア抵抗運動を展開するポーランドを支援する（逮捕状の効力がまだ切れていない）ルソーを、自由にパリに泳がせたのである。

ルソーは、このような列強諸国の一種の「パワー・ポリティクス」のなかで、必死になって国家的独立を維持しようとするポーランドのシュラフタの立場に立ち、中心部からの解放のイデオロギーを、つまり「政治的ナショナリズム」(5)を展開したのである。

注

（1）イマヌエル・ウォーラーステイン（藤瀬浩司・浅沼賢・金井雄一訳）、『資本主義世界経済』、名古屋大学出版会、五二—五五頁。
（2）サミール・アミン、『階級と民族』、前掲邦訳、（貢納制的社会編成体の部分）。
（3）ポーランド分割直前のポーランドが置かれた政治的状況に関する以上の説明については、以下の文献を参照。C. E. Vaughan, Introduction, in: *The Political Writings of Jean-Jacques Rousseau*, Vol. II, pp. 370-372.
（4）丸山真男、『反動の概念』、『岩波講座・現代思想』第五巻所収、岩波書店、二九頁。
（5）Frederick M. Barnard, National Culture and Political Legitimacy, Herder and Rousseau, in: *Journal of the History of Ideas*, Vol. 44, No. 2 (April-Juni 1983), p. 231.

第三節　歴史的方法

ルソーは、『社会契約論』第三編第八章「すべての統治形態は、すべての国民に適合するものではないこと」において、次のような注目すべきことを述べていた。「自由は、どんな風土にでも実をむすぶものではないから、すべての国民がこれを手に入れるわけにはいかぬ。モンテスキューがたてたこの原則は、考えれば考えるほど真実だという感じがする。これに反対すればするほど次々と新しい証拠がでてきて、この原則をいよいよ確かにする結果になる」(1)と。自由は、もともとルソーの場合、先に触れたように、人々が支配者と被支配者の同一的相互関係の主体になったとき、生まれるはずであった。このような存在すべきものとしての自由は、存在するものとしての現存国家には存在していないとされる。現に存在しない自由をどのようにして現存国家のなかで、実現していくかが、ルソーが自己に与えた課題であった。そこで「抽象的諸権利の熱狂的チャンピオン」であったが、モンテスキューの忠実な弟子でもあったルソーは、彼が『法の精神』を書くときに「方法論」として採用した「気候風土論」(クリマ論)に注目する。はたして存在するもののなかに自由を実現する条件が潜んでいるのであろうか。ルソーは、このような問題関心から、一種の「歴史的方法」(2)を駆使することで、存在するものに立ち向かうことになる。

ルソーから「既成の統治体の実証的法則を論ずる」ことに力をそそいだと皮肉をいわれたモンテスキューは、『法の精神』第一部第一編第三章「貴族政の性質に関する法について」において、ポーランドが「貴族政」を採用していると見た。そして彼はポーランド貴族政の欠陥を次のように指摘している。「あらゆる貴族政のうちで最も不完全なものは、人民の中で服従する部分が、支配する部分にたいし市民的奴隷制の下にあるもの、農民が貴族の奴隷であるポーランドの貴族政のごときものである」(3)。周知のようにモンテスキューは、政体を、君主政、専制政、共和政の三種類に分類した。貴族政は、そのなかで共和政に入るとされる。共和政は、「人民集団またはたんに人民の一部が主権をもつ政体である」。人民全体が主権をもつとき、「民主政」になり、人民の一部がそれをもつとき、「貴族政」になる。貴族政は、人民全体が主権をもつとき、つまり民主政になるとき、「完全」になる。その意味では、ポーランドの貴族政は、モンテスキューによれば、貴族が主権を独占し、その他の者全部を政治参加から排除している点で、最悪の貴族政とされるのである。

しかしながらルソーは、ポーランドを、全く別の視点から観察する。彼は、『社会契約論』第二編第八章において、「国民（nation）」を、「個人」の誕生→成長→成熟→死滅のアナロジーの下で、説明している。「人民は、多くの場合、人間の一生と同じく、柔順なのは青年期だけで、年をとれば直しようもなくなる」(4)とルソーによりいわれる。彼は、人民が自由な者として自己を保つことができるのは、「未開」の時期あるいは段階であるという。一人の人間の場合と同じように、国民もまた「青年」（成長）の時期が存在する。

ルソーは、ポーランドが、「幼年期」でも「老衰期」でもなく、エネルギッシュに自己を改革発展させることができる「青年期」にあるという。ルソーは、このことを、『ポーランド統治論』で次のように述べている。「ポーランド、この人は減り、踏み荒らされ抑圧され、侵略者の餌食となっている地区は、その禍と無政府状態の真只中にあってなお、青年のあらゆる情熱をみせている。……鉄鎖のなかにありながら自由を維持するための方策を議論しているのだ」(5)。ルソーは、かつて『人間不平等起源論』で、人々が一種の部族社会をつくりながらも、自己の自由を享受していた段階を、「世界の青年期」と呼び賛美した。人間は、青年期を除いたら、抑圧から自己を解放する運動に携わることはできないであろう。国民の場合もまた然りであるとルソーはいいたかったのである。青年こそが未来の希望なのである。「青年」ポーランド共和国は、「連合派の魂」によってのみ、「友好のきずなを差し出すふりを装って隷属の鉄鎖を負わせた強力にして狡猾な一侵略者」(6)ロシアから、祖国を防衛することができる。そしてルソーは「内はつねに分裂し、外からたえず脅かされて、国自体としての堅固さはなに一つなく、隣国諸国の思いのままになっている、現在の事態」(7)にあって、人々を連合させる絆は存在するのか、あるとするならば、それはいったい何かと問う。ルソーは、ポーランドのシュラフタたちを結束させるきずなは、宗教しかないと信じ、政治的統一の方法として、宗教を全面におしだしたのである。

注

（1）J・J・ルソー、『社会契約論』、前掲邦訳、一〇〇頁。この邦訳は「市民的宗教」と「市民の宗教」の訳し分けができていないと思われるので、引用に際しては改訳した。
（2）歴史的方法とは比較主義的方法のことをいう。この方法は、ヴィコを介してモンテスキューが受容した方法論である。その点については以下の文献を参照。Charles E. Vaughan, Studies in the History of Political Philosophy before and after Rousseau, Vol. I, *op. cit.*, p. 206. モンテスキューの比較主義的方法は相対主義的見方を導いた。ルソーは、モンテスキューからこのような方法論を学んだが、決して相対主義には陥らなかったが、その理由は彼が、存在すべきものから絶えず存在するものを評価する視点をもっていたからである。これが彼とモンテスキューの違う点である。
（3）モンテスキュー（根岸国孝訳）、『法の精神』、『世界の大思想』第一六巻所収、河出書房、四八頁。
（4）J・J・ルソー、『社会契約論』、前掲邦訳、六八頁。「発展」の概念は、モンテスキューからヒントを得たという説がある。しかし基本的にはモンテスキューの歴史観は、「空間の歴史」に重点が置かれたのに対して、ルソーの歴史観は、「時間の歴史」つまり弁証法的視点から「変化」を基軸とした点にその特質があると思われる。
（5）J・J・ルソー、『ポーランド統治論』、前掲邦訳、三六二頁。
（6）同書、三六三頁。
（7）同書、三六八頁。

第四節　ナショナリズムとしての宗教

ナショナリズムにおける「国民」は、いったいどのようなものか。コーラーは、『ルソーとナショナリズム』で、国民を「人々の間での非政治的同質性」を共有する集団であるという[1]。我々は、もちろん客観的な「非政治的同質性」など存在しないことを知っている。存在するのは、衝突しあう様々な利害集団で、国民なるものは、したがって存在しない。その意味で国民とは「想像の共同体」(2)でしかない。このような非実体的な国民意識は、他国との関係で見た場合、他国の抑圧からの解放のイデオロギーとして機能するとき、「善き世論」としてのナショナリズムとなり、反対に他国を抑圧するそれとして機能するとき、「悪しき世論」としてのそれになる。ポーランドは、列強から自国を解放するためのイデオロギーに、カトリック敬虔主義を基盤としたナショナリズムを選んだのである。

周知のように多元的重層的権力構造をもつ封建体制が崩壊し、一元的な権力構造をもつ近代国民国家が生まれるのと即応する形で、「国家理性論」が登場した。ひたすら国家の維持、保存、拡大を自己目的に据えることを統治者に教えるそれは、マキアヴェリ以降唱えられたが、ルソーは、共和主義的国家理性論に変換する形で、それを継承したのである。ルソーは、そのような共和主義的国家理性論の視点から、ナショナリズムとつながる形で、宗教論を展開したのである(3)。

共和主義的国家理性論とは、換言すれば、一般意志的国家論を指す。国家は、自らを支えるために、暴力装置のほかにイデオロギー装置をもたなければならない。ポーランドは、国民的独立を達成するために、どのような宗教をもてばよいのであろうか。ルソーは、この問いに対する答えを、すでに『社会契約論』第二編第七章「立法者」で提出していた。そこで彼は、「諸国民の起源においては、宗教は政治の役に立つ」(4)と述べたが、その場合、政治の「目的」をどこに求めたか。ルソーは、それを、単純に「社会的統一」、「国民的統合」と断定し、社会的統合に役立つかどうかという点から、「存在するもの」としての数々の宗教を吟味するのである。

いうまでもないが、社会的統一の反対は社会的分裂である。そして「社会的統一を破るものは、すべて何の価値もない」とされる。ルソーの場合、統一を実現する宗教が最良の宗教であり、統一を乱し撹乱する宗教が最悪の宗教である。人間は、統一のとれた存在として自己を維持することができるとき、幸福である。問題は、ルソーの場合、統一とはどのようなものかである。それは、天（神の国）と地（地上の国）、あるいは「内面」（人間）と「外面」（市民）の矛盾の統一を指している。ルソーは、統一という視点から、「僧侶の宗教（religion du prêtre）」、「市民の宗教（religion du citoyen）」、「人間の宗教（religion du l'homme）」なるものをあげ、順次批判する。

第一の「僧侶の宗教」は、ラマ教、日本の宗教、そしてローマのキリスト教の三つである。ローマの宗教は「人間に、二つの立法、二つの頭、二つの祖国を与えて、人間を矛盾した義務に服従させ、彼らが信心しながら、同時に市民ではありえないようにする」(5)。ルソーは、この宗教が、人間を分裂させ、社会的統一を破るので承認できない。

次に我々は、ルソーが第二の「市民の宗教」に、どのように反対しているかを吟味しよう。ルソーはいう。「宗教は社会との関係において――社会は一般社会と特殊社会とに区別されるが――やはり二つの種類に区別されうる。すなわち、人間の宗教と市民の宗教である」(6)と。第二の市民の宗教は、「原始の諸民族の宗教」と呼ばれるが、「ある特定の一国で定められ、その国にその神々、すなわちそれぞれ固有の守護神を与える。この宗教は、その教義、儀式、法によって規定された外的な礼拝をもっている」(7)といわれる。ルソーは、この宗教が「神の礼拝と法への愛を結びつけ、また、祖国を市民たちの熱愛の対象として、国家に奉仕することが、とりもなおさず守護神に奉仕することだと教える点で、よい宗教である」(8)という。この宗教は、宗教と政治の矛盾を止揚することができる点で、優れているとされる。これは社会的統一を成功に導くであろう(9)。この一種のシオクラシーにより、聖権と俗権のヘゲモニー争いに終止符を打つことができるであろう。これは、ホッブズの『リヴァイアサン』から学ばれたのであろう。だがこの宗教は、ルソーによれば、誤謬と迷信に頼り、「神への礼拝を空虚な儀式におぼれさせる」。外的儀式の過度の強制は、内的信仰の抑圧にいたる。宗教的不寛容は、宗教的反対派の抹殺を招く。この点で、市民の宗教は悪い宗教である。

第三の「人間の宗教」は、「今日の宗教ではなく福音書のキリスト教」を指す。それは、市民の宗教が、あまりに外的なものにこだわるのとは全く対照的に、内的なものに執着する。「同一の神の子である人間」は、すべての他者を、平等に兄弟として扱う「一般社会」（キリスト教的共同体）をつくる。人間の宗教は、その意味では、「最も完全な社会」であり、善い宗教である。この宗教は、天の国と地の国を厳しく分け、地の国を「苦悩の谷」と呼び、地の国に生きる意味を見出さず、ひたすら天の国に上昇するのを願う。したがってこの宗教は、「国家体との必然的つながり」をもたない。この宗教を信じる人は、「人間の社会」をまとめる「絆」すなわち「社会的精神」の存在など認めないであろう。その点でこの宗教は、社会的統一を実現するどころか、逆にそれを破壊するイデオロギーとなるというのが、ルソーの意見であった。

注

（1）Anne M. Cohler, Rousseau and Nationalism, *op. cit.*, p. 4.
（2）ベネディクト・アンダーソン（白石隆・白石さや訳）、『想像の共同体』、リブロポート、一七頁。
（3）もともとキリスト教は、不潔な動物と蔑まれたユダヤ教徒の最左翼最下層で、「農耕者」（獣という別称がある）の意味をもつ「アム・ハーレツ」を背景に生まれた。磔刑に処せられたイエス以後、ローマの市民権をもつユダヤ人パウロが、ユダヤ教の狭い「選民意識」を破壊し、「人類の救済」という世界性をアピールすることで、キリスト教を布教していった。しかしその世界性はキリスト教が本来ラディカルな側面としてもつ平等の主張を薄めていった。ローマ・カトリック教会の保守性はそこに源を発する。それゆえに、パウロ以前のキリストによる地の人を対象とした布教活動を、「内なるプロレタリアート運動」と規定する説がある。（新田一郎、『キリスト教とローマ皇帝』、教育社、三五頁）。
（4）J・J・ルソー、『社会契約論』、前掲邦訳、六七頁。
（5）同書、一八五頁。
（6）同書、一八四頁。

（7）同書、一八五頁。

（8）同書、一八五頁。弁神論の政治化とは宗教の世俗化を意味することになる。世俗化された宗教は道徳の基準を提供する理念としで機能することになる。

（9）ウォーラーステインは、『史的システムとしての資本主義』で、中心部が周辺部を支配するイデオロギーとして「普遍主義」なるものを挙げる。それは、彼によれば、「一般的公式を追い求めるのが科学の目的だとする立場」である一種の「認識論」を指す。つまり普遍主義とは法則科学のことをいう。これは「近代化」あるいは「西洋化」ともいう。中心部諸国のイデオローグたる啓蒙主義哲学者たちは、「理性」という言葉で、普遍主義的イデオロギーを、周辺部諸国の国民的な特殊的イデオロギーを粉砕する起爆剤として使ったのである。ルソーは、この周辺部諸国の特殊国民的イデオロギーを、カウンター・イデオロギーとしてもちだしたのである。イマヌエル・ウォーラーステイン、『史的システムとしての資本主義』、前掲邦訳、一一三頁。

第五節　国民的統合原理としての市民的宗教

ルソーは、古代から中世までの既成宗教を、「国民的統合」の視点から批判した。類いまれな弁証法的精神の持ち主であったルソーは、歴史上現れた二つの矛盾する宗教である「人間の宗教」と「市民の宗教」を、統一しようとする。そこでルソーは、彼が考えるよい意味での社会的統一を実現するという目的から、異教的な市民の宗教とキリスト教的な人間の宗教の矛盾を止揚するために、有名な「市民的宗教（religion civile）」を提起する。前述した二つの宗教の矛盾とは、換言すれば、「人間」と「市民」の矛盾である。「人間」は、「一般社会」すなわち「神によってつくられた平等者の社会」の主体を指す。一般社会は、「想像しうるかぎり最も完全な社会」であるが、現実の「人間の社会」ではない。「市民」は、「特殊社会」すなわち「ある特定の国家」の構成員であるが、「人間」がもっていた平等主義的志向を欠き、かつ政治体を構成する個人の自由を抑圧する欠陥をもつ。人間と市民の矛盾は、ここからわかるように、実は自由と平等の矛盾を意味していたのである。

二つの宗教は、人間と市民の矛盾を解けない。自由と平等の対立を統一し、平等主義的自由をつくるために一般意志の政治共同体が要請されたのであったが、市民的宗教は、自由と平等の矛盾を止揚し、「国民的統合」あるいは「社会的統一」を図るための道具として使用されるのである。市民的宗教は、〈一般意志の宗教〉なのである。

市民的宗教は、人々が、統一を守るかぎり、たとえ「彼岸の世界」を信じているとしても、それに対して一切干渉しない。ここに宗教的寛容の承認が見られる。だがルソーは、人々が、統一を破壊する行動にでたとき、国家は、人々を追放したり、死刑を宣告したりすることができるという。ルソーの市民的宗教は「道徳化された宗教」なのである。いうまでもなく現実は、不平等そのものである。一般意志を教える市民的宗教は、不平等を変革していく姿勢をとる点で、抑圧からの解放を唱える政治神学なのである。

政治的リアリストのルソーは、ポーランドが分割されることはあるまいとの楽観的見方をしていた、コンディアックの兄でありフランス最初の社会主義者であったマブリーとは異なり、ポーランドが早晩分割されると予測していた。ルソーは、分割後のポーランド国民のために、一種の「精神革命」を提案したのである。ルソーは、ポーランドは、列強の内政干渉と侵略に対しては、「古代の諸制度の精神」によって対抗しなければならないと信じた。それではポーランド国民は、どのような古代的な国民精神をもてば、列強から自己を守ることができるのであろうか。ルソーは、『ポーランド統治論』で、古代の偉人、モーゼ、リュクルゴス、そしてヌマの三人を挙げている。モーゼは、他の民から追われた「不幸な逃亡者の群れ」でしかなかったユダヤ人を、社会的統一の精神をもった「国民体（corps de nation）」として、組織化することができた。ルソーは、そのためにユダヤ人は、国家を失ってから気の遠くなるほど長い歳月を経た現在でも、「国民」の特質を保っているという。

ではなぜ「デアスポラ」（流浪の旅）を続けるユダヤ人は、かくも長い期間、このような国民としての精神を持ち続けることができたのであろうか。ルソーはいう。ユダヤ人は、「自分の民が他の国民のあいだに溶けてしまうのを防ぐために、他の民族のそれとは相入れない習俗と習慣」(1)を、モーゼから与えられた。「独特の祭式と特殊な儀式」は、「同胞としてのきずな」を強め、他の国民から自己を差異化する方法である。差別は逆差別を生む。ルソーは、しかも逆差別の意識を堅固に支える「選民意識」を強化するユダヤ教こそ、世界の放浪者ユダヤ人を、現在まで結束させてきたというのである。

ポーランドは、解体させられたとしても、ポーランド人は、宗教を支えにし、強力な国民的意識をもち続けることができるとき、再びポーランド国家をつくりだすことができるであろう。ルソーは、ポーランド人の意気を鼓舞するために、国民意識をもち続ける流浪の民ユダヤ人の例を引っぱり出したのである。

ルソーは、ポーランドの場合、「国内改革」(平等の実現)と「対外的独立」(主権の維持)の双方を同時的に実践しなければならない点を、誰よりもよく知っていた。両者は、一つの媒介装置としての一般意志を介して実現される。一般意志から生まれる自由(民族自決)は、ポーランド人に、「国民的意識」をもたらすであろう。

ルソーは、社会的統一という目的実現のためには、できるだけ大勢の人々の支持を獲得する必要があるという認識から、ポーランドの国民的宗教であり、反動的な側面をもつカトリックを、民主化すなわち市民的宗教化しながら、使っていこうとしたのである。要約すれば市民的宗教は、市民の宗教から「宗教的不寛容さ」を取り去り、人間の宗教から「社会的精神に対する無関心さ」を取り去ったとき、成立する新しい宗教である。ポーランド人は、「存在すべきもの」としての市民的宗教を媒介に、「存在するもの」としての自国の民族宗教であるカトリックを浄化し、信仰していくことができるとき、「祖国」を愛することができるようになるであろう。ルソーの場合、「国家統治の方法」として提起された市民的宗教は、このようにして道徳化されたあるいは世俗化された宗教となる。ルソーが、国家統治の方法としての宗教を客観的に分析する姿勢を取るとき、実証主義的精神が育ちつつあった啓蒙主義の時代にあって、彼もその時代の子らしく、政治哲学者としてばかりではなく、社会学的精神をもった者として、我々の眼前に現れたことを、我々は認識すべきである。

注

(1) J・J・ルソー、『ポーランド統治論』、前掲邦訳、三六五頁。

第六節　解放の神学へ

キングズレイ・マーチンは、『一八世紀フランスの自由主義』で、ルソーの政治哲学のもつ本質を次のように正しく理解した。「ルソーは、『社会契約論』を、それによって文明化された人間を救うことができる、恩寵の社会的手段を証明するために書きあげた。救済は、正当な政治制度が与えられた場合、可能となる」(1)。神学者は、神の恩寵に依存することで、人間の救済を実現しようとしたが、ルソーは、神の恩寵に頼らず、世俗化されたメシアである一般意志の政治共同体をつくることで、人間の救済を実現しようとしたのである。そのような正当な政治制度のモデルは、第一節で述べたが、主と奴の悪しき相互依存関係の構造から抽出された。なるほど主と奴は、政治的位相から見た場合、支配と被支配の非対称的関係の下にいるが、それを経済的な位相から見ると、主と奴は、相互に、他者に依存している。ルソーは、『社会契約論』の第一編冒頭で、「どうしてこのような変化が起きたのかは分からない」といったが、実はその問題を、すでに『人間不平等起源論』で、解いていたので無視したのである。主と奴の悪しき相互依存関係の問題は、経済的搾取—被搾取の関係から解明されるのである。ルソーは、この関係がなぜ生まれたかを直感的に把握したが、経済学的に説明できなかっただけである。

さて我々は、ルソーが、この主と奴の相互依存関係の理解から、問題を次のように、さらに拡大発展させることができると考えている点を理解しなければならない。彼は、「人間」を「ある国民」に、そして「他人」を「他の国民」に置き換えた場合、双方の国民の間には、「一個人」の場合と同じように、支配と被支配の関係が存在しているのを理解した。このような言葉の置き換えは、ルソー自身『社会契約論』で、国民なるものを個人とのアナロジーの下に説明していることから、認められるであろう。

ルソーは、個人が他者から自由であるべきならば、当然国民もまた他の国民から自由であるべきだと述べていた。これは、明らかに、「民族自決権」の主張であった。ルソーは、一般意志という言葉で、このような「民族自決権」を提唱したのである。「国民国家」は、一般意志的存在となるためには、政治的統合の手段として、政治的イデオロギーをもたなければならないが、それが、市民的宗教であったといえる。市民的宗教は、主客を分け、客観を客体化し、それを支配し操縦するために磨かれる「理性」を賛美する中心部のイデオロギーである「啓蒙主義的合理主義」に対する、周辺部諸国のカウンター・イデオロギーとしてつくりあげられたのである。

再三述べてきたが、ルソーは、弁神論を徹底的に政治化した人物である。彼は、恩寵と自然のパラダイムを、自然と歴史のそれに変換し、その矛盾を止揚しようとした。人間は、自由意志によりつくった歴史（不平等）から自己を切り離し、歴史を批判克服しなければならない。そして人間は、神から与えられた恩寵たる自然により、平等を歴史化しなければならない。

そこで我々は、次のことを問わなければならない。現在不平等に最も苦しんでいるのは誰かと。そして誰が自然と歴史の矛盾を止揚する権利をもつのかを。不平等に苦しんでいるのは、第三世界の貧しい民衆であり、それゆえに彼らこそが、自然と歴史の矛盾の止揚、つまり平等を実現する権利をもつと。

ところで中心部に対する周辺部の従属の鎖はなぜ起きるのであろうか。その鎖は、サミール・アミンによれば、「周辺部から中心部への価値移転と解釈される不平等な関係」から生じる。アミンは、『世界資本蓄積論』で、中心部は、利潤率の傾向的低下を、「同じ生産性の労働」に対して、周辺部の労働者にはより低い報酬しか支払わないことで、剰余価値率をあげていくことにより、避けていこうとするという」(2)。これが、アミンのいう剰余価値の移転・流出である。「周辺部ブルジョワジー」は、中心部による略奪の被害を、周辺部の周辺つまり「最底辺部」に徹底的に転嫁していく。周辺部国家は、中心部による「搾取の仲介者、下位同盟者」である周辺部ブルジョワジーのために働くので、国内資本蓄積のレギュラシオン（調整）機構として存在することができない(3)。このような国家が展開する上からのナショナリズム（近代化路線）は、中心部と周辺部ブルジョワジーへの、周辺部の最底辺の従属の実態を隠蔽するイデオロギーとなるであろう。

そこで周辺部の最底辺に属する人々は、中心部の「帝国主義の中継者」である周辺部ブルジョワジーの公定ナショナリズムから自己を解放するイデオロギーを、切に求めている。それが現在第三世界の貧しい人々を席巻している「解放の神学（theology of liberation）」である。解放は、G・グティエレスの『解放の神学』によれば、従属からの解放である。それは、制度化され構造化された暴力としての搾取からの解放を意味する。搾取は、人と人、人と神との交わりを断絶させるがゆえに、「罪」なのである。神学的な「原罪」は、こうして世俗化された。民衆を縛るイデオロギーとして機能する原罪は、解放の神学者により、特権階級を弾劾するダイナマイトとなる。

解放の神学は、解放を阻む罪である「断絶」（抑圧の構造）を、実践的な視点から批判的に考察することから始まる。グティエレスによれば、悲惨な現実こそ「生きた神学」の場である。それは、また「時のしるし」の神学でもある。というのは、それは、神の言葉に照らして同時代人の状況を解釈し、批判するからである。人間は、相互の愛に基づく「他者への奉仕」を介し、キリストに会い、そして最終的に神の国に到達しなければならない。神の国と地の国を、永遠に対立させるのは間違いであるとされる。というのは、グティエレスによれば、「神の国とは解放のうちに歴史的に生ずるプロセス」であるからである。この神学は、いうまでもなく、反ヴァチカン的な、そして革命的な神学である(4)。

搾取は不平等をもたらす。これを否定する解放の神学は「平等化の神学」なのである。遥か遠く、原始キリスト教は、キケロとセネカを介して「平等観」を継承した。古代と中世のキリスト教は、「生前の平等」ではなく、「死後の平等」に注意を払っていた。それに対して解放の神学は、神の国を歴史化することにより、平等をこの世にもたらそうとする。ルソーの場合、自然と歴史の矛盾の止揚は、平等を歴史化することを指したが、地の国の平等化を目指す解放の神学は、「仮装された神学者」ルソーのこのような弁神論に支えられた知のパラダイムの枠内にあるといえよう。ルソーの脱中心化の政治哲学は、第三世界の貧しい民衆の「インティファーダ」（一斉蜂起）のイデオロギーに使われる可能性をもっているのである。

今日我々は、「魂の共同体としてのキリスト教教会」という団体にこだわらなければ、ルソーを、第三世界の貧しい民衆を、中心部およびこれと結託する周辺部ブルジョワジーの抑圧から救済しようとする、解放の神学の理論的先駆者として、位置づけることもできるであろう。

注

（1）Kingsley Martin, *French Liberal Thought in the Eighteenth Century : A Study of Political Ideas from Bayle to Condorcet*, Boston, Little, Brown, and Company, 1929, p. 212-213.

（2）サミール・アミン（野口裕・他訳）、『世界資本蓄積論』、拓殖書房、四二—四七頁。

（3）第三世界の近代的エリートは、スーザン・ジョージによれば、「成長重視の開発戦略」（上を富ませればその恩恵が下にも及ぶというおこぼれ理論）にしがみつく。しかし結局は、富は上層部にしか渡らない。（スーザン・ジョージ、（小南祐一郎・谷口真理子訳）、『なぜ世界の半分が飢えるのか——食糧危機の構造』、朝日新聞社、九八頁）。

（4）グスタヴォ・グティエレス（関望・山田経三訳）、『解放の神学』、岩波書店、一〇—一二頁。解放の神学はヴァチカン法王庁に対する反乱である。カトリック総本山のヴァチカンは、トマス・アクィナスの神学的教義を正当なものとする。その教義は、ヴァチカンの支配下にある「他の神学者あるいは神学生」を名宛人にするが（Alberto Rossa, *The Theology of Liberation*, Manila, Claretian Publications, 1986, p. 2）、存在するものを、真・善・美の客観体とみなす。存在するものは存在すべきものを体現しているとされるのである。それゆえにこの教義は保守的色彩を強める。神学者と神学生ではなく、直接貧しい「信徒」に訴える解放の神学は、もちろんどの程度それを認識しているかは別にして、トマスではなく、アウグスティヌス、ルターを介した、天と地を厳しく分けて天から地を弾劾する立場を、鮮明にする特質をもつ。その意味でカトリック内部のプロテスタントと呼ばれてもよい。解放の神学はこの意味でカトリック正統派への反乱なのである。

今後の課題は、アジアではなぜ仏教は解放の仏教になりえなかったのかを、政治思想の視点から分析することである。そのとき仏教を、教義内容とそのイデオロギー的効果の二つに分け、教義が宗教的普遍性あるいは世界性をもつかどうかという視点から見ていくことが必要となろう。その場合の普遍性は、「原始仏教」の教えである「一切衆生平等往生」、つまりすべての生きとし生けるものはすべて平等に往生することができるということを指す。「平等」をその教えとするか、そしてそれをどの程度実践するかという観点から、仏教を政治思想史的に見ていくことが重要な課題になるであろう。

第七章　ルソーの人民主権論に伏在する問題
――ドラテの『ルソーにおける立法権と執行権の関係』を参考に――

第一節　近代的主権論の確立

周知のように、これまで平等主義的自由を実現するためにつくられたルソーの人民主権論は、近代民主主義政治理論の範型として称賛され、数多くの研究がなされてきたが、それにもかかわらず、本来人民主権論のより詳細な研究の一環として要請されてもよい、立法権と執行権の間の〈権限の範囲の画定〉に関する問題について、緻密に研究されることが少なかったように思われる。

周知のようにルソーの人民主権論は、近代主権論の先駆者となる一六世紀のジャン・ボダンの『国家論第六巻』で初めて鮮明になった主権論の延長線上に出現した。中世の封建制度に特徴的な多元的重層的権力構造を、一元的権力構造にまとめ上げようとする決意の下につくられたボダンの主権論は、ホッブズの『リヴァイアサン』を経由して、ルソーに承継されたが、ルソーの主権論では、主権の主体はボダンの主権とは異なり、国王から人民に変わっている。しかも彼の人民主権は、人民自身が法制定権を行使するという形で、政治的決定を下し、そして人民自身が下した政治的決定に人民自身が服従するという意味をもつ点で、デモクラシー論の先駆けとなるものであった。

それゆえにルソーが『社会契約論』で使った言葉〈sujet〉に、「臣民」とかあるいは「臣下」という訳語をあてるのは誤解を招きやすく、〈sujet〉には、人民自身が制定した法を人民自身が積極的に〈守る主体〉、あるいは〈遵法者〉という訳語をあてるべきであろう(1)。

ルソーと比較すると、ホッブズの『リヴァイアサン』の場合、社会契約をとおして出現する主権者の絶対的権力の下で各自がひたすら被支配者の立場を強制されるがゆえに、デモクラシーが育つ土壌はなかったが、ロックの場合、人々は、社会契約締結後に主権の担い手をつくりだし、かつその者に権力を「信託(trust)」し、その者の支配下に入るが、政治権力行使を委ねられた者が人々の自由を侵害するとき、人々は「抵抗権」を行使し、主権を取り戻し、それを自ら行使することになる。ロックにあっては、人々は抵抗権を行使することによって例外的にデモクラシーを実践することになる。だがロックは、政治的支配と服従の関係を当然視し、垂直型統治論のなかで、「立憲主義」によって自由を保存していくことに関心をもっていた。その点でロックの国家論をイデオロギー分析の視点から観察すると、それは新興上層ブルジョワジーの自由主義政治理論であることが分かろう。

それに対しルソーの主権論では、主権が人民自身に一元的・集中的に帰属する以上、執行府は主権の〈イコールパートナー〉には決してなりえず、あくまで主権に従属することを条件に、その存在を容認される従属的権力である。だがルソーにあっては、主権と執行権の権限の画定の問題は、簡単には結論を下すことができない論理的複雑さをもっている。我々は、次節から、この問題に解答しようとしているロベール・ドラテの論文『ルソーにおける立法権と執行権の関係』(2)を紹介しながら、ルソーの主権論における立法権と執行権の関係を検討してみよう。

注

(1) ルソーは、自分が制定した法を〈自ら守る者〉を〈sujet〉と呼んだ。〈法を制定する者〉が同時にその〈法を守る者〉である。だから〈sujet〉に「臣民」あるいは「家来」という日本語を当てはめるのは誤解を招く。メリア・キルマコスキの『市民の徳――一八世紀フランスのコンテクスト下でのジャン・ジャック・ルソーの共和主義』によれば、ルソーは、〈sujet〉という言葉を、「君主の臣下の意味」、あるいはディドロのように、具体的個人の意志に従う者ではなく、「国家の法に従う者」という意味を持つものとして使っている（Merja Kylmäkoski, *The Virtue of the Citizen, Jean-Jacques Rousseau's Republicanism in the Eighteenth-Century French Context*, Bern-Frankfurt a. M., Peter Lang, 2001, p. 59）。

（2）Robert Derathé, Les rapports de l'exécutif et du législatif chez J.-J. Rousseau, *op. cit.* フランスの哲学史家エミール・ブレイエ（Emile Brehier）や、法社会学の研究者ジョルジュ・ダヴィ（George Davy）の影響の下にあるといわれるドラテのルソー研究の姿勢は、厳格なまでに実証的にルソーの作品の内在論理を析出していく点に、その特質があるといわれる。

第二節　立法権と執行権の関係

いうまでもなく人間は意志と力の合成体である。人間は「精神的原因」としての「意志」があって初めて次の「物理的原因」である「行動」に移ることができる。政治社会で意志に相当するのが立法であり、力に相当するのが法の執行である。そこで立法府と執行府が要請される。理想の政治社会は立法と法の執行が合体したものであり、それこそが純粋な直接民主主義的政治社会であろう。しかしそのような政治社会のモデルは、ロビンソン・クルーソー一人のそれであろう。現実はそうはいかない。人間の数が多くなれば、そのような政治社会を望むことはできない。ルソーは、人民が全面的に執行権の職務を兼ねることには反対していないが、それにもかかわらず彼は、このような完全な民主主義的政治社会を望むべきではないと考えている。

というのもルソーによれば、立法権者が執行権をも自己の手におさめるや否や、法と法でないものが混同され、立法集会における法制定の段階で、個人の「特殊意志」あるいは団体の「全体意志」という差別的、利権的意志が入り込み、法の本質である〈一般性〉あるいは〈普遍性〉あるいは〈平等性〉がねじ曲げられてしまうからである。ルソーによれば、執行権の堕落を立法権が矯正することができるが、その立法権が堕落したらそれを救うことができる者はいない。人民はそのとき「基本法」、さらには「社会契約」を破棄して、戦争状態としての自然状態に再び突入し、自己の才覚と力により生きるしかなくなる。これは悲劇である。

法を執行する団体は、完全に立法権に従属しなければならない。では、もし執行権が立法権に従属しなくなったら、どんな事態が発生するのであろうか。そこでドラテは、ルソーの『山からの手紙』の次の文章を引用する。「執行権は力でしかない。そして力だけが支配するところでは国家は解体する」(1)。確かにルソーにとり「執行権と立法権は、国家において、原理上二つの異なった機関により行使されるべき二つの異なった職務である」(2)。しかしルソーは、職務の面でこれら二つの権力を区別しているが、これらの権力を相互に独立したものとは考えていない。

執行権は主権と国家の間を連絡する「代理人」と呼ばれ、政府の設立行為は、契約や信託ではなく「委任もしくは雇用」でしかない以上、それは独立した存在ではない。したがって人民の公僕である政府が政治体の目的である「共通の保存」に反する行動をとるならば、それは「国家の敵」とされ、倒されても仕方がない。そこからドラテはいう。「法を制定する者は、実際上、法が適用される方法に無関心ではありえない。さもないと立法権は、完全に幻想になるであろう」(3)。問題はルソーがどのようにして立法権を完全なものにしようとしているのかである。それが法を「監視(inspéction)」するという問題である。ドラテは『山からの手紙』の次の文章を引用する。「立法権は、次の二つのもの、つまり法を制定すること、そして法を維持することから成り立つ。つまり立法権は、執行権を監視する。主権者がこの監視権をもたない国家は世界中にまったく存在しない。監視権がなかったならば、これら二つの権力の間には、すべての合体、すべての従属はないし、執行権は立法権にはまったく依存しなくなるであろう。行政は法に対してどんな必然的関係ももたなくなるだろう。つまり法は言葉にすぎなくなり、この言葉はどんな意味ももたなくなるであろう」[4]。ルソーは、立法権と執行権の独立性を前提としたロックやモンテスキューの「並立的権力分割論」を否定し、機能上二つに分けられた「階層的権力分立論」を全面に押し出したのである。

注

（1）Robert Derathé, Les rapports de l'exécutif et du législatif chez J.-J. Rousseau, *op. cit.*, pp. 157-158.
（2）*Ibid.*, p. 156.
（3）*Ibid.*, p. 158.
（4）*Ibid.*, p. 159.

第三節　執行権の権限逸脱

ルソーは、立法府に従属すべき執行府が立法権を簒奪しがちな権力であることを再三力説し、しかも執行権による主権簒奪を「避けがたい内在的悪」として捉えている。ドラテはそのことを次のように述べている。「ルソーは、長期にわたって執行府の立法府への従属を維持することは困難で、また同様にほとんど不可能であることに同意している」[1]。彼は、その理由として、次の二つを挙げている。第一点は、立法府が意志を表明することのみに甘んじていることにつけ込み、執行府が自己の勢力を強化する傾向があること。第二点は、立法府が法制定後に散会するのに対して、常時機能している執行府は常に自己の権力を行使できる優越的地位を確保していること。

実際ルソーは、このことを『山からの手紙』で次のように述べている。「意志する権力の停滞は、意志する権力を執行する権力に従属させる。執行する権力は、漸次独立した行動をとり始め、そしてただちに自分たちの意志を表明する。つまり執行権は、意志する権力のために行動するかわりに、意志する権力に影響を及ぼす。そのとき国家にはもはや活動的な権力しか残らない。それが行政府である。執行権は力でしかない」[2]。しかももっと悪いことは、立法権を簒奪する執行権の主体が民主政から貴族政に、さらに貴族政から王政に移っていくという具合に、多数者から少数者、そして一人の人間に縮小していくにつれて、執行権が巨大な権力をもってしまうことである。ルソーは、ここで政治学の実証的法則ともいうべき「少数者支配の法則」を、我々に提示したのである。やがて王と呼ばれるただ一人の者が執行権を握り、かつそれを専断的に行使することで、立法権を侵害することに成功するならば、早晩国家の解体と呼ばれる無政府状態が訪れるであろう。そのことをルソーは、『ポーランド統治論』の第七章で次のように述べている。「執行権を委ねられたすべての団体は、強力にまた永続的に立法権を征服する方向に走り、そして早晩それに成功する」[3]だろうと。そうなった暁には、政治体の人民、そして行政首長等は消え失せ、戦争状態に再度引き戻され、単なる群衆、あるいは烏合の衆が出現することになる。人々は、そのような群衆のなかで、もともと服従する義務のない「恣意的権力」の下で生存するしかなくなる。だがルソーは、執行権が有する内在的悪を矯正する策を準備していたのである。そのことは次節で説明しよう。

注

（1）Robert Derathé, Les rapports de l'exécutif et du législatif chez J.-J. Rousseau, *op. cit.*, p. 161.
（2）*Ibid.*, p. 162.
（3）*Ibid.*, p. 161.

第四節　執行権に対する制御策

ドラテは、ルソーが立法権の執行権に対する効果的な影響力、あるいは制御力を確保するための諸々の策を練っていたことに触れている。実際ルソーは、『社会契約論』で、執行権の力を弱めるために、そのことを、「若干の評議会」に分割し、さらにその任務を負う者たちを「定期的に代え」ることができるならば、「このように分割されそして暫定的なものである執行権は、立法権によりいっそう従属するであろう」(1)と述べていた。

しかしドラテがいうように、ルソーはこのような予防手段のみで立法権が完全に執行権を制御できるとは考えていなかった。確かに立法権は、このような制御策をとおし、執行権の力を減殺することができるであろうが、行政本来の目的を構成する〈法の迅速にして実行力のある執行〉が阻害されることになりかねない、そこからルソーは、執行権の力を強化すると同時に、執行権を立法権に十分に従属させるという綱渡り的な改革案を『ポーランド統治論』の(七)で次のように提起した。「執行権が力強くまた正しくありそしてその目的に向かって正確に進むためには、すべての執行権を同一の人の手のもとに置くべきである。しかしこれらの人間を更迭するだけでは十分ではない。仮に可能ならば、これらの人間が、法制定権者の目の前でしか行動できないようにすべきだし、また法制定権者が彼らを導くようにすべきである。そこにこそ、これらの人間が立法権を簒奪することのない秘密がある。提案された手段が唯一のものである。それは、簡単でまちがいなく効果的でありうる。それは少なくとも、私の『社会契約論』以前には、誰一人として考えつかなかった唯一のものである」(2)。

この『ポーランド統治論』第七章の文章は、『社会契約論』第三編第一八章の「政府の簒奪を予防する手段」とつきあわせ解釈してみなければならない。ルソーは『社会契約論』で、特にあらかじめ開催日が決まっている立法府の「定期集会」を提案している。人民は、このような定期集会において、執行府の「形態」あるいはその「主体」あるいは双方を、全員の投票によって変更する権利を確保するのである。

だがドラテは、ルソーがこの立法権の優越的地位を確保することがどんなに困難であるかを認識していた、と述べている。定期集会で、人民が、常に政府の〈形態と主体〉を変更する権利を行使するのは正常ではない。ドラテが指摘するように、「立法府の継続的な活力を保証する」[3]ことの方がより「大事であり、いわば正常なのである」。ならば、どうしたら立法府の継続的な活力を保つことができるというのか。ドラテの解釈を聞こう。

「執行府が継続的に自らの行動を立法府に説明せざるをえないようにすべきである。というのはこの義務が課せられなかったならば、執行府は、国家において専断的にかつ主人として行動するからである」[4]。立法府は、執行府に対して、必ずこの義務の履行を迫らなければならない。というのも、ルソーが『山からの手紙』で述べたように、「常に行動する団体は各行為を説明できない。そうなればもはや原則的なことしか説明しなくなり、そしてしまいにはどんな説明もしなくなる」[5]のは事物の必然だからである。

注

（1）J・J・ルソー、『社会契約論』、前掲邦訳、一二〇―一二一頁。

（2）Robert Derathé, Les rapports de l'exécutif et du législatif chez J.-J. Rousseau, *op. cit.*, p. 163.（『ポーランド統治論』と次の注（5）の『山からの手紙』については、ドラテのこの論文に載せられたものを翻訳した）。ルソーは『社会契約論』第三編第七章で、主権者と執行府との間に「よき均衡」を保つために執行府を分割する案を提案している。

（3）*Ibid.*, p. 163.

（4）*Ibid.*, pp. 163-164.

（5）*Ibid.*, p.164.

第五節　執行権の反改革権と立法権の意見提出権

我々はこれまで、ルソーが執行権に対する立法権の制御力の確保にどのように苦闘したのかを、ドラテの解釈をとおして説明してきた。本節では意外なことに、ルソーが、一転して立法府の権限を我々が想像するよりも縮小していることが分かるであろう。まずドラテの次の言葉を聞こう。「しかし、ルソーのテキストを詳細に検討するならば、彼が最終的には執行府に、より広大な活動範囲を容認し、立法府には、予想されるよりも少ないイニシアチブしか与えていないことに気づく」(1)。

ルソーは、執行府の任務が、法を執行し、あるいは法によって国家を統治することに限定されないことを、考慮に入れていたのである。ドラテがいうように、「対外政策」がそれに含まれるであろう。実に奇妙なのは、ルソーが立法府の権限を、政府が上程する議案を法として承認するかどうかを決定する権限に縮小しているように見えることである。ルソーは、法を制定する権利を、〈議案を提案する権利〉と〈議案に投票する権利〉とに分け、「それ〔立法権――引用者〕を、最終的に投票する権利に引き下げる傾向を有している」(2)かのように見える。ここからもしルソーが人民に投票する権利しか与えていないとするならば、執行府の権力が立法府の権力を脅かしてしまうということが発生するのではないだろうか。このことは、ルソーの『社会契約論』第四編第一章の次の文章により裏書きされる。「政府が常に非常な注意を払って、政府の構成員にしか認めないようにしているところの、発言し、提案し、逐条審議し、討議する権利について……」(3)。もちろん彼は「人民が自ら承認したものでない法律は、すべて無効であり、断じて法律ではない」(4)ともいっているが。立法府は執行府が提案してくる議案を最終的には拒否できるのはいうまでもない。それでもなお立法府が、議案に対して承認するか否かの権限、つまり投票権しか与えられていないならば、立法権が想像以上に限定されてしまうと見てもよいのではないだろうか。我々は、ドラテが次のように述べたことに耳を傾けざるをえない。「ルソーが、かくして執行府に立法府の本質的な大権の一つをそのように譲渡することができ、また放棄することができたことについてヴォーンは驚いている」(5)。確かにヴォーンが断定するように、「法を提案する権利は、法の執行を管理する権利と同じように、必然的に立法権の一部を構成する権利である」(6)はずだからである。

では、なぜルソーは法制定権を投票権に縮小してしまったのか。ドラテはこの問題については、ルソーが「人民による立法権」に制限を設けた理由に、「すべての改革」に対するルソーの敵意があるのではないか、と述べるだけである。ドラテによれば、ルソーにとり、「改革に反対する権力（les pouvoirs de s'opposer aux innovations）」すなわち反改革権を、ジュネーヴ共和国の執行府にあたる「小評議会」に与えるのは、正しく当を得たものに見えた(7)。ドラテによれば、ルソーは、『山からの手紙』の「第九の手紙」で、次のように述べるだけである。「新奇さに対する嫌悪は概して十分に確立されている。政府は、新奇なるものが樹立されることにどんなに妨害しても妨害しすぎるということはない。というのも、新しい法を制定することがどんなに利益をもたらそうとも、新しい法を制定することの危険が大きいことに比較すれば、新しい法を制定することからもたらされる利益はほとんど常に不確実であるからである」(8)。

それにしてもこの「新奇なるもの」に対するルソーの嫌悪感はどこからくるのか。ドラテによれば、「賢明な政治は、立法問題についてはすべての改革を放棄し、むしろ逆に可能なすべての手段で、古い法を努力して保存することにある」(9)。古い法を尊重する理由は、ただそれが古いということだけからくるのだろうか。確かにルソーが「原初的なもの」としての平等な状態を善きものと考えたからこそ、ものごとを改革し不平等をつくる姿勢を取った啓蒙主義者の進歩史観に激しく反発したのであるとのドラテの解釈には一理ある。

だが、ドラテのこのような解釈は表面的にすぎないか。行政に与えられた反改革権を正確に理解するもっと別の読み方はないのだろうか。我々は、本書第二部第一〇章「ルソーの『政治経済論』——新しい体制像の模索——」および同第一一章「ルソーの政治思想とジュネーヴ共和国との関係——平等主義的自由論とその形成基盤——」で示すように、ルソーの政治思想を理解する鍵は、ジュネーヴのコンテクストから捉えることにある。ルソーは、立法権者の権限を縮小するために政府に付与されたと見られる反改革権を、実は立法府である総会に味方し、政府である小評議会の権力を殺ぐという目的のもとに、逆用したのである。

先に述べたように、ジュネーヴ共和国においては、議案を提出する権利は、あくまでも執行権を持つ小評議会の権限であった。総会の持つ立法権とは、小評議会により提出された議案を採択するか否かを決定する投票権にすぎなかった。そもそも総会は、改革案であれ、あるいは反改革案であれ、議案を自ら提案することはできない。総会は、平等を実現するためにかつて通した古い法を墨守する義務だけを課せられる。だから総会は、小評議会が提案する新しい議案を、古い法に反することを理由に、法として承認するのを拒否し、しかる後に、法案を拒否した理由を総会全体の意見として小評議会に提出することが可能なはずである。ルソーによれば、立法権を持つ総会がこの意見提出権に基づき異義申し立てをした時、執行権を持つ小評議会は総会に対し行政内容を説明する義務が生ずる。

この問題を、総会と小評議会の双方が戦いの争点とした「租税問題」に関連させて考えて見よう。小評議会は、幾度も傭兵増員や要塞強化を理由に新しい増税案を出したが、総会は、増税が総会弾圧のために、そして最終的には不平等を拡大するために使われるのを恐れ、古い法を守るという名目で、増税案を拒否した。小評議会の新しい増税案は、総会によれば、実はカルヴァンがつくった古い共和主義的なジュネーヴ体制を変革あるいは改革することになる。だから総会派のルソーは、小評議会は反改革権を用い、平等を破壊する改革を阻むべきなのに、逆に改革を促進する新しい増税案を提案していると非難したのである。

ルソーは、総会が「意見提出権」によって表明した意見を、小評議会が「拒否権」により拒否するのは、小評議会自らがもっている「改革に反対する権力」に背くことをあえてしているのだ、といったのである。小評議会は、主権者としての総会が提出した意見に対し、正確に返答しなければならない。ルソーは、現代行政学的にいえば、小評議会が主権者としての総会に対して自らの行政の「アカウンタビリティ」(説明責任)を果たせ、といっていると見てよい。それゆえに、「改革に反対する権力」とは、小評議会に対するルソーの皮肉であったといってよい。繰り返すと、ジュネーヴ共和国の総会にとり、法の本質は「平等」であった。すべての者は法の中でのみ平等となる。総会は「法治」を掲げたが、それに対して小評議会は、変化する状況を臨機応変に対処するという口実の下で、平等よりも小評議会の行動の「自由」を優先させようとした。小評議会の自由は「人治」である。小評議会の「人治」(自由)と総会の「法治」(平等)は衝突する。先に触れたように、ルソーにとり「原初的なもの」は平等を指していた。ルソーは、本来反改革権は、平等を壊すような新しい改革を防ぐために小評議会に与えられた権限であったが、このような政治体形成の目的に反する議案を政府たる小評議会が提案するならば、総会が、政府に対し、「意見表明権」に基づき異義申し立てをするのは当然のことである、と考えたのだろう。

注

(1) Robert Derathé, Les rapports de l'exécutif et du législatif chez J.-J. Rousseau, *op. cit.*, p. 164.
(2) *Ibid.*, p. 164.
(3) J・J・ルソー、『社会契約論』、前掲邦訳、一四六頁。
(4) 同書、一三三頁。
(5) Robert Derathé, Les rapports de l'exécutif et du législatif chez J.-J. Rousseau, *op. cit.*, p. 165.
(6) *Ibid.*, p. 165.

（7）*Ibid.*, p. 165.
（8）*Ibid.*, p. 165.
（9）*Ibid.*, p. 166.

第六節　立法権至上主義の再建

現代の広大な領域を有する国民国家においては、人民主権といういわゆる直接民主主義の実現は不可能である。だがルソーは、〈直接性〉つまり支配と被支配の自同性を実現することができるならば、〈間接性〉としての代議政体を認めるのも吝かではなかった。それは、ルソーの最後の政治的著作といわれる『ポーランド統治論』において主張されている「命令的委任」の制度を見れば分かる。〈直接性〉は、何も直接民主主義によってのみ実現されるとは限らない、というのがルソーの考えであった。

現代の議会制民主主義国家は機能不全に陥っているとよくいわれるが、その欠陥を正すためにどうすればよいのか。ひとえに〈直接性〉を取り戻すことによってそれを矯正すればよい。一九六〇年代から今日まで市民の〈政治に対する直接的な参加〉が叫ばれて久しいが、その点で〈直接性〉をどのようにして実現するかという課題から、ルソーの人民主権論を再考することは依然として意味があると思われる。〈直接性〉は、近代の「初期国民国家」（絶対王政国家）形成以来確立された〈一元的・集中的な主権〉を一度破砕し、主権を「市民」の側に取り戻し、市民各自が主権を直接行使できるような政治制度が創設されて初めて実現されるであろう。そのようなコンテクストの下で、一九六〇年代以降の日本では、「分節・分権型民主主義」と呼ばれた市民自治論、あるいは直接民主主義論が声高に叫ばれた。

ルソーは、『社会契約論』で、立法府を構成する者が選挙により執行権の主体を選ぶ〈選挙貴族政〉を、最も善い政府形態であると述べている。ルソーのいう選挙貴族政とは、ジュネーヴならば、小評議会のメンバーを総会が選ぶ政治制度であったろうし、また議会制民主主義国家では、議会の議員が内閣総理大臣を選出する〈議院内閣制〉であったのではなかろうか。選挙貴族政がルソーにとり〈直接性〉を実現する唯一の政治制度であったといえよう。

しかし、〈直接性〉を確保する政治制度をつくるだけで果たして事足りるのであろうか。否であろう。直接性の目的としての平等を破壊してしまう、人間の「情念」である「自尊心」が存在するのが問題である。ルソーは、『社会契約論』では、それを人間の「特殊意志」といった。人間は、政治体制の下でエゴセントリックな特殊意志をとおすために徒党を組む傾向をもつ。ここから徒党の意志、つまり「団体意志」が生まれる。特殊意志の集合としての団体意志は、〈差別的かつ不平等な意志〉を実現しようとする。したがって団体意志は、〈平等を目指す意志〉としての一般意志と対立してしまう。ルソーは、政治体のなかに団体意志が出現したら、他の団体意志を作り出すことにより、それと対立させ、互いに均衡させるという案を披露した。しかし、このような案のみでは特殊意志の集合である団体意志を阻み、一般意志を実現できないであろう。

では、どのようにしたら平等を目指す一般意志に反する差別的な団体意志を阻むことができるのか。自己の特殊意志をとおすために徒党を組み政治権力を狙うことが無意味であるのを教えてやればよい。それは、執行権の主体を「選挙（election）」によってではなく、「抽選による選挙（suffrage par le sort）」によって選ぶことができれば可能となる。ルソーは、モンテスキューの『法の精神』第一部第二編第二章の「共和政体について、および、民主政に関する法律について」の次の文を引用している。「抽選による選出は民主政の本性に相応しい」(1)と。党派が政治権力を独占すれば、党派の団体意志が〈国家の意志〉となってしまう。そこから「党派支配」が出現してしまう。それにより党派に入らない者たちは沈黙を強いられてしまう。「抽選」は、いかに権力欲に衝き動かされたグループが政治権力を取ろうとして党派を組もうとも、その野心を打ち砕いてしまう。自分が行政首長に選ばれるかどうかが、全く偶然に委ねられるならば、政治権力掌握にあくせくする人などいないであろう。「自分の祖国に奉仕するという穏当な希望を公民一人ひとりに残しておく」(2)ための最良の案、それが抽選による行政執行権者の選出である、といったモンテスキューの言葉は正しいとはいえないであろうか。ルソーも抽選のもつ意義を知っていたが、それを深く検討することはしなかった。

注

(1) モンテスキュー（野田良之、稲本洋之助、上原行雄、田中治男、三辺博之、横田地弘訳）、『法の精神』（上）、岩波書店（岩波文庫）、五六頁。

(2) 同書、五六頁。

第八章　カルヴァンの神学——近代政治思想の祖型——

第一節　神学の民衆化

一六世紀のマルティン・ルター（一四八三～一五四六年）により開始された宗教改革は、宗教の「民衆化」の幕開けを示している。〈シオクラシー〉（神の支配）という名の僧侶支配は、宗教改革により、宗教の〈デモクラシー〉（民衆支配）の萌芽を生みだしていった。近代の黎明期となる民主化運動は、最初は宗教闘争の次元で出現したのであった。そして民主化闘争は、一七世紀と一八世紀になると、イギリスのピューリタン革命とフランス革命という政治的闘争の形をとりさらに拡大していくことになる。

ホッブズの『リヴァイアサン』は、このピューリタン革命に対する反動的政治理論として形成されたが、その祖型をカルヴァンの神学書である『キリスト教綱要』に求めることができる。極端な表現をすれば、厳格なカルヴィニストであったホッブズの『リヴァイアサン』は、カルヴァンの『キリスト綱要』が「政治化」した結果として、すなわち神学的言説が政治的言説へ変換された結果として、生みだされたものであった。そこで我々は、これから近代政治思想の祖型を提供したカルヴァンの『キリスト教綱要』の神学的言説を、①原罪、②自由、③平等、④予定、⑤契約、最後に⑥政治的権威の順に分析していくことにしよう。

第二節　カルヴァンの神学

①罪

まず「原罪（péché originel）」から説明していくことにしよう。キリスト者にとり最終の「目的」とは、死後の魂の「救済」である。宗教改革者は常にアウグスティヌスに戻っていく傾向があるが、カルヴァンもまた、この世を厳しく否定する点で、アウグスティヌス主義者であった。五世紀の神学者アウグスティヌスは、人間を神に背かざるをえない者と見たが、その理由に〈自己愛〉を挙げた。自己愛は他者を排除するエゴセントリックな存在を生みだす。このような自己愛からすべての悪が生まれる。自己愛を否定的に捉える姿勢は、後のホッブズの、他者を殺害する権利を「自然権」に継承されている。ところが一八世紀のルソーは、この意味での自己愛を、「自尊心」に置き換え、しかも自尊心を人間が関係を結んでいくにつれて形成されるものと見た。このような悪は、神学的には「原罪」と呼ばれるものである。カルヴァンは『キリスト教綱要』で、「子は父において汚れているために、自分の子孫に対し汚すものとなるのである。つまり、アダムのうちに腐敗のはじまりがあり、これが連綿とした流れとなって先祖から子孫へと伝えられたのである」(1)といい、それを原罪と名付けながら、次のように規定する。原罪とは、「本性の遺伝的歪曲または腐敗」(2)であると。禁断の実を食べたアダムとイブの子孫は、バラモン教の言葉を使えば、「業」（カールマン）とその「輪廻」（サンサーラ）のなかに存在し、苦悩し続けることになる。そしてこの罪業の輪廻からの解脱は、神による〈最後の審判〉によって魂が救済されたときのみ可能となる。

注

（1）ジャン・カルヴァン（渡辺信夫訳）、『キリスト教綱要』（II）、新教出版社、二一四頁。

（2）同書、二一四頁。

②自由

次に「自由」の問題に移る。自由はどのように説明されているのであろうか。現在では〈liberty〉と〈freedom〉は同じ意味をもつ言葉であるが、freedomのもとの意味は、〈kingdom〉（王の国）と対立する〈自由な人々がつくる国家〉であったのに対し、ローマ帝国時代の言葉であった「自由（libertas）」は〈奴隷の身分からの解放〉を指していた。しかしキリスト教は、この自由を〈罪の奴隷からの解放〉を意味するものとは考えず、むしろそれを逆に罪の奴隷に追い込む元凶として否定的に解した。主人と奴隷の双方は、等しく自由意志によって罪の奴隷となってしまった。これが孕む問題は重い。これは、淵源すれば『旧約聖書』の『ヨブ記』にまで辿り着く「弁神論（theodicy）」（あるいは神義論ともいわれる）の問題と関係する。善良なヨブは、自分に何の罪も無いのに、ヤハウェからサタンを介し、次々と艱難辛苦を強いられていると思い込む。ヨブはこのような神を呪い拝む必要がないと思う。このような『ヨブ記』の弁神論的苦悩をキリスト教は受け継ぎ、次のように述べる。〈善き神〉から〈悪しき人間〉が生まれるならばそれは背理であるし、人間はそのような神を拝む理由はないと思いつめてしまうであろう。そこから「無神論」まではほんの一歩である。このような弁神論的苦悩は、シベリア流刑に処された時、『ヨブ記』を携えていったドストエフスキーの小説『カラマーゾフの兄弟』で再び展開される。

古代から神学者は、人間の罪に対し神の義しさを弁証しなければ、信者がその宗教から離反してしまうと危惧した。そこで神学者はいう。悪をつくったのは神ではなく人間であると。悪は「実体」としては存在しない。それをつくったのは人間の自由意志であるという点で、主観的なものであると。こうして悪の帰責根拠は、人間の自由意志に求められることになる。

古代の支配階級は、奴隷を足蹴にして、同じ支配階級同士は平等であり、そのなかで自由であるといった。キリスト教は、この特権者の平等主義的自由を否定し、すべての人間は、自由意志により平等に原罪を背負う人間になってしまったといった。したがって人間は、自己の自由意志により善をなしえないし、堕罪後は必然的に悪をなすだけである。このような自由意志の否定は、古代の神学者アウグスティヌスが、ペラギウスの自由意志恩寵論を否定するためにとったロジックのリメイク版であろう。

カルヴァンに先行する宗教改革者のルターは、すでに『奴隷的意志』で次のように述べた。「人間のうちに中間的な純粋意欲があるということは、単なる弁証論的虚構である」(1)。これは実はアウグスティヌスの自由論を忠実に述べただけである。罪に汚れた者が善あるいは悪のいずれかを選択する能力をもつというのは、神を冒涜することになる。しかし、カルヴァンが救いは「裁きの神」の「恩寵のみ」によって実現されるといったのに対し、ルターが人間は「信仰のみ」により「義しき人」となるといったとき、たとえ神学的次元であったにせよ、彼は個人の自由をかなりの程度承認する理念をもっていたともいえよう。

ところでルターは、サンフォード・ラコフによれば、後期封建経済で発展しつつあった貿易会社と株式会社の独占的傾向を、不当な方法で競争を排除する悪しきものとして激しく攻撃する一方、非独占的企業経営を行う都市の商業を認める一種の経済的リベラリズムを提起したが(2)、ルターのこのようなリベラリズムは、一七世紀イギリスのピューリタン革命において、イギリスのルター派であった「レヴェラーズ（Levellers）」の反独占闘争に受け継がれることになるであろう。このようなリベラリズムの源泉をルターの宗教的自由主義に求めることができるかも知れない。とはいうものの、教義として前面に出されたルターの自由観は苛酷なものをもっているし、彼の自由観が、カルヴァンにより、もっと忠実に継承されていることは、カルヴァンの次の言葉に窺えよう。「人間に〈自由意志〉があるといわれるのは、かれが善をも、悪をも、ひとしく自由に選びとるという力があるからではなく、悪を強制されてではなしに、自発的に行うからである」(3)。

注
(1)マルティン・ルター(山内宣訳)、『奴隷的意志(抄)』、『世界の名著』第一八巻所収、中央公論社、一九六頁。
(2)Sanford Lakoff, Equality in Political Philosophy, *op. cit.*, p. 37.
(3)ジャン・カルヴァン、『キリスト教綱要』(Ⅱ)、前掲邦訳、四〇頁。

③平等

次に「平等」を考察しよう。先に触れたようにルターは、『キリスト者の自由』で、人間は「信仰のみ」により「義しき人」となるといったとき、人間の自由の存立余地をある程度認めていたといえるが、さらにそのような自由をもつキリスト者は「みな祭司」であり、何も新たに「福音の管理職者」などつくる必要がないと述べた時、いったい彼は何をいいたかったのか。これは神学的な「自由主義的平等(liberal equality)」を意味する。ルターによれば「祭司職」は、「霊的なもののなかにある」(1)。これが有名な〈万人司祭説〉であるが、それは「キリスト者の霊的平等」(2)観からでてくる。しかもこの平等は、ルターの場合、一種の領邦国家カトリシズムを肯定している以上、宗教団体にのみ許される権利となってしまった。つまり信者団体の外に存在する不平等はそのまま是認されてしまった。〈上の者には従え〉という教えは、依然として生き延びることになる。

しかしこの種の自由主義的平等観は、経済の側面から見た場合、先に述べた一七世紀のピューリタン革命の革命左派のレヴェラーズにより、マーケットの自由競争を弁護する自由主義的平等観となり、またその神学的な自由主義的平等観は、レヴェラーズのレインボロー大佐やワイルドマンにより、政治化され、「自由」（＝政治的権利）の「水平化」つまり〈普通平等選挙権〉の主張といった、「自由主義的な政治的平等主義（Liberal political egalitarianism）」[3]となって表現されることになる。これに対して、カルヴァンによれば、人間は自由意志によって悪としての原罪を生みだしてしまい、すべての人間は等しくこの原罪を背負っている。となると平等も当然汚れていることになる。この意味で、人間は、ラコフの言葉を使えば、この世では「堕落の平等」を背負い、「平等の堕落」[4]の下にあるのである。

カルヴァンの平等観をさらに詳しく探ろう。カルヴァンのこのような平等観は、いったい誰に対する非難なのか。アンチ・トリニタリアンで信仰の世界に理性を持ち込んだイタリア人レリオ・ソツィーニに対してであった。彼は、神の救済の恩寵は万人に等しく与えられているというソツィーニを、恩寵が平等かつ無差別にすべての人に開示されているとほざいている「狂人」と呼び捨て、恩寵は不平等に与えられているとし、〈恩寵平等説〉を切り捨て、〈堕罪平等説〉を採用した。

後のホッブズは、「自由」を政治化し、他者を殺害する権利を自然権あるいは自由と呼び、「平等」を、他者を殺害する自由の平等化と読み換えたとき、カルヴァン神学の忠実な継承者であったといえよう。ホッブズは、カルヴァンの神学的自由・平等観を、〈自由の平等化〉（他者を殺害する権利の平等）という言説に転換しながら継承したが、「裏返しされたホッブズ主義者」と呼ばれる後のルソーは、それを未来に実現すべき〈平等主義的自由〉（平等をとおした自由の実現）という理念にひっくり返しながら、継承することになるであろう。

注

（1）マルティン・ルター（塩谷饒訳）、『キリスト者の自由』、『世界の名著』第一八巻所収、中央公論社、六四頁。

（2）Sanford Lakoff, Equality in Political Philosophy, *op. cit.* p. 25.

（3）*Ibid.*, p. 77 and pp. 64-70.

（4）*Ibid.*, p. 30.

④予定説

「二重『予定』（prédestination（前以て運命づけること））説」に歩を進めよう。二重予定説とは何か。予定説の源はストア哲学にまで遡るとされるが、直接的にはパウロの「ローマ人への手紙」の第一一章第五～六説に次のような言葉で見られる。「こうして今も、恩寵の選びによって残されている者がある。恩寵によるものなら、行いによるのではない。そうでなければ恩寵はもはや恩寵ではない」(1)。パウロのこの言葉を受けてカルヴァンは、『キリスト教綱要』第三編第二一章の「永遠の選びについて。神はこれによって　あるものを救いに　あるものを滅びに　予定したもうた」で、予定につき次のように述べた。「ところで、生命の契約は、すべての人に全く等しく宣べ伝えられているのではなく、さらに宣べ伝えられている人々の間でも、これが同一の位置に受けいれられているとは、ひとしくあるいは常に見いだされるわけではない」(2)。

これは、いったい何を意味するのか。それは、原罪にまみれた者のうち誰が「恩寵の選び」に与り救済され、またあるいは誰が地獄に落ちるかを、予め神が「選択（élection）」し、あるいは「摂理（providentia）」づけているという説である。〈providentia〉は、その語〈pro-video〉つまり「予め―見る」あるいは「予め―準備する」を指すことから窺えるように、人間の死後の再生あるいは再死を神が予め見たり準備したりすることを指し、その意味で〈prédestination〉と重複する語義をもっている。神は、はたして私を救済に予定しているのであろうか。このようなことをいわれたら、人間は神に対する疑惑で一杯になるはずである。そこでカルヴァンは、「ある者は、すでに救いに予定され、他の者は滅びに予定されているという教理は、ある人々にとっては承認することができない疑問を呈するであろう」と言い訳をしながら、カルヴァンは、信者が挫折しがっくりと膝を折らないように次のようにいう。「むしろ信仰者は、逆境のなかで、いま耐え忍ぶ苦しみは、どれひとつとして神の秩序と、神の命令とによらずしては起こらないものである。なぜなら、神の御手が上にあるから——との慰めをもって静かに安んじるのである」(3)。

不思議なことに一六世紀の宗教改革の時代、むしろ特にカルヴァン派の信者たちは、自分は救われるのだという至福の念で一杯だったといわれている。このような心的メカニズムはどのようにして発生するのか。現実世界に順応あるいは適応しながら生きる幸福な者は、概して、「狂信者（true believer）」になりにくいのに対して、現実世界の自己の「わざ（work）」を差別され生きる不幸な者は、自己の信じる宗教からそのわざを聖別化され、かつそのわざを実践することが救いにつながるといわれたならば、救済予定説を信じるようになってしまったかも知れない。後にホッブズは、〈科学的な言説〉を用いながら、自由との絡み合いの下に、この予定説を政治化しながら継承していった。ホッブズはいう。人間各自が勝手に行為の「原因」としての自由を行使すればするほど、「暴力的な死（violent death）」という一つの必然的な「結果」が出現してしまうと。ホッブズは、むしろ人間は、自由をもつことによって暴力的な死を〈予定〉づけられているといいたかったのである。

このような救済予定説の射程距離が存外長いのは、一八世紀スコットランドの右派カルヴィニストであったプレスビティリアンであるアダム・スミスの〈予定調和説〉で、再浮上したことに窺えるであろう。いずれにせよ、このような救済予定説に感動した信徒は、自分を上下関係的に縛る身分制社会から離脱し、信徒の信仰に基づく新しい平等主義的な「コングリゲーション（congregation）」をつくりはじめた。このコングリゲーションの紐帯は、個々人の「契約（convent）」により形成されるものとなった。そこで次の⑤で契約について述べることにしよう。

注

（1）パウロ、「ローマ人への手紙」、『新約聖書』所収、講談社、四二六頁。
（2）J・カルヴァン、『キリスト教綱要』（Ⅲ／2）、前掲邦訳、一八五頁。
（3）同書（Ⅰ）、二三二頁。

⑤契約

明らかに、ユダヤ教とキリスト教の要諦は契約にある。神学的な契約の起源は『旧約聖書』の『エレミア書』にまで遡ることができ、その延長線上にカルヴァンの契約観が位置することになる。ここに「契約神学（covenant theology）」が出現する。そしてその本格的な展開は、カルヴァンと彼の教えを受けた「スコットランド契約神学者（Scottish Covenant Theologian）」が唱えた「契約神学」により試みられることになる。ホッブズは、これから述べるが、このスコットランド契約神学者の契約論を批判的に受容し、近代政治思想の原理としての「社会契約論的国家形成論」を生みだしたが、一八世紀のルソーも、その思想的系譜の下にある。

ではキリスト教的契約とは何か。それは『新約聖書』の『マルコによる福音書』に見られる。イエスは、一二人の弟子にパンを差し出し、「これをとれ、これは私の身体である」といい、またワインの杯を差し出し、彼らに飲ませながら、「これは私の血である。多くの人のために流される契約の血である」(1)といった。イエスは、神のキリスト者に対する救済とキリスト者の神への帰依の契約を、「血」つまり自己の生命の犠牲によって仲保する者としてたち現れる。それをより詳しく述べると、『新約聖書』の「契約（covenant）」とは、罪に陥った「奴隷」（人間）を「主人」（神）から「買い戻す（redeem）」ために、自己を犠牲の羊として差し出すという契約を指す。

それにしても、「神の子羊」あるいは「人の子」といわれるイエスを、「犠牲羊」とシノニムに捉える考えはいったいどこからくるのであろうか。このような考えは、「地中海放牧羊群管理の論理」[2]から出現した。イエスの磔刑と最後の晩餐の儀式は、〈牧者―誘導羊（＝汚れなき子羊）―羊群〉の放牧羊管理のパラダイムが、〈神―イエス―人間〉のパラダイムに変換されたものと考えられる。契約を締結し、コングリゲートするキリスト者は、ひたすら神の救済を待つ。カルヴァンは、『ヘブル書註解』の第八章第一〇節で、「神は人間の罪を恩寵によって自由に許す」[3]という「恩寵の契約」なるものを提起している。人間は、堕罪以前は、自己の「わざ」により救いに与るという「わざの契約」を神と結んだが、堕落罪後は、自己の「わざ」により救済に与ることはできない。救いは「わざ」ではなくひとえに神の「恩寵」によってのみ実現されるという「恩寵の契約」下にある。救いの実現は〈恩寵の契約によってかそれともわざの契約によってか〉という二項対立のパラダイムは、古代から中世にかけて〈恩寵によってかそれとも自然によってか〉という二項対立の言説に置き換えられた上で、幾度も提起されたが、一七～一八世紀になると、それは〈自然によってかそれとも歴史によってか〉という二項対立のパラダイムに脱構築されながら命脈を保つことになる。

ところで近代カルヴィニズムの総本山のジュネーヴに亡命し、カルヴァン神学の要諦となる契約神学を学び、やがて祖国スコットランドに帰国していった、先の「スコットランド契約神学者」のプレスビティリアンであった牧師たちは、スコットランド貴族と合流し、イギリス国教会の「主長令」を押しつけるチャールズ一世に対し、一種の民族独立闘争を起こした。彼らは、〈スコットランド・ナショナリズム〉の覚醒を意味する「国民的契約（National Covenant）」を一五六〇年に続き一六三八年に公式化し、スコットランドの人々は神との間の契約に入ったと述べた[4]。だがホッブズは、そのようなスコットランド契約神学論者の契約論に反対し、イギリス国王への服従を誓う〈アングリカンチャーチ〉の契約神学者の契約神学の影響下で、社会契約論的国家論を構想した。

マーチニッチは『リヴァイアサンの二つの神』で、「ロックとルソーの二人は、social contractを話題にしたが、ホッブズは、たとえcovenantをcontractという言葉で説明したとしても、social contractを話題にしてはいない。contractは権利の相互的な放棄である」(5)と述べている。マーチニッチによれば〈contract〉は平等な者同士の契約であるのに対し、「covenantは、contractが結ばれたとき、契約の一方当事者が他方当事者のなにものかに対する権利を受け取るが、しかしそのもの自体を、ひとえにある未来に受け取るcontractである」。要は、「なにものかに対する権利を獲得することと、そのものを現実に獲得することの間には、相違がある」ということである。この場合、「なにものかに対する権利」とは、「救いへの権利」を意味するであろう。問題は、神学者がこのような「契約(covenant)」を何のために提起したかであろう。神学者によれば、人間は、原罪以前は自己の「わざ(work)」により神の救いに与ることができたが、原罪後は神の「恩寵(grace)」により〈死後に〉(＝ある未来に)救いに与ることができる。ホッブズは、このような神学的言説の〈covenant〉を〈政治化〉し、「わざ」を人間の自由と置き換え、しかもその相互放棄を勧め、相互放棄の契約締結を契機として出現するリヴァイアサンによって、人間は「ある未来」に受け取るはずの「なにものかに対する権利」の位置を占める自己の生命保証を、「現実に獲得する」ことができるようになると考えた(6)。カルヴァン主義を信奉するイギリスの宗教家たちは、この契約神学を、コングリゲーションの形成原理として信者に布教していったが、ピューリタン革命の革命諸セクトのイデオローグたちは、契約によるキリスト者の教会形成という〈信仰の論理〉を、〈政治の論理〉に変換し、社会契約論的国家形成論を準備していったのであろう。キリスト者の自発的結合体としての「教会システム」を世俗化したもの、それが世俗の「国家」であったといえよう。

注

（1）マルコ、『マルコによる福音書』、『新約聖書』所収、日本聖書教会、一三〇頁。

（2）谷泰、「イエスをめぐる神話的標徴のモデル——地中海地域羊群管理パターンとのかかわり」、『思想』一九七七年六月号所収、岩波書店、特に（六）を参照。

（3）*Calvin's Commentaries, The Epistle of Paul. The Apostle to the Hebreus and The First and Second Epistles of St. Peter*, tr. by William B. Johnston, Edinburgh & London, Olver and Boyd, 1963, pp. 110-111.

（4）Aloysius P. Martinich, *Two Gods of Leviathan, Thomas Hobbes on Religion and Politics*, Cambridge, Cambridge University Press, 1992, p. 144.

（5）*Ibid.*, pp. 137-138.

（6）*Ibid.*, p. 138. ホッブズは機械的唯物論者であり、そのような立場から無神論的な政治思想を形成したという説がかつて存在したが、今やそのような説は主流を占めることはできない。マーチニッチはそのことを正確に理解し、次のように述べた。「ホッブズは、市民的国家が死すべき神であり、不死の神の下で働くものだと考えていた。市民的国家は以下の三つの決定的な点で神を模倣している。第一は、市民的国家はその市民を統制する圧倒的な権力を有する。第二は、どんなに市民が国家に対する義務を負うとしても、市民的国家はその市民に対していかなる義務も負わない。第三は、多分ちょうど神が罪による死から人々を救うのと同じように、市民的国家は自然状態に潜在し迫りくる死から人々を救う」（*Ibid.*, p. 336）。

⑥世俗的権威

最後に、世俗的権威を、『キリスト教綱要』の「政治的統治について」から説明してみることにしよう。カルヴァンは、アウグスティヌスの「キリストの霊的支配（spirituale Christi regumm）」と世俗的人間の「市民的秩序（civilis ordinatio）」という二元論を継承し、前者を後者に含めるのは「ユダヤ的な虚妄」であるといい、前者を退けた。彼は、パウロの「上にある権力に従うべきである」という言葉をひき、「市民的秩序」の維持のために設立された「神の代官」といわれる「官憲」としての「王」に、従うべきであるといい、さらにはこれには例外はないといった。また彼は、「この世の支配」の目的の一つとして、「われわれの生き方を市民社会の正義に合わせて整え、われわれを互いに和解させ、公共の安寧と静穏とを維持する」(1)ことを挙げる。この点では、彼は先輩のルターの教えに従っているといえよう。この目的を実現するためにカルヴァンは、「政治的管理」が必要だといい、しかもこの政治的管理は三つの部分から成立するという。第一に、「支配し法律を維持」する「官憲」であり、第二に、官憲の命令の権利根拠としての「法律」であり、第三に、「法律によって治められる官憲」に服する「人民」である。法律とは「沈黙の官憲」といわれ、逆に官憲とは「生きている法律」と呼ばれる。「臣下」としての人民は、生きている法律といわれる官憲に対しては、「神そのものに仕えるようにして、かれら(官憲――引用者)に従うべき」(2)である、とカルヴァンは述べる。臣下は官憲を「敬う」ことを忘れてはならない。

カルヴァンは、「同時に神に反抗することなしに、官憲に反抗することはできないから」(3)として、「臣下」としての人民に抵抗権を容認しなかった。因みに、カルヴァンを理論上の始祖とする「モナルコマキ(monarchomachi)」たち(「後期カルヴィニスト」のスコットランドのジョン・ノックスやブキャナン等)は、抵抗権を認めた(4)。

セイバインによれば、カルヴァンは、「法に従って支配するという支配者の義務は人民に対してではなく、神に対して負っている」(5)と考えた。では、それにもかかわらず邪悪な官憲が出現したらどうなるのか。支配者は人民に統治の責任を負う必要はないのだろうか。カルヴァンはそれでも「主によってその民を、不義を罰するために起こされたもの」(6)であるとして、不正な主権者を弁護する。カルヴァンは人民に、「消極的服従(passive obedience)」を勧める。もちろん彼は次のようなことも述べている。「支配者の命令に対して捧げなければならない、とわれわれの説いた服従には、つねに例外がある」(7)。さらに彼は、主権者が「神に反逆した何かを命令する」ならば、主権者に服従する者は「主の主」である神に従うべきであり、「人に従うよりは、神に従うべきである」(8)とさえいう。しかし、これは決して抵抗権を認めているのではなく、神への「殉教」を勧めているのである。このような世俗的権威に対するものの見方は、一七世紀のホッブズに継承されたことに気づかなければならない。

ホッブズは、リヴァイアサンに対する抵抗は権利として認められないという。それは当然であろう。「この世の神」であるリヴァイアサンは絶対に悪を為すはずはなく、その神に楯突く者の暴力が正当な抵抗権として許されるはずはないからである。しかし先に触れたように、スコットランド契約神学者でプレスビティリアンのジョン・ノックスやブキャナンによりスコットランドに移植された、カルヴィニズムを信奉する貴族と牧師たちは、スコットランドの人々は神との契約に入ったとして、彼らスコットランド人の間で「国民的契約」を結ぶことになる。彼らは、イギリスのチャールズ一世と戦い勝利するために、〈暴君放伐〉論を権利として承認したのである。イングランド王をイングランド国教会の唯一最高の首長と規定する「首長令」を信奉するホッブズは、ジョン・ノックスを介し入ってきたこのスコットランド契約神学者の契約論を、絶対に認めることはできなかった。それはなぜかというと、ホッブズは、スコットランド契約論者が執拗に唱えた君主に対する暴君放伐論を容認することができなかったからであろう。

注

（1）J・カルヴァン、『キリスト教綱要』（Ⅳ／2）、前掲邦訳、二三三頁。A・E・マックグラスの『宗教改革思想』によれば、カルヴァンは、ジュネーヴの住民を支配する独裁者ではなかったし、ジュネーヴに在住した時でさえ、ジュネーヴ市民でもなかった。さらには政治的権威にアクセスすることも拒絶された。ジュネーヴに対するカルヴァンの影響力は、政治的なものよりも説教師や一牧師としての彼の顕著な個人的権威に依拠していた（Alister E. McGrath, *Reformation Thought, An Introduction*, 3rd edition, Oxford-Malden (Masaachusetts), Blackwell Publishers, 1999, pp. 233-234）。

（2）J・カルヴァン、『キリスト教綱要』（Ⅳ／2）、前掲邦訳、二五七頁。特にカルヴァンを、政治思想の視点から見ていく姿勢については、渡辺信夫、『カルヴァンの『キリスト教綱要』を読む』、新教出版社、特に第七講第四篇「『キリストとの交わり』の外的保持——教会論」を参照せよ。

（3）同書、二五七—二五八頁。

（4）ルドルフ・トロイマンによれば、カルヴァンは政治的民主主義を主張しなかったが、教会の民主主義的運営に力を注ぎ、その効果は、スコットランドでのプレスビティリアン教会の勝利となって結実し、そのコンテクストの中でジョン・ノックスとブキャナンの「モナルコマキ」が出現した［R・トロイマン（小林孝輔・佐々木高雄訳）、『モナルコマキ――人民主権論の源流――』、学陽書房、四一―四二頁］。

（5）George H. Sabine, A History of Political Theory, *op. cit.*, p. 367. セイバインの『政治理論史』によれば、カルヴァンは徹底的に「官憲」に対する被支配者の〈消極的服従論〉を説いたが、彼のスコットランド人弟子でプレスビティリアンのジョン・ノックス（John Knox）は、その説を拒否した。

（6）J・カルヴァン、『キリスト教綱要』（Ⅳ／2）、前掲邦訳、二五九頁。

（7）同書、二六六頁。

（8）同書、二六七頁。このような神への殉教が後のホッブズの『リヴァイアサン』によって継承されたことについては、前掲拙著『自由の政治哲学的考察』、第五章「ホッブズとロック（二）――抵抗権の視点から――」を参照。またP・ジャネによれば、カルヴァンには国家と教会を混同する傾向があり、「カルヴァンと聖トマス・アクィナスに共通なものは市民的不寛容の教義である。M・セルヴェトウスを殺したのはこの教義である」（Paul Janet, Histoire de la science politique dans ses rapports avec la morale, t. II, *op. cit.*, pp. 26-27）。

第三節　ルソーの政治思想へ

先に触れたように、キリスト教神学の目的は、人間の死後の魂の救済にあった。となると、①から⑥までのカルヴァンの神学的言説の目的は、救済の道程を提示することにあったといえよう。しかも、カルヴァン神学は、一七世紀から開始された近代政治思想の祖型を提供したが、だからといってカルヴァン神学が革命的理念をもっていたかどうかは別の問題である。後の近代政治思想家は、カルヴァン神学を受容するのか、あるいはそれに反発するのかによって、例えばホッブズのように、厳格な保守的政治思想家となり、あるいはまたルソーのように一方では『人間不平等起源論』で堕落史観を展開したとき、カルヴァン主義者として現れ、また他方では『社会契約論』で政治的ユートピアンとして現れたとき、カルヴァンに反発する者となっていった。肝心なのは、近代政治思想家のルソーが、ホッブズを媒介としながら、宗教改革者カルヴァンの神学と格闘し、その神学を政治化する形で歴史化し、自己の政治思想を形成していったことを知ることであるである。

その時ルソーの政治思想形成に、一七～一八世紀のジュネーヴが影を落とす。ルソーは一八世紀のジュネーヴ人であり、その点で一六世紀のカルヴィニズムの空気を吸って生きていた訳ではない。特に一七世紀から一八世紀に時代が移ったときから、ジュネーヴでは、一六世紀の厳格なカルヴァン主義的教義をジュネーヴ人に教えることは廃れていった。ジュネーヴの牧師たちは、「リベラルカルヴィニズム（Liberal Calvinism）」といわれる、カルヴィニズムの修正版を説教していた、その本質は、リベラリズムの一つの宗教的形態を構成し、「神学的自由主義（theological liberalism）」[1]とも呼ばれるものであった。それは、悲観主義的な人間の原罪とか、二重予定などという説を、実質的には廃棄してしまった[2]。ジュネーヴの牧師たちは、悲観主義的なカルヴァンの教義を教えるよりも、「宗務局」により、ジュネーヴ住民の不品行を取り締まる「道徳的警察（moral police）」の役割を果たした。その意味でカルヴァン神学は、「道徳的神学（moral theology）」に変質していった。ジュネーヴの牧師だちは、ライプニッツを経由して入ってきたロックの「タブラ・ラサ」に、その源を求めることができると思われる、啓蒙主義哲学の骨子であった人間の「完成可能性（perfectibilité）」なるものを受け入れ、それを徐々に教えるようになっていた。ここからジュネーヴの牧師たちは、それまでの神学の基本的パラダイム、つまり救済という目的を〈神の恩寵に委ねるのかあるいは人間の自然によって実現するのか〉という、いわゆる〈恩寵対自然〉の二項対立のパラダイムを破棄してしまい、それにかわって、人間の罪は〈自然の罪か否か〉という問いから、人間の罪は〈自然に対する罪かどうか〉[3]という問にシフトさせてしまった。そこから更に進んで、「自然」は何ら罪にまみれてはいない、自然は善きものであり、自然を汚したのは人間の自由意志によりつくられた「歴史」なのだ、という考えに変わってくる。〈恩寵―自然〉のパラダイムは、〈自然―歴史〉のパラダイムにシフトされてしまった。ここで、恩寵の位置を自然が、自然の位置を歴史が占めることになったのである。ローゼンブラットによれば、ルソーは、〈自然―歴史〉のパラダイムのなかで自己の政治思想を展開したとき、すでにジュネーヴの聖職者あるいは牧師たちが人間性や社会について述べていたことを歴史化しただけであった、ともいえよう(4)。このことはルソーが、特に『人間不平等起源論』を書いたとき、「カルヴァン主義的道徳神学を歴史に適用し、さらには歴史の流れのなかで、どこでまたいつ事態が悪くなっていったのかを努めて理解しようとした」(5)ことに、見られるであろう。このようにルソーがカルヴァン神学を歴史化するには、それを可能としたジュネーヴの背景が存在したのである。

そのジュネーヴ共和国では、「パトリシエート」(都市貴族層)の旧市民が政府権力としての「小評議会」を占拠し、ブルジョワは立法集会としての「総会」に立て籠もり、双方は絶えず衝突していた(6)。小評議会は、総会に対して、自己の特権を自由と称し、それを主張したが、平等を叫ぶ総会は、小評議会の自由を放恣以外のなにものでもないとして、小評議会の自由を平等のなかに封じ込めようと躍起となった。ここにルソーの「平等主義的自由論」が生まれるコンテクストがあった。この点についてさらに詳しく述べることにしよう。

ルソーの祖父ダヴィッド・ルソー(David Rousseau)は、総会派に属し、その立場から小評議会に抵抗した「政治的反対派」であった。では、政治的反対派は小評議会の何に反対したのであろうか。それを知るためには、一七〇七年から一七八二年まで双方が何をめぐって争ったのかに注目しなければならない(7)。ここで注目すべきことは、フランス革命以前に、挫折したブルジョワ革命が、「革命の実験室」といわれるジュネーヴで起きていたことである。一七〇七年に、反乱の科で死刑に処せられた牧師のピエール・ファテオ（Pierre Fatio, 一六六二～一七〇七年）をリーダーとして、ブルジョワは集団示威行動を展開し、総会を五年ごとに開催する案を小評議会に呑ませたが、一七一二年に小評議会は総会開催の約束を反故にしてしまった。一七一五年、小評議会は新しく課税した。それに対し、牧師のアントワーヌ・レジェ（Antoine Léger, 一六五二～一七一九年）たちは猛烈に反対した。さらに一七三四年に小評議会は、「城塞強化」と「傭兵増強」を名目に課税したが、それに対して、父同様牧師であったアントワーヌ・レジェの息子ミシェル・レジェ（Michel Léger, 一六八五～一七四五年）に率いられたブルジョワは激しく怒り、そのような課税に対し「意見提出（représentation）」し、さらに武装したが、一七三七年に総会派と小評議会派は直接武力衝突してしまった、総会派と小評議会派は、どちらもヘゲモニーを握ることができず、そこで一七三八年にベルン、チューリヒ、フランスの三国の仲介により、『調停決定』という一種のジュネーヴ暫定憲法がつくられた。そこでは総会は、それまで伝統的に有していた〈法案や課税を承認・却下する権利、交戦講和の権利、市長らを選出する権利〉を認められたが、そこには総会の権利の行使を著しく制限する、次のような留保条件がつけられていた。①総会は、小評議会や二〇〇人会の承認を得なければ何事も変更できない。②総会は、小評議会と二〇〇人会を通過した議案しか審議できない。③総会は、小評議会の正式な招集なしには総会を開催できない。④民兵は、市長と小評議会の命令がない場合、武器をとることはできない。一七五〇年に、『調停決定』の有効期限が切れたとき、総会派のブルジョワたちは、再び城砦強化やその費用を捻出するために課税しようとする小評議会に対し、反対運動に走ることになる。この反対運動は、一七八二年に最終的に総会派が敗北するまで延々と続くことになる。

それにしても、一七〇七年から一七八二年まで展開された政治的反対派の抵抗運動がもつ意味はどこにあるのか。それは、結局は総会と小評議会のどちらが国家主権をもつのかという点にあった。ルソーの祖父のダヴィッド・ルソーは、先に触れたファテオとともに小評議会と戦い、父のイザック・ルソーもまた、祖父と比べれば保守的精神の持ち主であったにもかかわらず、小評議会に反発した。イザックの息子のジャン・ジャック・ルソーは、このような政治的反対派の立場から、総会の主権を勝ち取りまた総会の主権を正当化する政治思想を構築しようとしたのであり、先に触れたように、平等主義的自由論は、小評議会の特権的自由を総会の平等のなかに封じ込め、平等というフィルターをとおした自由に変換していくことから、生まれたのであった。

注

（1）Maurice Cranston, *Jean-Jacques: The Early Life and Work of Jean-Jacque Rousseau, 1712-1754*, Chicago, University of Chicago Press, 1982, p. 27.

（2）Helena Rosenblatt, Rousseau and Geneva, From the First Discourse to the Social Contract, 1749-1762, *op. cit.*, p. 17.

（3）*Ibid.*, pp. 175-176.

（4）*Ibid.*, p. 176.

（5）M. Cranston, Jean-Jacques: The Early Life and Work of Jean-Jacque Rousseau, 1712-1754, *op. cit.*, p. 15.

（6）Helena Rosenblatt, Rousseau and Geneva, *op. cit.*, pp. 17-18.

（7）ルソーの『学問芸術論』から『社会契約論』までの政治思想は、ローゼンブラットによれば、ジュネーヴの背景〈特に一七〇七年から一七六二年頃までのジュネーヴ共和国における総会派と小評議会派との戦い〉をつかんだときのみ、理解可能となる。総会派と小評議会派が何をめぐって戦ったかを理解するためには、ローゼンブラットの『ルソーとジュネーブ』の特に（I）「ジュネーブ市民の形成」と（V）「見えざる鎖」に注目しなければならない。そのとき奢侈問題や傭兵問題と関連する租税問題が浮上するであろう。租税問題は〈誰が主権の主体であるか〉という問題であった。

第九章　ルソーの自由・平等観
――カルヴィニズムからリベラルカルヴィニズムへの変化のなかで――

第一節　ルソーの政治思想の特質――カルヴァン神学への反撥と継承――

遥か彼方、古代ギリシャのヘロドトスの時代、最初の民主化闘争が出現し挫折したが、それから約二〇〇〇年後の一六世紀、突如二度目の大規模な民主化闘争の激しい波がヨーロッパを襲った。この民主化闘争の波は、一六世紀には、宗教改革という名の〈宗教闘争〉の形態をとり、一七、一八世紀は、ブルジョワ革命あるいは市民革命という〈政治闘争〉の形をとり、闘争形態を変えながら、二一世紀の冒頭を迎えた今日まで間断なく続いている。

ところが宗教は、一六世紀から一八世紀まで約三〇〇年近く続いたこの民主化闘争のなかで民衆化し、「政治化」〈宗教的言説から政治的言説への変換〉し、世俗化しながら生きのびた。すなわち一六世紀の宗教改革者マルティン・ルターとジャン・カルヴァンは、偶像崇拝を禁止し、また僧侶階級の制度を廃止し、万人を司祭とする一種の〈キリスト教のイスラム化〉運動に走ったがために、民衆もまた続々とその運動に参加し始めた。一七世紀のピューリタン革命に対するホッブズの反動的政治思想は、カルヴァンの神学を政治化する形で忠実に受け継いだものであった。

では一八世紀のジュネーヴ人ルソーはどうか。我々はルソーの祖国ジュネーヴの宗教的潮流が、一七世紀から一八世紀にかけて峻厳なカルヴァン主義からリベラルカルヴィニズムへ変質していったことを忘れてはならない、政治哲学者ルソーは、後述するように、所与の政治体制を批判するために、『人間不平等起源論』でホッブズの自由・平等観を受容したとき、反アルミニアンつまり峻厳なカルヴィニストであったが、『社会契約論』で一転して反ホッブズ的自由・平等観を展開したとき、アルミニアンの教えが入ったリベラルカルヴィニストとなり、ホッブズ的な自由・平等観を革命的な自由平等観に鍛え直した。

そこで我々は、ホッブズをとおしルソーに影響を与えたカルヴァンの、神学的自由・平等観の特質とは何かを問わなければならないが、その前にカルヴァンが反対した、古代の神学の自由・平等観とは何かを見ておこう。古代ローマ帝国は、侵略により支配領域を拡大し世界帝国になっていくにつれて、帝国にふさわしい体制イデオロギーを欲した。世界帝国のローマは、貢納制的生産様式の社会編成体の上に聳え立つ。〈貢納制〉とは、国家による剰余の収奪とその不公平な分配を指す。奴隷の労働からあがる余剰の収奪と分配の権力機構として君臨したローマは、自らの権力を被支配者に正当化しなければならない。ローマは、帝国支配にふさわしい体制イデオロギーを探していたが、そこにユダヤ教分派としてのキリスト教が出現した。ローマ帝国の「市民権」をもつパウロ（ユダヤ名サウロ）は、「ローマ人への手紙」の〈第一三章の一と二〉で次のように述べたとき、〈愛〉による平等な人間関係の形成を説いたイエスの教えを、「現人神」である皇帝への服従を教える教義に変えてしまった。「すべての人は、上に立つ権威に従うべきである。なぜなら、神によらない権威はなく、おおよそ存在している権威は、すべて神によって立てられたものだからである。したがって神に逆らう者は、神の定めにそむく者である。そむく者は、自分の身にさばきを招くことになる」[1]。「すべての人は、上に立つ権威に従うべきである」とするパウロの教えは明らかにイエスの教えに反する。〈奴隷の身分からの解放〉を意味する「自由（libertas）」と主人への従属関係の廃棄、つまり「平等」は否定されてしまった。パウロにあっては、神の下での万人の平等は「彼岸」の世界に棚上げされてしまい、「此岸」ではローマ皇帝の下での万人の不平等が義務化されてしまった。イエスが奴隷に与えたかすかな一条の希望の光は、パウロによりかき消されてしまった。だが生産を担う奴隷の調達ができなくなったとき、ローマ帝国は縮小し滅びざるをえなかった。奴が主自身の主であるのを、主はその時さぞ知らされたことであろう。

カルヴァンは、パウロのこの教えをひっくりかえし、人間は最後の審判により彼岸で不平等になるが、此岸では平等なのだといった。とはいえカルヴァンが、パウロの教えをひっくり返し、すべての人間が現世で平等だといったからといって、彼の神学が〈革命的理念〉を内在していたかどうかは、また別に検討しなければならない問題であろう。トレヴァー＝ローパーは『宗教改革と社会変動』において、啓蒙主義哲学の先駆者に「正統派カルヴィニスト」は誰もいないと断定した(2)。彼によれば、新しい啓蒙主義哲学を生んだのは、反カルヴァン的な「異端」であり、しかもその異端とは、古代イングランドのペラギウスの教えを受け継いだ一七世紀のオランダ人アルミニウスが唱えた「万人救済説（doctrine of general redemption）」である。

アルミニアンは、人間が自由意志によって原罪をもたらしたことを認めたが、それにもかかわらず人間が、再度自由意志をとおし自らを救済することができるといった。カルヴァンは、このような後のアルミニウス主義となって現れるペラジアン的教えとしての〈ソツィーニ主義〉を烈火の如く怒り、人間は、原罪をもたらした自由意志によって自己を絶対救済できない、人間を救済できるのは神の恩寵しかないという「特定恩寵救済説（doctrine of particular redemption）」を唱えた(3)。

カルヴァンは、ペラジアン的自由意志を絶対認めなかったが、そのような固い意志はどこからでてきたのであろうか。カルヴァンの自由の捉え方は、その源に遡れば『ヨブ記』に辿り着くといわれる「神義論（theodicy, 弁神論ともいわれる）」の問題となる。神義論は「宇宙義論」と対立する弁証論である。インドのバラモン教がその範型となる宇宙義論は、人間の悪に対して〈宇宙〉の義しさを説く。これに対し古代ユダヤ救にその源を発する神義論は、文字どおり、人間の悪（堕罪）に対して〈人格をもつ無形の神〉の義しさ、あるいは無罪を説く学である。神学者は問う。なぜ人間は悪しき存在となったのかと。人間は、『エジプト記』にまで遡るといわれる「本性の遺伝的歪曲また腐敗」[4]（カルヴァン）と規定された「原罪（péché originel）」を背負っているが、自由意志によってそれをつくってしまった。その意味で、神は人間の悪に全く関与していない。神は無罪である。人間は、自由意志により原罪を犯した後は、必然的に悪を為す。そしてすべての人間は、〈原罪の平等〉（＝悪の平等）に陥っている。これがカルヴァンの神学的自由・平等観の骨子である。

ではこのような平等の罪にまみれた人間をどのようにして救済するというのか。カルヴァンもまたその例にもれず、「贖い人」イエスは、神から科せられた罪の奴隷から人間を「贖う」（買い戻す）ために、神に対し自己の生命を生け贄の羊のように差し出す、一種の契約を交わしたという、古代神学の教義を継承する。カルヴァンの契約神学観は、スコットランドのカルヴァン主義者を経由し、一七世紀イギリスに伝わり、「契約神学者（covenant theologian）」の「契約神学（covenant theology）」なって現れたが、ホッブズは、この契約神学者の契約観を政治化しながら世俗化していった[5]。一八世紀のルソーは、ホッブズをとおし政治化という形で世俗化された、カルヴァンの神学的自由・平等観を、『人間不平等起源論』では政治的自由・平等観に変換しながら受容していったのである。

注

（1）パウロ、「ローマ人への手紙」、『新約聖書』（口語訳）所収、日本聖書教会、二五二頁。

（2）フーグ・R・トレヴァー＝ローパー（小川晃一、石坂昭雄、荒木俊夫訳）、『宗教改革と社会変動』、未来社、第Ⅱ章「啓蒙主義の宗教的起源」。

（3）大西春樹、『イギリス革命のセクト運動』、御茶の水書房、第一部第二章「基本的人権の宗教的起源」。ソツィーニ派については次の文献を参照せよ。中山昭吉、『近代ヨーロッパと東欧』、ミネルヴァ書房、特に第一部第二章「ポーランド兄弟団（ソツィーニ派）と初期西欧思想」。一六世紀初頭のイタリアで叔父レリオ・ソツィーニを創始者とするソツィーニ主義が生まれ、甥のファウスト・ソツィーニ（**Fausto Sozzini**）がその教えを受け継いだ。彼はカトリックの総本山イタリアで弾圧されポーランドに逃れ、そこで「ポーランド兄弟団」を名乗り、その教えを広げていった。だが、ここでもやがて弾圧され、ソツィーニ派は西欧各地に離散し、定住先で自らの教えを伝えていった。ソツィーニ派とその教えは、一六世紀から一七世紀にかけて広範囲に知られることはなかったが、一八世紀のヴォルテールの『哲学書簡』の第七信「ソツィーニ派教徒、またはアリウス派教徒、または反三位一体教徒について」［ヴォルテール（中川信訳）、『哲学書簡』、『世界の名著』第二九巻所収、中央公論社、九〇―九二頁］で、漸くそのヴェールがとられた。ヴォルテールによれば、ソツィーニ派の教えを受け入れた一七世紀の思想家に、ニュートンやロックがいた。しかもヴォルテールは、ルターやカルヴァンやツヴィングリといった宗教改革者を、「読むに耐えない著述家たち」とこき下ろしている。重要なことは、なぜヴォルテールはソツィーニ主義を高く評価したのかである。ヴォルテールは、ソツィーニ派の〈理性による聖書解釈〉に魅力を感じたからであろう。ソツィーニ派は、人間が理性をとおしてのみ迷信から〈自由になる〉と考えたのであろう。そのことを認めるとロックの『人間知性論』の「タブラ・ラサ」（**tabula rasa**）は、通常よくいわれるように、アリストテレスの『霊魂論』やT・アクィナスの『神学大全』から受け継いだというよりも、むしろソツィーニ派から継承したことになろう。一六世紀から一八世紀にかけて、自分たちをソツィーニ派であると公言した人々はほとんどいなかった時代、オランダのアルミニウス派だけは、「ソツィーニ派との交わりを認めた」（中山昭吉、前掲書、六四頁）。となると、アルミニアンはソツィーニアンであったのかも知れない。その先にアルミニアンのジュネーヴ人牧師たちがいたのであり、彼らの教えをルソーが学んだ可能性は高いといえるであろう。

（4）J・カルヴァン、『キリスト教綱要』（Ⅱ）、前掲邦訳、二一四―二一五頁。

（5）**Aloysius P. Martinich, Two Gods of Leviathan, Thomas Hobbes on Religion and Politics, *op. cit.*, pp. 143-150.**

第二節　『人間不平等起源論』――反アルミニアン的自由・平等観――

ルソーは、『人間不平等起源論』では、ホッブズの忠実な弟子として現れる。ルソーと同世代人で『百科全書』の最終的編纂者であったディドロは、すでにルソーが〈裏返しされたホッブズ主義者〉であることを見破っていた。ホッブズは社会契約論（大衆の平等な政治参加論）を提起し、ピューリタン革命という民主化闘争の波に乗ると見せながら、実はその波を押し戻し、後に近代政治原理の中核となる自由と平等を解体するという意味で、反動的国家論を展開したが、ルソーは『社会契約論』で民主化闘争をさらに押し進める政治思想を展開したとき、ホッブズを反面教師にした。繰り返すと、一七世紀の厳格なカルヴィニストであったホッブズは、反動的な自由・平等観を展開するために、カルヴァン神学の自由・平等観を、政治的言説に変換しながら受容した。問題は、彼がどのような形でカルヴァンの自由・平等観を踏襲したかであろう。

我々は、ホッブズもまた神義論の信奉者であり、神学的な神義論的矛盾を政治化しながらカルヴァンを継承した点に注目すべきであろう。ホッブズは、人間の自由を「自然権」とも呼んだが、これをどのように理解していたか。それは、彼によれば、「各人が、彼自身の自然、すなわち彼自身の生命を維持するために彼の欲するままに自己の力を用いるという、各人の自由である」(1)。ホッブズは、ニーチェ的に「欲するままに自己の力を用いる」ことを自由といった。こうして人間は、他者が自己を侵害してくるときこの力を用い、場合によっては他者を殺害することを容認される。極端なことをいえば、人間は〈殺し合いをする権利＝力〉をもつという意味で、自由なのである。神から善き者としてつくられたはずの人間は、自由意志を介し悪をなさざるをえない。その結果、相互絶滅の淵に誘い込まれる。

反アルミニアンのホッブズは、神義論的矛盾のなかに置かれた人間は、自由意志をとおしてこの矛盾を解くことができないと考えた。他者との殺し合いのなかで、むしろ自由はさらなる「惨めな死」を生みだす。ホッブズの自由は、カルヴァンの〈堕落の自由〉の政治的バージョンであった。

それでは平等はどうか。ホッブズの平等は、〈殺し合いの自由の平等化〉を指し、その意味でカルヴァンの原罪の平等が政治化されたものであることが分かろう。これに対して名誉革命の擁護者であるジョン・ロックは、イギリスのルター派であった「レヴェラーズ」のリベラルデモクラシー論に接近していった。彼らは、革命によって、競争的平等が支配する社会状態に導き、しかも競争に勝利した者の自由を堂々と弁護する政治制度論を樹立したが、神から与えられた「生得権」としての自由を、「選挙権」の平等化に基づく代議制により実現しようとしたのであった。彼がこのような保守的かつ楽天的な自由・平等観を展開できた理由の一つは、彼が、世界を含む宇宙が神により合理的につくられ、それ自体正しく存在し運動しているとする「理神論」を信じたからであろう。彼は、存在するものは存在すべきものとして存在していると見たから、楽天的な自由・平等観を披露できたのであろう。そのため、現実の上層ブルジョワの自由と平等が合理的なものとして正当化されるのは、自然であろう。このようなロックの自由・平等観からは、ボッブズのそれは遠いところにある。

ホッブズはいう。殺し合いをする自由から、殺し合いの自由の平等が生まれたと。これは絶望の極みである。それゆえに、そこから人間を救済しなければならない。そこで人間は、相互殺害の自由と相互殺害の自由の平等化を、社会契約締結を契機に出現するリヴァイアサン（地上の「死すべき神」である「主権者」）に「放棄」し、その代わりに生命の救済を受け取る交換「契約」を各自の間で結ばなければならない。このホッブズの社会契約観は、イギリスの契約神学者の契約神学をとおして入ってきたカルヴァンの〈正義〉を実践する契約神学が、政治化されたものであろう。人間は、社会契約に基づき国家を建設し、殺し合いの自由を放棄したとき、殺し合いの自由の平等をも放棄することになり、地上の神リヴァイアサンによって、「無力な平等（powerless equality）」(2)の地位を獲得することになる。かくして人間は、地上の神リヴァイアサンによって生命を救われる。古代ユダヤ救にまで遡るカルヴァンの〈正義〉観を受容したホッブズの政治思想は、〈愛〉を介した平等な人間関係形成をつくろうとしたイエスの教えから極端に遠いところに来てしまった。要するにホッブズは、〈神〉の〈恩寵〉をとおした〈彼岸〉での〈魂〉の救済という神学的言説を、地上の神〈リヴァイアサン〉の〈国家権力〉をとおした〈此岸〉での〈生命〉の救済という政治的言説に変換したのである。ルソーもまた、ホッブズをとおして、カルヴァンの神学的な自由・平等観そして契約神学を世俗化しつつ継承していくことになる。ここで大事な点は、それは、ルソーが『人間不平等起源論』で、ホッブズによって政治化されたカルヴァン的な自由・平等観を展開したとき、近代の反ペラジアンであった反アルミニアン的姿勢をとったことに、我々が気づくことである。

先に触れたことをもう一度述べれば、反アルミニアンは、古代から続く弁神論的矛盾を解くように迫られたが、人間は、この矛盾を解き、人間の救済を実現することができるのか。ここには救済を神の「恩寵」によってのみ行うのか、それとも人間に内在する「自然」によって行うのかという、古代のペラギウスから連綿と続く〈恩寵対自然〉の二項対立の神学的パラダイムの問題が伏在している。カルヴァンは、救済が神の恩寵によるものであり、しかも救済されるか否かは神により絶対的に「予定」されているという二重予定説を採用し、堕落した人間の自然としての自由により、人間が自己救済を実現することができると考えるのは、涜神もはなはだしいと非難した。人間はひたすら神に向かい自己の無力を訴え、神の恩寵を乞い願うしかないという意味で、神により無力な平等の位置に置かれている。スコットランドのピューリタン右派のプレスビティリアニズムに属したアダム・スミスの「神の見えざる手」は、実はカルヴァンの「予定説」が世俗化されたものであることを記憶しておこう。一七世紀の厳格なカルヴィニストであったホッブズは、カルヴァン神学における恩寵の世俗化されたものである地上の神たる主権者の権力により、平和を創設し、堕落した人間の生命を救済しようとしたのである。

一八世紀のルソーは、〈恩寵対自然〉という二項対立の神学的パラダイムを、〈自然（善）対歴史（悪）〉という二項対立の政治的パラダイムにずらし、恩寵の位置を占める人間の自然としての自由により人間を救済できるかどうかを探った。そのことをルソーは、『人間不平等起源論』で、ホッブズを媒介にし、カルヴァン神学を徹底的に世俗化・政治化しながらカルヴァンの自由・平等観を繰り返し述べているので見ることにしよう。

『人間不平等起源論』は、一種の堕落史観によって貫かれている点で、啓蒙主義哲学の「進歩史観」と対極にある。啓蒙主義哲学の進歩史観を遡源すると、ロックの『人間知性論』の「タブラ・ラサ」とライプニッツの人類の「完成可能性」に到達するが、ルソーの「自己完成能力（la faculté de se perfectionner）」は、ロックとライプニッツから学ばれたものであろう。だがルソーは、社会学的視点から書いた『人間不平等起源論』では、自己完成能力を、人間を堕落させかねないものとして疑惑の目で見ている。この自己完成能力と自由は結びついていく。「魂の霊性」としての自由は「選択する力」というよりは、ニーチェ的にいえば「力の自覚」として規定される。

ルソーは『人間不平等起源論』で、人間は自由意志を乱用し現在の堕落の極限にまできたという。ルソーは、過去に存在した状態としての「自然状態」を設定するが、この概念はストア哲学にまで遡ることができる。ストア派は、「自然状態」をギリシャの「黄金時代の神話」に求めた。「黄金時代」という言葉は、ラコフの『政治哲学における平等』によれば、「自然の徳という名の下で、文明化された生活を批判する基盤として役だった」が、特にストア派の功績は、「新しい秩序を樹立することにはなく、自然の生活に回帰するよう個人を説得することにあった」(3)。自然の生活、すなわち「自然状態」という概念は、やがてキリスト教に受容され、今や失われた遠い過去の理想郷という意味で使われた。ルソーの『人間不平等起源論』によれば、人間は豊かな自然の恵みを与えてくれる「自然状態」では孤立して生存していたので、人間の相互関係のなかで発達してくる理性も自由も活用しようがなかった。しかし、やがて人間は、家族をもち土地を私有し耕していくなかで、外的「自然」の抵抗力を押さえ込み、自然からより多くの富を収奪するためには、他の家族との協業関係に入っていくのが有利であることを直感的に学んだ。ルソーにより、この「人類の青年期」と呼ばれた状態で、人間は自由を使ったにもかかわらず、相互の間に原始的な社会的平等を維持しえたのであった。しかしルソーによれば、やがて自然が人間に与える恵みの量を超えて人口が増加していく。〈自然の力〉と〈人間の抵抗力〉のバランスが崩れる段階がやってくる。そのとき人間は、他者との共同関係を形成することで、乏しくなった自然の恵みを分かち合うことができたに違いない。それが、人間の力が自然の力に打ち勝つ唯一の方法であったが、人間は、自らの自由意志により、互いに争い、物を奪い合う「戦争状態」を選択し、そこに突入していってしまった。ここからホッブズ的戦争状態になる。各自はこの状態を乗り越えるためには、ホッブズのように自然権としての力に頼るしかない。そこから相互殺害の自由と、相互殺害の自由の平等により貫かれた人間関係が出現する。やがて最も強い者が出現する。彼は、「最も強い者の権利」としての「暴力」にのみ依存していては、自己の地位が安定しないことを察知し、「共同の保存」を達成する政治社会を、社会契約を締結することで創設しようと、弱い者、貧しい者に話を持ちかける。最も強い者が仕掛けた巧妙なワナを見破る目をもたなかった善良な人々は、そのような提案を呑んでしまった。それでも最初は全員が自らの自由意志で政治社会をつくり、それを運営し、つかの間ではあったが互いの政治的自由と平等を樹立した。しかし、最後にはたった一人の者、すなわち「王」を僭称する者が現れ、他のすべての者の自由を奪い足蹴にし、その王の権力の下で、すべての者は無力な平等の身分に蹴落とされてしまった。ルソーは、ホッブズからカルヴァン神学の堕落の自由と堕落の平等を学び、それらの観念を一種の歴史哲学のなかに流し込み、政治化する形で歴史化していったのであった。ルソーは、『人間不平等起源論』では、「保守的平等（conservative equality）」観を披露したといってよい。

これまでの説明から、『人間不平等起源論』の政治的自由・平等観が、ホッブズのそれの転倒体であることが明らかであろう。ホッブズは、社会契約により自己の生命を保存するために、自然権としての自由をリヴァイアサンに放棄するというシェーマを立てた。そして最後に人間は、世俗化された神である主権者の下で、無力な平等の地位に落とされる。繰り返すと、ホッブズにあっては、カルヴァンの神はリヴァイアサンに、堕落の自由は殺し合いの自由に、堕落の平等は殺し合いの自由の平等化に、そして超越的な神の下での無力な平等はリヴァイアサンの下での無力な平等に変換させられた。

我々はこのようなホッブズの政治思想を時代錯誤的なものとして忘却する訳にはいかない。というのも、このホッブズ政治思想は、カール・シュミットにより繰り返し述べられることになるからである。ルソーは、カルヴァンの神学的自由・平等観を歓喜の声をもって迎えたホッブズを、『人間不平等起源論』で、旧体制を批判する反抗理論として、嘆き悲しみながら受容した。しかしルソーは、カルヴァンとホッブズにより否定された自由と平等を、今度は一転して肯定する政治哲学を構築していく。今度は、ルソーは反カルヴァン的なアルミニアンとして登場する。その責務は『社会契約論』に委ねられることになる。

注

（1）T・ホッブズ、『リヴァイアサン』、前掲邦訳、二〇八頁。
（2）Sanford Lakoff, Equality in Political Philosophy, *op. cit.*, p. 77 and pp. 19-22.
（3）*Ibid.*

第三節　『社会契約論』——アルミニアン的自由・平等観——

前述したことを繰り返すと、ルソーは『人間不平等起源論』で、自由こそが、ただ一人の王の前での無力な平等をつくったとしてこれを弾劾する点で、正統派カルヴィニストであり、その意味で〈反アルミニアン〉の構えをとったといえるが、『社会契約論』で、自由意志により平等主義的自由の政治共同体をつくり人類を救済しようとしたとき、一転して反カルヴィニスト的な〈アルミニアン〉に変身する。オランダのアルミニアンは、自己をソツィーニアンであると率直に告白した。そのようなアルミニアンがいたオランダは、ヨーロッパにあって〈宗教的リベラリズム〉の本拠地であった。ポーランドから西欧に逃れたソツィーニアンやオランダのアルミニアンは、ロックやライプニッツにソツィーニアン的な自由なるものを教えた。この自由が、ロックにあっては「タブラ・ラサ」に、またライプニッツにあっては「完成能力」になった、このようなアルミニアンやソツィーニアンの自由観が、一七〜一八世紀のジュネーヴ共和国の牧師たちに伝わり浸透していった。ルソーは、牧師たちをとおし、幼い頃からこの種の自由を教えられて育ったため、アルミニアン的構えから『社会契約論』を書き上げる下地はあったといえよう。

ルソーは『人間不平等起源論』で、人間は自由意志によって堕落の極致としての歴史をつくってしまったと述べている。カルヴァンによれば堕落から救済するのは神だったが、ルソーは逆にここからの救済を、何と、悪しき歴史をつくった人間の自由意志に委ねる。ここにはカルヴァンにより徹底的に問いつめられた原罪による堕落と、そこからの救済の神学的ドラマが、政治的ドラマに変換されながら、リステージされていると見てよかろう。カルヴァンは救済主体を神に、ホッブズはリヴァイアサンに、そしてルソーは、後述するように民衆に委ねた。

『人間不平等起源論』の自由が歴史的事実として、『社会契約論』のそれが「超歴史的可能性の原理」（ジャン・スタロバンスキー）として提起された点で、両者には位相差がある。当然のことだがルソーは、悪をもたらした自由をそのまま正当化できない。意志決定の自由は、まさに自己の意志決定の力をとおし、他の何者かに変身しなければ自己を正当化できない。『人間不平等起源論』の自由は、悪しき歴史としての不平等を形成したのだが、この悪に走りやすい自由は他の何ものかに変化しなければならない。

ではどのようにして悪しきものとしての自由は、善き自由に変身できるのであろうか。このような課題から我々は、これまで繰り返し述べてきたように、『社会契約論』の第一編第一章「第一編の課題」に注目せざるをえない。もともと人間は自由なのに〈鎖〉につながれているが、どうして鎖につながれたかは「分からない」、あるいは「無視する」。ルソーはすでに前者の質問には『人間不平等起源論』で答えていたので、『社会契約論』では後者の問題を省略し、次の問題に移ってしまう。その問題とは、どのような鎖ならば正しい鎖となりうるかである(1)。そのときルソーは、ホッブズが立てた〈自由か鎖か〉という二者択一的選択を拒否する。ここでルソーは、現代の組織社会が直面する問題を先取りするかのように、自由(個人)か鎖(組織)かという問題提起をすることを禁じているといってよい。〈鎖をとおした自由〉あるいは〈鎖のなかの自由〉を実現できるならばその鎖は正しい鎖となる。だから、逆に人間から自由を奪い人間を他者の従属下に置くならば、その鎖は悪い鎖となり正当化できないことになる。要するに、正しい鎖とは〈自由を実現する鎖〉を指す。そこから、かつての悪い鎖を正しい鎖に変換していく方法が要請されることになろう。ルソーの結論を先回りしていえば、鎖のなかの自由あるいは鎖をとおした自由を実現する政治共同体、それこそがルソーのいう「正当で確実な何らかの政治上の法則」であった。

では、ルソーは何をもって正しい鎖といっているのであろうか。我々はルソーが『社会契約論』の第一編の冒頭で、「人間」を「あるがままのもの」(自由)と見、「法」を「あるべきもの」と見た場合、両者の対立を統一する方法はないのかと提起している点に注目しよう。弁証法的精神の持ち主であったルソーは、自由と法を相互に対立する立場に置き、これをどのようにして統一できるかを考えた。ルソーの場合、鎖とは「法」である。だから鎖をとおした自由の実現とは、法をとおした自由の実現のことをいう。しかも法の本質は「平等」にある。したがって、平等というフィルターをとおした自由、すなわち「平等主義的自由」を実現する鎖が正しい鎖なのである。では、自由と平等の対立をどのようにして統一するのか。統一の意志、すなわち「一般意志」によってである。

先述のとおり、パトリック・リレーの『ルソー以前の一般意志』によれば、一般意志の概念を遡源すると古代のアウグスティヌスに辿り着く。それゆえにルソーの功績は、一般意志の概念をつくったことにではなく、それを普及させたことにあった。一般意志という言葉は、一七世紀のアントニー・アルノーの作品『ジャンセニウス氏のための最初の弁明』(一六四四年)で初めて見られるが、その作品で彼は、一般意志を、「誰が救済のための十分な恩寵を与えられ、誰が地獄に落とされるのかを決定するとき、多分神がもつ意志の類い」[2]と規定した。ここには魂の救済が、神の「恩寵」によってなされるのか、あるいは人間の「自然」によってなされるのかという、神学的難問が控えていた。反アルミニアンによれば、人間は堕落した自然によっては自己救済をできず、神の恩寵のみが人間の魂を救済できる。

近代人のアルノーとパスカルは、すべての者を救済する神の一般意志と、現実的には選ばれた者しか神の王国に入れないと考えるジャンセニズムとに含まれる対立を解く必要に迫られた。そこでアルノーはいう。神は「先行的に」(=一般的に)すべての者が救済されることを願ったが、アダムとイブの「堕罪」の「結果」(=特殊的に)、若干の者だけが救済されることを欲したと。アルノーは神学的パラダイムのなかで、一般意志と特殊意志という言葉を使用したのであった。

繰り返すが、一八世紀のルソーは、〈恩寵対自然〉の二項対立のパラダイムを、〈恩寵としての自然と、自然としての歴史〉のそれにずらし、〈自然対歴史〉の二項対立のパラダイムをつくった。ルソーは、すべての者の〈魂〉を〈彼岸〉で救済せんとする〈神〉の〈恩寵〉としての〈一般意志〉という神学的言説を、すべての者の〈自由〉を〈新しい平等主義的政治共同体〉をつくることで救済せんとする〈民衆〉の〈一般意志〉に変換する形で、世俗化したのである。

ルソーは、この一般意志なる言葉を、アルノーではなく畏友ディドロを通じて知った。ルソーは、一般意志を『社会契約論』の草稿、いわゆる「ジュネーブ草稿」で、ディドロの影響の下、「悟性の純粋行為（L'acte pure d'entendement）」（＝理性による推理）と規定したが、後の『社会契約論』の定本で、一般意志を、平等化された自由、すなわち平等主義的自由への意志と規定したとき、古代ストア哲学に始原を発する自然法観を放棄してしまった訳ではない。神に由来する「正義」としての自然法は、平等主義的自由の達成を教えるが、それを担保する力がない場合、それを守る者は誰もいない。となると自然法は全く無力な規範となってしまう。それゆえにルソーは、一般意志を実現する「国家の法」により、自然法の規範的強制力を保証しようとしたといえる。作為による自然の復活再生、それは一般意志に委ねられた。

ルソーにより新たな意味を込められた一般意志とは、民主化の意志であり、ルソーの言葉を使えば、それは支配と被支配の「同一的相互関係」（支配と被支配の同一性）の意志を指す。要するに、一般意志という民主化の意志は自治の意志であり、平等化によって、これまで存在していた「個人的従属関係の鉄鎖」を解体し、平等者としての市民の自由を確保することを目指す意志なのである。こうしてルソーは、『社会契約論』では、自由意志による人間の自己救済を認めるアルミニアンとして現れたのである。

注

（1）J・J・ルソー、『社会契約論』、前掲邦訳、一四頁。

（2）Patrick Riley, The General Will before Rousseau, *op. cit.*, p. 4.

第四節　一般意志と平等主義的自由論の今日的意義

これまで述べたように、神学的な自由・平等観をもたらした一六世紀の宗教改革という形をとった民主化闘争は、一七～一八世紀のブルジョワ革命の時代になると、世俗化し政治的自由・平等観を生みだした。一七世紀から一八世紀にかけて、上層ブルジョワは自由を、中層ブルジョワと下層民は平等を掲げて戦い、平等に対する上層ブルジョワの自由の勝利で終わったが、一八世紀のルソーは、自由と平等の対立を、平等の立場から止揚する平等主義的自由の政治思想を構築した。一九世紀になると、完全に世俗化し脱宗教化した民主化闘争は、自由よりもむしろ平等を実現するために戦った。そのなかでルソーイストのカール・マルクスは、ルソーの意向を汲み、自由と平等の対立を解く共産主義的社会論を経済学のなかで模索した。そこで我々が問いたいのは、自由と平等の対立を止揚するルソーの平等主義的自由論は、今日何の意味もない政治思想なのであろうかということである。もう一度検討してもよい問題と思われる。

近代ヨーロッパは、古代ギリシャから①「デモクラシー」(自治)、ローマから②「立憲主義」(あるいは法治主義)、そして中世から③「権力の多元性」、という政治制度を継承したといわれている。そこで①から③までを順次粗描してみよう。

まず①である。ハンナ・アーレントの『人間の条件』によれば、ポリスの市民は「平等者の集まり」であり、そのような市民の平等とは、「同等者の間で生活し同等者だけを相手にしなければならないという意味」であった。しかも、平等は「自由の本質」であり、自由とは「支配に現れる不平等から自由であり、支配も被支配も存在しない領域を動くという意味」(1)であった。ポリス市民の自由は、誰にも従属しない平等者である市民の間から生まれる。要するに、ポリスのデモクラシーは市民の自由を平等に実現するための政治制度であった。後のルソーはそれを、一般意志をとおした平等主義的自由の実現、という言葉で蘇生させたともいえよう。

次に②である。弱小ポリスから大帝国になるにつれてローマは、帝国全体を縛る〈普遍性〉をその本質とする法秩序を創出する必要があった。そこから「立憲主義」（法治主義）が生まれた。ローマの立憲主義は中世立憲主義を媒介に近代に伝えられたが、ルソーの一般意志もまたその系譜下にあるといえよう。

最後に③である。中世の多元的権力観は、「同輩中の第一人者」である王の権力を牽制することで、王を囲む特権層全体（絶対主義国家のフランスでは「社団」あるいは「名士会」と呼ばれる）の自由を守るものとして機能した。しかしルソーは、〈国家権力からの自由〉（消極的自由）よりも、民衆全体の政治参加をとおした〈国家権力への自由〉（積極的自由）を選択したことでは、ボダンからホッブズをとおして伝えられた近代的な一元的絶対的主権論を固守したのであり、その意味でマキアヴェリを経由して中世の多元的権力観を継承し、権力を抑制均衡させることで自由を守ろうとしたモンテスキューとは異なるであろう。

このようなルソーの一般意志に基づく平等主義的自由論の源泉を、古代ギリシャにまで遡らずに近代に求めようとすれば、それをどこに求めればよいのだろうか。この点についてはすでに説明してきたがもう一度触れることにする。自由民主主義思想の源泉を探っていくと、イギリスピューリタン革命時代の革命左派で、ルターの〈霊的自由〉を政治的自由に変換したイギリスのルター派であったレヴェラーズに辿り着く。革命中間派の独立派で、かつ軍隊上層部に属したアイアトンに対し、レヴェラーズのレインボロー大佐とワイルドマンは、パトニー論争で、「生得権」としての「自由」を、すべての「イギリス国民」が平等に所有する権利であると主張し、さらにイギリス国民が〈平等に所有する自由〉の内容を、「普通平等選挙権」という形で規定した。レヴェラーズは、〈代議制民主主義〉により〈個人の自由〉を実現しようとしたのである。レヴェラーズのこのような思想に、ネオ・ロマン派的理論家の自由観が流れているとはいえないだろうか。もしそれがネオ・ロマン派の政治理論を継承したといえるならば、レヴェラーズの個人の自由を守る代議制民主主義を民衆の自治に変えれば、ルソーの民主主義論に接近していくといえよう。

なるほど、代議制をとおしイギリス国民の自由を実現しようとするレヴェラーズの自由民主主義は、イギリス革命では勝利できなかったが、一九世紀以降中層ブルジョワが興隆の途を辿っていくにつれて、勝利することができたといってもよい。このことを裏書きするかのように、ウォーラーステインは、次のように述べている。リベラリズムは、「能力主義によって利益を受ける者」の「業績支配」を正当化するイデオロギーであり、その本質は「中道主義の化身」であったと。ではリベラリズムはなぜ現在まで命脈を保っているのか。それは国家が、ブルジョワ革命の果実である自由を守る上層ブルジョワの「保守派に対しては譲歩を説」[2]き、平等実現を焦り性急に反体制運動に走りがちな貧しい「急進派に対しては政治勢力の必要を説」き、「中産階級支配」の体制づくりに成功したからである。「リベラリズム」（保守派の自由）は、「デモクラシー」（大衆の政治参加の承認と平等化を願う大衆の支援）と結びつき、リベラルデモクラシーに化体したからこそ、自己延命に成功した。ルソーもまた、一般意志により、「中産階級支配（médiocratie）」をつくりだし、自由を実現しようとした点で、レヴェラーズの後裔ともいえるであろう。一六世紀から現代まで間断なく続く民主化闘争は、依然として自由と平等の戦いに終止符を打つことができない状態にあるが、その解決の糸口を二五〇年前の『社会契約論』に見出すことができるかどうかを、一度考えてみるのも意味のあることではなかろうか。

注

（1）ハンナ・アーレント（志水逸雄訳）、『人間の条件』、筑摩書房（ちくま学芸文庫）、五一―五四頁。

（2）イマヌエル・ウォーラーステイン（小野暸訳）、『リベラリズムの苦悶』、阿吽社、二九頁。

第一〇章　ルソーの『政治経済論』——新しい体制像の模索——

「公債によって金持の財布を、税金によって貧乏人の財布を長期に亘って汲みつくしたのち、イギリスは必ずや破産によって、すなわち税金によってしか公債を払い得ないというこの唯一の理由によって、終わりを告げるにちがいない」。

第一節　ルソー、ヘーゲル、マルクス像の修正

フリードリヒ・ニーチェによれば、一九世紀になるまでヨーロッパは「発明」の時代であった(1)。ニーチェが発明といっている言葉は、「捏造」のことであろう。捏造の本質は「存在しないもの」をあたかも「存在するもの」であるかのようにこしらえることにある。人間は、原始時代から現代まで、存在するものとしての「神」とか、あるいは神の「本質」なるものを捏造してきた。そのようなものを捏造するのはペテンでしかない。しかしニーチェによれば、一九世紀になると捏造の時代は終わり、依然として神の存在は前提にされるので半端ではあったが、それでも〈実証主義の時代〉を迎え、「発見」の時代に移っていく。では、発見とは何か。発見とは、ハイデガー的にいえば、もともと「隠されて在るもの」を暴露することである。

一九世紀は発明から発見への変化の時代であったといわれるが、それは果たして真実を伝えてきたのであろうか。〈実証主義の時代〉の延長線上にあるといわれるにもかかわらず、今日我々は依然として捏造の時代にいるのではないかと疑ってみる必要があると思われる。そのような視点から政治思想史を見ると、果たして何が眼の前に広がってくるであろうか。我々は思想を系譜学的に押さえることができるのであろうか。

一九七〇年代から二〇世紀の終わりまで現れそして消えていったポスト・モダニストは、ルソーからヘーゲルそしてマルクスへと、思想を系譜学的に捉えていくことができるとする見方を、ヘーゲルやマルクスにより、「大きな物語」として捏造されてしまったものであると執拗に言い立てたが、今から考えると、それは単なるイデオロギーに過ぎなかったことに気づくであろう。

ルソーの政治思想のテーマは、これまで縷々述べてきたように、『社会契約論』第一編一章冒頭の文章に余すところなく現れている(2)。ルソーによれば、人間は他者の拘束という鎖につながれているが、他者もまた鎖につながれている。その意味ではどちらも自由ではない。では、どうしたら双方は自由になるのであろうか。そこでルソーは、自由と鎖の対立の止揚を、〈自由を実現する鎖〉をつくることで生み出そうとした。〈鎖をとおした自由〉の実現とは、平等という鎖（鎖は法となって現れる）をつくりだし、自由を形成していくことを意味する。これが平等主義的自由論を指していた。後のヘーゲルは、ルソーの自由と平等の対立を、〈市民社会〉における人間の「抽象的権利あるいは法と道徳の矛盾」に置き換え、この矛盾を止揚する絶対知の具現体として、国家なるものを要請し、次にマルクスもまた、ルソーのそのような対立を、市民社会の「人間と市民の矛盾」に置き換え、それを止揚するものとして共産主義的アソシアシオンなるものを構成した。ヘーゲルとマルクスは、一八世紀のルソーの思想を、一九世紀の自己の置かれたコンテクストから、解釈し直したといえよう。

ヘーゲルとマルクスは、ルソーの思想を〈理解した〉したのは勿論だが、自己の課題に合うようにそれを〈解釈した〉ともいえるだろう。そのような解釈から生じやすい誤解を避けるためには、ルソーを、彼が置かれた歴史的コンテクストに置くことが必要となる。では、どうしたらそれは可能となるのであろうか。それを知ろうとするならば、我々は、ルソーがいったい〈誰のために〉、そして〈誰に対して〉戦い、論陣を張ったのかを探らねばならない。そこで我々は、ルソーの一七四九年の『学問芸術論』から、一七五四年の『人間不平等起源論』と一七五五年の『政治経済論』の中間段階を経由して、一七六二年の『社会契約論』、そして一七六四年の『山からの手紙』までの作品を、「ジュネーヴの背景」のなかに置き、分析していくことにしよう。

先に触れたように、ルソーが自らに突きつけた課題は、自由と鎖との対立をどのようにして解くかであった。それが〈自由を実現する鎖〉、あるいは〈鎖をとおした自由の実現〉であった。新しい鎖とは「平等」を意味し、平等をとおし自由を実現するのであり、それを創設するのが一般意志と呼ばれるデモクラシーを指す。『社会契約論』では、平等主義的自由論が展開されていると見てよい。自由と平等は互いに自己を主張し他と戦い合う。そのなかでルソーは、もともと水と油のように溶け合いそうにもない双方をくっつけ、平等主義的自由論を展開した。重要なことは、ルソーが決して真空からこのような平等主義的自由論をつくり上げたのではない点を、知ることである。このような政治思想は、「ジュネーヴの背景」のなかに置いた時のみ理解することができる。いったいルソーは、〈誰のために〉、そして〈誰を敵に回して〉戦い、ペンをとったのだろうか。ルソーは、ジュネーヴ共和国において、平等を要求する法制定権者としての「総会」派の「新市民」（以下「新市民」をブルジョワと呼ぶ）のために、そして自らの特権としての自由を要求する「旧市民」と呼ばれる「都市貴族」の政府権力である「小評議会」に対して、戦い続けたといってよい。不平等を弾劾する『人間不平等起源論』から自由と平等との対立を止揚する平等主義的自由論を展開した『社会契約論』は、小評議会の特権的自由と総会の平等との衝突から生まれた。

では我々は、一七五五年一一月に『百科全書』の一項目として現れた『政治経済論』を、どのように位置づけることができるのであろうか。『政治経済論』は、ジュネーヴ体制批判を秘めた『人間不平等起源論』と、ジュネーヴ体制変革を意図し書かれた『社会契約論』とを結びつける、「見えざる鎖（invisible chain）」[3]の位置を占めると見てよい。そこで次節では、ルソーが『政治経済論』で、後の『社会契約論』で明になる新しい政治制度像を、総会派の平等観からつくりつつあったことを明らかにしよう。

注

（1）フリードリヒ・ニーチェ（信太正三訳）、『善悪の彼岸』、『ニーチェ全集』第一一巻所収、筑摩書房、三二一頁。

（2）J・J・ルソー、『社会契約論』、前掲邦訳、一五頁。

（3）Helena Rosenblatt, Rousseau and Geneva, *op. cit.*, Chapter 5. また一七三七年から一七五六年までに書かれたルソーの著作を「初期ルソーの政治思想」と規定する説として、小笠原弘親、『初期ルソーの政治思想』（御茶の水書房）がある。

第二節　新しい政治制度——主権と政府の区別——

先に触れたように、『政治経済論』は、一七五五年一一月（ジュネーヴ版は一七五八年）に、『百科全書』第五巻の一項目として世にでた。『政治経済論』は、総会派のブルジョワの主張を代弁するものとなっていた。総会派の平等と、政府としての小評議会派の特権的自由をめぐる戦いの争点は、結局は双方のうちどちらが「主権」を握るかということにあった。小評議会派は、自らの側に主権があることを弁証するが、そのときのイデオロギーを、グロチウスにその祖をもつといわれる〈大陸自然法学派〉の自然法観から援用する。

そこで我々は、この理論の特質を、ローゼンブラットの助けを借りながら粗描していくことにしよう。大陸自然法学派の始祖は、近代のペラジアンであったオランダのアルミニアンであるグロチウス（Hugo Grotius）に求めることができる。彼は、中世のように神の「啓示」からではなく、「自己保存欲」と「自然的社交性」という人間の〈自然〉から自然法を弁証していった。その後、ルター派に属したドイツのプーフェンドルフ（Samuel Pufendorf）、さらに一七～一八世紀の「修正カルヴィニズム」に影響を与えたジュネーヴ人牧師であったバルベイラック（Jean Barbeyrac）、そして最後にジュネーヴのパトリシエートの家系であって、二〇〇人会の委員と小評議会議員でもあり、アカデミーで自然法と民法講座の教授を務めたビュルラマキ（Jean-Jacques Burlamaqui）が出現する(1)。

ここで特に、ルソーから目の敵にされたビュルラマキの自然法を説明しよう。ビュルラマキによれば、人間は私益を求める者であるが、反面また公益も求める者でもある。そこで彼にあっては、私益と公益の双方は対立することになる。この対立を解くためにビュルラマキは、一八世紀の〈レッセフェール〉理論の先駆者であったマンデヴィル（Bernard Mandeville）の著書『蜂の寓話――私益と公益――』の影響を受け、「温和な商業（doux commerce）」論を援用する。

マンデヴィルによれば、人間は「私益」を実現するために、市場を媒介に他者と富の交換関係に入り、他者の利益をも考慮せざるをえなくなる。そのため人間は、次第に「社交的（sociable）」な存在となる。私と他者の双方は、互いに富あるいは財を交換し合うことにより、「甘美な交流（doux commerce）」ができるようになり、最後は上品な人間となる。私と他者を結びつけるのが「温和な商業」である。マンデヴィルの思想は、彼からすぐ後に出てくるスコットランド啓蒙派のアダム・ファーガソン（Adam Ferguson）によって継承されたが、彼の思想の核は、「利己主義」（自己保存の欲望）と「愛他主義」（社交性の自然法）を結びつけるのが「温和な商業」であるという点である(2)。そうなると、市場の拡大とともに政府機能の縮小が叫ばれることになるだろう。それでも、人間は、〈温和な商業〉のみで自然的に善き人間関係を形成できるのであろうかという疑問が湧くだろう。もしそれが可能ならば、何も作為により政治社会を形成する必要などなかったであろう。ジュネーヴのパトリシエートのイデオローグであったビュルラマキは、そこでジュネーヴの政治体制を弁護するイデオロギーを提起する。

ビュルラマキによれば、国家は「結合契約」と「服従契約」から成立する。「群衆」は、結合契約を結び結合体を形成し、その後為政者に服従する契約を締結した後、為政者によって一つの人格とされる(3)。為政者によって「一つの人格」とされる!これはホッブズの模倣である。ビュルラマキは、主権を人民から為政者に委譲するために、人民を「群衆」と呼んだ。もちろん彼の場合、為政者とはジュネーヴの小評議会を指すであろう。一七三七年八月に総会派と小評議会派は、どちらが主権を掌握するかをめぐって戦ったが、決着をつけることができず、ジュネーヴ共和国は無政府状態に陥ってしまった。そこで一七三八年にベルンとチューリヒとフランス三国の調停により、『調停決定』なる、暫定的なジュネーヴ共和国憲法がジュネーヴ人に与えられた(4)。しかし、この『調停決定』により、総会と小評議会のいずれが国家権力をもつのかが判然としない「貴族政的民主政(aristo-democracy)」(5)の国家構造が、ジュネーヴ人の間に定着してしまった。総会派と小評議会派は、一七三八年から最終的にブルジョワが敗北する一七八二年まで、アリスト・デモクラシーの体制下で主権の争奪合戦を延々と続けることになる。

ルソーは、すでに『人間不平等起源論』の「ジュネーヴ共和国への献辞」で、「人民と主権者が同一の人格であるような国家にのみ利益の統一は存在しうる」(6)と述べたように、人民を群衆に見立て政府を主権の主体とすることに反対する。ルソーにとり、人民あるいは主権者とは総会であろう。ルソーは、『政治経済論』の冒頭で、家父長権が血縁により発生するのに対して、「すべての人が自然的に平等である大家族」といわれる「国家」は、「契約(conventions)」に基づいてのみ生まれる(7)といった。しかもルソーは、主権と政府とを分け、政府を単なる「人民の公僕」といったとき、小評議会派のイデオロギーを暴露したのであった。政府は決して主権の共有者などではなく、主権の単なる「執行権者」にすぎないのである。これはジュネーヴ共和国の〈貴族政的民主政〉を否定するものであり、さらにはビュルラマキの社会契約論を否定するものであった。

ではルソーは、『政治経済論』の段階で、国家を導く原理の地位を占める一般意志をどのように理解したか。一般意志は『社会契約論』の草稿、いわゆる「ジュネーブ草稿」では、「悟性の純粋行為」といわれ、定本の『社会契約論』では、自由と平等の対立を統一し、平等主義的自由をつくりだす民主主義的意志という概念にまで高められたが、『政治経済論』の段階では、まだそこまでは到達せず、「国家の意志は、その成員にとっては一般的であるが、他の国家やその成員にとっては、もはやそうではなく、特殊な個別意志となる」(8)と述べられていることから分かるように、民主化の意志ではなく、モンテスキューの影響下で一種の「集合精神」、あるいは「国民精神」に似たものと捉えられていた。それゆえに『政治経済論』段階の一般意志は、世界に向かって普遍化できる権利概念ではなく、むしろナショナリズムに近いそれであったといえるかも知れない。

注

（1）Helena Rosenblatt, Rousseau and Geneva, *op. cit.*, Chapter 3.
（2）*Ibid.*, pp. 52-59.
（3）*Ibid.*, p. 188.
（4）*Ibid.*, p. 149.
（5）*Ibid.*, p. 134.『調停決定』により定められたアリスト・デモクラシーは、主権がどこにあるのかがはっきりしない曖昧な体制であった。しかし『調停決定』は、ともかく一七三八年からルソーによって一七六二年に『社会契約論』で批判されるまで、制度としてある程度ジュネーヴ人に受け入れられていた（*Ibid.*, p. 149）。ルソーは『社会契約論』で、主権と政府とを分け、主権が人民にあるならば、貴族に政府の権力を与えてよいとし、貴族政を認める。だがその場合の貴族政とは、立法集会から「選挙」をとおして選出され、また立法集会により自由に「解任」される政府、つまり「選挙貴族政」を指す。ルソーは、この選挙貴族政を「最良の政府形態」といい、それとは逆にアリスト・デモクラシーを最悪の政府形態と呼んだ世襲制的貴族政に入れ、それを否定することになる。
（6）J・J・ルソー（本田喜代治・平岡昇訳）、『人間不平等起源論――ジュネーブ共和国に捧げる』、岩波書店（岩波文庫）、一〇頁。ローゼンブラットによれば、一八世紀にあっては「政府の首長」を「主権者」と見なすのが常識的見解であった。ところがルソーは、「行政首長」を「人民の公僕」と見なし、また、単なる執行権の主体であり主権を人民と共有する者ではないといったとき、一八世紀の時代にあっていかに革命的見解を披露したかが分かろう。
（7）J・J・ルソー、『政治経済論』、前掲邦訳、八頁。
（8）同書、一四頁。

第三節　租税問題

次に『政治経済論』の租税の問題に移ろう。ルソーはこの著作で、（一）なぜ税が必要か、次に（二）税徴収の正当性を決めるものは何か、（三）税徴収はどのようにして行われるべきかを指摘しているので、順次見ていくことにしよう。まず（一）の問題に手をつけよう。ルソーはいう。「市民を保持し護るだけでは不十分で、その生存をも考えなければならない」(1)。市民は自己の生命を守るためには「所有権」をもつことが必要である。ところが政府はこの所有権に手をつけざるをえない。これはどのようにして正当化されうるのか。ルソーによれば「所有こそは市民社会の真の基礎であり、また市民間の約束の真の保証人である」(2)。しかし、市民社会において人間は、自己の力のみによっては所有を守ることができない。そこで公権力が必要となる。しかも公権力を無料で雇うことはできない。「国家と政府の維持には経費と支出が必要」となる、という訳である。国家財政を賄うために租税が必要とされるのである。ここで問題となるのは、市民の所有権と、国家が市民に課す税の対立を、どのようにして調整するかである。その対立を解くのが、次に述べる「合意」の内容である。ルソーは税について次のようにいう。「人民が彼の興える金額を定めるとき、それは献金と呼ばれ、人民が課税の対象のすべてを興えるときが租税である」[3]と。要はその違いは自発的なときは「献金」となり、政府から要求され出すときは「税金」となる。では強制的拠出金としての租税は、どのような場合正当化されるのか。

そこで（二）の問題がでてくる。ルソーはいう。「租税は、人民またはその代表者の同意によってのみ、合法的に樹立されうる」[4]。他人の財布から金を引き出すのであるから、それは当然のことであろう。納税者の「合意」が得られなかったら、それは強奪でしかない。税徴収が正当であるためには、徴税方法の合理性が必要とされる。

最後に（三）の問題である。徴収される税は、「課税に恣意的なものを全くとどめない比例的な税率」[5]に基づかなければならない。ルソーがいう「比例的税率（tarif proportionnel）」とは、各人がもつ物の多寡に応じて、それを税として取り立てるということを指す。現代的にいえば、ルソーは一種の「累進課税制」を主張していると見てよい。

飽くなき弁証法的精神の持ち主であったルソーは、ものごとを必ず〈対立〉のなかで考えていく習性をもっていた。ここまでの説明が「存在すべきもの」としての「租税」である。ルソーは、現に「存在するもの」としての租税を批判的に検討していく。では、税の現状についてルソーはどのように考えていたのか。現に存在する政府は、一体何のために徴税するのか。彼によると、現政府の徴税目的は二つある。第一に、〈要塞強化と傭兵増強〉の資金を調達することであり、第二に、貧しい者に課税し金持ちの租税負担を軽くしてやることで金持ちを豊かにしてやり、彼らがより一層奢侈に励むことができるようにすることである。

第一の目的に対してルソーは問う。現に存在する租税はどのような役割をはたしているのであろうかと。どんなに小さい国家でも、国家である限りは、国内的・対外的諸問題を処理しなければならない。国家は国内的諸問題を処理する「官吏」を採用するために、お金が必要となる。ましてや広域国家になったら大勢の行政官が必要となり、彼らを養うために巨額のお金を調達しなければならない。さらに政府にとり対外的諸問題のうち最もお金がかかるのは、「征服欲」の実行すなわち「戦争」である。ルソーは、「軍隊の増大を頼みとし、また戦争の対象が、市民の心に興える心気転換を利用して、首長の権威を国内に増大する」(6)ことに戦争が利用される、と述べた。政府は、そのような目的をもつ戦争を拡大し継続するために「軍隊」を必要とする。ルソーによれば、「常備軍」も傭兵の一種に入るが、その軍隊を「傭兵」で賄うことになったらどうなるか。ルソーはいう。圧制者は「表面上は外国人を抑えるために、実際は住民を圧迫するために、常備軍をつくりあげた」(7)。ルソーは、外敵と戦うとの名目で雇われる軍隊が、実は自国民を弾圧するためにつくられ動くのを見破っていた。傭兵は、雇い主に自分を高く売りつけるが、当然できることなら敵とは戦いたくない。政府は、傭兵を敵となる民衆に対する楯にするためには、傭兵に十分な金を与えなければならない。政府は、傭兵への給与を、民衆から税という形で徴発し与えるしかない。後のシュンペーターは、「無産国家」である近現代国家は必然的に「租税国家」にならざるをえないと述べたが、一八世紀のルソーは、その事実をシュンペーターよりもより早く見破っていたといえよう。

それにしてもなぜルソーは執拗に傭兵制度を批判したのであろうか。先に述べた『調停決定』の条項には、「民兵」は「市長(Syndics)」あるいは小評議会の命令がない場合、武器をとれないという規定があった(8)。逆に市長と小評議会は、自己の命令一つでいつでも傭兵を出動させることができることになる。そのような軍事力を発動する権力をもつジュネーヴの小評議会(市長は小評議会から選ばれるので当然小評議会のいいなりになる)は、「要塞強化費用」と「傭兵費用」を捻出するために、絶えず市民に課税しようとした。そのため、総会が小評議会を絶えず不信の目で見るのは当然であろう。総会は、要塞強化費と傭兵費を賄うために徴収される税が、市民を弾圧する資金として使われるのではないかと疑い、特に一七五〇年代、小評議会の課税案をことごとく拒絶した[9]。ルソーはそのことを知り、『政治経済論』で、要塞を強化し傭兵を調達するために使われる恐れのある課税に対して反対したといえる。

サンジェルべの庶民出身で、時計製造を生業としていたルソーの父イザック・ルソー（Issac Rousseau）は、貴族的生活に憧れ帯剣し、また「プロテスタントの総本山」ジュネーヴにカルヴァン神学を学びに留学してくる金持ち青年を相手に、ダンス教室を経営するような伊達男であり、ジュネーヴの上流階級が住む街区に住んでいたルソーの母シュザンヌ・ベルナールと結婚した。一七一二年に産褥熱でルソーの母が死んだが、その後一七一七年の六月ルソーが五歳の時、イザックは、妻の家を売り払いルソーの伯母とルソーとルソーの兄のフランソワ・ルソーの三人を連れて、サンジェルべの街区にある下町の三階建て集合住宅に居を移した。この転居はもちろんイザック・ルソーの生活力の無さを示すものだったが[10]、そのことに注目するよりも我々は、ルソーの一族が移った先のサンジェルべ街区が、パトリシアンに反対する「政治的アジテーターやデモ参加者」[11]を輩出した所であったのを押さえておくべきであろう。ルソーは（二五歳になるとその権利を行使できる）亡き母の遺産を相続するために、一七三七年夏の二カ月間ジュネーヴを訪れた。政府は、要塞強化と傭兵増強のために課税したが、総会から拒否され、その結果双方の間で戦いの火ぶたが切られることになるが、ルソーは八月二一日の夜、小評議会と総会が直接武力衝突する様子をたまたま目撃した。ルソーは、武力衝突のためにジュネーヴ市内に立ち入ることを官憲から制止され、小評議会に対する政治的反対派に属した母方の伯父の家に泊まるはめになったが、そこで政治的反対派のパンフレットを読んだ[12]。ルソーは終生平等にとりつかれた人間といわれるが、なぜ彼が平等に執着し続けたのかという疑問を解く一つの鍵は、〈政治的なラディカル〉であったルソーの一族と小評議会に対する政治的反対派との交流に、求めることができよう。ルソーは、パトリシエートの課税に反対し続けたジュネーヴのブルジョワの立場から、『政治経済論』を書いたといってよい。

次に、第二の目的についてのルソーの批判を検討しよう。ここでのルソーの批判は、彼の平等観に基づくものである。すなわち、ルソーは平等にこだわる総会派の立場・視点から租税を批判した。ルソーはいう。「政治において最も必要な、そしておそらく最も困難な事柄は、すべての人間に公平であり、とくに貧乏人を金持ちの圧制から保護するための厳格な潔癖性ということ」(13)である。ルソーに指摘されるまでもなく、極端な貧富の差は、かつてプラトンも、一つの国家に金持ちと貧乏人の二つの国家をつくってしまうことになる、といって批判したように、「最大の悪」であり体制の危機をもたらしかねない。平等を骨子とする「法治」は、「中産階級の支配（médiocratie）」(14)が存在する体制下でのみ、その効力を発揮する。要するに、「金権支配（ploutocratie）」はすべての者を不平等化していき、平等化をモットーとする中産階級支配とは対立してしまうのである。だから中産階級支配を目指す政府の最大の責務は、「財産の極端な不平等を防止する」(15)ことに求められる。ではルソーは、財の不平等化をどのようにして防止するというのか。富裕な者が財を「蓄積するすべての手段」を除去し、市民が貧民に転落することを防ぐ方法を発見することによってである。果たしてそのような方法は存在するのであろうか。

ところで、富裕な者がさらなる財を蓄積する衝動はどこからくるのか。ルソーによれば、金持ちの奢侈への欲望は「見栄」、すなわち「自尊心」からくる。見栄とは、真の自己ではなく、他人からよく見られたいという欲望である。これがすべての悪の原因である。そのような考えから、一五五八年に「出費や食事や生活習慣を規制」する「反奢侈法（lois somptuaires）」(16)がシオクラシー下のカルヴァンによりジュネーヴで制定され、その法に基づき市民の贅沢が取り締まりの対象となった。一六四六年にこの法を実施する主体は、〈聖職者〉から〈世俗者〉の手に移った。反奢侈法は、一六世紀には、（一）「職人や低い身分あるいは地位を占めるその他の人々」と、（二）「中位の人々」、そして（三）「高位の人々」とに区別された、すべてのジュネーヴ人に適用された。しかし一七世紀の後半になると、先の（一）と

(二)、そして(三)の人々は、「第一の人々」と「第二の人々」、そして「第三の人々」といった言葉に置き換えられ、「第三の人々」を除いた「第一の人々」と「第二の人々」にはその法令は適用されなかった(17)。ここでは反奢侈法の趣旨はねじ曲げられ、貧乏人の贅沢を取り締まる法に変わってしまったことが分かればよい。一七〜一八世紀のジュネーヴの牧師たちは、このことを一斉に非難したのである。ルソーは『政治経済論』で、金持ちの奢侈を次のように批判した。「自分の地位を考えると、下の人にとっては剰余物であっても、自分には必要物なのだと。これは嘘である。なぜならば、偉い人も牛飼いと同じく足は二本足であり、また同じく腹は一つしかないのである」(18)。ルソーはいう。「たんなる必要物しかもっていない者は、全く何も支払うべきではない。剰余物をもつ者への租税は、必要に応じて、彼の必要分を越えるものはすべてという程度まで及ぶ」(19)。つまりルソーは「使用を断念することができる物品への課税」(20)が必要となるといったのである。しかもそのような「租税は罰金の一種」とみなすことができる。これが、「適正な、真に比例的な方法で配分する」(21)という内容である。

ルソーはいう。「租税を賦課したり、考えだしたりする人々は、金持ち階級に属しているから、自分の損失をかまわないで、他人の負担を免れさせたり、また貧乏人を助けるために自分が負担を引き受けたりする考えはもたないだろう」(22)。だからルソーによれば、金持ちは多額の租税を払うべきだし、貧民は租税を負担する必要はないということになる。これは、多額の「剰余物」をもつジュネーヴのパトリシエートが、自己の権力を守るために、要塞強化金と傭兵増強金を敵から巻き上げようとすることへの痛烈な非難である。前述のとおり、一七〜一八世紀になると反奢侈法は、特権階級がその法適用の範囲から除外され、その他の階級にのみ適用されたという点で、すべてのジュネーヴ人を不平等化してしまう悪法になってしまった。だからこそルソーは、「財産の不平等の不断の増大」(23)を防ぐために、反奢侈法ではなく奢侈品に対する課税案を、一種の罰金刑として提起したといってよかろう。

注

（1）J・J・ルソー、『政治経済論』、前掲邦訳、四一頁。
（2）同書、四二頁。
（3）同書、五四頁。
（4）同書、五三頁。
（5）同書、五三頁。
（6）同書、五〇頁。
（7）同書、五一頁。
（8）Helena Rosenblatt, Rousseau and Geneva, *op. cit.*, p. 150.
（9）*Ibid.*, p. 196.
（10）Maurice Cranston, Jean-Jacques: The Early Life and Work of Jean-Jacque Rousseau, 1712-1754, *op. cit.*, p. 13.
（11）Helena Rosenblatt, Rousseau and Geneva, *op. cit.*, p. 31.
（12）*Ibid.*, p. 38.
（13）J・J・ルソー、『政治経済論』、前傾邦訳、三五頁。
（14）同書、三五頁。
（15）同書、三五頁。ローゼンブラットによれば、「ルソーは、もし金持ちがもっと金が欲しいならば、金持ちは自分自身のポケットのなかにそれを探すべきだということを金持ちに伝えた」（H. Rosenblatt, Rousseau and Geneva, *op. cit.*, p. 203）といえる。
（16）*Ibid.*, p. 24.
（17）*Ibid.*, p. 25.
（18）J・J・ルソー、『政治経済論』、前掲邦訳、五五頁。
（19）同書、五五頁。
（20）同書、六五頁。
（21）同書、五八頁。
（22）同書、六六頁。
（23）同書、六三頁。

第四節　『社会契約論』へ――「ブルジョワ」主権論の形成――

「革命の実験室」（un laboratoire de révolution）と呼ばれたジュネーヴ共和国は、一八世紀を通じてブルジョワ革命の挫折を四度体験したが、ルソーは、特権階級と戦う政治的反対派の活動家であったダヴィッド・ルソーを祖父に、そしてパトリシエートに対する反抗精神をもったイザック・ルソーを父にもつ、筋金入りの反体制派の人間であった。祖父のダヴィッド・ルソーは、一七〇七年のブルジョワ蜂起の時、「ブルジョワ側の著名なスポークスマン」(1)であり、ブルジョワの政治的権利を獲得するために戦った人間であった。先に述べたように、ルソーもまた、一七三八年のジュネーヴのパトリシエートとブルジョワの武力衝突を目前とした一七三七年に、騒然とした空気をジュネーヴ郊外の伯父の家で味わった。『人間不平等起源論』と『社会契約論』をつなぐ「見えざる鎖」の位置を占める『政治経済論』は、後の『社会契約論』で確定されるブルジョワ主権を弁証する一里塚である。その主権はいったい何を目指したのかといえば、それはパトリシエートの特権的自由の下で蹂躙されているブルジョワの平等を確立し、しかもそのなかに自由を閉じ込めながら自由を許容する平等主義的自由論を実現することであったが、ルソーは、『政治経済論』の段階では、まだ自由と平等の対立を明確に自覚し、それを平等主義的自由論という形で解くまでには至っていない。ルソーは、かつてカルヴァン主義を捨てたために失っていたジュネーヴの市民権を再度得るためにジュネーヴを訪れるが、そのとき最も親しい友となった時計職人でかつブルジョワ側の政治的リーダーであったドルック（Jean François Deluc）のおかげで、二六年ぶりにジュネーヴ教会に再び結びつけられ、またそのことによりジュネーヴ市民権を取り戻すことができた(2)。そのとき彼は、『人間不平等起源論』の「ジュネーブ共和国への献辞」を提出したが、ジュネーヴ市長のデュ・パン（Du Pan）が『人間不平等起源論』を、正確に「あるがままのものとしてではなくあるべきもの」(3)としてジュネーヴを描いたといったように、パトリシエートたちはその「献辞」に対し、不機嫌な態度に終始した。パトリシエートは『人間不平等起源論』に、総会派の反抗の気配を感じたのだから、そのような反応は当然であったろう。

ところで『政治経済論』は、後の『社会契約論』のように、政治の原理原則を提示したというよりも、むしろ時事論の色彩が強い作品といわれる。では、ジュネーヴ共和国の一七五四年から一七五五年までの一年間は、どういう年であったか。ルソーは、一七六二年に、ビュルラマキの書名「政治的権利の諸原理」を副題とし、『社会契約論』を本題とする書物を公刊し、小評議会の特権的自由を総会の平等のなかに封じ込める平等主義的自由の政治制度論を展開することになるが、これより前の一七五四年から一七五五年にかけて、パリに在住していたルソーは、ジュネーヴの友人ドルックから、総会派が劣勢に立たされているというジュネーヴの政情に関する情報を送られ、総会派のための主権論を模索し始めるのである。その意味で一七五四年から一七五五年にかけての一年間は、画期的な年であったし、特に一七五五年に出版された『政治経済論』のもつ意味は大きかったといえよう。

注

（1）Helena Rosenblatt, Rousseau and Geneva, *op. cit.*, p. 35.

（2）*Ibid.*, p. 180.

（3）*Ibid.*

第一一章　ルソーの政治思想とジュネーヴの関係——平等主義的自由論とその形成基盤——

第一節　平等主義的自由論

フランス革命はいったい何を目指したのであろうか。それは民主化闘争をとおし「平等」を実現することにあった。フランス革命は、同じ民主化運動を介し「自由」を実現しようとしたイギリス名誉革命に対するアンチ・テーゼであり、しかもその運動が今も間断なく続いているのは、周知の事実である。

それでは民主化をとおした平等の実現という目標を、フランス革命に教えた最大の政治思想家は誰かと問われたら、ルソーと答えても、いささかも不当ではないだろう。ルソーは、自由よりも平等を愛好した人間であったといわれる。フランス革命の一一年前、一七七八年に死んだルソーは、もちろんフランス革命を目にすることはなかったが、死後に起きたフランス革命の課題を誰よりもよく知っていたと思われる。

その証拠にルソーが、平等よりも自由を愛好したロックの自由観を執拗に批判したことが挙げられる。自由は、放っておけば「放恣（license）」に流れやすいというルソーの考えは、ロックを気にした言葉であるといわれている。このような危険をもつ自由を無害なものとした上で、自由を肯定するというのがルソーの真意であった。

それではどのようにして放恣に陥りやすい自由を無害化していくのか。心の底から平等主義者であったルソーは、イギリス革命が解決することのできなかった課題であった自由と平等の対立を、彼独特の弁証法により解こうとしたのであった。それは自由を平等のなかに取り込むという方法であった。〈平等をとおした自由の実現〉あるいは〈平等のなかの自由〉(1)である。ルソーは、イギリスの清教徒革命と名誉革命が解くことができなかった自由と平等の対立の止揚という課題を、フランス革命を待たず、自己の課題に据え、政治哲学のなかで解こうとしたといってよかろう。現在我々の前に立ちはだかっている「リバタリアニズム(libertarianism)」といわれる〈平等なき自由〉と、「右翼全体主義・左翼全体主義」といわれる〈自由なき平等〉の対立を解く鍵を、ルソーの〈平等主義的自由〉の政治共同体に求めることができるのではなかろうか。

このようにルソーは、近代政治思想の原理を完成した形で我々の前に提示したのであるが、問題はそのような原理がどのような背景の下で構築されたのかということである。我々は、例えばかつてスピンクが述べたように、『社会契約論』を単なる「純粋思索の産物」(2)といって片付けることはできない。この問題を考えるためには、我々は、ローゼンブラットが、『ルソーとジュネーブ』で展開したように、ルソーの政治思想形成を、「ジュネーヴの背景」から見ていかなければならない(3)。このことをより具体的にいえば、ルソーによって考案された近代政治思想の平等主義的自由論という抽象的原理は、実は特殊ジュネーヴ共和国体制の政府権力を握る小評議会と立法権を握る総会の戦いのなかで、彼が総会の側に与し、総会派のイデオローグとして論陣を張ったという事実を把握しない限り、理解できないということになる。少年時代ジュネーヴを出奔してから一七四九年まで、フランス啓蒙主義哲学にかぶれコスモポリタンであったという意味で、「反ジュネーヴ人」であったルソーは、ジュネーヴ人に回帰した一七四九年に『学問芸術論』を、一七五四年に『人間不平等起源論』を、そして再度ジュネーヴ人をやめた一七六二年に『社会契約論』を、そして一七六四年には『山からの手紙』という一大傑作を世に問うたが、それらの作品に示された一般意志をとおした平等主義的自由論という近代政治思想の普遍的原理が、実はヨーロッパのリージョナルにしてローカルな小都市国家ジュネーヴ共和国の政治体制批判から生まれたということを、確認することが大事なのである。そこで我々は、これから特に『人間不平等起源論』と『社会契約論』、そして『山からの手紙』を、ジュネーヴの背景の下に置き、ジュネーヴの体制批判と新しい体制ヴィジョンの形成という課題を秘めて書かれたという視点から、分析していくことにしよう。

注

（1）ルソーの平等主義的自由論については、本書第二部第九章「ルソーの自由・平等観」を参照せよ。

（2）John Stephenson Spink, *Jean-Jacques Rousseau et Genève*, Paris, Boivin, 1934, p. 42, 87, 90.

（3）H. Rosenblatt, Rousseau and Geneva, *op. cit.*, pp. 1-9.

第二節　ルソーの政治思想の歴史的コンテクスト

セイバインは、『政治理論史』の「マルティン・ルター」で、ルターとカルヴァンの政治思想の特質を、次のように対比した。「ルターは、宗教的体験の純粋な内面性を強調することで、現世的権力に対する静寂主義と黙認の態度を人々に植えつけた。宗教は、おそらく霊的なものにおいては、得るところがあっただろう。しかし国家は、疑いもなくその権力を増大させた。神秘主義的傾向をもったルター主義的教会は、世俗的活動、さらには世俗的成功すらキリスト者の義務と考えるカルヴァン主義的教会に発展した、宗教のタイプと鮮明な対照をなす」(1)。

国家よりも人間の内面の〈霊的自由〉を重視するよう訴えた一六世紀初頭の宗教改革者ルターは、結局のところ国家への消極的服従を教える一種の〈領邦国家カトリシズム〉を生み出してしまったが、ルターの直後に現れたカルヴィニストは、宗教改革運動をさらに推し進め、ジュネーヴで、世俗の政治を市の参事会の長老市民と協力しながら背後で牧師が仕切ろうとする、一種の緩い「シオクラシー「神（theo）」の「支配（cracy）」という名の、実は僧侶の支配を創設した。カルヴァンは、ルターの〈国家による宗教の支配〉を〈宗教による国家の支配〉に切り換えようとしたのであった。ところで一六世紀のカルヴィニズムの下で政治を動かす国家イデオロギー装置は、カルヴァン主義的牧師により担当されることになった。しかし一七世紀から一八世紀のカルヴィニズムの時代になると、世俗権力の力が強くなり、世俗権力が宗教を統制することになる。そうなると牧師たちは、政治権力担当者ではなく、これから述べるが「宗務局」に典型的に見られるように、民衆に対する道徳的権力を振るう者となっていった。

ローゼンブラットによれば、ラプラセット（J. La Placette, 1639-1719）やラプラセットの弟子アバディ（J. Abbadie, 1658-1727）、そして一六八〇年にジュネーヴのサンジェルベ教会の牧師となったピクト（B. Pictet, 1655-1724）のような一七～一八世紀ジュネーヴの「カルヴァン神学者」たちは、一六世紀の峻厳な絶対「予定（prédestination）」説や絶対「原罪（péché originel）」説などという悲観主義的なドグマを教えることはしなくなり、人間の「可能性」に目を向け、楽観主義的な人間観を教えるようになった(2)。一七世紀から一八世紀になるとジュネーヴのカルヴィニズムは、よきカルヴィニストになることがよき市民となる条件だと教えるが(3)、そのカルヴィニズムは、ローゼンブラットが『ルソーとジュネーブ』で、「リベラルカルヴィニズム（Liberal Calvinism）」いう言葉で説明したように、啓蒙主義哲学の波を浴び、「啓示宗教」から共同体の倫理的なものを教える「道徳神学（moral theology）」に変化していく(4)。そのような宗教的変化のなかでルソーは、ジュネーヴのカルヴァン神学を、〈政治化〉すなわち神学的言説の政治的言説へ変換することによって、歴史化していった。古代から中世までキリスト教神学者は、キリスト教のパラダイムとしての〈恩寵対自然〉という二項対立のパラダイムのなかで思考し続けてきた。

キリスト教神学によれば、人間は神の恩寵によってのみ自然の罪から救済される。だがルソーの時代、ジュネーヴの牧師は、「リベラルなカルヴィニズム」の影響下で、パラダイムを変換し、〈自然の罪〉を「自然」を善きものとすることで〈自然に対する罪〉に変換し、しかも自然に対する「罪」を、人間が自由を悪用し自然に対する罪をつくっていったという形で「歴史化」していった(5)。我々は、このような自然に対する罪の歴史化とそのような歴史からの自然の救済という課題のなかで、自由と自由の発現形態としての〈一般意志〉なるものを考えていかなければならない。神学的伝統の下で形成された人間を救済するという〈神の一般意志〉もまた、政治の力により人間を救済する〈民衆の一般意志〉という形で、歴史化されていくことになる。しかも民衆の一般意志となった神の一般意志は、自由、すなわち完全自治の意志に世俗化されていくことになる。一七世紀の哲学者デカルトは思考する主体を神の座に祭り上げたが、一八世紀の政治哲学者ルソーは一般意志を神の座に祭り上げた。ここに不遜にも神の位置を人間が占めることになったといえよう。

そこで我々は、ルソーの政治思想を理解するために、次のようなジュネーヴの歴史的コンテクストを問わなければならない。特殊一八世紀の（a）ジュネーヴ共和国体制とはどのようなものであったか、さらに（b）その体制を支える階級構成とはいったいどのようなものであったかである。この問題は、これまで再三説明してきたので、概略的に述べよう。

まず（a）の問題から検討しよう。森田安一の『スイス・ベネルックス史』(6)によれば、スイスには〈都市邦〉と〈農村邦〉があったが、双方とも、自らがランツゲマインデの下に「共和制」を敷き、「共同体の自由」を実現しているという自覚があった。このランツゲマインデの「共同体の自由」こそが、ルソーの一般意志にモデルを提供したのかも知れない。都市邦のランツゲマインデにあたるものは、①市民の「総会」であったが、それは、森田によれば、ルソーの時代、すでに「シンボル的」なものにすぎなくなっていた。さらにモンターの『カルヴァン時代のジュネーブ――宗教改革と都市国家――』[7]によると、ジュネーヴの市民総会は、二五歳以上の「全男子市民」から構成され、通常年二回招集された。次に②重要な法律制定に当たって賛否を表明し、適当と思われる場合に有罪判決を受けた者に特赦を与え、毎年二月に小議会議員を選出する任務をはたすために、一ヵ月に一回招集される「二〇〇人会」が存在した。そして③頂点に毎週少なくとも三回「山の手」にある「市庁舎」で開かれる「四人の国家の行政長官ないし市長に率いられ、共和国の財務官と二人の秘書を含む二五人の組織」の「小議会」があったが、この小議会すなわち「小評議会」こそが政府であり、実質的な国家権力の掌握者であった。

次に（b）の問題である。ローゼンブラットによれば、一八世紀前半のジュネーヴの国家権力をめぐる戦いに加わっていたのは、一五〇〇人の①「旧市民」と②「新市民」（ブルジョワ）であった。総会は、ルソーの時代になると、かつての「決議機関」から、四人の「行政長官」（市長）が下す決定の「承認機関」に格下げされてしまった。二〇〇人会と総会を支配する小評議会の「都市貴族」の長老を介した「寡頭政」がジュネーヴを支配するようになってしまった。問題は、ジュネーヴの時計製造業等の産業を支える新市民、すなわちブルジョワが、小評議会のメンバーにはなれなかったことにある。

「新市民」（ブルジョワ）の全員と「旧市民」（シトワイアン）の一部を含んだ市民たちは、ヘゲモニーを総会に取り戻すために、寡頭政治に対抗して一七〇四年から一七〇七年にかけて、一回目の一斉蜂起、続いて〈城壁整備〉のための課税（総会はその税金が自らを弾圧する傭兵を雇う費用に使用されるのを憂慮した）をきっかけに一七三七年二回目の蜂起をし、翌年の一七三八年に、城壁整備法をのむという条件で、総会が主権の主体であることが宣言され、ブルジョワが一応の勝利をものにしたが、一七八二年にベルンとフランスの軍事介入により、ブルジョワは最終的に全面敗北を喫してしまった。

ルソーの政治思想の構造を理解する鍵は、この内乱のなかで彼がジュネーヴ共和国のどの社会的地位に属したかをつきとめることにある。ルソーの家系はルソーから遡って五代先まで分かるが、その五代前の先祖は、一六世紀の半ばフランスから移住してきたワイン商でプロテスタント（ユグノー）であった。ルソーの祖父のダヴィッド・ルソー（David Rousseau）そしてイザックの従兄弟のジャン・フランソワ・ルソー（Jean François Rousseau）とルソーの父イザック・ルソーは、いったいどのような社会的勢力に属していたのであろうか。ルソーの父イザック・ルソーは、一七二二年、ジュネーヴの上層貴族のメンバーのピエール・ゴーチェと諍いをおこした。ゴーチェは、イザックが、自分の領地に勝手に入り込み狩りをしていたとして抗議し、イザックは、ゴーチェのその態度が悪いとして、その場で口喧嘩になったが、そのときはそれで納まったが、後日再びジュネーヴで会ったとき、イザックは、ゴーチェの頬を剣で叩いてしまい決闘になり、ゴーチェにより当局に訴えられたが、裁判では勝ち目がないと悟った父は、ジュネーヴから逃げ出してしまった(9)。ルソーは父から捨てられてしまったのである。保護者から捨てられ育ったルソーは、後に自分の五人の子供を次々と捨てることになる。ルソーは自分を捨てた父に対する〈復讐〉を何の罪もない自分の子供たちにしたといえよう。一七一五年に小評議会政府が総会の承認を受けずに課税したとき、課税に反対する「政治的反対派」が形成されたが、ルソーの父のイザック・ルソーと祖父のダヴィッド・ルソーは、この政治的反対派に属するブルジョワであった(10)。

上層階級に所属する市民たちは、フランス文化の影響下で、科学的な考えに触れるようになったが、それとひきかえに旧来の道徳を失い始めた。父が貴族とケンカして出奔した後、ルソーは、カルヴィニストで母方の伯父の田舎牧師ランベルシェ（J. J. Lambercier, 1676-?）に預けられたが、彼に、旧来の道徳から離れ富を追求することは、偶像崇拝に走ることだと教えられたことであろう(11)。先に述べたが、父同様出奔したルソーは、（二五歳になるとその権利が発生する）亡き母の〈遺産相続権〉を行使するために、一七三七年にジュネーヴを訪問したが、その時に勃発した騒乱のためにジュネーヴ市に入れず、やむを得ず郊外にあったルソーの親戚筋の家に逗留した。そこで政治的反対派の「政治的パンフレット」を読み、総会派の主張に共鳴した(12)。ルソーは、出奔後ヴァランス夫人の下に身を寄せたとき、カトリックに改宗してしまい、ジュネーヴ市民権を失ってしまった(13)。彼は「反ジュネーヴ市民」、すなわちフランス的な啓蒙主義的教養を身につけたコスモポリタンとなったが、一七四九年『学問芸術論』を書いたとき、「ブルジョワ」的なジュネーヴ市民に回帰し、当時の「リベラルなカルヴィニスト」が唱えたカルヴィニズムを再び信奉したのであった。そのさらなるアナウンスメントは、一七五四年の『人間不平等起源論』として現れ、遂には一七六二年の『社会契約論』として結実したのは論を待たない。

では、特に「ブルジョワ」的市民の立場を弁護するために書かれた『人間不平等起源論』と『社会契約論』、さらに『山からの手紙』は、いったいどのような課題の下に書かれたのであろうか。それを前以て要約的に述べてしまうと次のようになるであろう。ルソーに従えば、かつて「存在すべきもの」として存在したものは、今や存在すべきものを失ったものとして存在しているのであり、その意味で存在すべきものを、これから再生させなければならない。前者は『人間不平等起源論』で展開され、後者は『社会契約論』と『山からの手紙』で示された。これからこのことを説明することにしよう。

注

（1）George H. Sabine, A History of Political Theory, *op. cit.*, p. 362.

（2）H. Rosenblatt, Rousseau and Geneva, *op. cit.*, pp. 13-17. ローゼンブラットによれば、ラプラセットは「人間は、信仰心をもたなければならないだけではなく、救済されるためには何かをしなければならない」し、またそれをできると考えた。そこからラプラセットの道徳神学では、「神の恩寵の役割は、人間の役割が高められる一方で、低められ」ることになる。そこから「罪の重要性は軽視され、予定説は控えめに扱われ」るようになった（*Ibid.*, p. 13）。

（3）*Ibid.*, pp. 10-11. ローゼンブラットによれば、「ジュネーブで成長することは、ヨーロッパ中のフランス語を話す他のどんな都市で成長することとも異なっていた。それは一つの独立した共和国であり、そしてカルヴァン主義の都市国家の文化の中で成長したことを意味する」。総会の開催場所が、ジュネーヴの主たる教会である「サンピエルの大聖堂」であったのは象徴的なことである。ジュネーヴ市民はそこで、「善良な市民になりたいのならば、何よりも善良なキリスト教徒になるべきである」と説かれた。牧師を介し、よき市民であることと、よきキリスト者であることとは、密接不可分の性質をもっていると説かれた。そこから、カルヴァン主義的宗教を捨てれば、自動的に市民権を喪失するという事態が発生することになるのである。

（4）*Ibid.*, p. 16.

（5）*Ibid.*, pp. 175-176. ローゼンブラットによれば、ルソーは、ジュネーヴの牧師たちが自然や社会についていっていたことを述べたのであり、その意味でルソーの先駆者はすでにいたということになる。

（6）森田安一、『スイス、ベネルックス史』、山川出版、新版、九一―九二頁。

（7）ウィリアム・モンター（中村賢二郎、砂原教男訳）、『カルヴァン時代のジュネーブ――宗教改革と都市国家』、教文社、二一二―二一三頁。

（8）H. Rosenblatt, Rousseau and Geneva, *op. cit.*, pp. 17-18.

（9）*Ibid.*, pp. 33-34.

（10）*Ibid.*, p. 30.

（11）*Ibid.*, pp. 34-35.

（12）*Ibid.*, p. 38.

（13）*Ibid.*, pp. 38-39.

第三節　『人間不平等起源論』

先に述べたように、一七二八年にジュネーヴを出奔したルソーは、ヴァランス夫人のもとに身を寄せカトリックに改宗し、フランス啓蒙主義の洗礼を受け「反ジュネーヴ人」となったが、後にそのことを後悔し、一七四九年に『学問芸術論』を書き上げたとき、真の自己とは何かを問い、ジュネーヴ人として再生する決意を固めた。では、ルソーがなろうとしたジュネーヴ人とはいったいどんな人間なのであろうか。我々はこのことを、『人間不平等起源論』の献辞「ジュネーヴ共和国にささげる」を検討することにより確認しよう。その時問題にすべきことは、ルソーが「高邁にしてきわめて尊敬すべき並ぶ者なき方々よ」と呼びかけたその相手は、いったい誰かである。ルソーは、「献辞」で市民を「高邁にして極めて尊敬すべき主権を持つ方々（magnifiques, trés honorés et souverains seigneurs）」と、そして為政者を単に「高邁にして極めて尊敬すべき方々（magnifiques et trés honorés seigneurs）」と区別して呼んでいることから分かるように、もちろん政府の権力を指す「小評議会」などではなく、主権者としての市民の「総会」に呼びかけたといってよい(1)。ルソーは、「立法権がすべての市民に共有であるような国をもとめた」(2)といい、総会に主権を認めたのである。

ルソーは、「国家を統治するために市民のなかでもっとも有能で公明正大な人々を年々選びだすような共和国」(3)を期待する。これが小評議会を怒らせてしまった。小評議会は、「国家を統治する」為政者を市民総会が「選挙」によって選ぶことなど言語道断だと考えた。小評議会の二五人のメンバーは、代々「旧市民」たちにより〈世襲〉に基づき選ばれてきたのであり、彼らを、総会に席を占める「ブルジョワ」が「年々選びだす」ことなど論外であった。小評議会は、ルソーの賛辞の裏に自分たちを非難する意図を感じとった。現に『人間不平等起源論』の「本文」でルソーは、人間が「半端な作為」により自然状態から社会状態へ移行する様を描写するが、そのなかに小評議会を怒らせるものが存在する。ルソーによれば、これは俺のものだといって土地に囲いをした者が出現したとき、所有をめぐる争いが出てきた。その争いに勝った者は、敗北者に対して「所有権」なるものを主張した。ここで富める者と貧しい者の二極対立が生まれ、富める者は貧しい者に対して、自己が共有地から強奪した土地を貧しい者から守るために、「最強者の権利」といわれる「暴力（violence）」を行使することになる。富める者は強い者となり、貧しい者は弱い者になってしまった。だが強い者は、弱い者を力によってのみ支配することが、支配の効率の点から見た場合、よくないことに気づいた。そこで強い者は、弱い者が自分に刃向かってくる力を殺ぐために、弱者を政治に参加させ共犯者に仕立て上げるのが得策であると考え、双方が平等の立場で集まり、契約により、政治的決定を下していく政治制度として民衆の総会をつくった。だが総会はやがて形骸化し、実質的決定機関としての政府が民衆の総会の選挙をとおして生まれた。しかし、〈選挙による政府〉からやがて〈世襲をとおした政府〉の首長が生まれ、このなかから〈世襲王政〉が出現することになる。〈選挙〉から〈血縁〉による一種の王政が出現した。これがジュネーヴの小評議会の逆鱗に触れた。ジュネーヴ共和国は、民主主義のマントをまとっていたが、実は小評議会を乗っ取ったパトリシエートの寡頭政治であり、ルソーのジュネーヴ共和国への献辞は、イデオロギーと現実の「ズレ」をジュネーヴの小評議会派の旧市民と総会派のブルジョワに現に見える形で知らせてしまったのである。

ルソーは『人間不平等起源論』と同じように、二五人から構成される小評議会という世襲貴族政批判を、『社会契約論』の、特に「政府論」で展開していると思われるので、以下ではそれを説明しよう。

ルソーによれば、立法府は「意志」の主体である。意志の主体は「力」すなわち執行権まで握ってはならない、というのがルソーの信念であった。自分がつくった法を自分が執行したらどうなるか。恣意的に法を執行するだけであろう。そこでルソーは、二つの権力を分ける。意志を表示する立法機関としての立法府は、自分から法案を提出する権限をもてない。法案を提出する権限は政府だけに属すのであり、立法府は、提出された法案を批准するかしないかの権限を行使することができるだけである。このような限定条件があるにもかかわらず、立法府の権限が政府のそれを凌ぐことができるというならば、どのような方法によってかが問題となるであろう。『社会契約論』でルソーは、〈最良の政府〉形態を「選挙貴族政」に求める。なぜなのか。ルソーによると、立法府が選挙により政府のメンバーを決め、さらには立法府がそのメンバーを解任することをとおして、立法府の主権を強化することができるからである。ルソーの選挙貴族政は、小評議会の二五人のメンバーが世襲により、都市貴族からリクルートされていたジュネーヴ共和国の体制批判以外のなにものでもない点が、これで分かろう。

ルソーが『不平等起源論』で、小評議会のイデオロギーを攻撃しているのはあまり知られてはいない。ではそのイデオロギーとは何か。それは、ローゼンブラットにより「近代自然法学派（modern natural law school）」と呼ばれた、いわゆる「大陸自然法学派」の自然法観である[4]。大陸自然法学派は、オランダの国際法自然法学者でアルミニアンのグロチウスから始められたが、その後ドイツのルター派に属すプーフェンドルフ、さらにはプーフェンドルフの書物を翻訳したジュネーヴ人のバルベイラック、そして最後に特にルソーから非難の集中攻撃を浴びたビュルラマキから構成されていたが、そのような大陸自然法学派の自然法の特質は、自然法を中世の神学者のように〈神学〉からではなく、人間の〈自然〉から弁証したことにある[5]。ではビュルラマキの自然法観は、いったいどのような特質をもっているのか。ローゼンブラットによれば、ビュルラマキの自然法の核は、マンデヴィル（Bernard Mandeville）やメロン（Jean François Melon）モンテスキュー、そしてデイヴィッド・ヒューム、さらにはアダム・スミスにより展開された「温和な商業（doux commerce）」論にある[6]。彼らによれば、人間は、一方では「自己愛」の主体であり、その意味では利己的存在であるが、他方では自然的な「社交性（sociabilité）」をもつ。そしてこの二つは対立するとされる。ではこの二つの対立を解きうるものは何か。それが、特に「レッセフェール理論の初期主唱者」(7)といわれるイギリス人のマンデヴィルが『蜂の寓話』で提唱した「温和な商業」論であった。彼によれば自己愛の主体は、専ら自己愛を実現するためにのみ他者と積極的に「交易(commerce)」するが、「温和な商業」は、結果として自己と他者の双方を豊かにし、そこから「甘美な交流(doux commerce)」すなわち社交的関係が生まれることになる。

ルソーもまた人間を自己愛の主体とするが、商業あるいは交易といわれるものが自然的社交性と自己愛の対立を止揚するとは考えない。ルソーによればむしろ人間は、商業あるいは交易により出現する富の不平等所有によって、自己愛を、他者に対する自己の優越性を感じることから出現する「自尊心」に変質させてしまう。ルソーは、ここで自己愛を「歴史化」したといえる(8)。ルソーは、人間相互を結びつけるものとして自然法を構成する「憐れみの情」のほかに、「甘美な交流」といわれる「社交性の原理」などもってくる必要などないといい、自然的社交性を自然法の核とする大陸自然法学派の自然法観に反対し、自然法の核を「公平」を目指すカルヴァンの『キリスト教綱要』にまで遡ることができる「良心」(9)に求めたのであった。ルソーのこの自然法観は、ジュネーヴ共和国の都市貴族の自然法観を否定するためばかりでなく、商業社会に向かっていくヨーロッパを批判するために提起されたことをここで押さえて置けばよい。

注

(1) J.-J. Rousseau, L'inégalité, in: *O. C.*, t. III, pp. 115-117.
(2) J・J・ルソー、『人間不平等起源論』、前掲邦訳、一三頁。
(3) 同書、一四頁。
(4) 通例、自然法という言葉は、イギリスのホッブズとロックの近代自然法を含む。したがって、大陸の近代自然法学派を「近代自然法学派」とするローゼンブラットの使用法は適切ではなく、「大陸自然法学派」と呼ぶべきであろう。大陸自然法学派の一人であるプーフェンドルフの契約論の特質については、以下の文献を参照。筏津安恕、『失われた契約理論』、昭和堂、一九九三年発行。

（5）H. Rosenblatt, Rousseau and Geneva, *op. cit.*, pp. 91-96.

（6）*Ibid.*, pp. 52-59.

（7）*Ibid.*, p. 54.

（8）ローゼンブラットによれば、アダム・スミスは、『エジンバラ・レビュー』（一七五五～一七五六年）に書簡を送ったが、そこでルソーとマンデヴィルを対置させたとき、「ルソーが、『人間不平等起源論』で、マンデヴィル博士を批判していることを完全に知っていた」（*Ibid.*, p. 77）。

（9）J・カルヴァン、『キリスト教綱要』（Ⅳ／2）、前掲邦訳、二五〇頁。逆にいうと「公平」の根拠が「良心」ということになる。

第四節　『社会契約論』から『山からの手紙』へ

『人間不平等起源論』の出版から八年後の一七六二年に出版された『社会契約論』もまた、『人間不平等起源論』同様、ジュネーヴ共和国体制批判を前提に書かれているのは間違いない。そこで問題となるのは、ルソーが「誰に対する抗議」として『社会契約論』を書き上げたのかである。はたして名宛人は存在するのであろうか。名宛人は、ローゼンブラットによれば、ジュネーヴ共和国小評議会のイデオローグであったビュルラマキである。『社会契約論』の「副題」である「政治的権利の諸原理」は、先に触れたように、オランダの国際法と自然法学者でアルミニアンのグロチウスにその始祖を求めることができる「大陸自然法学派」に属する、ビュルラマキの『政治的権利の諸原理（Principes du droit politique）』という書物から借用されたものである（1）。ビュルラマキは、ジュネーヴの貴族の家庭に生まれ、一七二三年にジュネーヴのアカデミー（学院）で、自然法と民法の教授となった人物であり、二〇〇人会と小評議会のメンバーでもあった。当然このキャリアから窺えるように、彼は政府のイデオローグであり、その点でルソーの攻撃の的となった人物であった。ではルソーは、ビュルラマキの『政治的権利の諸原理』の何を批判したのであろうか。それは、ビュルラマキの「効用」（小評議会の御都合主義）と「正義」を同じものとしてしまう姿勢であった。ルソーは、『社会契約論』第一編の冒頭で、これを次のように批判する。「私は、人間をあるがままのものとして、また法律をありうるものとして、取り上げた場合、市民の世界に、正当で確実な何らかの政治上の法則があるかどうか、を調べてみたい。私は、正義と有用性が決して分離しないようにするために、法が許すことと利害が命ずることとを、この研究において結合することに努めよう」(2)。ルソーは、「あるがまま」のものとしての「有用性」を「自由」とし、この種の自由は「放恣」となりがちであると見、「法」となって客観化する「ありうるもの」としての「正義」を「平等」とした。その場合、自由と平等は対立の下にあるものとされる。そこでルソーは、この対立を、平等のなかに自由を封じ込め、自由を「平等化」していくことで、止揚せんとした。これを、ローゼンブラットの「コンテクスチュアル・アプローチ（contextual approach）」をとおしジュネーヴのなかに置き見ていくと、放恣に走りやすい政府権力としての小評議会の自由を、法制定権者である総会が制定する法（それは平等を客観化するもの）をとおし、平等化していくという姿勢が浮かび上がってくる。我々は、このようなコンテクストから『山からの手紙』の「第八の手紙」を読むべきであろう。ルソーはいう。「わがままと自由とを同一視しようとすることは無駄」(3)であり、「真に自由な意志とは何人もそれに反対する権利のないような意志」(4)であると。ルソーはそのような意志を「法律」に求める。そこでさらにルソーはいう。「人民は法律に従いますが、しかし法律にしか従いません。そして、この法律というものによって、人民は個々の人間に服従せずにすむのです」(5)。ルソーは、総会の人民は、〈平等を客観化する法〉を制定し、小評議会は総会により制定された法のなかで動くとき、「わがまま」ではなく「自由」となる、といっているのである。だからこそルソーは、『社会契約論』の第一編で、ジュネーヴ体制に対し、本音から次のように述べたのである。「自由な国家の市民として生まれ、しかも主権者の一員として、私の発言が公の政治に、いかにわずかの力しかもちえないにせよ、投票権をもつということだけで、私は、政治研究の義務を十分課せられるのである」(6)。先に述べたように、ジュネーヴのブルジョワ的な「自由な国家の市民」たちは、一七八二年に最終的に敗北するまで「投票権」をとおし、小評議会の寡頭政治に対し、総会の力を強めようとしていた。そのコンテクストの下に、先のルソーの言葉を読まなければならない。小評議会派は、ルソーの『社会契約論』第一編に、総会に結集した者たちの戦闘宣言を感じとったのである。

ルソーが『社会契約論』でいいたかったことはいったい何か。そこで第一編第四章の「ドレイの状態について」に注目しよう。ルソーはいう。「一人の人間が、ただで自分の身をあたえるなどというのは、ばかばかしくて想像もつかぬことである。こうした行為は、それをやる人が思慮分別を失っているという、ただそのことだけで、不法な無効の行為なのだ。それとおなじことを人民全体についていうのは、人民を気ちがいとみなすことである。ところで、狂気からは何の権利も生まれない」(7)。そこからルソーはさらに続けて次のようにいう。「自分の自由の放棄、それは人間たる資格、人類の権利ならびに義務さえ放棄することである。何人にせよ、すべてを放棄する人には、どんな償いも与えられない」と。為政者の「絶対の権利」と人民の「無制限の服従」の交換契約は、「空虚な矛盾した契約」だ(8)。このような契約は人間を奴隷とする契約である。社会契約により生まれる政治体で民衆は主権者となる。主権者となった民衆は、社会契約をとおし、いったい〈何を失い〉〈何を獲得する〉のであろうか。失うのは、自然状態を生き抜くための「力」による「自然的自由」であり、獲得するのは一般意志によって守られる「市民的自由」と「彼が持っている物一切についての所有権」である。ルソーによれば、一般意志とは民衆の「自治」を指し、民衆が自治の主体となることができたとき「道徳的自由」は生まれる。もちろん、自治の主体とは総会派であったろう。

先に触れたように、ビュルラマキは小評議会を主体化し、ブルジョワをもっぱら臣民化するためにのみ〈統治契約論〉を展開した。小評議会派によれば、ブルジョワは自治能力をもっていない。ブルジョワに自治権を与えれば内乱になるだけである。だからブルジョワは自治権を政府に譲渡し、そのかわりに政府の力によって守られる市民的自由をもつことに満足せよ、というのが小評議会派のイデオロギーであった(9)。だがルソーは、民衆は、〈結合契約〉を結び政治体に入ったとき、自然的自由を捨て、市民的自由をもつようになるが、その自由を守るのは、統治契約をとおし出現する政府ではなく、民衆の完全自治を意味する一般意志であるという。ルソーの場合、〈自由と平等（鎖）の対立〉を解く主体は、小評議会ではなくブルジョワ的市民の総会の一般意志となるが、後のヘーゲルは、その矛盾対立を、市民社会の「抽象的権利ないしは法」と「道徳」のそれにずらし、それを止揚する主体を「具体的自由の現実体（絶対知）としての国家としてしまい、マルクスは、ルソーの自由と平等の対立を、市民社会の「人間」と「市民」」の対立にずらし、その対立を解く主体にプロレタリアートを祭り上げることになる。政治化された形で歴史化された、ルソーの一般意志の政治思想は、このように、やがて媒介者ヘーゲルを経由しマルクスに流れていくのである。

ところでルソーは、一七六二年にジュネーヴ小評議会が、自己の作品『社会契約論』と『エミール』を発禁処分にし、さらに逮捕命令を下したことに、激しく怒った。ルソーは、この処分と逮捕命令に対し、彼を支持する人達が立ち上がるのを期待したが、思惑が外れたことに深く失望し、一七六二年の五月一二日にジュネーヴ市民権を放棄した。ジュネーヴの総会派市民たちは、ジュネーヴ当局が下したルソーに対する逮捕命令の無効を、「意見提出権（droit de représentation）」により訴えたが、小評議会は、逮捕令状発行が有効か無効かを判断するのは小評議会に属し、そのような意見提出行為は、総会にはなじまないものといい、市民有志の「意見提出」に対し、「拒否権（le droit négatif）」を行使した。そこで「意見（提出）派（les représentants）」の総会派と「拒否派（les négatifs）」の小評議会派は衝突した。

折も折、小評議会の議員でかつ検事総長のトロンシャン（Jean Robert Tronchin）なる者が、一七六三年九月、ルソー弾効決議は正当であることを弁明する『野からの手紙』なるものを刊行した。ルソーの友人は、この書物に対しぜひ反駁するようルソーに懇願した。そこでルソーは、一七六四年の一二月一八日、トロンシャンの向こうを張って『山からの手紙』なるものを公刊した。ルソーは『山からの手紙』で次のようなことを述べた。「どうして私が、あらゆる政府の転覆をもくろむことなどできるでしょう。私が原理として据えたものはどれもあなたがたの政府の原理そのものなのですから」(10)。となると『社会契約論』は、決して「空想の国」ではなく、まさに「実在の対象」である「ジュネーヴの政治の歴史」を描いたことになろう。ルソーは、「現実」の体制としてのジュネーヴ共和国は、大いに欠陥があったのであり、また現実の体制であるかぎり欠陥があるのは当然のことであり、その欠陥を示し、かつ「この政体を維持するためになすべきことを示」(11)そうとして書いた『社会契約論』がなぜ発禁処分にされるのかが分からないと述べた。しかしルソーの真の意図は、共和国の理念と現実のズレを、総会派のブルジョワ的市民に知らせ決起を促すことにあり、そのことが小評議会派の都市貴族たちを怒らせてしまったというのが真相であろう。

先に述べたように、ルソーは『社会契約論』で、〈最良の政府〉は選挙貴族政であり、〈最悪の政府〉は世襲貴族政であるといった。だが総会は、世襲貴族たちの政府権力に対し法案提出権をもつことができないとき、自らの主権をどのようにして確保することができるというのだろうか。総会の意見提出権は、総会により制定された法を行政権が忠実に執行しているかどうかを監督する権利、つまり「法律の執行を監督する（veiller sur l'administration des lois）」権利である。「意見（提出）派」としての総会派に与するルソーは、意見提出権を提起することで、「拒否権」を行使する政府に対する総会の抵抗を正当化せんとしたのである(12)。では、ルソーはどのようにして総会の抵抗を正当化したのであろうか。総会が制定する法は万人に平等に適用されることが、その要件である。平等を具体化する法を執行する小評議会は、その義務として、平等をその本質的要件とする「従来の法律を維持する」ことを課せられる。カルヴァンの時代につくられた平等を志向する法を破り、新しい法を総会がつくろうとするならば、小評議会は「すべての変化を防ぐ」(prévenir tout changement)ことが必要となる。「すべての変化を防ぐ」権限は、平等を要素とする法を行政が維持する権限であるという意味で、執行権に属するはずである。ルソーは『社会契約論』と『エミール』を、どのようにしたらジュネーヴ共和国の国是であった平等を維持できるかという課題から書き上げたのであり、その意味で、小評議会の「すべての変化を防ぐ」権限により、自分の書物は是認されることがあっても否定されることはないはずだ、と考えたのであった。ルソー問題に対する総会の意見提出権を拒否した小評議会の決定は、したがって法の目的である平等、つまり正義の実現を妨げる行為であるというのがルソーの見解であった。それゆえにルソーによれば、小評議会は総会の意見提出に対し拒否権を行使すべきではなく、提出された意見に対し真摯に答えるべきであるということになる。

注

(1) H. Rosenblatt, Rousseau and Geneva, *op. cit*., p. 242.

(2) ルソー、『社会契約論』、前掲邦訳、一四頁。なお、邦訳を利用する際、「権利が許すこと」を「法が許すこと」と訳し直した。ルソーは、〈有用性〉と〈正義〉を混同してはならないというが、そのような考えを誰から学んだのであろうか。ローゼンブラットによれば、それを、ルソーは、効用は正義の基礎とはならない、利益は道徳を基礎づけないといった、ジュネーヴの牧師で哲学、神学の教授であったレジェ(Antonie Léger)から学んだ(H. Rosenblatt, Rousseau and Geneva, *op. cit*., p. 262)。

(3) J・J・ルソー、『山からの手紙』、前掲邦訳、三八六頁。

(4) 同書、三八六頁

(5) 同書、三八六頁。

(6) J・J・ルソー、『社会契約論』、前掲邦訳、一四頁。

(7) 同書、一二二頁。

(8) 同書、一二二頁。

(9) H. Rosenblatt, Rousseau and Geneva, *op. cit*., p. 247.

(10) J・J・ルソー、『山からの手紙』、前掲邦訳、「第六の手紙」、三四六頁。
(11) 同書、「第六の手紙」、三四六頁。
(12) 同書、「第八の手紙」、三八七―三九一頁。

第五節　ルソーからトクヴィルへ

ルソーの平等主義的自由論の特質は、一七四九年から一七六四年までの「ジュネーヴの背景」を知った時のみ理解できる。ジュネーヴ共和国では、一六世紀のフランスからの亡命ユグノーとイタリアからの亡命者が結託し、「都市貴族」をつくり、しかも都市貴族の数家族が寡頭政治を敷いて支配していた(1)にもかかわらず、デモクラシーの衣を纏っていた。さすがに一八世紀になるとアリスト・デモクラシーという現実と理念のズレを残したままの体制をそのままにしておくことはできなくなった。革命派はこのズレをさかんに衝いたが、過激な政治的反対派に属していたルソーは、パリに亡命していたジュネーヴ人のルニウップ（Toussaint-Pierre Lenieps）などから、反動的な小評議会派に対する理論武装のためのプロパガンダ書を書いてくれるようにとの依頼をうけ、『社会契約論』や『山からの手紙』を書いたことになる。

ところでミル（J.S.Mille）は、一八五九年に刊行した『自由論』で、一八世紀にルソーが投げた「爆弾」は、一九世紀になって「炸裂」した、といった。では炸裂した爆弾とはいったい何であったか。それは平等の理念であろう。そこで問題となるのは、フランス革命後の一九世紀の思想家たちは、民主化による平等の実現をどのように見ていたかであろう。彼らには民主化をとおした平等の実現は、「一者」（The One, エリート）とは異なる「多数者」（The Many, 凡庸な者）の支配に見えた。バークやトクヴィルやキェルケゴール、そしてニーチェのエリート主義者たちは、平等を凡庸なる者の

「水平化と一様化」（カール・レーヴィット）ととらえ、それに対して嫌悪感を抱いていたことでは共通していた(2)。

一八世紀のフランス革命は、民衆の平等を求める運動であったが、一九世紀は、その反動として、ブルジョワジーの自由の回復を求める運動の時代であった。だが自由は、生き残るためには、平等と折り合いをつける必要があった。そのなかで元貴族のトクヴィルが出現した。彼は、『旧体制と大革命』で、大革命は、すでにアンシャン・レジームにより始められていた「公権力の力と権限の拡大」を、よりいっそう促進しただけであったが、そのような「後見的な行政権力」の拡大は、自由を圧殺する「諸条件の平等（egalité des conditions）」をもたらした、と断言した。「平等と専制の結合」がここには見られる(3)。トクヴィルは、デモクラシーとしての「生成する条件の平等」は、「歴史的必然の傾向」として今後さらに発展していくものであり、それが逆行することはありえないことを冷静に見抜いていた。平等化の波を誰も止めることはできないとするならば、平等化の波に逆らうのではなく、その波に乗りながら、どのようにして専制に傾きやすい、平等化の波から自由を救いだすかである。革命的平等主義者のルソーは、〈平等をとおした自由の実現〉という平等主義的自由論を展開したが、反ルソー主義者で保守的自由主義者のトクヴィルは、反対にどのようにして平等を自由化するかという視点から、「自由主義的な平等（liberal equality）」の理念を提起した。我々は、今後トクヴィルが示した彼独特の自由主義的平等観を、抑圧の平等と隷属の平等をつくりだす新たな全体主義的・専制主義的な「中央集権的な巨大な後見的権力」に対する反抗理論となりうるかどうか、という視点から、特にルソーと比較しながら、検討していくことが必要となろう。

注

（1）H. Rosenblatt, Rousseau and Geneva, *op. cit.*, p. 17-18.

（2）Sanford Lakoff, Equality in Political Philosophy, *op. cit.*, Chapter seven, The Conservative Paradox.

（3）アレクシス・ド・トクヴィル（小山勉訳）、『旧体制と大革命』、筑摩書房、一二五頁。

第三部　ルソーの政治思想の現代的意義

第一章　ルソー対トクヴィル――革命的平等主義者の自由観と保守的自由主義者の平等観――

「すべてが根本的に政治につながっていること、またいかなる仕方によるにせよ、いかなる人民も、その政府の性質が規定する以外のものではけっしてありえない」。

J・J・ルソー『告白』第八巻

第一節　〈平等のための戦い〉対〈自由のための戦い〉

フランス革命に先立つ一一年前の一七七八年に、その生涯を終えたルソーは、一般意志と呼ばれるデモクラシーにより市民社会の平等を実現しようとした。ルソーは「多数者」としての民衆の時代が到来しつつあるのを予感しながら平等論を展開したが、まさに彼の予感はあたった。というのも一七八九年にフランス革命が勃発したが、この革命は、一七世紀イギリスの名誉革命が自由を目指す革命であったのに対し、平等を目指す革命であったからだ。では、ルソーは、何のために平等を主張し続けたのであろうか。差別する側がもつ特権的自由を封じ込めるためであった。それは一般意志をとおし、自由を〈平等化〉(＝相互化)する平等主義的自由論となって結実した。

ところが一九世紀のトクヴィルは『旧体制と大革命』で、進展しつつあるデモクラシーとしての平等はいったい何を世界にもたらしつつあるのだろうか、という問いを発した。平等化は、最終的にはエゴセントリックな個人が成り上がったり零落したりする機会を生みだしただけだ、と鋭く分析した。ルソーは個人のエゴを押さえるために平等を主張したのに対し、トクヴィルは平等こそエゴイズムの噴出を生み出してしまうと、全く正反対の結論を導き出した。

ところでサンフォード・ラコフは、『政治哲学における平等』の「保守主義のパラドックス」で、フランス革命後に現れた保守主義の「第一波（first wave）」の思想家たち（バーク、ド・メストル、ボナール、アダム・ミュラー）のうち特にバークは、『フランス革命についての省察』で、フランス革命を批判したが、フランス革命の一体何を攻撃したのかという疑問を提起した。ラコフは、「バークは、フランス革命がその模範を名誉革命に仰いだと考える点で、非常に間違っていた。イギリス人は自由を、フランス人は平等を求めた」(1)からである、と述べている。ラコフによれば、「自覚した政治的保守主義の創設者」(2)といわれるバークは、フランス革命を批判したつもりであったが、実はイギリス名誉革命のイデオロギーであった自由を攻撃していたのであった。

ところが、フランス革命後の保守主義の「第二波（second wave）」として登場した「自由主義的保守主義者（Liberal Conservative）」のトクヴィルは、デモクラシーとしての平等はいったい何をもたらしつつあるのかと問い、それは自由を奪いかねないという意味で、危険なものだという答えを出し、またそのような事態が発生するのをどのようにして防ぐかという課題をたてた。元貴族のトクヴィルは、ルソーとは反対に、平等を〈自由化〉する「自由主義的平等（liberal equality）」の実現を考えた。自由と平等の対立を統一しようとしたことでは両者は似ているが、異なる点は、ルソーが自由を平等化しようとした点で「革命主義的パラドックス（revolutionary paradox）」にぶつかったのに対し、トクヴィルは平等を自由化しようとした点で「保守主義的パラドックス（conservative paradox）」にぶつかってしまったことにあった。だがトクヴィルは、フランス革命の平等主義に対する単なる反対者であったのだろうか。そうではないだろう。フランス革命が促進した平等に対する反動の位置を占める、一九世紀のトクヴィルの「保守主義的自由主義」論は、むしろ二〇世紀の「大衆社会」の病理とそれを治療する処方箋をもっていたことを、前もって指摘しておこう。果たして両者は自由と平等の対立をどのように解こうとしたのであろうか。

この問題を検討する前に我々は、なぜルソーとトクヴィルがこのような異なったデモクラシーと自由と平等の観念を抱いたかを見ていく必要がある。これを解く一つの鍵は、ルソーとトクヴィルの異なる〈歴史観〉にあると想われる。一言でいえば、ルソーが「時間の歴史」観を唱えたのに対し、トクヴィルは「空間の歴史」観を唱えた。時間の歴史観は文字どおり「時間」に着眼するのに対し、空間の歴史観は「空間」に注目する。時間の歴史観は、過去において奪われたものを未来において取り戻すことを含む〈救済史観〉となり、したがって「現在」を暗く「未来」を明るく描く傾向があるが、空間の歴史観は、救済史観を否定し、遂に未来を暗く描きがちである。そのために、未来にその姿を完全な形で見せるであろうと見られる災厄の芽を、空間の中から発見し事前に摘み取っていこうとする。

トクヴィルは、空間の歴史観のなかで思想を練ったとき、「歴史主義」の先駆者であったモンテスキューの後裔ではなかったか。周知のようにモンテスキューは、「帯剣貴族」ではなく「法服貴族」の家系にあった。法服貴族は出自を探れば、「売官制度」により成り上がったブルジョワであった。帯剣貴族が宮廷貴族として自己延命をはかっていくか、あるいは地方に居残り身の不運を嘆き衰退せざるをえなかったのに対し、法服貴族は絶対王政国家のなかで興隆の途を辿っていった。周知のように、フランス絶対王政国家は「社団国家」といわれた。絶対王政国家は、中間団体としてのさまざまな「名士」の集まりであった「社団」のチェックを受けながら国家権力を行使せざるをえないという意味で、その権力は〈絶対的ではありうるとしても専制的にはなりにくかった〉。

モンテスキューはその中間団体としての「高等法院（Parlement）」の法服貴族であった。ガリカニストでありまたトミズムを信仰する「静力学者」のモンテスキューは、「法」を、実在する「法則」とシノニムとして捉える傾向があった。

そこから、『法の精神』で「事物の本性に由来する必然的な諸関係」と規定される彼の法の観念がでてくる。次に述べる彼の理想の政治社会観は、静力学の法則が転用されたものと見てよい。彼は、専制に傾きやすい王と民主政に走りやすいブルジョワ双方を、中心に立つ高等法院貴族が、自己の側に引っ張りもどすことで、自己の主導権を握ることができる国家をつくろうとした。モンテスキューは、法服貴族が双方の権力を抑制し均衡させることができるとき、「政治的自由」が生まれると考えた。我々は、モンテスキューが『法の精神』第一一編第三章の「自由とは何かということ」で、「国家すなわち法が存在する社会においては、自由とは人が望むにちがいないことをできること、そして望むはずがないことをするよう強制されないことにのみ存しうる」[3]と規定したことに注目しよう。静力学者にしてトミストのモンテスキューは、人間界の「法あるいは法律」のモデルを、物理学的な「法則」に求める。人間は「望むにちがいないもの（ce que l'on doit vouloir）」としての法則には従わざるをえない。モンテスキューは、法則に対する服従は「望むにちがいがないもの」であり、理性によりそれを認識し、意志によりそれに服従「することができる」といい、それを「自由」と規定した。このような自由の観念は、後に、一般意志が客観化した法への強制的服従を自由といったルソーに模倣されたが、何といってもモンテスキューの自由観を忠実に継承したのは、ルソーではなく、トクヴィルその人であったろう。トクヴィルは、消滅してしまったアリストクラートにより指導される中間団体としての社団の代わりに、新しい共同体を再生し、それを中心に置き、極大化しつつある平等を、自由と均衡させようとしたという点で、モンテスキューの弟子であったといえる。

注

（1）Sanford Lakoff, Equality in Political Philosophy, *op. cit.*, p.159.

（2）ラコフの「トクヴィル、バークおよび自由主義的保守主義」によれば、「Le Conservateur は、フランス革命を支持する者に対し王政と教会の大義のために戦うトクヴィルの伯父シャトーブリアンにより、一八一八年に初めて出版された雑誌の名前であった。liberalという言葉は、実際しばしばB・コンスタンのような秩序と道徳の敵と考えられていた者を、罵倒する言葉として雑誌に登場した」（Sanford Lakoff, Tocqueville, Burke and the Origins of Liberal Conservatism, in: *The Review of Politics*, Vol. 60, No. 3, Summer 1998, pp. 439-440）。ラコフはさらにこの論文で、トクヴィルを、デモクラシーとアリストクラシー双方の混ざりあった感情をもったハイブリッドな自由主義的保守主義者」である、と評している（*Ibid.*, p. 446）。

（3）Montesquieu, De l'ésprit des lois, in: *Oeuvres complètes*, Paris, Seuil, 1964, p. 586. しかし岩波文庫の『法の精神』［モンテスキュー（野田良之・稲本洋之助・上原行雄・田中治男・三辺博之・横田地弘訳、（上）、二八八―二八九頁）］では、次のように訳されている。「しかし政治的自由とは人が望むことを行うことではない。国家、すなわち、法が存在する社会においては、自由とは人が望むべきことをなしうること、そして、望むべきでないことをなすべく強制されないことにのみ存在する」。トミストとは一三世紀の神学者トマス・アクィナスの神学を信じる者である。トマス・アクィナスは、存在するものが、不完全ではあるが神の〈真・善・美〉を客観的に体現していると捉えた。一八世紀のトミストであったモンテスキューによれば、人間は客観的に存在する「法」という名の法則には従わざるをえない。というのも誰も法に逆らうことはできないからである。他の選択肢はない。モンテスキューは、このように誰もが法に〈従わざるをえないこと〉を、誰もが法を「望むにちがいないこと」といったのである。客観的に存在する法、すなわち法則への強制的服従は誰でも「なしうること」であり、それを彼は自由と呼んだのである。

第二節　ルソー――革命的平等主義者の自由観――

平等という感覚がいつ人間の脳髄にのぼったかは知る由もないが、平等観ははるか彼方原始共同体にすでに存在したことであろう。明確に記述された平等観を遡源すると、人権論の開始ともいわれる古代のハムラビ法典の〈同体同形復讐の法〉に辿り着き、それは下って〈タリオの法〉にも見られることになる。これらの法のなかには、同じ「加害」（罪）に対しては同じ程度の「復讐」（罰）が与えられるべきだ、という規範意識が窺える。

古代から近現代まで執拗に主張され続けた平等観を支えるのは、F・ニーチェの『道徳の系譜』によれば、「怨恨

（ressentiment）」である。古代では「強い者」は尊敬される者であり、「弱い者」は卑賤な者とされていたが、弱い者は強い者に対して、怨恨をとおし反逆と復讐の感情を燃やし続けた。だが、彼らは現実世界では積年の恨みを晴らすことができにくい。そこにキリスト教が出現した。「僧侶的民族」のユダヤ教左派の人が唱えたキリスト教は、イエスが述べたとされる「山上の垂訓」から分かるように、それまでの価値観を根底から転倒し、弱い者こそ貴い者であり、そして逆に強い者は卑賤な者であるといった。こうしてキリスト教は、自らの怨恨を「想像上の復讐」でのみ晴らすという倒錯した観念を抱いてしまった。

そこから、人間がどのようにしてルサンチマンの感情を正当化したか、あるいはどこで復讐を正当化する根拠を見つけたのか、という問題が生ずる。この問題を考える上で、希代の冷笑家といわれるニーチェの『道徳の系譜』が役にたつ。この書によると、人間の平等観の源は、〈債権―債務〉の法律関係にある。ニーチェによってつくられた「道徳系譜学者」の「道徳系譜学」の視点から見ていくと、「負い目」の語源である「負債」に注目せざるをえない。ニーチェによれば、他者への「負い目（Schuld）」の語源は他者への「負債（Schulden）」であり[1]、加害と被害の等価性が承認され、「加害」（損害）者の「被害」（苦痛）者への「負債」は、何らかの形で償わなければならない。ここから「報復」としての「刑罰」がでてくる。ニーチェによれば、古代エジプトでは、「債務者の屍は、墓のなかにあってさえも、債権者の前に休安を得ることができ」ず、双方の関係を過不足のない状態に戻すことに平等観が生まれる基盤があった[2]。

しかし復讐は復讐を呼び、復讐が永遠に繰り返す。復讐は不幸な者がすることである。復讐についてイエスがいいたかったことは何か。それは、他者に対する最大の復讐は自己が幸福になるということである。幸福な人間は決して他者に復讐しようとは思わない。

近代人ルソーもまた、ジュネーヴ共和国のなかで政府権力を握る「シトワイアン」（金融業者等の大金持ち）の「小評議会」に対する、「ブルジョワ」（中小生産者層・職人層）が占拠する「総会」の政治権力奪還闘争を理論の面から支える人間となったとき、強い者、あるいは豊かな者への怨恨を晴らすために、平等化運動を展開したということもできよう。

一六世紀の宗教改革によって弾圧された者の多くは、難民となり各国に逃れていったが、特にイタリアとフランスから逃れた難民がジュネーヴに押しかけた。裕福な難民は金の力でジュネーヴの市民権を買い、ジュネーヴの旧家と婚姻関係を結び、ジュネーヴの「シトワイアン」（旧市民）となり、貴族社会のメンバーとなっていった。これらの者の集まりがジュネーヴの政府団体としての小評議会であった(3)。ジュネーヴ共和国では、この特権的自由を要求する「小評議会」と、平等を要求する「総会」が反目し合い戦っていた。法制定権者の総会派は、法の本質要件である「平等」に小評議会派の「自由」（放恣）を封じ込めようとしていた。そこにブルジョワのイデオローグとして現れたルソーは、この対立を解こうと悪戦苦闘し、ブルジョワに有利なように、遂につくりだしたのが平等主義的自由論であった。これから、抽象度が非常に高いルソーの平等主義的自由論を説明しよう。

ルソー理解の躓きの石ともいわれる『社会契約論』第一編第一章冒頭の自由と鎖の対立とその止揚の問題(4)を、ジュネーヴのコンテクストを外し、西欧政治思想史のなかに入れると、次のような解釈ができる。ルソーは、一七世紀のホッブズの〈自由なき平等〉（リヴァイアサンに対する屈服をとおした無力な平等の実現）と、ロックの〈平等なき自由〉（ブルジョワジーの放縦）の双方を、避けなければならなかった。ルソーは、繊細な神経をもち、双方を抜け出す隘路を探し始める。それが平等をとおした自由の実現、つまり平等主義的自由論であった。ルソーは、一般意志といわれるデモクラシーの政治社会をつくることで、自由と平等の矛盾を解こうとした。

もう一度ジュネーヴのコンテクストに戻すと、ルソーはこの矛盾を解くヒントを、平等を小評議会に課そうとする総会と、あくまで自己の自由を総会に押しつけようとする小評議会の激突からつかんだ。一般意志の本質は「平等」

にあり、それは「法」として現れる。では、「自由」の本質は何か。それは、モンテスキュー的にいえば「自らに課した法に従う」ことにある。だからこそルソーは、このことを「市民は自由であることを強制される」といい、このような自由を「道徳的自由」と呼んだ。自由は、総会自らがつくった法（それは平等が客観化したもの）に、総会のみならず小評議会も従うとき出現する。この自由観は小評議会の「放恣」を封じ込めるために展開された、といってよかろう。ルソーは、当時、敵味方双方から盛んに引用されたモンテスキューの自由論を、総会派に有利なように読み込んだといえよう。その時モンテスキューとルソーの自由論に「ズレ」が生じている。一方は「法則」に従うことが自由であるといっているのに、他方は自らが制定した法に従うことが自由であるといっているからである。

第三節「トクヴィル——保守的自由主義者の平等観——」で詳論するが、ルソーは、トクヴィルに全く反する思想を展開したのであろうか。むしろ彼の思想はトクヴィルに継承される内容をもっていたとはいえないか。というのも彼が『社会契約論』において、トクヴィル同様、「行政的中央集権主義」の弊害に触れているからである。

トクヴィルの『アメリカの民主政治』によれば、「中央集権（la centralisation）」には二つある。「政治的中央集権（la centrallsation gouvernementale）」と「行政的中央集権主義（la centralization adminiistrative）」である。前者は、「一般的法律の作成並びに人民と外国人との関係」を「指導する権力を、同一の場所または同一人に集中すること」(5)を指し、後者は、「共同体の事業」を、「指導する権力を同じように同じ場所または同一人に集中する」ことを指す。ルソー同様、トクヴィルもまた前者を認めるが、後者は「都市の精神を減少させる傾向をもつ」と考え、否定する。トクヴィルは元貴族らしく、社団がなくなったとき、それにかわるものとして都市の「地方自治」を多数者の専制をチェックするものとして評価する。

もちろんルソーは、人民主権という言葉で「政治的中央集権主義」を認めるが、問題は「行政的中央集権主義」を認めるか否かである。ルソーはこの問題を解く鍵をモンテスキューから学んだ。それが政治社会をとらえる方法としての「クリマ」（気候風土）論である。ルソーは、「存在すべきもの（ce qui doit être）」としての平等を目指す一般意志の政治社会を、実現する手段として役立つかどうかという視点から、現に「存在するもの（ce qui est）」としての政府を分析する「方法」を、モンテスキューの『法の精神』から学んだ。実はルソーの『社会契約論』の約三分の一が、現に「存在するもの」の実体分析であった(6)。そこからルソーの政府論が展開される。ルソーは、「民主政」という政府が、小さな領土をもつ国家に向き、「貴族政」のそれが、中程度の領土をもつ国家に向くのに対して、「王政」のそれは、大きな領土をもつ「大国」に向くと見た。ルソーの場合、行政的中央集権主義が出現するとするならば「王政」であろう。王政は広大な領域を支配するためにどのような方法をとらねばならないか。存在するものとしての王政は、王により中心から周辺まで、あるいは頂点から底辺まで支配を貫徹するために、膨大な「官僚群」と「常備軍」（ルソーにあっては傭兵もそれに入る）を必要とし、またそれらに依存せざるをえない。しかも王は、官僚と軍隊を養うために、人民から苛酷な税を取り立てなければならない。大国にあっては、政府の一つの形態として巨大な権力を握る王政が、必然的に出現する。しかもこの王政の王は、自己以外のすべての者を無力な平等の地位に突き落としていく。したがって王政は専制に傾いていく。この専制は庶民の間に無力な平等をつくっていくというルソーの着眼点は、後のトクヴィルそのものである。

にもかかわらずモンテスキュアンのルソーは、「存在しうるもの」としての一般意志を実現する手段として、存在するものとしての王政がもつ巨大な「力」を利用できるかどうかという視点から、行政的中央集権主義を検討する。ルソーは、行政的中央集権を行う王政を、人民がつくる法のなかに封じ込めることによって容認しようとするが、結局、それは無理だという結論を出す。それは、主権者の数が多くなればなるほど、それとは反比例的に個々の主権者の力は弱くなっていくからである。

この結論に至る道筋は以下の通りである。主権者が一〇〇人いれば、一人の主権者の力は一〇〇分の一になる。まして や主権者が一〇〇万人であれば、一人の主権者の力は一〇〇万分の一となる。そうなれば個々の主権者は、国家に対し影響を与える力がないことに気づき、無力感に襲われ、ついにはそのような国家に対するアイデンティティをなくしていくであろう。これを防止するために、主権者を国家に統合する大きな力をもつ政府が必要となる。これが最強の政府である王政であろう。ルソーは「相対的な力」の側面から、行政的中央集権主義にも一応その存在意義があるのを認めたのである。このようにルソーは、行政的中央集権主義それ自体を否定してはいないのであり、その点で、行政的中央集権主義それ自体を否定する後のトクヴィルとは異なるといえよう。

しかしルソーは、被支配者を統合する「力」の側面から認めた行政的中央集権主義（その最たるものは絶対君主政であろう）を、今度は一転して「力の正しさ」という点から否定する。国家への帰依を実現するために要請される王政と主権者の間には「非常に大きな距離」がある。その距離を埋めなければ主権者たちは外に逃げていく。そこからルソーは、人民の数がふえればふえるほど、すなわち「国家が大きくなればなるほど、政府はますます縮小しなければならない」[7]とし、人民に対する「抑止力」を強めるものとして王政が要請されるといった。確かに王政という政府は「相対的な力」の視点から見た場合、正しいが、この力が「力の正しさ」を台なしにしてしまう。王は、支配の実効力を高めるために、自分の「代理人」として上下階層的秩序に置かれた「中間の階層（ordres intermédiaires）」[8]としての王侯・有力者・貴族等を設ける。しかし国家・都市・市町村等の民衆は、この中間階層により重い負担を課せられた場合、国家に対する忠誠心をなくしてしまう。そうなると、国家に対する主権者の帰依心を獲得するために要請される最も強い政府としての王政は、むしろ遂に国家を解体させかねないといえる。その意味でルソーは、中間階層をとおした行政的中央集権主義に反対したといえるであろう。後に述べるが、トクヴィルは行政的中央集権主義を否定するために、かつての「社団」にかわる中間団体を積極的に認めるという点で、ルソーとは異なる。古代ギリシャのアテネは、デモクラシー（自治）により市民の平等を実現し、中世ヨーロッパは、「権力の多元性」により自由を守るという理念を近代ヨーロッパに伝えたといわれるが、ルソーは、前者によって自由よりも平等を重視し、トクヴィルは、後者によって平等よりも自由を守ろうとしたといえよう。

注

（1）F・ニーチェ、『善悪の彼岸』、前掲邦訳、四三一頁。

（2）同書、四三三頁。

（3）H. Rosenblatt, Rousseau and Geneva, *op. cit.*, pp. 17-18. ローゼンブラットは、ジュネーヴを訪れた外国人がジュネーヴについて記したものを、次のように紹介している。「ジュネーブでは、政府の公職は彼らのものであり、また彼らにより配分されるというやり方で、政府の経営は、王家に似たものをつくったせいぜい七つか八つの名家に独占されることとなった。たとえ彼がすべての長所をもっていたとしても、彼がそれらの家族の一つと関係をもたず、あるいはそれらの家族を喜ばせる器用さをもたなかったならば、キケロやカトーのような能力をもつ者であったとしても、必ず相も変わらずよそ者のままである。多くの人々は、このようなやり方により不愉快にさせられた」（*Ibid.*, p. 19.）。「よそ者」扱いされたルソーの祖父ダヴィッド・ルソーや父のイザック・ルソーそしてルソー本人の「ブルジョワ一族」は、特権にあぐらをかく都市貴族層に戦いを挑んだのである。

（4）J・J・ルソー、『社会契約論』、前掲邦訳、一五頁。

（5）アレクシス・ド・トクヴィル（井伊玄太郎訳）、『アメリカの民主政治』（上）、講談社学術文庫、一六七頁。

（6）C. E. Vaughan, Introduction, in: The Political Writings of Jean-Jacques Rousseau, *op. cit.*, Vol. 1, pp. 32-33. 「存在するもの」と「存在しうるもの」との区別をモンテスキューの『法の精神』から学んだルソーは、モンテスキューが「存在するもの」にしか関心をもたなかったといい、その点で『法の精神』を「多いなる無駄」であるとこき下ろした。P・ジャネの『道徳との関係における政治学史』によれば、「モンテスキューの原理は、存在するもの、あるいは存在したものの考察、そしてそれの比較から引き出された一般的事実でしかない。それは一つの歴史哲学である。ルソーの原理は社会の同一の観念から演繹された絶対的原理であり、あるいはそうであると主張し、そしてそれは社会の存在の基本的な諸条件を明らかにする」（P. Janet, Histoire de la science politique dans ses rapports

avec la morale, *op. cit.*, t. II, p. 423)。
（7）J・J・ルソー、『社会契約論』、前掲邦訳、九三頁。
（8）同書、一〇四頁。

第三節　トクヴィル――保守的自由主義者の平等観――

進んだヨーロッパと遅れたアメリカというパラダイムが設定された場合、当然進んだヨーロッパは、遅れてやってくるアメリカが追走し到達すべき目標とされると思いきや、むしろ逆にトクヴィルは、アメリカを、ヨーロッパが進んでいく未来、しかも災厄をもたらすそれとして、恐怖の眼差しで見ていた。それにしてもトクヴィルは、未来の何を恐怖にかられ見たのか。ラコフは、歴史のコースを決して必然的に進歩するものとは見なかった「アウグスティヌスからボシュエをとおしてボナールとメストルに流れる弁神論としてのより古い伝統に、トクヴィルはより忠実である」(1)と述べたが、問題はラコフが、なぜトクヴィルを、歴史を進歩するものととらえない弁神論の立場に立っているといえたかである。ラコフ自身が述べたように、トクヴィルは、ジャンセニストであったがゆえに、デモクラシーを、貴族自身のよき業によって償うことができる罪として、神によって貴族に与えられた罰と考えていたからであった(2)。

パスカルの『パンセ』を読めば分かるように、「カトリック内部のプロテスタント」とも呼ばれるジャンセニストは、悲観主義的な人間観を抱く。アウグスティヌスを信奉するジャンセニストは、「自然の堕落」に陥った人間が自己の意志で救済を実現することはできず、それを実現できるのは神の「恩寵」のみだといった。しかし一九世紀の人間であるトクヴィルは、一方ではジャンセニズムの「原罪」という神学的言説を継承したが、他方ではJ・ロックの「タブラ・ラサ」（白紙）からライプニッツをとおし、一八世紀フランスのフィロゾフに流れ込んだ「自己完成能力」の理念をも受け入れたがゆえに、人間が「自らを完全化する」という「完全化の理念」をもっていた、といえようか⑶。この意味でトクヴィルは、〈修正ジャンセニスト〉であった。トクヴィルは、ジャンセニズムを「政治化」（神学的言説の政治的言説への変換）しながら修正し、神が与えた原罪としてのデモクラシーを、人間の自己完成の能力により、よりよい方向に導いていこうとしたといえるだろうし、また遂に、ジャンセニスであったがゆえに、自己完成能力により、デモクラシーをよき方向に導くことはできないと考えた、と見ることもできよう。弁神論的矛盾を、人間が解くことができるかという神学的テーマから、修正ジャンセニストのトクヴィルは、デモクラシー問題に立ち向かったといえよう。

そのことは、著書『アメリカの民主政治』での「アメリカにおいてアメリカ以上のものを見た」⑷といった言葉に言い尽くされている。トクヴィルは「アメリカ以上のもの」を、ヘーゲル的言い回しで、「世界史の必然的傾向」といったが、それはデモクラシーを指している。では、彼が恐れたデモクラシーの内容とは何であろうか。彼のデモクラシーとは、民衆の支配というよりはむしろ「社会的平等」、あるいは「諸条件の平等（l'égalité des conditions）」を意味する。この平等は「生き方の水準における平等」⑸を指す。トクヴィルは『アメリカの民主政治』で次のように述べた。「アメリカ人の偉大な美点は、民主主義的革命の苦難をこうむらずして、民主主義に到達したことであり、そして、平等者になろうとすることなくして、平等者として生まれたことである」⑹。さらにその平等化を推し進めていくとアメリカ人はどのような未来を迎えるのか。アメリカの未来を予測できれば、アメリカの後を追って平等化の道を進むヨーロッパの未来も予測がつくだろう、というのがトクヴィルの見解であった。トクヴィルが『アメリカの民主政治』と『旧体制と大革命』で諸条件の平等に関して提起した問題は、次のように整理できるであろう。①諸条件の平等を促進した要因は何か、②そのような平等を促進する者は誰であり、③どのように平等を促進したか、④平等化の波から自由をどのようにして防衛するか――である。トクヴィルがこれらの問題にどのように答えたかを順次検討しよう。

まず①である。アメリカンデモクラシーは、主としてアメリカへ渡ったイギリス人移民によって広められた。トクヴィルによれば、イギリス人移民たちの平等への道は、自分の子供に平等に財産を分与する「相続法」によりもたらされた(7)。アメリカの子供はやがて親から財産を均等に譲り受け、それぞれの道を歩んでいく。確かに財産の均分相続法は子供に個人主義と平等観を教えることであろう。子供たちに平等に財産を分配する相続法は、「財産所有者たちの心に作用」(8)し、より一層平等化を促進していく。平等相続の「法」は平等の「精神」をつくり、さらに法によりつくられた平等の精神は平等相続の法を支える。

トクヴィルは、ルソーならば憤慨するであろう次のことをいう。「アメリカとは異なった方法ではあったが、諸条件の平等化への道はヨーロッパでも起きた」と。彼によると、ヨーロッパでは平等化への道は二つあった。第一に、「聖職者の地位」の開放である。中世ヨーロッパにおける権力の「唯一の源泉」は「土地財産」であったが、「聖職者の政治権力」が土地財産を独占する貴族の権力を徐々に破壊していった。この聖職者の地位がすべての者に開放され、下層階級の出身者でもこの地位に就くことができるようになった。こうして聖職者の世界で諸条件の平等化が進められ、民衆は聖職者になることによって世俗的権力の世界、すなわち貴族のなかに入っていった(9)。「平民の上昇」が「門閥の値打ちの低下」をもたらし、こうして平等が出現した(10)。ちなみに、同様のことをヘーゲル(一七七〇～一八三一年)もまた、『歴史哲学講義』で、トクヴィルよりも若干先に次のように述べていた。インドでは人間の地位は「自然」(＝生まれ)という「血縁」により決定されていたのに対して、ヨーロッパでは「階級を越えた存在が万人に意識され、僧侶階級に移行する自由」(11)が万人に等しく開放されていた、と。民衆は、「階級を越えた存在」としての神を前にした「万人の平等」という観念により、自己の意志によって神に仕える僧侶階級に入る権利を行使し、やがて徐々に特権層を水平化することに成功していったと。

さらにトクヴィルは、もう一つの「普遍的平等化」への道を次のように述べている。その道とは、「売官制度」である。平民のなかに、金の力で「ある種の官職を買うことによって貴族になれる者」が出現した。トクヴィルによれば、一二七〇年が「平民からの最初の貴族への昇格」の道が開かれた年であった。王は、財政的必要から、金銭と引き換えにブルジョワに貴族の地位を与えた。トクヴィルはヘーゲルを思わせる言葉で次のようにいった。ヨーロッパは「神の手の中の盲目の道具」としてのデモクラシーに向かったと。

次に②の問題、すなわちデモクラシーとしての平等化への道をつくったのはいったい誰なのか、という問題である。トクヴィルの『旧体制と大革命』によると、多数決は「知性に適用された平等理論である」[12]。デモクラシーは多数決原理によってしか作動できないが、では、多数決による多数者の意見が必ず正しく、少数者のそれが必ず間違っているという根拠はどこにあるのか、とトクヴィルは問い、極端な答えを出す。何も「ない」と。トクヴィルによれば、多数者支配の正当性は、単に「人々が多数者のつくった法律の下に相当永く生活した後」[13]に生まれるにすぎない。それなのに、多数者が、少数者に対する自己の支配が正しいといい、またその支配を強制するならば、そこから、「穏和な専制主義」である「多数者の専制」あるいは「世論の専制」といわれるものが出現する。

それにしてもトクヴィルは一体何を心配したのか。彼は、デモクラシーとしての平等が自由と結びつかず、むしろ多数者の専制あるいは王の専制とつながってしまうという「デモクラシーの基本的パラドックス」[14]を、憂慮したのである。平等への道は、アメリカでは「多数者の専制」あるいは「世論の専制」により、またフランスでは王と後の国民多数の「公権力の力と権限の拡大」による「後見的な行政的中央集権」によりつくられまた促進させられた。トクヴィルは、「不断に増大しつつある平等への歴史的進展の頂点を示す」と思ったがゆえに、アメリカのジャクソニアン・

デモクラシーを分析し、近未来のアメリカやヨーロッパで人民多数者の専制的政治が台頭するであろうことを、予測できたといえよう。では大革命はどうか。トクヴィルによればフランス革命は、過去の旧体制を全面的に破壊したが、過去に残していた一部分、すなわち「巨大な中央集権」をさらに強化する形で復活させてしまった。では、大革命後むしろより巨大化する行政的中央集権主義は、なぜ民衆の間に平等をつくるのか。トクヴィルはその理由を次のように述べた。「平等は、このような中央集権の作用を著しく容易にし、これを拡大し、そしてこれを保証するからである」(15)。それでは、中央集権的支配の効率化の必要からつくられた平等から、いったい何が生まれたか。平等者の間には卑小な精神が生まれた。トクヴィルはいう。「一般的一律性」の下では、「どのような小さな差別でも、一層耐えがたいものとなって」いき、「平等への愛は平等それ自体と共に、絶えず増大」(16)し、止まるところを知らなくなる。

さらに③の問題に移ろう。フランスでは行政的中央集権主義を行う権力主体は、どのような方法で平等をつくったのだろうか。大革命以前、すでに国王は、自己に集中された権力をとおしアリストクラートの「地方分権」と「地方自治」を破壊していった。トクヴィルによれば、フランスの「中央権力は世界の他のいかなる諸国よりも、すでにいち早く地方行政を掌握していた」(17)。

フランス革命前に、王国の中心に、「国全体の公行政を統括する唯一の機関」として「国王顧問会議」が置かれ、その会議には内政全体を統制するただ一人の「大臣」として、「財務総監」が鎮座し、また各地方には、内政の全細目を監督するために、「地方長官」という「一人の役人」がいた。どんな従属的行政機関も、それの事前許可がないと行動できなかった。「地方長官の報告に基づく国王顧問会議の採決」によってのみ、国政が運営される(18)。トクヴィルによれば、旧体制の下で「中央権力は既にすべての中間権力の破壊に成功し、中央権力と個人の間にはもはや広大で空虚な空間しか存在していなかった(19)。国王顧問会議、あるいは政府の役割は、「支配者から後見人」に変化した。民衆は「国家の介入」なしには何もできない。このような行政的中央集権主義は、地方と等族等の「中間権力」を構成する「名士会」を破壊し、民衆は直接後見的監督の下に置かれることとなった。民衆は権力の直射日光をもろに浴びることになった。トクヴィルは、後のミシェル・フーコーを想わせるかのように、次のようなことをいう。この後見的権力は、法律や教育の画一化によって、被支配者の間に「類似化」、つまり個性の画一化や規格化をもたらしたと。さらに、「パンとサーカス」を求めた古代ローマの民衆のように、民衆は「福利への愛」を欲し、国家はその期待に応え「庇護国家（Etat providence）」となった。そのような後見的監督下で、「すべての階級は混合して見分けがつかなくなってしまったし、個人はますます群衆の中に身を没していきつつあるし、また共通の灰色の世界に消えてしまいやすくなっている」[20]。

トクヴィルはいう。諸条件の平等化が進んだところでは、人々が「互いに一層類似したものになっていくにしたがって、知性の平等の信条が、人々の信念のうちに少しずつ忍び込んでいく」[21]と。人々はその信念を頑固にとおすことにより、他者と自己の差異性を認めず他者の意見に耳を貸さなくなっていく。皮肉にも平等を推し進めていけばいくほど、逆に差別意識がでてくるのである。そこから人々は、同胞がもつ特権に対し嫌悪感を抱く。皮肉にも、人々は平等に耐え切れず、他者との「わずかの違い」を強調する精神をもち始める。そのような精神から何が生まれるといえば、「ただただ自分のためにのみ生を全うし、自分のことにしか関心をよせず、自分の問題以外には関与しない」[22]ところの物質主義的風潮としての「個人主義」である。

一七～一八世紀の政治思想家が個人主義を政治哲学的に捉えたのに対し、一九世紀のトクヴィルはそれを社会学的にとらえた点に違いがあった。差異化は「階級間の羨望と憎悪」によりさらにいっそう強められる。トクヴィルによれば、「平等の時代」にあって個人は、他者に援助の手を差し伸べたり、また他者からの援助を期待したりすることはできない。それゆえに、平等下の人間は非常に孤立して生きざるをえない。だが、次第に孤立化していくにつれて、個人はそこから反転して何と「独り高い位置にある巨大な存在〔社会または社会力〕に、自然的にその眼を向ける」(23)ようになり、その単純な統治機構に自己の存在を託すようになっていく。隷属の平等は、中央集権的な巨大な後見的権力の抑圧の平等を招く。そこから全体主義への道が容易に開ける。それを防止する中間権力としてのアリストクラシーは消え失せた。行政的中央集権主義権力は、無人の野を爆走する戦車のように、無力な平等の地位に落ちた民衆を蹴散らかす。中間権力がなくなり無力な平等者に転落した者の社会から、ハンナ・アーレントが『全体主義の起源』で述べたように、「あらゆる暴動の際に自分たちを指導しうる強力な人物」(24)につき従う「モッブ」が現れ、そこからやがて新しい専制主義としての「全体主義」の道が開かれてくるが、トクヴィルは、アーレントに先駆け、一九世紀中頃のフランスにまさにその予兆を感じ取りつつあった、ということができよう。

最後に④の問題として、平等化から自由をどのように守るのかという問題が残っている。トクヴィルによれば、大革命をリードした主要な感情は、①「平等への愛」(諸条件の平等＝民主化)と、②「特権としての自由」から「権利としての自由」に変わった「自由への愛」であった。トクヴィルによれば、混然一体となった「平等への愛」と「自由への愛」は大革命のなかに入っていき、中央集権的制度を否定する民主的制度をつくり、そのなかで自由な諸制度をつくりつつあった。だが、大革命が進行するにつれて無政府状態と民衆独裁が顕現してしまったとき、国民の自由への熱意は冷めてしまい、国民の間に秩序と安全を求める声が大きくなり、すでに旧制度下で用意されていた後見的中央集権主義が復活してしまった。大革命後は、「不平等への嫌悪」を内容とする「平等への愛」ではなく、無力な者の平等が実現されてしまった。

トクヴィルによれば、アンシャン・レジーム末期のフランスには、「アリストクラシー」(統治階級としての貴族の支配)

はもはや存在せず、統治の義務を怠り「特権」（免税権）のみを享受し、また他の身分と決して交わらないようにしていた、単なる「カースト」としての貴族たちが存在しただけであった。フランスの特権階級は民衆から非難を浴びた。そのようなとき、「公共生活」から疎外されていた「文人たち」といわれるフィロゾフは、理性と自然法からのみ組み立てた一般的観念の上に、現実世界を超越した想像上の社会を築いていった。これまた公的生活の習慣をほとんどもたなかった民衆たちは、このようなフィロゾフの「体系的精神（esprit systématique）」の下につくられた一般的・体系的理論に、容易に扇動されてしまった。民衆の平等の要求は、「自然法」に相応しい「普遍的一般的観念」として持ち出されたのであった。

また、「平等への愛」に促され「自由への愛」が覚醒されてくる。先に述べたように、この場合の自由は、「特権としての自由」ではなく「権利としての自由」であった。この自由もまた自然法に適う普遍的一般的観念となった。しかし、大革命の後見的な行政的中央集権主義への傾向は、結局は「自由のない民主的社会」をつくってしまい、自由を圧殺してしまった。では、旧体制を破壊した大革命の行政的中央集権主義が旧体制から引き継いだものは何か。それは民衆を支配する方法であった。行政的中央集権主義体制は、民衆を砂のようにバラバラにし、孤立化させ、さらには私生活の中に閉じ込め、彼らがひたすら拠り所のない不安定な社会で、自らが下降することの恐怖を和らげ、また上昇への熱望を満たす手段となる「金銭欲」に走るのを、黙認し、また助長する(25)。

行政的中央集権主義は、このような無力な者の平等をつくっていくことで支配の安定性を次第に確保していった。現代政治学的にいえば、これは「中産階級支配（médiocratie）」創設の問題になる。これを壊せば体制の不安定と動揺につながりかねない。個々人は自由を取り戻さないかぎりは「公徳心」（愛国心）を回復できない。では、このような自由とは何か。トクヴィルにあっては、もちろん個人の「権利としての自由」ではない。トクヴィルはいう。旧体制の時代、「集団に帰属せず、もっぱら自分のことだけを考えてよしとする個人など、実際に存在しなかった」(26)。旧体制には「真の個人主義」と呼ばれた「一種の集団的個人主義」があった。

トクヴィルによれば、これはかつて存在した「特権としての自由」であった。それをトクヴィルは、『旧制度と大革命』で、「すべての市民のなかに必須の関係と相互依存の絆を生み出す、あのすばらしい力をも」(27)つ「政治的自由」といった。それは、トクヴィルによれば、例外と特権の観念が結びついた貴族の「自由」であったし、その自由は専制を招く無規律で危険な「自由」ではなく、〈平和な法の支配をつくる自由〉であった。このようにトクヴィルにより非難された「権利としての自由」は、ヘーゲルが『法の哲学』で、内容が規定されない無意味な「抽象的自由」といって批判したあの自由と、共鳴し合っている。トクヴィルが称賛した自由は、共同体から自己を引き離すホッブズやロックの原子論的個人の「消極的自由」ではなく、「州の自由」や「都市の自由」といわれる自治権といわれるものであり、コミュニタリアン的、あるいは共同体的自由といわれてもよい自由であった。トクヴィルによれば、かつてフランスの貴族がもっていたといわれる「政治的自由」は、大革命後は専制を招く無規律で危険な自由に取って代わられてしまった。では、「貴族」が政治の表舞台から引きずり落とされ、「強者を自らの低い水準に引き下げようとする」平民の「悪平等欲」により、「自由における不平等よりも奴隷状態における平等が偏重される」(28)時代にあって、一体どのようにしてアンシャン・レジーム下の共同体的自由をそのままの形で取り戻せるというのだろうか。できないであろう。そこでトクヴィルは、新天地アメリカに目を向ける。彼はアメリカには新しい共同体的自由が育ちつつあるのではないか、と考えたのであった。

ところでイギリス人植民者がつくったコネティカット州の「法典」(刑法)は、『申命記』や『出エジプト記』や『レヴィ記』から引用されているが、トクヴィルによれば、この法典は一面デモクラシーを示していたが、他面「多数者の独裁」を予防し、また育ちつつある共同体的自由を実現するための制度となりうる。「法典」には、①公務における人民の干渉、②税金の自由投票、③権力を託された者の責任、④陪審制による個人の自由の確保、⑤国家からの宗教団体の自立性、さらには、⑥保釈・仮出獄制度（保釈・仮出獄制度は貧民よりも富者を優遇するという意味で「貴族主義的法制」であったが）等が規定されている[29]。特にトクヴィルは、デモクラシーを、自由を守る砦とするために、④の陪審制度に期待している。

「陪審」とは、「偶然に裁判権を握り、そして一時的にこの裁判権を授与された若干数の市民たち」[30]であり、陪審制度は、「法学者精神」により育成されるこの少数の市民たちが多数者専制をチェックし、自由を実現する政治的制度である。さらに彼は、アメリカ人が「地方自治」の下に日常的に政治に参加することをとおし、巨大な権力を分割することで自由を守ろうとしていると見た。またトクヴィルは、フランスの場合には、「全体の代表」から「行政権のいくぶんか」を取り戻し「第二の代表」[31]に委ねたり、かつて貴族がもっていた「自由の精神」[32]を再生したりすることで自由を取り戻そうとした。

注

（1）Sanford Lakoff, Equality in Political Philosophy, *op. cit.*, p. 162.

（2）Sanford Lakoff, Tocqueville, Burke and the Origins of Liberal Conservatism, *op. cit.*, p. 446.

（3）A・トクヴィル、『アメリカの民主政治』（下）、前掲邦訳、七二頁。トクヴィルは、ジャンセニズムと、近代のペラジアンともいえるライプニッツ主義との間を、揺れていたと見てよかろう。トクヴィル本人はジャンセニズムを信奉していたが、トクヴィルの母はイエズス会の教えに傾倒し、父は「一八世紀のガリカン教会主義的伝統を背負いこんでいた」［アンドレ・ジャルダン（大津真作訳）、『トクヴィル伝』、晶文社、五二頁］。フランス百科全書派に対するライプニッツの影響については René Hubert, Les Sciences sociales dans l'Encyclopédie, *op. cit.*, pp. 168-175を参照。

（4）A・トクヴィル、『アメリカの民主政治』（上）、前掲邦訳、三七頁。

(5) Jean-Claude Eslin, *Dieu et le pouvoir, Théologie et politique en Occident*, Paris, Seuil, 1999, p. 203.
(6) A・トクヴィル、『アメリカの民主政治』(下)、前掲邦訳、一九二頁。
(7) A・トクヴィル、『アメリカの民主政治』(上)、前掲邦訳、九五頁。
(8) 同書、九七頁。
(9) 同書、二〇―二一頁。
(10) 同書、二〇―二一頁。
(11) ゲオルク・W・ヘーゲル(長谷川宏訳)、『歴史哲学講義』(上)、岩波書店(岩波文庫)、二四二頁。
(12) A・トクヴィル、『アメリカの民主政治』(中)、前掲邦訳、一六四頁。
(13) 同書、一六四頁。
(14) Marvin Zetterbaum, Alexis de Tocqueville, 1805-1859, in: *History of Political Philosophy*, Edited by Leo Strauss and Joseph Gropsey, Chicago, University of Chicago Press, 1987, p. 717. マーヴィン・ゼッターバウムは『政治哲学史』の「トクヴィル」で、「デモクラシーの基本的なパラドックスは、諸条件の平等が、トクヴィルが理解したように、自由ばかりか専制とも両立することにある」と述べている。しかもゼッターバウムは、「諸条件の平等が自由ばかりではなく専制とも両立する」ことを、「デモクラシーの基本的パラドックス」であると述べている(*Ibid.*, p. 722)。
(15) A・トクヴィル、『アメリカの民主政治』(下)、前掲邦訳、五二二頁。
(16) 同書、五二一頁。
(17) A・トクヴィル、『旧体制と大革命』、前掲邦訳、七二頁。トクヴィルは「大革命が大きな原因となって事が始まったというよりも、大革命はその原因がもたらした諸結果を整理し、体系化し、合法化したのである」(同書、七二頁)といい、フランス革命後に起きた諸々の出来事の原因を、フランス革命ではなく旧体制に存在した行政的中央集権主義に求めた。
(18) 同書、一八四頁。
(19) 同書、一九八頁。
(20) A・トクヴィル、『アメリカの民主政治』(中)、前掲邦訳、二九六頁。
(21) A・トクヴィル、『アメリカの民主政治』(下)、前掲邦訳、四六〇頁。
(22) A・トクヴィル、『旧体制と大革命』、前掲邦訳、二四二頁。
(23) A・トクヴィル、『アメリカの民主政治』(下)、前掲邦訳、五二〇―五二一頁。
(24) ハンナ・アーレント(大久保和郎訳)、『全体主義の起源』(Ⅰ)、みすず書房、二〇四頁。M・ロイドは論文「トクヴィルの影―

—ハンナ・アーレントの自由主義的共和主義」において、「トクヴィルとアーレントの二人は近代の中心的政治問題が専制主義であることに同意した」と述べている（Margie Lloyd, In Tocqueville's Shadow, Hannah Arendt's Liberal Republicanism, in: *The Review of Politics*, Vol. 57, No. 1, Winter 1995, p. 37)。ロイドによれば、「トクヴィルが一九世紀に見たもの（専制主義——引用者）を、アーレントは二〇世紀のドイツに見た」（*Ibid.*, p. 46)。さらにロイドは、「トクヴィルとアーレントの共通性は、彼（トクヴィル——引用者）の『アメリカの民主政治』に限定されず」、彼の『旧体制と大革命』とアーレントの『全体主義の起源』と『イスラエルのアイヒマン』にも見られる、といった。というのも、『旧体制と大革命』、『全体主義の起源』、『イスラエルのアイヒマン』の三冊は、「ヨーロッパにおける権威の崩壊を分析することに自己の注意を向けた」ことでは、同じであったからだ（*Ibid.*）。

(25) A・トクヴィル、『旧体制と大革命』、前掲邦訳、八八頁。

(26) 同書、二四二頁。M・ロイドによれば、「トクヴィルとアーレントの双方は、自由が個人的幸福達成に貢献するがゆえにそれを愛するブルジョワ的個人と、自由が共同体全体との関係における自己理解をあらわすがゆえにそれを愛する自由主義的共和主義者との間を、区別した」（M. Lloyd, *op. cit.*, p. 46)。

(27) A・トクヴィル、『旧体制と大革命』、前掲邦訳、二二一頁。

(28) A・トクヴィル、『アメリカの民主政治』（上）、前掲邦訳、一〇七頁。

(29) A・トクヴィル、同書（上）、前掲邦訳、七四—七六頁。

(30) A・トクヴィル、同書（中）、前掲邦訳、二一一頁。

(31) A・トクヴィル、『旧体制と大革命』、前掲邦訳、五八頁。

(32) 同書、六四頁。

第四節　国家と市民社会の関係——〈国家による市民社会の民主化〉と〈市民社会による国家の民主化〉の対立と統合——

フランス革命は、本章第一節「〈平等のための戦い〉対〈自由のための戦い〉」で述べたように、民衆の間に平等をもたらす運動であった。しかしフランス革命を経た後の一九世紀、知的エリートのバーク、シュテルナー、キェルケゴール、トクヴィル、ニーチェは、このような平等化の潮流を大衆の〈凡庸化・平均化〉のそれと捉え、しかもそのような大衆がエリートの自由を奪ってしまうのではないかと恐れた。一八世紀のルソーは声高に平等を叫び、それに対してトクヴィルは、大革命により民衆に奪われた特権としての貴族の共同体的自由を、今や無くなってしまった「社団」（名士会）の位置を占める新しい共同体を再生することで、実現しようとした。ルソーは、一般意志と呼ばれるデモクラシーをとおしつくられる平等により、自由を実現せんとしたが(1)、トクヴィルは反対に、王あるいは国民多数者の専制をとおしてデモクラシーとしての平等がつくられ、その後平等は自由を抑圧してしまったし、またそうするだろうと考えた。トクヴィルによれば、デモクラシーは自らの使命を自由の実現に限定しなければならない。その意味でラコフが、『政治哲学における平等』で、「トクヴィルはデモクラシーを、デモクラシー自体から救おうとする目的においてのみ、デモクラシーの友人である」(2)と述べたのは正しい。

トクヴィルはルソーの本を実によく読んだといわれるが、果たしてルソーのそれをどのように学んだのであろうか。トクヴィルはルソーの忠実な読者だったろうか。トクヴィルは裏返しされたルソーイストではなかったろうか。もしそうであるならば、彼はどのようにルソーを転倒させたのか。彼は人民多数者の専制は平等を拡大再生産するといったが、そのことをルソーの一般意志による平等形成論から学んだとはいえないか。彼は、専制によりつくられる平等を否定するために、ルソーの一般意志論を逆さに読んだといえるかも知れない。もちろんルソーはこのような考えを聞いたら驚愕してしまったことだろうが、トクヴィルによれば、ルソーの平等の政治思想は、中世から旧体制をとおし大革命以後に至るデモクラシーの進展を、忠実にトレースしただけということになるだろう。しかし専制は平等をもたらすであろうが、その平等は無力な者の平等になるであろうことを、ルソーがすでに一七五四年の『人間不平等起源論』で描いていたのを、ルソーを弁護するためにいっておこう。富める者と貧しい者の関係体の形成とともに、富める者が自己の財産を守るために、相互保存を実現するためと称し、貧しい者と社会契約を結び自治的政治社会をつくるが、後になると自治権を富める者が奪取し、やがては王政をつくってしまう。王は、被支配者全体を無力な者の平等に追いやり、かつ行政的中央集権主義の下で彼らを監視することになる。ルソーはルソーなりに後のトクヴィルに先駆け、王政による行政的中央集権主義をとおし専制的平等が出てくる危険性を察知していたといえる。

さて最後に現代においても依然として重要だと思われる一つの問題を提起することにしよう。その問題とは、一般意志論と呼ばれるルソーのデモクラシー論とトクヴィルの民主的専制批判論が、現代政治のなかでどのような思想的役割を担いうるかである。周知のように、リベラリズムの本質は自由にあり、デモクラシーのそれは平等にある。一七世紀のロックは、国家権力を極少化する〈立憲主義〉により、自由を守る自由主義的国家論を展開し、一八世紀のルソーは遂に、特権化しがちな自由に歯止めをかけるために、一般意志によってつくられる平等のなかに自由を封じ込める平等主義的国家論を形成した。問題は、現代になるとルソーの政治思想が全体主義論の先駆と批判され、またトクヴィルの思想が反全体主義論のそれとして称賛されることになるが、そのような見方は正しいかどうかである。この問題を解く鍵は、ルソーとトクヴィルが「政治」をどうつかんだかを理解することにかかってくる。その問題点を、カール・シュミットの政治観を参考にしながら見ていくことにする。

シュミットの「政治的なるものの概念」によれば、「特殊政治的な区別とは敵と友という区別」(3)であり、「友」は「同質な者」を、「敵」は「異質な者」を、さらに「敵」とは、「公的な敵」として「抗争している人間の総体」(4)を指す。そのような政治の極限下で〈友の受容〉と〈敵の排除〉が現れる。友敵概念的政治概念を徹底するとこのような結論がでてくる。シュミットによれば、リベラリズムは「議会主義」につながる。シュミットはいう。このような議会主義への信頼は、自由主義経済における「自由競争」と「予定調和の思想」により支えられると。というのも自由主義的議会主義は、自由競争的市場経済がうまく機能し「現状維持（status quo）の無風状態の時代」にはうまく作動するが、「多いなる衝動の時期」といわれる経済危機の時代には無能さをさらけだす制度であるからだ。自由主義的議会主義は、右翼全体主義の「ファシズム」と左翼全体主義の「ボルシェヴィズム」に挟撃され、その存立が危うくなった。シュミットは、無力さをさらけだした自由主義的議会主義の理念を嘲笑し、「議会以外の方法でもやっていける」のを示すために、大衆的民主主義の理念をもちだした(5)。シュミットは、「あらゆる現実の民主主義は、平等のものが平等に扱われるというだけではなく、その避くべからざる結果として平等でないものは平等には扱われないということに立脚している」(6)と言い放った。

なるほど古代から現代まで、「人類民主主義」は一度も存在しなかった。しかも「平等の実質」は時代により変遷する。繰り返せば、民主主義の本質は「形式的民主主義」にあり、「真に徹底した民主主義」は「同質性」にある。裏返しされたレーニストのシュミットは、友敵論的政治観と彼独特のデモクラシー観のヒントを、マルクスの『ゴータ綱領批判』から学んだレーニンの「プロレタリアート独裁」から見つけた。プロレタリアート独裁とは、かつてプロレタリアートを搾取したブルジョワジーを遂に抑圧し、排除するためにつくりだす権力組織体であり、レーニンはそれを民主主義と呼んだ。プロレタリアート民主主義は敵のブルジョワを殲滅し、友のプロレタリアートを受容する権力組織体である。同質なる者の上に独裁が出現し、また正当化される。かくして独裁と民主主義は両立する。シュミットは、レーニンの左翼全体主義を右翼的にひっくりかえし、右翼民主主義論と大統領独裁論を導出した。左翼全体主義と右翼全体主義を貫く共通項はデモクラシーであった。もちろん一八世紀のルソーは知るはずもないが、彼の一般意志論が、シュミットが述べた政治的なるものとデモクラシー論のカテゴリーのなかに入ってしまうから問題なのである。

ルソーもまた、デモクラシーを政治的なるものと関係させながら構成しているのは、以下のことから確かである。第一に、ルソーにとり、敵は政府権力を握る小評議会の「旧市民」であり、友とは総会の「新市民」であった。ルソーにとり「定住民」、「居住民」、「臣民」などは、決して政治に参加できない被差別民であった。ルソーは『社会契約論』で、市民がいるためには奴隷が必要なのだといったが、彼がイメージした奴隷とは先の被差別民であったろう。だからルソーは、かなり本気で奴隷制に立脚する市民の国家という理念を抱いていたといえよう。第二に、敵であるシトワイアンの自由を奪い取り、平等に屈服させるために、一般意志と呼ばれるデモクラシーを提案していることである。第三に、一般意志の主権は、平等な者のブルジョワを平等に扱い、シトワイアンを異質な者として排除するために存在することである。最後に、一般意志の主権は、ジュネーヴのブルジョワの独裁を意味することである。その意味で平等主義的自由を実現せんとするルソーの一般意志論は、二〇～二一世紀の全体主義的民主主義論に取り込まれる危険性をもつ政治理論である、といえるであろう。

それではトクヴィルはどうか。ルソーとは逆にトクヴィルの思想は、全体主義に対する反抗理論と位置づけることができるのであろうか。トクヴィルもまた、国民の「一般的投票」をとおして多数者と少数者が分かれ、多数者が敵の少数者を抑圧排除する民主的専制が出現する、といった。このようにトクヴィルにより批判された民主的専制論は、後のシュミットが述べた、民主主義をとおして出てくる独裁という概念の先駆的形態であるが、トクヴィルは、批判的対象としてのそれを、ルソーの一般意志論から学んだといえないであろうか。トクヴィルの自由主義的平等観の理想は、専制のなかで平等を実現するよりも自由のなかで平等を維持していく姿勢を民衆に教え込む点にあったが、それは、平等化を強制してくる民主的専制といわれる多数者の独裁に反抗しうる中間団体が存在するときのみ、可能となる。民主的専制は反対者に無力な平等を強制する。人々は、一度無力な者の平等を甘受すれば、国家に対する反抗心を忘れ、無力な者の間で自己を差異化し、他者の間で目立つことしか考えない否定的個人主義者となるであろう。そのような差異化の精神は、ルソーの「自尊心」と同じである。無力な平等のなかでは気概のある人間は出現しない、というのがトクヴィルの信念であった。アンシャン・レジームの中間団体としての社団が消失してしまった現在、新しい民主的専制ともいえる全体主義国家の台頭を阻みうる最大のパワーをもつ主体を、新しい中間団体ともいえる「市民社会」の「市民」に求めることはできるのであろうか。

だが、ことは簡単ではないことを、ジョン・エーレンベルクの『市民社会論』を借りて示すことにしよう。というのも、エーレンベルクが『市民社会論』で述べたように、政治的諸活動領域と経済的諸活動領域の間の「グレーゾーン」に位置する現代の市民社会は、理念としては市民社会の〈外部からの自立を目指しつつ〉も、実際は市民社会の〈外部による決定に屈する〉という意味で矛盾した存在態様を示すからである。そのような特質をもつ市民社会を、市民社会内部から規定しようとしても、それはできないであろう(7)。エーレンベルクが述べたように、トクヴィルが自由主義を執拗に展開したのは、〈国家を民主化するため〉であり、マルクスが国家の力を強化したのは、〈市民社会を民主化しようとしたから〉であった。マルクスの先輩であるルソーもまた然りである。では、なぜルソー、マルクス、トクヴィルは、このような異なった考えを抱いたのであろうか。トクヴィルは市民社会をポジティブにとらえることができたからであり、逆にルソー、マルクスは市民社会をネガティブにしかとらえることができなかったからであるといえる。だからこそトクヴィルは市民社会の力で国家を変革しようとし、ルソーとマルクスは国家の力で市民社会を変革しようとした、と見ることもできよう(8)。その意味でマルクスは心底ルソーイストであった。我々は安易にマルクス主義的に、国家により、①〈市民社会の自由〉を揚棄し、②〈市民社会からの自由〉へ移行すべきであると考えてはならない。というのは、エーレンベルクが述べるように、国家を極大化していくことで②を実現しようとすれば、逆に市民社会を縮小し解体していく危険性が昂じ、最後には全体主義にいきかねないからである。だが、国家を無視して①を実現することもまたできないのも事実である。だから現代市民社会論に関する今後の課題は、どのようにして、①（トクヴィル）と②（ルソー、マルクス）の対立を現代市民社会のなかで解くかということになろう。これができなければ、今後極端な場合、〈不平等によって自由を守るのか〉それとも〈自由を切り捨てることで平等を守るのか〉という二つの選択肢しか残されない。トクヴィルとルソーにとっては双方とも本意ではなかったであろう。

注

（1）G・H・セイバインの古典的名著『政治理論史』によれば、ルソーあるいはディドロのどちらが、一般意志という言葉を発明したかは不確かである（George Sabine, A History of Political Theory, *op. cit.*, p. 585）。フランク・サクルダスの『ルソーと一般意志の概念』によれば、一般意志の概念は「永遠にルソーの名と結びつけられるが、その起源ははるか昔に遡る」。その起源は聖書で宣言された「神の意志」に求められる。サクルダスによれば、自然法がストア哲学者の「普遍的権利の法」に求められるのに対し、一般意志は政治哲学的には一六世紀のJ・ボダンから使われ始め、一七世紀のホッブズやプーフェンドルフ、そして一八世紀のモンテスキューとディドロを経由してやがてルソーの政治哲学に流れ込んだ。モンテスキューは一般意志を「社会の法に影響を与えあるいはそれを支配する目に見えない力」と述べたが、ディドロになるとそれは「広範にして多様性を帯びた事実と経験を解釈するための有益な概念的道具」となった。ディドロは一般意志を「実在する自然の部分」とし、しかもそのような一般意志を「人間社会における変化にもかかわらず変化しない自然法」と同じものと見た。ルソーは、このような一般意志の歴史的コンテクストのなかで、それを自然法ではなく平等主義的自由を実現する民主化の意志と規定したとき、一般意志の概念を根底から覆してしまったといえる（Frank Thakurdas, *Rousseau and the concept of the general will*, Calcutta, Minerva Associates, 1976, pp. 1-8）。

（2）Sanford Lakoff, Equality in Political Philosophy, *op. cit.*, p. 160.

（3）カール・シュミット（田中浩・原田武雄訳）、『政治的なものの概念』、未来社、一五頁。

（4）同書、一八―一九頁。

（5）カール・シュミット（稲葉素之訳）、『現代議会主義の精神史的地位』、みすず書房、三一―八七頁。彼によれば、議会主義の特徴は、①討論の公開性、②権力分割、③立法行為への限定、④討論による政治に対する信仰にあり、特に④が大事である。

（6）同書、一四頁。

（7）ジョン・エーレンベルク（吉田傑俊訳）、『市民社会論――歴史的・批判的考察――』、青木書店、二〇〇一年、三一八―三一九頁。原著は次のとおりである。John Ehrenberg, *Civil Society, The Critical History of an Idea*, New York, New York University Press, 1999.

（8）同書、第五章「市民社会と国家」の特に「社会革命の政治学」二〇四頁を参照。

第二章　市民社会論について——ジョン・エーレンベルクの『市民社会論』を参考に——

第一節　今なぜ市民社会論か

朝日新聞一九九七年一月八日号の「登場　この二人」で、中曽根康弘と鳩山由紀夫の政治家二人が〈市民なるもの〉について対談している。鳩山が「市民こそ政治の主役」といえば、中曽根は「血の通わぬ市民概念」と鳩山に異議を唱える。中曽根は鳩山に、鳩山は「国民」が嫌いだから「市民」という言葉を使うのだろうといいながら、鳩山が主張した市民なるものを血の通わない「観念的想像的集団の理念」といい、そのような市民に代え、血の通った「庶民」という言葉を使った方がよいのではないか、と述べる。それに対し鳩山は、「庶民」も市民だといい、市民を「自立と共生の原理をわきまえた個」と呼ぶ。市民社会はしたがってそのような「個のネットワーク」といえよう。鳩山は、市民が「友愛」を軸として結びつけられるべきであるというが、中曽根は、友愛は「国家や共同体を前提にした同胞愛から生まれてくる」と軽くいなす。中曽根によれば、問題は「国家対個人」にはなく、「国家対庶民」にあり、しかも国家に庶民を包摂することこそが大事である。これはもはや戦前回帰の思想であろう。中曽根は、本当は国民ではなく「民族」という言葉を使いたいのだろうが、朝日新聞の読者を視野に入れてやむを得ず国民という言葉を使用したのだろう。国家主義者の中曽根が市民という言葉を使いたくないのは分かるが、問題は鳩山である。鳩山は、個人が「地球全体の利益を守る宇宙船地球号というイメージの同胞愛」を基盤にした「地球市民」に自己を変えていくことこそ、大事なのだという。鳩山のこのような市民の捉え方は、方向性として間違ってはいないとしても、彼が市民と市民から成立する市民社会なるものを時空の軸から正確に理解した上で述べたとはいいがたい。そこで我々は、ジョン・エーレンベルクの大著『市民社会論——歴史的批判的考察——』を参考にしながら、どのように彼が市民社会論の歴史を概括し、現代の市民社会論を分析し、そこからさらにどのようにして市民社会論変革の道筋を立てようとしているかを、探っていくことにしよう。

第二節　市民社会の概念史

①古代と中世の市民社会論

ジョン・エーレンベルクは、『市民社会論』の第九章「市民社会と民主政治」で、市民社会を一応「国家と市場とのあいだにある社会諸関係と社会構造」(1)と規定しながら、「〈市民社会〉は過去二〇〇〇年をとおして少なくとも三段階の基本的な変遷を遂げてきた」(2)と述べているが、それでは、市民社会の概念の三段階とはどのようなものであろうか。彼は市民社会の概念史を次のように述べている。①古代ギリシャから中世（プラトン、アリストテレス、キケロ、セネカ、アウグスティヌス、トマス・アクィナス、ダンテ・アリギエーリ、マルシリウス）までの第一段階としての「古代と中世の市民社会」概念によれば、市民社会は、「政治的に組織された共同社会」(3)つまり市民あるいは世俗としての市民の社会と捉えられている。次に②古代と中世の市民社会から近代の市民社会への「漸次的移行」の時期に第二段階として、マキアヴェリやルターやホッブズの市民社会概念が出現する。その後に③第三段階として「近代的市民社会」概念が現れるが、それには二種類ある。第一に「生産・私的利害・競争・必要などによって成立する」[4]商業的市民社会の概念であり、後から述べるが、より細かく分けるとそれを肯定的に理解する概念(アダム・スミス等)とそれを否定的に捉える概念(ルソー)がある。第二に「自由を守り中央権力機構を限定する、中間諸団体の新しい親密圏」[5]、すなわち国家や軍隊に対抗する文明論的な市民の社会概念(トクヴィル)である。そしてさらに、エーレンベルクは明確に規定してはいないが、最後の第四段階として「現代市民社会」概念が挙げられるのではなかろうか。

そこで我々は、はじめに第一章「市民社会とその古典的形態」と第二章「市民社会とキリスト教共同社会」を参考にしながら、第一段階の「古代と中世の市民社会論」を分析していくことにする。まず第一章から見ていこう。エーレンベルクによれば、古典古代の市民社会は、私的利害を自発的にポリス的利害に従属させる市民から構成される「共同体(polis, civitas)」と規定される。したがって、古代の市民社会は、私的な打算と私的利害がポリスの利害を侵犯する時、堕落し解体してしまう。プラトンもアリストテレスも、この問題をどのようにして解決すればよいかを悩み続けた。プラトンは『国家』で、ポリス解体の原因となる「遠心化傾向」(私的利害)を、どのようにポリスの下に合していくかを検討した。プラトンは、市民社会が多様性や分業性などにより基礎づけられているのを知っていたが、これを「イデア」である「正義」によりコントロールしなければならないと考えていた。それゆえ、イデアを目指しポリス全体を導き守る哲人王や守護者は、部分的利害である財産や家族への愛着に縛られてはならない。彼らは市民社会をできるかぎり政治権力により統制していかなければならない。エーレンベルクは、プラトンの市民社会は「凝固した国家的統一であり、沈黙の中の安定に終わった」[6]という。プラトンの『国家』は、エーレンベルクによれば、結局は、病気を治すが「患者を殺してしまう治療方法」[7]となってしまった。その理由として、「古典古代的思想は政治権力が文明を可能にすると一貫して主張した」[8]ことが挙げられよう。まだ野蛮そのものの時代に、プラトンが野蛮を鎮める力は国家権力にしかないと思ったのは、仕方がないことであったろう。

プラトンの後、アリストテレスの『政治学』が出る。アリストテレスは、ポリスの中にある生産の場としての「家」や分業や交換の場としての「村落」は、必要性という私的利害から生まれ成立するが、そのような家や村落にそれぞれ固有の目的・可能性があるのを認めた。これがなければ市民の自由な公共的生活は保証されないからである。アリストテレスによれば、限定された倫理的可能性を有する非政治的領域を政治的に組織化した共同社会、それが市民社会を意味した。国家とは「全体」であるが、それは「部分」としての異質で多様なものが「合成されたもの」である。しかしプラトンのイデアは、ポリスが共通善により導かれず、支配者の私的利害により導かれるときは逸脱した国制となる、といったアリストテレスの政治的段階論（政体論）に反映されている。善意により、公共善について冷静に討議する道徳的に高潔な市民を、やはりアリストテレスもまた前提にしていた。だが、やがてポリスが崩壊していくにつれて、政治とは切断された個人の内面（自律と真性さ）の発見に向かう「エピクロス派」と、「宇宙の理」（自然法）を分有する人間理性の発見に向かう「ストア派」が出現する。ポリスが黄昏の時代を迎えたとき、今度は宇宙全体がポリス（コスモポリス）となる。ストア派を信奉したキケロは、自然が人間に植え付けた理性的正義に、市民社会を基づかせる。ローマでは共和政から帝政へ移行することにより、市民がますます政治から撤退していきつつあるとき、〈res publica（すべての人々のことがら）〉の外にある〈res privata（私のことがら）〉が顕わになり、親密圏としての家族と財産の法的表現としての「ローマ法」（民法）が出てくる。ここから国家とは区別される市民社会の概念が出てきた、とエーレンベルクはいう。

市民社会を統制する古典古代の都市国家が崩壊したとき、誰がそれを統制していくのであろうか。カトリック教会がその座を占めることになる。そこで第二章「市民社会とキリスト教共同体」概念を見てみよう。エーレンベルクによれば、中世を迎えると、市民社会は自律の領域からカトリック教会に従属する領域に変質した。教会は、堕罪により刻印された市民社会を、国家の手を借りて導く使命があるとされる。中世市民社会は「普遍的なキリスト教共同体」の世俗面として捉えられる。アウグスティヌスは、市民社会を神に背いた人間の罪に起因するとしたが、反面、罪を矯正するものとしてそれに神に仕える役割をもたせた。教会は、罪に至る人間を、国家権力を通して教会に結びつけることで、市民社会を排除せず完成する。プラトンの影響を受けたアウグスティヌスにより、普遍的なキリスト教的共同体という概念が成立した。次にトマス・アクィナスは、市民社会が、神が人間に与えた理性により要請されるとしたことで、アウグスティヌスとは異なるが、それが教会の統制下にあらねばならないとした点では、アウグスティヌスと同じであった。

しかし、やがて王権はキリスト教共同社会から独立し、国家という法的組織を形成していく。そこにダンテ・アリギエーリ（Dante Alighieri）が出現し、教皇ゲラシウス（Gelasius）の「両剣論」に依拠しつつも、皇帝の現世的権威は直接神に由来し教会に従う必要はないとした。これは、後の一六世紀から開始される「初期国民国家」のイデオロギーとなった「王権神授説」の先駆けであった。さらにマルシリウス（Marsilius of Padua）が現れ、善き生活を、地上的な「善き生活」と天上的な「善き生活」の二種類に分け、市民社会を前者とし、後者の教会生活も世俗的な市民生活の政治的な諸制度に含まれるとする。この世の法の源は国家であり、教会は国家の法に服す。国家は強制力以上に正義を体現するものとなる。マルシリウスは、やがて現れる世俗的主権論を予示したといえよう。

注

（1）ジョン・エーレンベルク、『市民社会論——歴史的・批判的考察——』、前掲邦訳、三一八頁。

（2）同書、「日本語版への序文」、五頁。

（3）同書、「序文」、一五頁。
（4）同書、「序文」、一五頁。
（5）同書、「序文」、一六頁。
（6）同書、二九頁。
（7）同書、三三頁。
（8）同書、二四頁。

②中世から近代への移行期における市民社会論

次に第二段階の市民社会概念が現れる。古代と中世の「市民社会論の普遍的な政治的・宗教的基礎」が崩壊したからといって、ただちに新しい近代的市民社会概念が形成された訳ではない。エーレンベルクは、一六世紀のルネッサンスと宗教改革から一七世紀までの時代を、「近代の移行」期ととらえ、その時代に出現したマキアヴェリ、ルター、ホッブズをあげ、彼らを市民社会論から分析している。エーレンベルクは第四章「『経済人』の勃興」の冒頭で、第三章全体を要約しているので説明しよう(1)。

マキアヴェリは信仰よりも君主や市民的公共生活を優先させ、ルターは君主が（個人の良心の自由を強調する）「信仰の共同体」としての市民社会を組織化する責務を負うとした。ルター問題の特質はどこにあるかというと、「キリスト教共同体」における国家の責任を明確にしたことにある。しかも彼の場合市民社会は、「信仰において結びつく平等な信徒の外的日常的な諸関係」(2)と規定された。ルターは「自由なキリスト者の内的世界」と「不平等で強制的な外的世界」を分け、人は信仰の世界では自由で平等だが、現実世界では従属と不平等を甘受しなければならないといった。これでは「政治的静寂主義」に終わってしまう。

ではホッブズはどうか。彼は、「各構成員の利害」のために主権者が市民社会をつくると考えた。彼の場合、国家が形成される以前には市民社会は存在しないことになる。では、三人にとり何が共通なのか。エーレンベルクはいう。三人は「私的利害を追求する一般的基準を適用するために、神の力に依拠する必要はなかった」(3)と。彼ら三人は〈存在するもの〉を〈存在すべきもの〉から弁証する余裕がなかったといってよい。というのは、三人の時代には、古代と中世の価値観は崩壊したが、新しい近代的価値観がまだ生まれてはいなかったからである。いわば彼らは価値の真空状態の下で〈存在するもの〉に翻弄されていた、と言ったら言い過ぎであろうか。

注

(1) ジョン・エーレンベルク、『市民社会論——歴史的・批判的考察——』、前掲邦訳、一二八頁。
(2) 同書、一〇六頁。
(3) 同書、一二八頁。

③近代の市民社会論

(i) 商業的市民社会概念

さらに時代が進み、第三段階としての近代的市民社会概念が出現する。先にも触れたが、エーレンベルクは近代の市民社会概念を次のような二つのものに分け説明する。すなわち第一に、商業によって成立する関係総体としての市民社会概念と、第二に、個人の自由を守り中央権力機構を限定する中間諸団体の新しい親密圏、つまり国家や軍隊に対抗する文明論的なものとしてのそれである。

先にも触れたように、第一の商業的市民社会概念には、それを肯定する考えと、それを否定する考えがある。まず前者を説明しよう。商業的市民社会概念の特質は、「コモンウェルス」や「普遍的市民社会」といった古い概念が、「私的利害の論理」により乗り越えられてしまったところから出現したことにある。ロックやアダム・ファーガソン（Adam Ferguson）やアダム・スミス（Adam Smith）の理論は、勃興した経済人の市民社会を正当化するものである。彼らの「市民社会は、市場によって構成されるという確固とした自由主義の立場」[1]に立つ。特にアダム・スミスは、「自己調整的な市場が経済的発展と繁栄の永続的な原動力」[2]であると規定した。アダム・スミスの「意図せざる結果」は、「重商主義者の保護政策」への反発であり、「公共の利益」を「市場の見えざる論理」に置き換えるものであった。「諸個人の選択が自由であればある」ほど「市場の自己調整的機能」が働く。理性の主体である経済人が市場に平等な資格で参入し、市場で自由に動くとき、予定調和的な結果がもたらされる。スコットランドのプレスヴィティリアンであったアダム・スミスの予定調和説は、一六世紀のカルヴァンの神学的予定説が経済学的に世俗化されたものであろう。予定調和的なマーケット経済は、「重商主義的な官僚支配」よりも「効率的で公正」だといわれる。このような市民社会論は、市民社会というよりは、むしろ経済社会と呼ばれるものであろう。スミスは国家を、「市民社会を対外的脅威から防衛」[3]するための機構として要請した。商業的市民社会についての主張は決してアナキズムではないが、経済社会としての市民社会を、国家の上に置いたのは明らかであろう。

次に後者の商業的市民社会概念を否定する立場を説明する。この立場に立つのは、もちろんルソーである。彼は、商業的市民社会概念の肯定は、富の偏在や貧富の差を認めることにつながるといい、それを否定し、またそのような市民社会は、富の力により、人間を文明的に高めたという意見を、むしろ逆に富の力は、豊かな者の奢侈を生み出し、それを見せびらかす虚栄心を顕在化させ、見栄を満足させるためにつくり出された文明は道徳を堕落させたといい、商業的市民社会概念を否定してしまった。

注

（1）ジョン・エーレンベルク、『市民社会論――歴史的・批判的考察――』、前掲邦訳、一八頁。

（2）同書、一五一頁。

（3）同書、一五五頁。

（ii）文明論的市民社会概念

では、エーレンベルクは、第二の「文明論的市民社会概念」をどのように説明しているのであろうか。その問題を、特に第六章「市民社会と中間団体」を参考にして見ることにしよう。近代的市民社会概念の（ii）は、経済よりも文明に焦点をあわせ、市民社会を「絶対王政に対する貴族主義的批判を基盤にして、市民社会を個人と国家とのあいだに位置する自主的団体とその活動の中間領域として捉える」(1)ことに、その特質がある。エーレンベルクは、そのような市民社会概念をつくった最初の人物としてモンテスキュー（Baron de Montesquieu）を挙げている。モンテスキューは、集権化に努める君主と騒がしい民衆の間にあって、双方から市民的自由を守る貴族や地方諸団体の存在を重視した。次はルソーである。エーレンベルクによれば、ルソーは「スコットランド啓蒙の個人主義的徳」から学び、「同情」という自然的感覚を市民社会の道徳的基礎としたが、それは歴史により不可能とされてしまったと考え、オルタナティブとして「マキアヴェリの共和主義的徳」から学び、私的利害以上の道徳的共同体をつくらねばならないと考えた。その際ルソーは、モンテスキューとは異なり、党派や中間諸団体を排除してしまった。最後にトクヴィル（Alexis de Tocqueville）である。彼は「諸階層の平等」という歴史の大波のなかで、貴族に代わって平等な人々がつくる自主的な中間諸団体が自由を守りうると考えた。トクヴィルは、中間諸団体を媒介とすることによってのみ、自己の私的利害をコミュニティの福祉に結びつけることができると考えた。商業がもたらす孤立した個人と、ますます集権化し個人に対する介入の度合いを強める国家の間にあっては、中間諸団体を通し、平等を犠牲にした上で自由を守るしかない、とトクヴィルは考えた、とエーレンベルクは見ている。

エーレンベルクは、『アメリカの民主政治』の次の文を引用する。「心の中で唯一の不動点のようなものとして現れている私的利害に、正義の観念を結びつけることができないとすれば、恐怖を除いて、諸君にこの世を支配する手段として何が残るであろうか」(2)。特殊利害を抑え「正義の観念」を実践する者、それは独立性を保障された諸団体、すなわち市民社会以外にはありえない、とトクヴィルは考えた。しかし、果たして「諸階層の平等」という前提は、同時代人マルクスを待つまでもなく正しいのか。エーレンベルクによれば、トクヴィルは「市場を彼の体系から排除することができた」(3)からこのようなことをいえたのであろう。

注

（1）ジョン・エーレンベルク、『市民社会論――歴史的・批判的考察――』、前掲邦訳、二〇六頁。

（2）同書、二四〇頁。

（3）同書、二四一頁。本章の本文では、エーレンベルクの著作第五章「市民社会と国家」に触れなかった。エーレンベルクはこの第五章で、まさに現代国家論あるいは現代政治学にとり重要なテーマとなる〈国家と市民社会の関係〉を、カント、ヘーゲル、マルクスの市民社会論から分析しているので、一瞥することにしよう。カントは超越論的（前経験的）な道徳律（定言命法）を、人間の意志に宿る「実践理性」のうちに基礎づける。カントは、内心の道徳律によって「感覚的世界」の必然性から抜け出し、自由を獲得した人間がつくる公共圏として、「目的の国」あるいは「道徳的共同体」としての市民社会を捉える。カントは、法治的共和国の諸制度を媒介としながら、個人性と普遍性あるいは敵対と連帯を調和させようとした。すなわちカントは、市民社会を、エゴイズムを越えた基盤に据えようとした。フランス革命は、国家統一を遂行し、封建的諸特権や中間諸団体を解体していった。市民社会の基盤は、出自よりも所有に置かれ、市民社会は経済過程に依拠するようになったが、国家は、そのような市民社会から形式的に分離され独立していった。〈普遍的国家（法の平等）〉と〈特殊的市民社会（経済活動の自由）〉が顕現し、ヘーゲルが出現する基盤をつくった。ヘーゲルによれば、「国家」は、「市民社会」の敵対性を外からまた上から調停し、各人を自立した「人格」ととらえつつ、各人の特殊的利益の追求を普遍的目的の実現に接合する。客観的な「人倫」としての国家において、市民社会の活動は保障され自由が現実化する。ヘーゲルの後にマルクスが現れる。マルクスの目的は、欲望の体系としての市民社会自体の止揚を目指すことにある。「政治的解放」（国家からの市民社会の解放）は、「人間的解放」（市民社会の民主化・人間的社会の実現）にまでいかなければならない。そのような解放の主体がプロレタリアートとなる。エーレンベルクは、マルクスを批判して次のように述べた。「市民社会を民主化するために市場に国家権力を行使することは、市場の廃止以上に、国家の死滅ではなく市民社会そのものを死滅させてしまうことにはならないだろうか」（同書、二〇四頁）。我々は市民社会の解体から何が出現したかを、左右全体主義の台頭から考えてみるべきであろう。

第三節　現代の市民社会論

(i) 市民社会と共産主義

最後に、新しい第四段階目として現れたと思われる現代の市民社会概念を説明しよう。エーレンベルクは、それを「市民社会と共産主義」と「市民社会と資本主義」に分け説明しているが、まず前者から見ることにする。エーレンベルクは、第七章「市民社会と共産主義」で、東欧の反体制知識人は「自立・私的利害・参加主義」の下に、「立憲的共和国と制限国家という旧知の自由主義概念」、すなわち自由主義的市民社会論の再生により、共産党一党独裁国家に制限を加えようとしたが、出現したのは市民社会ではなく「資本主義の復活」であったと述べている。エーレンベルクによれば、にもかかわらずそれは一応意味があった。「国家に対する市民社会」（それは政治的権利・市民的自由・法治主義を求める自由主義的立憲主義プラス中間諸団体を意味する）は、「一党支配的官僚制国家」への挑戦であったからだ。エーレンベルクは、「自由主義が市民社会論を発展させたのは国家を民主化しようとしたからであり、マルクス主義が国家論を発展させたのは市民社会を民主化しようとしたからであった」(1) と述べている。しかし東欧の反体制知識人は、既存の社会主義が国家権力を極大化することで市民社会を解体し、個人の人権を蹂躙してしまったという自覚から、今度は国家権力を逆に極小化していこうとしたといえよう。

そこで東欧の知識人たちは、共産党一党独裁国家の下で、「自己限定革命」なるものを提起した。彼らは「国家権力への直接的な攻撃」を避け、「政党国家」の「固有の」領域外の範囲を確定するため、「社会の自己組織化」を企てた(2)。『旧約聖書』の『ヨブ記』の言葉をもじっていえば、次のようになろう。〈国家よ、ここまでは来てよい。しかしこの先は来るな〉。ミフニク（Adam Michnik）は、社会主義的市民社会を「自己限定的」対抗と位置づけた。民主主義は国家からの「市民社会の防衛を必要とする」としたが、「市場の無視」は高くついた。ゴルバチョフは、「市場改革と『市民社会』の解放」(3)という課題から「社会主義的多元主義的」政策形成を導こうとしたが、これもまた「市場の扉」を開けただけであった。パンドラの箱を開けたら何がそこから出てきたか。膨大な数の社会的弱者である。自己限定的革命とは、「政党国家には直接挑戦しない」ことを指していた。最後に、「確固とした自由主義的政治理論」を展開した者として、ハヴェル（Vaclav Havel）が登場する。「所有権の確立や法による支配によって、国家から離反した『自己形成的』『自己限定的』市民社会は、必然的に市場によって構成されることになる」(4)。ここから「政治的民主主義と資本主義は、今や同一のものとなった」(5)。自由民主主義的制度と自由市場経済とは接合してしまう。

ここでは、〈トクヴィル・プラス・スミス〉なのである。東欧の反体制知識人の「自己形成的」市民社会概念は最初から幻想であった。「〈自己限定的〉市民社会が資本主義を通過することなしに共産主義を民主化できるという彼ら（東欧知識人――引用者）の願望は、自由主義的限界を越え出るものではなかった」(6)。

注

（1）ジョン・エーレンベルク、『市民社会論――歴史的・批判的考察――』、前掲邦訳、二四五頁。
（2）同書、二六三頁。
（3）同書、二六六頁。
（4）同書、二七一頁。
（5）同書、二七一頁。
（6）同書、二七三頁。

（ii）市民社会と資本主義

次に後者の「市民社会と資本主義」を説明する。エーレンベルクは、第八章「市民社会と資本主義」で、アーレントやトクヴィルの主張を論拠としてつくられた東欧の市民社会論が、市場の鉄の論理により砕かれたのに対して、アメリカにおいては「多元主義的社会科学」を論拠とする市民社会賛美が起こったという。トルーマン（David Truman）の多元主義は、社会的階級的政治を「競争的利益団体の取引関係」（市場モデル）に代えることにその目的があった。これは市民社会における構成員を統合する様々な中間諸団体の存在と、「ゲームのルール」（「神の見えざる手」に代わるもの）の存在が前提となる(1)。アーモンド（Gabriel Almond）とヴァーバ（Sidney Verba）は「ゲームのルール」を基礎づけるものとして、「政治文化（市民文化）論」を展開した。民衆扇動に代わって、エリートに指導されながら私的関心を明確に表現する中間諸団体が、市民の体制への忠誠心を担保する。しかし多元主義は、一九六〇～一九七〇年代の公民権・反戦・フェミニズム運動に表明された私的総和以上のものを求める運動の高まりのなかで、すでに破産していた、とエーレンベルクはいう。

エーレンベルクは、トクヴィル批判と関運づけて「グラムシの再発見」について述べる。市民社会は〈ヘゲモニー形成の場〉であり、国家の機能はヘゲモニーと強制の結節である。市民社会は、自主的諸団体の自立的領域ではなく、資本主義的社会の他の領域と同じく階級的権力や市場関係や商品形態によって日々編成される場なのである。

そこでさらにエーレンベルクは、商品化された「公共圏」としての市民社会を分析しているアドルノ（Theodor Adorno）、ホルクハイマー（Max Horkheimer）、マルクーゼ（Herbert Marcuse）、アーレント（Hannah Arendt）、ハーバマース（Jürgen Habermas）について触れる。アドルノとホルクハイマーによれば、市場の勝利と文化産業によって生活そのものが商品化されてしまった。アドルノとホルクハイマーを受け継いだマルクーゼによれば、すべてのものの交換価値化は、規範意識を道具的合理性の計算にかえてしまい、「全面的に管理された社会」の台頭を可能とする。ハーバマースは、市場・商品化の浸透による「生活世界の植民地化から市民的公共圏を守るためには、討議的倫理により日常生活を民主化することが必要だといったが、エーレンベルクは、物質的な不平等状態の下で合理的批判的討議は成立しえないのではないかと批判している[2]。要するにエーレンベルクは、「市民社会の商品化によって、公共的生活が市場の力に抵抗しえなくなりつつある」[3]と主張したのである。そこでエーレンベルクは第八章の最後で、「コミュニタリアン」であるベラー（Robert Bellah）、サンデル（Michael Sandel）、パットナム（Robert Putnam）の市民社会観を検討する。コミュニタリアンは、主体的参加を前提とする地域的ヴォランティア諸団体の活動により、トクヴィル的市民社会の再生をはかり、市場権力や私的利害を緩和していこうとするが、エーレンベルクは、小さな市民社会が大きな国家や市場を規制できるのか、また市民社会が政治や経済からの避難場所たりえないのではないか、という疑問を発する[4]。エーレンベルクは、市民社会自身に固有な調整能力があるとしても、スコチポル（Theda Skocpol）が指摘するように、アメリカの市民的組織は国家の諸機構が育成したものであり、また政治や経済が市民社会を編成している現実を見なければならないという。

注

（1）ジョン・エーレンベルク、『市民社会論――歴史的・批判的考察――』、前掲邦訳、二七八―二七九頁。
（2）同書、三〇五頁。
（3）同書、二九九頁。
（4）同書、三〇九頁。

第四節　市民社会論の変革

エーレンベルクは、第九章の「市民社会と民主政治」で、「一九世紀初期のニュー・イングランドのコミュニティにおける直接民主主義に由来する概念（トクヴィルの市民社会概念――引用者）は、かつてない経済的不平等を刻印する今日の高度に物質的な大衆社会において、公共生活の信頼すべきモデルとはなり得ない」(1)と断言する。エーレンベルクによれば、そもそも市民社会は政治的諸活動領域と経済的諸活動領域の間の「グレーゾーン」に位置する。市民社会は、〈外部からの自立を目指しつつも、外部による決定に服する〉存在である。エーレンベルクによれば、市民社会は実体として存在するというよりは、むしろ「発見的な装置」として存在するのであり、また市民社会は、市民社会内部から外に出ていかない限り、市民社会それ自体を十分に規定できない(2)。

エーレンベルクによれば、「市民社会の概念史」の「古代と中世の市民社会論」と「中世から近代への移行期における市民社会論」は、社会生活が国家権力によって可能になったことを示唆している。市民社会は、一面、国家によって形成され支持され操作され抑圧されるのはもちろんだが、他面、国家権力を限定することにより、民主主義に貢献することもありうる。しかしマッコネル（Grant McConnel）が指摘するように、市民社会内部の私的中間諸団体の組織的一貫性や効率性の要求が、民主主義を抑圧し公共的価値を排除することもありうる。今触れた、市民社会が宿命としてもつ両面性というコンテクストから見ると、キング牧師の「公民権運動」が南部の人種差別と戦うためにジョンソン政権に頼らざるをえなかった理由が分かるであろう(3)。またマンスブリッジ（Jane Mansbridge）は、タウンミーティングの統合方式として出てくる「地域中心主義」が、しばしば諸利害の衝突を覆い隠し、すでに不利益をこうむっている市民にさらに被害をこうむらせることがあることを、分析している（つまりボス政治による少数意見の抑圧）。

エーレンベルクはいう。抑制のきかない価値の無限の増殖体としての「資本」の命令が「公的・私的生活の隅から隅まで浸透している」(4)と。我々は、彼が「高度な政治的闘い」(5)を、民主主義を「経済・国家・市民社会に拡充し」ながら実践しなければならないとし、またそのためには「包括的な政治活動と政治理論を必要とする」(6)と述べている点に注目すべきである。国家と経済の両者が市民社会に深く入っている限り、それを「解決が見出される答え」が存在する場として捉えるのは間違いであり、「解決されるべき問題」(7)が山積する場として理解するのが肝要なのである。このことを真に直視できたのは、ルソーであり、そして後のマルクスであった。

市民と市民社会の問題を根底から考え抜き発言したとは思われない政治家の鳩山は、市民社会という言葉を「解決が見出される答え」として読み込んでしまったからこそ、市民と市民社会を持ち上げ、老獪な政治家の中曽根は、市民と市民社会という言葉が「解決されるべき問題」を孕んでいるのを知っていたからこそ、「市民」という言葉ではなく「国民」という催眠術的言葉を選択し、我々に投げつけたといえよう。我々は、市民社会論の歴史と現代市民社会論を認識するための格好のテクストとして、エーレンベルクの『市民社会論』を得たことを、素直に喜ぶべきであろう。

注

（1）ジョン・エーレンベルク、『市民社会論——歴史的・批判的考察——』、前掲邦訳、三一七頁。
（2）同書、三一八—三一九頁。
（3）同書、三二六—三二七頁。
（4）同書、三三六頁。
（5）同書、三三七頁。
（6）同書、三三八頁。
（7）同書、三三二頁。

第三章　市民社会と国家の関係――ルソーの自由論から――

第一節　ルソーの自由の位置づけ

ルソーは、ホッブズ以降始められた近代政治思想史のなかで、一般意志と呼ばれる「倫理的自由（liberté M orale）」あるいは自治の国家論を展開し、市民社会の〈平等〉を実現しようとした点において、独特の地位を占めるものと思われる。ルソーの政治思想を述べる場合、特に重要視されるのは、この倫理的自由であろう。謹厳なカルヴィニストであったホッブズが、そのような個人の自由を否定したのに対し、ロックは、『人間知性論』で、自由を心身の発達と共に万人がもつことができるようになる能力といい、哲学的次元で肯定し、『市民政府論』でこれを政治的自由として規定したが、ルソーは、ロックのそのような自由を継承し、それを「魂の霊性」あるいは「自己完成能力」といいかえ、積極的に認めたが、そのような自由を他者には絶対に譲り渡すことができない権利とした点に、その特質が窺える。ただロックの自由が、〈個人の心身の発達過程〉の分析の結果でてくるものと捉えられたのに対して、ルソーの自由は、特に『人間不平等起源論』では、それの発達の過程を〈歴史化（histricization）〉した点に違いがあるが、ここに後のヘーゲルやマルクスによって継承される自由観があったといえよう。

先述のように、ルソーの自由を述べるとき、対比されるのはホッブズの考えであった。ホッブズは、『リヴァイアサン』で、人間が元来他者を殺害する権利としての自由（この自由をホッブズは「自然権」とも呼んだが）を平等に所有していると見た。これは相互絶滅の道である。そこでホッブズは、人間が自己保存の相互的保証を実現するためには、「死すべき神」たるリヴァイアサンに自己の自由を平等に譲渡し、彼が強制する鎖につながれるしかないといった。ホッブズにとり、人間の選択肢は自由か鎖かであったが、ルソーは、この見解を承認するわけには絶対いかず、自由と鎖の対立関係を止揚することを考えた。それが〈鎖をとおした自由〉の実現であった(1)。この場合の鎖とは何か。鎖とは平等を指し、平等を客観化するのが「法」であった。だから鎖を介した自由の実現とは、実は平等を客観化した法をとおした、自由の実現であった。それが平等主義的自由といわれるものの内実であった(2)。では、人間はこのような平等主義的自由をどのようにして実現するというのか。ルソーは、人間を自治の主体とし、そのような自治により平等主義的自由を目指していく方法を探り始めた。そのためにはルソーは、自由が決して無軌道な衝動ではなく、倫理的能力であることを示さなければならなかった。これがホッブズとルソーの自由の決定的相違点であった。この使命は、『社会契約論』では、一般意志による国家論となって出現する。

それにしてもなぜルソーは、一般意志の国家論を主張したのであろうか。それは先述のように、自由を基軸とする国家を建設し、不平等を内容とする「市民社会（société civile）」を変革するためであった。そこで我々は次のような二つの視点からルソーの自由論を見ていくことにしよう。すなわち、次の第二節で批判の対象と見た現実の国家と市民社会が、自由によりどのようにして形成されたとルソーが見たか、さらに第三節でルソーがそのような現実の国家と市民社会を、それにもかかわらずどのようにして自由により変革しようとしたかである。

注

（1）キルマコスキの『市民の徳――一八世紀フランスのコンテクスト下におけるジャン・ジャック・ルソーの共和主義――』第二章第一節「共和国」によれば、ルソーにとっては法の観念が最重要であり、立法と法の支配が自由と平等に関連していた（Merja Kylmäkoski, The Virtue of the Citizen, Jean-Jacques Rousseau's Republicanism in the Eighteenth-Century French Context, *op. cit.*, esp. 2.1, The Republic）。またキルマコスキは、シドニーやハリントンに見られるが、「しばしば自由な国民あるいは自由な国家は、市民によって制定される法によって支配される共和体として規定されてきた」と述べている（*Ibid.*, pp. 172-173）。百科全書派を始め多くの者は、結局「市民は法的権利を享受するのを許される場合のみ自由である」と規定した。ルソーは、マキアヴェリに近く、スイスやオランダのような連合共和国も含まれる。しかし王政は含まれないが主権を持つ国家（民主政もしくは貴族政が含まれ、モンテスキューに倣い、〈république〉を人民ないしは人民の一部と規定した。ルソーは、マキアヴェリに近く、〈république〉を政体としてではなく、法の支配する国家全体として捉えている（したがって民主政も貴族政も王政もそれに含まれる）。

（2）ルソーの平等主義的自由論については、本書第二部第九章「ルソーの自由・平等観」を参照せよ。

第二節　現実の市民社会と国家の批判

一八世紀のルソーは、一九世紀の元貴族トクヴィルが文明論的視点から近代市民社会を、自由が実現されつつある場という意味で高い段階にあるものとして肯定的に捉えたのに対して、同じ近代市民社会を否定的に捉えていた。では、なぜルソーは市民社会を否定的に捉えたのであろうか。ルソーは、『学問芸術論』では、市民社会を文明論的視点から批判したが、『ナルシス序文』と『スタニスラス国王への返答』の発表の頃から、次第に社会経済的な視点から市民社会を批判し始めるようになった。その時ルソーが批判したのは、メロン（Jean-François Melon）やファーガソン（Adam Ferguson）やアダム・スミス（Adam Smith）やヒューム（David Hume）のような思想家たちにより唱えられていた〈商業的市民社会論〉であった。彼らに共通のものとはいったい何であったろう。それは人々が「温和な商業（doux commerce）」によって「甘美な交流（doux commerce）」に導かれるという説であった(1)。彼らによれば、すべての人間は自己愛を追求するという意味で、エゴセントリックな存在であるが、にもかかわらず、すべての人間がそのような自己愛を追求することから公益が生まれる。では、どのようにしてそのような公益は生まれるのか。そこで温和な商業論が呼び込まれることになる。人間は、他者に自己の商品を売ることによって儲け、自己愛を満足させることができるが、他面そのようなことで、他者が欲する物を他者に提供するという点で、他者の欲望を満足させ他者を幸福にすることができる。温和な商業は私益と公益を結びつけるものとなり、そこから人間相互に甘美な交流が出現する。

だがルソーは、このような商業的市民社会論に異議を唱える。ルソーによれば、商業は人々を温和な交流に導くどころか、人々を分裂させ不和に追い込み、さらには貧富の差をもたらしてしまう。そこから富める者は貧しい者を卑しいものとして軽蔑し、また貧しい者は富めるものを怨嗟の眼で見るようになる。そこでは私益と公益の一致など存在しえない。ルソーはいう。「悪の第一の源は不平等」にあると(2)。すべての悪徳の源は不平等にあるのだから、そのような市民社会を根底から変革するしかない。しかし市民社会は、市民社会自らの力で私益と公益の対立を解決することはできない。富める者は、決して市民社会を変革しようとは思わず、市民社会に内在する不平等を凍結の状態に持っていこうとする。凍結の枠組みとして、国家が富める者によってつくられることになる。国家は、「温和な商業」を、国家イデオロギーとして被支配者に盛んに吹き込む。

当然、商業社会的市民社会が自らの力により、そのような社会の枠を温和な商業により守っていくことができるならば、国家などいらないはずである。だが、商業的市民社会論の思想家たちは皆、国家を要請する。それに対してルソーは次のように批判する。すなわち、温和な商業論を展開する者は「自己愛」と「社交性」を対立させるが、本来それは対立しない。彼らが自己愛といっているのは実はそうではなく「自尊心」である。対立するのは自尊心（虚栄心）と社交性である。自己愛は他者と関係がないところに出てくる〈絶対的感情〉であり、それ自体は善悪から中立的である。だが自尊心は他者との関係において、他者と比較した結果でてくる（相対的な感情）である。人間は、自尊心を満足させるためには、他者を犠牲にすることなど平気であると。ルソーは方法的に、他者との関係と絶縁したところで存在する自己愛を抽出し、そのような自己愛をもった人間が、歴史のなかに入っていくにつれてそれを自尊心に変質させてしまった、と述べているのである。

M・キルマコフスキの『市民の徳——一八世紀フランスのコンテクストにおけるジャン・ジャック・ルソーの共和主義——』によれば、〈amour-propre〉は、中世の〈amour sui〉と同じ意味であるラテン語の〈amour proprius〉にまで遡ることができるが、それは一七世紀の冒頭にフランス語に採用された。一七世紀の初頭、それは「自分自身の人格に対する排他的な愛着を意味した」が、一八世紀の中頃になると、「すべての他人を凌ぐ自尊心を意味した」(3)。ルソーはこのような一八世紀の〈amour-propre〉概念を継承したのである。ルソーによれば、人間は、自尊心ではなく、他の情念で対人間関係を形成することができたはずであった。それが人間に内在する「憐憫の情」あるいは「良心」と呼ばれる神的感情であった。憐憫の情あるいは良心という感情は、他者に助けを求める者の立場と感情に思いを馳せる能力である。必死に助けを求める他人の手を振りほどけば自分は加害者になるかもしれない者が、当の他者を助けるのはこの感情によってであろう。

温和な商業論者たちが唱える甘美な交流は、心からの交流ではなく、相互利用の関係から出現するだけである。人間にとり自己が目的であり他者は目的の手段であるならば、利用価値がない場合、他者は切り捨てられる存在である。甘美な交流論は、自己目的の実現の偶然の結果が他人の幸福になるだけである事実を、隠蔽している。もし他人が自己の目的実現に邪魔となるならば、他人を排除するだけのことである。ヘーゲル的にいえば、他者は本来的にはほとんど無の存在価値しかない。ここには憐憫の情からでてくる交流は望めない。冷たい打算からの交流しか生まれない。ホッブズは、人間は自己愛と社交性の対立を解くことができないといい、これを解決できなければこれを凍結するばかりであると考え、フリーザーとしてリヴァイアサンをもってきた。ディドロにより「裏返しされたホッブズ主義者」と呼ばれたルソーは、このようなホッブズの『リヴァイアサン』の論理を歴史化し否定的に使用していった。ルソーは、利己心に変質した自己愛を自尊心といい、これが歴史のなかで生まれるといったとき、これを歴史化したといえよう。『人間不平等起源論』は、ホッブズが『リヴァイアサン』で肯定的に描いた戦争状態から社会契約をとおして国家は出現するという理論を、否定的に描写したものといえよう。商業的市民社会論は、人間が自らの自由意志をとおし経済的不平等を生みだし、それを固定化するために国家をつくったという事実を、隠蔽している。しかも甘美な交流論は、富める者の強欲や虚栄心や偽善等を隠すものである。富める者は、獲得した富により贅沢にふけり、貧しい者に贅沢を見せびらかす。ルソーは、このような甘美な交流論を、一五五八年から一八世紀まで続いたジュネーヴ共和国の「贅沢禁止令」に依拠しながら批判していったのである(4)。

国家はこのような経済的不平等の商業的市民社会の枠を守るために出現する。商業的市民社会は商品交換の社会である以上、等価交換のイデオロギーを身にまとい、この交換を保証するのが「契約」となる。この契約を政治社会形成の原理として転用したのが社会契約である。ジュネーヴ共和国の自然法学者は、国家形成の原理として社会契約論を導入するが、その代表が、ルソーから目の敵とされたビュルラマキ(Jean-Jacques Burlamaqui)であった。彼は、ジュネーヴ共和国の小評議会議員であり、またアカデミーの教授であり、その意味で体制のイデオローグであった。彼によれば、群衆は集合し、契約を結び、社会を形成し、その後政府をつくり、その政府により統制されることで群衆たることを止める。政府により市民は自己の「市民的自由」を保護される。自由は他者により守られる権利となってしまった。

市民は政府の家来であり主権者とはなりえない。ルソーは、このようなビュルラマキの国家論を許せなかった(5)。

注

（1）「温和な商業論」あるいは「甘美な交流論」といわれるものについては Helena Rosenblatt, Rousseau and Geneva, *op. cit.*, pp. 46-87を参照。

（2）J・J・ルソー（前川貞次郎訳）、『学問芸術論』（付録「ポーランド王、兼ロレーヌ公への回答」）、岩波書店（岩波文庫）、九一頁。

（3）Merja Kylmäkoski, The Virtue of the Citizen, *op. cit.*, p. 70. キルマコスキの同書二・四「人間の本性——自己愛の概念」によれば、マンデヴィルの〈self love〉と〈self liking〉の区別に、ルソーの〈amour de soi-même〉と〈amour-propre〉の区別が対応していたが、ヴォルテールやモラリストは〈self love〉を〈amour-propre〉と訳し、二つを区別していない。またルソーは〈amour de soi-même〉が、〈amour-propre〉に先行すると考えた。一八世紀になると〈amour propre〉という用語が消極的意味をもつものとして使用されるようになった（*Ibid.*, pp. 69-74）。

（4）カルヴァンの時代から一七七二年まで続いた「贅沢禁止令」については、キルマコスキの同書三・一「ジュネーブの遺産」を参照。贅沢禁止令は、公式の場に出るときの女性の髪形や装飾品や帽子にまで規制を加え、また葬儀の時にはお棺の上に花束を置くことを禁止したりして、それらの規定に反すれば収監されたり罰金刑を科されたりした。

（5）ビュルラマキについては、ローゼンブラットの『ルソーとジュネーブ』の第三章を参照。

第三節　新しい国家像の建設と市民社会の変革

商業的市民社会は不平等差別の社会であり、その差別を「飾る花」として温和な商業論というイデオロギーが出現したのである。所与の国家を正当化するイデオロギーが、社会契約論（ビュルラマキは結合契約と統治契約の二重契約論を展開した）であった。ルソーはこのようなイデオロギーに対する対抗イデオロギーを構築する。それが市民社会を変革するための新しい国家論であった。そこで自由もまた新しく自己を装わなければならない。

ルソーは『エミール』の第一編の冒頭で、「神義論（theodicy）」を世俗化する次のような言葉を述べている。「万物をつくるものの手をはなれるときは、すべてはよいものであるが、人間の手にうつると全てが悪くなり、何ひとつ自然がつくったままにしておかない。人間そのものさえそうだ」が、「しかしそういうことがなければ、すべてはもっと悪くなるのであって、私たち人間は中途半端にされることを望まない」(1)。神は「自然（nature, 万物）」を善きものとしてつくったが、人間は、そのような善きものとしての自然を、「作意（art）」すなわちこれもまた神から人間に与えられた自由により、悪しきものに変質させてしまった。ここには、神義論のテーマ〈神の善と人間の悪〉という二項対立のパラダイムがあると見てよい。古代から稀代の演劇人であった神学者は、キリスト教の目的は人間の死後の救済にあり、その救済を恩寵によってするのかそれとも自然によりするのかという〈恩寵対自然〉の二項対立のパラダイムを、捏造した。善きものとしての恩寵と悪しきものとしての自然の対立である。

しかしこのような二項対立のパラダイムは、一七～一八世紀のジュネーヴでは廃れてしまい、〈自然の罪〉は〈自然に対する罪〉にずらされてしまった。ジュネーヴの神学者は、自然を恩寵化する教えをジュネーヴ人信者に吹き込んでいた。ルソーは、そのような教えの下で、それを世俗化し、死後の救済をこの世での「保存」に置き換え、先のパラダイムを〈善きものとしての自然と悪しきものとしての歴史〉の二項対立のパラダイムに、変換したといえよう。〈恩寵対自然〉から〈自然対歴史〉へと、パラダイムは変換したのである。「人間の手にうつるとすべては悪くなる」。人間は、神から与えられた人間の「自然」を変質させてしまった。では、自然を変質させてしまったのは何か。それは「歴史」である。そして歴史とは、ルソーにとって、自由な行為によりつくられたものである。悪しき歴史をつくってしまった責任は自由にあった。人間は作為つまり自己に内在する自由により自然を捻じ曲げてしまった。

では、作為を止めれば自然を回復することができるのであろうか。ルソーは、それはできないという。作為を止めれば自然はより悪化してしまう。中途半端な作為により人間は変質させられてしまった。では、どのように変質させられたのか。不平等な人間関係に、であろう。歴史とは不平等な人間関係形成を意味していた。では、ルソーは〈自然に対する罪〉としての不平等をどのように治療しようとするのか。人間は、中途半端な作為ではなく「完全な作為」により自然を回復していくしかない。では、そもそも完全な作為とはいったい何であろうか。それは、人々が社会契約を交わし国家を形成し、その国家を「一般意志」により運営していくことにより、市民社会を平等化していくことを指すのである。市民社会の平等化が歴史の治療と自然の再生復活を意味するのである。後に出現する保守的思想家たちは、人間の自然を変革していくというルソーの政治思想に異議を唱えた。人間が人間性を変えていく。それは人間が神の座に座ることであり、不遜なことだと彼ら保守主義者には思えたのであろう。彼らは、人間が自然を変えるという思想からフランス革命の急進主義者やマルクスやレーニンが出て来た、といいたてた。

だが、このような保守主義者が出てくるのを予想したかのように、ルソーは次のように述べていた。ルソーによれば、自由は単なる「放恣」ではない。放恣という力を自由というならば、そのような自由はホッブズ的自由であろう。こうなると自由と対立するのは「力」となろう。力それがリヴァイアサンである。力によりそのような力を押さえ込んでいくしかなくなる。ルソーはそのようなことを望まない。力に代えて、理性に裏打ちされた一般意志を据えた国家改造論を提唱する。一般意志とは、マールブランシュを経由しアウグスティヌスの神の一般意志まで遡る言葉だが、ルソーは、そのような神の一般意志を、民衆の一般意志に変換し使用した。だからこそ彼は、「民の声は神の声」ということができたのである。

ところで、一般意志はなぜ道徳的自由になるのだろうか。特殊意志と全体意志は共同体のなかで自己と集団のエゴを優先させる意志であったが、それとは異なり一般意志は、自己を含む共同体のなかで、共同体全体の平等を実現しようとする意志であった。さらにいえば、平等は「法」をとおし客観化される。自己の意志は、他者の意志という鎖ではなく、法という鎖に従うとき、誰もが認める一般意志となる。ルソーは法への服従から自由は生まれるといい、この種の自由を道徳的自由といったといえよう。放縦から最も遠いところにあるのが道徳的自由を意味しているといえよう。

これまで述べたことを要約してみよう。ルソーは、現実の市民社会を主として経済的不平等を基軸として構成されるものと見ていた。そのような不平等から人間のすべての悪が出現する。そして悪の最たるものは「自尊心」という言葉で現われる見栄である。自尊心は、自己が持っていないものを持っているかのように見せかけることを指す。「存在（être）」と「見かけ（paraitre）」のズレが生ずる。富める者も貧しい者も、このズレを見せないように努めることになる。しかもこのような不平等を固定し守り抜くために、富める者により国家がつくられることになる。以後富める者は、政治的に強い者となっていく。ルソーは、新しい倫理的自由を介し国家をつくり、それにより所与の市民社会の不平等を是正変革しようとした、ということができよう。

注

（1）J・J・ルソー、『エミール』（中）、前掲邦訳、二三頁。

第四節　現代市民社会の実態

一七世紀は、イギリス革命に典型的に見られるように自由を求める運動を展開したが、一八世紀のフランス革命を経由した一九世紀は、平等を実現しようとする運動を展開したのであった。フランス革命を見ることなくこの世を去ったルソーは、一七世紀の自由と一九世紀の平等の対立を止揚する平等主義的自由の政治哲学を構築したが、一九世紀の元貴族のトクヴィルは、平等ではなく自由を実現する政治哲学を樹立せんとした。ルソーとトクヴィルの双方とも自由の価値を尊重するが、ルソーは平等を実現する装置として自由を重視し、トクヴィルは最高の価値としての市民社会の自由を守るために、市民社会の外と上から市民社会に平等化を強引に促進する〈多数者の専制〉の国家から少数者の自由を守るために、国家を民主化していこうとしたのである。その時、トクヴィルは市民社会をどのように捉えたかが興味の関心となるであろう。

先述したように、彼は近代の市民社会を、主として文明論的な視点から最も高い段階にあるものと捉え、しかも自由が実現される場と見た。しかしトクヴィルは、自由を、一六世紀のマキアヴェリのように、〈都市の自由〉の類いとも、またルソーのように、〈個人の自由〉のそれとも考えず、コミュニタリアン的な自由と捉えていた。行政的中央集権主義を推し進め、人々を無力な平等の立場に突き落としていく国家は、彼の場合、市民社会の自由を抑圧するものと捉えられることになる。だからトクヴィルによれば、市民社会は国家を疑惑の目で見なければならない。ルソーが、民主的な国家権力を極大化して現実の市民社会の不平等を変革し平等化していくことが必要だ、と捉えたのに対して、トクヴィルは逆に、市民社会の自由を守っていくためには、できるだけ国家を民主化していくことが必要だ、と考えたのであった。ルソーは市民社会を民主化し、トクヴィルは国家を民主化しようとした点で異なるのである(1)。

今触れたルソーの路線は、後のマルクスやレーニンに継承されたが、この路線は一九九一年のソ連・東欧の社会主義体制の崩壊に見られるように、頓挫してしまったといえよう。またトクヴィルの共同体的自由も、個人の自由を奪いかねないヘーゲル的自由観を響かせるものをもっているといえる点で、手放しで称賛できるものではない。

しかし、だからといってルソーとトクヴィルの市民社会観は放棄されてよいものなのだろうか。そうではないだろう。注意すべきことは、両者の市民社会観には位相差が存在することである。ルソーが捉えた市民社会は、「存在するもの」(リアリズム)であり、そのようなルソーの市民社会と比較すると、トクヴィルのそれは「あるべきもの」(アイデアリズム)に近いものであり、しかも彼によれば、それは、かつては存在したが今や消滅しつつあるものであった。ルソーによれば、市民社会は不平等であるかぎり従属関係が当たり前であり、その意味でそのような場所には自由もまた存在しない。またトクヴィルによれば、中世にその起源をもつ平等化の進展により、市民社会の自由はフランス革命後加速度的になくなっていくものであった。これでは少数者の自由はやがてなくなる。酸欠状態の水槽のなかでは魚は死ぬほかはないように、平等化状態のなかでは人間は自由を失い窒息するしかなくなる。トクヴィルのこの発想は、彼の友人であったJ・S・ミルのエリート主義的自由観と共鳴する。平等拡大を強引に推し進める多数者の専制に、少数者の自由はたじたじとなっている。トクヴィルは、多数者の専制を進める国家から市民社会の自由を守るために、国家を民主化あるいは自由化しようとしたのであった。ルソーが国家に信頼を寄せ、トクヴィルが国家に疑いの眼を向けたのは、これが理由であった。一方は国家を通し平等主義的自由をつくり市民社会を変革しようとしたのに対し、他方は市民社会の自由を守るために国家を変革しようとしたといえよう。

では政治学的視点から見た場合、現代の市民社会はどのような在り方をしているのであろうか。この問題は、ルソーとトクヴィルの市民社会観のいずれを取るかという、単純な次元の問題ではない。現代的視点から見ると、ルソーは市民社会を変革するために国家を信用し過ぎ、さらには国家に依存し過ぎるという点で、またトクヴィルは市民社会の自助力に信頼を寄せ過ぎるという点で、両者には共に欠陥があると思われる。現代の市民社会にスポットライトを当てれば、ルソーとトクヴィルの市民社会の捉え方では、現実の市民社会は理解できないことが分かろう。例えば、現代の市民社会は、国家の救済がなければ存在することが困難な場合もあり(例えば福祉)、逆に国家に対し反逆しなければ国家により解体させられてしまうこともある（左右全体主義）。このような市民社会の分析はもはや政治思想史が扱うテーマではなく、むしろ現代政治学が扱うそれとなるので、本章ではこれ以上検討しないことにする。

注

（1）マルクス主義者（ルソーはその先駆者に入るだろう）は、市民社会を民主化するために国家を極大化しようとし、逆にトクヴィルのような自由主義者は、市民社会の自由を守るために「多数者の専制」に傾きかねない国家を民主化しようとした、という意見については次の文献を参照。ジョン・エーレンベルク、『市民社会論――歴史的・批判的考察――』、前掲邦訳、二四五頁。

第四章　政治思想家は〈政治的なるもの〉をどのように捉えたか——ルソーを参考に——

第一節　ルソーの思想の根底にあるもの——〈政治的なるもの〉への執着——

我々はどのようにすればルソーを正確に理解できるのだろうか。そのためには、次の二つのことに十分に注意を払わなければならない。①なぜ我々はルソーを読むのかを自己対象化していくこと。②なぜルソーが政治的著書を書き上げたかを知ること。我々にとってこの二つの点を区別することは大事である。①により、例えば我々が戦後民主主義を実現するための「経典」としてルソーの著作を読むならば、我々はそれを拝んでいるのであり、ルソーを理解していることにはならないことを自覚できるからである。拝んでしまえばもはやルソーはルソーではない。我々は、②の〈なぜ〉が、そもそも①の〈なぜ〉とは異なることを、認識しなければならない。①のなぜは、〈我々の課題〉（我々のコンテクスト）からでてくるが、②のなぜは、〈ルソーの課題〉（ルソーのコンテクスト）からでてくるからである。双方が一致するとは限らない。したがって、②を無視して①を振り回しながらルソーを読んでも、ルソーは理解できない(1)。

それならば、例えば次のように邦訳の『社会契約論』を読み込めば、我々は『社会契約論』を理解したことになるのだろうか。一九五四年に翻訳出版された『社会契約論』（桑原武夫・前川貞次郎訳、岩波文庫版）は誤訳が散見されるので、次のように翻訳し直していくとする。すなわち、①〈sujet〉は「臣民」ではなくAに。②〈Etat〉は「国家」ではなくBに。

③〈souveran〉は「主権者」ではなくCに。④以下同じようにD、E、F……と翻訳しなおしていく。

問題はA、B、C……と新たに翻訳し直し、その後にそれらの翻訳語を合成していくと『社会契約論』の正しい解釈となるのだろうかである。そうなるとはいいきれないのではなかろうか。では、なぜそうならないのだろうか。例を引き、そのことを説明することにしよう。宙に舞う凧を想像しよう。たくさんの凧を宙に放ったとしよう。それらの凧をコントロールするためには凧と凧を糸で結びつけ、手元で操作する必要があろう。そうしないと凧は宙にバラバラに舞い、そして落ちるだけだからである。凧というのはもちろんここでは新しく翻訳されていくルソーの言葉を指している。翻訳されていく様々なルソーの言葉を、統一的に結びつけていく必要がでてくるのではないかと私はいいたいのである。もちろん必要がない、ということができるかも知れない。しかし、そうなるとせいぜい〈ルソーの言葉〉あるいは〈言葉のルソー〉にしかならないと思われる。そうすると、ルソーの思想、まして〈ルソーの政治思想〉にはならないのではなかろうか、という疑問が湧いてくるのである。

様々なルソーの言葉を統一していく必要があるとするならば、ではどのようにしたら統一できるのであろうか。我々はどのようにしたら様々なルソーの言葉を、〈ルソーの政治思想〉にまで統一的に解釈できるのか。ルソーの言葉を「結びつけるもの（intermédiaire）」が、ルソーの政治思想にあるのではないか。あるとすればそれはいったい何だろうか。

ここで我々は、ルソーの『告白』で述べられている、次の言葉に注目することにしよう。「すべては政治につながっていく」。ルソーは政治思想家であり、決して単なる「教育学者」でも「言語学者」でもなかった。ルソーがすべてのものごとを〈政治的なるもの〉の視点から捉えていることに気づくことが、我々にとって大事な課題となる。

注

（1）かつて丸山真男は、「思想史の考え方について――類型・範囲・対象――」（武田清子編『思想史の方法と対象』所収、創文社、一九―二一頁）で、次のように述べた。「思想の意味乃至価値を問題にする場合に、次のような基準を立てることができるのではないかと思う」。そのさい彼が立てた基準とは以下の五つである。①思想が人間の置かれた問題状況に対しどの程度徹底的に答えているか（例えば『共産党宣言』に見られる）、②当の思想がどの程度時代に対し影響を与えたか、③当の思想が「どこまでの範囲の問題を包括しているか」、④それがどの程度高い「論理的密度」を持っているか（例えば『資本論』や『社会契約論』）、⑤その思想がどの程度「多産的な観念を含んでいるか」である。⑤であるならば当然③を産出するであろう。問題は④であろう。このような接近の仕方はいわゆる「政治学説史」に近いであろう。ルソーの政治思想の特質は巷間よく「ラディカル」な点にあるといわれる。それはもちろんあるが、実はそれよりは彼の思想のもつ「堅固さ（intensité）」にある。彼の思想の論理的堅固さは、外からなかなか攻めにくい難攻不落の城塞の感がする。それは特に『社会契約論』を手にとれば容易に気づくであろう。一八世紀のマルクスといってもよいようなルソーの『社会契約論』は、一九世紀のマルクスの『資本論』に匹敵するような論理的堅固さをもっていたといえよう。

思想史の捉え方はこのように難しいものである。思想史家は二つの制約の下で思想を捉えなければならない。すなわち、①主体的制約と②客体的制約である。再び丸山の言葉を使えば、「再現芸術家」としての演奏家は、「楽譜」に制約された上で演奏する。しかし芸術家としての演奏家は、楽譜を機械的に再現するような演奏はできない。彼は楽譜に拘束されながらも自己の芸術性を追求する。つまり「追創造」するのである。演奏家は自己の主観性を客観の下で追求していく。再現芸術家にも似た思想史家は、あくまでも楽譜に相当するテクストの下で自己の主張をせざるをえない。

思想史家にとってルソーとは〈いったい何者なのだろうか?〉。我々は案外ルソーとは何者かが分かっていなかったのではなかろうか。戦後我々は一定の課題からルソーの政治思想を考察してきた。それは戦後日本を民主化するという課題であった。このような課題から教師としてルソーを見ていた。その結果、ルソーを客観的に分析しきれなかった。ルソーを、称賛するばかりで、批判の余地のある思想家として検討してこなかった理由は、そこにあるのではないだろうか。こうしてルソーは、革命の思想家として固定されることになった。人民の革命思想とは、人民が権力をとり、人民が平等に主権をもつという思想である。そのため、人民主権による自由の抑圧が起こりうることが見過ごされた。

〈東洋のルソー〉と呼ばれる明治時代の思想家の中江兆民は、ルソーを自由民権運動の課題から理解したが、その彼のルソー理解にも難点があるのではなかろうか。兆民は『社会契約論』を、第二編の第五章まで訳し世に出したが、第六章から先を出さなかった。その理由は、どこにあるのだろうか。次の二つが考えられる。①兆民は『社会契約論』の第一編から第二編第五章までを翻訳することで、自己の義務は終わったと考えたから、第二編第六章以降を翻訳しなかったのではないか。というのも、兆民は、個人の権利とそれを実現するために社会契約論的国家形成論に興味を抱いたのであり、それ以外は興味がなかったからである。②第二編第六章の「立法者について」とそれ以降の章の立法者は、自由民権論を否定する国家主義者伊藤博文のイメージと重なったため、国家統治の方法を彼に教える結果となることを危惧したからではないか。我々はどちらが正しい理由であるかを確定することはできない。というのも、そのための資料が、我々に残されていないからである。中江兆民については、井田進也、『中江兆民のフランス』、岩波書店、第三章「『民約訳解』中断の論理」を参照せよ。

過剰なほどの問題意識によりルソーを見ていけば、ルソー理解に曇りが生ずるのは当たり前のことである。それは、ルソーをヘーゲルとマルクスの始祖とみてしまう、これまでの政治思想史研究にも典型的に現れている。〈ヘーゲル化されたルソー〉あるいは〈マルクス化されたルソー〉となれば、それはもはやルソーでないかも知れない。ヘーゲルにとっては、どのようにしてプロイセン国家を弁護するかが自己の課題であり、マルクスにとっては、どのようにしてブルジョワ国家を解体し社会主義をつくるかが自己のそれであったが、両者は、そのような課題から、ルソーを〈利用した〉といってよかろう。

第二節　ジュネーヴ共和国のコンテクスト

それではルソーは政治的なるものをどのように捉えたのか。ルソーは、ハンナ・アーレントのように政治的なるものを〈美学的〉あるいは〈道徳的〉に捉えるようなことはしなかった。アーレントの政治哲学に問題があるとすれば、それは政治をそのように捉えるやり方にあると思われる。政治的なるものはそのような美しいものではないことを、ルソーは誰よりも知っていたと思われるからである。ルソーは、政治的なるものを、後のカール・シュミット（Carl Schmidt）のように〈友―敵〉関係と見ていた。ルソーは、自己の政治的著作を書きだすとき、それをいったい①「誰」のため（友）に書くのか、そして②誰に逆らって（敵）書くのかを明確に知っていた。ルソーの言葉が誰のためにまた誰に逆らって書かれたかを知るためには、政治的なるものの論理を理解することが肝要である。

では、ルソーはどのような友敵関係の下にあったろうか。これは「ジュネーヴのコンテクスト」を、主としてジュネーヴの政治史にスポットライトをあてて検証することから、判明すると思われる。ジュネーヴでは、早咲きであったがゆえに「挫折したブルジョワ革命」が一八世紀に起きた。一八世紀ジュネーヴ共和国の社会的構成は以下のとおりである。①は「旧市民（citoyens）」と呼ばれる者であり、主として金融業者層であり、「市民権」（参政権）を得た者の子孫である。この層はジュネーヴの「パトリシエート」（都市貴族）を構成していた。②は「新市民（bourgeois）」と呼ばれる者であり、新しく市民権を得た者であり、主として「職人層」（時計職人など）から構成されていた。①の旧市民は一等市民であり、それに対して②の新市民は二等市民と見なされた(1)。儲けの多い職人には、これから述べる③と④、まして⑤の社会層は食い込めなかった。ここから分かるように、②の新市民の身分は、③と④と⑤の社会層に対して、特権的地位であったことが分かろう。ルソーが、『社会契約論』で、かなり真剣に「市民は奴隷なしには成立しないのだろうか」と述べているのはこのためであろう。③は「帰化民（natif）」と呼ばれる者で、市民権は認められず、定住権のみを認められる層である。④は「二世帰化民（habitants）」と呼ばれる者であり、宗教迫害により新しく移住してきたものであり、③の帰化民と同じように定住権はあるが市民権は与えられなかった。③の帰化民と④の二世帰化民は、古代ギリシャのアテネの〈メトイコイ〉に似た者であったかも知れない(2)。メトイコイとは、アテネ人と〈共に住む者〉という意味よりは、〈移住する者〉と捉えた方がよいと思われるが、まさに③と④の人々はメトイコイに似た者であった。移住する者にはそれなりの処遇をすることで十分である、というのが共和国の特権層の考えであっただろう。最後の⑤は「隷属民（sujet）」と呼ばれる者であり、市壁の外に広がる市民の所有地である「奥地」を耕す者で、小作人であったのだろうか(3)。

敵であった小評議会派が自分たちだけを特権をもつ〈citoyen〉すなわち支配者と規定し、他の者を〈sujet〉、つまり隷属民と見ていたのに対して、敵としての小評議会に対して、〈我々すべての citoyen〉がつくった法を、我々すべての〈citoyen〉が〈守る者〉となったとき、〈sujet〉となるのだと切り返したそのときルソーは、〈sujet〉という言葉の意味変換をはかったといえよう。ルソーは奴隷に対する言葉を奴隷の反乱のための用語に変えたといえよう。

では、ジュネーヴの政治制度はどのように構成されていたのだろうか。第一に、旧市民の団体である「小評議会」で、これが政府権力で、四人の「市長（syndics）」を含む二五人から構成されていた。これが国家権力の実質的担当者であった。第二に、新市民が集まる「総会」である。総会は、「二百人評議会」（都市貴族の実質的討議機関であった）で討議されたことを決定する小評議会が送致した議案を、単に可決または否決するための機関である。ルソーの一族は総会派に属し、ジュネーヴの政治体制を総会派に有利なように「改革」しようとする一派であった。

小評議会派と総会派の利害は対立し、絶えず衝突した。そこから一八世紀にかけて双方は戦い続けたが、その経過については、再三述べてきたので、ここでは触れない。一七三四年に小評議会は、城塞の整備と傭兵を増強するためという名目の下に課税してきたが、総会は、小評議会に、この課税に対する反対の「意見提出（représentation）」をした。それに対して小評議会は「拒否権」を行使した。ここから総会は「意見提出派（représentant）」といわれ、また小評議会は「拒否派（négatif）」[4]とも呼ばれることとなった。一七三七年に双方は武力衝突し、ベルン、チューリヒ、フランスの三国の介入を招きそれは収まったが、『調停決定』により、総会の権限は骨抜きにされてしまった。

注

（1）Maurice Cranston, Jean-Jacques: The Early Life and Work of Jean-Jacques Rousseau, 1712-1754, *op. cit.*, p. 15.

（2）桜井万里子、『ソクラテスの隣人たち』、山川出版社、第二章「メトイコイとは」を参照せよ。

（3）Maurice Cranston, Jean-Jacques, *op. cit.*, p. 16.

（4）総会派は「異議申し立て（contestation）」の権利としての「意見提出権」を小評議会に対してどのように正当化したのか、また小評議会派は総会の意見提出権に対してどのように「拒否権」を正当化したのかについては、本書第二部第七章「ルソーの人民主権論に伏在する問題」を参照せよ。

第三節　〈存在するもの〉としての政治的なるものから〈存在すべきもの〉としての政治的なるものへ

①〈存在するもの〉としての政治的なるものの発見へ——『学問芸術論』（ジュネーヴ共和国市民への回帰）——

一七一二年に生まれたジャン・ジャック・ルソーは、一七二八年、一六歳でジュネーヴ共和国を出奔してしまった。ルソーの父イザック・ルソーは、彼の妻が産褥熱で死んだ後、祖父のダヴィッド・ルソー宅に、ジュネーヴの湖の辺の湿地帯にあった三階建て集合住宅に、居を移した。ルソーの母はジュネーヴの聖職者ならびにアカデミックなエリート階級に属し、上流階級が住む街区に住んでいた。母の父は奔放な人間で、一家の「鼻つまみ者（black sheep）」であり放蕩に身を崩し、ルソーの母親が七歳のとき若死にしてしまった(1)。この奔放な血筋はルソーの母に受け継がれていたといえようか。カルヴィニズムは、市民を監視する「宗務局」をとおして、道徳的にみて許せないと思われる行為を処罰した。当時宗務局は、華美な冠婚葬祭や身を贅沢な飾り物で飾ることを禁止していた(2)。宗務局は、ジュネーヴ城塞の外にテントを張り芝居を見せていた芝居小屋に、女性は入ってはならないと決めていたが、独身の母は男装をして入場し見つかり、宗務局から譴責処分を受けていた(3)。はたまた後にも妻子のある男性との交際を見つかり、これもまた譴責処分を受けていた。ルソーに、作家となる芸術的資質を与えたのは、この母であったかも知れない。後にルソーは、『ダランベールへの手紙』で「演劇論」を展開したが、実はこの作品は演劇それ自体を内在的に批判する「反演劇論」ではなく、演劇がジュネーヴ市民の道徳観に悪い影響を与えるとする立場から、ジュネーヴでの演劇上演を攻撃するものであった。

それにしても一八世紀のヨーロッパでは、ジュネーヴは特異な国であり、ジュネーヴ人がカルヴィニズムを捨ててしまうと、自動的に「市民権（citizenship）」を剥奪されてしまった(4)。市民権とはジュネーヴ共和国の〈政治に参加する権利〉（投票権）のことであり、市民権を失うということは政治の主体であるのをやめることを意味した。ルソーは出奔後市民権を失った。その後ルソーは、ヴァラン婦人と遭遇する。婦人は実は、プロテスタントをカトリックに「改宗させる（convertir）」ミッションを実行することで、サヴォア公国から生活援助を受けていた女性であった。婦人の下でカトリックに改宗させられたルソーは、コスモポリタン的な特質をもった「啓蒙主義哲学」の洗礼を受ける。ルソーはヴァラン婦人を足掛かりにして出世の階段を上っていくが、それにもかかわらずルソーは都会人に対する劣等感をもち続けた。例えていうと、いつも体にあわない衣服を着せられている気持ちがあったのだろう。

ルソーが一七五四年に市民権を再び獲得する前に、ルソーが〈ルソーになる〉ときが、すなわち精神的にルソーが〈ジュネーヴ市民に戻る〉ときがやってくる。ルソーは自分の友がジュネーヴ共和国の特にブルジョワの人々であることを、パリ在住のジュネーヴ人亡命者との交流をとおして知る。しかし、そのとき彼は自分の敵が誰かをまだはっきり認識していない。そのようなままでルソーは、「第一論文」といわれる『学問芸術論』を書き上げた。ルソーは『学問芸術論』ではまだ政治的なるものの実態をつかむまでにはいたらなかった。しかしそれでもルソーは、〈存在するもの〉としての現実を隠蔽するものとして、学問と芸術と呼ばれるイデオロギーがつくられることまでは、理解することができた。イデオロギーを生みだすものとしてのその現実が、政治的な支配と服従の現実であることまでは、彼の理解は及ばなかった。ルソーは、それにもかかわらず『学問芸術論』で、K・マンハイムの『イデオロギーとユートピー』の言葉を使えば、〈全体的イデオロギー概念〉なるもの、すなわち敵が隠したい現実を隠すためにつくりだす虚偽の観念を、直感的につかんだといえよう。すでに『学問芸術論』において、後の〈自然—作為〉あるいは〈外観—現実〉という二項対立のパラダイムはできつつあった。

ルソーによれば、学問と芸術をつくったのは「奢侈」であり、その奢侈を煽るものは富める者の財力であった。富める者の財力、これが『学問芸術論』でつかんだ現実であった。財力を見せびらかすもの、それが学問と芸術であった。奢侈がはびこると素朴な習俗が腐敗し、そのような腐敗から趣味の腐敗にまでいってしまう。ルソーが奢侈にこれほどまでに批判的であったのは、彼の祖国ジュネーヴに思いを馳せていたからであろう。ジュネーヴでは、カルヴァンの時代から、「反奢侈法」が設けられており、人々の奢侈は不正だとする考えがあった。ルソーはジュネーヴの「反奢侈法」の制定意義をよく知っていたからこそ、『学問芸術論』を短時間で書き上げることができたのであろう。あとは政治的なるものの実態を知ることであった。ルソーは『学問芸術論』を世に出した後に、政治的なるものをつかむために、様々な領域の書物を乱読多読しながら研究した。その成果は「第二論文」といわれる『人間不平等起源論』に現れる。

注

（1）Maurice Cranston, Jean-Jacques, *op. cit.*, pp. 16-17.
（2）Merja Kylmäkoski, The Virtue of the Citizen, *op. cit.*, pp. 77-78.
（3）Maurice Cranston, Jean-Jacques, *op. cit.*, pp. 19-20.
（4）Helena Rosenblatt, Rousseau and Geneva, *op. cit.*, p. 10.

②〈存在するもの〉としての政治的なるものの分析へ——『人間不平等起源論』——

『学問芸術論』を書いたとき、ルソーは、現実を文明論的な批判の目から見ていく姿勢しかもっていなかったが、一七五五年に『人間不平等起源論』を世に出したとき、十分に政治的なるものの本質をつかんでいた。彼にとり政治的なるものの本質とは、〈友―敵〉のなかにある。ルソーの友とは総会派の人々であり、敵とは小評議会派の人々であった。それは一七五四年に『人間不平等起源論』の「献辞（dédication）」をジュネーヴ共和国に捧げたとき、敵としての小評議会派にではなく、総会派に捧げたことで分かる。

ルソーは小評議会のメンバーに「高邁にして極めて尊敬すべき方々よ」と呼びかけているが、総会のメンバーに対しては「高邁にして極めて尊敬すべき主権をもつ方々よ」と持ち上げた。「献辞」の相手は小評議会ではなく、まさに総会のメンバーであった。ルソーは、政府権力を握る者を単に「尊敬すべき方々」といい、立法権を握る者たちを「主権を持つ方々」(1)といったことに注目しよう。小評議会はこのようなルソーの言葉に神経質に反応した。それは当然のことであった。というのも一八世紀のヨーロッパにあっては、等族議会も三部会も主権者ではありえず、「政府」の首長のみが主権者と見られていたからである。総会を主権者と呼ぶルソーは、小評議会に反旗を翻していると思われたのである。

ルソーは『人間不平等起源論』の「献辞」で小評議会派を怒らせることをしてしまったが、「本文」の第二部においても同様であった。その内容を要約すると次のようになる。ルソーによれば、人間が共有地を私物化していくうちに〈富める者と貧しい者〉が出現し、貧富の差が拡大し、自分の富を守ろうとする者と、富める者の富に怨嗟の念を抱く貧しい者との間に、戦いが発生することとなった。その結果、富める者は強い者となり、貧しい者は弱い者となっていった。富める者は、貧しい者と力の限りを尽くして戦えば、相互に絶滅してしまうと考えた。そこで富める者は、貧しい者に呼びかけた。相互の安全を確保するために社会契約を締結し、政治共同体をつくろうではないか。そして、つくられた政治共同体の運営をみんなで行おうではないかと。最初は全員が共同で政治共同体の運営をしたのだが、後になると、「公権力の保管」という危険な役目を「幾人かの個人に委託」し、「人民の議決を守らせる仕事を為政者に委任する」[2]ようになった。富める者と貧しい者の利害は全く反したとはいえ、双方は当初は共同して政務を行うという意味で、直接民主主義を行ったのだが、後になると、政治共同体のすべてのメンバーのうちの少数の者がそれを代行することになった。この代行者としての為政者の地位は、最初は「選挙（élection）」で選ばれたが、次第に「世襲制」となっていった。世襲に基づく為政者たちは政治共同体の主権を簒奪してしまった。

『人間不平等起源論』の第二部でのルソーの国家形成論は、小評議会派のお歴々を怒らせてしまった。政治共同体の全員が公務を行い、後に公務を、選挙を介して選んだ為政者に委託したと。委託された任務を、為政者が世襲制にしてしまったと。小評議会派の人々はいうだろう。政府権力を担う者は総会から委託されたのではなく、代々昔から世襲で決まっていたのだと。ルソーは小評議会の主権を認めない。小評議会のルソーに対する怒りはもっともであった。小評議会は『人間不平等起源論』の特に「献辞」をとおして、ルソーは敵である、との認識に達したのだから。我々は『人間不平等起源論』が〈名宛人のない書物〉ではなかったことを銘記すべきだろう。それは、ジュネーヴ共和国で自己を主権者と思っていた小評議会の体制を、批判攻撃するために書かれたのである。

注

（1）ルソーの『人間不平等起源論』（本田喜代治・平岡昇訳、岩波書店）の「ジュネーブ共和国に捧げる」に見られる翻訳「高邁にしてきわめて尊敬すべき並ぶ者なき方々よ」は、「高邁にして極めて尊敬すべき主権を持つ方々よ」に改訳した。ルソーは総会を主権者と呼んだのであった。

（2）J・J・ルソー、『人間不平等起源論』、前掲邦訳、一一〇頁。

③〈存在するもの〉としての政治的なるものから〈存在すべきもの〉としての政治的なるものへ――『社会契約論』――

かつてジャン・スタロバンスキーは、ルソーの『社会契約論』を、「超歴史的可能性の原理」として、すなわち一種の「ユートピア」として捉えた。しかし、スタロバンスキーによるこのような解釈は正しいのだろうか。ルソーは、この解釈を否定するようなことを、『山からの手紙』第二部の第七の手紙で次のように述べている。「人々は『社会契約論』を、プラトンの『国家』や『ユートピア』や『セヴァランプ』とともに、空想の国へ追放して満足したに違いありません。しかし、私は実在の対象を描きました」(1)。ルソーは『社会契約論』で、「空想の国」ではなく「実在の対象」つまりジュネーヴ共和国を描いたことを明言しているのである。「実在の対象」とは、〈存在するもの〉としての政治的なるものを指していた。それは、ジュネーヴ共和国における小評議会派と総会派の戦いであった。すなわち、小評議会派は「自由（liberté）」という名の「特権（license）」（＝御都合主義）を守りぬくために戦い、これに対して総会は、このような「自由」を「平等（égalité）」のなかに封じ込めるために戦った。ルソーによれば、実在する「政体」は、どのようなものであれ、現実的には欠陥をもつものであり、「その政体を維持するため」の「予防策」を共和国に提案するのは、何も祖国愛に反することではない。

小評議会と総会の戦いをそのまま放置してしまえば、相互破壊にまで進んでしまう、というのがルソーの見解であった。両者が歩み寄り、互いに欠陥を正し、長所を取り入れながら理想的な政体をつくっていくこと、これがルソーの「改革（innovation）」案であった。

『社会契約論』では、「政府権力（小評議会）」の本質は「力」であり、「立法府（総会）」のそれは「意志」と捉えられていた。その場合の力と意志は、存在するものとしての政治的なるものである。「力」は「正義」に裏付けられないときは、「最強者の権利」、すなわち単なる「暴力」にすぎない。意志もまた一般性によって指導されないときは、個人の「特殊意志（volonté particulière）」、あるいは特殊意志の集合にすぎない団体の意志、すなわち「全体意志（volonté du tous）」なのであり、それらの意志は普遍性を主張できないことになる。力を〈正義ある力〉とするもの、さらには個人の意志を一般的なものとするものは、いったい何か。それは「一般意志（volonté générale）」であろう。では一般意志とは何か。それは平等を体現する意志であろう。

では『社会契約論』では、立法府としての総会は、存在することそれだけで存在すべきものとして存在している、と捉えられているのだろうか。それは違う。ルソーは『社会契約論』で、彼なりの政治的リアリズムを展開している。総会は少なくとも二つの社会層を含んでいたであろう。それは「旧市民」と「新市民」であった。小評議会の構成員であるところの旧市民は、実は新市民とともに総会のメンバーをも構成していたであろう。旧市民と新市民の双方は総会で時には敵同士として戦ったであろう。これが〈存在するもの〉としての政治的なるものである。総会は、存在するものとしての政治的なるものが行われる〈場〉であった。このような〈存在するもの〉としての政治的なるものを、〈存在すべきもの〉としての政治的なるものへ、すなわち平等をとおして自由を実現する政治共同体に、変革しなければならない。

ルソーによれば、〈存在すべきもの〉としての政治的なるものは、〈存在するもの〉としての政治的なるものから構成されなければならない。そこで問題となるのは何か。一般意志とは単なる「同一性」の意志なのか、である。それは違う。ルソーによれば、それは十分に「差異性」を認めた上で探られていく意志である。ルソーが差異性を認めた上でその差異性から同一なるものをつくろうとしていることは、次の二点で分かる。第一に、『政治経済論』で展開されたのだが、一種の「累進課税（impôt progressif）」制によって「中産階級支配（médiocratie）」をつくろうとしたことである。第二に、「中道政治（politique de juste milieu）」を実現し、体制崩壊に導くような「極端な政治」を防止しようとしたことである[2]。この二点を踏まえた上で『社会契約論』の次の言葉を解釈すべきであろう。「一般意志が十分に表明されるためには、国家のうちに部分的社会が存在せず、各々の市民が自分自身の意見だけをいうことが重要である」[3]。立法集会で各自の〈討論の自由〉を保証することが大事だ、とルソーはいっている。討論の自由を邪魔するもの、それが「部分的社会（associations partielles）」、つまり「党派」であろう。党派の決議は総じて個人の自由を拘束しがちである。だからルソーは党派の存在を否定しているといえよう。党派は自己の特殊意志の総合としての全体意志を、一般意志として強引に主張しがちである。

だがルソーは次のように問う。党派が存在するならば、党派の横暴をどのようにして防ぐことができるのだろうか、と。ルソーはいう。党派が存在するならば、「その数を多くして、その間に生ずる不平等を防止しなければならない」[4]と。各自は討論の自由を守るために党派に入り、他の党派との間にカウンターバランスをとらなければならない。そこで、次の言葉をどのように解釈すればよいかという問題がでてくる。「相殺し合う過不足を除」けば一般意志は出てくる、といったときの「過不足」とはいったい何か、である[5]。〈過〉とは何か。大きな党派であろう。では〈不足〉とは何か。無力な個人であろう。巨大な〈党派の力と意志〉と、無力な〈個人の力と意志〉。両者には差がありすぎる。党派と個人が戦えば党派が勝つに決まっているであろう。しかもそこには一般意志は生まれないだろう。全体意志と特殊意志が生まれ、戦うだけである。だから〈過不足〉を除いていく「技術（art）」とは何か、と問われたら、〈中間〉をつくっていく技術と答えよう。様々な特殊意志から、極端に相違するもの、そしてそれらが相互に戦い否定し合うような〈存在するもの〉としての政治を「除く」ことから、政治体制の〈安定〉をもたらす中間なるものが生まれる。そのためには、先に述べたような存在すべきものとしての先の二点が必要であったといえよう。極端な敵同士は体制を破壊に導く。そのような者をまさに敵として体制から排除し、体制内で討論を重ねながら一般意志を発見していこうとする者を、友として体制に受け入れる、というのがルソーの考えであった。先にも触れたことを繰り返すと、そもそもルソーは最初から、客観的同一性が存在するとは考えていない。差異が存在しなかったら討論などする意味はなくなるはずだからである。したがって、ルソーは、差異を十分に承認しながら、差異から同じものを探りだそうとしているのである。ルソーは、一階級あるいは無階級の政治理論を打ち立てた政治思想家ではない。ルソーは、〈存在するもの〉としての政治的なるものから、〈存在すべきもの〉としての政治的なるものを、見つけようとしたからである。

ところでシュミットは、〈議会主義〉の本質が(討論の)自由に、〈民主主義〉の本質が平等にあり、双方は敵対するといったが、我々は、シュミットが提起したこのような二項対立のパラダイムに惑わされ、がんじがらめにされてはならない。そうなると自由と平等の対立ばかりに目が行き、双方の対立を解く可能性に考えが及ばなくなるからである。ルソーは民主主義のなかで自由を実現することは可能だと考えた。それは、総会という平等者の集会のなかで、(討論や審議や決議の)自由をつくっていこうとする考えのなかに存在する。ルソーの平等主義的自由の政治共同体というものは、そのようなものであったといえよう。

注

(1)J・J・ルソー、『山からの手紙』(第七の手紙)、前掲邦訳、三四六頁。
(2)ルソーが提案した「累進課税制」や「中産階級支配」については、本書第二部第一〇章「ルソーの『政治経済論』——新しい体制像の模索——」を参照せよ。
(3)J・J・ルソー、『社会契約論』、前掲邦訳、四八頁。
(4)同書、四八頁。
(5)同書、四七頁。

第四節　ルソーの政治的なるものの現代的意義——ルソーからシャンタル・ムフへ——

「アンチ・テーゼの天分」をもつ者といわれるルソーは、物事を二項対立的に捉え、かつそれを統一する傾向がある。したがって彼は、政治的なるものもそのように捉えていく。『社会契約論』第一編の冒頭の「存在するもの」と「存在すべきもの」がそれである。存在するものとしての政治とは〈友—敵〉関係を指していた。ルソーにとり、友とは総会派であり、敵とは小評議会派であった。『社会契約論』は総会派を鼓舞し小評議会派を批判するために書かれたものであった。先に触れたように、『社会契約論』にはジュネーヴ共和国のコンテクストが刻印されているのであった。〈法制定権者〉の総会は、審議機関であらねばならないはずだが、小評議会により送付された法案を〈可決するか否決するか〉を決定する機関でしかない。

このような友敵関係をそのままに放置すれば、政治的なるものは単なる戦いになってしまうであろう。そこでルソーはさらに新しい政治的なるものを探し始める。小評議会派は自己の特権を自由と主張し、総会派は平等を主張し、小評議会派の自由を平等のなかに封じ込めようとする。双方が一方的に自己の立場を主張すればそこには希望がない。そのような戦いのなかからルソーは、自由と平等の戦いを統一しようとし始める。それが〈存在すべきもの〉としての政治的なるものである。そのような模索は、存在するものとしての立法府、つまり総会の実態を探ることから考案された。それが自由と平等の戦いを統一する〈平等主義的自由論〉であった。

そこで今度は、ジュネーヴ共和国というコンテクストを外し、現代的コンテクストのなかから、自由と平等の関係をどのように捉えていくべきか、という問題を追っていくことにしよう。それは「デモクラシー」の問題に接合していく。セイバインが『デモクラシーの二つの伝統』で述べているように、「自由であれば平等の度合いが減少し、平等であれば自由はなくなる」[1]。ある意味で、自由とは〈差異の承認〉であり、民主主義とは〈同一性の承認〉になりやすい。そうなると自由と平等はジレンマに立たされてしまう。たしかに民主主義は自由よりも平等を、それとは逆に議会主義は平等よりも自由を主張しがちである。ルソーは、一九世紀に本格的に出現することになるこのジレンマを、『社会契約論』で前もって解いていた。それが平等主義的自由論の政治思想であった。彼は、総会デモクラシーのなかで、自由な討論をとおして自由を実現していくことにした。ならばルソーのいうデモクラシーとはいったい何なのか。それは一般意志の政治共同体である。一般意志は、法制定権者の全員が法制定に参加し、自由な討議を重ねながら法を制定するとき出現する。

ルソーはデモクラシーをとおして自由を実現しようとしていたが、問題はデモクラシーの内容である。ルソーは〈共和制〉を最もよい政体と見る。ルソーのデモクラシーは〈république〉を実現するために欠かせぬものである。「共和制〈république〉」とはラテン語の〈res publica〉のフランス語訳であるが、res publicaには〈すべての人々のもの〉という意味がある。つまり双方共〈すべての人々のもの〉なのである。ルソーにあっては〈état〉と〈république〉とは同じものと捉えられている。ルソーの時代、我々が今見ている国民国家はまだできていない。ルソーの〈état〉には、当時の〈états généraux〉とか〈trois états〉の〈état〉のイメージを払拭したい、との思いが込められていたのではなかろうか。すべての人々のものとしての共和国とは、〈cité〉つまり〈市民の国家〉とも〈政治体〉〈corps politique〉とも呼ばれる。市民の国家という意味をもつ〈cité〉つまり共和国とは、市民が「主権者〈souverain〉」となり、その市民が制定した法を市民自ら〈守る者〈sujet〉〉となるとき、つまりデモクラシーを実践するとき、成立する国家である。ルソーは、自分がつくった法を自分で守る者つまり〈sujet〉の結合体を、〈état〉と呼んだ、といってよかろう。だからルソーの〈état〉を、「国家諸装置」〈例えば立法とか司法とか行政とかの類い〉と捉えると、過ちが生じる。我々は、ルソーの〈état〉と〈république〉といった国家のイメージが、国家が〈すべての人々のもの〉であった古代ギリシャの「cite（市民の国家）」つまり〈市民社会〉からとられたことを、忘れてはならない。繰り返すと、そのようなすべての人々のものである共和国は、自己がつくった法を自分で守るときにできる国家である。国家がすべての人々のものであるならば、〈政府の形態〉が「王政」であろうと「貴族政」であろうと、はたまた「民主政」であろうとかまわない、というのがルソーの考えであったといえよう。

このようなルソーの平等主義的自由を実現するデモクラシー論を、現代政治学は利用することができないものだろうか。そこで我々は、シャンタル・ムフの『政治的なるものの再興』に注目してみよう。ムフはいう。「本書の目的は、シュミットとともに思考することによって、シュミットに抵抗していくこと、要するに、彼の数々の洞察を活用することによって、いわば彼の諸批判に準拠して、自由民主主義を強化していくことである」(2)。つまりムフは、シュミットをひっくりかえすために、〈存在するもの〉としての政治的なるものを展開したシュミットを利用しようとしているのである。繰り返すが、シュミットは〈友—敵〉論を展開した。シュミットは、敵（ユダヤ人）を排除し、友（アーリアン）に入れないために、プルラリズムを前提として「民主的な〈ゲームのルール〉」に依拠する議会制民主主義を守ろうとしたケルゼンのような人を、リベラルデモクラットとして攻撃したが、ムフはこれを次のようにひっくり返した。彼女は〈民主的なゲームのルール〉を肯定し、議会制民主主義の〈なかで〉お互いに戦う者を「抵抗者（adversary）」あるいは「反対者（opponent）」と呼び、その存在を肯定し、それを否定し攻撃し破壊しようとする者を「敵（enemy）」と呼び、そのような敵を議会内部あるいは体制内部から排除し追放しようとした。ムフは、リベラルデモクラシーのデモクラシーを議会制民主主義とおさえ、それをとおして自由を実現しようとした。ムフは、民主的なゲームのルールのなかで、合意と反発の戦いを止揚しようとしたのであった。

そこで我々はムフをもっと詳しく分析してみることにしよう。ムフは「ラディカルなかつ多元的デモクラシー」の立場を採用する。彼女が言いたいことは、紛争と対立が民主主義の可能性の条件であるということである。彼女は「主体位置の多様性」を認め、多様性のぶつかり合いから民主主義をつくろうとしているのである。ムフはこのような結論を正当化するために、これまでの思想を批判的に整理して次のようにいう。「自由主義的個人主義」は、「善（good）」に対して「負荷なき個人」の「権利（right）」ばかりを優先させる点で誤っているが、「多元主義」（pluralism）を認めている点に、存在意義があり、「共同体主義（communitarianism）」は、「自由主義的個人主義」とは逆に、個人の権利よりも共同体の善の「単一の位置づけられた自己」を想定する点で誤っているが、市民を再発見しようとしている点では正しいと。「自由主義的個人主義」と「共同体主義」の問題は、ムフによれば次のようにも要約できる。①自由というのは〈私的な〉個人の事項であり〈道徳〉的問題だが、②平等は〈我々すべての問題〉であり、その意味で〈政治〉の問題になる(3)。そこで①と②を統一する必要がある。ムフによれば、「自由と平等」という実体的価値は「仮想現実（foyer virtual）」であるが、自由民主主義体制はこの仮想現実の実現に忠誠を誓わざるをえない。自己の要求を「手続き（procedure）」に従い満たすしかない(4)。我々を〈構成する〉ということは「同質性を求め差異を排除する」ことを含んでいるはずだ。新しい政治的なるものは、主体位置の多様性すなわち差異を認め、極力差異を取り込み、自由民主主義体制を否定する差異のみを排除していくことである。ムフは存在するものとしての政治的なるものをしっかり認識するという点でシュミットに従ったが、そのような政治的なるものに反対し、乗り越える政治を構成していこうとしている点では、反シュミット的といえようが、ムフのこのような立場は、先に触れた、〈存在するもの〉としての政治的なるものから〈存在すべきもの〉としての政治的なるものをつくろうとしたルソーの政治思想に、案外近いところにあるといえよう。

注

（1）セイバイン（柴田平三郎訳）、『デモクラシーの二つの伝統』、未来社、一一頁。
（2）シャンタル・ムフ（千葉眞・土井美徳・田中智彦・山田竜作訳）、『政治的なるものの再興』、日本経済評論社、四頁。
（3）同書、四一―四二頁。
（4）同書、第八章「多元主義と近代民主主義」の「民主主義　実体か、手続きか」。

第五章　共和主義的デモクラシーと公共性——ジャン・ジャック・ルソーの政治思想を参考に——

「私的動機を公の目的に転移し公共の名において合理化する」。

ラズウェル　『権力と人間』

第一節　ルソーの一般意志の政治共同体

ヨーロッパの思想の時代はもはや終わったとはよくいわれが、にもかかわらず遺産として〈ディアレクティク〉が残るのでないだろうか。アンリ・ワロンにより「アンチ・テーゼの天分」の持ち主と称賛されたルソーは、すべてのものごとを対立の下に置き、そしてそのような対立を止揚していく弁証法を展開したが、その範型を我々は『社会契約論』第一編第一章冒頭に見ることができる。そこでルソーは、自由な者として生まれた人間が、互いに他者に依存するという意味で鎖につながれているが、どのようにしたらこの鎖を正当化できるかという課題を自らに与え(1)、〈平等という鎖をとおした自由〉つまり平等主義的自由を実現することによって自由と鎖の対立を解こうとしたのであった。

そこからさらに問わなければならない一つの問題が出てくる。それは、ルソーがどのようにして平等主義的自由を実現しようとしたかである。ルソーは、一般意志と呼ばれた「共和制的民主主義（démocratie république）」により、それを実現しようとしたといえよう。ルソーは、後に述べるが、〈publique〉という言葉を、平等主義的自由を実現するために、語の本来の意味で使用した。そこで我々は次の問題に絞り検討していくことにしよう。第一に、ルソーは、商業的市民社会と国家とそしてそれを弁護する公共性の観念を、どのように批判したか。第二に、ルソーは、『社会契約論』で市民社会としての一般意志の政治共同体と、それを弁護する公共性の観念を、どのように説明しているか。

注

（1）J・J・ルソー、『社会契約論』、前掲邦訳、一五頁。

第二節　商業的市民社会と国家そして公共性の批判

一八世紀はモンテスキューの時代であったといわれる。一八世紀の政治理論家は、肯定するにせよ否定するにせよ、こぞってモンテスキューの『法の精神』を引用した。モンテスキューも称賛したように、一八世紀の理想の政治体制像は「共和国（république）」と呼ばれる国家であった。では「共和国」とは何か。ラテン語の〈res publica〉とは通例「人民のことがら」と翻訳されるが、そのように訳すよりも、「すべての人々の（publica）」「ことがら・物・財産（res）」と訳すほうがよいと思われる。〈publica〉あるいは〈publique〉とは、「すべての人々の」を指していた。共和国とはしたがって、「すべての人々のことがら・財産・物」を指し、それは、「一人（mon）の支配（archy）」である「王政」と対立する国制を指すものとして捉えられた(1)。では一八世紀においてはそのような共和国はどのようなものとして捉えられたのであろうか。

キルマコフスキの『市民の徳——一八世紀フランスのコンテクスト下におけるジャン・ジャック・ルソーの共和主義——』によれば、アンシクロペディスト（百科全書派）を始めとして多くの者は、モンテスキューに倣い、〈république〉を、人民あるいは人民の一部が主権をもつ国家（民主政や貴族政やスイスやオランダのような連合共和国が含まれる）である(2)。また、ルソーは、マキアヴェリの系譜下で、〈république〉なるものを、「政体」（政府）としてではなく、〈法の支配する国家すべて〉と捉えたモンテスキューの影響下にあった(3)。

一六世紀のマキアヴェリは、共和国のモデルを、軍事的徳をもった一人の君主により創設され、しかる後に君主の協力者により権力が分有されかつ法に従って支配される国家に置いた。マキアヴェリのこのような共和国観は、先に触れたようにモンテスキューに継承され、さらに『百科全書』の「共和制」という「項目」でも示されている。

ルソーの場合〈すべての人々の〉を指す〈publique〉は「全体（tous）」とシノニムであるが、しかし「全体の意志」は「一般意志」になるとは限らない。そこから「すべての人々の討議（délibérations publiques）」は、常に正しいとは限らないが、それでも一般意志を実現する上では、欠くことができない条件であることになる。そのことを措いても、大事なのは〈すべての人々〉はいったい何を意味するかである。『社会契約論』における〈すべての人々〉とは、次のように規定できよう。〈すべての人々〉とは、社会契約を結び、国家を形成し、その国家のなかで立法権を行使する〈すべての市民〉であると。つまりルソーにあっては、〈公共性〉を判定する担い手は、〈君主そしてその側近たる軍人貴族や文官貴族〉から〈市民全体〉に変わったといえよう。

先に述べたように、一八世紀のすべての思想家は、ローマ共和国とローマ市民を彼らの理想のモデルと捉え、近代初期のヴェネツィア共和国やジェノア共和国などは「寡頭政支配」であり、その意味では決して共和国などではなく、近代においてはわずかジュネーヴ共和国のみが共和国の実体をもつと考えた。ルソーは、祖国ジュネーヴをあれほど誇りにしたのであった。したがってルソーの共和政的民主政国家とは、国家をつくったすべての人々自らが、「主権者〈souverain〉」として制定した国家の法に、自ら「従う者〈sujet〉」になるという意味で、デモクラシーであった。ディドロは〈sujet〉を〈具体的個人の意志に従う者〉と捉えたが、ルソーは、それを〈自分がつくった法に従う者〉と捉えたことにその相違がある(4)。「主権者〈souverain〉」と「主権者に従う者〈sujet〉」は対立する言葉であったが、ルソーはこの対立を解いたのであった。それでは何によって彼はこの対立を解いたのか。政治的決定過程に直接参加する「市民〈citoyen〉」によってである。市民こそが〈支配者と被支配者の同一的相互関係〉をつくりだす主体である。だから「市民の国家〈cité〉」の「市民〈citoyen〉」は、たんなる「都市〈ville〉」の「商人階級〈bourgeois〉」とはまったく異なるのである。

ルソーにあって法の本質とは何か。それは「平等」であった。すべての人々が法の支配によって治めるときこそ、国家は自由を実現できる。注意すべきことは、このようなすべての人々の法による支配は、自治つまり一般意志の支配となり、その下でのみ個人は市民的あるいは民事的自由を満喫することができるようになることである。ルソーの自由はマキアヴェリとモンテスキューのそれとは異なる。一八世紀のモンテスキューは三権分立体制の下でのみ自由は実現されるといったが、その自由は、集団主義的自由であり、個人の自由ではなかった。その自由は、マキアヴェリのそれと同様、国家の自由であったのだ。

では、ルソーはなぜこのような共和国体制像を展開したのであろうか。それは現に存在する市民社会を批判するためであった。問題は、ルソーが彼の時代の市民社会をどのように批判したかである。それを検討するためには、J・エーレンベルクの『市民社会論——歴史的・批判的考察——』を参考にしながら市民社会の概念史を見ていくのがよい。エーレンベルクによれば、市民社会の概念は古代から近代まで三段階を経て今日に至っている。まず、①古代・中世の市民社会概念から、②近代の市民社会概念を経由して、③現代の市民社会概念が出現する。

①の古代ギリシャの市民社会概念は、エーレンベルクによれば、「自発的に私的利害をポリス的利害に従属させる市民から構成される共同体」(5)としての政治的市民社会概念である。特殊な私的利害をそのまま放置すれば人間関係は分裂分散してしまう。そこでそれを普遍的な全体の利害に結びつけるために、重装歩兵型市民社会が現れるのである。そのようなポリスが崩壊した後の中世の市民社会を組織化する主体は、「ポリス国家」から、恩寵の機関としての「カトリック教会」に代わり、それが市民社会を〈神の国〉に導いていくことになる(6)。市民社会は天国への通過地点としてのみ価値がある、とされたのであった。

次に、②の近代の市民社会概念を分類すれば、(i)の商業的市民社会概念と、(ii)の文明論的な市民社会概念の二つに分かれよう。一七〜一八世紀に出現する(i)になると、国家と市民社会は分離し、しかも市民社会は国家から独立し、それは主として経済社会として捉えられ、(ii)になるとそれは文明論的に捉えられる。しかも(i)の商業的市民社会については、(a)肯定的に捉える者と、(b)否定的に捉える者との二つに分かれる。(i)の(a)はメロン(J. F. Melon)、ファーガソン(A. Ferguson)、ヒューム、モンテスキュー、アダム・スミスであり、(i)の(b)は何といってもルソーであり、また彼の後に出てくるヘーゲル(G. W. Hegel)やマルクス(K. Marx)であろう。

明らかに②の(i)の(a)の商業的市民社会を肯定的に見る思想家たちの先輩に、一七世紀のジョン・ロックが控えている。ロックは、『市民政府論』で、自然状態から政治社会としての市民社会への移行を次のようにいう。労働の成果に基づく所有権は、消費可能な限界に止まる限り、他人の権利を犯すことはありえなかった。これが土地共有の段階であった。だが未墾地は依然として共有の下にあったが、耕作地を囲い込むことにより土地の所有が生じた。さらに世界のある部分に人口と家畜が増加し、貨幣の使用が生まれると、そこから土地が不足し始めた。そこで領土が確定され、所有権の規律が生まれる。所有権を確定し、それを守るために政治社会が生まれた。しかもこの政治社会あるいは「共同体（community）」は、「一体として（as one body）」として動くとき、「多数者の意志と決定（the will and determination of the majority）」に従う必要がある。「多数者の行為（the act of the majority）」は「全体の行為（the act of the whole）」と見なされる。しかもロックは、多数者の行為を「自然と理性の法（law of the nature and reason）」により弁護してしまう。「自由な選挙」による限りは、「人民の多数」は、立法府の多数と等置された上で、多数者支配の正当化根拠を「社会のすべての人々の善（the public good of society）」に仰ぐこととなる。「善」とは「財産権の保存」を指す。ロックにあっては、社会の〈すべての人々の〉意志は、立法府の多数者の意志に矯小化されてしまう。ロックは、全体の意志つまり特殊意志の総和を、即一般意志としてしまっているといえよう。

これを後のルソーは決して認めなかった。ルソーは、特殊意志と全体意志と一般意志を、互いに異なる意志と規定した。ロックの場合は、特殊意志の主体は専政君主にのみ想定されている。その意味でロックは、君主のみが〈公共性〉の担い手たることを拒絶し、それを商業的市民社会のブルジョワジーに移しつつあったといえよう。人間は、自己が生産した物を自己の手元に置き、「腐らせる（spoil）」ことをしないで、その物を所有しない者に売り、その代わりに貨幣を蓄積する、という形で巨万の富を築くことができる。私益は他者に恵みを与えることをとおし実現される。

このようなロックの政治思想は、後の商業的市民社会を肯定する思想家たちをとおし、やがて登場する一八世紀のアダム・スミスや一九世紀のジェレミー・ベンサム（J. Bentham）の「功利主義哲学」へと流れる源流となった、といえるであろう。アダム・スミスによれば、人間は私利私欲をとおせば逆に「公共の善」をもたらすことができる。彼は、このような私利私欲と公共善のパラドックスの解消は、「神の見えざる手（invisible hand of God）」により行われると述べた。神の見えざる手とは、カルヴァンの神学的言説の「予定（prédestination）」説が、経済学的に世俗化されたものであろう(7)。現代ならばそれは〈マーケットの法則〉という言葉を使うであろう。もちろん一九世紀のベンサムにあっては、「全体意志」〈最大多数の最大幸福〉がそのまま一般意志に解消されてしまっている側面は否定しようがないが。

近代の②の（ii）文明論的な「市民社会」は、一九世紀の元貴族のトクヴィルのそれになるであろう。②の（i）の（a）の市民社会を否定的なものと見たルソーは、近代の市民社会を経済社会と捉える市民社会論者であった。しかもルソーは、市民社会の内実を「経済的不平等」と見て、それを否定する。近代の②の（ii）の市民社会観は、一九世紀のトクヴィルに典型的窺えるように、市民社会を、自由を保存するものと捉え、文明論的にそれ以前の時代よりも高い段階にあるものとして肯定的に見ている。しかし①の古代と中世の市民社会論から②の近代の市民社会論へ移行する中間段階の一七世紀に、ホッブズのそれが出現する。『リヴァイアサン』では、「戦争状態」は、いわば市民社会なき状態である。国家が出て初めて市民社会が登場する。ホッブズによれば、国家が市民社会をつくりだすのである。人間は、自己の「自然権」としての「自由」を主権者に放棄する社会契約を結び、国家をつくる。国家の主権者がその後つくった市民社会を保存していく、という発想が彼にはある(8)。

ここで我々が扱うのは、②の（i）の（b）のルソーの市民社会論であるが、問題は、彼のそれはいったい何に対する反抗理論として登場したのかである。それは②の（i）の（a）の商業的市民社会論に対してであった。絶対王政国家の時代の主役は〈王と武人貴族と文官貴族〉であったが、資本主義の発展の時代には、その主役は〈商人〉に取って代わられる。そのような商人の商業を正当化するイデオロギーとして、一七〜一八世紀にかけて「温和な商業（doux commerce）」論が主張された。先に触れたように、特に一八世紀はモンテスキューの時代であった。一七世紀のロックは一八世紀を支配した思想家と呼ばれたが、一八世紀の政治理論家たちから盛んに引用されたモンテスキューはロックの弟子であった。彼は『法の精神』で「温和な商業」について述べているので、それを引用してみることにしよう。モンテスキューはいう。「商業が存在するところではどこでも穏やかな習俗が存在する」(9)と。一八世紀の商業的市民社会論者たちによれば、人間は次のような基本的性向をもつ。すべての人間は、私益を追求する傾向をもち、他者との温和な交易あるいは商業をとおし利益を得ることになるが、他者もまた交易や商業により自己の欲しいものを獲得することになる。私利の追求が結果的に他者の幸福になる。人間は他者との〈温和な商業〉をとおし互いに〈甘美な交流（doux commerce）〉を実現することができる。これはまさに遡れば一七世紀のロックが教えたことであったが、グロチウス、プーフェンドルフ、バルベイラックやビュルラマキ等の大陸自然法学者の自然法観でもあった。彼らは、自然法を、〈神学〉から切断し、〈人間の自然〉から樹立した。では彼らの自然とはいったい何か。それは①自己保存と②自然的社交性であった。彼らによれば①と②とは対立する。彼らは、その対立を〈温和な商業〉を挿入することで解こうとしたのであった(10)。商業的市民社会論者にとり、「すべての人の善（public good）」は、市民社会の人間相互の交易から自生的に出現する。とはいいつつも商業的市民社会論者は、交易を撹乱する要因があるときには、アダム・スミスに典型的に見られるように、それを抑え込むために〈最小限国家〉を要請した。

ルソーは、このような〈商業的市民社会―国家―公共性〉に対する反抗理論として、彼独自の〈戦士的市民社会―国家―公共性〉を打ち出す。ルソーは、マルクスならば富の不平等から悪が生まれたといっただろうに、『ナルシス序文』でむしろ逆のことを述べた。「悪の最初の源泉は不平等であり、不平等から富が生じた」(11)と。不平等からすべての悪が付随して出現してくる。では最初の不平等とはどのようなものか。それは財の不平等ではない、とルソーは述べた。では財の格差をもたらす不平等とは一体何か。根本的な不平等は、人間が強さと弱さという「関係の知覚」をとおして察知できるようになった優劣感から出てくるもの、と考えられた。人間は、強弱の関係の知覚から、強くなることによって満足させられる優越感を自覚するようになった。そして強さを実現したとき、優越感、すなわち「自尊心」（自惚れ・虚栄心）が生まれる(12)。人間は、関係を形成するにつれて、自尊心を満足させるための最も効果的なものが財の不平等所有である、ということに気づいたといえよう。繰り返すと、不平等をもたらす究極の原因は優劣の感覚であった。

人間は、市場で他者と財の交換関係に入ることで、儲けたり損したりあるいは破産したりすることをとおし、豊かな者となったり貧しい者となったりする。豊かになった者は、蓄積した自己の財を守るために大きく安定した力を欲する。その力が国家権力であるのは当然である。市民社会の人間は自らの市民的自由や財産権を守るために国家権力を設立した。ジュネーヴ共和国体制最大のイデオローグであったビュルラマキ（J.J. Burlamaqui）は、人々は〈結合契約〉を結んでつくった国家のなかで、すべての人々に関係する問題、すなわち公共的なものの判断権（主権）を、〈統治契約〉を結びつくった為政者に任せ、自分たちは私的な「市民的自由」を満喫することで満足せよ、という政治理論をたてた(13)。そうなれば、国家が「すべての人々に関する問題」を考え処理する「公的人格」の主体となり、市民社会の人間は「私的人間」となってしまう。人間は自治の権利としての政治的自由を失う。大陸自然法学者の二重契約論は、ジュネーヴの民主化を迫るブルジョワに対抗するために、パトリシエートたちにより使われたのであった。ルソーは、ある問題が起きた時に、その問題が、①〈特殊的かそれとも普遍的なものか〉、そして②〈部分的かそれとも全体的なものか〉、さらには③〈民事的なものかそれとも国家的なものか〉を決定する権利を、〈少数の者あるいは一人の人〉に譲ってしまうのは許されてよいのか、と批判したのである。ルソーは①から③までを「すべての人々の討議（de1ibérations publiques）」すなわち民主主義的な討論をとおして決定していくのが正しい、と主張しているのである。ルソーは、ジュネーヴ共和国で実際に主権を握る「小評議会」が公共性の判定権を独占し、公共の討議を行う立法権者の「総会」を無視していることに立腹し、〈publique〉の判定権を小評議会から奪おうとしたのである。

注

（1）ここには翻訳の難しさがある。〈翻訳者は裏切り者である〉という言葉がある。英語を日本語に翻訳するとしよう。その英語の意味を正確に翻訳する日本語がない場合どうすればよいのかを、柳父章の『翻訳語成立事情』（岩波新書）の特に「8「権利」」を参照しながら考えてみよう。この場合、①横文字をそのまま使用すること、②現にある日本語を無理やり横文字に当てはめるか、あるいは新しい日本語をつくること、の二つに分かれるであろう。①は翻訳の難しさを知悉していた明治維新初期のトップ・クラスの知識人福沢諭吉や西周等が考え行い、②は漢文の素養があった没落士族階級が行ったことである。②の例として〈right〉を挙げてみよう。〈right〉には元々「権（power）」という意味はない。それなのに、なぜ権と利をくっつけ、権利という言葉をつくりだし、これを訳語としたのか。これは翻訳というよりも、むしろ新しい日本語をつくりだし、〈right〉の意味を改ざんしてしまったとはいえないか。なぜそうなったのか。それは、〈right〉に「権」をくっつけてしまうコンテクストが明治初期の日本にあったからである。それは自由民権運動であった。没落武士階級が行った「民権」運動は「公民権運動」（国家権力に参加する権利を獲得するための運動）であった。国家権力に参加あるいはそれを奪取する〈民の権力〉。そのようなコンテクストから〈right〉を権利と訳してしまったといえる。この点についてはさらに、柳父章の『翻訳とはなにか』（法政大学出版局）第一章「〈カセット効果〉の説」を参照されたい。また〈共和主義的な〉は、〈共に和す〉からヒントを得てつくられた言葉であろう。しかし〈republic〉に共に和すという意味はあるのだろうか。そのように翻訳されたとき、元の意味は伝達されなくなる。その意味で翻訳者は裏切り者であるといえよう。『哲学・思想翻訳語事典』（監修者石塚正英・柴田隆行、論創社、七二頁）によれば、〈res publica〉あるいは〈republic〉とは、〈公共の物あるいは財産あるいはことがら〉を指す。〈republic〉は一七世紀のイギリス革命時代にあって、〈commonwealth〉（共有財産あるいは物）とある程度正しく翻訳された。それを日本では一八三九年に渡辺崋山が「共治」と訳し、一八四五年に箕作省吾が『坤輿図識』で「共和」と訳し、後に福沢諭吉も共和と訳すことで共和が定着していったが、元の意味に近いのは共和よりもむしろ共治かも知れない。しかしこのような日本語訳といえども、〈republic〉を正確に訳したとはいいがたい。これは誤訳といってもよいが、〈新しい日本語〉をつくったともいえるであろう。

（2）Merja Kylmäkoski, The Virtue of the Citizen, *op. cit.*, pp. 38-39.

（3）*Ibid.*, p. 40.

（4）*Ibid.*, p. 59.

（5）ジョン・エーレンベルク、『市民社会論——歴史的・批判的考察——』、前掲邦訳、第一章「市民社会とその古典的形態」。

（6）同書、第二章「市民社会とキリスト教共同社会」。

（7）スコットランド人のアダム・スミスは、スコットランドのカルヴィニズムであった〈プレスビティリアニズム〉（右派カルヴィニズム）を信奉していた。

（8）ジョン・エーレンベルク、同書、特に第四章「『経済人』の勃興」の冒頭を参照。

（9）モンテスキュー（野田良之・稲本洋之助・上原行雄・田中治男・三辺博之・横田地弘訳）、『法の精神』（中）、岩波書店（岩波文庫）、二〇一頁。川出良枝の『貴族の徳、商業の精神』（東京大学出版会、二四頁）によれば、フランスでは貴族が商業活動をした場合、「爵位禁止法（loi de dérogeance）」により「その期間中、爵位および特権は凍結される」ことになっていた。しかし絶対王政国家の重商主義政策により、国家は貴族の商業活動を積極的に奨励することになった。国家の繁栄に貢献する者は、もはや「武人貴族」ではなく、商人階級であることを示し始めた。ところが武人貴族ではなく「法服貴族」という文官貴族のモンテスキューは、貴族の商業活動に反対の意を表したのであった。「商業貴族」などという存在は彼にとりもっての外であった。

（10）Helena Rosenblatt, Rousseau and Geneva, *op. cit.*, p. 91.

（11）J・J・ルソー、『学問芸術論』、前掲邦訳、九一頁。

（12）優劣の「関係の知覚」から「自尊心」といわれる見栄が生まれ、そして見栄を満足させるためには、財の所有が最も効果があると自覚されていった。悪をもたらす関係の知覚については、本書第一部第三章第二節④「関係の知覚と自尊心」を参照せよ。

（13）ローゼンブラットの『ルソーとジュネーブ』によれば、ビュルラマキは、「群衆」は社会契約を結び国家を形成し、形成された国家を支配する統治者を頂いたとき、群衆たることを止めるといった。統治者の下で群衆を止めた者たちは市民的自由を実現できることになる。ビュルラマキの社会契約論的国家論はホッブズ国家論の縮小コピーみたいなものであった。ホッブズのエピゴーネンであったビュルラマキは、国家が形成された後に市民社会ができ、国家の下で市民的自由が生まれ守られると考えたのであった（Helena Rosenblatt, Rousseau and Geneva, *op. cit.*, pp. 154-155）。

第三節　民兵的市民社会と国家そして公共性

ルソーは、これまで述べたように、商業的市民社会とそれを守る国家とそれを弁護するイデオロギーとしての公共性を攻撃した。それを批判した後に、ルソーは、古代ギリシャ的な戦士的市民社会と国家そして公共性を打ち出す。それにしても、一八世紀は国民国家という広域国家の時代になっていくのに、ルソーはなぜ小規模国家像を提起できたのであろうか。それは、先に触れたように、一八世紀のヨーロッパ諸国にとり理想の国家とは、古代ギリシャの都市国家の再現とされたジュネーヴ共和国であったからである。

ジュネーヴ共和国の実態、特にその階級構成と政治制度については、すでに述べたとおりである。ジュネーヴ共和国では、一見すると総会が主権を握っているように見えるが、総会は単なる飾りものでしかなく、この体制は、民主主義のマントをかぶった「世襲貴族政」であり、ローゼンブラットの言によれば、「貴族政的民主政（aristo-democracy）」であった。

このような政治体制下にあったジュネーヴ共和国において、一七〇四年から一七八二年まで、総会と小評議会はどちらが主権を握るのかを巡って戦った。この戦いはさながらフランス革命のミニ版を呈し、いわば〈挫折したフランス革命〉の様相を展開することとなった。では、小評議会と総会の双方は何を争点として延々と戦い続けたのであろうか。それは〈増税問題〉を巡ってであった。それにしてもルソーはなぜ増税に反対し続けたのであろうか。その理由は二つある。一つは要塞強化であり、もう一つは傭兵増強であった。小評議会が、反体制運動に走る総会派のブルジョワを弾圧するために、増税による国庫資金を使用して、要塞の強化や傭兵の増強を行うと見て、ルソーは反対したのであろう。『百科全書』への寄稿文としての『政治経済論』は、実は執拗に反租税闘争を続けた総会派を応援するためのメッセージとして書かれた側面があったことを、忘れてはならない(1)。

それではジュネーヴ共和国で「傭兵」（ルソーによれば「常備軍」も傭兵の一種に入るが）の供給源はどこにあったのであろうか。それは旧市民や新市民ではなく、市民権も与えられないという意味で被差別民の立場にあったナティーフやアビタンや農民から、主として集められたのであろうか。だからこそルソーは、自分がアビタンやナティーフや農民とは異なった、特権階級としての（旧市民と新市民を含む）市民であることを誇り、彼らを軽蔑していたのではなかろうか。

そのことは、彼の『社会契約論』第三編第一五章の次の言葉から窺える。「ひとたび、すべての人々の職務が、市民たちの主要な仕事たることを止めるやいなや、また、市民たちが自分の身体でよりも、自分の財布で奉仕するほうを好むにいたるや、国家はすでに滅びの一歩前にある。戦闘に進みでなければならないというのか？　彼らは軍隊に金を払って、自分の家にのこる……彼らはついに祖国をドレイ状態に陥し入れるために軍隊を」(2)もつことになる。ルソーはしたがって傭兵も常備軍も認めない。となれば認められるのは、「民兵〈milicien〉」でしかないだろう。現代のスイスは、総じて常備軍制度をとっているヨーロッパ諸国のなかで、民兵制度を是としている国であるが、そのような民兵制度を、はるか二五〇年前のルソーが称賛していたのであった。古代ギリシャの国家＝市民社会は、自己の持つ特殊利害により分散し分裂しがちな人々をまとめ統合していくために、政治的に組織化された共同体であったが、ルソーもまた人々を分裂に導きかねない市民社会を、政治的に組織化しようとしたのであった。古代ギリシャの都市国家では、奴隷を除く成人男子市民のみが重装歩兵となりえた。ルソーの民兵制度は、ギリシャのそれをモデルに仰いだといえよう。

ここでルソーが、〈publique〉と〈privé〉をどのように異なったものとして押さえているかを、見ていくことにしよう。我々はそれを次のように規定できるであろう。パブリックとは〈すべての人々の〉であり、プライベートとは〈私一人の〉を指していると。だから「公共の職務」とは〈すべての人々が就かなければならない職務〉（主権者としての市民の義務）と、そしてプライベートとはすべての人々から〈一人で放っておかれる権利〉を指していると。①〈公的―私的〉あるいは②〈全体的―部分的〉あるいは③〈一般的―特殊的〉という区別は、〈すべての人々の〉と〈私一人の〉という言葉を置き換えた言葉といえよう。先にも触れたように、古代ギリシャの都市国家とは、特殊利害の追求に走り共同体全体を破壊に導きかねない人々を、政治的に組織化しまとめ上げるための共同体としての市民社会であった。市民社会を支える家族や商業団体は、（ⅰ）〈私的―部分的―特殊的利害〉を追求しがちであり、市民社会を揺るがし倒しかねない。このようなグループをそのまま放置しておけば、市民社会を分裂させ解体させかねない。だからこそ〈市民の国家〉を意味するポリスは、（ⅱ）〈公的―全体的――一般的利害〉を追求する立場からそれらをコントロールするものとして出現した、といえよう。

ルソーは古代ギリシャのこのようなポリスを模倣したのである。しかし、ルソーの時代はもはや古代の市民社会ではない。近代の市民社会は非政治的社会であった。しかも近代の市民社会においては、今触れた（ⅰ）と（ⅱ）の対立は当然のこととして〈承認されていた〉。古代ギリシャにおける政治的組織体としての市民社会は、（ⅱ）の立場から極力（ⅰ）を抑圧したが、ルソーにより否定的に捉えられた商業的市民社会は、（ⅰ）と（ⅱ）が公然と対立する〈場〉である。その対立をどのようにして処理するというのか。ヘーゲルはその対立を「調停する」具体的自由の現実体と規定した国家を考案し、マルクス（と彼の後輩のレーニン）はその対立を「止揚する」過渡期国家として社会主義国家を考案した。問題はルソーが、（ⅰ）と（ⅱ）の矛盾あるいは対立を、どのように処理しようとしたかであろう。この課題を担ったのが『社会契約論』であった。

社会契約論的国家形成論の目的は、ひとえに平等主義的自由を実現することにあった。〈すべての人々の平等〉と〈私一人の自由〉とは矛盾しがちなものである。この対立をどのようにして解くか。今触れたように、ルソーの後輩であったヘーゲルは、市民社会における双方の矛盾を、〈抽象的権利あるいは法と道徳の矛盾〉に置き換え、市民社会から超越的に存在する国家がその矛盾を調整するという一種の教育国家論を構築し、マルクスは、ヘーゲルを媒介として、ルソーが措定した市民社会の矛盾対立を継承し、「市民（citoyen）」と「人間（homme）」の矛盾対立という言葉に置き換え、しかも社会主義国家をとおし市民社会を民主化していくことで止揚せんとしたが、ルソーは、後のヘーゲルやマルクスのように、市民社会の上に超然と立つ国家をとおしてこの矛盾を調整し、あるいは止揚しようとはしなかった。

ならばルソーは、この矛盾をどう止揚しようとしたのであろうか。重要なことは、ルソーが、市民社会においてこの矛盾が存在することを何よりも正確に認識し承認しており、しかも決してヘーゲルやマルクスのように、性急に超然国家をとおして上から調整し、あるいは止揚しようとはしなかったことを、理解することである。ルソーは、ヘーゲルやマルクス同様、市民社会とは異なったものとしての国家を認めたが、国家の主体を決して〈一部の人や一人の人〉としたりはしなかった。ルソーは市民〈すべての人々の討議〉をとおして、〈すべての人々の利益と私一人の利害〉を調整していく国家をつくり、運営していこうとした点で、後のヘーゲルやマルクスとは異なるのである。ルソーにより、「国家それは朕だ」は否定され、「国家それは我々だ」になる。ルソーにあっては、国家は、我々〈すべての人々のことがら・財産・物〉、つまり〈république〉となる。その意味で、ルソーの理想の国家像はポリスを範型としてつくられたことが分かろう。

注

（1）租税問題に関する総会派と小評議会派の確執については、本書第一〇章第三節「租税問題」を参照せよ。

（2）J・J・ルソー、『社会契約論』、前掲邦訳、一三一頁。

第四節　ルソーからトクヴィルへ――市民社会による国家の民主化と公共性の奪還――

アーレントは、『人間の条件』で、古代ギリシャの「市民」とは「平等者の集まり」であり、市民の平等とは、「同等者の間で生活し同等者だけを相手にしなければならない、という意味」であるといった。しかも平等は「自由の本質」であり、自由とは〈支配に現れる不平等から自由〉であり、支配も被支配も存在しない領域を動くという意味」(1)であった。自由と平等はシノニムであり、自由とは実は平等なのだ。これは、「ポリタイ（politai）」の言葉を使えば「イソノミア（isonomia）」になろう。平等をとおしたときのみ自由が生まれる。これは後のルソーの平等主義的自由論の祖型ではないか。もちろんいうまでもないことだが、このような平等主義的自由は、奴隷が彼らの生存基盤を支えたからこそ生まれたのであったが。

先に触れたことをここで繰り返そう。近代ヨーロッパの市民社会は一つの分裂体として存在する。グロチウス、プーフェンドルフ、バルベイラック、ビュルラマキといった大陸自然法学派の人々はこのことを認識したが、ルソー、ヘーゲル、マルクスは彼らの認識を受け継いだ。市民社会において一人ひとりの人間は、利己心と愛他心に引き裂かれているが、ヘーゲルはこれを〈抽象的権利あるいは法と道徳の矛盾〉という言葉に置き換え継承し、さらにマルクスは〈人間と市民の矛盾〉という言葉に言い換え継承した。マルクスは、ヘーゲルを媒介としてルソーを受け継いだのは事実であった。ルソーは、不平等を本質とする市民社会を変革し民主化するために、一般意志の政治共同体といわれる国家像をつくったが、ヘーゲルは、市民社会の対立を調停媒介するために、具体的自由の現実体としての国家を考案し、マルクスは、資本主義から共産主義への過渡期としての社会主義的独裁国家像なるものを編み出したが、、市民社会を民主化する主体として、国家なるものに期待をかけた点では、三人は似ているといえよう。しかし〈すべての人々の〉という意味をもつ〈公共的な〉ものを、ルソーが、政治制度をつくったすべての人々が担うと考えたのに対して、ヘーゲルとマルクスは、その担い手をやはり一部の者に委ねてしまったことは否めないし、その点ではルソーのほうが、ヘーゲルやマルクスよりも進んでいるといえるであろう。しかしそのようなルソーにも問題がある。ルソーもまた、後のヘーゲルやマルクス同様、国家の力を極大化し市民社会を民主化していこうとした点で、市民社会を窒息させかねない要素をもっていたからである。

要はここでは、市民社会を民主化するために存在する国家が肥大化し、巨大化し、むしろ反民主的なリヴァイアサンとなってしまったことを指摘するだけでよい。そこで今度は、ルソーやヘーゲルやマルクスとは逆に、市民社会を民主化するためと称してつくられた国家を民主化しければならないという問題意識が生まれてきた。それでは国家を民主化する主体をどこに求めればよいのであろうか。そこで一九世紀のトクヴィルがもう一度呼び出されることになる。公共性の担い手は、ルソーやヘーゲルやマルクスのいうような国家ではなく、国家を民主化する市民社会となる。このことをトクヴィルから学ぶべきである(2)。市民社会を構成するすべての人々は、日々の討議をとおし、上から画一的な平等を市民社会に強制してくる国家を、まさに下から民主化することで自由を守っていくしかない、とトクヴィリアンはいうであろう。

では、我々は、市民社会をネガティブに見るルソーやヘーゲルやマルクスと、それをポジティブに見るトクヴィルから、何を学ぶことができるのであろうか。双方を相互排他的なものと見てよいはずはない。相互の対立を調停する契機を発見すべきであろう。かつてホッブズは、『リヴァイアサン』で、「公共の理性（public reason）」を、「公共の人格（public person）をもつただ「一人あるいは一合議体」つまりリヴァイアサンに求め、市民社会形成とその安定をそのようなリヴァイアサンに委ねてしまった。リヴァイアサンが存在しない状態、つまり無政府状態下では、市民社会は存在しえない。では、設立されたリヴァイアサンが死滅すればどうなるか。ホッブズによれば、市民社会なき恐ろしい略奪と相互殺戮の状態に戻ってしまうだけである。だから無政府という真空を埋めるために、リヴァイアサン国家が再び出現してしまうのである。力を制圧するには力しかない。

しかし高度に資本主義が発達した現代国家では、たとえその国家が揺らぐとしても、市民社会が無秩序無政府状態に陥るとは限らない（なぜそのようにはならないのかは、市民社会の担い手としての市民層のエートスの問題になると思われるが、本章では扱わない）。秩序を形成し維持する能力をもつ市民社会は、国家を牽制し、民主化する力を蓄積している、と思われる。このことは、市民社会の自由を守るために国家の役割をできるだけ縮小しようとしたロックからトクヴィルの思想的系譜下で、分かることである。これは左右全体主義に対する反抗理論となろう。しかし、だからといって市民社会をとおして国家を民主化するだけで、問題が解決するとはいえない。現実の市民社会が理想のそれでない以上、逆に市民社会を民主化しようとしたルソー、ヘーゲル、マルクスの思想を切り捨てることもできないからである。

では、どのようにすれば市民社会を民主化することができるのであろうか。我々は、時には国家の力を借りながら市民社会を民主化しなければならないこともあろう。それは〈福祉国家〉により証明されたことである。A・グラムシは、ヘーゲルの教育国家論の影響の下に、『新君主論』において、国家を、〈政治社会（狭義の国家＝独裁）十市民社会〈ヘゲモニー〉〉といった。彼によれば、国家は〈強制の鎧をつけたヘゲモニー〉である。ヨーロッパ中世では国家と市民社会は未分離の状態にあったが、近代になると双方は分離し、現代になると市民社会は国家へ再吸収される傾向にあるのは事実である。これを〈新しい中世〉の始まりという人もいる。国家が市民社会に深く入ってしまったところでは、トクヴィルあるいはルソーのいずれかを二者択一的に選択するかという問いは、あまり意味がない。我々は、〈市民社会による国家の民主化〉（トクヴィル）と〈国家による市民社会の民主化〉（ルソー、ヘーゲル、マルクス）という課題を、あくまでも資本の論理により不断に植民地化されつつある〈生活世界〉としての市民社会のなかで、パブリックな〈討論的理性〉をとおして考えていくしかないであろう。

注

（1）ハンナ・アーレント、『人間の条件』、前掲邦訳、五四頁。

（2）ジョン・エーレンベルク、『市民社会論――歴史的・批判的考察――』、前掲邦訳、二四五頁。

第六章　リベラルデモクラシーの行方——起源と理論そして課題——

第一節　リベラルデモクラシーの起源

一九世紀から二一世紀冒頭の今日まで、先進資本主義国家を統合する原理として採用されてきた「リベラルデモクラシー（liberal democracy）」は、これから先どのような道を歩めばよいのだろうか。その問題を探るためには、若干回り道をして資本主義とそれを支える国家の相互関連を、時に一九世紀から二一世紀冒頭にかけての歴史のなかから図式的に語る必要がある。

周知のように、資本主義は生産手段が少数の資本家に集中し、一方で自分の労働力を売るしか生活手段がない多数の労働者が存在する生産様式であるが、「資本（capital）」とは、マルクスの言葉を使えば、「自己増殖する価値の運動体」であり、その増殖あるいは蓄積の「方法」には、時代と場所により当然に違いがある。一六世紀の資本の原蓄期をスプリングボードにして資本主義は、一七～一八世紀の商業（商人）資本主義、そして一九世紀から二〇世紀の七〇年代にかけての「産業資本主義」（労働者の労働力を安く買い、彼らによりつくられた製品をマーケットに持ち込み労働者に高く買い戻させるシステムを〈発明する〉ことにより差額を得るシステム）を経由して、二一世紀冒頭の「ポスト産業資本主義」といわれ持てはやされる、太古からある、おカネでおカネを儲ける「金融資本主義」（おカネの現在の買い値とそれの未来の売り値のズレを利用し差額を得るシステム）に到達し、金融資本主義が羽振りを利かせてきたが、二〇〇七年以降金融恐慌の発生により今やその先行きには暗雲が立ち込めている。

そのような現代の金融資本主義には特に「投機（speculation）」つまり博打性があり、その意味で「二一世紀資本主義の危機」（岩井克人）は「投機資本主義」からくるといわれる。「投機家（speculator）」は、他の投機家が「投機市場」（株式・債券・外為・先物商品等）でどのように動くかを、自己の理性によって〈合理的に計算し予想する〉が、しかし往々にしてその結果が読めなくなり〈非合理的な判断を下しがち〉であり、そのあげくに価格の乱高下が起き、最後に「金融危機」が発生してしまう(1)。アメリカは、本来融資の対象となりえないはずの貧困層にローンを組ませることにリスクが内在していた「サブプライム・ローン」を「証券化（securitization）」し、内外の投資家に販売し、それが不良債権化してしまったことから二〇〇七年七月以降「金融恐慌」に見舞われ、極端な〈ドル安〉を起こしてしまったが、その理由の一つに投資家がアメリカ・ドルの〈使用価値〉がなくなりつつあると見なし、ドルに対し不信任をつきつけたことがあげられるであろう。投資家がドルを売り円買いに走ったおかげで、日本は〈円高〉に襲われ、また投資家が円高による輸出減少で日本企業の利潤が減っていくと見越し、株を売り逃げしたことで、時に日本の輸出産業は〈株安〉に見舞われた。そうなると企業はリストラを断行し、そのせいで日本中に失業者があふれかえることになる(2)。

いうまでもなく、資本主義の在り方が変化するにつれて国家の在り方も変わる。〈特権的前期的大商人〉を保護するために「前期国民国家」としての「絶対王政国家」、そして産業資本主義から金融資本主義の現在までの間「後期国民国家」としての「ブルジョワ国家」が出現したが、さらにブルジョワ国家をより細かく分けるとどうなるのだろうか。一九世紀には、「前期資本主義（軽工業中心）」を支えるために「自由主義国家」、二〇世紀になると「後期資本主義（重工業中心）」を保護育成するために、経済社会に積極的に介入する「後期資本主義国家」（社会国家）が現われ、最後には経済社会から手を引く現在の「ポスト後期資本主義」に対応する「新自由主義国家（neo liberal state）」が登場した(3)。

話は変わり、一七世紀から二一世紀の今日までの〈自由と平等〉の関係の歴史を見ると、ヘーゲルやマルクスが述べたように、それが弁証法的に止揚あるいは発展してきたと断定できるだろうか。むしろそれは時計の振り子のように左右に極端に揺れながらきたことは、（a）一七世紀がブルジョワの「自由」を獲得するための闘争であり、（b）一八世紀が逆に民衆による「平等」をこの世に実現するための闘争であり、（c）一九世紀が平等に対する揺れ戻しとしてブルジョワの反動的な自由を取り戻すための戦いであり、（d）二〇世紀が社会主義者による平等実現に向けた戦いであり、そして、（e）二一世紀冒頭の現在ブルジョワによる自由の奪還闘争が起きていることから理解できよう。（e）の二一世紀冒頭の自由は、（c）の一九世紀のそれの反復再生に似たものとして出てきているが、（e）の自由は、ネオリベラル〈国家によって強制される自由〉である点で、リベラル〈国家からの自由〉を意味する（c）の自由とは異なる。しかしそのような（e）の自由に対して、平等主義者からの反乱が起こりつつあるのも事実である。

そこで我々は、これからリベラルデモクラシーが出現した背景を一九世紀のイギリスに見ていくことにしよう。一九世紀のイギリスで産業ブルジョワは、外国に〈工業製品〉を売るために、国内市場を開放し〈穀物〉を輸入する〈自由貿易〉を唱え、〈農業保護〉を死守せんとする地主貴族を凌駕して中産階級化していったが、ただちに労働者という手強い敵が現れた。一八三二年の選挙法改正では新たに選挙権を与えられたのは産業ブルジョアのみだったので、排除された労働者は大いに不満を募らせ、一八三〇年代後半、〈労働者にも選挙権を〉というキャッチフレーズを掲げて議会改革運動をしぶとく展開し、そのおかげで一八六七年には都市労働者にも選挙権を与える法案が通過した。労働者は〈チャーチスト運動〉や〈選挙法改正運動〉を展開しながら、次第に力をつけ平等を勝ち取ろうとしていった。だからこそ一九世紀末フリードリヒ・エンゲルスは、このまま参政権が拡大されるならば労働者が国家権力を奪い取り社会主義を実現するのも近いと信じた(4)。だがそこは、〈妥協革命〉の経験をもつしたたかな国イギリスである。自由主義者のブルジョワは、平等主義者の労働者とあくまで自分に有利なように妥協し、一つのイデオロギーを構築し労働者にばらまいた。それがリベラルデモクラシーであったが、その形成理由は、自由と平等の戦いを、平等を「自由主義化(liberalization)」することによって、無害化することにあった。

ブルジョワはいった。〈諸君の欲する平等は認めよう。ただしその平等は「機会の平等」だ。それを利用し上に昇って来い〉と。労働者は民主主義の自由化として現れる「政党」をつくり、政治権力を目指し「議会(parliament)」のなかに入っていった。労働者は体制外から体制内に入っていった。自由主義と民主主義の吻合は必然ではなく偶然の産物であったが、いずれにせよリベラルデモクラシーが成功した最大の理由はそこにあったろう(5)。

だが金属に金属疲労があるように制度やイデオロギーにも疲労がある。永遠不滅のものはこの世には存在しない。一九六八年に学生と労働者は、世界的規模の反乱を起こし旧左翼をも打倒の対象に据えたが、まさにその時リベラルデモクラシーの賞味期限が過ぎたのを宣言した。それにしてもなぜ彼らはそれを宣言したのだろうか。イマヌエル・ウォーラーステインの『リベラリズムの苦悶』によれば、リベラリズムの本質は「メリットクラシー(業績支配)」にあり、リベラリズムは自らをデモクラシーというフィルターを介し正当化できたからこそ二〇世紀まで延命できたのだが、その命運が一九六八年尽きたからである。今や「暗黒の時代」を迎えた(6)。そこでかつての二〇世紀「戦間期」の「全体主義的民主主義」復活の悪夢が蘇ってくる。はたしてリベラルデモクラシーはより深い闇のなかに引きずり込まれてしまうのだろうか。それともリベラルデモクラシーの存在意義は今でもあり、またそれは今後も存続しうるのだろうか。

注

（1）岩井克人、『二一世紀の資本主義論』、筑摩書房、特にⅠ「二一世紀に向けて」を参照せよ。岩井はいう。貨幣の価値はどこからくるのだろうか。岩井によれば貨幣商品説も貨幣法制説も貨幣を「実体」としているので間違いである。貨幣の価値は実体ではなく「関係」からのみ捉えることができる。貨幣の存在価値は「使われる」ことにある。使われなくなったらおしまいである。使われなくなるとインフレからハイパーインフレを経由して物々交換になる。インフレ時代は〈おカネより物〉である。ではデフレから入ったらどうなるのだろうか。デフレの時代は〈物よりおカネ〉である。おカネをもつ消費者が物を買わなければ最後に企業は倒産する。どちらから入ろうとも「恐慌」に突入する。

（2）野口悠紀夫、『円安バブル崩壊――金融緩和政策の失敗――』、ダイヤモンド社、第一章「円安頼りだった景気回復」。野口によれば、「円安導入」は輸出産業に対する日本国政府による一種の「補助金」であった。

（3）介入主義国家の詳しい内容については、前掲拙著『国家・権力・イデオロギー』、第二章「資本主義国家の構造と機能」の第三節「国家関係説」を参照。

（4）ロバート・パクストン（瀬戸岡紘訳）、『ファシズムの解剖学』、桜井書店、第一章（序論）の注記、三四五頁を参照。

（5）サンフォード・ラコフによれば〈リベラルデモクラシーは個人の権利を守ることに熱心で、政府の強制に比較して地位や階級による不平等に対してはしばしば盲目であった〉（Sanford Lakoff, *Democracy*, Boulder, Westview Press, 1996, p. 99）。また自由主義と民主主義の結びつきは偶然だとする説については、シャンタル・ムフ、『政治的なるものの再興』、前掲邦訳、二二頁を参照。

（6）イマヌエル・ウォーラーステイン、『リベラリズムの苦悶』、前掲邦訳、二一頁。

第二節　シャンタル・ムフのリベラルデモクラシー観

二〇世紀のファシズム台頭以降、なるほどリベラルデモクラシーを実現するために呼び込まれた「議会主義（Parliamentarianism）」が機能不全に陥っているのは明らかである。というのも議会主義の本質は価値の「多元性（plurality）」すなわち価値の（自由）を認めることにあるが、それを極端に認めれば政治的アナーキーになり国家的統合が危うくさせられかねないからである。それは、カール・シュミットにより「国家なき国家論」といわれたハロルド・ラスキの

「多元的国家論」や、国家の役割を多元的価値の調整機関とするオーストリアのケルゼンの主張で分かろう。彼らの場合、国家は〈実体から機能〉に切り替えられている(1)。この国家は価値から中立的存在であるからして、価値判断を下しそれを統制する役割を果たせないし、さらに「危機管理(crisis management)」ができない。この状態は二一世紀冒頭の今日も変わらない以上、再びファシズムに足元をすくわれかねない。このような内在的欠陥を持っているリベラルデモクラシーはどのようにすれば救えるのだろうか。要約的にいえば、現在の国家論でも依然として、〈プルラリズムと統制〉の対立をどのようにして調整し解いていくのかが問われるはずである。

そこで我々は、ベルギー生まれの女性政治学者シャンタル・ムフ(Chantal Mouffe)が、一九九三年に上梓した『政治的なものの再興』の序論「闘争的多元主義に向けて」で、執筆の目的が「カール・シュミットに抵抗していくこと、要するに彼の数々の洞察を活用することによって、いわば彼の諸批判に準拠して、自由民主主義を強化していくこと」(2)にあるといったことに注目しよう。ムフはリベラルデモクラシーを破壊したシュミットを、むしろリベラルデモクラシーを強化するために逆読みしていくというのだ。ムフは、政治現象を考察するとき次の二つのものを分けなければならないという。その二つとは、①「政治的なもの(the political)」としての「あらゆる人間関係に内在する敵対関係の次元」と、②「政治(politics)」としての「ある種の秩序を創設し、人間の共存を組織しようとする実践、言説、制度の総体」である。①は「敵意」という事実の次元の問題、②は敵意の「調教」あるいはその「人間関係に内在する敵対関係」の「無害化」の問題になるであろう(3)。ムフはいう。①を無視して②は実現できないと。

先ず①の問題である。彼女によれば自由主義と民主主義とは敵対する。そのことを理解するためにはカール・シュミットの政治学を考察しなければならない。シュミットは『政治的なものの概念』で、「特殊政治的な区別とは敵と友という区別」(4)であり、しかも敵とはあくまで「公的な敵」であるといった。政治の本質は〈友—敵〉の区別である。

民主主義の本質は「平等な者が平等に取り扱われるというだけでなく、平等でない者は平等に扱われない」(5)ことにある。彼によれば、古代から現代まで「抽象的平等主義」としての「人類民主主義」など存在したためしはない。存在するとすれば、それは、民主主義ではなく自由主義のカテゴリーに入るであろう。存在するのは「具体的平等主義」(異質な者を排除した上で成り立つそれ)を内に含んだ民主主義であり、その意味では自由主義と民主主義とは対立するのである。

ムフは、シュミットこのような民主主義把握を是認しながらも、①を乗り越え②を実現する道を探り、そのための解決策を導き出す。彼女はいう。「敵対関係(antagonism)」の固定は相互絶滅への道につながるので何としてもこれを回避しなければならない。それは「敵(彼ら)」を「友(我々)」に、せめて友好的なあるいは「正当な敵」にし、欲張れば〈我々同士の戦い〉にしなければならないと。

ムフによれば、「民主主義政治の目標」は「敵対関係」を「闘技的多元主義(agonistic pluralism)」に切り換えることにある。彼女は、『民主主義の逆説』で、「政治」を、対立と多様性のコンテクストのうちに統一性を創り出すことにあり、「彼ら」を決定することによって、「彼ら」を破壊すべき敵ではなく正当性をもった「対抗者」と見なし、共通の土台の上で戦える敵と見ていく行為であるという(6)。彼女によれば、対抗者間の闘技が民主主義の存在条件そのものである。したがってあらゆる「合意」は「暫定的なヘゲモニーの一時的な帰結」であることになる。だからムフによれば、多元主義的自由が自動的あるいは予定調和的に調整されることなどありえない。闘争を通じて多元主義は調整されるのである。ムフは、『政治的なものの復興』で、(a)「善(good)」に対する「負荷なき個人」の「権利(right)」をロールズの「自由主義的個人主義」が当然視している点で彼は間違っているとしながらも、彼が多元主義を認めている点で評価すべきだとし、また(b)コミュニタリアンの「共同体論」が逆に権利に対し善の「単一の位置づけられた自己」を想定している点で間違いだとしながらも、それが全体のことを考えている点で傾聴すべきものを持っているという(7)。だがムフによれば、ロールズもコミュニタリアンも、政治的なるものとしての敵対関係を前提とした上で統合を考えていない点では似ている。ムフによれば、(a)の「個人の事項」としての自由は「道徳」の問題になり、(b)の「レスプブリカ(すべての人々の事柄)」としての平等はすべての人々の事柄であるので「政治」の問題になる。

ムフはいう。自由民主主義体制は、この自由と平等という二つの原理に対する忠誠を要求すると。この二つの統合は、「民主的な〈ゲーム〉のルール」(8)に沿ってなされなければならない。ゲームのルールに従わない者は、「そうすることで政治共同体から自分たちを排除している」のだから、「敵」として排除されても文句はいえない。ルールの一覧票とは、もちろん、例えば「憲法(constitution)」となろうか。

注

(1)拙著、『国家と市民社会と公共性の変容』、成文堂、第一〇章第三節「カール・シュミットの反ユダヤ主義」、特に二〇四頁を参照。
(2)シャンタル・ムフ、『政治的なるものの再興』、前掲邦訳、四頁。
(3)シャンタル・ムフ(石田雅樹訳)、「グローバル化と民主主義的シティズンシップ」、『思想』(二〇〇一年五月号)所収、二九頁。
(4)カール・シュミット、『政治的なるものの概念』、前掲邦訳、一五頁。
(5)カール・シュミット、『現代議会主義の精神史的地位』、前掲邦訳、一四頁。
(6)シャンタル・ムフ(葛西弘隆訳)、『民主主義の逆説』、以文社、序章「民主主義の逆説」を参照。
(7)シャンタル・ムフ、『政治的なるものの再興』、前掲邦訳、第三章「ロールズ——生なき政治哲学」九一頁と第七章「自由主義と民主主義との節合について」を参照。
(8)同書、序論「闘争的多元主義に向けて」、八頁。

第三節　ルソーとリベラルデモクラシー

先に触れたが、一七八九年に平等を実現するために起きたフランス革命の一一年前の一七七八年にこの世を去ったルソーは、それに対する揺り戻しとして起きる次の一九世紀の自由を求める運動を予知し牽制するかのように、自由と平等の対立を止揚する政治思想を構成した。ムフは〈res privata〉（自由）と〈res publica〉（平等）を守ることはリベラルデモクラシーにとって大事であるといったが、自由と平等の間の対立をどのようにして解いていくかについては触れていないような感がする。

ムフ同様ルソーもまた、人間の間には敵対関係が存在すること、そしてそれを除去していくためには何らかの秩序形成が要請されて然るべきであるとの認識をしていた。ただルソーは、時代の「曲がり角」にいたにもかかわらず、いささか古めかしい人間であった。すなわち、一九世紀に出現する「実証主義」の準備をした一八世紀の思想家の大方の問題関心が、アダム・スミスの『国富論』で分かるように、「社会調節」問題を社会科学的に把握することに移っていたのだから、ルソーもまた、「法律用語、経済用語で理解し始めること」が当然であったのに、一七世紀に支配的であった「政治用語」で思考しつづけていた(1)。彼は、一七世紀に戻り、依然として社会の「権利根拠」を政治化された「神義論〈theo（神）／dicy（正義）〉」的視点から問うという姿勢を崩さなった。奇妙なことに、彼は古い思想によってむしろ新しい現実を批判することができたのである。

彼は〈義しい神と人間の悪〉という二項対立のパラダイムを〈自然と歴史〉のそれに脱構築しながら継承したのだが、それが『人間不平等起源論』で展開されていると見てよいであろう。この著作のなかでルソーは、歴史のなかで財の不平等所有が生まれ、豊かな者と貧しい者とが二極分解的に現れ敵対関係が生まれるといった。富める者はより一層の財を蓄積する自由を満喫し、貧しい者は不平等な状態に零落した。豊かな者は貧しい者から財産を守るために貧しい者を抑圧する政治秩序をつくった。富める者はますます強い者となり、貧しい者はますます弱い者となった。

ルソーはそのような敵対関係からその関係を変革する方法を発見する。アンリ・ワロンにより「アンチ・テーゼの天分」をもつといわれたルソーは、『社会契約論』第一編第一章の「第一編の主題」で、「自由」な者として生まれた人間が相互に従属の「鎖」につながれているといい、なぜそうなったかは分からないが、従属の鎖を正当化するものを提示することは可能だといった。ルソーは、従属の鎖からその鎖を切断する鎖を発見しなければならないという。人間は、敵対関係という「障害（obstacle）」から脱出し自然状態に戻ろうとしても、障害の「抵抗力（résistance）」の方が強くて、そこに戻るという夢は到底叶わない[2]。ではこの場合の「障害の抵抗力」とは何だろう。それは自然状態に戻ろうとしても自然の恵みが万人を養えるほど豊かではなくなったことを指す。万人は少ない自然の恵みを取りあって敵対関係に入っているが、関係を断ち切ることができないならば、敵対関係を除去する関係を構成しなければならない。ルソーは、否定的弁証法の精神を駆使し、従属の鎖から従属を廃棄する鎖を見つけ出そうとする。それは社会契約論的国家形成論に委ねられているが、契約の内容は次のようになっている。孤立分散して生きる自然状態から社会状態に入ろうとするすべての者は、①自己の、②すべてを、③同時に、④無条件に、これからつくられる「政治体」に譲渡しなければならない。この譲渡によって生まれる平等な関係、それが正当な鎖である。この鎖を「法」により保証していく。鎖を客観化するもの、それが法である。人間はこの平等を具体化した〈鎖（法）を介して自由となる〉のである。これがルソーの言いたかった〈平等主義的自由〉であろう。

問題は、ルソーのこの平等主義的自由論がリベラルデモクラシーにとって現代的意義をもつのかであろう。リベラルデモクラシーの本質は、「平等の自由化（liberal equality）」[3]、つまり「機会の平等」を実現することであるが、これは先に触れたように、自由と平等の対立を自由に有利な形で解くことにある。リベラルデモクラシーは、ブルジョワの期待によく応えるイデオロギーとして役立ってきた。それによってブルジョワは上昇することに失敗した人間に、機会の平等を利用し成功できなかったお前が悪いのだと居直ることができる。「天は自ら助ける者を助ける（Heaven helps those who help themselves）」のだ、「自助（self help）」の精神を養えと。

だが現代において平等を自由化することではリベラルデモクラシーはもたない。生き延びたければ、それは内部の仕組みを次のように変えなければならないだろう。平等の自由化から「自由の平等化（equal liberty）」つまり「機会の平等」から「条件の平等」の実現に。条件の平等を実現することや格差拡大が是正され、そうすることで従属関係が廃棄され、その結果自由が実現されることになる。これはまさにルソーの平等主義的自由の政治思想そのものであろう。

だがルソーは、国家形成の手続き条項の平等から自動的に予定調和的に平等主義的自由が実現されるとは微塵もいっていない。ルソーは、『社会契約論』で、一般意志（という形で現れる平等主義的自由）が、立法集会で個々のメンバーの発議のみから実現するのが望ましいといっているが、肝心のそのなかに党派がある時には、「力の問題」から見ても個人がその党派に立ち向かい勝つことはできないし、また〈特殊意志〉の総和でしかない党派の極端な〈全体意志〉が集会を牛耳ってしまうことになると懸念する。だからその時は別の党派をつくり、党派を牽制し党派間を均衡させることにより平等をつくり、そこから温和で中庸を得た中間的な意見を導き出すことが必要だと、ルソーがいっていることに注目しよう(4)。ルソーもまた後のムフ同様、集団のなかには敵対関係があり、その敵対関係を除去するのが大事だといっていると見てよい。敵対を融和にまでもっていくためには、極端な格差社会を廃し、「中産階級支配」の社会をつくっていかなければならないとルソーは信じていたのである。ルソーのこの考えは役に立つ。というのも条件の平等を内に含まないリベラルデモクラシーは、やがてその体制の外に弾き出された人たちから手酷く反撃されるであろうから。

注

（1）ピエール・ロザンヴァロン（長谷俊雄訳）、『ユートピア的資本主義――市場思想から見た近代――』、国文社、四三頁。
（2）J・J・ルソー、『社会契約論』、前掲邦訳、二八―二九頁。
（3）〈equal liberty〉と〈liberal equality〉という言葉は、サンフォード・ラコフによって、時にマルティン・ルターやカルヴァンの宗教改革者の政治思想を分析する際に用いられている（Sanford Lakoff, Equality in Political Philosophy, *op. cit.*, 1964）。
（4）J・J・ルソー、『社会契約論』、前掲邦訳、四七頁。

第四節　リベラルデモクラシーの課題

時代はまさに一七八九年のフランス革命が勃発する四年前の一七八五年のパリ、劇作家ボウマルシェによって『フィガロの結婚』が上演されたが、そこで伯爵に婚約者を奪われそうになった主人公フィガロは、彼に対し次のような痛烈な罵詈雑言をはく。「貴方は豪勢な殿様というところから、御自分では偉い人物だと思っていらっしゃる。貴族、財産、勲章、位階、それやこれやで鼻高々と。だが、それほどの宝を獲られるにつけて、貴方はそもそも何をなされた？　生まれるだけの手間をかけた、それだけじゃありませんか、おまけに人間からしてもねっから平々凡々」(1)。

舞台劇上演から下って二二五年経た二〇一〇年の現在、〈カースト化した貴族政社会〉から万人平等の社会になったといわれる今日だが、「生まれるだけの手間」をかけるだけで社会の上層に居直ったりする人間はいなくなったといえるだろうか。各界のトップ・クラスを見れば否と答えるしかないであろう。確かに古い貴族階級はいなくなったが、新しい貴族階級といってもよいようなエリート層が陸続と出現している。一九七〇年代から、親の地位や資産を跳躍台にしてますます上昇していき、それを利用できない青年は下に落ちていく現象が起きてきたが、二〇一〇年現在、従来のそれとは異なった二極分解型の超格差社会が出現した。

「急進右翼の経済政策」（A・ギャンブル）たる〈アメリカン・グローバリズム〉が、そのような立場に追い込むイデオロギーとして一九八〇年代から出現したが、それは一九八一年に政権の座についた共和党員レーガンのいわゆるレーガノミックスの海外バージョンであった。そのイデオロギーの特質は、①「規制撤廃主義（deregulationism）」、②「私有化主義（privatizationism）」、③「反福祉国家主義（dewelfare statism）」である。①と②は外資参入を阻む障壁を取り除くことを、③は外資によって後進国に貸与されたおカネが政府を通し貧民救済に使われるのを禁止することを、意味する。各資本主義国家は、まるで荒い波に乗るサーファーのように、グローバリズムに翻弄されながら、そのなかを泳ぎ回り、自国の資本を守るために働かざるをえない(2)。

先に触れたように、イマヌエル・ウォーラーステインは『リベラリズムの苦悶』で、リベラルデモクラシーは一九六八年で機能不全から機能停止の状態に陥り、それ以降「暗黒の時代」を迎えたといったが、一九九一年にコジェーヴ的ヘーゲリアンともいわれるフランシス・フクヤマが現れ『歴史の終わり』を上梓し、今から振り返るとウォーラーステインとは逆に、次のような超楽観的なことを述べていた。「唯一の、そして一貫した進歩のプロセスと見なされていた〈歴史〉が終わ」(3)り「最後（finis）」にきたのは、リベラルデモクラシーであった。彼は、歴史が終わり、後は退屈な日が続くだけだといったが、しかし現在もまた、「終わらざる歴史」が続いている。それは特に、一九九一年から二一世紀冒頭までの歴史を見れば分かろう。そこで問題は、リベラルデモクラシーに代わるオルタナティブがあるかである。一つだけある。それは、「専制国家」としての「全体主義（totalitarianism）」であろう。しかし、破滅の道である全体主義を選択したくなければ、リベラルデモクラシーを選ぶしかない。その点でのみフクヤマは正しかったといえよう。

先に述べたが、資本主義と国家の在り方に関する限り、二〇世紀に対する反動ともいえる二一世紀は、一九世紀の反復再生でもある。もともと資本主義と相性がよいのは民主政などではなく「奴隷制（slavery）」であるといわれるが、「停滞的過剰人口」（マルクス）としてのアンダークラスの貧民労働者を除く「中産階級的」労働者を酷使しすぎれば、生産諸関係（搾取―被搾取の関係）は解体してしまう。そこで国家が登場し、生産諸関係の安定的な再生産を実現するために、一定の〈特有の役割〉（ニコス・プーランザス）を果たす[4]。資本としての貨幣が「蓄積された労働」の結果ならば、労働者の安定的補充がなされなければならないはずである。それを顧慮するのは国家のみである。国家は、生産諸関係の再生産システムとしての「人口（特に青年男子労働者）」の増加に、注意を払わなければならない。

だから国家は、労働適応能力をもつ者を育てる「中産階級」の拡大発展を実現せんとしてきた。上層階級と下層階級が少なく、真ん中の層が多勢を占める言わばダイヤ型の「中産階級」支配の社会が、政治体制の安定にとっては欠かせない。福祉をとおしてミドルクラス社会をつくり維持することが、時に後期資本主義国家に課せられた役目であった。

だが資本は、現在、それを破壊し上層と下層のみが存在する「砂時計型社会」をつくっている。蓄積資本が激減しつつある時、資本にとり「中産階級」は敵であり、だから福祉政策などは無駄以外の何ものでもない。というのも、「産業資本主義」の段階ならば生産労働者は必要だが、手っ取り早くおカネでおカネを儲ける「ポスト産業資本主義」、つまり金融資本主義の時代にあっては、「消費者（サブプライム・ローンの借り手）」なら必要だが、生産労働者などはいらないからだ。貧困社会に落ちていく人々を救えるのは、平等主義的自由の社会だけである。これができる時のみ、リベラルデモクラシーは生き延びることができるといえよう。

注

（1）ボオマルシェ（辰野隆訳）、『フィガロの結婚』、岩波書店（岩波文庫）、一九三頁。

（2）「資本の帝国」と呼ばれるアメリカは、金融資本主義の世界化を推し進めることで、各国民国家やその内部の市民社会や公共圏あるいは公共空間を破壊してきた。このことについては、拙著『国家と市民社会と公共性の変容』、成文堂、特に第1章を参照。

（3）フランシス・フクヤマ（渡部昇一訳）、『歴史の終わり』（上）、三笠書房、一四頁。

（4）ニコス・プーランザス（田中正人・柳内隆訳）、『国家・権力・社会主義』、ユニテ、二〇頁。

第七章　公共空間について——ホッブズとロックそしてルソーの政治思想を参考に——

第一節　なぜ今、公共空間論なのか

現代の市民社会は、一体どのような状況に置かれているのであろうか。ユルゲン・ハーバマースは、一九六二年に『公共性の構造転換』を発表した。一九六〇年代はフランクフルト学派第一世代のマックス・ホルクハイマーやテーオドール・アドルノが最後の活躍をしていた時代であったが、彼らは「文化産業」なる言葉を使っていた。両者は、文化までもが産業化の波（資本の論理の拡大）に洗われ、利潤獲得の対象とされてしまっていると見た。フランクフルト学派第二世代に属するといわれるハーバマースは、産業と国家が文化のみならず〈生活世界〉全体をも侵食し飲み込んでいくことに注目した。その作品では、中心軸は、国家や経済ではなく、生活世界（それは家族を含む）としての「市民社会（Zivilgesellschaft）」に置かれていた。この書物以降、彼は、国家形態が「後期資本主義国家（介入主義国家）」から「ポスト後期資本主義国家（ネオ・リベラル国家）」へ変化を遂げたとしても、生活世界としての市民社会はますます国家の権力と貨幣の権力によって〈植民地化〉されていると捉え、そこからの脱出の道を模索して公共空間論あるいは公共圏論を展開した。

ハーバマースあるいは彼以後のハーバマシアンは、公共空間あるいは公共圏と呼ぶ市民社会について議論したが、その意義はどこにあるのか。それは、一九七〇年代から二〇一〇年の現在まで大きな影響を与えているミシェル・フーコーの権力論、すなわち市民社会のいたるところに網状に張りめぐらされているミクロ権力によって窒息されかねないとする説に対する、我々生活世界の側からする反抗理論として構成されたことにある[2]。

それでは「公共空間（public space）」あるいは「公共圏（public sphere）」の〈public〉とはいったい何か。これまで繰り返し述べてきたように、それはラテン語の〈publica〉の英語訳であり、〈privata〉の反対語である。〈privata〉が〈私だけの〉を意味するのに対して、〈publica〉は〈すべての人々の〉を意味している[3]。したがって「公共空間」や「公共圏」とは、〈すべての人々の空間あるいは生活圏〉を指していう言葉であろう。

ところで、二一世紀冒頭の今日、「資本の帝国（empire of capital）」が出現したともいわれている。資本の帝国とは「世界システム（world system）」のことであろう。世界システムとは資本主義経済が世界的規模でシステム化されていることを示している。資本主義における「資本」とは、「価値の無限の増殖」が〈貨幣の無限の増殖〉という眼に見える形で現れ、現在それが世界を跳梁跋扈している。現在と未来という時間の「ズレ」を利用して、今日安い時貨幣を買い、明日高くなった時それを売り抜けることで貨幣の無限の増殖を目指す「金融資本主義」は、実体経済に基づいておらず、「商業資本主義」や「産業資本主義」よりも、手っ取り早く資本を蓄積できる点で資本蓄積の理想の型であろう。「国民国家」と「民族資本（national capital）」の双方は、自らが生き延びるために国民に犠牲を強いている現在、双方の力に屈することなく、生活の場としての市民社会の人々が、自らの理性により熟慮に熟慮を重ねた討議を通し、意志決定を下すことができるかが、現在問われている。

実はこのような問題は今始まったわけではない。それは、もちろん素朴な形であるが、近代の形成期の一七世紀のトマス・ホッブズからジョン・ロックを経由し発展期の一八世紀のジャン・ジャック・ルソーに至る頃に始まっていた。

そこで、これからこの三人の政治思想家が、公共空間としての市民社会をどのように捉えていたかを見ていこう。

注

（1）ユルゲン・ハーバマース（細谷貞雄訳）、『晩期資本主義における正統化の諸問題』、岩波書店。

（2）Dana R. Villa, Postmodernism and the Public Sphere, in: *American Political Science Review*, Vol. 86, No. 3, (September 1992), p. 712.

（3）〈publica〉と〈private〉の相違を初めて認識したのは古代ローマ人であった。「すべての人々のモノ（res publica）」といわれたとしても、ローマ市民たちにとって帝国という空間は広大過ぎた。そこで市民たちは「私だけのモノ（res privata）」に退却してしまった。このような事態から初めてローマ市民は、国家と市民社会の違いを認識し始めた。このことについては、拙著『国家と市民社会と公共性の変容』、成文堂、一六頁を参照。

第二節　ホッブズの公共空間

公共空間の歴史の源に遡っていくと、古代ギリシャの市民社会に辿り着く。すでに常備軍と官僚に支えられて成り立っていた先進国エジプト帝国の周辺の周辺すなわち「亜周辺」に位置したアテネは、後進地帯であるがゆえに、後世から称賛されることになる独自の政治制度をつくることができた。アテネの市民社会としての「重装歩兵制（hopliteia）」型「市民の国家」すなわちポリスがそれである。神に等しいファラオの支配下にあったエジプト帝国の直接的影響から逃れることができたからこそ、アテネは〈血縁と地縁〉を土台とした独自の政治制度を築くことができたのであろう。アテネの市民社会とは「重装歩兵型市民社会」を指し、市民とは、アリストテレスの『政治学』によれば、政治に参加する権利つまり「裁判と統治への参加を許された者」[1]を指していた。

まさに「アゴラ」はすべての市民の政治参加の場であったが、それは消え失せ、中世末から「親方」のみが市民となることができる「商人型市民社会」が現れ、やがて「近代の移行」期である一六〜一七世紀になると、「政治社会」としての市民社会が現れた(2)。この二世紀は政治的動揺と混乱の時代であり、古代や中世のようには人間が神に頼ることができない時代であった。歴史は〈神の時代〉から〈人間の時代〉に変わっていった。

一七世紀のイギリスにホッブズが現れ、『リヴァイアサン』を上梓した。ピューリタン革命という内乱からイメージされたのであろうが、戦争状態としての自然状態を治めるのはイデオロギーではなく力であるのを察知した彼は、〈自然の力〉によるかあるいは〈同意〉によるかは別にして、ひたすら各人の「保存（preservation）」を保障するような強い国家を求めた。各自は、「自然権」としての他人を殺害する「自由」をリヴァイアサンに「放棄し（transfer）」、その代わり「自己保存」をそれに図ってもらうことになる。そこには自律した個々人が、自由な公共の討議を通して問題を解決していく姿勢など微塵も見られない。

そのことは、これから触れる彼独特の〈人間観〉から出てくる。彼によれば、「思考（thought）」の起源は「感覚（sense）」であり、しかも感覚の原因は自己ではなく「対象（subject）」にある。彼は、対象に対する反応を「抵抗（resistance）」、そのような抵抗の持続を「努力（endeaver）」と呼んだ。対象をどのように受け止めるかは各自の「欲求（appetite）」と「嫌悪（aversion）」に支配される。欲求の対象が「外見的善（apparent good）」であり嫌悪の対象が「悪（bad）」であるとされるならば、そこには各人にとっての善悪があるだけであり、各人を超えた超越的・客観的善など全く存在しないことになる。

ではその時、「理性」はどのような役割を果たせるというのか。「発話（speech）」とは「思考のコロラリー」を「語のコロラリー」に変換する役割を担うが、それをより具体的にいうと、①思考の結果を記録し②他者の概念や思考を了解することにある。そして①と②を実現するための計算器が「理性」である。我々は、ホッブズの理性概念が機能概念として出現したのが分かろう。

人間は果たして他者の思考や行動を予知することができるのだろうか。カール・シュミット的にいえば、各自は主体相互の変わり易さにより他人の思考や行動を読めないのである。そこから人間は、理性的討議ではなく、ニーチェ的にいえば、「すべての人における力へのやむことなき意欲」すなわち自己に内在する権力への意志によって他者を押さえ込んでいくしかないことに、気づき始める。その意志は、自己の保存を全うするために欠かせない。死して後のみ止む人間に内在するこの力を制御することなど、各自の「私的理性（private reason）」などにはとうてい無理である。力を制するには他の力しかない。他の力とは「主権（sovereign power）」をもつリヴァイアサンとしての「一人の人間あるいは一合議体（one person or one assembly）」であり、それが「公的人格（public person）」の主体となり「公共の理性（public reason）」を行使することになる。その時ホッブズにより、「口実（pretext）」と呼ばれ、イデオロギーの意味を持たされた「言葉」は、風にざわめく「雑音」でしかないのである。だから人は言葉を通したコミュニケーションなどできないのだ。

注

（1）アリストテレス（田中美知太郎 責任編集）、『政治学』、『世界の名著』第八巻所収、中央公論新社、三頁。
（2）市民社会に関する詳しい概念史については、本書第三部第二章第二節「市民社会の概念史」を参照せよ。

第三節　ロックの公共空間

中世から近代の移行期の一六世紀を通過し近代の成長期に向かいつつあった一七世紀、ジョン・ロック（John Locke）が現れ、一六八九年に『市民政府論』を公刊した。「財産所有者の寡頭政（property owning oligarchy）」に向かって驀進し「多数の無産者（property-less majority）」など足蹴にされていく時代、彼は寡頭政を忠実に弁護する政治思想を展開しただけである。したがってロックの公共圏としての市民社会は、貨幣の論理に貫かれたそれであった。

ロックは『市民政府論』の第五章を中心に「労働価値説」を基礎において自然状態から国家形成を弁証しているので、その立論をなぞってみることにしよう。ロックは「財産権の始まり（the beginning of property）」を「原初的な自然法（original law of nature）」により弁護している。まず、①自然状態下では自己の身体を含め万物は共有下にあり、各自は「自然法」により平和のうちに交渉し、また万物を平和のうちに享受していた。自然状態下の各自は、生産手段を持ち、自己の「労働力」を土地に投下することにより、共有の物を自己のものとしていく。このような原初的な「労働価値説」による財産所有の正当化は、明らかに当時の、貴族に準ずる存在と見なされたジェントリー層やヨーマンリー層のためになされたといえよう。所有がもっぱら労働の成果により消費可能な限界に留まる限り、他人の権利を侵害することはありえない。しかし次に、②「荒蕪地（waste）」あるいは未開墾地は別だが、耕作地を囲い込むことにより、そこに所有権が発生する。さらに、③「世界のある部分」で「人口と家畜の増加」と「貨幣の使用」により土地の不足が起き、そこから領土を確定し所有権を規定しなければならない段階に到達する。物を生産し手元で「腐らせる（spoil）」ならばそのような所有は神により容認されないが、「使用への暗黙の同意」により導入された他者の貨幣と自己の物とを交換するなら、財を腐らない貨幣の形で蓄積する行為は他人の権利を侵害したことにはならないがゆえに容認される、とロックはいう。最後に、④土地所有をめぐる争いを調整するために「政治社会」形成が要請される。

ホッブズの場合、自然状態イコール戦争状態だったが、ロックの場合、自然状態は戦争状態ではなく平和な状態であり、戦争状態は自然状態から政治社会へ移行する「中間段階」に現れる。政治社会では争いは「公平無私」の裁判官によって裁かれ、緊急の場合は一時的に戦争状態に入るが、侵害者の処罰はあくまで「公権力」に委ねられる。しかしその公権力が「正義にそむく」場合は、政治社会形成以前の戦争状態に再度戻る。

ロックのいう政治社会は、後のルソー同様、〈全員一致の合意〉によって形成されるのだろうが、一旦形成された後にこれを運営するのは、「一体として（as one body）」の「多数者の意志と決定（the will and determination of the majority）」である。こうして「自然法」と「理性の法」により、多数者が全体を僭称することが可能となる。「自由な選挙」によって「立法府の多数派」が構成された場合、彼らは人民の多数の代表であると主張し、彼らの目的は「社会のすべての人々の善（the public good of society）」としての「人類と彼自身の保存（the preservation of himself and the rest of mankind）」あると主張する。代議士は「審議と充分な論議（examination and mature debate）」を行ってこの目的の実現を目指すのである。ロックにとり、公共空間とは代議政体下で議員が活躍する場である。そこでは財産所有者の寡頭政が支配し、「無産者多数」の意見など審議と充分な論議の対象にはならないであろう。〈市民社会＝政治社会＝代議制〉は、あくまで冷徹な貨幣の論理により貫かれている。

ホッブズによれば、リヴァイアサンのみが公共の人格の主体となり、公共の理性を行使する。その前では、国家から独立した公共空間としての市民社会などありえない。戦争状態下での「群衆（multitude）」は、リヴァイアサンという国家権力の「臣下（subject）」となり生命を保証され、その代わり臣民は公議公論などできない。翻って、ロックにあって市民社会は、確かに公共空間だが、しかしそれは貨幣の権力により支配される領域でしかない。

第四節　ルソーの公共空間

ルソーほど他人の作品を丁寧に読み、かつひっくり返した人物はなかなかいないのではないか。それは、ホッブズとロックの読み方によく現れている。「裏返しされたホッブズ主義者」のルソーは、ホッブズが、他人を殺害する自由としての「自然権」をリヴァイアサンに放棄するために「譲渡」なる言葉を使ったのに対して、それを転倒させ.「譲渡」を、自由を実現するための方法として使った。さらに彼は、自然状態から戦争状態を経由し政治社会に辿り着く道筋を進歩と見たロックの『市民政府論』を、それを『人間不平等起源論』でひっくり返し、むしろ人類を堕落させただけだとして非難した。裏返しされたホッブズ主義者のルソーは、また〈裏返しされたロック主義者〉でもあったといえよう。

前期国民国家としての「絶対王政国家」から後期国民国家としての「ブルジョワ国家」に移っていく時代、その中間期にホッブズとロックが現れた。彼らの政治思想は、「国家それは朕だ」から、「国家それは我々だ」に移る過渡期の時代に生まれたのであった。では、〈国家それは我々だ〉を明確に思い描いた人物とは誰か。それは、ルソーであったろう。ルソーの思い描いた国家とはどのようなものか。ルソーは、「ジュネーヴ共和国」の「市民」（政治に参加する権利を持つ者）であることを誰よりも誇りにしていたが、古代ギリシャの都市国家アテネの再来と思ったからこそ自国を称賛したのである。

これまで触れたように、アテネの都市国家とは〈重装歩兵型市民社会〉であった。アテネの市民は「支配の欠如（no rule）」という意味をもった①「イソノミア（isonomia）」すなわち「平等な政治参加権」と、②「イセゴリア（isegoria）」すなわち「自由な発言権」を享受するが、前者の平等を実現できた時のみ、後者の自由は実現されるという意味で、後の〈平等を介した自由の実現〉を目指すルソーの平等主義的自由論に似たものを想い起こさせよう(1)。

ルソーは、社会契約という民主主義により国家を形成し、しかる後にリヴァイアサンという独裁的主権者を導出するホッブズを許せない。それはホッブズが、〈マルチチュード〉をリヴァイアサンの「臣下」にするためだけに民主主義を要請したからであった。ルソーはこれでは、我々は市民ではなく「奴隷（esclave）」になってしまうとして、『リヴァイアサン』を退けたが、返す刃でロックのブルジョワ的政治社会としての市民社会を、「政府権力」すなわち国王の「大権（prerogative）」から自然権と快楽主義を内容とする自由を守るためにのみ存在するものとして退ける。

ルソーはホッブズの「国家主義（statism）」とロックの「古典的自由主義（classical liberalism）」の双方を拒否し、それに代えて古代ギリシャの兵士型市民社会を模倣し、民兵型市民社会を考案する。ルソーは、『社会契約論』の第一五章「代議士または代表者」で、「真に自由な国家」すなわち「都市国家」にあっては、すべての「市民は自分の手ですべてを行い、金銭づくでは何もしない。自分の義務をまぬがれるために金を払うどころか、金を払ってでも自分の義務を自分で果たそうとするであろう」[2]と述べている。ルソーによれば、金銭がすべてを支配する国家では、人々は自分で「公共の職務」を果たすことを嫌うあまり、「租税」を払い、代議士を選び「常備軍」を雇うことになる。ブルジョワ的市民社会では、すべての人は何事も金銭で決着をつけようとするのだ。このような場では、真の公共圏など生まれない。ルソーによれば、これがロック的な「古典的な自由民主主義」の欠陥である。

ルソーの政治社会論は、ホッブズの国家主義が人々から自由や平等を奪うものであり、また貨幣の力により貫かれたロックの古典的な自由主義的政治社会論が、貧民大衆の平等を無視する限り、彼らの国家論に対する反抗理論である。時にルソーの自由論が、ロックのそれに対する反抗理論である限り、彼は他のそれを提起する必要がある。それが「近代的自由主義（modern liberalism）」といわれるものである。フレデリック・ワトキンズ（Frederick Watkins）によれば、それは古典的自由民主主義と異なり、「組織化された社会の政治的生活への参加は人間の自由の実現にとり必要な手段である」[3]とする説である。ではどのような参加の仕方であろうかといえば、「討議的国家（deliberative state）」を形成し、理性により公議公論し、合意形成に向かおうとするそれであろう。それは、どのような合意内容なのだろうか。ルソーの近代的自由は、シャンタル・ムフの『政治的なるものの再興』を用いながら考えれば、〈個人的モラルの問題である自由〉と全体の問題である限り〈政治的な問題である平等〉の間を調整し統合するところから生まれるそれであろう(4)。統合あるいは統一は、〈平等というフィルターを介し自由を実現する「一般意志」の政治共同体が形成される時、生まれるだろう。これが合意内容である。それを実現するために、公共空間としての市民社会で、すべての市民は、討議的民主主義を実践していかなければならない。

注

（1）アテネ人が自由と平等の関係をどのように見ていたかについては、本書第三部第五章「共和主義的デモクラシーと公共性――ジャン・ジャック・ルソーの政治思想を参考に――」を参照。

（2）J・J・ルソー、『社会契約論』、前掲邦訳、一三二頁。

（3）John, W. Chapman, Rousseau-Totalitarian or Liberal?, *op. cit.*, p. 91. チャップマンは「自然権哲学とイギリス功利主義」をその内容とする「自由民主主義の古典的類型（classical pattern of liberal democracy）」と「近代的自由主義（modern liberalism）」は違うといっているのではなかろうか。シャンタル・ムフなら、前者を「強制がないということ」、後者を「自分自身の主人でありたいという個人の欲求」と言い換えるのではなかろうか。シャンタル・ムフ、『政治的なるものの再興』、前掲邦訳、七三頁。前者は〈人間関係の拒否〉を、後者は逆に〈人間関係形成の欲求〉を指し示している。

（4）同書、第八章と第九章を参照。

第五節　公共空間論の課題――何を争点とすべきか――

結局ハーバマースの公共空間論は、アーレントが古代ギリシャのアテネから理想型として抽出した「市民の国家」（市民社会）モデルを、後期資本主義国家やポスト後期資本主義国家のなかでどのようにして実現するか、という課題から書かれたと見てよい。

ところで現在資本主義経済システムは、一六世紀の形成期から五〇〇年を数えた。それは、①商業（商人）資本主義から②産業資本主義を経て現在③ポスト産業主義的資本主義の段階に到達したといわれている。①から③までの資本主義の在り方の変化につれて、資本主義国家も次のように形態変化を遂げてきた。「前期国民国家」としての「絶対王政国家」から「後期国民国家」としての「ブルジョワ国家」へと。そのブルジョワ国家も、前期資本主義国家としての一九世紀「自由主義国家（自由放任型国家）」から、二〇世紀の後期資本主義国家としての「介入主義国家（福祉・社会国家）」を経て、二一世紀の「ネオリベラル国家」へ。

一九世紀から二一世紀までの国家形態の変化の歴史を見る限り、時計の振り子のように左右に反復再生的に動いてきたように見えるのは、二〇世紀の後期資本主義国家に対する反動である二一世紀のポスト後期資本主義国家が、一九世紀の略奪的資本主義を支える自由主義国家の反復再生であることに窺えよう。

しかも二一世紀の資本主義国家が一九世紀の自由主義国家を反復再生するにつれて、市民社会もまた、一九世紀のそれを反復再生しているように見えるが、実は変容を迫られている。反復再生すればするほど二一世紀のそれは一九世紀のそれと「ズレ（décalage）」を呈する。というのも、一九世紀にあって市民社会は、〈国家に対し自由を主張する団体〉であったのに対し、二一世紀現在の市民社会は、〈国家から自由を強制される団体〉に変化してしまっているからである。資本の帝国を後ろ盾として国家と資本は、国内の生活世界としての市民社会を植民地化していく。そのなかで公共空間としての市民社会の人間は、資本から強制的に経済的「自助（self reliance）」を勧められる(1)。

二一世紀の冒頭、なぜこのようなことが起こってしまったのであろうか。これを解明するためには、二〇〇八年のサブプライム・ローン問題をきっかけとして、資本の帝国の座から明らかにスベリ落ちていくアメリカの、世界的規模の資本蓄積戦略としての「グローバリズム」を検討していく必要があると思われる。アメリカン・グローバリズムの特質は、「自由化〈自由貿易のために関税障壁を撤廃させる〉」、「規制撤廃〈外資が参入しやすく制度を変える〉」、「福祉の禁止〈時に第三世界諸国にいえるのが、外資を政府が貧民救済に回すことの禁止〉」であろう。これは、アメリカに〈儲けの場を与えよ〉という要求であろう。日本はアメリカによる略奪の場と化したが、これを助けているのが何と日本の国家〈これを加速させたのは小泉政権であろう〉と資本である。蓄積が激減しているという理由で、日本の資本は労働者をリストラし、産業予備軍を多数つくり出していく。それにより、日本には超「格差社会〈gap widening society〉」が出来上がってしまった(2)。

ところで、第二次世界大戦が終結する直前の一九四四年、カール・マンハイムは、『イデオロギーとユートピア』で、イデオロギーの克明な分析を試みたが、そこで①〈部分的―全体的イデオロギー概念〉、そして全体的イデオロギー概念から②〈特殊的―普遍的イデオロギー概念〉、さらに普遍的イデオロギー概念から③〈相対的―相関主義的イデオロギー概念〉へと、イデオロギー概念の精緻化を試みた。マンハイムは相手の存在位置から意識の「イデオロギー性〈虚偽意識性〉」を暴露する①の「全体的イデオロギー概念」は、イデオロギー性を、相手が抱く意識の矛盾から意識の虚偽性を暴露する「部分的イデオロギー概念」より、より科学性が高いと評価し、次の②のイデオロギー性が相手側にのみあるのではなく、自己にもあるのではないかと疑う「普遍的イデオロギー概念」は、イデオロギー性をもっぱら相手側のみに負わせる「特殊的イデオロギー概念」より科学性が高いとし、最後の③は、結局すべての意識はイデオロギー性を持ち、その意味で価値相対主義に陥るしかないとする「相対主義的イデオロギー概念」より、何らかの普遍的・絶対的価値がこの世界には存在するとする「相関主義的イデオロギー概念」のほうがより優れているとする(3)。

だが最後の相関主義的イデオロギー概念の説明には問題がある。人々が〈違った現実〉を同じ考えを持ちながら生きるのは「共同幻想」だが、同じ現実なのに違った考えを持ち生きるというならば、同じ現実とは何か、さらになぜ同じ現実といえるのかをマンハイムは明確にしなければならなかったはずである。公共空間の下で、理性を通し熟慮に熟慮を重ねた討議を重ねることにより何らかの合意点を見つけようとしても、異なった現実を生きる人々が、納得できる合意点を発見できるのだろうか。そもそもスーパー・リッチとワーキング・プアが同じ現実を生きているなどといえるのだろうか。超格差社会のなかで、より一層豊かになった者がさらに豊かになる自由を要求していくのに対して、より貧しくなっていく者（日本では二〇一〇年現在年収二〇〇万円以下で暮らす人が一〇〇〇万人を超えるともいわれる）が、富の平等分配を要求し戦い始めたなら、いったいどのような事態が生じるのだろうか。アリストテレスが『政治学』で述べているように、格差のその果てには、一国内に富める者の国と貧しい者の国の二つの国が出現することになろう。我々は、その意味で問題を含んだ生活世界としての市民社会の内部で、のんびりと公議公論をしながら、果たして自由と平等の対立を解いていくことができるのかどうかを考えていく必要があるだろう。近未来に起こる可能性が高いと思われる豊かな者と貧しい者との戦いを避けるためには、我々は貧富の超格差を縮小し、早急に「中産階級支配」の社会を再生していかなければならない。そのような討論をできるような公共空間論を展開すべきであろう。

注

（1）経済的な自助と社会的監視の矛盾を解く鍵はどこにあるかについては、拙著『国家と市民社会と公共性の変容』、成文堂、二六頁を参照。

（2）アメリカは、時計の振り子が右に振れるように、一九世紀終わりから一九二九年の大恐慌まで、「第一の金ぴか時代（first gilded age）」と呼ばれた〈大格差社会〉に向かい、そしてそれが今度は左に振れ、ニューディールから一九八〇年のカーター民主党政権時代まで格差の〈大圧縮〉に逆走し、さらにまたそれに対する反動として、二一世紀冒頭の今日、一九世紀の〈超格差社会〉へと揺れ戻ってしまっている。一九世紀から二一世紀劈頭までの格差の拡大から格差の圧縮へ、そしてまた格差拡大への反転という変化は、自然に起こったものではなく、政治によって起こされたものであるとする見解が、民主党支持者で経済学者のポール・クルーグマンの『格差はつくられた』（三上義一訳、早川書房）によって示された。彼のブックレヴューに関しては、拙稿「格差社会について――ポール・クルーグマンの『格差はつくられた』を読みながら――」（『中央学院大学社会システム研究所紀要』第九巻第一号（二〇〇八年一二月）所収）を参照。資本は、蓄積を減らせば「産業予備軍」をつくるしかない。現在正規雇用を阻まれている青年たちを育てた親の多くは中産階級的存在であったといわれているが、青年の大半は、将来親の地位にまで到達できそうにもない。そのような青年たちが今いったいどのような「精神的不安定」に追い込まれているかに思いを馳せることができるだろうか。

一九七三年に「まなざしの地獄」なる言葉をキーワードに、連続射殺魔永山則夫の精神構造を鮮烈な形で分析した見田宗助は、「リアリティーに飢える人々」というテーマの下で、朝日新聞社のインタヴュアー（二〇〇八年一二月三一日号）に答える形で、重大犯罪をおかしてしまった永山と加藤智大の「『実存的な核』の中身が、正反対」であるのを、次のように解説している。見田の言葉を繰り返せば、二人の若者が起こした犯罪の裏を探るためには二つの正反対の「『実存的』な、生き方というかアイデンティティの問題が潜んでいる」のを知ることが肝要である。

実存的な中身の違いの第一は、連続射殺魔といわれた永山が、「未来への希望」を持っていたが、それが叶わないとなると、一転して凶行に及んでしまったのに対して、秋葉原殺傷事件を起こした加藤智大は、永山のような希望は持たず、むしろ逆に「未来の消滅」のなかにいて、絶望の余り犯罪に走ったこと、そして違いの第二は、永山が自己に向けられていると想った他者の残酷な〈眼差しの地獄〉に耐え切れず、他者を攻撃したのに対して、加藤は自己に向けられる他者の「『まなざし』の不在」、すなわち「無視」に怒り犯行に及んでしまったことにある。問題は、このような違いは、どのようなコンテクストから出てくるかである。見田は、敗戦から現在までの時間の流れを、①敗戦から六〇年代までの「理想の時代」に生きようとした時代、②高度成長が叶い、それが完成した七〇年代前半までの「夢の時代」、③九〇年代前半までの「リアリティーを愛さない『虚構の時代』」、④「ヴァーチャル（仮想）の時代」に分け（私には③と④には切れ目がないように感じるが）、永山は②の時代、加藤は④の時代の申し子であるといっているといえようか。だが二人に通底するものがあるのではなかろうか。ハイデガー的にいえば、存在の意味は「時間性」にある。「戦間期」の哲学者といわれる彼の時間論は、戦争待機の世代の人間が陥った絶望的な未来観を言葉にしたといえよう。人間は「目的」がつまっていると見なされる「未来」を失えば、「現在」の私を支えるものは何もないと考え、自暴自棄になりかねない。そこから時空を超えて、二人をつなぐものが見えてくるではなかろうか。

（3）K・マンハイム、『イデオロギーとユートピア』、前掲邦訳、一二三頁。

第八章　体制変革の思想家ルソーと安藤昌益──神義論的自然観と宇宙義論的自然観──

第一節　〈用在的自然観〉から〈自在的自然観〉へのパラダイム変換

ジャン・ジャック・ルソー（一七一二〜一七七八年）と安藤昌益（一七〇三〜一七六二年）の二人は、一方が西欧、他方が極東の人間であった点で異なるが、ともに一八世紀中頃の人間であり、しかも〈絶対主義〉の時代にあってそれに激しく反発し抵抗した人間であることで似ていた。ルソーは、一七世紀のデカルトの「前期啓蒙主義」（我思う故に我あり）から始まり、一八世紀のフランスの〈実証主義〉の開花においてその絶頂期を迎える「後期啓蒙主義」（我あり故に我思う）の波に揉まれていた。

一八世紀のアンシクロペディストたちに影響を与えた哲学者は多いが、そのなかにライプニッツがいた。問題はライプニッツのどのような哲学が彼らに影響を与えたかである。それは「人間の自然（nature humaine）」の捉え方であったといえよう。啓蒙主義の本質は「理性」にあったが、その理性は、ルネ・ユベールの『アンシクロペディストの社会科学』によれば、神が人間に与えた「完成可能性（perféctibilité）」の顕現とともに発達してくるといわれるが、その完成可能性なるものをライプニッツはすでに唱えていた(1)。ライプニッツのそのような完成可能性の概念形成にヒントを与えたのはロックの「タブラ・ラサ」であったことも推測されるであろう。タブラ・ラサあるいは完成可能性なるものは、自由という言葉が言い換えられたものといってよいであろう。完成可能性を刺激し、さらにそれを実現していくのが理性であった。人間は、理性をとおし自然と接触し、自然を対自化していき、それを客観的に把握していく。もちろん人間にとっては、自然を客観的に捉えていくことが目的ではない。人間の完成可能性を実現し、また用立てるために自然を客観化する「用在的自然観」(2)（人間のための自然観）が出現する。ここにはデカルトにより先鞭をつけられた〈二元論的世界観〉（見る者と見られる物の二極分解）が明確な形をとり出現する。

ところが一八世紀の極東の日本には、このような自然科学的観念は入ってこなかったために、用在的自然観がほとんどなかったのは論を待たない。徳川幕藩体制という絶対主義体制の下で呻吟する民衆にも平等観はあったろうが、その平等観の特質は上の者を蹴落とし、自分が上に立つために叫ばれるルサンチマンの類いでしかなかったであろう。しかも〈武士・農民・町民・下人〉の四民を差別的に扱う身分制社会にあって、民衆はどのようにして平等論を展開するかが分からなかったであろう。そこに安藤昌益が出現する。彼は平等を弁護するロジックを発明しなければならなかった。彼は、独特の自然（宇宙）観をつくりあげ、そのなかで平等観を展開していったといってよい。昌益はその時、善き「自然世」から遁走し悪しき「法世」をつくった元凶に自由を挙げる点で、ルソーと似ている。

ところでルソーは、キリスト教的「神義論」のなかで平等観を展開したが、安藤昌益もまた彼独特の自然観を提起し人間の平等観を展開した。では昌益の自然観とは何か。それは非ヨーロッパ世界に存在する「宇宙義論」(3)により支えられた自然観であった。これから、ルソーと昌益の体制変革の政治体制論を支える思想を、双方の自然観を比較することから析出することにしよう。

注

（1）René Hubert, Rousseau et l'Encyclopédie, *op. cit.*, pp. 166-175.

（2）〈人間のための自然〉とは、自然を①「手段的価値（instrumental value）」として見る立場であり、これに対して〈自然のなかの人間〉とは、自然を②「内的価値（intrinsic value）」として見る立場である。大事なのは「手段的価値」と「内的価値」の立場の限界を明確にすべきであることである（加藤尚武、「熊沢蕃山の自然保護論」、農文協編『東洋的環境思想の現代的意義』所収、農山漁村文化協会、一六九―一七五頁）。

（3）宇宙義論については、前掲拙著『国家・権力・イデオロギー』、第九章「安藤昌益の平等観――宇宙義論の視点から」を参照。

第二節　ルソーの神義論的自然観

ユダヤ人、K・レーヴィットの『世界と世界史』の序論「哲学のテーマとしての宇宙の省察」によれば、「人間およびその歴史」を含む「世界」という語は「おのずから（自然の中から）存在する一切のもの」(1)を指す。レーヴィットは、そこから論を進めて、「存在するものの全体」（と彼によりいい換えられた世界）を、古代ギリシャから中世を経由して近代まで、人間はどのような出発点から理解してきたかと問う。彼によれば、古代ギリシャ初期の時代は存在するものの全体を究明するために「世界」から始め、中世のキリスト教はそれを理解するために「神」から始め、近代はそれを理解するために「人間」から始めた。

そのように述べた後、レーヴィットは、最も信頼が置けないのは「むら気な人間」といい、それゆえに存在そのものの全体を理解するためには、人間主体を中心に置くべきだとする近代を批判したのであった。そのためレーヴィットは、選択肢は「自然的世界」と、「聖書の伝承による神」以外にはないとしたが、「信じられるだけで見られも知られもしない」、「神」から始めても、存在するものの全体を理解することなどできないとの理由で、結局、目に見える世界」から始めるしかないと断言した(2)。我々は次節で、古代ギリシャの初期に生まれた「自然的世界」そのものから存在するものの全体を理解しようとする方法を、日本の近世人安藤昌益の思想に探るが、その前に、「人間」主体から存在するものの全体としての自然を把握する仕方を、ルソーがどのように継承したかを検討していくことにしよう。

啓蒙主義哲学の祖型を遡及すれば、「我思うゆえに我あり」と述べた一七世紀の〈前期啓蒙主義哲学者〉デカルトに辿り着くといわれるが、一八世紀の〈後期啓蒙主義哲学者〉は、逆に「実在するデータ」(我あり)から「真理」(我思う)を導きだした(3)。それゆえに一八世紀の啓蒙主義哲学者は、後の一九〜二〇世紀の「実証主義」を産出する基盤を形成したといえよう。その点で、ルソーの政治思想もまた、〈後期啓蒙主義哲学〉の本質である〈科学〉的精神の空気を吸うところから生まれたといってよい。一八世紀に科学的精神を体現したのは、先に触れたアンシクロペディストであった。彼らにより、すべては科学の目をとおして検証されることとなった。

ルソーは『エミール』で、「私は存在する。そして感官をもち、感官を通して印象を受ける。これが私の感じる第一の真実であって、私はそれを承認しないわけにはいかない」(4)といった。「私は存在する」。ルソーのこの文章は、明らかにデカルトを意識して書かれたが、デカルトの言いたいこととはずれている。というのは、デカルトは、理性をとおした〈存在の問い〉の結果、私の存在を確証していったのに、ルソーは「私は存在する」と最初にいってしまったように、存在の問いをせずして最初から私の存在を当然視しているからである。実はルソーは、自己が存在しているかどうかなどという問いには興味がなかった。彼に興味があったのは、人間が「感官を通して印象を受ける」ということであった。ここで分かるのは、ルソーが後期啓蒙主義哲学の一派で「科学」を信奉する「感覚論者」の影響下にあったという点である。私は、私がもつ「感覚」により私の実在を感じているのだから、何もデカルトのように理性によりそのような問いを発する必要はないと、ルソーは確信していたのである(5)。しかしルソーは「実在の感情」によってではあるが、人間「主体」の存在を確信していたという点で近代人であった。

自己の存在を確信したルソーは、次に「客体」としての外的世界と外的世界を超越して存在すると信じられた神の検証にとりかかる。前もって結論を述べれば、ルソーは、近代のデカルトが構成した〈主体―客体〉の二項対立のパラダイムを受け継ぎながら、外的世界としての「物質」の存在を「感覚」により確信した後に、感覚によっては捉えることができない神という超越的存在の存在究明に向かっていくという点で、〈宗教〉もまた当然科学の目をとおし見ていく。

アリストテレスの神概念からトマス・アクィナスを経由し連綿と続き、時に一六世紀の「ルネッサンス」によりその弾みをつけられた宗教観に「理神論（déisme）」がある。理神論は「科学者」により発明（捏造）された神学であった。その特質は、神は宇宙を「法則をもったもの」として創造し、法則の下にそれが規則正しく転回するようにした後は、その運行に決して「介在しない」ということにあった。理神論は〈有神論〉から〈無神論〉に到達する中間点で出現することに注意しよう。ルソーもまた理神論の系譜下に置かれてしかるべき人物であった。理神論的自然観が、ルソーの革命的思想の一つの原基であった。

では、古代・中世のキリスト教は、〈コスモス〉をどのように見たのであろうか。K・レーヴィットによれば、コスモスは「人間の、そして堕落した罪深い人類のすみか」となり、さらに「初めも終わりもないコスモスは、過ぎ行く「世界時」となってしまった。一六世紀にリヴァイバルしたアリストテレスの理神論は、キリスト教により否定的に見られたコスモスを肯定的に解釈することになる。つまり、決してコスモスは「過ぎ行く世界時」などではないということになる。

問題となるのは、ルソーが自然としてのマクロコスモスたる宇宙としての自然を、どのような眼差しから捉えたかであろう。そこで我々は、『エミール』の「サヴォア助任司祭の信仰告白」を利用し、ルソーの宇宙の理解の仕方を見てみよう。ルソーは啓示神学による神の存在を無視し、神の存在を転回する宇宙から論証しようとする。ルソーは天体を仰ぎ見ていう。宇宙は動いている、と。そこからルソーは動くものは、①〈自らの意志で動く〉か、あるいは②〈他者によって動かされる〉か、いずれか一方でしかないという。人間は①の典型であり、そして物質は②の典型である。ルソーはいう。死んだ物質としての宇宙が動いていると。では運動している宇宙は、①と②のいずれなのか。もちろん②であろう。動かされるものは動かすものによって動かされる。動かされるものの内部に動かすものがないならば、動かされるものの外部に動かすものが存在するに違いないとルソーはいう。最終的にはアリストテレスの伝統下でものを動かす「第一原因」が推測されることになる。ルソーはそれを「神」と呼ぶ。ルソーが宇宙あるいは自然を死んだ物質と呼んだとき、それから生命性が奪われる。ルソーはキリスト教の〈反物活論（反アニミズム）〉的伝統に立っていたといえるであろう[7]。ルソーによれば、生きた存在ではない宇宙は、人間の目には「無形の人格」をもった神によって動かされることになる。死んだ物質の塊である宇宙が運動している。死んだ宇宙は、しかも「法則（loi）」の下に規則正しく回転している。ルソーによれば、神は規則どおりに動くように宇宙をつくりだしたのである。一七世紀のパスカルだったら、このような理神論を、信仰心が入ってはいないといって怒ったのであろう。

ルソーによれば、神は宇宙に「秩序」を与えた。秩序とは「自然的法則（loi naturelle）」のことをいう。ルソーは自己に問う。では、神は何のために、秩序を、自然としての宇宙に与えたのであろうかと。ルソーは答える。宇宙を「保存するため」であると。これはキリスト教を前提にした自然像の捏造であろう。人間は自己に内在する理性をとおし、脱アニミズム化された自然を客観的につかむことができる。

では、人間はなぜそれを認識するのか。それを〈利用するため〉である。ロック同様ルソーにとっても、脱魔術化された自然としての大地は、糧食を「収奪する」ために加工変形される客体でしかない。ルソーは『エミール』で、「土地は人間の栽培に関係のないものではない」[8]といったとき、ロックの忠実な弟子であった。大地はしたがって「開発（exploitation）」という名で呼ばれたとしても、「搾取」の対象でしかなくなる。古代ギリシャ人により考えられた〈自然（宇宙）のなかの人間〉は、近代人により〈人間のための自然〉へとパラダイム変換されていったが、近代人ルソーは、変換されたパラダイムの上に立って自然観を展開したといってよかろう。

実はルソーにとり、外的自然は他の何かをひきだすためのバック・グラウンドでしかない点に注目しなければならない。ルソーが外的自然を『エミール』であれほど詳しく述べたのは、自然を述べるためではなくて、「人間」の何かを述べたかったからである。では人間の何かとは、何か。それは、人間の外に存在する「外的自然」ではなく「人間の自然（nature humaine）」であろう。では「人間の自然」とは何か。それを理解するためには、次のような言葉から始まるルソーの『エミール』の第一編の冒頭の文に注目することが必要である。「万物をつくる者の手をはなれるときすべてはよいものであるが、人間の手にうつるとすべてが悪くなる」[9]。ルソーのこの言葉は、古代ユダヤ教の『ヨブ記』にまで遡ることができるといわれる「神義論」（「弁神論」とも呼ばれる）を再表明したものと考えてよい。

神義論は、人間の悪に対して神の善を弁護する学である[10]。神はすべての被造物を善きものとしてつくったが、人間は自らの自由意志により悪しき者となってしまった。神学者は提起する。人間は、このアポリアをどのようにして解くことができるかと。この難問を解くために、人間の「自然」は貢献しうるのであろうか。ルソーによれば、神の被造物としての人間の自然は、神の手から離れた直後は善きものとして自己を保っているが、人間の手に渡ると変質させられ堕落してしまう。これは神義論的自然観を表明したものである。しかし時代は、もはや中世ではなく近代である。『エミール』では、神の義しさと人間の悪の二項対立のパラダイムは、人間の善き自然と人間がつくった歴史の二項対立のそれに変換されている。では堕落以前の人間の「自然」とはいったい何か。それは神から人間に与えられた〈理性・自由・自然法〉を指している。ルソーが述べたその言葉を一つにすると、次のようになると思われる。〈理性により自然法を認識し、認識した自然法を自由意志により選択し実行すること〉(11)。ルソーは、このような人間の自然を「人間の秩序」と呼んだ。ではそのような人間の秩序としての自然は、いったい何のために存在するのか。我々は、ルソーが人間の秩序の存在根拠を宇宙の秩序の存在根拠とのアナロジー下で考えていたことに注目しよう。ルソーは、宇宙の秩序の存在根拠が「宇宙の保存」にあり、人間の秩序としての自然の存在根拠が「人類の保存」にあると考えたのであった。

注

(1) カール・レーヴィット（柴田治三郎訳）、『世界と世界史』、岩波書店、三頁。
(2) 同書、二二―二五頁。
(3) エルンスト・カッシーラー、『啓蒙主義の哲学』、前掲邦訳、一四頁。
(4) J・J・ルソー、『エミール』(中)、前掲邦訳、一二九頁。
(5) ルソーはデカルトのように存在論を展開しなかったが、その理由については、拙著『ルソーの政治思想――平等主義的自由論の形成――』、明石書店、第二章第三節「秩序の神の要請」を参照。
(6) カール・レーヴィット、『世界と世界史』、前掲邦訳、五〇頁。
(7) J・J・ルソー、『エミール』(中)、前掲邦訳、一三三―一四六頁。
(8) 同書(上)、五二頁。
(9) 同書(上)、二三頁。
(10) 神義論あるいは弁神論を立脚点として古代から近現代までの思想を分析したものとして、前掲拙著『自由の政治哲学的考察』がある。

（11）ヨーロッパは〈人間中心主義〉であり、自然はバック・グラウンドの位置に退く傾向があるが、極東に位置する日本は〈自然中心主義〉であり、人間は自然のなかに溶け込む傾向がある。神により創造された自然は「自然の法則（loi naturelle）」をもつが、人間もまた神による被造物である限り「自然法（loi naturelle）」をもつとされる。もちろん自然の法則と自然法とは何の内的関係もない。自然には法則が存在するのだから、人間にも法則があるはずと推測するところから、自然法なるものが捏造されたというのが真相である。自然法則と自然法の内在的関係はキリスト教により捏造されただけのことである。

第三節　昌益の宇宙義論的自然観

レーヴィットは、「むら気な人間」主体から神・世界を考察し、「信じられるだけで見られも知られもしない」「神」を立脚点として人間や世界をつかむことは不可能ではないかと考えた。レーヴィットは、そこで唯一の選択肢として「目に見える世界」から人間や世界の形而上学的真理なるものを考えていくしかないと述べた。レーヴィットによれば、ものの見方は歴史的に見れば、目に見える①「コスモスからの出発」から、②「聖書の神からの出発」を経由して、③「人間の自意識からの出発」へと推移してきた。先に触れたように彼によれば、②と③は疑わしいものとされ退けられた。我々は、残る①を検討しなければならない。前節で、レーヴィットは、存在するものの全体を理解するには、「目に見える世界」から始めるしかないと断言していることを指摘したが、これは、時間と空間を超越する普遍性を持つものとして、主張できるのであろうか。近現代人である我々は「人間」から始めることを当然視し、自然を客体化し自己のために利用してきた。しかし、このような「用在的自然観」（自然は人間に用立てられるために在るという自然観）は自然を破壊し、かつ最終的には人間をも破滅させかねない。ここまでくると「自在的自然観」（自然は人間のためにではなくそれ自体として在るという自然観）を再検討・再評価するために、「目に見える世界」から始めなければならないと思われる。「人間のための自然」から、「自然のなかの人間」へのパラダイム変換を試みた人間を日本の思想史から探っていくと、一八世紀の安藤昌益に辿り着く。これから我々は、昌益の「自然」という言葉をたよりにこのことを探っていこう。

ところで、ルソーが「神義論的自然観」の信奉者ならば、昌益は「宇宙義論的自然観」の信奉者(1)であった。宇宙義論的自然観とは、人間の悪に対し宇宙的自然の義しさを弁証する学である。神義論者のルソーは、自らの作為（自由）によりつくった「歴史」を〈悪〉としたが、またその悪を正す方法を〈悪そのもの〉（自由）からつくりだすしかないと考えていた。つまり人間の自然を、新しい〈作為〉を媒介にしてつくりだすのである。しかし宇宙義論者の昌益は、神義論者ルソーのように神の存在を措定せず、義しい宇宙的自然と人間の悪を措定し、さらには人間が自らの意志で招いた悪から解放されるためには、ルソーのように自己の作為により宇宙的自然を再生するのではなく、夕闇が迫ったことを急に知った子供が家路を急ぐように、現に存在する宇宙的自然にもどればよいと考えた。昌益はこのような宇宙的自然を「転定」（＝天地）と呼び、〈自然のなかの人間〉を「転子」（＝天子）あるいは「直耕の真人」と呼んだ。また、人間が自由意志によりつくった悪を「法制」と呼び、その象徴である幕藩体制を批判し、そのような法制から宇宙的自然としての「自然世」にもどることを民衆に勧めたのである。

そこで我々は、幕藩体制を批判する規範原理である安藤昌益の「自然」なるものを、彼の著作『自然真営道』の「大序」に焦点をあわせながら見ていくことにしよう。昌益はいう。「自然とはなにか。互性・妙道の呼び名である。互性とはなにか。答えて曰く、始めも終わりもない一つの土活真が自行して、小にあるいは大に進退することである。小進すれば木、大進すれば火、小退すれば金、大退すれば水、の四行の気となる。それらがまたそれぞれにひとり進退して、進木・退木・進火・退火・進金・退金・進水・退水という八気に分かれ、それぞれの性質がたがいに作用しあう」(2)。

この文を検討するまえに我々は、昌益により転定と呼ばれた宇宙的な自然は、決して客体化された「物事の本質」を意味する(ギリシャ語のphysisがラテン語に翻訳された)naturaではなく、「自ラ然ル」といわれたように一種の「運動」状態を表す言葉であったことを確認しておこう。昌益は、かつて「いわゆる『身心脱落』を体験した正真正銘の禅僧」(3)であったともいわれており、仏教用語を巧みに使いながら、「妙」とは「互性」を、「道」とは「互性の働き」(=感)を指すという。では自リ然ルものとしての「自然」の中身となる「互性」とはいったい何か。自然とは「土活真の自行」を指すが、では土活真の「自行」(ヒトリユク)とは何を指示しているのか。それは真に活きた「土」が〈自リ然ル〉様を言い表している。そして真に生き生きと活動する土が宇宙であった。昌益は、中国の陰陽五行説を「土」を元基に置き、木火金水を土の働きと作用に置き換えながら受容し、木火金水の相互作用を「一気の進退」といい、それを自然と名づけたといってよい。

そこでこれから我々は、昌益が「自然」としての「宇宙」(土活真)の「自行」をどのように説明しているかを見ることにしよう。昌益は、その作用をミクロ・コスモスとしての「いろり場」から発見している。赤々と燃えるいろり場の火に、自在鈎に吊るされた鉄の鍋が架かっている。鉄の鍋には水と煮る物が入っている。火の「性」(燃やす)が強すぎれば鍋のなかにある水は、沸騰し鍋の外にこぼれてしまい、水の「性」(冷やす)を奪ってしまう。逆に水の性が強すぎれば、水の性は火の性を奪い、鍋の中身は生煮えとなる。物は、火の性と水の性が互いに他の性を媒介としながら互いの性を殺さず調和し合ったときうまく煮える。これが互性の妙道を意味し、すなわち土活真の自行である(4)。昌益はこのような互性の妙道を季節の循環運動にもあてはめる。春は「木」、次の非常に暑くなる「夏」は「火」、さらに段々涼しくなる「秋」は「金」、そして最後に寒さが厳しくなる「冬」は「水」と自ら〈変化〉して行き、また「春」の「木」

に〈還帰〉していく。春の性は夏の性に奪われ、夏の性は秋の性に奪われ、秋の性は冬の性に奪われ、また冬の性は春の性に奪われていくことになる。我々が「暑さ寒さも彼岸まで」というように、季節の循環運動のなかにも、大退して冬から大進して夏の間に春という形で、あるいは大進して夏から大退して冬の間に秋という形で、互性の妙道（火の性と水の性の調和）が存在する。こうして変化と還帰は無限に続き「無始無終」（始まりも終わりもない）なのである。昌益のこのような「可逆的な、反復的な時間構造」を示す「植物的時間」の観念は、ユダヤ―キリスト教にその典型が見られる「不可逆的な、一回起性」の特質をもつ「歴史的な時間」の観念とは異なる[5]。「転定」（天地）の循環とは、いうまでもなく四季の無限の循環であり、転定が与えてくれた種子は春に「生発」し、夏になると「成育」し、秋になると「実収」し、冬になると「枯蔵」し、さらに春に帰るとまた「生発」する。土活真の自行といわれるこの無限の循環を昌益は「直耕」といったのである。人間もまた直耕する自然のミニチュア版と見られることになる。昌益により直耕の「真人」と呼ばれた「転子」（＝天子）、例えば農民は直耕する自然を介護する者として現れるのである。主体はあくまで自然である。人間もまた、運回する転定のなかで生発→成育→実収→枯蔵→成発という〈変化と還帰〉を繰り返す植物とのアナロジー下で捉えられているのは、次の例で分かろう。人間は〈小進〉して「生発」期としての幼少年期から、〈大進〉して「成育」期としての青年期、さらに〈小退〉して「実収」期としての中高年期、最後に〈大退〉して「枯蔵」期としての老年期に移っていき、この世から消え去るが、私の種子を受け継ぎ生まれたわが子は生発から始める。〈進〉（始まり）は〈退〉（終わり）を含み、〈退〉（終わり）は〈進〉（始まり）を含むのであり、その意味で「無始無終」なのである。昌益は、我々の死を反復再生のなかに位置づけ、誰も免れることができない死の不安を和らげようとしたといってよいであろう。我々は、ここには西欧の〈人間のための自然〉から〈自然のなかの人間〉へのパラダイム変換が存在するのに注目すべきであろう。

ヘーゲルは、「精神」が変化と還帰の循環を繰り返しながらやがて「絶対知」という精神の最高段階に到達したとき、その循環を終え変化と還帰は統一されるといったが、昌益にはヘーゲルのような考えはない。昌益の場合は変化と還帰はほんの束の間調和するだろうが、その調和はすぐに分裂してしまう。調和と分裂は、寄せては返す海の波のように無限に繰り返すのである。

注

（1）宇宙義論については、前掲拙著『国家・権力・イデオロギー』、第九章「安藤昌益の平等観——宇宙義論の視点から」第一節「自然観の変遷」を参照。さらに飯岡秀夫「ジャン＝ジャック・ルソーと安藤昌益——『自然』と『人為』の問題を中心に」〔『慶應義塾大学日吉紀要、社会科学』第五号（一九九五年六月）所収〕、稲葉守『今にして安藤昌益』（風涛社）の四「昌益批判者の見解の批判及び昌益擁護者の見解の批判」、小宮彰「安藤昌益とジャン＝ジャック・ルソー——文明論としての比較研究」〔東大比較文学会『比較文学研究』第二六号（一九七四年一一月）所収〕を参照。若尾政希は、『安藤昌益からみえる日本近世』（東京大学出版会）で、家永三郎の影響下、歴史学は当然「思想史学」を含むものだといいながらも、物語を思想とし、それを歴史としてしまうなら、それは歴史学には入らないという。若尾のこの考えは、『国民の歴史』や、二〇一〇年にテレビで放映された司馬遼太郎原作の『坂の上の雲』に見られる司馬史観に対する批判にもつながる。

（2）安藤昌益（野口武彦責任編集）、『自然真営道』、『日本の名著』第一九巻所収、中央公論社、「大序」、七七頁。王家力著『日本の近代化と儒学』（農山漁村文化協会、一三二頁）によれば、昌益の宇宙論は、本人がそれを意識しているかどうかは別として、儒学の気一元論を継承しており、さらに農を重視する立場は「儒学の伝統的な農本主義および江戸時代一七世紀に起きた『武士帰農』論（熊沢蕃山を代表とする）とも継承の関係」にある。だが昌益は、武士の帰農を絶対に認めない。蕃山の「武士の城下居住の害」（熊沢蕃山〔伊東多三郎責任編集〕、『集義外書（抄）』、『日本の名著』第一一巻所収、中央公論社、四五一頁）の主張は、むしろ統治の立場から武士帰農論を唱えた後の荻生徂徠の政治思想につながっていくと見た方がよい。昌益からすると、彼らは「腐儒」（福沢諭吉）にすぎないであろう。

（3）安永寿延、『安藤昌益——研究国際化時代の新検証』、農山漁村文化協会、三一一頁。

（4）安藤昌益、『自然真営道』、七九—八〇頁。

（5）永藤靖、『時間の思想』、教育社、一一三頁。

第四節　昌益の政治思想とポスト・モダン

一九世紀の中頃、S・キェルケゴールは『死に至る病』を書いたが、第一編冒頭の「死に至る病とは絶望のことである」で、我々読者を悩ませる次のような難解なことを述べている。「人間とは精神である。精神とは何であるか？　精神とは自己である。自己とは何であるか？　自己とは自己自身に関係するところの関係である。すなわち関係ということには関係が自己自身に関係するものなることが含まれている。――それで自己とは単なる関係ではなしに、関係が自己自身に関係するというそのことである」(1)。〈自己とは精神でありまた関係〉である。〈精神としての自己〉とは関係である。〈精神としての自己〉とは「関係」(＝自己と他者との関係)に「関係する」(＝自己と他者の関係を意識している)「関係」(＝自己と他者の関係を意識している自己と自己との関係)である。キェルケゴールによれば、人間を死に至らしめる病とは「絶望」であった。〈自己〉は〈自己を意識している自己〉に対して「死に至る病」として「絶望」する。自己はこの絶望から解放されるには「希望」をもつことが必要となる。キェルケゴールの希望とは自己から「神」への超出であった。キェルケゴールの人間は、この種の希望を抱き超越的次元に飛躍することで救済されることになる。

では昌益とルソーは、他者としての絶対王政国家との関係において、絶望しがちな自己に対して希望を抱くことができたのであろうか。先に述べたように二人は、一八世紀の西欧と極東の両極に存在し、絶対王政国家を共通の敵として戦った点に共通性があった。

しかしルソーが、死後一一年経過した一七八九年に発生するフランス革命により、アンシャン・レジームが転覆する予兆を感じとりながら自己の生を終えたことは、著作『エミール』で、「ヨーロッパの大国の君主政がこれからも長い間存続することは不可能だとわたしは考えている」(2)と述べ、「わたしたちは危機の状態と革命の時代に近づきつつある」[3]と断言したことから窺えるであろう。ルソーはアンシャン・レジーム変革の希望を、キリスト教をとおして未来に抱くことができたおかげで、自己に対する絶望から救われ癒されたのであった。

では昌益はどうであったのか。徳川幕藩体制という絶対王政国家が、危機と革命の状態に近づきつつあるどころか、ますます盤石の度合いを強めつつあったとき、昌益は未来に、漆黒の闇をみたのではないだろうか。昌益はそのような真っ暗闇のなかで絶望しがちな自己に対し、宇宙義論的自然観という希望を与え、体制変革に執念を燃やし続けることで自己への絶望から救われ癒されたといってよかろう。

さて二一世紀の冒頭を迎えた今日、ポスト・モダンの思想をつくり我々に提供した人物が一九世紀のマルクス、ニーチェ、フロイト（彼は二〇世紀にまたがるが）の三人であったともいわれる。その理由として、マルクスは下部構造の上部構造に対する規定性を、ニーチェは権力への意志という情念を、フロイトは無意識を強調したことに相違があるが、啓蒙主義哲学の本質であった「理性」に信用を置かず、むしろそれに反逆したことが挙げられるであろう。三人のうち時にマルクスとフロイトは、理性の下に人間を動かす一種のシステムが存在すると考えたが、そう述べたことで、モダンの〈主体の否定〉を実践したといってよい。ポスト・モダンは〈主体の解体〉を目指す①〈前期ポスト・モダン〉（レヴィ＝ストロウス）から、〈客体の解体〉を目指す②〈後期ポスト・モダン〉（ニーチェ）へ変質していった。モダンは（例えばヘーゲルやサルトルのことだが）、「歴史」を〈主体と客体（構造）の弁証法的展開〉と捉えたが、くりかえすとポスト・モダンの①は「主体の哲学」を解体し「主体なき構造」を唱えた。①は歴史を〈主体なきプロセス〉（商品関係や賃労働関係の再生産）と捉えたが、②のニーチェは特に①の「主体なき構造」つまり「客観」を「混沌」と見ることで、①の前期ポスト・モダンを解体してしまい、②の後期ポスト・モダンを形成したといわれる。

周知のようにニーチェは、（a）デカルトの二元論、（b）キリスト教、（c）キリスト教を前提にした平等観を解体したといわれている。そこで（a）から見ていこう。デカルトによれば「主観」は、神によりつくられた「法則」を含んだ「客観」を、理性により理解する。だがニーチェによれば、客観といわれるものは実は「混沌」であり、人間は生のエネルギーを意味する権力への意志により、「図式化する欲求」をとおして、「混沌」に秩序を課していく主体なのである。次に（b）を見よう。上代から今日まで希代の演劇人といわれる僧侶は「存在すべきもの」の「存在」を「発明」しあるいは「捏造」してきた。ニーチェは「生成」を卑しめ、存在すべきものの存在を捏造することを、「概念のミイラ」化あるいは「哲学のエジプト主義」と呼び軽蔑した。そこからニーチェはキリストの誕生・死・復活の物語を「世界史的詐欺」であると喝破した。（b）から次の（c）つまり神は不在なのだから、神によって人間に与えられた平等なるものもまた、人間より捏造されたものであるという結論が導き出される。ポスト後期ポスト・モダンとは、①の〈主体なき客体〉と②の〈客体なき主体〉双方の全面的な解体を目指す思想であった。もはや〈主体も存在しなければ客体も存在しない〉。

ではこのようなポスト後期ポスト・モダンの思想の源流をどこに求めることができるのか。それは、〈バラモン教左派〉に属する古代インド仏教の、特に「中観派」が唱えた説に求めることができる。仏教はいう。「アートマン」（我）は「アナトーマン」（無我）であり、それによりつくられた「現象」もまた「空」であると。では我々はなぜ「業」（カールマン）なるものと「輪廻」（サンサーラ）なるものにより苦しめられるのか。無我の「替え詞」の「空」は「縁起」とシノニムである。もちろん「空＝縁起」とは何も存在しないという意味ではなく、存在すると見られる自己と外的現象という二つの「実体」は、実は人間の「相依相関」から生まれるのである。だから業も輪廻も人間の〈関係が生みだしたもの〉であり、実体としては存在しないのである。主観と客観という二つの実体は存在しない。ヨーロッパが近現代になり到達したポスト後期ポスト・モダンを特徴づける主体と客体という二つの〈実体の解体〉と〈実体から関係へ〉と〈存在から生成へ〉というパラダイム変換は、すでに古代インド仏教により成し遂げられていたといえよう。

重要なことは、曹洞宗道元の江戸時代の弟子であった昌益を、（仏教を否定するために）仏教用語を駆使しながらポスト後期ポスト・モダン的思想をつくった先駆者として見ていくことができるかという点である。「一気の進退」を「実体の否定（non substantiality）」、「互性の妙道」を「相互性（each-other-ness）」すなわち関係、そして最後に「土活真」の「活真自行」を存在すべきものの存在を捏造し固定化する概念のミイラ化を否定する「自己生成（self becoming-ness）」[4]と置き換えることができるならば、昌益は近代思想のイデオロギー性を暴露するポスト後期ポスト・モダンの思想に似た理念をつくっていたといえようか。しかしポスト・モダンの思想は、上代からモダンまでの思想の〈イデオロギー暴露〉の道具としては大いに役立つことは無視できないが、にもかかわらずそれが体制変革の思想となりうるか否かという点になると、首を傾げざるをえないのでないだろうか[5]。

注

（1）セーレン・キェルケゴール（斉藤信治訳）、『死に至る病』、岩波書店（岩波文庫）、二〇頁。

（2）J・J・ルソー（今野一雄訳）、『エミール』（上）、岩波書店（岩波文庫）、「原註」五九。

（3）同書（上）、三四六頁。

（4）伊東俊太郎、「日本思想を貫くもの――国際日本文化センター退官記念講演――」、『季刊仏教』通巻第三二号（一九九五年七月）所収、法蔵館、一五九―一六一頁。木田元の『哲学と反哲学』（岩波書店）によれば、〈形相〉（例えばテーブルのイデー）により〈質量〉（例えばテーブルの素材）を秩序づけるという古代ギリシャのプラトンの「製作的存在論」哲学は、「技術者の存在論」（例えば大工のそれ）の類いになる。プラトンは、なぜこのような存在論を構築したのか。プラトンによればポリスの人間は、〈生成・発展・消滅〉を本質とする「自然」としての「政治」（変転極まりない多様な都市国家の多様な価値観が入る）に身をまかせ生きていくべきではない。そこからプラトンは「質量」（変転する政治）を秩序づける「形相」（政治哲学として出現するイデー）を模索する。プラトンのこのような存在論哲学は、権力への意志により混沌を秩序づけていこうとしたポスト・モダニストのニーチェに流れていったということはできるのだろうか。もしそれが事実ならばニーチェもまた、ありもしない形相といわれる「存在」を捏造してしまったことになる。ニーチェもまた製作的存在論を展開した哲学者と呼ぶことができようか。これが認められるならばニーチェもまたプラトニストとなるであろう。「真理なるものはつくらないこと」が大事なのである。木田によれば、真理という存在の捏造を避けるためには、「フォアゾクラティカー（Vorsokratiker, ソクラテス以前の哲学者）」つまり「自然哲学者」の哲学に戻る必要がある。捏造された「存在」から「生成」の場に自己を移すのが大事である。その点でも昌益の思想を学ぶ意味はあるといえようか。

（5）かつて丸山真男は『日本の思想』の「まえがき」で、例えばヨーロッパにおけるキリスト教のような「自己を歴史的に位置づけるような中核、あるいは座標軸に当たる思想的伝統はわが国には形成されなかった」（丸山真男、『日本の思想』、岩波書店、五頁）がゆえに伝統的思想と対決する形で近代思想が出てこないことをおさえた上で、「どこまでも超近代と前近代とが独特に結合している日本の〈近代〉の性格を私達自身が知ること」（同書、五頁）が大事だ、といった。この丸山の言葉はポスト・モダンの出現を予言し、また前もってそれを批判しているかのようである。なぜプレ・モダンとポスト・モダンが吻合してしまうのか。それは『日本の思想』の後に書かれた『歴史意識の「古層」』で丸山が述べたように、「つぎつぎとなりゆくいきほひ」という精神構造があるからだろう。西欧は、プレ・モダンを〈否定した〉ところにモダンが出現し、さらにモダンを〈否定した〉ところにポスト・モダンが出現する。日本の歴史意識の古層としての「つぎつぎとなりゆくいきほひ」は、上代から現在まで一貫して通奏低音として底から鳴り響く。折々輸入される外来思想は、この古層に取り込まれ、しばらく定着し、流行し、ある時廃れ、さらにある時また突然現れる。その時々の〈いきほひ〉あるいは〈空気〉といってもよい「自然」が、思想の趨勢を決定してしまう。外来思想を「造り変える力」（芥川龍之介）とは、実は理性を包摂した否定の論理ではなく〈いきほひ〉というエネルギーであった。繰り返すと、外来思想は〈否定の論理〉により克服されたのではない。だからこそ丸山は、そのようないきほひとしての「自然」に対して「作為」（否定と創造の弁証法）の重要性を訴えたといえよう。丸山のこのような作為と自然の対立、作為による自然の否定は、プラトンの「形相」とフォアゾクラティカーの「生成」の対立と、プラトンの「形相」によるフォアゾクラティカーの「生成」の否定克服の日本版リフレインと見ることもできよう。ともあれ、丸山の「自然」から「作為」とは逆に、昌益は〈否定の論理〉をとおして「作為」（徳川幕藩体制がつくった制度やイデオロギー）を否定し、「自然」に回帰する思想をつくったことにその意義がある。自然に回帰する方法として昌益は彼独特の思想をつくったが、その思想がポスト・モダンの先駆だといわれたとしても、もちろん昌益には何の関係もない。

第九章　ルソー以前——近代政治思想における自由・平等観の意味——

「社会科学は社会科学自らが正しいかどうかについで判断を下すことはできない」。

レオ・シュトラウス　『政治哲学とは何か』

第一節　救済神学のポリティカリゼーション

一八世紀のフランス革命は、エドモンド・バークが自由を求める革命と誤解してしまったが、平等を勝ち取るための闘争であったことで、自由を求める革命であったイギリス革命とは異なる。そのようなフランス革命に対する反動の意味をもつ一九世紀は、平等よりも再び自由の実現を叫んだ。ではなぜ一八世紀のルソーは、一九世紀に出現する自由主義を牽制するような平等主義的自由の政治思想を展開できたのであろうか。それを理解するためには我々はジュネーヴの歴史的背景の下でルソーの政治思想を探っていかなければならないが、この点については再三触れたので、簡単に説明する。ジュネーヴでは、「旧市民」と「新市民」のみが「市民権」（＝参政権）をもち、その他の「定住民」（ジュネーヴで生まれた在留外国人の息子で定住権のみを認められる）と、「居住民」（カトリックの迫害によりしばしば新しくたどり着いた難民で定住権のみを認められる）、そして最下層の「臣民」（主として市壁の外にあるジュネーヴ人の土地に住んでいる農民）の三者は市民権をもたなかった(1)。しかも時計職人のルソー一族は特権を付与された階級であった。しかも特権階級の「旧市民」と「新市民(ブルジョワ)」のうち前者の旧市民が、政府権力としての「小評議会」を掌握し、後者の新市民が立法権としての「総会」を掌握していたが、双方は絶えず衝突をくりかえしていた。小評議会は総会により制定される法を恣意的に解釈し執行したり(小評議会はそれを自由といった)、あるいは法の執行をサボタージュしたりして、法の平等適用を迫る総会に逆らっていた。総会派に属するルソーは、小評議会の権力を総会に従属させるイデオロギーを構築した。それが平等主義的自由論であった。

しかも重要なのは、ルソーが平等主義的自由論を、キリスト教的救済神学をポリティカリゼーションするなかで、構築したことである。救済神学のポリティカリゼーションによって、初めて新しい政治思想を展開した人物はホッブズであったが、では救済神学のポリティカリゼーション、あるいは政治化とはいったい何であろうか。それは、簡単にいえば〈神学的言説の政治的言説への変換〉を意味している。一六世紀までの神学者が、眼の前で繰り広げられる政治的抗争を、神学的言説をとおして弁証したのに対し、時に一七〜一八世紀の政治哲学者は、そのような抗争を政治的言説により語った。このような言説の変換は、近代の〈科学革命〉によりもたらされたともいわれる。

注

(1) M. Cranston, Jean-Jacques: The Early Life and Work of Jean-Jacques Rousseau, 1712-1754, *op. cit.*, p. 15.

第二節　政治思想における近代性

近代政治思想は、「私をもって政治学は始まる」といった一七世紀の「科学革命」を潜ったホッブズを待って開始されたといわれる。しかしこの政治思想の〈近代性〉の開始は一七世紀の科学革命をとおしてのみ始まったのであろうか。レオ・シュトラウスの『ホッブズの政治哲学』によれば、マキアヴェリもまた近代政治哲学の創設者の仲間に入る(1)。シュトラウスによれば、マキアヴェリ政治哲学の近代性は以下の四つにある。第一に、プラトンやアリストテレスの「古典的政治哲学」に対する攻撃やキリスト教に対する反神学的情念に。第二に、政治の基準を〈存在すべきもの〉から〈存在するもの〉に降ろしたことに。第三に、運やチャンスを支配するプランに。第四に、法や望ましい社会秩序を可能にするのを欲することに(2)。確かに一六世紀のイタリア・ルネッサンス人マキアヴェリの政治思想は、そのコスモロジーやアンソロポロジーを見る限り、非科学的であり、その意味で古代中世的な伝統に滑り落ちる古い思想をもっていたのは否めないが(3)、それにもかかわらず、後に説明するが『君主論』を読めば分かるように、彼のそれは一七世紀イギリスの「ネオ・ロマン派理論家」や一八世紀のモンテスキューとルソーをとおし、さらに促進される近代政治思想の方法原理形成につながる要素を秘めている点が見受けられる。

ではマキアヴェリは、近代の政治思想家にどのような影響を与えたのであろうか。マキアヴェリは、『君主論』第一五章の「世人に、時に君主に褒貶の原因となるもの」で、政治なるものを解明するために彼なりの「新しい方法」を提示した(4)。マキアヴェリは、『君主論』を「想像によらず事実の実相に即」し書こうとしたといったが、そこで「人間はいかに生きるべきか」と「人間はいかに生きているか」を区別すべきであるといった。一六世紀のマキアヴェリは、規範と事実の区別をしたが、区別することそれ自体を目的に据えたのではなかった。人間が〈いかに生きているか〉を知らなければ、フィレンツェの都市国家の自由を実現するために人間（時にマキアヴェリの場合は君主）が〈いかに生きていくべきか〉が分からないだろうという考えがマキアヴェリにあった。

両者の亀裂を修復しようとするマキアヴェリの問題意識を継承したのは、一八世紀のモンテスキューとルソー、そして最終的には一九世紀のヘーゲルであったろう。マキアヴェリに傾倒し、彼をとおしてローマ史を学んだ一八世紀のモンテスキューは、マキアヴェリから、「人間はいかに生きているか」を学んだ。同じ一八世紀の政治思想家のルソーもまた、それを「存在するもの」という言葉に置き換え受容していった。しかも彼は、一方では、「存在するもの」を「既成の統治体の実定法」という具体的な言葉で示し、その学問だけに励むならばそれは「重大なしかも無用な学問」に終わるであろうと皮肉った。しかし他方ではルソーは、マキアヴェリの〈人間はいかに生きるべきか〉という言葉を「存在すべきもの」という言葉に置き換えて受け継ぎ、しかもそれを「国制法（＝国家基本法）」と呼び、それは「これから生まれなければならないのだが、決して生まれることはあるまいとも考えられる」[5]と述べた。

ではルソーにとり、〈これから生まれなければならないもの〉とは何か。それは〈君主を頭上に戴く国家の自由〉ではなく、〈民衆の自治による自由な国家〉であった。しかも「存在すべきもの」を、「存在するもの」をとおして実現するしかないのを誰よりも知っていたから、「アンチ・テーゼの天分」（アンリ・ワロン）をもつルソーは、「存在するもの」と「存在すべきもの」との矛盾とを決してそのままに放置するようなことはしなかった。彼は、「存在するもの」と「存在すべきもの」の矛盾を止揚する新しい政治制度論を構築しようとしたが、それを「国制法」といったのであり、その作業を先に述べたように、キリスト教的救済神学のポリティカリゼーションのなかで実践していった。

注

（1）Leo Strauss, The Political Philosophy of Hobbes, Its Basis and Its Genesis, *op. cit.*, p. XIX.

（2）Leo Strauss, What is Political Philosophy and Other Studies, *op. cit.*, p. 46-47.

（3）Anthony J. Parel, The Question of Machiavelli's modernity, in: *The Review of Politics*, Vol. 53, No. 2, (Spring 1991), p. 321.

（4）マキアヴェリ（河島英昭訳）、『君主論』、岩波書店（岩波文庫）、一一五―一一六頁。「人間はどのように生きているか」は「人間はどのように生きるべきか」という問題と切り離すことはできない。「人間はどのように生きているか」というマキアヴェリの問いを、絶対王政国家ではなくその先に出現する国民国家形成の問題と関連づけ解釈した者に、ルイ・アルチュセールがいる。アルチュセールは、『マキアヴェリの孤独』で、マキアヴェリの政治哲学の本質を「マキアヴェリの孤独」にあると見た。では、マキアヴェリの孤独とは何か。それには二つある。一つはマキアヴェリの孤独は「分類しがたい人と見えること」にある（ルイ・アルチュセール〔福井和美訳〕、『マキャヴェリの孤独』、藤原書店、「マキャヴェリの孤独」全体を参照）。アルチュセールによれば、マキアヴェリの孤独は、古代から彼までのいかなる思想からも、さらには彼以降のいかなる思想とも切断されたところで自己の政治哲学を構築したことにあった。では、もう一つの「マキアヴェリの孤独」とは何か。それは国家をつくる者は「独りである」という意味での単独者の孤独を意味する。「独りである」とは「君主政ないし独裁制の段階」である。王あるいは独裁者の孤独とは、実はマキアヴェリ自身の孤独でもあったろう。アルチュセールはこれを「国家の第一段階」といった。次に「国家の第二段階」が訪れる。アルチュセールは、マキアヴェリが〈誰が国家を形成するか〉という問題と、〈形成された国家をどのように維持していくか〉という問題を峻別している、といった。なるほど国家を建設する者は一人の王である。しかし建設された国家を維持するのは王一人ではない。国家を維持する段階になると、王は「権力を民衆のなかに根付かせる」ために「『合成』政府」を設置しなければならない。アルチュセールによれば、この合成政府を、近い将来「成し遂げられた事実」としての絶対王政国家のもとで語る「自然法理論家」と、「成し遂げられるべき事実」としての国民国家論のなかで語るマキアヴェリには、違いがあることになる。絶対王政国家の自然法理論家は過去に縛られて語り、マキアヴェリは「予測不可能性（caractére aléatoir）」の未来を見据えて語ったのである。

（5）J・J・ルソー、『エミール』（下）、前掲邦訳、二二七頁。

第三節　神学的自由・平等観のポリティカリゼーション

ところでキリスト教の目的とはいったい何であろうか。それは、文字どおり神による人間の死後の〈魂の救済〉につきる。キリスト教が救済神学と呼ばれる所以はそこにある。そのような救済神学をシェーマ化すると次のようになるだろう。（a）無形の人格をもつ創造神による世界の創造→（b）人間の自由意志による善悪の二元論的世界の出現→（c）メシアとしてのイエスの登場とその処刑→（d）終末の到来（イエスの復活再生と彼のサタンとの戦いをとおした「千年王国」の実現）→（e）最後の審判→（f）魂の救済。

周知のように古代から一六世紀の宗教改革の時代まで、救済の問題は神学的次元で扱われた。では救済神学で神学者が自己に課した根本テーマとは何か。それは〈神の善と人間の悪〉の対立をどのようにして解くかにあった。これは神学者により神義論あるいは弁神論と呼ばれた。神義論は、人間世界に存在する悪に対して神の義しさを説き弁護する学である。では、どのようにして神は悪としての堕落から人間を救済するというのであろうか。そこから古代のスーパースターの神学者が登場し、神義論的対立を解く方法として、人間は神の「恩寵」によって救われるのか、それとも人間に内在する「自然」によって自己救済をはかっていくことができるのか、という有名な〈恩寵対自然〉の二項対立のパラダイムを〈発明した〉[1]。神学者は考えた。人間は、神から与えられた「自由」を濫用し「堕落」(原罪)をつくりだし、その堕落を「平等」に背負ってしまった、と。時代は下り一六世紀ジュネーヴの宗教改革者カルヴァンは、この神学的自由と平等を〈堕落の自由〉と〈堕落の平等〉という意味に押さえた時、古代の神学者の考えを忠実に継承したといえよう。一七世紀の厳格なカルヴィニストであったホッブズは、このような堕落の自由と堕落の平等を〈他者を殺害する権利〉(自然権)としての自由と〈他者を殺害する権利の相互性〉としての平等という政治的言説に変換しながら受容していったといってよかろう。

　では神は、このような罪深い者をどのようにして救済するのか。ここから〈契約神学(covenant theology)〉が生まれた。契約神学を遡源すればモーゼをとおしたヤハウェとユダヤ人の契約という『旧約聖書』に辿り着く。『旧約聖書』の要諦はどこにあるかといえば、それはユダヤ人の神への服従とユダヤ人の現世での救済の交換契約と、この契約の保証人としてモーゼを立てるという教えである。この交換契約をキリスト教は、神への忠誠とキリスト者の来世での救済の交換契約に転換し、さらにその契約を保証する者として「贖い人」イエスをもってくるという具合に変換していった。後に、時に契約神学を強調したのは一六世紀ジュネーヴの宗教改革者カルヴァンと彼の弟子たちであった。このようなキリスト教的救済神学は一七世紀のイギリスのピューリタン革命期になると、カルヴァンの忠実な弟子であったホッブズの『リヴァイアサン』に典型的に見られるように、先程述べたようにポリティカリゼーションする形で歴史化していくことになる。ホッブズの救済神学のポリティカリゼーションは、次のような形で現れることになる。〈神〉の〈恩寵〉による〈彼岸〉での〈魂〉の救済という神学的言説から、社会契約を契機として生まれる〈地上の神〉（リヴァイアサン）の〈国家権力〉による〈此岸〉（国家）での〈生命〉の救済という政治的言説への変換の形で。後のロックとルソーは、ホッブズにより始められた救済神学のポリティカリゼーションを忠実にトレースしたことがここで分かろう。

ところで一七世紀のデカルトから始められた〈前期啓蒙主義哲学〉は、一八世紀フランスの〈後期啓蒙主義哲学〉になると急速に実証主義的要素を帯びていくことになる(2)。一八世紀の実証主義的精神は、価値的領域と事実的領域を厳しく分けるようになり、かつ事実的領域が価値的領域を侵食侵犯し始めた。ここから一九世紀の「歴史主義」の出現までは、ほんのあと一歩であった。緩慢ではあったが、宗教から科学への時代が始まったのである。啓蒙主義哲学の波は、一七世紀の終わりから一八世紀にかけてジュネーヴを激しく洗う。ジュネーヴのカルヴァン主義者も時代の波に乗るためには、自己を変革し修正せざるをえなくなった。そのような歴史的文脈のもとで「修正カルヴィニスト」あるいは「リベラルカルヴィニスト」といわれるジュネーヴ人牧師たちが出現した。

彼らは〈恩寵と自然の対立〉というパラダイムを根底から覆し次のようにそれを変えた。〈自然と歴史の対立〉のパラダイムに。しかもこの矛盾を解く能力に自由が据えられた。古代・中世そしてカルヴァンの神学では、自由は呪われたが今や祝福の拍手を浴びる。自由の本質は自己を「完成する能力（perfectibilité）」にあり、人間はこの能力を平等にもつとされた。ここに、人間の倫理的能力に対する楽観的見方が出てきたのである。

このような楽観主義的精神は、実は一七世紀イギリスの政治思想家で、ソツィーニアンであったともいわれるロックの『人間知性論』の「タブラ・ラサ」〈白紙〉という観念を、ジュネーヴ人牧師たちが受容したところから生まれたといえよう。生まれた時人間の精神は白紙であり、人間は悟性の発達により白紙の精神に自己の成長の跡を刻み込んでいくことができるはずだ、というのがロックの考えであったが、この思想をジュネーヴの牧師たちは受容した(3)。人間はその成長過程で、タブラ・ラサに文字を書き込んでいくように、自らの自由意志により善き者となったり悪しき者となったりする。人間の未来は閉ざされているのではない。人間はアプリオリに悪を背負い、死ぬまでそれに振り回されるはずがない。主として〈認識能力〉の側面をもっていたロックのタブラ・ラサの言い換えであった「自己完成能力」は、ソツィーニアンあるいはアルミニアンであったともいわれるジュネーヴ人牧師たちにより、〈倫理的能力〉に変えられ、さらには彼らによりそれは善きものとされたのであった。

ルソーの祖父ダヴィッド・ルソーは、一六九〇年ジュネーヴの自由主義者たちと共に、イギリスのウィリアム三世がボウインの戦いで勝利したことを喜び、それを祝うためにかがり火を焚き花火を打ち上げた。その時「ジュネーヴ市の小区長ダヴィッド・ルソー氏〈Le sieur David Rousseau, dizenier à la Cite〉」は、フランス人居住者の家屋の近くで危険にもかがり火を焚いた科で告訴された(4)。ここから、祖父ダヴィッド・ルソーが反政府運動の活動家であったことが分かろう。ルソーの一族は、保守的な「正統派カルヴァン主義者」ではなく革命的な「修正カルヴァン主義者」の牧師たちと交流を結んでいたのである。そのようなジュネーヴのカルヴァン主義者の牧師たちに、ロックの思想が革命思想として浸透していったのである。ルソーは、ジュネーヴの修正カルヴィニストであった牧師たちの自由・平等観を吸って生きていたのである。

一六世紀はルネッサンスと宗教改革をもって始まった。ルネッサンスは「存在するもの」としての客観の世界に、宗教改革は「存在すべきもの」としての主観の世界という逆方向に向かっていったといわれるが、反中世運動を展開したことでは同じであった。一七～一八世紀は、反中世運動の総仕上げの段階にあったといえよう。中世とは、存在するものを〈真善美の客観体〉と捉える世界であったが、〈神学の民主化〉（キリスト教のイスラム化）により宗教改革者は存在するものを虚偽だと言い放ったのである。

これまで述べたように、近代政治思想家の自由・平等観は宗教改革者カルヴァンの救済神学が政治化されたものであった。ではルソーの一般意志という言葉で表明された自治の国家論は、どのような思想的系譜の下で生まれたのであろうか。先に簡単に述べたが、その問題を考えるためには、クウェンティン・スキナーの『マキアヴェリ』を参考にしながら、もう一度マキアヴェリに戻ることが必要であろう。スキナーの『マキアヴェリ』によれば、マキアヴェリの『リウィウス論』のテーマは「何が共和国を大帝国にまで昇りつめることを可能にしたか」(5)であった。スキナーは、マキアヴェリの言葉をとらえ、彼の最大の目的は「偉大さに向かう都市は『国内の』専制君主の支配、また『外部からの』帝国権力を問わず、強制されるあらゆる形の政治的隷属から自由でありつづけなければならないということ」(6)にあったと述べた。マキアヴェリにより求められたものは自由であったが、それは近代政治思想における自由とは異なる。マキアヴェリの自由とは都市の共同体が「都市の共同体以外のどのような権威からも独立している」ことを、そしてその独立は〈都市の自由〉を指し、近代政治思想のように決して〈個人の（自然権としての）自由〉ではなかった。自由とは都市の「自治」を意味した。都市国家の自由を守る鍵は、市民全体の軍事的「ヴィルトゥ（＝覇気）」しかない。「マキアヴェリ革命（Machiavellian revolution）」とは、「フォルチュナ」の担い手があくまで「善い軍隊」をもち、軍事的ヴィルトゥにより都市を導く政治的リーダーであることを示す点にあった。

マキアヴェリは、「正統派の議論」から外れたラインで「宗教の価値」を認めるが、宗教上の真理には無関心であった。彼は国家統合の役に立たないキリスト教には無関心で、統合に有用な「ローマの古代宗教」に注目した(7)。彼は、このような宗教により支配をする「立法者」を要請した。マキアヴェリは、共和国ローマから「自由な国家」を学び、他国からの共和国の独立が自由であり、その自由を守る政治的技術として宗教が必要と考えたのであった。先に触れたように後のルソーは、このような都市の自由を民衆の自由に切り換え、民衆の自由を実現する統治技術としての国家宗教観を『社会契約論』で「市民的宗教」という形で提起したとき、共和主義者マキアヴェリの政治思想を受容したといえよう。

さらにスキナーの『リベラリズム以前の自由』によれば、ローマの法的道徳的伝統たる〈civitas libera〉を学んだマキアヴェリは、先の『マキアヴェリ』で触れたように、都市の自由を構想したが、同じ一六世紀のイギリス・ルネッサンス人のトマス・モアもまたこの思想を受容した。一六世紀から一七世紀にかけて、マキアヴェリやトマス・モアを媒介に、イギリスに入ってきたローマの〈civitas libera〉の復活再生を企てたイギリス人政治思想家が生まれた。それをスキナーは、「ネオ・ロマン派理論家（neo roman theorist）」（トマス・モア、シドニー、ハリントン、ニーダム、ネヴィル、ミルトン等）と呼んだ。ネオ・ロマン派理論家は、自由な国家のみが個人の自由を保証するといった。マキアヴェリの自由は都市の自由であったが、ネオ・ロマン派理論家のそれは個人の自由に変わった(8)。では、自由な国家とは何か。それは「自治（self governing）」を指し、「代議制」となって現れる(9)。スキナーによれば、ホッブズの自由論はネオ・ロマン派的理論家のそれに対する反駁として提起されたということになる。スキナーによれば、イギリスのネオ・ロマン派的理論は一八世紀になると廃れた(10)。しかし一八世紀に、ルソーがマキアヴェリを「共和主義者」と規定し、平等主義的自由を目指す一般意志の政治体を「共和国（République）」と呼んだとき、イギリスで廃れたといわれるネオ・ロマン派理論家が唱えた自治の国家論を、継承したのは確かである(11)。

注

(1)〈恩寵対自然〉の二項対立のパラダイムが、やがてルソーによって明確な形で〈自然対歴史〉の二項対立のパラダイムに変換されていくことについては、本書第一部第三章第二節「奪われた自由」を参照。

(2)啓蒙主義哲学を一七世紀の「前期啓蒙主義」(デカルト)と一八世紀の「後期啓蒙主義」(フィロゾフあるいはアンシクロペディスト)に分けるヒントは、E・カッシーラーの『啓蒙主義の哲学』(前掲邦訳)から受けた。

(3)H. Rosenblatt, Rousseau and Geneva, *op. cit.*, pp. 119-122. ロベール・ドラテは、『ジャン・ジャック・ルソーと当時の政治学』でルソーが、人間の「社会形成性」が自然的傾向ではなく人間自身によりつくられたものであり、そのような結論に『人間不平等起源論』ですでに到達していたと述べている(Robert Derathé, Jean-Jacques Rousseau et la science politique de son temps, *op. cit.*, p. 147)。それが人間の自由意志であろう。ヴォルテールは『哲学書簡』の第七章で、ニュートンとロックの二人がソツィーニアンであると述べている(ヴォルテール、『哲学書簡』、前掲邦訳、九二頁)。

(4)M. Cranston, Jean-Jacques: The Early Life and Work of Jean-Jacques Rousseau, 1712-1754, *op. cit.*, p. 18.

(5)クウェンティン・スキナー(塚田富治訳)、『マキアヴェッリ』、未来社、九四頁。

(6)同書、九六—九七頁。

(7)同書、一一四—一一五頁。ルソー独特の宗教観については、前掲拙著『ルソーの政治思想—平等主義的自由論の形成—』、特に第二章「自然法論—秩序の宗教観から—」を参照。

(8)Quentin Skinner, *Liberty before Liberalism*, Cambridge, Cambridge University Press, 1998, p. 60.

(9)*Ibid.*, p. 77.

(10)スキナーは、一八世紀に入るとネオ・ロマン派が没落し、代わって「古典的な功利主義」が台頭したといい、その理由として、以下の二つを挙げる。①洗練されず粗野なジェントルマンの徳に代わってブルジョワジーの作法が普及した、②ホッブズ的な自由観が一般化した(*Ibid.*, pp. 96-97)。スキナーによれば、ホッブズは、ネオ・ロマン派が〈個人の自由〉は〈自由な国家〉(特に代議政体)においてのみ実現されるとしたことに反論を加えたが、その趣旨は、「個人の自由」(この場合の自由は市民的自由になるだろう)はリヴァイアサンの下でのみ実現されるということにある。

(11)メリア・キルマコスキによれば、「徳」は一八世紀フランスで一般的に使用された言葉だが、ルソーのそれとは異なる。また、百科全書派等は、モンテスキューに倣い、〈République〉とは、人民あるいは人民の一部が主権を持つ国家(民主政と貴族政やスイスやオランダの連合共和国が含まれ王政は含まれない)と考えた。さらに、ルソーは、マキアヴェリに近く、〈Republique〉を政体としてではなく、法の支配する国家全体と捉える。モンテスキューの影響下にあった一八世紀のすべての思想家は、ローマ共和国とローマ市民を彼らの理想のモデルと考え、近代初期のヴェネツィア共和国やジェノヴァ共和国などは寡頭政であり、共和国ではなく、近代においてはわずかジュネーヴ共和国のみが共和国の実体をもつと考えていた（Merja Kylmäkoski, The Virtue of the Citizen, Jean-Jacques Rousseau's Republicanism in the Eighteenth-Century French Context, *op. cit.*, pp. 38-66）。ジュネーヴ共和国を賛美する者が百科全書派の人々に多くいたのは、彼らのなかに、カルヴィニストや、ジュネーヴ共和国に留学した者が含まれていたからであろう（*Ibid.*, Introduction）。

第一〇章　ルソー以後——近代政治思想における自由・平等観の意義——

第一節　ハイデガーの哲学

一六世紀の宗教改革とルネッサンスは、近代政治思想を生む土壌であった。宗教改革者カルヴァンにより主張された神学的自由・平等観は、一七～一八世紀になると政治哲学者によりポリティカリゼーションされ、政治的自由・平等観に変換されながら生き延びた。またルネッサンス人のマキアヴェリは、フィレンツェの対外的独立を守るという目的から〈国家の自由を守る〉自治都市国家論を展開することとなったが、このような自治都市国家論は、一八世紀のルソーになると〈個人の自由を守る〉平等主義的自由の国家論という形に変換され受容された。聖なるものから俗なるものへの変化を示す一六世紀のルネッサンスと宗教改革の理念は、一七世紀から始まった政治革命によって政治化され、一八世紀には遂にルソーに典型的に示されるように、国家の自由ではなく個人の自由を守るために個人から構成される平等主義的な「共和国」理念となっていった。一六世紀に始まった近代は、一七～一八世紀の政治革命と一九～二〇世紀の社会革命によりその頂点に達したが、いまここで我々が解明したいのは、二〇世紀が、ルネッサンスと宗教改革の課題を止揚したルソーの政治思想を発展的に継承したか否かである。我々は、その問題を政治思想の視点から、マルティン・ハイデガーと丸山真男の二人の思想に焦点を合わせ見ていくことにしよう。

二一世紀冒頭の今日、二〇世紀を振り返って見ると、それは戦争に明け暮れた時代であったことが改めて分かるであろう。二〇世紀初頭の第一次世界大戦は、前線と銃後の区別を消去する「総力戦（total war）」の幕開けを示した時代であった。ドイツ帝政は、総力戦を勝ち抜くために統制経済システムを建設したが、一九一七年に出現した革命ロシアのレーニンはそれを左翼的に改編する形で受容し、共産党による統制経済システムをつくった。さらにそれをドイツのヒトラーは、右翼的にリメイクした。一九三三年に生まれたナチス体制は、ドイツ国民から自由を奪い国民を無力な平等の立場に蹴落としてしまった。

後世から考えてみると、第一次世界大戦と第二次世界大戦の「戦間期」は「戦争待機の時代」であった。これから説明するハイデガー（一八八九～一九七六年）哲学のキー・コンセプトを解くためには、彼が「戦争世代（war generation）」であり、哲学の世界に〈闘争〉や〈例外〉や〈決断〉そして〈覚悟〉等の戦争用語を持ち込んだことを理解することが大事である(1)。

さて、戦間期のドイツに、二〇世紀最高の哲学者といわれるハイデガーが出現した。そこで我々は、ナチスの党員番号三一二五八九四をもったハイデガーの哲学を、政治哲学の視点から批判したリチャード・ウォーリン（Richard Wolin）の『存在の政治』を援用しながら見ていこう。ハイデガーに対するウォーリンの基本的な問題意識は、ハイデガーと「その作品のもっとも一般的な知的欠陥」、すなわち「今世紀最大の哲学者（少なくとも大陸の伝統においては）と史上最も残忍な政治体制（ナチス体制＝筆者）との間に交わされた悪魔の契約をめぐる壮大な歴史物語――あるいは悲劇――」(2)を、ハイデガーの作品から内在的に抽出あるいは暴露することにあった。

ウォーリンによれば『存在と時間』は、「歴史的ドキュメント」(3)すなわち「戦間期ドイツの文化批判に属する著作」として読まれるべき作品であった。この戦間期に第一次世界大戦を戦った血なまぐさい「戦争世代」がいたが、問題は戦争世代が有していた精神構造である。戦間期ワイマール共和国は、「共和主義者なき共和国」あるいは民主主義国家を支える市民がいない国家と呼ばれてよい国家であった。ワイマール共和国は左翼と右翼の双方から挟撃されたが、時に右翼から目の敵にされた。この右翼に「保守革命派」なるものがいたが、保守革命派を束ねるイデオロギーとは何であったろうか。アメリカ人ドイツ史家ジェフリー・ハーフの『保守革命とモダニズム』によれば、保守革命派のイデオロギーに「反動的モダニズム」といわれるものがあった。エルンスト・ブロッホによれば、反動的モダニズムの特質は「非同時的なものの同時存在」(4)にある。平和が支配する時代、反動とモダニズムの双方は接合しないが、危機の時代になると例外的に双方は容易に接合してしまう。すなわち、進歩的なものに対する反動であるナチズムと、進歩的なものといわれるモダニティを典型的に示すテクノロジーの発展とが接合したのである。反動的モダニストは、「テクノロジーという面での近代化追求者」(5)であったが、ニーチェ的に「理性に対して精神と意志が勝利をおさめる」ことを願った点で反近代主義者であった。反動的モダニストは、ハーフによれば、テクノロジーと文化とを和解させ、また啓蒙的理性を拒否し近代的テクノロジーを受容することにより、ナチの権力掌握の地ならしをした。保守は、単なる反動では生き残れない。生きのびるために、保守はモダニティを利用しなければならない。保守革命が叫ばれる所以はそこにあった。このような「反自由主義的近代化の特殊な道」を突進している国々が、現在も陸続と現れるから怖いのである。ハーフは、フランクフルト学派の理性観に逆らい、反動的モダニズムは理性的であったから悪かったのではなく、むしろ十分理性的でなかったからあるいは理性を悪用したから悪かったのだと述べている。

さてハーフの『保守革命とモダニズム』によれば、この保守革命派が出現する背景には次のような条件があった。

第一に、特殊ドイツ的背景として、民主主義と自由主義的伝統が弱体なまま急速に資本主義化・工業化・都市化が進行したこと。第二に、急速な資本主義化・工業化・都市化により台頭した中産階級が反近代的な私生活と工業化された公的生活との間にずれを起こしたまま生きていたこと。そして第三に、牧歌的共同体のイメージが戦争世代により戦争における「塹壕の男性共同体」(6)のそれにとって代わられたこと。ハイデガーの哲学は以上の三つの条件の下に生まれたが、特に第三の条件の指摘に注目することが大事である。軍隊は、上官への絶対的服従を徹底化する。後に説明するが、総統ヒトラーへの絶対的服従を説くことになるハイデガーは、戦争という例外状況のもとで日々上官により戦死の覚悟を迫られる兵士の精神構造を哲学的次元で語ったのである。

ところで、先に触れた特質をもつ反動的モダニストのなかで、ハイデガーの哲学はどのような位置を占めるのであろうか。ハイデガーは保守革命派に共鳴したが、反動的モダニストのように素朴にテクノロジーの進歩を肯定しなかったと思われる。ハイデガーは、『存在と時間』で、デカルトを先駆者とする近代の主客二元論が、自然科学者あるいは技術者という特殊な現存在の特殊な存在把握方法から生まれたのであり、その意味で、主客二元論により把握された存在を一般化あるいは普遍化できないといい(7)、また一九六三年の『技術論』で、「世界」＝「自然」を自己の前に「像」として「立て集める」テクノロジーは、近代形而上学の完成であり、また自然からエネルギーを搾取するために考案されたのであり、決して喜ぶべきことではないと述べたことから分かるように(8)、技術的理性から生まれるテクノロジーを否定的に見ている点で、反動的モダニストとは異なる位置にいた。

さて保守革命派の世代を代表する知識人の主張が、先に触れたように、エルンスト・ユンガーの「闘争」、次にカール・シュミットの「例外」状況とそこでの「決断」、そしてさらに加えればハイデガーの「先駆的覚悟性」であった。三人の戦間期知識人の言葉をつなぐものはいったい何か。この三人をつなぐものは〈戦争あるいは戦場〉であろう。戦争は、敵との命を賭けた闘争である。戦争の対極に「平和」がある。戦争とは「例外」であり、平和とは「常態」である。平時は通常「法治」が支配する世であるが、例外時の戦時は超法規的な決断が支配する修羅場である。例外状態としての戦争という視点から政治の世界に光をあてると、暗闇から〈友―敵〉なるものが浮上してくる。友は受容の、敵は排除の対象である。敵と戦うために出征することは、戦場で自己の砕け散る肉体をそれに先駆けて察知し覚悟することを意味する。要は、生きた死人になり切ることである。そのような先駆的覚悟性から過去に戻り、過去を見れば過去はどのように見えるか。過去は、自己が戦死するように最初から「予定」づけられていたものとして捉えられがちであるのが分かろう。この戦争での精神構造を哲学のそれに位相変換すれば、ハイデガーの『存在と時間』での存在論の意味が分かってくるであろう。ハイデガーは『存在と時間』で、カール・シュミット的に常態と例外の二項対立のパラダイムを次のように設定する。〈「非本来性」としての現存在の実存（「世人」の実存）と「本来性」としての現存在の本来的存在〉の二項対立のパラダイムに。現存在の実存の根拠は何もない。それに気づいた時、現存在は「不安」になる。「ルター主義的な音色」(9)を奏でる「良心」は、現存在に向かって叫ぶ。不安から脱出せよと。では現存在は、世人的存在からどこに脱出すればよいのか。そこから何かを選択する決断がでるが、それをハイデガーは自由と呼ぶ。しかしその決断の内容は何もない。簡単にいえば、現存在の実存の根拠も選択の内容もない。そうなると自由は自己目的化し、〈自由のための自由〉でしかなくなる。カール・シュミットの独裁同様「無からの決断」である限り、決断それ自体が目的となってしまう。ウォーリンは、これを「覚悟性のアナーキスト的解釈」(10)と規定した。

ハイデガーは、常態としての実存の根拠が無であることを示した後、例外としての現存在の〈本来的な存在なるもの〉を考察する。ハイデガーはそれを存在の意味といい、しかも存在の意味が「時間性」にあるといった。しかし存在の意味は、「世人」としての現存在の公共的時間のなかにはなかった。では、本来的存在の内容を規定する本来的な時間性とは何なのか。ハイデガーは『存在と時間』でいう。

「現存在は、到来的であるかぎりにおいてのみ、本来的に既在しつつ存在していることができる」(11)。この難解な文章をパラフレーズすると次のようになろう。死にかかわる存在としての現存在は、死に先駆して自己の死を覚悟し死に立ち向かうという形（到来）で、本来的にすでに死のなかに投げ込まれていた自己にもどっていく（既在）自己に出会う（現成）。ハイデガーの本来的時間性は、例外的状況である〈戦場のただなかで兵士が抱く時間に対する絶望的な観念〉が哲学的言説に変換されたものである。戦場の兵士は、戦死のみが待つ〈未だない未来〉に先駆して、戦死を覚悟し雄々しく戦うべきであり、またそのような戦いのただなかで〈もはやない過去〉が戦死の結末を迎えるべく「予定(predestinatio)」づけられていたのを了解し、さらには予定づけられていたそのような戦死を自己の「命運」として受けとめ甘受しなければならない兵士としての〈現在の自己に出会わなければならない〉。

この言葉を、再度ハイデガーの哲学的言説に直すと次のようになる。現存在は、死のみが待つ〈未だない未来〉に先駆して雄々しく勇気をもって生きるべきであり、またそのような存在のただなかで〈もはやない過去〉が死の結末を迎えるべく「予定」づけられていた、そのような死を自己の「命運」として甘受しなければならない現存在としての〈現在の自己に出会わなければならない〉。

本来的時間性とは、ハイデガーにあっては〈未だない未来〉と〈もはやない過去〉が出会う〈いま〉という〈瞬間〉を意味する。ハイデガーは、自己の死に先駆しその死を覚悟する〈いま〉という例外的な瞬間を自己目的化しながら、その瞬間を生きることが本来的存在としての現存在に相応しい存在だといっているのである。ハイデガーが「瞬間」の神学を打ち立てた、といわれる所以はここにある。

ハイデガーのこのような、瞬間を神聖化する時間論には聖アウグスティヌスという先駆者がいる。アウグスティヌスは、『告白』で時間論を展開したが、そこで時間を「過去のものの現在、現在のものの現在、未来のものの現在が存在するというほうがおそらく正しいであろう。これらのものは心のうちにいわば三つのものとして存在し、心以外にわたしはそれらのものを認めない」[12]といい、〈いまだない未来〉を「期待」、〈もはやない過去〉を「記憶」、そして唯一存在する現在を「直覚」の三つに分けた。アウグスティヌスは、未来と過去は存在しないという点では同じであり、存在するのは、実は最早存在しない過去と未だ存在しない未来を存在せしめる、直覚という現在だけだ、と述べた時、瞬間を永遠化したが、ハイデガーは、アウグスティヌスからこの〈内的時間〉といわれる直覚を継承し、これを瞬間という言葉に置き換えたのであろう。

では「瞬間」という〈いま〉が永遠化される意味はどこにあるのか。「永遠」は神にしか存在しないはずだが、瞬間的存在である人間には永遠を直覚する能力が備わっている。なぜそのようなことがいえるのだろう。人間が永遠を直覚する能力をもつのは、神が自己に似せて人間を造ったからである。だからアウグスティヌスにとり〈いま〉という瞬間は重要な意味をもつ。キリスト教神学を否定したハイデガーは、その代わりに〈存在の神学〉を打ち立て、〈いま〉という瞬間としての存在を神聖化することになる。

ここで視点を変えてみよう。存在の意味を時間性に求めるハイデガーのやり方をその外から眺めると何が見えてくるのであろうか。ハイデガーは、現存在が「世人」の時間概念に存在の意味を見いだし生きていくのはまやかしであるといったが、では現存在は、先に触れた例外的かつ異常な時間概念に取りつかれたとき、どのような精神的状態になるのだろうか。「統合失調症者」(これまで「精神分裂病者」といわれてきた)の一つの例を出し見ていこう。統合失調症者たちは、レイン(Ronald. D. Laing)によれば、「海に漂うコルクの栓」のように存在論的不安定のもとに生きている。コルクの栓が、激しく揺れる海でとりあえずは浮くように、あるいはコルクの栓は浮くが激しく海で揺れるように、統合失調症者(=コルクの栓)は客観世界(=激しく揺れる海)のなかで存在するが、統合失調症者の精神は激しく不安定に揺れている。彼らと客観世界は不均衡の関係にあるが、彼らはそのような不均衡のなかにあってさえ、不均衡を不安がりながらも、自己なりに均衡状態にもっていき、自己の存在を安定させようと躍起となっている。しかしそこから統合失調症者は、ミシェル・フーコー（M. Foucault）の『精神疾患と心理学』によれば、「一つの私的世界と世界の非真実性への自己委譲」[13]の二極性という深い闇に滑り落ちていってしまい、その闇のなかでもがき苦しむ。主観性への逃避と極端な客観性への転落という「二つのものの逆説的な統一の中」[14]に、統合失調症という病の本質がある。客観性への転落から這い上がろうとする努力の結果が、彼らによる客観世界としての①空間、②共同体、③時間の見方に現れているとみてよい。

彼らは①の空間を〈道具連関性〉（～のために役立てる道具としての世界）のなかで見ることができず、それを〈物それ自体〉と見てしまう。また、①の空間を物それ自体と見てしまう彼らは、②共同体もまた〈目的―手段連関性〉（自己が欲する目的とそれを実現する手段としてつくられた共同関係の総体）と見ることができず、それを自己にとってよそよそしくまた遠い存在に見てしまう。①の空間と②の共同体をそのように、〈道具連関性〉あるいは〈目的―手段連関性〉のなかにあると位置づけることができない統合失調症者は、では③の時間をどのように見ているのか。ノーマルな現存在は何かの目的を実現する〈ための〉手段として時間があるのを知っているが、統合失調症者はそのことが理解できない。それを統合失調症者の例を出し説明してみよう。

精神科医Pの問診の際、一人の統合失調症者Mが、医師Pにさかんに時間がいかに大事かを訴えたとしよう。「先生、時間は大事ですよね」。医師のPは患者Mのその意見に頷きながら質問した。「そうですね、もちろん時間は大事ですよね、Mさん。ではMさんはいったいどのようにして時間を大事にするのですか？」。問われた患者Mは、時計の文字盤を執拗に目で追いながら呟く。「今一〇時二九分三〇秒……今一〇時二九分三一秒……今一〇時二九分三二秒……」。

相互共現存在としての現存在は〈共〉のなかに、〈目的―手段連関性〉（〜を実現するための）が組み込まれているのを了解している。だから存在の意味は時間性にあるといわれる時の時間性は、〈共〉のなかで決して自己目的化しえず、あくまで手段性としてセットされているそれであり、その意味で〈相互共現存在〉として存在する現存在の存在の意味を、〈共〉を否定したところに暴露されるといわれる本来的時間性のなかに求めるのは正しくない。というのは現存在の存在の意味としての時間性は、〈共〉を断ったところで、勝手に自己が自己に与えるところにはなく、〈共〉のなかで他者により自己に与えられるからだ。失調症者たちは、時間を〈目的―手段連関性〉のなかで、自己の目的を実現するための手段として捉えることに失敗してしまった。時間もまた彼らにとり、よそよそしく恐ろしげなものとして現れる。

そのような時間の捉えかたが先のMの言葉に窺われるといってよい。現存在が、客観世界（空間と共同体と時間）を、〈目的―道具連関性〉あるいは〈目的―手段連関性〉のなかで了解するのに失敗し、自己の主観に閉じこもり、反転してそのような主観から客観世界に突入すればするほど、客観世界に翻弄されてしまうのは眼に見えている。それが、先にレインが「海に漂うコルクの栓」といった意味である。目的とそれを実現するための手段を提供する〈共〉を失えば、現存在はむしろ逆に、〈存在の無意味性〉の意識に付きまとわれ、遂には自己破滅に追いやられかねない。現存在は、〈共〉が蓄積された「生活史」に投錨できた時、〈存在の意味性〉に包まれるが、そこから抜錨したら存在の無意味性につきまとわれ、やがては無の世界で翻弄されるだけである。現存在が存在の意味を、自己を無化する「死の中」で求めるならば、その先にいったい何が待っているのであろうか。現存在は、〈共〉から滑り落ち単独の死のなかに存在の意味を求めていけばいくほど、むしろ次のような逆のことにたどりつくしかなくなるのではないか。現存在の存在の証しは、〈生命〉のなかにのみにあるのではないかと。

そうなると現存在は、フランクル（Viktor E. Frankl）が『死と愛』で批判したように、自己の存在を物質の「酸化過程、あるいは燃焼過程」[15]にあるもの、例えば、やがては燃え尽きる蝋燭に似た存在と規定してしまうことになるかも知れない。人間は「蝋燭の存在」のようなものなのか。このような存在概念は、どこから出てくるのか。戦争は人間の生を台なしにしてしまう。現存在は、戦争により未来の「目的」を失い、また未来のそれを実現する上で欠かせない「手段」としての戦略を提供するデータが詰まった過去を無効化してしまえば、後に残されるのはやがては燃え尽きる「蝋燭の存在」としての〈生命〉だけだと思い込むかも知れない。〈共〉に自己を定位することから生まれる生活史なるものを全く実感できないMは、それにもかかわらず、必死になって自己の存在に意味を与えてくれる〈共〉なるものを探しているのではないか。だがそれを見つけることができないMは、生きている証しとなる「瞬間」を時間と錯覚し、あるいは捏造しさらには瞬間を自己目的化してしまう。しかし繰り返すと、相互共現存在にとり時間は、手段であるとしても、決して目的とはならないはずである。瞬間を時間化し、さらにそのような時間を自己目的化することから、Mの奇妙な時間感が生まれる。そして統合失調症者Mの時間感を哲学的言説に変換すると、〈いま〉という〈瞬間〉を自己目的化し拝む〈瞬間の神学〉をつくったハイデガーの本来的人間の時間性に接近するのではないだろうか。Mの時間感とハイデガーの本来的人間の時間性は、ともにマージナルマンの時間に対する構えである。例外者同士は、底で通い合うものをもっているのかも知れない。

さてウォーリンは『存在の政治』で、ハイデガー哲学は時代とともに変化していったと述べている。ウォーリンによれば、〈現存在はいかに存在しているか〉と〈現存在はなぜ存在するのか〉という①前期のハイデガーの『存在と時間』における「実存哲学と存在の意味の探求」[16]は、相反する目的を同時に追求することで失敗した。その理由は、「歴史的で事実的、そして時間論的に方向づけられている」[17]実存哲学に対し、存在それ自体を問いの対象とする「非歴史的で、形而上学的な第一哲学」[18]は、もともと水と油の関係にあるからである。そこで、②中期のハイデガーは、「非歴史的で個人主義的な現存在の概念」に「集団主義的修正」を施した。この変化が「現存在（Da sein）」から「現─存在（Da-sein）」という言葉で表現されている。

その変化は、ヒトラーが政権を奪取した一九三三年にフライブルク大学総長に就任した時のハイデガーの演説、いわゆる『ドイツ的大学の自己主張』で表明されている。彼は、その就任演説で、「大学の本質的規定」を「自治」にあるといい、自治を「我々があるべきところのものに自らあろうとするための、努めを自らに課し、みずからその実現の方途をさだめんとするもの」[19]と規定した。自治は「あるべきところのものに自らあろうとする」自覚により導かれねばならない。しかも「あるべきところのもの」は隠されて在る。したがって隠されて在るものを暴露しなければならない。暴露する方法が「技術」としての「知性」である。技術としての知性は、「自らをつねに秘匿して存在するもの」に対して「至高の反抗」をつくさねばならない。知性は存在に対する反逆であるが、しかし知性によらなければ存在は暴露されえない。大学人はあるべきところのものへの本源的かつ共同の意志をもつべきである。ハイデガーは、「否定のみをこととする」のを自由とはいわず、一応ルソー的に「自由」を「おのれ自らに法を課すこと」と述べた。自由は〈隠されて在るもの〉としての「法」に従うことから生まれる。では隠されて在るものを最終的に〈暴露する〉者は誰か。それはヒトラーであり、「統率者」ヒトラーに従う者たちもまた統率者となる。大学人は「否定のみをこととする」のではなく、統率者に従いながら「民族を通して、精神的付託をになう国家のさだめへと至ること」[20]あるいは「学問の意志をば、自らの国家において自らを知る」[21]ことをとおして自由になるのだといわれる。隠されて在るものあるいはあるべきところのものとしての「法」は、いつのまにか「国家のさだめ」にすりかえられてしまう。「国家のさだめ」を知ることを統率者に委ね、かつ統率者に従うのが自由とは！　それは自由の放棄であり、決して自由ではない。

さらにハイデガーは、隠されて在る「アレテー」としての〈国家のさだめ〉を暴露し、それに従うことでは、統率者ヒトラーと被統率者は平等であり、その意味で統率者ヒトラーに対する国民の屈服も服従関係ではなく平等関係にあると考える。もちろんこのような平等観は、ナチスによる体制にとって疑わしい者を、体制内に入れながら抑圧し排除する「強制的同質化（Gleichschaltung）」でしかない。統率者ヒトラーへの服従を平等というならば、それは平等ではなく、ヒトラーという「加害者への同一視」（アンナ・フロイト）により生まれる、服従者の心理的一体性をたんに平等といっているに過ぎない。「大学の政治化」に反対するために総長になったのだと見栄を張りながら、逆にそれに加担するところから生まれたこのような自由・平等観は、ホッブズを信奉するカール・シュミットの政治的言説を哲学的言説に変換し語ったものといえよう。

さてハイデガーの存在論史は、ウォーリンによれば、初期の「現存在（Da sein）」から中期の「現―存在（Da-sein）」を経て、③後期の「存在（Sein）」へと変質していく。その道程は、哲学的主意主義が後退しそれに代わって「本来性・歴史性・命運」としての「作品」が前面に出てくる過程であり、その時、現存在は存在の秘密を「聴従する牧者」に変わっていく。③の後期ハイデガーは、「存在」（大地）を「存在物」（世界）にもたらすものを「作品」（〈芸術―作品〉・〈思考―作品〉・〈国家―作品〉）とする。そして「諸作品のための作品」と規定される〈国家―作品〉が、ドイツ民族の歴史的命運を規定する本源的作品となる。ドイツ民族は、〈国家―作品〉への「強制的同質化」に導かれる。これは国家以外の自立性を何ら認めない全体主義の承認であろう。いつの間にか「客体」（〈国家―作品〉）が主体化し、「主体」（人間）が客体化されてしまうならば、また挙げ句の果てに「存在の命運（Seins-Geschick）」の所産を「歴史」というならば、我々は主体の責任をどこに問えばよいのであろうか。ヒトラー体制に対するハイデガーの加担を免責する戦略が、そこにはあるといわれても仕方がないであろう[22]。

注

(1)戦間期の戦争世代のうちエルンスト・ユンガーの「闘争」、カール・シュミットの「決断」、マルティン・ハイデガーの「覚悟性」の共通性については、クリスティアン・グラーフ・フォン・クロコウ(高田珠樹訳)、『決断』「序論」、柏書房、一八頁を参照。

(2)リチャード・ウォーリン(小野紀明他訳)、『存在の政治——マルティン・ハイデガーの政治思想』、岩波書店、二四頁。

(3)同書、三八頁。ウォーリンによれば、ハイデガーを歴史的に規定したものは「文化エリートの反近代主義/非政治主義」であった(同書、三九頁)。

(4)ジェフリー・ハーフ(中村幹雄他訳)、『保守革命とモダニズム』、岩波書店、一二頁。

(5)同書、一六—一七頁。

(6)同書、一二九頁。保守革命派の台頭に関する三つの背景説明については、第二章「ワイマールにおける保守革命」全体と第四章「エルンスト・ユンガーの魔術的現実主義」を参照。

(7)『存在と時間』で展開されたハイデガーの主客二元論に関する分析については、前掲拙著『国家・権力・イデオロギー』、第六章「平等の政治哲学史のプレリュード」(一八八—一八九頁)を参照。

(8)ハイデガーの『技術論』についても、同拙著一八九—一九〇頁を参照。

(9)リチャード・ウォーリン、『存在の政治』、前掲邦訳、七一頁。

(10)同書、九五頁。

(11)マルティン・ハイデガー(原祐・渡辺二郎訳)、『存在と時間』、中央公論社、五一五頁。

(12)聖アウグスティヌス(服部英次郎訳)、『告白』(下)、岩波書店(岩波文庫)、一一三頁。

(13)ミシェル・フーコー(神谷美恵子訳)、『精神疾患と心理学』、みすず書房、九五頁。

(14)同書、九五頁。

(15)ヴィクトル・E・フランクル(霜山徳爾訳)、『死と愛』、みすず書房、三四頁。

(16)リチャード・ウォーリン、『存在の政治』、前掲邦訳、一二四頁。

(17)同書、一二五頁。

(18)同書、一二五頁。

(19)ハイデガー(清水多吉/手川誠四郎訳)、「ドイツ的大学の自己主張」、『三〇年代の危機と哲学』所収、平凡社、一〇三頁。

（20）同書、一一五頁。ハイデガーの自由論は、ウォーリンによれば、「ファシズムの魅力に抗する倫理的政治的防波堤の役割――あの根底的な自由主義的確信――が欠如したまま」の次元から現れる（リチャード・ウォーリン、『存在の政治』、前掲邦訳、一一五頁）。K・アンセル＝ピアソンは、『ハイデガーの堕落――哲学と政治の間』で、国家社会主義へのハイデガーの忠誠は、「ドイツ大学のシステムを変革し、そしてドイツ哲学に世界的歴史的使命を担わせる」ためになされたのであり、ハイデガー、カント、ヘーゲル、さらにはマルクスまでそこに入るドイツ観念論哲学の系譜の下にあり、遡ればプラトンの立法者への傾斜が見られるという。となるとハイデガーは、立法者プラトンを気取り、独裁者ヒトラーを、指導の対象と見ていたことになろう（Keith Ansell-Pearson, Heidegger's Decline: between Philosophy and Politics, in: *Political Studies*, Vol. XLII, 1994, pp. 513-515）。

（21）ハイデガー、「ドイツ的大学の自己主張」、前掲邦訳、一〇四頁。保守革命派は、西欧の近代的な政治的自由主義を、無政府主義的な競争を原理とする資本主義と混同し非難した。カール・シュミットやハイデガーもまた保守革命派のそのようなイデオロギーに合流した。

（22）①前期ハイデガーから、②中期ハイデガーを経て、③後期ハイデガーに至る変質過程については、ウォーリンの『存在の政治』の第四章「国家社会主義の内的心理と偉大さ」と第五章「テクノロジー、反ヒューマニズム、そして実践理性の腐食」を参照。〈存在の命運〉という言葉は、歴史的生の具体的な営みの中で行為する個人の責任を無視あるいは切り捨てる戦略戦術的意図をもっている。戦争に対する国民の〈一億総懺悔〉は個人の戦争責任を無限に希薄なものにしていく。存在の命運はハイデガー特有の「水平化する眼差し」から出てくる。彼は、水平化する眼差しにより、アウシュヴィッツのホロコーストと工業化・産業化によって発生する公害による多くの人間の死の問題を、次元の異なる問題ではなく同じ次元のそれに水平化してしまう。これは詐欺的やり方である。水平化する眼差しが孕む問題は哲学にのみ限定されないのではないか。例えば「歴史家」（思想史家も入る）もこれまで知らずしらずそのような水平化する眼差しにより眼前の歴史的事実を水平化、つまり〈同一性のカテゴリー〉の中に溶かし込んでこなかったであろうか。これからの歴史家は〈同一性〉ではなく〈差異性〉に目配せしなければならない。しかしそのとき注意すべき点は、「文献」をどのように処理するかである。文献もまた、歴史的被規定性のもとで、「書き手」により選択され書かれたものであるからである。書き手もまた、水平化する眼差しの呪縛下で書く限りは、差異性をカットしてしまう危険性があると思われるからである。

第二節　丸山真男の政治思想

わが国もまた、一九三〇年代は戦間期であった。わが国の戦間期はドイツのように共和国ではなく、悪名高い天皇制ファシズム国家であった。この「暗い谷間」の戦間期、一九四一年の太平洋戦争に駆り出される戦争世代の知識人丸山真男（一九一四～一九九六年）がいた。丸山は二・二六事件勃発の年の一九三六年、東京帝国大学法学部三年在学中、緑会懸賞論文に応募した。それが『政治学に於ける国家の概念』であった。その論文で丸山は、「社会」を一応客観的に「対立し抗争し反撥する諸社会層の弁証法的統一」(1)と規定し、しかもそれは「生成し発展し消滅する具体的総体」として存在するといい、「政治」の役割を、思いを込めて「恣意的な方向への創造」ではなく「歴史的に規定された方向」(2)への創造・形成といった。

丸山によれば、近代的国家観は中世的国家観の否定のもとに出現した。中世的国家観は、権力が「仲介勢力（pouvoirs intermédiaires）」としての「教会・ギルド・村落共同体」をとおし、個人に到達するという論理を展開した。それに対し丸山は、近代的な国家観を「個人主義的国家観」といった。近代の個人主義的国家観は、自由で平等な個人を「唯一の実在」とする。そして「個々人の交通の円滑な保証」として国家が要請される。しからば、個人主義的国家観につきまとう問題とは何か。丸山はいう。「個人の自然権と国家主権の絶対性」(3)とのジレンマをどのように解決するかといった問題である。このジレンマを解決する方法の差は、国家観のアスペクトの差となり現れる。市民社会の発展あるいは成熟度の差異が、国家権力の強弱の差となって現れる。ドイツは、市民社会の不安定と動揺期（プロレタリアート運動の激化と帝国主義的膨張）のもとで、個人主義的国家観を超克するために「ファシズム国家観」として中世ロマン主義的な万能国家観をひっぱりだした。ファシズム国家は、自由平等な「中間層」を基体とする国家観を導出したが、一旦ファシズム国家をつくってしまえば「階序国家」あるいは「組合国家」をつくろうといったとしても、結局は「個々人をバラバラな個人とする」ことで中間団体を撲滅してしまった。

ファシズム国家の積極的な担い手であった、本来自由で平等な者であるべき中間層は、一度それができてしまうや無力な平等の地位に突き落とされることになった。そこで丸山は、「今日のファシズム」といった現下のファシズム国家を超克するためには、「弁証法的全体主義」が要請されると述べている。この弁証法的全体主義とは、原子論的個人を唯一の前提とする個人主義的国家観でもなければ、個人が団体に埋没してしまう中世的団体主義でもないという。丸山は、後にそれを福沢諭吉の「一身独立して一国独立する」という言葉でまとめたが、「個人は国家を媒介としてのみ具体的定立をえつつ、しかも絶えず国家に対して否定的独立を保持するごとき関係に立たねばなら」[4]ないとし、そのような個人的自由と国家的独立の対立を解く政治体制が「弁証法的全体主義」であるとした。個人は国家により包摂されているのは事実だが、包摂するそれを、歴史的に規定された方向へ創造・形成していかなければならない。それが政治の使命である、と丸山は述べている。

では、丸山にとり自由とは何か。若き丸山は、ヘーゲルを精読していた。ヘーゲルは、ある者が他者から逃げるとき、ある者は決して自由でありえないといった。というのは逃げる者は追う者により追われているからであり、その意味で追われる者は決して自由ではありえないからである。自由は、追ってくる者を逆に追い自己を実現していくことから実現される。自由は、自己がつくった国家が自己を疎外するとき、その国家を否定しつくりかえ、自己のものにすることができるとき実現される[5]。一身独立と一国独立は、かくして統一される。

では追われる者は、どのようにしたら逆に追う者を追っていくことができるのだろうか。丸山は述べていないが、一身独立と一国独立の対立を統一するのはデモクラシーであり、デモクラシーが支配者と被支配者の間に「平等」をつくりだすのを知っていたであろう。丸山は、ヘーゲル弁証法が自由をつかむ方法原理であるのを見破った後、一九四七年に「日本における自由意識の形成と特質」で、日本の土壌における政治的自由観を次のように展開する。すなわち、維新直後に福沢が期待した「一身独立して一国独立する」は、「一身独立」と「一国独立」に分裂してしまい、その分裂の止揚は、一九四五年まで延期されてしまった。この分裂のなかに落ちてしまった国木田独歩は「自然」のなかに自由を見いだし、永井荷風は「岡場所」のなかに居直り、そこに自由を見いだしたと考えた点に差異があるが、国家から身を引き国家に背を向ける形でしか自由を感じることができなかったことでは、両者は同じであった。しかし丸山によれば、国家に背を向けることから生まれるこのような「感性的自由」（自由な放恣）は真の自由ではない(6)。それは精々すね者の自由でしかないであろう。

丸山は、真の自由を「理性的自由」と呼んでいる。では丸山にとり理性的自由とは何を意味したのか。国家に包摂される個人は、どのようにしたら「絶えず国家に対して否定的独立を保持する」ことができるというのか。個人のみの力では無力であろう。権力の直射日光をあびた個人は、「甲羅」を失った亀が太陽の直射日光を浴びたときには死ぬほかないように、亀の甲羅に匹敵する「国家権力に対する社会的バリケード」(7)により守られないとき、国家に対する「否定的独立」など保てるはずがない。精々ファシズム国家により滅ぼされるだけであろう。ではそのバリケードとは何か。それは、新しい〈中間権力としての市民社会〉以外にはありえない。中間権力により国家権力から個人の自由を守る戦略を練ること、それを丸山は理性的自由と呼んだといえよう。

さて二一世紀を迎えた今日、これから出現するかも知れないファシズム国家を阻止する〈新しい政治体制像〉を、我々がイメージするのは難しいと想われる。となるとそれを阻止する体制像を過去に探しに行くしかないのではないか。その時、中世国家観をそれが単に古いからといって破棄してよいものであろうか。中世後期の封建制末期に出現した絶対王政国家は、フランスに典型的に見られるように、中間権力としての「社団」により制限を受ける国家であった。国家権力は、決して直接的に末端には届かず、必ず中間権力を経由し末端に届いた。暗い谷間の時代の戦間期、丸山は、ヨーロッパ一八世紀のモンテスキューから一九世紀のトクヴィルやギゾーに流れる「保守主義的なリベラリズム（conservative liberalism）」を継承した福沢諭吉の政治思想をわがものにしていったからこそ、「中間権力」を国家と対抗させることにより国家の力を殺ぎ、それによって自由を実現する政治体制像を描くことができたといってよかろう。天皇制国家の弾圧をかわすためにつくられた「弁証法的全体主義」という言葉は、それゆえにいささかも全体主義ではなかった。それはむしろ全体主義を批判克服する政治理念を内在せしめていたといえよう。

しかるに同じ戦間期の哲学者ハイデガーは、カール・ヤスパースにより「ハイデガーは自由とは何かを知らない」(8)といわれたが、実は平等も知らなかったといえよう。丸山は、ハイデガーと比較した場合、近代政治思想における自由・平等観のもつ意義をよく知っていたといえよう。

我々は、どのようにしたら二一世紀冒頭の日本に起きている知的状況を的確に理解できるのかという疑問、あるいは悩みのなかにいるが、それを理解するために一度、一九三〇年代にさかのぼってみるのはどうであろうか。というのも、現在起きていることは、すでに一九三〇年代の反復再生であるように思われるからである。

日本は、明治維新をとおして近代国民国家形成の道を走り始め、日清・日露戦争を経て「国民の建設（nation building）」に一応成功した。その後「大正デモクラシー」が起き、一九三〇年代を迎えると〈リベラリズム〉と〈マルクス主義〉と〈国家主義的ナショナリズム〉が激しく抗争し、やがて天皇制ファシズム国家のなかで熱狂的な国家主義が勝利することになる。一九四五年から現在までの日本で、「戦後デモクラシー」(9)をくぐった後、マルクス主義とリベラリズムと新国家主義が抗争し、新国家主義が勝利をおさめる危険性が高いかどうかが問われている。わが国を破局に導いた一九三〇年代をよく見れば、日本の近未来をかいま見ることができる。一九三〇年代という「未だ去らない過去」が現代人の我々を呪縛しているのだろうか。もし我々を呪縛する一九三〇年代から解放されないとき、我々は、かんたんにもはや近代は終わった、今や「ポスト・モダン」の時代が到来したといって浮かれてはならないのではないか。ハーバマースがいうように、近代は「未完のプロジェクト」として依然として我々の眼前に立ちはだかっている。そのような意味で近代政治思想の自由・平等観がもつ有効性を語る意義は現在もあるだろう。

注

(1) 丸山真男、「政治学における国家の概念」、『戦中と戦後の間』所収、みすず書房、五頁。
(2) 同書、六頁。
(3) 同書、一四頁。
(4) 同書、三二頁。
(5) ヘーゲルが弁証法を駆使し、独自の自由論を展開した点については、前掲拙著『自由の政治哲学的考察』、特に第七章第二節「ルソーの自由からヘーゲルの自由へ」を参照。
(6) 丸山真男、「日本における自由意識の形成と特質」、前掲『戦中と戦後の間』所収、二九七—三〇五頁。
(7) 丸山真男、『日本の思想』、岩波書店、四五頁。
(8) リチャード・ウォーリン、『存在の政治』、前掲邦訳、二二五頁。
(9) デモクラシーには「大衆民主主義(populist democracy)」と「自由民主主義(liberal democracy)」の二つがある。一方は国家をとおして平等の実現に期待をかける傾向があるのに対し、他方は個人の市民的政治的自由の実現に期待をかけ、国家に対して不信の眼を向け、できるだけ国家の役割を極少化していく傾向がある。一方は「人治主義」に傾斜しがちだが、他方はこの自由を実現するために「立憲主義(constitutionalism)」という名の「法治主義」の実現を目指す。なるほど〈政治なるもの〉は、カール・シュミット的にいえば、友敵関係から成り立つ。しかし、シャンタル・ムフ著『政治的なるものの再興』(前掲邦訳、特に第八章「多元主義と近代民主主義」)によれば、我々は、このような友敵関係を今後「抗争者(opponent)」の関係に切り換えていかなければならない。というのも友敵関係は、相争う者を相互打倒の関係に引きずり込む恐れがあるからである。だから相争う関係者は、憲法を規範に仰ぎ、〈議会制的民主主義の枠内〉でゲームをしていかなければならない。抗争者はこのアリーナを破壊してはならない。そもそもこの枠を破壊するためにこの枠に入ってくる者（例えばネオ・ナチ等）は、その参加が認められない。将来どんな体制づくりを目論もうとも、このことを忘れるならば、これまでの「ユートピア建設」同様失敗するであろう。憲法を規範として仰ぎ、議会制的民主主義の枠内でゲームをするということは、私益と公益の調整を「自由民主主義体制」が要求する「手続き」に従って行うことを意味する。ここで我々は、自己と他者を結びつける公共性とは何かを問われているといえよう。

あとがき

「まえがき」で述べたように、本書『ルソーの政治思想の特質——新しい体制原理の構築と実践そしてその現代的意義——』は、第一部「体制変革思想の形成」(——「存在すべきもの」の探究——)、第二部「体制変革思想の実践」(——「存在するもの」の重視——)、第三部「ルソーの政治思想の現代的意義」の三部から構成されている。

第一部の主たる関心は、ルソーが自己の政治思想を「どのように」形成したのかを、主として彼の思想の「内在論理」に焦点をあてて分析すること、第二部のそれは、彼が「なぜ」そのような思想を構築したのかを、彼の置かれた歴史的コンテクストから抽出すること、最後の第三部のそれは、ルソーの政治思想が、我々現代人にとってどのような存在意義をもっているかを探ることにあった。

ルソーの思想の「内在論理」を探る第一部と、彼の思想の「外在論理」(イデオロギー性)を明らかにする第二部とは当然異なるのだが、内在論理が、ルソーが置かれたジュネーヴ共和国のイデオロギー状況——それは世俗化された「キリスト教的救済史観」であった——に制約されつつ構築されたことは、特に第二部で明らかになったであろう。

周知のようにキリスト教の要諦は、人間の死後の魂の救済にあり、救済史観は、第一に「神義論」、第二に「救済の方法」、そして第三に「メシアニズム」から構成されているが、その内容は次のとおりであった。すなわち、第一の神義論は、悪しき人間に対し神の義しさを弁証する学、あるいは人間の悪に対し神の無罪を説く学であり、第二の救済方法は、悪しき人間を神の「恩寵」という他力により救うのか、それとも人間自らの「自然」という自力により救うのかという、「恩寵―自然」の二項対立のパラダイムの設定であり、第三のメシアニズムは、その対立を解く主体としての「メシア」（救世主）の導入である。

古代から中世にかけての神学は、恩寵至上主義をとるが、一七～一八世紀のジュネーヴ共和国にあっては、「国家イデオロギー装置」の担当者であった牧師たちは、「恩寵―自然」の二項対立のパラダイムを教えるのを止め、「恩寵としての自然」を説教していた。彼らは、古臭い「啓示宗教」ではなく、「倫理化された宗教」すなわち共同体の宗教を信者に吹き込んでいたのである。ジュネーヴのそのような宗教観の変容のなかから、ルソーが現れ、恩寵と自然の二項対立のパラダイムを、「自然（理性・自然法・自由）」と「歴史（不平等な人間関係の形成）」のそれに「政治化（＝神学的言説の政治的言説への変換）」する形で、世俗化していった。我々はルソーの政治思想が世俗化・政治化された神学観あるいは宗教観に支えられているのを忘れてはならない。ルソーは、依然として「隠蔽された政治神学者」として、我々の前に姿を見せているのである。

最後に、第三部に関連して、二つの課題を提起しながら、「あとがき」を終了する。資本主義は、西ヨーロッパでは、概ね一六～一八世紀の「資本の原始的蓄積期」をスプリング・ボードにして、一九世紀の「前期産業資本主義」（自由放任型資本主義）から二〇世紀の「後期産業資本主義」（組織資本主義）を経て、二一世紀冒頭の今日金融資本が跳梁跋扈する「ポスト後期産業資本主義」に変化してきたが、それに対応する形で、国家も、資本の原蓄を支え助ける「絶対王政国家」から、「自由主義国家」（夜警国家）、「介入主義国家」（「社会国家・福祉国家」）を経て二一世紀冒頭の「ネオリベラル国家」へ形態変化を遂げてきた。

前述した絶対王政国家から自由主義国家へ国家が形態変化する最中の一七世紀に、イギリスで革命が起き、ブルジョワの自由が勝利し、一八世紀末になると、平等を希求する民衆によるフランス革命が勃発し、一九世紀になり自由主義国家が登場するなかで、またブルジョワの自由が勝利し、二〇世紀の介入主義国家が登場すると、労働者の平等が些かなりとも実現され、最後のネオリベラル国家が出現した現在、再びブルジョワの剥き出しの自由が幅を利かせている。このような資本主義と国家の変化・転型のなかで、時計の振り子が左右に揺れるように、自由と平等が交互に出現した。

二一世紀冒頭の今日は、二〇世紀への反動として、一九世紀のブルジョワ的自由が反復再生する時代であるが、二〇〇八年のアメリカ発金融大恐慌勃発を契機として、その剥き出しの欲望は抑えられつつあり、むしろそれへの反動として、二〇世紀の「後期資本主義」と呼ばれる「国家によって調整・管理される資本主義」と「福祉国家」による、平等の復活再生が叫ばれつつある。

そこで第一に、このような資本主義と国家の形態変化のなかで、自由を平等のなかに封じ込めるところから生まれるルソーの平等主義的自由論は、現代に対し、どのような意義をもった思想として捉えることができるのだろうか、という課題が出てくる。その問題を考えるとき、ルソーの平等主義的自由論を、ヘーゲルやマルクスの思想の先駆的形態として見ることは、もちろん絶対必要だが、様々な解釈のうちの一つの可能な読み方として、例えば二〇世紀の六〇〜七〇年代における、アメリカの政治哲学者ジョン・ロールズによって提起された「自由な平等原理」と「格差原理」への予兆として読み込んでいくことも、可能となるのではなかろうか。というのもルソーは、ロックに倣い、労働価値説によって「私有財産制」を認めながらも、「累進課税制」（それは『政治経済論』でかなり厳密に展開されている）の導入による財産所有の均等化を主張し、「中産階級」をつくろうとしたからであり、彼のそのような思想は、まさに「最も恵まれない人」を救うために「逆格差」を提唱した、二〇世紀のロールズを想い起こさせるからである。

次に第二に、現代にあって、平等主義的自由をどのようにして実現するのか、という課題が出てくる。その期待の担い手を国家にではなく、市民社会に求めなければならないのは当然だとしても、当の市民社会は、その内部に深く侵入してしまい、「市民社会の国有化」（エンツォ・トラヴェルソ）に着々と布石を打っている「国家権力」と、それを完全市場型社会に変えることで、市民を競争のなかに投げ込もうとする「貨幣の権力」によって〈植民地化され〉、翻弄されているという意味で、問題が解消あるいは解決された理想の場ではなく、解決すべき様々な問題を抱えたそれである。

市民社会を構成する諸団体は、公的な合意形成の場としての公共空間あるいは公共圏を作り、両者の権力を撥ね返し、自らの力で理性的討議を重ねながら、平等主義的自由という目的を実現していかなければならないとしても、一体どのようにしたらそれができるのだろうか。

そのとき、課題として浮上するのは、市民社会における諸団体の「民主化」であろう。この問題を考える上で、ルソーのジュネーヴ共和国改革案は参考になると思われる。通例、立法権力は法案を作成し制定する権利をもち、執行権力は制定された法を忠実に執行する義務を負う団体であるはずだが、ジュネーヴ共和国では、立法権力である総会は、執行権力である小評議会から上程された法案を批准するか否かの権利のみをもち、小評議会は、望みどおりの法案が総会で通らなかった場合、総会の反対の意志表示を無視した。総会の至上権は失われてしまっていると見た総会派の新市民たちは、このことに執拗に抗議したが、ルソーは、『山からの手紙』で、「意見提出権」に依拠しながら、小評議会はなぜ総会の意志を無視したのかを説明すべきであると書いた時、総会派に与したのである。

総会派と小評議会派の一種の主権論争ともいえる、ジュネーヴ共和国の「意見提出権」問題は、現在では行政の市民に対する「アカウンタビリティ（説明責任）」として定着しているが、市民社会を構成する諸団体内部を民主化する手段としても使えるであろう。組織の執行権を握る者が、構成員全体の意見提出の権利あるいは「異議申し立て(contestation)」の権利さえも拒否するならば、また構成員全体が、執行権者のそのような拒否に対し、抑止力を発揮できないならば、現代の市民社会を構成する諸団体は、二六〇年前のジュネーヴ共和国と同じ状況の下にあり、そこで足踏みしているといわれても仕方がないであろう。ルソーの政治思想のもつ「多産性」という角度から、今後、彼の諸作品を探っていく必要があるだろう。

最後に、本書刊行に際し、貴重なアドバイスを頂くことができた小林勝氏（中央学院大学非常勤講師）、ならびに出版の機会を与えて下さった御茶の水書房社長橋本盛作氏に、心から感謝を申し上げます。

二〇一〇年五月末

土橋　貴

初出一覧

第一部「体制変革思想の形成――「存在すべきもの」の探究――」

第一章「ルソーの政治思想について――ジュネーブ共和国の影響――」
『中央大学法学新報』第一一五巻第九一〇号所収、一九九九年三月二五日発行

第二章「中世的知から近代的知へのパラダイム変換――トマス・アクィナスの政治哲学を与件として――」
『中央大学法学新報』第九四巻第一・二号所収、一九八七年一〇月三〇日発行

第三章「自由論――個人的従属関係の批判とその克服の視点から――」
『中央大学法学新報』第八五巻第七・八・九号所収、一九七九年三月二五日発行、但し原題は「ルソーの自由論――個人的従属関係の批判とその克服の視点から――」)

第四章「自然法論――秩序の宗教観から――」
『中央大学法学新報』第八八巻第九・一〇号所収、一九八一年一二月一五日発行、但し原題は「ルソーの自然法論――秩序の宗教観から――」

第五章「人間と市民の育成――変革主体の形成――」
『中央大学法学新報』第九二巻第一・二号所収、一九八五年一〇月二五日発行、但し原題は「ルソーにおける人間と市民の育成―変革主体の形成―」

第六章「一般意志論」
中央大学通信教育部『白門』、一九八三年七月号所収

第七章「ホッブズ、ルソーの平等観」
中央大学通信教育部『白門』、一九八二年六月号所収

第八章「人民主権論」
『中央大学法学新報』第八五巻第一・二・三号所収、一九七六年一〇月一五日発行、但し原題は「ルソーの人

第二部　民主権論

第一章　「人民主権の実践——「存在するもの」の重視——」
拙著『ルソーの政治思想——平等主義的自由論の形成——』所収、明石書店、一九九六年六月二五日発行

第二章　「『山からの手紙の解読』——」
（※原文順）

第三章　「『社会契約論』と『ポーランド統治論』」
拙著『ルソーの政治思想——平等主義的自由論の形成——』所収、明石書店、一九九六年六月二五日発行

第四章　「ルソーの『社会契約論』の解読——平等主義的自由論の形成——」
星野智編『現代政治の透視図』所収、世界書院、一九九九年四月二〇日発行

第五章　「民主化の政治哲学者ルソー——一般意志と市民的宗教の視点から——」
『中央大学法学新報』第一〇〇巻第一一・一二号所収、大原光憲先生追悼号、一九九四年一一月二五日発行

第六章　「解放の政治哲学者ルソー——ポーランド問題を巡って——」
『中央大学社会科学研究所研究報告』第九号（『世界像の変貌と政治文化』）所収、一九九一年二月号

第七章　「ルソーの人民主権に伏在する問題——ロベール・ドラテの『ルソーにおける立法権と執行権の関係』を読みながら——」
『状況と主体』一九八九年七月号所収、谷沢書店

第八章　「カルヴァンの神学——近代政治思想の祖型——」
『中央大学法学新報』第八五巻第四・五・六号所収、一九七八年一二月二五日発行

第九章　「ルソーの自由・平等観——カルヴィニズムからリベラルカルヴィニズムへの変化のなかで——」
『中央大学法学新報』第一〇七巻第三・四号所収、池庄司敬信先生古希記念論文集、二〇〇〇年九月一〇日発行

第一〇章　「ルソーの『政治経済論』——新しい体制像の模索——」
『中央学院大学法学論叢』第一二巻第一号（通巻第二一号）所収、一九九八年一〇月三一日発行

『中央学院大学法学論叢』第一三巻第二号（通巻第二四号）所収、二〇〇〇年三月三一日発行

第一一章　「ルソーの政治思想とジュネーブの関係——平等主義的自由論とその形成基盤——」
『中央学院大学法学論叢』第一三巻第一号（通巻第二三号）所収、一九九九年一〇月三一日発行

第三部　「ルソーの政治思想の現代的意義」

第一章　「ルソー対トクヴィル——革命的平等主義者と保守的自由主義者の平等観——」
『中央学院大学法学論叢』第一四巻第一・二号（通巻第二五号）所収、二〇〇一年三月三一日発行

第二章　「市民社会について——ジョン・エーレンベルクの『市民社会論』を参考に——」
『中央学院大学法学論叢』第一六巻第二号（通巻第二八号）所収、二〇〇三年三月三一日発行

第三章　「市民社会と国家の関係——ルソーの自由論から——」
『中央大学法学新報』第一一〇巻第三・四号所収、高柳先男先生追悼論文集、二〇〇三年八月三一日発行
但し原題は「ルソーの自由論——市民社会と国家の関係から——」

第四章　「政治思想家は政治的なるものをどのようにとらえたか——ルソーを参考に——」
『中央大学法学新報』第一一二巻第七・八号所収、江川潤先生古希記念論文集、二〇〇六年三月三一日発行

第五章　「共和主義的デモクラシーと公共性——ルソーの政治思想を参考に——」
星野智編著『公共空間とデモクラシー』所収、中央大学出版部、二〇〇四年三月三一日発行

第六章　「リベラルデモクラシーの行方——起源と理論そして課題——」
『中央学院大学法学論叢』第二二巻第二号（通巻第三六巻）所収、二〇〇九年三月三一日発行

第七章　「公共空間について——ホッブズとロックそしてルソーの政治思想を参考に——」
『中央大学社会科学研究所報告』第二六号所収、中央大学社会科学研究所、二〇〇九年八月三一日発行

第八章　「体制変革の思想家ルソーと安藤昌益——神義論的自然観と宇宙義論的自然観——」
『体制擁護と変革の思想』（中央大学社会科学研究所研究叢書）所収、二〇〇〇年三月三一日発行

第九章　「ルソー以前――近代政治思想における自由・平等観の意味――」
『中央学院大学法学論叢』第一五巻第一・二号（通巻第二六号）所収、二〇〇六年三月三一日発行、但し原題は「ルソー以前とルソー以後――近代政治思想における自由・平等観の意味と意義――」

第一〇章　「ルソー以後――近代政治思想における自由・平等観の意味――」
『中央学院大学法学論叢』第一五巻第一・二号（通巻第二六号）所収、二〇〇六年三月三一日発行、但し原題は「ルソー以前とルソー以後――近代政治思想における自由・平等観の意味と意義――」

著者紹介

土橋　貴（どばし　ただし）

1944年　福島県会津若松市生まれ
1968年　中央大学法学部法律学科卒、中央大学大学院法学研究科博士課程
　　　　満期退学
専　攻　政治学、西ヨーロッパ政治思想史
現　在　中央学院大学法学部教授、中央大学法学部非常勤講師
　　　　平等の政治思想史を研究中

単　著『自由の政治哲学的考察』（明石書店、1992年）、『ルソーの政治思想』（同、1996年）、『国家・権力・イデオロギー』（同、1998年）、『ルソー　平等主義的自由論研究』（同、2003年）、『国家と市民社会と公共空間』（成文堂、2007年）
共　著『世界像の変貌と政治文化』（中央大学社会科学研究所、1991年）、『体制擁護と変革の思想』（中央大学出版部、1999年）、『現代政治の透視図』（世界書店、2001年）、『公共空間とデモクラシー』（中央大学出版部、2004年）

ルソーの政治《せいじ》思想《しそう》の特質《とくしつ》
——新《あたら》しい体制原理《たいせいげんり》の構築《こうちく》と実践《じっせん》そしてその現代的意義《げんだいてきいぎ》——

2010年８月25日　第１版第１刷発行

著　者　土　橋　　貴
発行者　橋　本　盛　作
発行所　株式会社 御茶の水書房
〒113-0033　東京都文京区本郷5-30-20
電話　03-5684-0751
振替　00180-4-14774
組版・印刷・製本　タスプ

Printed in Japan

ISBN978-4-275-00896-1　C3031

人名索引［ホッブズ、ロック、ルソー等、頻出する人名は省略した］

［ア行］

［カ行］

［サ行］

［タ行］

［ナ行］

［ハ行］

［マ行］

［ヤ行］

［ラ行］

[ワ行]

事項索引

[ア行]

[カ行]

［サ行］

[タ行]

[ナ行]

[ハ行]

[マ行]

［ヤ行］

［ラ行］

参考文献目録

［ア行］

聖アウグスティヌス（服部英次郎訳）、『告白』（下）、岩波書店（岩波文庫）。

トマス・アクィナス（山田晶訳）、『神学大全』、『世界の名著』第5巻所収、中央公論社。

アルフレート・アードラー（岸見一郎訳）、『生きる意味を求めて』、アルテ。

サミール・アミン（野口裕・他訳）、『世界資本蓄積論』、拓殖書房。

サミール・アミン（山崎カヲル訳）、『階級と民族』、新評論。

アリストテレス（田中美知太郎責任編集）、『政治学』、『世界の名著』第8巻所収、中央公論新社。

ルイ・アルチュセール（福井和美訳）、『マキャヴェリの孤独』、藤原書店。

ハンナ・アーレント（志水逸雄訳）、『人間の条件』、筑摩書房（ちくま学芸文庫）。

ハンナ・アーレント（大久保和郎訳）、『全体主義の起源』（Ⅰ）、みすず書房。

ベネディクト・アンダーソン（白石隆・白石さや訳）、『想像の共同体』、リブロポート。

安藤昌益（野口武彦責任編集）、『自然真営道』、『日本の名著』第19巻所収、中央公論社。

飯岡秀夫、「ジャン＝ジャック・ルソーと安藤昌益――『自然』と『人為』の問題を中心に」、『慶應義塾大学日吉紀要、社会科学』第5号（1995年6月）所収。

石塚正英・柴田隆行監修、『哲学・思想翻訳語事典』、論創社。

井田進也、『中江兆民のフランス』、岩波書店。

伊東俊太郎、「日本思想を貫くもの――国際日本文化センター退官記念講演――」、『季刊仏教』通巻第32号（1995年7月）所収、法蔵館。

稲葉守、『今にして安藤昌益』、風涛社。

今井宏、『世界の歴史』第15巻、河出書房新社（河出文庫）。

岩井克人、『21世紀の資本主義論』、筑摩書房。

イマヌエル・ウォーラーステイン（小野瞭訳）、『リベラリズムの苦悶』、阿吽社。

イマヌエル・ウォーラーステイン（藤瀬浩司・浅沼賢・金井雄一訳）、『資本主義世界経済』、名古屋大学出版会。

イマヌエル・ウォーラーステイン（川北稔訳）、『史的システムとしての資本主義』、岩波書店。

イマヌエル・ウォーラーステイン（川北稔訳）、『近代世界システム1730～1840s

——大西洋革命の時代)』、名古屋大学出版会。

リチャード・ウォーリン（小野紀明他訳)、『存在の政治——マルティン・ハイデガーの政治思想——』、岩波書店。

ヴォルテール［フランソワ＝マリー・アルエ］（中川信訳)、『哲学書簡』、『世界の名著』第29巻所収、中央公論社。

ジョン・エーレンベルク（吉田傑俊訳)、『市民社会論——歴史的・批判的考察——』、青木書店。

大西春樹、『イギリス革命のセクト運動』、御茶の水書房。

小笠原弘親、『初期ルソーの政治思想』、御茶の水書房。

［カ行］

小宮彰、「安藤昌益とジャン＝ジャック・ルソー——文明論としての比較研究——」、東大比較文学会『比較文学研究』第26号（1974年11月）所収。

加藤尚武、「熊沢蕃山の自然保護論」、農文協編『東洋的環境思想の現代的意義』所収、農山漁村文化協会。

川出良枝、『貴族の徳、商業の精神』、東京大学出版会。

エルンスト・カッシーラー（中野好之訳)、『啓蒙主義の哲学』、紀伊國屋書店。

ジャン・カルヴァン（渡辺信夫訳)、『キリスト教綱要』、新教出版社。

川合清隆、『ルソーとジュネーブ共和国』、名古屋大学出版会。

セーレン・キェルケゴール（斉藤信治訳)、『死に至る病』、岩波書店（岩波文庫)。

グスタヴォ・グティエレス（関望・山田経三訳)、『解放の神学』、岩波書店。

クリスティアン・グラーフ・フォン・クロコウ（高田珠樹訳)、『決断』、柏書房。

熊沢蕃山（伊東多三郎責任編集)、『集義外書（抄)』、『日本の名著』第11巻所収、中央公論社。

ジャン・ゲーノ（宮ヶ谷徳三訳)、『ルソー全集』別巻1、白水社。

小林浩、「ルソーの人民主権論吟味：特に代議制について、『社会契約論』と『ポーランド統治考察』に架橋はあるか否か」、『千葉大学教養部研究報告』A 18（上）所収、1985年7月。

小林淑憲、「内乱後のジュネーブ共和国と『社会契約論』」、政治思想学会『政治思想研究』第1号（2001年5月）所収。

［サ行］

桜井万里子、『ソクラテスの隣人たち』、山川出版社。

ジャン・ポール・サルトル（松波信三郎訳）、『存在と無』（Ⅰ）、人文書院。

ヴァルター・シューバルト（駒井義昭訳）、『ドストエフスキーとニーチェ』、富士書店。

カール・シュミット（田中浩・原田武雄訳）、『政治的なものの概念』、未来社。

カール・シュミット（稲葉素之訳）、『現代議会主義の精神史的地位』、みすず書房。

スーザン・ジョージ（小南祐一郎・谷口真理子訳）、『なぜ世界の半分が飢えるのか――食糧危機の構造――』、朝日新聞社。

クウェンティン・スキナー（塚田富治訳）、『マキアヴェッリ』、未来社。

杉原泰雄、『国民主権の研究』、岩波書店。

ジョージ・セイバイン（柴田平三郎訳）、『デモクラシーの二つの伝統』、未来社。

関谷昇、『近代社会契約説の原理――ホッブズ、ロック、ルソー像の統一的再構成――』、東大出版会。

［タ行］

田中秀生、「ルソー『社会契約論』における『自分自身の主人』と『譲渡』」、東京大学大学院『年報地域文化研究』第2号（1998年）所収。

田中浩、「ナショナリズムとデモクラシーの『融合』と『乖離』――その歴史的・思想史的考察――」、田中浩編『ナショナリズムとデモクラシー』所収、未来社。

谷泰、「イエスをめぐる神話的標徴のモデル――地中海地域羊群管理パターンとのかかわり」、『思想』1977年6月号所収、岩波書店。

ロザリー・ディヴィッド（近藤二郎訳）、『古代エジプト人』、筑摩書房。

エミール・デュルケーム（小関藤一郎・川喜多喬訳）、『モンテスキューとルソー』、法政大学出版局。

アレクシス・ド・トクヴィル（井伊玄太郎訳）、『アメリカの民主政治』（上）（中）（下）、講談社学術文庫。

アレクシス・ド・トクヴィル（小山勉訳）、『旧体制と大革命』、筑摩書房。

土橋貴、『国家・権力・イデオロギー』、明石書店。

土橋貴、『自由の政治哲学的考察』、明石書店。

土橋貴、『国家と市民社会と公共性の変容』、成文堂。

土橋貴、『ルソーの政治思想――平等主義的自由論の形成――』、明石書店。

土橋貴、「格差社会について――ポール・クルーグマンの『格差はつくられた』を読みながら――」、『中央学院大学社会システム研究所紀要』第9巻第1号（2008年12月）所収。

ルドルフ・トロイマン（小林孝輔・佐々木高雄訳）、『モナルコマキ——人民主権論の源流——』、学陽書房。

［ナ行］

永藤靖、『時間の思想』、教育社。

中村義知、「ルソー『社会契約論』の論理と心理」、田口富久治（他）編『現代民主主義の諸問題』（秋永肇教授古希記念論集）所収、御茶の水書房。

西島幸右、「ルソーの政治思想の起源－1－『社会契約論』とジュネーブ」、『西南学院文理論集』第18巻第2号（1978年2月）所収。

フリードリヒ・ニーチェ（信太正三訳）、『善悪の彼岸』、『ニーチェ全集』第11巻所収、筑摩書房。

新田一郎、『キリスト教とローマ皇帝』、教育社。

野口悠紀夫、『円安バブル崩壊——金融緩和政策の失敗——』、ダイヤモンド社。

［ハ行］

マルティン・ハイデガー（原祐・渡辺二郎訳）、『存在と時間』、中央公論社。

ハイデガー（清水多吉／手川誠四郎訳）、「ドイツ的大学の自己主張」、『30年代の危機と哲学』所収、平凡社。

パウロ、「ローマ人への手紙」、『新約聖書』所収、講談社。

パウロ、「ローマ人への手紙」、『新約聖書』（口語訳）所収、日本聖書教会。

ロバート・パクストン（瀬戸岡紘訳）、『ファシズムの解剖学』、桜井書店。

トーマス・H・ハックスリー（菊川忠夫訳）、「進化と倫理」、『自然の哲学』所収、御茶の水書房。

ユルゲン・ハーバマース（細谷貞雄訳）、『晩期資本主義における正統化の諸問題』、岩波書店。

ジェフリー・ハーフ（中村幹雄他訳）、『保守革命とモダニズム』、岩波書店。

樋口謹一、『ルソーの政治思想』、世界思想社。

ロナルド・ヒングリー（向田博訳）、『ニヒリスト——ロシア虚無青年の顛末——』、みすず書房。

オーギュスト・E・ファゲ（高波　秋訳）、『考える人・ルソー』、ジャン・ジャック書房。

福永洋介・持田明子、「『エミール』に読むルソーの宗教観」、『九州産業大学国際文化学部紀要』第32号（2005年11月）所収。

フランシス・フクヤマ（渡部昇一訳）、『歴史の終わり』（上）、三笠書房。

ミシェル・フーコー（神谷美恵子訳）、『精神疾患と心理学』、みすず書房。

エドムント・フッサール（細谷恒夫訳）、『ヨーロッパの学問の危機と先験的現象学』、『世界の名著』第51巻所収、中央公論社。

プラトン（藤沢令夫訳）、『国家』（上）、岩波書店。

ヴィクトル・E・フランクル（霜山徳爾訳）、『死と愛』、みすず書房。

ニコス・プーランザス（田中正人・柳内隆訳）、『国家・権力・社会主義』、ユニテ。

ベルティル・フレーデン（鈴木信雄他訳）、『ルソーの経済哲学』、日本経済評論社。

ゲオルク・W・ヘーゲル（長谷川宏訳）、『歴史哲学講義』（上）、岩波書店（岩波文庫）。

ゲオルク・W・ヘーゲル（藤野渉、赤澤正敏訳）、『法の哲学』、『世界の名著』第35巻所収、中央公論社。

シモーヌ・ペトルマン（神谷幹夫訳）、『二元論の復権』、教文館。

ヘルマン・ヘラー（安世舟訳）、『ドイツ現代政治思想史』、御茶の水書房。

ニコライ・ベルジャーエフ（峠尚武・的場哲朗訳）、『始原と終末――終末論的形而上学の試み――』、『ベルジャーエフ著作集』第4巻所収、行路社。

ボオマルシェ［ピエール＝オーギュスタン・カロン］（辰野隆訳）、『フィガロの結婚』、岩波書店（岩波文庫）。

［マ行］

ニッコロ・マキアヴェリ（河島英昭訳）、『君主論』、岩波書店（岩波文庫）。

松下圭一、『市民政治理論の形成』、岩波書店。

松平斉光、「フランス革命と権力分立思想」（1・2）、『国家学会雑誌』第75巻第5・6号（1964年4月号）所収。

ヘルベルト・マルクーゼ（生松敬三、三沢謙一訳）、『一次元的人間』、河出書房新社。

マルコ、『マルコによる福音書』、『新約聖書』所収、日本聖書教会。

丸山真男、『戦中と戦後の間』、みすず書房。

丸山真男、『反動の概念』、『岩波講座・現代思想』第5巻所収、岩波書店。

丸山真男、『日本の思想』、岩波書店。

丸山真男、「思想史の考え方について――類型・範囲・対象――」、武田清子編『思想史の方法と対象』所収、創文社。

カール・マンハイム（鈴木二郎訳）、『イデオロギーとユートピア』、未来社。

フリードリヒ・ミュラー（清水正徳、山本道雄訳）、『疎外と国家（ルソー、ヘーゲル、マルクス）』、福村出版社。

シャンタル・ムフ（石田雅樹訳）、「グローバル化と民主主義的シティズンシップ」、『思想』（2001年5月号）所収。

シャンタル・ムフ（葛西弘隆訳）、『民主主義の逆説』、以文社。

シャンタル・ムフ（千葉眞・土井美徳・田中智彦・山田竜作訳）、『政治的なるものの再興』、日本経済評論社。

森田安一、『スイス、ベネルックス史』、山川出版、新版。

ウィリアム・モンター（中村賢二郎、砂原教男訳）、『カルヴァン時代のジュネーブ――宗教改革と都市国家――』、教文社。

モンテスキュー（野田良之、稲本洋之助、上原行雄、田中治男、三辺博之、横田地弘訳）、『法の精神』（上）（中）、岩波書店（岩波文庫）。

モンテスキュー（根岸国孝訳）、『法の精神』、『世界の大思想』第16巻所収、河出書房。

［ヤ行］

安永寿延、『安藤昌益――研究国際化時代の新検証』、農山漁村文化協会。

吉岡知哉、坂倉裕治、桑瀬章二郎、王寺賢太、「（座談会）ルソーの不在、ルソーの可能性）」、『思想』第1027号（2009年11月）所収、岩波書店。

［ラ行］

ハロルド・ラスキ〈堀豊彦、飯坂良明訳〉、『イギリス政治思想史Ⅱ』、岩波現代双書。

ハロルド・ラスキ（飯坂良明訳）、『近代国家における自由』、岩波書店。

アレクサンダー・D・リンゼイ（永岡薫訳）、『民主主義の本質』、未来社。

ゲオルク・ルカーチ（城塚登、古田光訳）、『歴史と階級意識』、白水社。

J・J・ルソー（桑原武雄、前川貞次郎訳）、『社会契約論』、岩波書店（岩波文庫）。

J・J・ルソー（今野一雄訳）、『エミール』（上）（中）（下）、岩波書店（岩波文庫）。

J・J・ルソー（川合清隆訳）、『山からの手紙』、『ルソー全集』第8巻所収、白水社。

J・J・ルソー（永見文雄訳）、『ポーランド統治論』、『ルソー全集』第5巻所収、

白水社。

J・J・ルソー（本田喜代治・平岡昇訳）、『人間不平等起源論――ジュネーブ共和国に捧げる』、岩波書店（岩波文庫）。

J・J・ルソー（前川貞次郎訳）、『学問芸術論』（付録「ポーランド王、兼ロレーヌ公への回答」）、岩波書店（岩波文庫）。

マルティン・ルター（山内宣訳）、『奴隷的意志（抄）』、『世界の名著』第18巻所収、中央公論社。

マルティン・ルター（塩谷饒訳）、『キリスト者の自由』、『世界の名著』第18巻所収、中央公論社。

ロナルド・D・レイン（志貴春彦、笠原嘉訳）、『自己と他者』、みすず書房。

カール・レーヴィット（柴田治三郎訳）、『世界と世界史』、岩波書店。

ピエール・ロザンヴァロン（長谷俊雄訳）、『ユートピア的資本主義――市場思想から見た近代――』、国文社。

フーグ・R・トレヴァー＝ローパー（小川晃一、石坂昭雄、荒木俊夫訳）、『宗教改革と社会変動』、未来社。

［ワ行］

若尾政希、『安藤昌益からみえる日本近世』、東京大学出版会。

王家力、『日本の近代化と儒学』、農山漁村文化協会。

【欧文文献】

［A］

Allers, (Ulrich S.), Rousseau's Second Discourse, in: *The Review of Politics*, XX, issue 1 (Jan. 1958).
[Aquinas, (Thomas)], *Aquinas: Selected Political Writings*, edited with an introduction by A. P. D' Entrèves and translated by J. G. Dawson, Oxford, B. Blackwell, 1948.
Ansell-Pearson, (Keith), Heidegger's Decline: between Philosophy and Politics, in: *Political Studies*, Vol. XLII (1994).

[B]

Babbitt, (Irving), *Rousseau and Romanticism*, Austin, University of Texas Press, 1977.

Baczko, (Bronisław), *Rousseau, Solitude et communauté*, Paris, Mouton, 1974.

Baczko, (Bronisław), Rousseau et l'aliénation sociale, in: *Annales de la Société de Jean-Jacques Rousseau*, Vol. XXXV (1959-1962).

Barker, (Ernest), *Essays on Government*, Oxford, Clarendon Press, 1954.

Barnard, (Frederick M.), National Culture and Political Legitimacy, Herder and Rousseau, in: *Journal of the History of ldeas*, Vol. 44, No. 2 (April-Juni 1983).

Becker, (Carl L.), *The Heavenly City of the Eighteenth-Century Philosophers*, New Haven, Yale University Press, 1932.

Belaval, (Yvon), Rationalisme sceptique et dogmatisme du sentiment chez Jean-Jacques Rousseau, in: *Annales de la Société de Jean-Jacques Rousseau*, Vol. XXXVIII (1969-1971).

Bouchardy, (François), Une définition de la conscience par J.-J. Rousseau, in: *Annales de la Société de Jean-Jacques Rousseau*, Vol. XXXII (1950-1952).

Bréhier, (Émile), Le lectures Malebranchistes de Jean-Jacques Rousseau, in: *Revue internationale de philosophie*, Vol. 1 (1938).

Burgelin, (Pierre), *La philosophie de l'existence de Jean-Jacques Rousseau*, Paris, Vrin, 1973.

[C]

[Calvin, (Jean)], *Calvin's Commentaries, The Epistle of Paul. The Apostle to the Hebrews and The First and Second Epistles of St. Peter*, tr. by William B. Johnston, Edinburgh & London, Olver and Boyd, 1963.

Cameron, (David), *The Social Thought of Rousseau and Burke: A Comparative Study*, Toronto, University of Toronto Press, 1973.

Candaux, (Jean-Daniél), Introduction, in: *Oeuvres complètes de Jean-Jacques Rousseau* (以下、O. C. と略記する), t. III, Paris, Bibliothèque de la Pléiade, 1964,.

Cassirer, (Ernst), *Die Philosophie der Aufklärung. Grundriß der philosophischen Wissenschaft*, Tübingen, J. C. B. Mohr, 1932.

Chapman, (John, W.), *Rousseau - Totalitarian or Liberal?*, New York, Columbia University Press, 1956.

Charvet, (John), *The Social Problem in the Philosophy of Rousseau*, Cambridge,

Cambridge University Press, 1974.

Chevallier, (Jean-Jacques), Jean-Jacques Rousseau et l'absolutisme de la volonté générale, in: *Revue française de science politique*, Vol. 3, n 1 (1953).

Cobban, (Alfred), *Rousseau and the Modern State*, London, Allen & Unwin, 1934.

Cohler, (Anne M.), *Rousseau and Nationalism*, New York, Basic Books, 1970.

Collingwood, (Robin. G.), *The Idea of Nature*, Oxford, Clarendon Press, 1945.

Collingwood, (Robin G.), *The ldea of History*, Oxford, Oxford University Press, 1946.

Copleston, (Frederick C.), *Aquinas*, Harmondsworth, Penguin books Ltd., 1955.

Colletti, (Lucio), *From Rousseau to Lenin. Studies in Ideology and Society*, tr. by John Merrington and Judith Whlte, London, New Left Books, 1972.

Cranston, (Maurice), *Western Political Philosophers*, London, 1964.

Cranston, (Maurice), The Roots of Nationalism, in: *Annales de philosophie politique*, Vol. IX (1969).

Cranston, (Maurice), *Jean-Jacques Rousseau, the Social Contract*, Harmondsworth, Penguin, 1975.

Cranston, (Maurice), *Jean-Jacques: The Early Life and Work of Jean-Jacque Rousseau, 1712-1754*, Chicago, University of Chicago Press, 1982.

Cranston, (Maurice), *Philosophers and Pamphleteers, Political Theorists of the Enlightenment*, Oxford-New York, Oxford University Press, 1986.

[D]

D'Alembert, Discour préliminaire des Editeurs, in : *L'Encylopédie*, t. I, Paris, 1751.

D'Entreves, (Alexander P.), *Natural Law: An Introduction to Legal Philosophy*, second revised edition, London, Hutchinson University Library, 1970.

Derathé, (Robert), La place et l'importance de la notion d'égalité dans la doctrine de Rousseau, in: R. A. Leigh (Ralph A.), ed., *Rousseau after Two Hundred Years*, Cambridge, Cambridge University Press, 1982.

Derathé, (Robert), Introduction au Manuscrit de Genève, in: *O. C.*, t. III.

Derathé, (Robert), Jean-Jacques Rousseau et le Christianisme, in: *Revue de Métaphysique et de Morale*, Année 53, n 1 (Octobre 1948).

Derathé, (Robert), *Le rationalism de Jean-Jacques Rousseau*, Paris, Press Universitaires de France, 1948.

Derathé, (Robert), *Jean-Jacques Rousseau et la science politique de son temps*, Paris, Press Universitaires de France, 1950.

Derathé, (Robert), L'homme selon Rousseau, in: *Etudes sur le Contrat social de J.-J. Rousseau*, Paris, Les Belles Lettres, 1964.

Derathé, (Robert), Les rapports de l'exécutif et du législatif chez J.-J. Rousseau, in: *Rousseau et la philosophie politique*, Paris, Press Universitaires de France, 1965.

Derathé, (Robert), La problématique du sentiment chez Rousseau, in: *Annales de la Société de Jean-Jacques Rousseau*, Vol. XXXVII (1966-1968).

Derathé, (Robert), Patriotisme et nationalisme au xviii siècle, in: *Annales de philosophie politique*, Vol. 8 (1969).

Dickstein, (Morris), The Faith of the Vicar: Reason and Morality in Rousseau's Religion, in: *Yale French Studies*, No. 29 (Fall 1961- Winter 1962).

Diderot, (Denis) & d'Alembert, (Jean le Rond), (ed.), *L'Encylopédie*, t. XV, Paris, 1765.

[E]

Ehrenberg, (John), *Civil Society, The Critical History of an Idea*, New York, New York University Press, 1999.

Ellenburg, (Stephen), *Rousseau's Political Philosophy*, Ithaca-New York, Cornell University Press, 1976.

Eslin, (Jean-Claude), *Dieu et le pouvoir, Théologie et politique en Occident*, Paris, Seuil, 1999.

[F]

Fralin, (Richard), *Rousseau and Representation*, New York, Columbia University Press, 1978.

[G]

Goldschmidt, (Victor), *Anthropologie et politique. Les principes du système de Rousseau*, Paris, Vrin, 1974.

Gossman, (Lionel), Rousseau's ldealism, in: *Romantic Review*, Vol. LII (Oct. 1961).

Gouhier, (Henri), Nature et histoire dans la pensée de Rousseau, in: *Annales de la Société de Jean-Jacques Rousseau*, Vol. XXXIII (1953-1955).

Gouhier, (Henri), Ce que le Vicaire doit à Descartes, in: *Annales de la Société de Jean-Jacques Rousseau*, Vol. XXXV (1959-1962)

Graham Jr. (George J.), Rousseau's Concept of Consensus, in: Political Science Quarterly, Vol. XXXV, No. 1 (March 1970).

Grimsley, (Ronald), *The Philosophy of Rousseau*, Oxford, Oxford University Press, 1973.

[H]

Haines, (Charles G.), *The Revival of Natural Law Concepts*, Cambridge, Harvard University Press, 1930.

Heller, (Hermann), *Die politischen ldeenkreise der Gegenwart*, Breslau, F. Hirt, 1926.

Hendel, (Charles W.), *Jean-Jacques Rousseau: Moralist*, London - New York, Oxford University Press, 1934.

Hegel, (Georg W. H.), Phänomelogie des Geistes, in: *G. W. H. Hegel: Werke in zwanzig Bänden*, Bd. 3, Frankfurt am Main, Suhrkamp, 1970,.

Hobbes, (Thomas), *Leviathan*, reprinted from the edition of 1651, with an Essay by the Late W. G. Pogson Smith, Oxford, Clarendon Press, 1909.

Hubert, (René), *Les Sciences sociales dans l'Encyclopédie. La philosophie de l'histoire et le probleme des origines sociales*, Paris, Alcan, 1923.

Hubert, (René), *Rousseau et l'Encyclopédie, Essai sur la formation des idées politiques de Rousseau (1742-1756)*, Paris, J. Gamber, 1928.

Hume, (David), *Philosophical Works, Vol. 3, Essays Moral, Political and Literary*, edited by Thomas Hill Green and Thomas Hodge Grose, London, Longman, 1882.

Haymann, (Franz), La loi naturelle dans la philosophie politique de J.-J. Rousseau, in: *Annales de la Société Jean-Jacques Rousseau*, Vol. XXX (1943-1945).

[J]

Jacquet, (Christian), *La pensée religieuse de Jean-Jacques Rousseau*, Louvain, Bibliothèque de l'Université; Leiden, E. J. Brill, 1975.

Jimack, (Peter), Les influences de Condillac, Buffon et Helvétius dans l'Emile, in: *Annales de la Société de Jean-Jacques Rousseau*, Vol. XXXIV (1956-1959).

Janet, (Paul), *Histoire de la science politique dans ses rapports avec la morale*, t. 1, Geneve, Slatkine Reprints, 1971.

Jouvenel, (Bertrand de), *Essai sur la politique de Rousseau*, Génève, C. Bourquin, 1947.

Jouvenel, (Bertrand de), Essai sur la politique de Rousseau (présentation), in: Bertrand de Jouvenel, *Jean-Jacques Rousseau : Du contrat social*, Genève,

Bourquin, 1947.

[K]

Kain, (Philip Joseph), *Marx and Modern political Theory: From Hobbes to Contemporary Feminism*, Lanham MD, Rowman and Littlefield, 1993.

Kateb, (George), Aspect of Rousseau' s Political Thought, in: *Political Science Quarterly*, Vol. LXXVI (December 1961).

Kylmäkoski, (Merja), *The Virtue of the Citizen, Jean-Jacques Rousseau's Republicanism in the Eighteenth-Century French Context*, Bern - Frankfurt a. M., Peter Lang, 2001.

[L]

Lakoff, (Sanford), *Equality in Political Philosophy*, Cambridge, Harvard University Press, 1964.

Lakoff, (Sanford), Tocqueville, Burke and the Origins of Liberal Conservatism, in: *The Review of Politics*, Vol. 60, No. 3 (Summer 1998).

Lakoff, (Sanford), *Democracy*, Boulder, Westview Press, 1996.

Lanson, (Gustave), L'unité de la pensée de Jean-Jacques Rousseau, in: *Annales de la Société Jean-Jacques Rousseau*, Vol. VIII (1912).

Laski, (Harold), *The Foundation of Sovereignty and Other Essays*, New York, Harcourt, Brace, 1921.

Lemos, (Ramon M.), *Rousseau's Political Philosophy. An Exposition and Interpretation*, Athens, The University of Georgia Press, 1977.

Levine, (Andrew), *The Politics of Autonomy, A Kantian Reading of Rousseau's Social Contract*, Amherst, University of Massachusetts Press, 1976.

Locke, (John), *The Second Treatise of Civil Government*, ed. John W. Gough, Oxford, Basil Blackwell, 1946.

Locke, (John), *An Essay Concerning Human Understanding*, in two Volumes, Vol. I, New York, Cambridge University Press, 1994.

Lloyd, (Margie), In Tocqueville's Shadow, Hannah Arendt's Liberal Republicanism, in: *The Review of Politics*, Vol. 57, No. 1 (Winter 1995).

[M]

Martin, (Kingsley), *French Liberal Thought in the Eighteenth Century : A Study of Political Ideas from Bayle to Condorcet*, Boston, Little, Brown, and Company, 1929.

Masters, (Roger D.), *The Political Philosophy of Rousseau*, Princeton (New Jersey), Princeton University Press, 1968.

Masters, (Roger D.), Rousseau and the 《illustrious Clarke》, in: Michel Launay, *Jean-Jacques Rousseau et son temps*, Paris, Nizet, 1969.

McGrath, (Alister E.), *Reformation Thought, An Introduction*, 3rd edition, Oxford - Malden (Masaachusetts), Blackwell Publishers, 1999.

Martinich, (Aloysius P.), *Two Gods of Leviathan, Thomas Hobbes on Religion and Politics*, Cambridge, Cambridge University Press, 1992.

Masson, (Pierre M.), *La Religion de Jean-Jacques Rousse* , t. I, Paris, Hachette, 1916.

Merquior, (José G.), *Rousseau and Weber:Two studies in the theory of legitimacy*, London, Routledge and J.-J. Rousseau, Lettres écrites de la Montagne, Lettre VII, in: *The Political Writings of Jean-Jacques Rousseau* in two volumes, with introduction and notes by C. E. Vaughan（以下、Political Writings と略記する）, Vol. II, Cambridge, Cambridge University Press, 1915.

Merquior, (José G.), *Rousseau and Weber*, Boston, Routledge & Keegan Paul, 1980.

Merriam, (Charles E.), *History of the Theory of Sovereignty since Rousseau*, New York, Columbia University Press, 1900.

Montesquieu, (Charles-Louis de), De l'ésprit des lois, in: *Oeuvres complètes*, Paris, Seuil, 1964.

Moreau, (Joseph), *Jean-Jacques Rousseau*, Paris, Press Universitaires de France, 1973.

Morel, (Jean), Recherches sur les sources du Discours de l'inégalité, in: *Annales de la Société de Jean-Jacques Rousseau*, Vol. V (1909).

[N]

Neumann, (Franz), *The Democratic and the Authoritarian State: Essays in Political and Legal Theory*, republished, New York, Free Press, 1964.

Noone Jr., (John B.), Rousseau's Theory of Natural Law as Conditional, in: *Journal of the History of Ideas*, Vol. XXXIII (1972).

Noone, Jr., (John B.), The Social Contract and The Idea of Sovereinty in Rousseau, in: *The Journal of Politics*, Vol. 32 (1970).

[P]

Parel, (Anthony J.), The Question of Machiavelli's modernity, in: *The Review of Politics*, Vol. 53, No. 2 (Spring 1991).

Pickles, (William), The Notion of Time in Rousseau's Political Thought, in: *Hobbes and Rousseau, A Collection of Critical Essays edited by Maurice Cranston and Richard S. Peters*, New York, Doubleday, 1972.

Plamenatz, (John), "Ce qui ne signifie autre chose sinon qu'on le forcera d'être libre", in: *Hobbes and Rousseau. A Collection of Critical Essays*, edited by Maurice Cranston and Richard S. Peters, New York, Anchor Books, 1972.

Plamenatz, (John), *Man and Society*, Vol. 1, Oxford, Longman, 1963.

Plamenatz, (John), Pascal and Rousseau, in: *Political Studies*, Political Studies Association by Blackwell Publishers, Vol. X (October 1962).

Plattner, (Marc F.), *Rousseau's State of Nature, An Interpretation of the Discourse on Inequality*, Dekalb (Illinois), Northern Illinois University Press, 1979.

Polin, (Raymond), *La politique de la solitude, Essai sur la philosophie de Jean-Jacques Rousseau*, Paris, Sirey, 1971.

[R]

Ravier, (André), L'unité de l'homme d'après le livre de l'Emilel, in: *Annales de la Société de Jean-Jacques Rousseau*, Vol. XXXV (1959-1962).

Raymond, (Marcel), Introduction, sur l'éducation, et la morale, in: *O. C.*, t. IV.

Riley, (Patrick), *The General Will before Rousseau, The Transformation of the Divine into the Civic,* Princeton NJ, Princeton University Press, 1986.

Riley, (Patrick), A Possible Explanation of Rousseau's General Will, in: *The American Political Science Review*, Vol. 64, No. 1 (March 1970).

Roche, (Kennedy F.), *Rousseau: Stoic and Romantic*, London, Methuen and Company Ltd., 1974.

Rosenblatt, (Helena), *Rousseau and Geneva, From the First Discourse to the Social Contract, 1749-1762*, Cambridge - New York, Cambridge University Press, 1997.

Rossa, (Alberto), *The Theology of Liberation*, Manila, Claretian Publications, 1986.

Jean-Jacques Rousseau, *Social Contract and Discourses*, translated with introduction by G. D. H. Cole, London, Everyman' s Library, 1913.

Rousseau, (J.-J.), *Émile : Ou de l'Éducation. Extraits. Introduction à l'eÉmilee, par*

Henri Wallon, Études et notes par J. L. Jean-Louis Lecercle, Paris, Editions Sociales, 1958.

Rousseau, (J.-J.), Les Rêveries du promeneur solitaire, in: *O. C.*, t. I.

Rousseau, (J.-J.), Dialogues. Rousseau juge de Jean-Jacques, in: *O. C.*, t. I.

Rousseau, (J.-J.), La Nouvelle Héloïse, in : *O. C.*, t. II.

Rousseau, (J.-J.), Du Contrat social, première version, manuscript de Genève, in: *O. C.*, t. III.

Rousseau, (J.-J.), Discours sur l'origines et fondements de l'inégalité par les hommes, in: *O. C.*, t. III.

Rousseau, (J.-J.), Lettres écrites de la Montagne, in: *O. C.*, t. III.

Rousseau, (J.-J.), Lettres morales, in: *O. C.*, t. IV.

Rousseau, (J.-J.), Emile, in: *O. C.*, t. IV.

Rousseau, (J.-J.), Lettre à Christophe de Beaumont, in: *O. C.*, t. IV.

Rousseau, (J.-J.), Lettre à Monsieur de Beaumont, in: *Oeuvres complètes de J.-J. Rousseau*, t. III, Paris, Hachette 1901.

Rousseau, (J.-J.), Manuscrit de Genéve, in: *Political Writings*, Vol. I.

Rousseau, (J.-J.), Lettres écrites de la Montagne, Lettre VI, in: *Political Writings*, Vol. II.

Rousseau, (J.-J.), Du Contrat social, in: *Political Writings*, Vol. II.

Rousseau, (J.-J.), Lettres écrites de la Montagne, in: *Political Writings*, Vol. II.

Rousseau, (J.-J.), Considerations sur le gouvernement de Pologne, in : *Political Writings*, Vol. II.

[S]

Sabine, (George H.), *A History of Political Theory*, Third Edition, New York, Holt Rinehart and Winston, 1961.

Sartre, (Jean P.), *L'être et le néant*, Paris, Gallimard, 1943.

Scott, (John T.), The Theodicy of the Second Discourse: The' Pure State of Nature' and Rousseau's Political Thought, in: *American Political Science Review*, Vol. 86, No. 3 (September 1992).

Sée, (Henri), *L'evolution de la pensée politique en France au XVIIIe siècle*, Paris, Giard, 1925.

Skinner, (Quentin), *Liberty before Liberalism*, Cambridge, Cambridge University Press, 1998.

Spink, (John S.), *Jean-Jacques Rousseau et Genève*, Paris, Boivin, 1934.

Starobinski, (Jean), *L'oeil vivant*, Paris, Gallimard, 1961.
Starobinski, (Jean), Tout le mal vient de l'inégalité, in: *Europe*, Numéro de Novembre-Décembre 1961.
Starobinski, (Jean), La pensée politique de Jean-Jacques Rousseau, in: *Jean-Jacques Rousseau*, Neuchâtel, A la Baconnière, 1962.
Starobinski, (Jean), Introductions par Jean Strobinski, in: *O. C.*, t. III.
Starobinski, (Jean), *Jean-Jacques Rousseau, la transparence et l'obstacle*, Paris, Gallimard, 1971.
Strauss, (Leo), *Natural Right and History*, Chicago, University of Chicago Press, 1953.
Strauss, (Leo), *What is Political Philosophy and Other Studies*, Glencoe (Illinois), The Free Press, 1959.
Strauss, (Leo), *The PoliticaI Philosophy of Hobbes, lts Basis and lts Genesis*, trans. Elsa M. Sinclair, Chicago, University of Chicago Press, 1963.

[T]

Thakurdas, (Frank), *Rousseau and the concept of the general will*, Calcutta, Minerva Associates, 1976.

[V]

Vaughan, (Charles E.), Introduction, in: *Political Writings*, Vol. II.
Vaughan, (Charles E.), *Studies in the History of Political Philosophy before and after Rousseau*, Manchester, The University Press; London, New York, etc., Longmans, Green & co., 1925.
Villa, (Dana R.), Postmodernism and the Public Sphere, in: *American Political Science Review*, Vo1. 86, No. 3 (September 1992).

[W]

Wallon, (Henri), Emile ou de l'éducation, in: *Europe*, Numéro de Novembre-Décembre 1961.
Williams, (Alfred T.), *The Concept of Equality in the Writings of Rousseau, Bentham and Kant*, New York, Teachers College, Columbia University Publication, 1907.
Wootton, (David), Leveller Democracy and Puritan Revolution, in: *The Cambridge*

History of Political Thought 1450-1700, edited by J. H. Burns with Mark Goldie, Cambridge, Cambridge University Press, 1991.

Wright, (Ernest H.), *The Meaning of Rousseau*, London, H. Milford, 1929.

[Z]

Zetterbaum, (Marvin), Alexis de Tocqueville, 1805-1859, in: *History of Political Philosophy*, Edited by Leo Strauss and Joseph Gropsey, Chicago, University of Chicago Press, 1987.